行政区划图

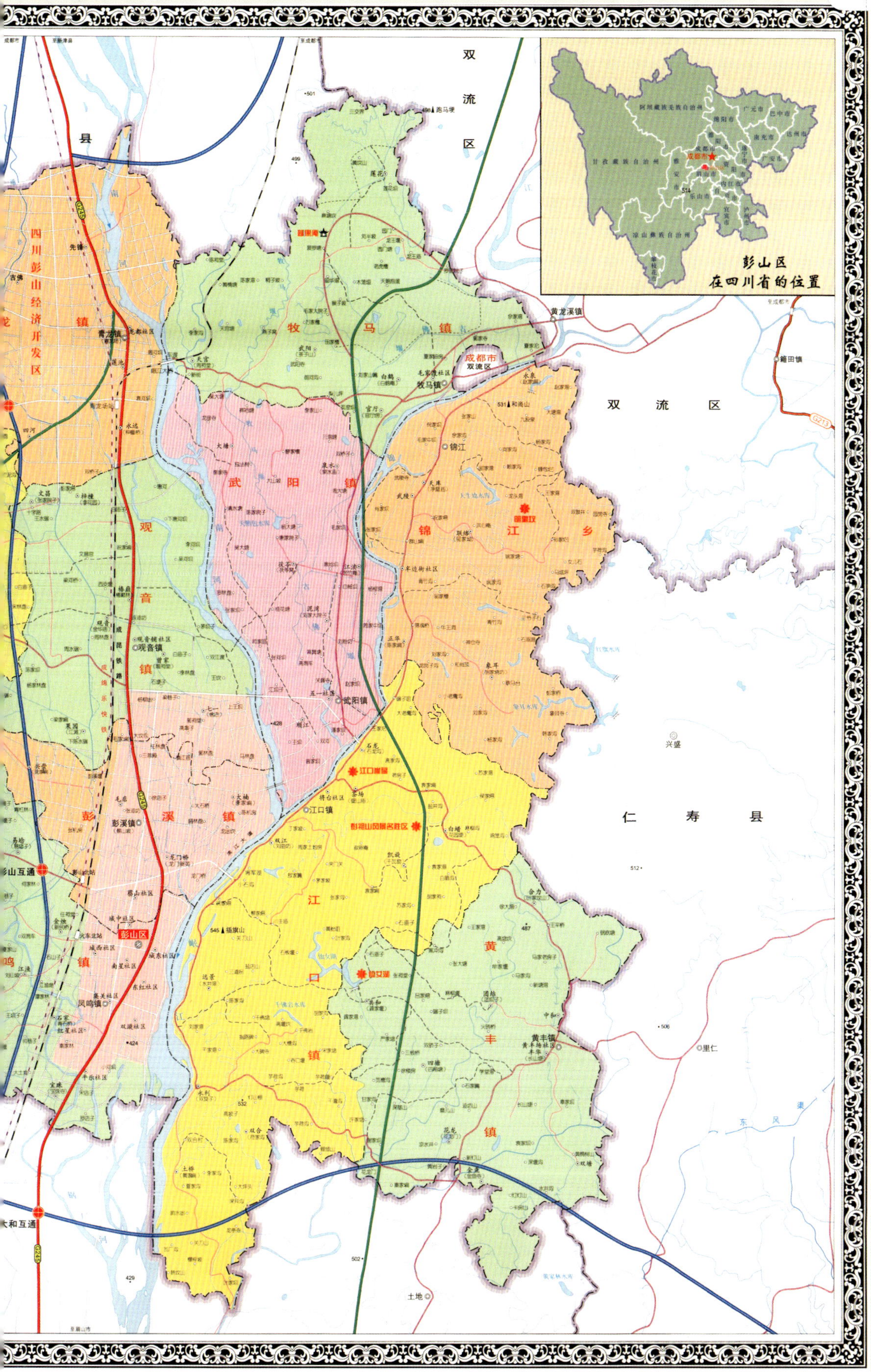

眉山市彭山区人民政府　眉山市彭山区民政局　监制

彭山年鉴

PENG SHAN YEARBOOK

2017

眉山市彭山区人民政府 主办

眉山市彭山区党史地方志办公室 编纂

方志出版社
Publishing House of Local Records

图书在版编目（CIP）数据

彭山年鉴. 2017/眉山市彭山区党史地方志办公室 编. —北京：方志出版社，2017.11

ISBN 978—7—5144—2734—9

Ⅰ. ①彭… Ⅱ. ①眉… Ⅲ. ①区(城市)—眉山—2017—年鉴 Ⅳ. ①Z527.14

中国版本图书馆CIP数据核字(2017)第296260号

彭山年鉴（2017）

编　　者：眉山市彭山区党史地方志办公室
责任编辑：陈　菁

出 版 人：冀祥德
出 版 者：方志出版社
地址　北京市朝阳区潘家园东里9号（国家方志馆4层）
邮编　100021
网址　http://www.fzph.org
发　　行：方志出版社图书经销中心
电话（010）67110500
经　　销：各地新华书店
印　　刷：成都鑫达彩印印务有限责任公司

开　　本：889×1194　　1/16
印　　张：27
字　　数：527千字
版　　次：2017年11月第1版　　2017年11月第1次印刷
印　　数：001～300册

ISBN 978-7-5144-2734-9　　定价：300.00元

中国共产党眉山市彭山区第一届代表大会第二次会议

（2016年1月18日—19日）

区委书记梁磊代表区委作工作报告

党代表们重点视察基层党建工作情况

中国共产党眉山市彭山区第一届代表大会第二次会议会场

眉山市彭山区第一届人民代表大会第二次会议

（2016年1月21日—23日）

区委书记梁磊主持开幕式

区长罗万东作政府工作报告

区人大常委会主任钟建成作人大常委会工作报告

人大代表们视察发展情况

眉山市彭山区第一届人民代表大会第二次会议会场

中国人民政治协商会议眉山市彭山区第一届委员会第二次会议

（2016年1月19日—21日）

区政协主席谭福轩向大会作工作报告

政协委员视察彭山区发展情况

中国人民政治协商会议眉山市彭山区第一届委员会第二次会议会场

党的建设

2016年6月30日，眉山市彭山区庆祝中国共产党成立95年周年表彰大会暨文艺晚会在彭祖广场举行

2016年2月23日，彭山区创业孵化园青年创客支部委员会成立暨授牌仪式在彭山区大学生创业孵化园举行

党的建设

2016年2月2日，区“四大家”领导慰问城区470余名环卫工人

为贫困学生发放助学金

党的建设

国家电网四川电力（眉山彭山）共产党员服务队为群众宣传电力知识

各级党员在工作一线践行优秀党员

党的建设

2016年3月4日，彭山区2016年学雷锋志愿服务活动启动仪式现场

社会治安志愿者协会的志愿者到敬老院为老人理发

志愿者“心连心”服务站揭牌仪式

彭溪镇兴崇村“四支队伍”为兴崇11组缺劳户彭国成栽秧

深化农村体制改革

2016年7月5日，农村“两权”抵押贷款试点融资供需对接会在区委会议中心二楼大会议室举行

农村“两权”抵押贷款助力彭山现代农业

深化农村体制改革

岷江现代农业示范园区抢抓生产的场景

游客在猕猴桃园观光并拍照

“四化”同步，助推葡萄产业发展

岷江现代农业园区彭山区域一角（区摄协供图）

脱贫攻坚

2016年8月11日，全市决战脱贫攻坚誓师大会彭山分会场现场

2016年8月12日，区安全生产监督管理局负责人带领帮扶工作组人员到江口镇凯旋村走访，扎实开展扶贫攻坚帮扶工作

脱贫攻坚

2016年11月30日，区关工委、团区委等相关部门负责人为30余名贫困学生送去新棉被

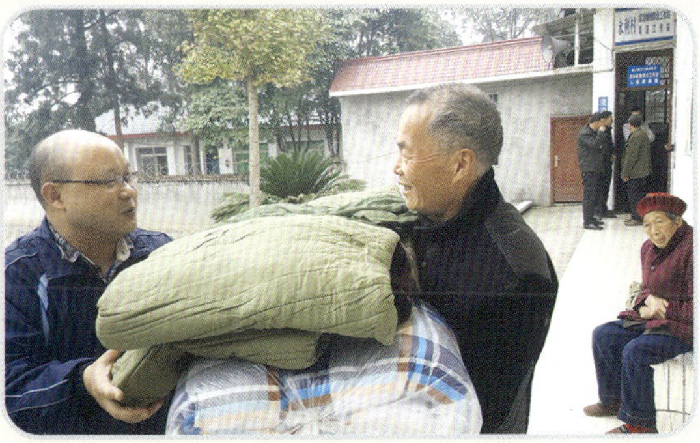

区国土分局把棉被送到群众手中

老干局为困难群众送化肥

司法局为贫困户送猪仔

为困难群众送去慰问金现场

脱贫攻坚

2016年12月1日，观音镇开展录入“脱贫攻坚、爱心捐赠”暨“捐衣服、捐棉被、捐电视”全覆盖大走访大慰问活动

为因病致贫的贫困户送大规格鸡苗

为贫困妇女家庭送“致富羊”现场

彭溪镇大楠村第一书记走访贫困户杨光学

两学一做

2016年4月25日，眉山市彭山区“两学一做”学习教育工作座谈会召开

2016年5月2日，优秀党员重温入党誓词座谈

2016年6月22日，彭山区“两学一做”学习教育推进会召开

2016年5月21日，彭山区“两学一做”学习教育基层党务骨干培训班开班

两学一做

2016年7月14日，彭山区“两学一做”知识竞赛举行

2016月6月21日，区委书记梁磊到联系乡镇青龙镇讲党课

两学一做

工人党员重温入党誓词

公、检、法党员干警重温入党誓词

离退休老党员重温入党誓词

教师党员重温入党誓词

两学一做

党员干部打通便民道

彭山党员成为企业发展的主力军

党员先锋服务队帮助贫困户助农增收

锦江乡天库村开展“两学一做”活动现场

街道授牌

2016年10月31日，眉山市彭山区凤鸣街道办事处成立大会暨授牌授印仪式在区委会议中心二楼大会议室举行。图为区委书记梁磊（左二）向凤鸣街道党工委授牌

2016年10月31日，眉山市彭山区彭溪街道办事处成立大会暨授牌授印仪式在区委中心二楼大会议室举行。图为区委副书记、区长罗万东（左一）向彭溪街道办事处授牌

品质发展

2016年11月28日，千亿交通大会战彭山区项目暨工业大道（彭山段）开工典礼在谢家镇举行

2016年8月23日，彭山区人民政府与华夏幸福基业股份有限公司举行彭山区产业新城PPP项目签约仪式

品质发展

2016年10月17日，陶氏化学（四川）有限公司眉山工厂开工典礼在彭山区成眉石化园区举行

天府新区青龙区域一角（区摄协供图）

品质发展

新建成的彭山客运中心站

岷东大道眉彭段

建设中的府江大桥（梁卫东摄）

滨江大道彭山至东坡段项目建设现场

品质发展

苏宁云商西南地区电子商务运营中心项目建设现场

三产项目复地全景（梁卫东摄）

成绵乐客运专线城际动车开通（梁卫东摄）

滨江大道东坡区界至彭山城区段

生态宜居

“建生态田园小区，看莲花美丽绽放”党群集中活动日演出

绿色生态彭山，圆市民生态宜居梦

千湖之城建设项目现场

生态宜居

千亩滨江湿地公园一角

江口镇永利村

保胜乡连桥村荷叶满塘

凤鸣镇江渔村

黄丰镇合力新村

和谐幸福

2016年1月1日，彭山区举行“文化惠民消费月·春天的声音”为主题的新春音乐会

2016年10月9日，彭山区第一届长寿宴活动在长寿牌坊广场举行

和谐幸福

武阳镇2016迎春文艺展演

少先队为老人洗脚

乡愁系列活动之幸福记忆全家福摄影活动

黄丰草龙表演

和谐幸福

2016年10月18日，“筑梦乡村 留住乡愁”彭山原创音乐会在观音镇彭祖酒庄举办（盛晓波摄）

2016年4月9日，彭山区“彭祖山三月三朝山节”活动现场

和谐幸福

开展世界卫生日和爱国卫生月义诊宣传活动

留守儿童夏令营活动

2016年4月28日，彭山区举办广场舞大赛

2016年2月22日，市民欢聚于此，共庆元宵佳节

和谐幸福

学生在街头义务劝导交通

2016年5月6日，由文明办、区总工会、区教体局承办的区第二届职工篮球运动会，在彭祖广场拉开帷幕

编辑说明

一、《彭山年鉴》编纂坚持以马克思列宁主义、毛泽东思想、邓小平理论、“三个代表”重要思想、科学发展观、习近平新时代中国特色社会主义思想为指导，坚持辩证唯物主义和历史唯物主义的立场、观点、方法。

二、《彭山年鉴》由眉山市彭山区人民政府主办，于1986年创刊，一年一鉴，本卷为第31卷。2015年及以前的《彭山年鉴》均记述的是当年全区情况。2017年，根据《四川省地方综合年鉴出版规范》第五章第三十五条“出版卷号与出版年份一致，编纂年度内出版”规定，《彭山年鉴（2017）》改为记述全区上一年度（2016年）的情况。

三、《彭山年鉴（2017）》较为全面翔实地记述了眉山市彭山区2016年政治、经济、文化、社会等各方面的基本情况、主要内容和发生的各种大事、要事、新事、有影响的事，反映了全区人民在改革开放、经济建设以及社会发展中取得的新成就、新进展、新经验。

四、《彭山年鉴》采用分类编辑法，以类目为单元，下设分目、子分目及条目，条目为主要记述单元。2017年卷共分特载、大事记、彭山概况、政治、经济、文化、社会、人物、乡镇概况、附录45万余字。

五、《彭山年鉴（2017）》主体内容时限为2016年1月1日至12月31日。年鉴的所有资料均由区党政机关、各乡镇（街道）和企事业单位提供。年鉴涉及的国民经济数据由区统计局提供，其余数据由提供年鉴资料的单位提供，单位提供的数据由于统计口径不同，略有差异。

六、本年鉴彩页图片均由《今日彭山》杂志社提供，部门插图由部门提供。

彭山年鉴编纂委员会

顾　问　梁　磊

主　任　罗万东

副主任　袁利民

委　员　游德华　钟　阳　蔡贵明　刘黔玲　帅　辉

彭山年鉴编辑部

主　编　蔡贵明

副主编　刘黔玲　帅　辉

总　纂　刘黔玲

校　对　刘云茹　张　凤　张　倩　周　岩

《彭山年鉴（2017）》编写组成员名单

中共彭山区委	漆影
彭山区人大常委会	刘莉
彭山区人民政府	彭国英
彭山区政协	梅智勇
中共彭山纪委	马强
彭山区人民法院	张英
彭山区人民检察院	骆莎
彭山区人民武装部	任康
中共彭山区委组织部	袁杰科
中共彭山区委宣传部	康文翔
中共彭山区委统战部	谢丽
中共彭山区委政法委	陈文涛
中共彭山区委政研室	张艳红
彭山区直机关工委	周天翔
中共彭山区委群众工作部	文艺
中共彭山区委机构编制委员会办公室	陈跃武
中共彭山区委农村工作领导小组办公室	晏瑶珈
中共彭山区委老干部局	钟薇
中共彭山区委保密办（局）	龚开福
中共彭山区委党校	官为桥
彭山区史志办	刘黔玲
彭山区电子政务办公室（《今日彭山》杂志社）	周静
彭山区网格服务管理中心	向闵智
彭山区发展和改革局	李罡
彭山区经济和信息化局	袁烽赓
彭山区教育体育局	苟瑞遥　陈新春
眉山市公安局彭山区分局	张怀安
彭山区民政局	赵晓宇
彭山区司法局	帅逸
彭山区财政局	周才洪
彭山区人力资源和社会保障局	唐佩
眉山市国土资源局彭山区分局	李阳
彭山区环境保护局	何涛
彭山区住房和城乡规划建设局	唐嘉
彭山区交通运输局	周玲
彭山区水务局	车明辉
彭山区农业局	卓柯
彭山区商务局	张娇
彭山区文化广电新闻出版局	吴茜
彭山区卫生和计划生育局	方继华
彭山区审计局	张建才
彭山区统计局	赖雪英
彭山区城市行政执法局	邓洋
彭山区安全生产监督管理局	李嘉翔
彭山区食品药品监督管理局	陈妤
彭山区工商行政管理和质量技术监督局	侯璐
彭山区党务政务服务中心	刘倩
彭山区科学技术局	王丽琳
彭山区林业局	徐兵
彭山区外事侨务台湾工作办公室	曾莉
彭山区国有资产监督管理局	代亚军
彭山区粮食局	郑媞

彭山区旅游局（三产办）	冯建梅	四川彭山经济开发区管理委员会	潘　燕
彭山区畜牧局	赵庆晓	成眉石化园区管理委员会	余　珊
彭山区扶贫和移民工作局	冯建梅	岷江现代农业示范园区彭山管理委员会	夏诗淼
彭山区投资促进局	李智群	中国人民银行彭山支行	黄　琴
彭山区公共资源交易中心	李　姝	农业银行彭山分行	黄　骁
彭山区档案局	杨文娴	农业发展银行彭山支行	刘　畅
彭山区政府金融办	夏旭阳	中国建设银行股份有限公司彭山分行	陈贵全
彭山区电视台	唐　冉	中国工商银行股份有限公司彭山分行	蒲　影
彭山区市政园林管理局	袁　薇	彭山区农村信用合作联社	蒋大树
彭山区彭祖山风景区工作局	李吉玉	人保财险彭山支公司	梁林勇
彭山区城乡规划局	侯官林	中国人寿保险股份有限公司彭山区支公司	王建如
彭山区房屋征收局	余　丹	国网眉山市彭山供电公司	张雨薇
彭山区农机事业局	袁如蓉	彭山区烟草专卖局	李　群
彭山区地方税务局	王　欢	邮政彭山分公司	伍　琴
彭山区国家税务局	朱　禹	中国电信彭山分公司	陈　敏
彭山区气象局	李　超	中国移动通信集团四川有限公司彭山分公司	文　婷
彭山区精神文明建设办公室	沈秋林	凤鸣街道办事处	魏鹏瞩
彭山区老龄办	李　丽	彭溪街道办事处	胡菊香
彭山区总工会	王晓忆	青龙镇	张　敏
共青团眉山市彭山区委	阙欣琦	观音镇	余　洋
彭山区妇女联合会	刘琪珂	江口镇	雷红梅
彭山区科学技术协会	旷小玲	谢家镇	董和麟
彭山区工商业联合会	易昌明	公义镇	赖文希　袁　奥
彭山区残疾人联合会	徐建华	黄丰镇	吴先艳
彭山区红十字会	汪　泳	牧马镇	刘　勇
彭山区供销社	龙永松	武阳镇	舒鹏飞
中国民主同盟会彭山区总支	刘红玉	锦江乡	周　柯
中国民主促进会眉山市彭山区总支委员会	张　梅	义和乡	刘雨丝
中国民主建国会眉山市彭山区总支委员会	陈永华	保胜乡	黄　滢

目 录

特 载

大事记

彭山概况

政 治

经　济

文　化

社　会

人　物

乡镇概况

附　录

Contents

Special Article

Memorabilia

General situation of Pengshan

Political Affairs

Economic

Culture

Social

Figures

Towns Survey

Appendix

特　载

Special Article

解放思想 改革创新
奋力建设天府新区增长极

——在中共眉山市彭山区第二届代表大会第二次会议上的报告

中共眉山市彭山区委书记　梁　磊

（2017年2月10日）

去年9月以来，新一届区委在市委的坚强领导下，聚精会神抓党建、一心一意谋发展，团结带领全区人民，攻坚克难、奋力拼搏，干在实处、走在前列，圆满完成年初确定的各项目标任务，成功实现"十三五"开门红。

——主动作为创一流实现历史性突破。荣获全市主动作为创一流综合目标考核第1名。党风廉政建设社会满意度评价全省排位上升44位，社会治安满意度调查连续3次名列全省第一方阵。在全省率先完成区乡村三级换届，脱贫攻坚顺利通过省市验收。荣获全省"三农"工作先进县称号。

——区域经济发展实现历史性突破。县域经济发展跻身全省第15位，县级经济综合评价全省排名提升4位。GDP增速连续三年位列全市第1，财政收入突破15亿元大关。

——全面深化改革实现历史性突破。彭山被中宣部确定为全面深化改革12大重点宣传区县，中央电视台连续4次聚焦，人民日报2次头版报道，新华社通稿刊发。彭山农改获评2016年度全省最具影响力"十大经济事件"。

成绩的取得归功于市委的坚强领导，归功于全区党员干部群众的辛勤付出！在此，我代表区委，向全区广大党员干部群众，向各民主党派、工商联和社会各界人士，向驻彭部队、武警官兵、政法干警，向所有关心支持彭山发展的同志们、朋友们表示衷心的感谢并致以崇高的敬意！

站在新的历史起点，我们要更加清醒地认识彭山面临的机遇和挑战：一是彭山地缘格局更加重要。成渝经济区、成都大都市区国家战略规划已经明确，彭山位列其中；国家级天府新区发展重心南移，彭山成为"极中极"；眉山"一城双核"城市规划已经确定，彭山是重要组成部分，这些规划为彭山的发展带来全新的历史机遇。我们必须处理好“彭山与成都”“彭山与眉山”“彭山区与彭山县”三个关系，进而实现发展定位的自我提升、工作标准的全面提升、发展品质的大幅提升。二是彭山经济弯道超越到了关键期。我们的经济体量、财政收入连创历史新高，但受制于区域面积、人口数量、环境容量等束缚，继续高速发展的难度越来越大。我们必须坚持解放思想、敢于担当，勇闯新路；必须坚持开放发展、外向发展，厚植发展动力；必须坚定品质发展、创新发展，增强区域经济竞争力。

2017年工作安排

2017年，是新一届区委任期的起步之年，是落实“十三五”规划的重要之年，是推进供给侧结构性改革的深化之年，是建设天府新区增长极、大都市区新高地的关键之年，是在全省率先建成全面小康社会的决胜之年。我们要坚持稳中求进的总基调，主动适应经济发展新常态，加快转型升级，壮大实体经济，繁荣制造业，争当建设天府新区排头兵，为决胜“两个率先”作贡献，以优异的成绩迎接党的十九大和省第十一次党代会的召开。

工作思路：认真践行中央提出的“五大发展理念”和省委确定的“三大发展战略”，坚持“党建统领，解放思想，改革创新，品质发展”。坚定两个方向，坚守三大铁律，抢抓四大机遇，推进四城建设。

工作目标：全区党的建设进一步加强，党风廉政建设持续向好，风清气正的政治生态进一步巩固；县域经济发展进入全省先进行列，县级经济综合评价再提升，各项主要经济指标在全市保二争一；主动作为创一流目标绩效考核继续保持全市前列。

今年，我们要集中力量抓好十大关键任务，推动全区各项事业全面进步。

一、强化担当有为，推进思想大解放。解放思想、实事求是是我们党的生命线和工作法宝。要始终紧跟历史潮流，准确把握彭山发展的历史阶段和历史使命，自觉解放思想，高位推动工作。要坚持实事求是解放思想，坚决破除盆地意识、小农意识，认清彭山在成渝经济圈、四川天府新区、成都大都市区等国家战略规划中的重要位置，增强自信，振奋精神，敢想、敢干、敢为先。要坚持与时俱进解放思想，坚决破除陈规旧习，自觉避免坐井观天、夜郎自大，始终追求高的标准、好的办法、优的品质，深入实施“学先进、找差距、添措施”活动，推动全区各项工作不断晋位升级。要坚持问题导向解放思想，强化在其位、谋其政的责任担当，坚决杜绝麻木不仁、为官不为，要善于发现工作中的问题，敢于正视并创新思维解决问题，积小胜为大胜，一步一个脚印推动品质提升，实现弯道超越。

二、强化压实责任，推进党建大融合。事业成败关键在党，要始终保持“在党言党、在党忧党、在党抓党”的政治自觉和责任意识，层层压实党建责任，统筹整合党建资源，不断增强各级组织凝聚力、战斗力。一是要坚持党委统揽全局，加强党对经济工作的领导，支持人大、政协依法依章开展工作，支持法检两院依法独立行使司法权。二是要构建“大党建”工作体系，统筹运用纪、组、宣、政、统党建资源，健全一体化工作长效机制，形成“大党建”工作格局，推动党的建设由“线”到“面”转变。三是要压实各级党委（党组）主体责任和书记第一责任，推行党建与经济发展“双百分制”考核，探索“大党建”目标管理、过程管控、绩效评估。四是要重心下移抓基层，坚持“大党建”工作例会制度，深入推进镇村治理工作，持续抓好基层党组织标准化建设，推进新兴领域党建全覆盖，打造党建示范带和示范片。

三、强化从严治党，推进作风大转变。党风政风事关民心向背，事关生死存亡，要以“作风建设永远在路上”的韧劲，挺纪在前，常抓不懈。一是要深化纪检体制改革，构建纪委牵头抓总，纪检组日常监督全覆盖，巡查组专项巡查无缝衔接的从严治党工作格局。二是要严肃党内政治生活，严明政治纪律和政治规矩，深化党内经常性教育，常态化推进“两学一做”学习教育，针对性开展换届后各级班子培训，打造学习型、创新型干部队伍，切实增强“四个意识”“四个自信”。三是要从严干部监督管理，深入推进公务员日常考核，常态化治理“庸懒散浮拖”，坚持日常工作，当天事当天毕；群众办事，当天接当天处；上级交办，当天领当天动；同级协作，当天应当天办。四是要持续保持反腐高压态势，坚持抓早抓小抓预防，坚决查处群众身边的不正之风和腐败问题，不断巩固和发展风清气正的良好政治生态。

四、强化问题导向，推进改革大突破。改革就要“破旧立新，迎难而上”，要以“咬定青山不放松”的决心，严明责任、狠抓落实、积厚成势。一是要纵深推进农村改革，全力抓好全国农村改革试验区和全国农村“两权”抵押贷款试点，让更多的“彭山经验”在全国叫响，让更多的“彭山模式”成为全国样板；继续深入推进全省农村改革综合试验区建设、农村集体资产股份合作制改革、农村土地承包经营权自愿有偿退出改革和农村产权交易全国标准化建设体系试点。二是要深化行政管理体制改革，加大简政放权力度，推进“放管服”改革，建立“三张清单”动态调整工作机制，深化商事制度改革，加快党务政务服务中心建设，完善线上线下服务体系，推进服务型政府建设。三是要深入推进投融资体制改革，完善PPP模式，做大做强做实国有公司，支持区属国有公司发行企业债券，实现融资15亿元以上，确保向上争取各类项目资金13亿元以上。推动金融服务创新，构建多层次农村金融服务体系，着力建设便捷、高效的小微企业融资平台。四是要坚持问题导向，用改革的方法破解彭山发展的五大课题和五大难题，集中攻坚、精准发力，不断打破瓶颈制约，增强发展动力。

五、强化转型升级，推进品质大提升。面对产能过剩、消费升级的问题，我们要坚持把培育新兴产业和现代服务业作为推动发展方式转变和经济结构调整的主攻方向。一是要坚定不移推进新型工业化，在产业选择上做减法，在项目引进上做加法，打造专业化、高品质工业园区，引导产业集约集群发展，彭山经开区实现税收5.4亿元以上，成眉新能源新材料园区实现实质性产出，确保全区实现工业总产值410亿元。二是要坚定不移推进新型城镇化，牢牢把握彭山作为眉山“一城双核”重要组成部分的功能定位，加强对山水、生态、文化的挖掘、保护和利用，加快2个历史文化街区打造，顺利通过省级卫生城市复评，启动国家卫生城市创建。狠抓城市规划、建设、管理，持续完善市政配套设施，提高城市管理精细化水平。三是要坚定不移推进农业现代化，落实“一园两翼”发展布局，有序引导工商资本下乡，土地规模流转率达到60%以上。壮大柑橘、葡萄等特色优势产业，打造“彭山田野·礼”区域公共品牌，“东坡味道”产业产值突破120亿元。四是要坚定不移发展现代服务业，全力补齐三产短板，继续推动电商物流产业发展，建设辐射大西南的物流集散中心；继续抓好江口沉银遗址考古，启动张献忠江口沉银博物馆等文化展示场馆规划建设；继续完善“吃住行游购娱”全要素配套，规划建设特色餐饮街区、旅游集散中心，打造重点乡村旅游集中示范区，培育一批富有寿乡特色的旅游民宿；促进一三产业融合发展，启动4A级农业观光旅游景区创建。

六、强化挂图作战，推进项目大攻坚。项目是经济发展的支撑和抓手，要始终坚持以项目工作组织经济工作，全力推进97个重点项目建设，确保完成全社会固定资产投资256亿元以上。一是要狠抓方法创新，全面建立领导联系、现场推进、交流观摩机制，建立重点项目落实与监督平台，加大督查力度，优化考核方式，确保高效推进；全面落实重点项目清单式管理，正排工序、倒排工期、挂图作战。二是要狠抓重大项目推进，加快推动陶氏化学、苏宁二期、彭祖山综合开发、农业嘉年华等重大产业项目建设；加快推动岷江航电、成乐高速扩容、工业大道彭山段等重大基础设施建设；加快推动华夏幸福产业新城、中法农业科技园、彭祖新城、天府岷江青龙新城、牧马康养城等重大区域开发项目建设。

七、强化开放合作，推进发展大提速。历史经验多次证明，开放合作是推动发展的关键一招。“一带一路”和四川自贸区设立，从根本上改变了地缘经济格局，四川由内陆转型为开放前沿。建设天府新区增长极、大都市区新高地的目标，要求我们务必坚定外向型、开放型经济发展方向，以大开放促大发展，实现招商引资实际到位资金138亿元。一是要强化国际合作，创新利用外资方式，提升外资利用水平，紧盯“世界500强”区域布局，主动对接推介，继续推动中法农业科技园、陶氏化学、美国雅保等中外合作项目建设。二是要强化区域合作，拓展发展空间，依托成渝经济圈、成都大都市区和天府新区建设规划，加快向北对接成都、向南融入眉山，深化与成都在产业、交通、生态、社会事业等方面的合作，继续推进川藏合作，增强区域经济发展活力。三是强化校地、校企合作，充分利用高等院校、科研院所智力资源，增强党政管理的前瞻性，改进工作的标准、方法和手段，提升城市规划、互联网+等重点工作的水平；支持企业建立产学研用联盟，加快科技成果转化，提高产业层次和核心竞争力。

八、强化绿色发展，推进生态大改善。“绿水青山就是金山银山”，要像保护眼睛一样保护生态环境。一是要鲜明绿色发展理念，严守“规划先行、环保否决、安全第一”三大铁律，落实环境保护党政同责、一岗双责，坚持环境污染责任追究终身制。二是要狠抓环境污染治理，持续推进“六治”工作，以小流域河长制为抓手，加大畜禽养殖污染和农村面源污染整治力度，完成40座中小型水库水产养殖治理。实现城市规划区、工业园区和集镇污水处理厂建设全覆盖、全区生活污水处理全覆盖。三是要持续优化生态环境，全力推进“绿海明珠”“百园之市”“千湖之城”建设，持续推进“花漾彭山”“光彩彭山”行动，加快东山彩林、仙女湖森林公园和寿乡水岸·五湖四海提升工程建设，建成幸福美丽新村15个。

九、强化以人为本，推进民生大进步。“民为邦本”，民生事关老百姓的福祉，是幸福的“温度计”。要扎扎实实解决好人民群众关心的突出问题，久久为功提升人民群众幸福感。一是要巩固深化脱贫攻坚成果。完善脱贫攻坚长效机制，带着感情去工作，千方百计防止群众返贫，全面完成322户925人易地扶贫搬迁。二是要扎实推进民生社会事业。全力做好群众安置工作，加快李密路、锦江学院片区棚户区改造，推进南门庭院、牧马莲花四期等安置区建设。持续优化城乡教育布局，加快新一中、实验小学建设，启动城北幼儿园、彭祖新城西藏运动员训练中心建设。深化医药卫生体制改革，加快推进区中医院及公共卫生服务中心建设，提升城乡医疗卫生服务水平。实施全民参保计划，健全覆盖城乡居民的社会保障体系。

十、强化依法治区，推进社会大和谐。“治蜀兴川，重在厉行法治”，要坚持以法治思维理顺社会关系，夯实和谐稳定基石。一是要持续推进依法治区，不断完善依法治区八大体系，以“法律七进”为抓手，全面实施“七五”普法。二是要统筹推进精神文明建设，完成省级社会主义核心价值观示范区创建，积极参与第五届四川省文明城市创建。三是要持续巩固安全稳定局势，深入推进“雪亮工程”建设，提升网格化管理水平，织牢社会治安防控网，启动全国平安建设先进县创建；巩固多元化矛盾纠纷调处机制，不断提升群众工作水平；牢牢守住社会稳定、安全生产和食品药品安全“三条底线”，建成2个省级安全社区。四是要构建社会大团结、大和谐工作格局，加强与民主党派、工商联、无党派人士的合作共事，充分发挥工青妇等人民团体桥梁纽带作用，团结社会各界人士，同心同德推进彭山各项事业发展，促进社会大和谐。

各位代表、同志们！闻鸡起舞，登高望远。一年之计在于春，奋发有为正当时！让我们紧密团结在以习近平同志为核心的党中央周围，在中央、省委、市委的坚强领导下，不忘初心，闯关夺隘，勇当建设天府新区增长极、大都市区新高地的排头兵，以出色的成绩迎接党的十九大和省第十一次党代会召开！

名词解释

（1）大都市区：大都市区是一个跨行政区划的地理区域，以大城市为中心，由多个与中心城市有较强通勤联系的城镇组成的区域。成都大都市区规划范围包括成都、德阳、眉山、资阳全市域范围，以及雅安雨城区和名山区共37个区（市）县，将在交通、生态保护、资源利用、基础实施等方面统筹与协作。

（2）供给侧结构性改革：指从提高供给质量出发，用改革的办法推进结构调整，矫正要素配置扭曲，扩大有效供给，提高供给结构对需求变化的适应性和灵活性，提高全要素生产率，更好满足广大人民群众的需要，促进经济社会持续健康发展。

（3）“两个率先”：2017年，眉山市在全省率先实现次级突破、率先全面建成小康社会。

（4）五大发展理念：指中央提出的“创新、协调、绿色、开放、共享”发展理念。

（5）三大发展战略：指省委提出的多点多极支撑发展战略，“两化”互动、城乡统筹发展战略，创新驱动发展战略。

（6）两个方向：指区委提出的外向型、开放型经济发展方向和学习型、创新型队伍建设方向。

（7）四大机遇：指天府新区升格为国家级新区机遇、撤县设区机遇、彭山跻身全国第二批农村改革试验区机遇、综合交通同网机遇。

（8）四城建设：指区委提出的把彭山建成品质发展之城、生态宜居之城、长寿养生之城、和谐幸福之城。

（9）四个意识：指政治意识、大局意识、核心意识、看齐意识。

（10）四个自信：指中国特色社会主义道路自信、理论自信、制度自信、文化自信。

（11）PPP模式："Public-Private-Partnership"，即公私合作模式，通过私营企业、民营资本与政府进行合作，参与公共基础设施的建设，是公共基础设施中的一种项目融资模式。

（12）历史文化街区：指彭山北外街、江口古街。

（13）一园两翼："一园"即岷江现代农业园区。"两翼"即以彭祖山、中法农业科技园为重点的东翼文化体验康养区；以李密故里、双凤湖为重点的西翼生态田园养生区。

（14）一带一路：指"丝绸之路经济带"和"21世纪海上丝绸之路"。

（15）四川自贸区：指四川的区域性自由贸易园区，整体分为成都片区（成都自贸区）、泸州片区（中国（四川）自由贸易试验区川南临港片区）两个部分，总面积120平方公里。

（16）六治：指"治污""治超""治尘""治砂""治乱"和城乡环境综合治理。

（17）河长制：指一种水污染治理制度，由区级领导担任"河长"，负责辖区内河流的污染综合治理；由河流流经乡镇（街道）党（工）委书记为"河段长"；流域主要污染源业务主管部门为牵头部门，落实项目主体责任；由区环保局班子成员为"河道警长"，落实水环境监察监测责任。

（18）依法治区八大体系：指依法执政、法治政府、法治环境、全民学法、基层自治、依法经营、监督网络、舆论宣传体系。

（19）雪亮工程：指利用农村现有电视网络，将公共安全视频监控信息接入农户家庭数字电视终端，发动群众、依靠群众、专群结合，通过实时监控、远程控制、视频回放、一键报警、实时对讲、信息服务六大基础功能，形成分级处置、综合应用的常态运行机制，实现农村地区社会治安防控和群防群治工作无缝覆盖。

政府工作报告

眉山市彭山区人民政府区长　罗万东

（2017年2月13日）

2016年是彭山快速发展、品质发展的一年。一年来，我们在市委、市政府和区委的坚强领导下，在区人大常委会、区政协的大力支持下，主动作为、敢于担当、奋力前行，出色完成了年初下达的各项目标任务。

全区地区生产总值（GDP）实现134.10亿元，增长8.7%，增速全市第一；全社会固定资产投资227.30亿元，增长14.1%，增速全市第一；地方一般公共预算收入15.12亿元，增长13.3%，增速全市第一；社会消费品零售总额48.39亿元，增长13.0%，增速全市第一；三产增加值39.70亿元，增长9.5%，增速全市第二；城镇居民人均可支配收入29364元，增长8.8%，增速全市第二；农村居民人均可支配收入15405元，增长9.6%，增速全市第二；规模以上工业增加值增长10.2%，增速全市第三。县域经济发展跻身全省重点开发区和市辖区县第15位，县级经济综合评价提升4位。

2016年是彭山攻坚破难、亮点纷呈的一年。深化农村改革可圈可点。全省农村“两权”[(1)]抵押贷款现场会在彭山召开，土地流转“四步机制”[(2)]全国推广，新闻联播、人民日报数次聚焦报道。深化农村改革获评2016年全省最具影响力“十大经济事件”。招商引资厚积薄发。投资300亿元的华夏幸福产业新城正式签约，格力二期、苏宁二期、当当网全国第二总部等重点项目落户彭山。产业发展转型提质。彭祖山、江口古镇、北外街、岷江航电等重点项目破冰开局。国润新材料、联合利华纳税上亿元，进入全市前三强。工业总产值实现366亿元。品质发展硕果累累。岷东大道眉彭段、滨江大道南段建成通车，城乡污水处理厂建设项目成为全市唯一省级PPP示范项目，城市长寿绿道、仙女湖森林公园、东山彩林等城市品质提升项目正式启动。脱贫攻坚首战告捷。全区35个贫困村，1479户、4071人实现脱贫，顺利通过省、市和第三方评估机构考核验收。社会民生显著改善。安置工作取得较大进展，全年新分配安置房3008套，入住安置群众10898人。率先实施“河长制”[(3)]流域治理，经验全省推广。新一中、实验小学、区中医院等民生项目加快推进。

2016年，我区还获得了国家级国土资源节约集约模范县、四川省“三农”[(4)]工作先进县、四川省农田水利建设先进集体、四川省民营经济先进集体等荣誉。

各位委员，以上成绩是市委、市政府和区委坚强领导的结果，是区人大常委会、区政协监督支持的结果，是区级各部门和乡镇（街道）共同努力的结果，是全区人民凝心聚力、同心共建的结果。在此，我代表区人民政府，向关心政府工作的各位领导，向辛勤工作在各个领域的同志们，向所有参与、支持和关心彭山发展的朋友们表示衷心的感谢，并致以崇高的敬意！

2017年政府工作安排

2017年是本届区政府任期的开局之年。我们将认真践行中央“五大发展理念”[(5)]、省委“三大发展战略”[(6)]、市委“两个率先”[(7)]和区委“解放思想、改革创新、品质发展”思路，坚定“两个方向”[(8)]，坚守“三大铁律”[(9)]，抢抓“四大机遇”[(10)]，推进“四城建设”[(11)]，继续保持全省经济发展先进区县行列，奋力建设天府新区增长极！

2017年是彭山再出发、再追赶、再跨越的重要关键期；是“一带一路”[(12)]、四川自贸区[(13)]、成都大都市区[(14)]、天府新区建设的重要机遇期；是各种困难和压力叠加的重要挑战期。这一年，重点项目点多量大，区域竞争日趋激烈，发展任务繁重艰巨。因此，我们将2017年政府工作主题确定为“攻坚突破年”。

2017年全区经济社会发展的主要目标是：地区生产总值增长9%以上；规模以上工业增加值增长11.5%以上；第三产业增加值增长11%以上；全社会固定资产投资实现256亿元以上；地方一般公共预算收入增长10%以上；城镇居民人均可支配收入增长9%以上；农民人均可支配收入增长9.5%以上；社会消费品

零售总额增长12.6%以上；招商引资到位资金138亿元以上；民营经济增加值增长9.5%以上；城镇化率提高1.8个百分点以上。

要完成上述目标任务，我们必须坚定不移地实施“六个攻坚”，努力实现“六个新突破”。

一、实施改革开放攻坚，实现跨越发展新突破

改革是创新发展的驱动力，开放是繁荣发展的必由之路。我们要坚定不移地向改革要力量，向开放要出路。

深化农村改革。纵深推进土地流转“四步”机制，规模流转率达到60%以上。加快全国农村“两权”抵押贷款试点工作，让沉睡的农村资本“活起来”。推进农村土地承包经营权自愿有偿退出试点工作，探索宅基地自愿有偿退出与集体经营性建设用地入市，完成13个乡镇（街道）存量集体建设用地清理和2宗集体建设用地挂牌，全年收储集体建设用地100亩。

深化投融资改革。推进市政道路建设、彭祖新城等PPP[15]项目落地。支持区属国有公司发行企业债，全年融资15亿元以上。新争取各类债券资金10亿元以上。加大对企业上市和挂牌资源的培育，引导支持企业通过资本市场融资。加强财政对工业等重要领域的政策支持，引导金融资金向实体经济投放。

深化行政体制改革。继续推行“放管服”[16]改革，坚持三张清单[17]动态调整。加强党务政务服务中心建设，推进行政权力网上运行，完善线上线下服务体系，让群众“进一扇门，办所有事”。深化商事制度改革，探索“多证合一、一照一码”[18]，新增个体工商户1000户、私营企业380户，构建“亲”“清”的新型政商关系，促进民营经济快速发展。

坚定不移品质招商。重点围绕新能源新材料、装备制造、文旅、康养等主导产业和优势产业，招大引强、招高引新、招才引智，力争清华同方、绿城集团等重大项目落户彭山。加大软环境建设力度，切实为企业服务，加快签约项目落地。积极探索境外招商新模式。全年引进10亿元以上或“555”类重大企业[19]项目不少于4个，省重大活动签约项目履约率90%以上、开工率80%以上、资金到位率40%以上。

坚定不移向上争取。发展靠资金、资金靠项目、项目靠争取。要抢抓国家给予西部地区政策、资金倾斜的“窗口期”，在绿色生态和新型城镇化建设领域梳理、包装一批重大项目，深化“两走一对接”[20]，确保向上争取各类项目资金13亿元以上。

坚定不移对外合作。坚持北接成都同城发展，南融眉山市区一体，深化交通、产业、规划等方面的融合。加快区域合作，推进彭山外向度建设。搭建开放平台，积极参与各种会展活动，让彭山造走向全国。抓好天府新区、岷江现代农业园区、华夏幸福产业新城等重点区域建设，打造承接产业转移的坚实平台。

二、实施生态建设攻坚，实现绿色发展新突破

环境就是民生，绿水青山也是发展。我们要以对这片土地负责、对人民负责和对历史负责的态度，坚决打好生态环境治理攻坚战。

强化生态环境建设。深化“千湖之城[21]、绿海明珠[22]、百园之市[23]”三大工程，完成东山彩林三期、仙女湖森林公园建设，加快五湖四海·寿乡水岸项目建设，全区森林覆盖率达到36.6%，城乡绿化覆盖率达到50.5%。加快推进龚家堰水库扩容改造、府河锦江段和岷江黄金滩防洪治理工程，恢复和新增水域面积5平方公里。推进公园下乡、森林进城，完成青龙湿地公园、观音葡萄广场等11个“集镇拥翠”工程。开展省级节水型社会重点县建设。完成城南污水处理厂提标改造主体工程和观音、江口、锦江、义和、保胜5座乡镇污水处理厂建设，完成安置区集中污水处理站建设，顺利通过省级生态区验收。

强化环境综合治理。实施最严格的环保管理制度，坚决打赢大气、水、土壤污染防治“三大战役”。重拳开展“六治”[24]专项行动。强力推进“河长制”流域治理、畜禽养殖污染治理、污水处理厂及管网建设、水库污染治理“四大工程”，铁腕治理环境污染，主要污染物浓度下降5%。全面开展畜禽养殖污染整治，未达标的坚决取缔，坚决关停禁养区的54家养殖场。全面完成40座中小型水库水产养殖治理。深入推进大气污染防治，PM_{10}[25]年均浓度下降5%。持续深化城乡环境综合治理，改变农贸市场、农村集镇脏乱差现象。加大环境执法监管力度，建立环境保护司法衔接机制，坚决关闭一批污染企业，严厉依法打击破坏生态环境的行为。大力倡导绿色生活、绿色消费、绿色出行，建设生态文明新家园，人人参与、人人受益。

三、实施产业发展攻坚，实现提质增效新突破

产业是经济发展的根基。围绕规模效益同步提升、三次产业协调共进，加快构建现代产业发展新体系。

加快新型工业化发展。工业强，则彭山强。深入推进“彭山制造2025”计划，大力培育园区主导产业和战略性新兴产业。抓好格力电工二期、长安特种车、天府岷江青龙新城等13个天府新区重大产业及基础设施项目建设，完成投资21.4亿元。抓好陶氏化学、华夏幸福产业新城等6个成眉新能源新材料园区重大产业及基础设施项目建设，完成投资13亿元。中明新能源、中建、精达电器等项目竣工投产。推动产业技术创新，新培育战略性新兴企业2户。加强产学研合作，引进四川大学高分子产业孵化器项目入驻彭山，科技成果转化率达到50%。实施“小巨人”培育计划[26]，发展壮大金桐精细、思念食品等13户规上企业，新培育产值5亿元企业3户、纳税过千万企业1户。完成世界500强美国雅保并购国润新材料项目工作，推进技改扩能。加快传统产业转型升级，推进重点企业自动化、信息化、智能化改造。投入技改资金53亿元，新培育规上工业企业8户，工业总产值实现410亿元。

加快都市近郊型现代农业发展。突出抓好农业供给侧结构性改革[27]，持之以恒推进“一园两翼”[28]产业结构调整，实现农村一二三产业融合发展。完成农业嘉年华、凤鸣花谷项目建设，岷江现代农业示范园区创建国家4A级景区。加快东山、西山片区土地流转和产业结构调整，规模流转土地2.2万亩。大力推动工商资本下乡，发展壮大柑柚、葡萄、猕猴桃、花卉等特色优势产业，新培育各类新型农业经营主体80个，支持东山、西山片区各发展1个农产品冷链物流企业。实施农业品牌发展战略，做大做优“彭祖”“寿果”等特色农产品品牌，东坡味道产业产值突破125亿元。

加快第三产业繁荣发展。三产兴，则彭山旺。大力发展现代物流，启动当当网全国第二总部、苏宁西南电子商务运营中心二期建设，完善青龙物流园大宗商品平台配套服务设施，形成背靠成都、辐射西南的物流产业集群。繁荣城市商业，引进一批知名品牌入驻彭山，打造滨江餐饮休闲特色一条街。加快文旅融合发展，启动水郡未来城、市民农庄、蜀皇风情古镇、牧马康养城、彭祖山核心景区等项目建设，完成投资19.5亿元。实施乡村旅游提升行动，重点打造岷东大道沿线、公义新桥、锦江青竹沟3个乡村旅游集中示范区。办好樱花节、葡萄节、橘花节等旅游会节活动，全年旅游综合收入实现50亿元。

四、实施品质建设攻坚，实现城乡面貌新突破

始终坚持以人为本、以文为核的新型城镇化，着力打造宜居宜业文化厚重的品质之城。

坚持规划先行。推进“多规合一”[(29)]，全面提升彭山规划水平，提高工作效率。完成《地下综合管廊规划》《轨道交通专项规划》、锦江片区相关规划和策划编制工作。坚持城市规划融入长寿、忠孝等文化元素，形成彭山城市文化符号。强化规划刚性约束和执法力度，加强农村建房管理，坚决查处违法违规建设行为，保障城乡建设品质。

坚持品质建设。坚持“一城双核”[(30)]“一中心四组团”[(31)]发展布局，稳步推进全域城镇化。大力实施品质提升工程，投入4.7亿元，完成滨江路、锦江学院西路、蔡山东路和彭溪河改造等城镇基础设施建设项目。继续抓好“花漾彭山”“光彩彭山”[(32)]建设，加快城市长寿绿道建设，完成迎宾大道、锦绣大道、李密大道等道路景观改造。强化城市管理，开展店招店牌治理、沿街摆摊设点治理、建筑施工工地违规打围和城区违规停车治理专项行动。全力推进中心城区立体停车场、城西农贸商业中心建设，全面取缔露天洗车场，改造提升垃圾回收系统，解决好“停车、农贸市场、洗车、垃圾收集”四大难题。推进智慧城市[(33)]PPP招商，构建智慧城市大数据大融合格局。包装营销“长寿文化”“忠孝文化”“张献忠沉银历史文化”，增强城市文化内核，塑造城市灵魂，不断提升城市魅力。

坚持城乡统筹发展。加快城市基础设施、资源向农村延伸，大力推进农村安全饮用水工程，启动农村自来水村村通、户户通项目建设。全力推进牧马、青龙两个省级重点镇建设，启动青龙顺河新城建设，东星航空职业技术学院实现秋季招生。新建“四好”[(34)]幸福美丽新村15个，覆盖率90%以上。

五、实施交通大会战攻坚，实现畅通彭山新突破

交通是经济发展的动脉。大力实施“千亿交通大会战”，工业大道、太和大道完成路基工程。完成滨江路南段扩宽工程、天府大道和岷东大道连接线主体工程。成乐高速公路扩容彭山段6月开工建设，全年完成投资3.5亿元。启动环天府新区快速通道建设，完成前期工作并进场施工。开工建设彭祖山隧道二期工程。岷江二桥延伸段完成前期工作并进场施工。岷江航电项目10月开工建设。完成岷东大道彭山段及绿化景观提升、西南应急物资储备中心建设。开通眉彭城市公交，加快市区一体步伐。完成江白路、华彭路等乡村公路品质改善，新建“四好”农村公路56公里。构建“五纵三横一环[(35)]”交通路网，打造彭山全域至成都、眉山“半小时交通圈”。

六、实施民生改善攻坚，实现成果共享新突破

民生连着民心，民心凝聚民力，要让改革成果全面惠及于民，让全区人民有更多的获得感和幸福感。

巩固脱贫攻坚成果。突出脱贫攻坚“头等大事”，继续坚持“造血”“输血”并举，加大产业扶贫、就业促进、医疗救助等帮扶力度，实现贫困人口脱贫不返贫。狠抓易地扶贫搬迁，完成谢家、牧马、锦江、义和4个易地扶贫搬迁点建设，让322户、925人顺利入住新房。

大力发展社会事业。继续加大民生投入，确保财政用于民生支出占80%以上。建成“甲骨文”高端技术人才创新创业基地。加强城乡居民养老、医疗保险扩面工作，持续提升社会保障能力。推进李密路、锦江学院安置区建设。加快南门庭院、牧马莲花四期、彭祖山长寿小镇二期等安置区建设。调整农村学校布局，实现乡镇中小学教育教学资源集中优化。完善教师绩效激励机制，提升彭山教育水平。完成新一中主体工程、实验小学扩建工程，启动城北幼儿园建设。启动彭祖新城西藏体育运动中心建设。完成区中医院及公共卫生服务中心主体工程建设，提升城乡医疗卫生服务水平。完成公义敬老院改扩建主体工程，打造全省示范敬老院。推行绿色殡葬，加快“天寿园”建设。完成全国第三次农业普查入户登记工作。着力挖掘文化优势，启动江口古镇、北外街历史文化街区建设，完成“张献忠江口沉银”水下考古发掘二期工程。启动彭山博物馆建设，完成彭山文化馆、图书馆、展览馆、档案馆主体工程。

加强社会治理。加强社会治安防控体系建设，推进“雪亮”(36)工程，提高“天网”(37)覆盖率，严厉打击各类违法犯罪。全面实施“七五”普法。启动全国平安建设先进区县创建工作，建成全区应急联动指挥中心。强化砂石资源开发管理，逐步关停砂石生产加工企业。健全安全生产长效机制，坚决杜绝较大及以上安全生产事故发生。建成公义、保胜2个省级安全社区。

各位委员，新形势、新任务，对政府自身建设提出了更高要求。区政府将始终坚持依法行政，将政府各项工作纳入法治轨道，让权力在阳光下运行。始终坚持勤政务实，把万家忧乐放在心头，把作风建设抓在手上，让政务服务更加优质高效。始终坚持廉洁从政，以“零容忍”态度惩治腐败、纠正“四风”(38)，让政府更加廉洁高效、风清气正。

各位委员，没有比人更高的山、比脚更长的路。彭山发展之路靠我们大家去铺就。新蓝图、新征程、新使命，让我们在市委、市政府和区委的坚强领导下，闻鸡起舞，撸起袖子加油干，甩开膀子勇攻坚，为把彭山建成天府新区增长极而不懈努力！

名词解释和说明

（1）两权：指农村宅基地使用权和集体建设用地使用权。

（2）四步机制：我区在农村改革试验中，探索形成的规范化土地流转模式。“三级土地预推——平台公开交易——资质审查前置——风险应急处理”四个步骤，有效解决了土地高效便捷流转和保证农民获得持续稳定收益的问题。

（3）河长制：我区创新实施的水污染治理制度，由区领导担任“河长”，负责辖区内河流的污染综合治理；由河流流经乡镇党委书记为“河段长”；流域主要污染源业务主管部门为牵头部门，落实项目主体责任；由区环保局班子成员为“河道警长”，落实水环境监察监测责任。

（4）三农：指农业、农村和农民。

（5）五大发展理念：为实现“十三五”发展目标，中央提出的创新、协调、绿色、开放、共享的发展理念。

（6）三大发展战略：省委提出的多点多极支撑发展战略，“两化”互动、城乡统筹发展战略，创新驱动发展战略。

（7）两个率先：2017年，眉山市要在全省率先实现次级突破，率先实现全面小康。

（8）两个方向：指区委提出的外向型、开放型经济发展方向和学习型、创新型队伍建设方向。

（9）三大铁律：规划先行、环保否决、安全第一。

（10）四大机遇：指天府新区升格为国家级新区机遇、撤县设区机遇、彭山跻身全国第二批农村改革试验区机遇、综合交通同网机遇。

（11）四城建设：品质发展之城、生态宜居之城、长寿养生之城、和谐幸福之城。

（12）一带一路：指“丝绸之路经济带”和“21世纪海上丝绸之路”。

（13）四川自贸区：指四川的区域性自由贸易园区，整体分为成都片区（成都自贸区）、泸州片区（中国（四川）自由贸易试验区川南临港片区）两个部分，总面积120平方公里。

（14）成都大都市区：大都市区是一个跨行政区划的地理区域，以大城市为中心，由多个与中心城市有较强通勤联系的城镇组成的区域。成都大都市区规划范围包括成都、德阳、眉山、资阳全市域范围，以及雅安雨城区和名山区共37个区（市）县，将在交通、生态保护、资源利用、基础实施等方面统筹与协作。

（15）PPP模式：“Public-Private-Partnership”，即公私合作模式，通过私营企业、民营资本与政府进行合作，参与公共基础设施的建设，是公共基础设施中的一种项目融资模式。

（16）放管服：指简政放权、放管结合、优化服务。

（17）三张清单：“行政权力清单、政府责任清单、投资项目限制禁止清单”制度。通过编制清单，为权力定好界，做到“法无授权不可为”；为政府明好责，做到“法定职责必须为”；为市场确好权，做到“法无禁止皆可为”。

(18)“多证合一、一照一码”：在企业“五证合一、一照一码”改革的基础上，探索推动更多涉企证照与营业执照整合。“五证合一、一照一码”，即在全面实施工商营业执照、组织机构代码证、税务登记证“三证合一”登记制度的基础上，再整合社会保险登记证和统计登记证。“一照一码”，就是将由工商、质监、税务分别核发不同证照，改为由一个部门核发加载法人和其他组织统一社会信用代码的营业执照。

（19）555类重大企业：世界五百强、中国五百强、中国民营五百强企业。

（20）两走一对接：“走下去”解决问题、破解难题；“走出去”招商引资、推荐产品；“一对接”，对接项目，争取政策、项目和资金的支持。

（21）千湖之城：2013年，市委决定实施“千湖之城”工程，力争恢复和新增水域面积100平方公里以上、达到600平方公里以上。

（22）绿海明珠：2013年，市委决定实施“绿海明珠”工程，力争森林覆盖率达到45%以上、城乡绿化覆盖率达到50%以上。

（23）百园之市：2014年5月，市政府批准实施《眉山市百园规划》，计划到2016年全市公园总量达到117个，到2030年达到262个。

（24）六治：治砂、治尘、治污、治乱、治超、治庸懒散浮拖。

（25）PM_{10}：指可吸入颗粒物。

（26）“小巨人”培育计划：为加快推进重点工业企业转型升级、创新发展，精准着力培育一批成长型好、创新能力强、带动效应显著的重点工业企业。

（27）供给侧结构性改革：指从提高供给质量出发，用改革的办法推进结构调整，矫正要素配置扭曲，扩大有效供给，提高供给结构对需求变化的适应性和灵活性，提高全要素生产率，更好满足广大人民群众的需要，促进经济社会持续健康发展。

（28）一园两翼：“一园”，即岷江现代农业园区。“两翼”，即以彭祖山、中法农业科技园为重点的东翼文化体验康养区；以李密故里、双凤湖为重点的西翼生态田园养生区。

（29）“多规合一”：统筹经济社会发展、城乡、土地利用、生态环境保护等规划，做好相互衔接，形成一个市县一本规划、一张蓝图。

（30）一城双核：是眉山市“一心两翼三带”布局中“一心”内容，即“一心”以市中心城区为中心，形成东坡城区、彭山城区“两核”。

（31）一中心四组团：中心城区打造眉山核心区彭山组团；青龙、观音组团打造天府新区产业热土。谢家、公义组团打造新兴产业与现代生活相结合的产业新城。牧马、锦江组团打造生态宜居度假新城。江口、武阳组团打造集古镇游览、养生养老、农业观光于一体的都市后花园。

（32）花漾彭山、光彩彭山：我区为提升城市品位，在全区组织开展的城市美化亮化工程。

（33）智慧城市：指运用信息和通信技术手段感测、分析、整合城市运行核心系统的各项关键信息，从而对包括民生、环保、公共安全、城市服务、工商业活动在内的各种需求做出智能响应。

（34）四好：指住上好房子、过上好日子、养成好习惯、形成好风气。

（35）五纵三横一环：“五纵”：岷东大道（省道103线彭山段新建工程）、滨江大道、工业大道、G245、成乐高速公路。“三横”：环天府新区快速通道、彭山城区北绕城路、“两翼”连接线。一环：彭山环线。建设完成太和大道、东星航空大道、天府大道眉山段与岷东大道连接线，建设里程为155.3公里，“十三五”期间计划总投资95.3亿元。

（36）雪亮工程：指利用农村现有电视网络，将公共安全视频监控信息接入农户家庭数字电视终端，发动群众、依靠群众、专群结合，通过实时监控、远程控制、视频回放、一键报警、实时对讲、信息服务六大基础功能，形成分级处置、综合应用的常态运行机制，实现农村地区社会治安防控和群防群治工作无缝覆盖。

（37）天网：是指为满足城市治安防控和城市管理需要，利用图像采集、传输、控制、显示等设备和控制软件组成，对固定区域进行实时监控和信息记录的视频监控系统。

（38）四风：指形式主义、官僚主义、享乐主义、奢靡之风。

大事记

Memorabilia

2016年彭山大事记

一 月

5日 彭山区在区委老干部局举行2016年春节慰问老干部大会。区委书记梁磊，区委副书记、区长罗万东，区人大常委会主任钟建成，区政协主席谭福轩出席会议。会议由区委常委、组织部部长李勇刚主持。

是日 彭山区邀请3名国内知名专家，为当地68户规模企业业主，讲授发明专利申请的重要意义和企业在“新三板”挂牌的政策解读及操作实务等知识。区委副书记郭红出席培训会。

6日 省委教育工委副书记、省教育厅党组成员刘晓晨一行，到彭山亲切慰问彭山区部分困难教职工。市教体局局长廖仁军、副区长胡志中陪同慰问。

是日 受区委副书记、区长罗万东委托，区委常委、常务副区长李洪强主持召开区第一届人民政府第十四次常务会。

是日 全国安全生产电视电话会议召开。副区长赵飞宇，区级有关部门和乡镇负责人在彭山分会场参加会议。

7日 市委副书记刘十庆到彭山，调研彭山区脱贫攻坚工作开展情况。区委书记梁磊，区委副书记、区长罗万东，区委常委郭茂陪同调研。

是日 中共眉山市彭山区一届五次全委（扩大）会议举行。

8日 区第一届人大常委会第十五次会议召开。区人大常委会主任钟建成，副主任罗会华、王洪、余玺樟，区第一届人大常委会全体组成人员出席会议。副区长赵飞宇、区政协副主席喻旭等列席会议。

11日 政协眉山市彭山区委员会一届六次常委会在区政协会议室召开。区政协主席谭福轩，副主席郑玉忠、喻旭、毛太忠出席会议。

12日 国家“十二五”重大科技专项“H型高血压比较效果学（CER）研究”项目在区人民医院启动，这标志着彭山区首次承担国家“十二五”重大专项项目。

14日 彭山区法学会成立暨第一次会员

代表大会在区政府礼堂召开。区委常委、政法委书记李忠云，区人大常委会副主任王洪出席会议。副区长、区公安分局局长郭益主持会议。省、市法学会相关领导，区法学会其他会员代表等参加会议。会议还审议通过区法学会表决办法，选举产生彭山区法学会第一届理事会的理事、常务理事、会长、副会长、秘书长。

18日至19日 中国共产党眉山市彭山区第一届代表大会第二次会议在区委会议中心召开。

19日 市委常委、市纪委书记祝云到彭山，对其联系的6户困难户进行春节节前走访慰问，并为他们带去慰问品以及新春的祝福。区委书记梁磊，区委常委、纪委书记罗焱陪同慰问。

19日至21日 中国人民政治协商会议眉山市彭山区第一届委员会第二次会议在区委会议中心召开。会议听取并讨论区政府工作报告；听取并审议政协眉山市彭山区第一届委员会常务委员会工作报告、政协眉山市彭山区第一届委员会常务委员会关于提案工作情况的报告；听取并讨论了区人民法院、区人民检察院工作报告及计划、区财政工作报告、区“十三五”规划纲要。

21日至23日 眉山市彭山区第一届人民代表大会第二次会议在区委会议中心召开。

26日 副市长汪树槐到彭山，看望慰问贫困党员、烈士家属、困难职工、残疾人、退休知识分子和老复员军。区委副书记郭红陪同慰问。

是日 副市长、市公安局局长辜永忠到彭山，慰问夏复华、盛荣成、宋文清三位困难户老人。区委副书记、区长罗万东，区委常委、副区长蒋会强，副区长、区公安分局局长郭益等陪同慰问。

是日 彭山区2016年安全生产工作会在区政府礼堂召开。区委副书记、区长罗万东出席会议并讲话。

27日 市委常委、宣传部部长周孝平率领市文广新局和市消防支队检查彭山区文化市场经营场所的经营管理和安全生产工作。区委常委、宣传部部长马炜，区文广新局和消防大队相关负责人陪同检查。

是日 区委常委、副区长姚文第带队深入乡镇、CNG加气站开展安全生产检查。区发改局等相关部门负责人陪同检查。

是日 区委常委、副区长蒋会强率队走访慰问驻彭官兵。

28日 2016年全区公安工作会在区公安分局召开。区委副书记、区长罗万东，区政协主席谭福轩，区人大常委会副主任王洪，副区长、区公安分局局长郭益出席会议。

是日 全区高层次紧缺人才座谈会在区委常委会议室召开。区委常委、组织部部长李勇刚出席。

29日 彭山经开区召开2015年度工作总结会，彭山经开区党工委书记邓强、彭山经开区管委会主任严开义出席会议。

是日 副区长廖伟慰问锦江乡永泉村贫困党员曾树华，为她带去党和政府的祝福和问候。

是日 区政协主席谭福轩前往观音镇果园村，看望慰问结对帮扶户，在新春佳节来临之际为他们送去党和政府的关心和祝福。

二 月

1日 副市长唐宏率市邮政管理局、市安监局负责人一行，深入彭山区开展节前危爆物品寄递物流专项清理整顿工作，对彭山区危爆物品寄递物流清理整顿落实情况进行督察。副区长赵飞宇及区级相关部门负责人陪同督察。

是日 区法院召开2015年度工作总结暨表彰大会。区委常委、政法委书记李忠云，区人大常委会副主任王洪，区政协副主席卓德松出席会议。

是日 中共眉山市彭山区凤鸣镇第一届代表大会第一次会议在区住建局二楼会议室召开。

2日 区委书记梁磊，区人大常委会主任钟建成，区政协主席谭福轩，副区长、区公安分局局长郭益等领导亲切慰问城区470余名辛勤工作在一线的环卫工人。

是日 彭山区食安委成员单位工作会暨2016年全区食品药品监管工作会在区政府礼堂会议室召开。区委常委、常务副区长李洪强，区委常委、副区长蒋会强，区委常委郭茂出席会议。

是日 区总工会召开“寿乡职工心连心”活动迎春座谈会。来自全区各地的返乡务工、创业人员代表参加座谈。

是日 中共武阳镇第一届代表大会第一次会议在泥湾村会议室召开。

3日 彭山区召开村（社区）党组织书记迎春座谈会。区委书记梁磊，区委副书记、区长罗万东等出席座谈会。

是日 彭山区组织各界返乡代表召开“喜看家乡新变化”迎春座谈会。会前，与会人员前往滨江大道、天府新区彭山青龙区域、岷江农业园区等地进行现场参观。区领导梁磊、钟建成、谭福轩、马炜、廖伟等出席座谈会。

是日 由彭祖山工作局、彭山旅游局主办，四川彭祖山旅游发展有限公司承办的2016彭祖大庙会正式启动。

14日 眉山市彭山区第一届人民政府第三次全体（扩大）会议在区委会议中心二楼大会议室召开。区委副书记、区长罗万东主持会议并讲话。

15日 眉山市彭山区第一届人民政府第十五次常务会召开，区委副书记、区长罗万东主持会议。会议审议《眉山市彭山区城区建筑施工工地进出口管理办法》；进行了人事任免等其他事项。

17日 区党建工作会在区委会议中心二楼大会议室召开。区委书记梁磊出席会议。区委副书记、区长罗万东主持会议。

是日 区纪委一届二次全会在区委会议中心二楼大会议室召开。区委书记梁磊，区委副书记、区长罗万东出席会议。区委常委、区纪委书记罗焱主持会议。

18日 全区创新创业暨民生工作会在区委会议中心二楼大会议室召开。

是日 全区脱贫攻坚工作会在区委会议中心二楼大会议室举行。

19日 全区经济工作暨城市工作会在区委会议中心二楼大会议室召开。

23日 彭山区创业孵化园青年创客支部委员会成立暨授牌仪式在彭山区大学生创业孵化园举行。这标志着全市首个青年创客党支部的成立。区委常委、组织部部长李勇刚出席，并为创业孵化园青年创客支部委员会的成立进行授牌。区人社局党委相关负责人宣读了孵化园青年创客支部委员会成立的批复及选举结果的批复。批复同意成立孵化园青年创客支部委员会，同意选举冉林源为党支部书记。

25日　由贵州省湄潭县县委书记魏在平率领的党政考察团到彭山，就彭山区工业经济和现代农业发展等内容进行考察。区人大常委会主任钟建成、区政协主席谭福轩、区委副书记郭红等陪同考察。

是日　区委副书记、区长罗万东率队前往区环保局检查、调研环保工作。副区长赵飞宇陪同调研。

26日　全区2016年度卫生和计划生育工作会在区政府礼堂召开。副区长廖伟出席会议。

是日　国务院打击治理电信网络新型违法犯罪工作部际联席会议第二次会议暨专项行动推进工作电视电话会议召开。副区长、区公安分局局长郭益出席彭山分会场会议。

三　月

1日　区委副书记、区长罗万东率领区水务局、扶贫移民局等相关部门负责人深入龚家堰水库扩容工程现场，就加快推进该工程移民安置、建设进度等进行实地调研。区委常委郭茂等陪同调研。

2日　国务院教育督导组到彭山，专项督导检查彭山区2016年春季开学情况。

4日　区委副书记、区长罗万东率队前往牧马镇，调研复地黄龙溪谷项目推进情况。区委常委郭茂、区人大常委会副主任余玺樟陪同调研。

7日　区委副书记、区长罗万东率队到区文广新局，调研全区文化事业发展工作。区委常委、宣传部部长马炜陪同调研。

是日　2016年四川省消防工作电视电话会议在成都召开。副区长、区公安分局局长郭益在彭山分会场收听、收看会议。

9日　眉山现代工业新城2016年建设推进会在天府新区彭山经济开发区召开，会议就新城2016年各项工作进行研究部署。副市长唐宏，区委副书记、区长罗万东，区委常委、副区长姚文第，彭山经开区党工委书记邓强，成眉石化园区党工委书记周荣华，市级有关部门、各园区主要负责人出席会议。

是日　乐山市关工委执行主任李留根率领乐山市关工委考察组到彭山，参观考察彭山区青少年社会实践基地。

是日　彭山区2016年“治乱”工作会召开。区政协主席谭福轩在会上讲话，副区长、区公安分局局长郭益出席会议。

10日　区政协主席谭福轩、副区长赵飞宇组织召开“治污、治砂、治超”专题工作会，对2016年的专项治理工作进行安排部署。

是日　全区行权平台运行、政府网站建设和信息公开工作推进会在区政府礼堂召开。区委常委、常务副区长李洪强出席会议。

是日　彭山区工会经费代征改革工作会在区委会议中心二楼大会议室召开。区委常委、区总工会主席郭茂出席会议。

10日至11日　省司法厅组织的“六五”普法全国法治宣传教育先进县（市、区）第四检查审核组到彭山，通过实地走访、听取汇报、现场测评等方式，对彭山区2011—2015年普法工作进行检查审核。彭山顺利通过检查审核组的验收。

11日　区人大常委会主任钟建成、区政协主席谭福轩等区“四大家”领导到滨江路南段带头开展义务植树活动，共同为寿乡大地植下一片新绿，以实际行动带领全区人民掀开2016年“绿海明珠”大会战的序幕。

是日 2016年全区狂犬病防制、动物春防、政策性农业保险暨畜禽污染治理工作会议在区政府四会议室召开。区委常委郭茂出席会议。

14日 区委副书记、区长罗万东在彭山会见华夏幸福基业股份有限公司及其合作的华高莱斯国际地产顾问有限公司、中国城市规划设计院等公司代表一行40余人，双方就约定区域的合作进行交流访谈。区委常委、副区长姚文第，成眉新能源新材料园区管委会主任杨兴弘等出席访谈会。区级相关部门及项目涉及乡镇负责人等参加访谈会。

15日 市政协副主席王志敏一行到彭山，调研彭山区“银会”合作工作开展情况。区政协主席谭福轩陪同调研。

是日 区政协主席谭福轩率区委政法委、区委统战部、区林业局、区国资局等部门负责人，到联系乡镇观音镇出席脱贫攻坚联系工作对接会，开启对接脱贫攻坚工作。区人大常委会副主任王洪、区政协副主席卓德松及观音镇相关负责人等参加会议。

16日 人行成都分行副行长李铀率队到彭山，就彭山区“两权”融资试点工作开展情况进行调研并召开专题座谈会。市委副书记刘十庆，区委副书记、区长罗万东，区委副书记郭红，区委常委郭茂，区人大常委会副主任罗会华，市、区级相关部门、金融机构负责人等陪同调研并座谈。

是日 区第一届人大常委会第十六次会议在区人大机关五楼会议室召开。区人大常委会主任钟建成主持会议，区第一届人大常委会全体组成人员出席会议。副区长廖伟，区政协副主席喻旭，区法院、区检察院和区级相关部门、各乡镇负责人等参加会议。会议对区住建局、区财政局办理区人大常委会工作评议意见落实情况进行满意度测评；听取和审议了区人民检察院关于职务犯罪侦查工作情况的汇报。会议还进行了人事任免。

17日 2016年全国打击侵权假冒工作电视电话会议召开。副区长胡志中在彭山分会场出席会议，区级相关部门及各乡镇相关负责人参加会议。

是日 全市2016年“绿海明珠、千湖之城、百园之市”工作推进电视直播大会召开。区人大常委会主任钟建成、区委副书记郭红、区委常委郭茂等参加彭山分会场会议。

是日 区委副书记郭红组织召开“两权”抵押贷款试点工作推进会。区级相关部门、金融机构负责人、部分农业项目业主代表等参加会议。

是日 区政协党组书记、政协主席谭福轩，政协副主席郑玉忠到所联系的市级贫困村公义镇新桥村调研和指导脱贫攻坚工作，并主持召开专题座谈会，区级相关部门负责人、新桥村村两委班子全体成员参加座谈会。

18日 民进眉山市彭山区总支委员会第三次会员大会在兴铁宾馆召开。会议审议通过民进彭山区总支第二届委员会工作报告，选举中国民主促进会眉山市彭山区第三届委员会委员。

21日 彭山区2016年环境保护暨秸秆禁烧和综合利用工作会在区委会议中心二楼大会议室召开。

是日 彭山区2016年财税金融、审计、国土工作会在区委会议中心二楼大会议室召开。

22日　绵阳市政府副秘书长姚光华带领绵阳市级有关部门和安县有关负责人一行到彭山，学习考察撤县建区工作和县域经济发展情况。

是日　区政协副主席、区工商联主席毛太忠率区工商联全体机关干部到青龙镇，就商会工作进行专题调研并召开座谈会。区政协副主席、区委统战部部长卓德松，区纪委、区监察局、区投促委相关负责人受邀参加座谈会。

是日　彭山区2016年疾病防控和爱国卫生工作会在区政府礼堂召开。

24日　全市城乡规划监督工作会在彭山区召开。市人大常委会党组副书记、市规划监督委员会主任阳金和，市人大常委会副主任陈万忠，副市长付庆一，区委常委、政法委书记李忠云，区人大常委会副主任罗会华出席会议。

是日　区政协主席谭福轩在区政协六楼会议室主持召开彭山区2016年春季义务植树工作会。区委常委、组织部部长李勇刚出席会议，各责任单位的分管领导参加会议。

是日　彭山区召开2016年依法治区工作推进会。区委副书记郭红，副区长、区公安分局局长郭益出席会议。

是日　彭山区2016年民政工作会在区政府四会议室召开。区委常委、副区长蒋会强出席会议。

25日　市人大常委会主任贺文、市政协主席王影聪率市委农村工作会议与会人员，到彭山视察参观都市近郊型现代农业发展情况。区委副书记郭红、区委常委郭茂随同参观。

是日　中国共产党彭山区第一届纪律检查委员会第三次全体会议在区政府四会议室召开。区委常委、纪委书记罗焱出席会议。该次纪委全会应到区纪委委员30人，实到29人，符合规定人数。

28日　国务院第四次廉政工作电视电话会议召开。区委副书记、区长罗万东，区委常委、纪委书记罗焱在彭山分会场参加会议。

是日　眉山市彭山区第一届人民政府第十六次常务会召开。区委常委、区长罗万东主持会议。会议组织学习《中华人民共和国预算法》。会议还审议了其他事项。

29日　区人大常委会主任钟建成率调研组前往彭山区农村产权交易服务中心、凤鸣镇、观音镇等地，就彭山区农村改革试验区推进情况开展专题调研。区委副书记郭红、区委常委郭茂、区人大常委会副主任罗会华随同调研。

30日　全省脱贫攻坚专题辅导报告会以电视电话会形式召开。区委副书记、区长罗万东，区人大常委会主任钟建成，区政协主席谭福轩等在彭山分会场出席会议。

是日　省防汛抗旱指挥部检查组到彭山，检查、督导彭山区2016年防汛准备工作情况，区委常委郭茂陪同检查。

31日　区委副书记、区长罗万东深入彭山经济开发区，就全区重点项目建设推进情况和园区发展建设进行调研。区委常委、副区长姚文第，彭山经开区党工委书记邓强，彭山经开区管委会主任严开义等随同调研。

四　月

1日　全市纪念毛泽东等老一辈革命家签名倡导火葬60周年宣传活动暨第四届集体公益生态葬仪式在彭山区莲花公墓举行。区委常委、副区长蒋会强出席活动并致辞。

是日　彭山区召开区一届二次党代会代

表提案、意见和建议交办工作会。

5日 民盟四川省委秘书长姚其清率队到彭山经开区海尔（天府新区）创新产业园、经开区党群服务中心、青龙现代物流园等实地调研。市政协副主席杨常沙、区政协主席谭福轩等陪同调研。

是日 凤鸣镇创业就业服务中心在凤鸣镇政府正式挂牌成立。这标志着彭山区首个规范化、标准化的乡镇创业就业服务中心正式建成并投入使用。副区长廖伟出席授牌仪式并授牌。

是日 副区长廖伟前往凤鸣镇、岷江现代农业园区彭山区域、公义镇、经开区等地调研全区就业创业工作。

6日 省政府在成都召开第四次廉政工作电视电话会议，区委副书记、区长罗万东等参加彭山分会场的会议。

是日 全区秸秆禁烧与综合利用工作推进会在区政府一会议室召开。副区长赵飞宇主持会议。

是日 彭山区2016年消防工作会议在区政府礼堂召开。

7日 副市长汪树槐率市级相关部门主要负责人到彭山，对彭山区脱贫攻坚工作进行专项督察。区委副书记、区长罗万东，区委常委郭茂等陪同督察。

8日 市委副书记、市长罗佳明到彭山，专题调研中法农业科技园项目推进情况。区委副书记、区长罗万东，区委副书记郭红等陪同调研。

是日 彭山区村级集体资产股份合作制改革工作动员会在区政府四会议室召开，标志着彭山区村级集体资产股份合作制改革工作正式启动。区委副书记郭红、区委常委郭茂出席会议。

11日 由市政协副主席、市委统战部部长黄玉蓉率领的生态红利惠及于民工作调研组一行到彭山，就彭山区生态红利惠及于民工作展开调研并召开座谈会。区政协主席谭福轩，区政协副主席、区委统战部部长卓德松参加座谈。

12日 集中整治青龙场火车站货运秩序动员大会在彭山经开区党群服务中心会议室举行。副区长、区公安分局局长郭益出席会议。

13日 区委副书记、区长罗万东率队到区城市执法局、区生活垃圾压缩转运站、区交警大队专题调研城市管理工作，并召开座谈会。

是日 彭山区2016年银政企工作对接会在兴铁宾馆召开。区委常委、常务副区长李洪强，区委常委、副区长姚文第出席会议。

是日 全区第二季度安全生产工作会在区政府四会议室召开。副区长赵飞宇出席会议。

14日 四川省“两学一做”学习教育工作座谈会在成都召开。会议以电视电话形式进行，在彭山设分会场。区委副书记、区长罗万东，区人大常委会主任钟建成，区政协主席谭福轩等在彭山分会场出席会议。

是日 市人大常委会副主任陈万忠率执法检查组到彭山，对《四川省农村扶贫开发条例》贯彻实施情况开展检查。区人大常委会主任钟建成、区委常委郭茂、区人大常委会副主任罗会华等陪同检查。

是日 区政协专题调研组调研彭山区闲置土地利用情况。区政协主席谭福轩，副主席毛太忠、卓德松等参加调研活动。

是日 2016年彭山区党建电商创业培训提高班开班仪式在伟业广场十一楼创业孵化园

举行。

15日 全省道路交通安全综合治理长效机制建设年行动电视电话会议召开。副区长、区公安分局局长郭益在彭山分会场参加会议。

18日 市委副书记、市长罗佳明率队到彭山，深入建设现场，实地调研第五片区重点项目建设情况，并主持召开工作推进会，听取片区情况汇报，协调解决重点项目推进中的具体困难和问题。市委常委、常务副市长邓正权，市政协副主席王志敏，市政府秘书长肖忠良，区委副书记、区长罗万东，区人大常委会主任钟建成，区政协主席谭福轩等陪同。

21日 区委副书记、区长罗万东专程前往市环保局，与市环保局局长江昌淆等领导班子成员及相关科室负责人就“如何守住彭山的青山绿水，实现彭山绿色、可持续发展”进行了座谈。副区长赵飞宇，区环保局有关负责人参加座谈会。

是日 彭山区脱贫攻坚工作通报会在区政协6楼会议室召开。区政协主席谭福轩出席会议。区委常委郭茂受邀参加会议。区政协副主席郑玉忠、喻旭、毛太忠、卓德松参加会议。会议听取全区脱贫攻坚工作开展情况汇报和第一书记驻村开展扶贫攻坚工作的情况通报。彭山区2015年末顺利实现12个市级贫困村和4个县级贫困村摘帽、3219名贫困人口脱贫的阶段性目标。

22日 省总工会党组书记、副主席胥纯一行到彭山区，看望慰问彭山区省级劳动模范张志祥、彭启芬、何淑琼、朱承海，为他们送去党和政府的关心。市委书记李静，市委常委、市纪委书记、市总工会主席祝云，区委副书记、区长罗万东，区委常委、区总工会主席郭茂一同慰问。

是日 市人大常委会主任贺文率市人大常委会执法检查组对彭山区贯彻实施《中华人民共和国城乡规划法》情况以及城乡规划监督工作进行检查。市人大常委会副主任陈大权、李永高，副市长付庆一，区委副书记、区长罗万东，区人大常委会主任钟建成，区委常委、常务副区长李洪强陪同检查。

25日 2016年全区防汛抗旱暨地质灾害防治工作会在区委会议中心二楼大会议室召开。区委副书记、区长罗万东主持会议并讲话。区委常委郭茂参加会议。

是日 由区总工会、团区委等部门主办，观音镇党委政府、观音铺社区两委协办的全区2016年度公益服务项目签约暨服务基层“益行动”启动仪式在观音镇举行。区委副书记王艳出席并宣布“益行动”启动，区委常委、区总工会主席郭茂主持会议。

26日 区人大换届纪律谈心谈话座谈会在区委会议中心二楼大会议室召开。区人大常委会主任钟建成出席会议并与人大代表谈心谈话。

27日 彭山区召开金融机构、保险公司农村“两权”抵押融资产品路演大会，就进一步推动全区“两权”融资试点工作有关融资产品创新内容进行研究部署。区委副书记郭红出席会议。

27日至28日 由区人大常委会主任钟建成率领的调研组到区交通运输局、区公安分局、区国土分局、区民政局等部门，就新《中华人民共和国预算法》执行情况展开专题调研视察。区人大常委会副主任余玺樟随同视察。

28日 民政部副部长顾朝曦一行到彭山，

先后深入青龙镇龙都社区、四川果怡农业科技有限公司、彭山区创业孵化园进行实地调研。省政府副秘书长陈越良，省民政厅厅长黄明全，市委书记李静，市委副书记、市长罗佳明，副市长辜永忠，区委副书记、区长罗万东，区委常委、副区长蒋会强随同调研。

是日　由区人大常委会主任钟建成，副主任罗会华、王洪、余玺樟及部分常委会委员、区人大代表等组成的调研组对彭山区城市规划区未建成区基础设施建设情况进行专题调研。副区长赵飞宇，区级相关单位、部门主要负责人陪同调研。

29日　全区户籍和实有人口信息清理登记专项行动工作会议在区委会议中心二楼大会议室召开。区委常委、副区长蒋会强，副区长、区公安分局局长郭益出席会议。

五　月

4日　区委书记梁磊率队前往新中医院施工现场、城南小学施工现场、城西农贸市场片区综合改造地、就业和社会保障服务中心建设现场、区公安分局业务技术用房建设现场、省残疾人体育训练中心等项目处实地查看。并召开全区重点项目建设推进现场会，协调解决项目施工难题，督促项目加快建设进度。

是日　区人大常委会主任钟建成、副主任罗会华率区人大调研组对全区拆迁安置工作推进情况进行调研。区委常委、政法委书记李忠云，彭山经开区管委会主任严开义，成眉石化园区管委会主任杨兴弘等陪同调研。

5日　彭山区召开区食品安全委员会第二次全体成员会议。区委常委、副区长蒋会强出席会议。区食安委成员单位主要负责人，各乡镇分管领导，食安办、食药监所负责人和相关企业负责人参加会议。

是日　区人大常委会主任钟建成，副主任罗会华、周惠率区人大调研组到滨江路南段建设施工现场，岷东大道眉彭段等地，就全区抢抓综合交通同网建设机遇工作推进情况进行调研。副区长赵飞宇、区交通局主要负责人等陪同调研。

6日　眉山市彭山区第一届人民政府第十八次常务会召开。

9日　国务院召开全国推进简政放权放管结合优化服务改革电视电话会议。区委副书记、区长罗万东出席彭山分会场会议并就贯彻落实会议精神提出要求。区委常委、副区长蒋会强，副区长廖伟、胡志中、郭益、赵飞宇等出席彭山分会场会议。

是日　副市长吴爱玲到彭山，就川大锦江学院建设以及学院教育教学情况进行专题调研。区委副书记、区长罗万东，副区长胡志中等陪同调研。

是日　区委书记梁磊率队前往公义镇、观音镇、黄丰镇、武阳镇，就全区文化阵地建设情况展开专题调研。区委常委、常务副区长李洪强，区委常委、宣传部部长马炜陪同调研。

10日　2016年全国普通高校招生考试安全工作电视电话会议、2016年全省普通高校招生考试安全工作电视电话会议相继召开。

是日　区人大常委会主任钟建成率调研组到彭山北站、水岸花堤、城南小学等地，就彭山区抢抓撤县设区机遇工作推进情况展开专题调研。区人大常委会副主任王洪参加调研。

11日　市委副书记、市长罗佳明到彭山区，专题调研岷东大道成彭段干线公路规划建设工作，并强调，要坚持交通优先发展，加快推动项目建设，促进全区经济发展。副市长唐宏，市政府秘书长肖忠良，区委书记梁磊，区委副书记、区长罗万东，副区长赵飞宇等参加调研。

是日 彭山区脱贫攻坚工作推进会在区政府一会议室召开。区委副书记、区长罗万东出席会议，区委常委郭茂参加会议。

是日 区政协主席谭福轩到观音镇专题调研夏季防汛工作。

是日 区政协主席谭福轩率领调研组深入公义镇、保胜乡，就彭山区脱贫攻坚和第一书记发挥作用情况展开专题调研。区政协副主席郑玉忠、毛太忠、卓德松参加调研。

是日 彭山区地质灾害防治工作推进会在区政府一会议室召开。

12日 市政协主席王影聪、副主席杨常沙、秘书长陈泽文到彭山，专题调研彭山区旅游文化产品开发工作。区政协主席谭福轩，区委副书记郭红，区委常委、宣传部部长马炜，区政协副主席喻旭以及相关部门负责人陪同调研。

是日 中国国民党中央常务委员、台湾圣品科技股份有限公司董事长游家富一行到彭山经开区海尔（天府新区）创新产业园、苏宁云商西南地区电子商务运营中心项目的施工现场，就彭山区投资环境进行实地考察。区委常委、副区长蒋会强陪同考察。

是日 香港特区政府教育局局长吴克俭在省教育厅副厅长戴作安的陪同下，深入考察对口援建学校彭山区青龙镇初级中学。副市长吴爱玲，区委副书记、区长罗万东陪同考察。

13日 区人大常委会主任钟建成率区人大调研组到武阳镇、牧马镇、青龙镇调研抢抓天府新区升格为国家级新区机遇工作。彭山经开区党工委书记邓强，区委常委、副区长姚文第，区人大常委会副主任余玺樟参加调研。

是日 全区道路交通安全综合治理长效机制建设年行动工作会在区政府四会议室召开。副区长、区公安分局局长郭益出席会议。

16日 省人大常委会副主任、党组副书记张东升带领省专项督导组到彭山，开展第二轮稳定经济增长专项督导工作。市委书记李静、市人大常委会主任贺文、副市长唐宏、区委书记梁磊陪同督导。

17日 市委副书记、市长罗佳明在眉会见了法国DLBT集团投资发展部总监杰尔姆•维梅勒一行，双方就加快推进中法农业科技园眉山园区项目相关事宜进行了深入会谈。中法农业科技园眉山园区项目是法国以中央政府名义在中国扶持的第一个农业项目。2016年10月，第五届中法地方政府合作高层论坛将在四川举行，其间将在眉山举办地方交流活动，中法农业科技园眉山园区将成为地方交流活动的举办地之一。法国东部大区政府临时驻川代表处负责人王世杰，法国DLBT集团市场部总监、法国OBEO公司总经理巴蒂斯特•科尔；市政府副市长汪树槐，秘书长肖忠良，区委书记梁磊，区委副书记、区长罗万东，区委副书记郭红参加会见。

18日 国土资源部执法局副局长郭宝平，省国土资源厅党委委员、厅机关党委书记隆爱军一行到眉山考核节约集约模范市创建工作，并前往彭山区观音镇果怡农业科技有限公司考核。市委常委、常务副市长邓正权，区委书记梁磊等陪同考察。

是日 区第一届人大常委会第十七次会议在区人大常委会五楼会议室召开。区人大常委会主任钟建成主持会议，区人大常委会副主任罗会华、王洪、周惠、余玺樟以及区第一届人大常委会全体组成人员出席会议。副区长赵飞宇，区政协副主席喻旭，区法院、区检察院负责人等应邀列席会议。区级相关部门负责人参加会议。

19日 区政协主席谭福轩率领视察组视察调研彭山区2016年上半年砂石管理工作。副区长赵飞宇、区政协副主席郑玉忠参加调研。

20日 国务院召开全国普通高等学校毕业生就业创业工作电视电话会议。副区长廖伟，区级相关部门和乡镇负责人在彭山分会场参加会议。

是日 国家知识产权强县工程试点区授牌仪式在省级科技孵化器——“三人行”众创空间会议室举行。省知识产权局副局长王道伟、市委常委王光彩、市科技局局长陈付生、区委副书记郭红等出席授牌仪式。

是日 彭山区2016年高考、中考工作安排部署会在区政府第五会议室召开，区招考委主任、副区长胡志中出席会议。

23日 区政协主席谭福轩率队到牧马镇、武阳镇、义和乡，参观彭山区2016年“绿海明珠”“千湖之城”“百园之市”三大工程建设推进情况，并主持召开工作推进会。区委常委郭茂，区委常委、政法委书记李忠云，区委常委、组织部部长李勇刚参加会议。

24日 副市长唐宏到彭山，指导彭山区防汛准备工作，区委常委郭茂陪同。

是日 彭山区在区政府一会议室召开文化馆、图书馆、规划展览馆“三馆”公开招标设计方案审评会。副市长付庆一、区委书记梁磊出席会议。区委常委、常务副区长李洪强，区委常委、宣传部部长马炜等参加会议。

是日 全区2016年“花漾彭山”建设工作推进会在区政府四会议室召开。

25日 全省市（州）、县（市、区）党委巡察工作动员部署电视电话会召开。会议对建立市、县党委巡察制度，全面推开市、县巡察工作作出部署。区委书记梁磊，区委常委、纪委书记罗焱，区委常委、组织部部长李勇刚在彭山分会场出席会议。

是日 市委副书记、市长罗佳明一行检查指导彭山区防汛减灾和地质灾害防治工作。市政府秘书长肖忠良，区委书记梁磊，区委常委、常务副区长李洪强，区委常委郭茂等随同检查。

是日 市委副书记、市长罗佳明到彭山区，深入联系企业、脱贫攻坚联系村和联系户，实地调研脱贫攻坚工作。市政府秘书长肖忠良，区委书记梁磊，区委常委、常务副区长李洪强，区委常委郭茂，彭山经开区党工委书记邓强等随同调研。

是日 市委常委、常务副市长邓正权率市发展改革委等部门相关负责人到长安特种汽车生产基地、省残疾人运动训练中心和污水处理厂，就彭山区经济稳增长和投资工作开展专项督导。区委书记梁磊，区委常委、常务副区长李洪强，彭山经开区党工委书记邓强陪同督导。

是日 区委常委郭茂率队前往牧马镇调研畜禽养殖污染治理工作，并主持召开工作推进会。

26日 全省“两学一做”专题学习辅导报告会在成都举行。中央纪委副书记张军应邀作辅导报告。省委书记王东明主持并讲话。省政协主席柯尊平，省委副书记刘国中参加报告会。会议以电视电话会议形式开到各市（州）、县（市、区）。区委书记梁磊、区人大常委会主任钟建成、区政协主席谭福轩以及四大家“在家”领导出席彭山分会场会议。

是日 区委书记梁磊率区级相关部门负责人到凤鸣镇、彭溪镇、观音镇和公义镇调研岷江现代农业园区彭山区域和全区深化农村改革试点工作开展情况。区人大常委会主任钟建成，区政协主席谭福轩，区委副书记郭红，区委常委郭茂，区委常委、宣传部部长马炜，区委常委、组织部部长李勇刚，副区长赵飞宇以及区级相关部门和乡镇负责人参加调研。

27日 国家质检总局党组成员、国家标准委主任田世宏率调研组到彭山调研。省质监局党组书记、局长向东随同调研。市委书记李静、副市长汪树槐、区委书记梁磊陪同调研。“彭山葡萄”被国家质检总局列为“国家级农业标准示范区项目”。调研组对彭山区通过制定标准，建立保证葡萄产业发展的综合标准体系，推广现代农业技术，保障果品质量安全的做法给予充分肯定，并鼓励彭山积极做好区域性地方标准，力争做到国家标准。

31日 眉山市中级人民法院在彭山区公义镇马林村组织召开预防惩治侵犯留守儿童权益犯罪联动机制试点工作现场座谈会。最高法院刑一庭副庭长杜国强，全国政协委员谢朝华，眉山市政协副主席立胡左格，市中级人民法院院长张能，彭山区委常委、政法委书记李忠云，民政部、国务院妇儿工委、四川省高院、四川省民政厅、四川省妇儿工委等单位有关负责人以及部分驻眉省人大代表、省政协委员参加现场座谈会。

六 月

1日 四川省旅游发展委员会主任郝康理一行到彭山区岷江现代农业示范园区北门户农业嘉年华项目、果怡农业园，调研指导现代农业观光和文化旅游等工作。市委副书记刘十庆、区委副书记郭红陪同调研。

是日 市人大常委会副主任李建章率市人大调研组一行到彭山牧马镇，就《眉山市城乡规划条例》立法工作进行调研。区人大常委会主任钟建成，区委常委、副区长姚文第，区人大常委会副主任王洪等陪同调研。

2日 由东坡区、仁寿县、丹棱县组成的眉山市兄弟区县考察团到彭山，先后前往明都花卉基地、公义镇土地流转服务中心、马林村土地流转服务站、正兴农业公司、区农交中心等地，就彭山深化农村改革先进经验进行考察学习。区委副书记郭红、区委常委郭茂等陪同考察。

是日 副区长、区公安分局局长郭益到观音镇，检查指导彭山区启动建设的首个社区戒毒（康复）站观音站建设情况。

3日 副市长吴爱玲到彭山一中调研指导高考备考有关工作。区委副书记、区长罗万东陪同调研。

是日 区政协组织部分委员针对“乡村旅游发展”在邻近区县和彭山区开展了一次专题调研视察，并围绕调研视察情况召开座谈会。区政协主席谭福轩、副主席喻旭出席会议。

是日 彭山区召开2016年农村改革工作推进会。区委副书记郭红，区委常委、组织部部长李勇刚，区人大常委会副主任罗会华出席会议。

6日　省委省政府决策咨询委员会主任甘道明率调研组调研眉山市实体经济发展现状，并走进天府新区彭山青龙区域进行实地调研。市委副书记、市长罗佳明，副市长唐宏，区委副书记、区长罗万东，彭山经开区管委会主任严开义等陪同调研。

是日　2016年眉山市暨彭山区大学生征兵宣传活动在四川大学锦江学院举行，号召广大爱国学子投笔从戎、献身国防。市委副书记、市征兵领导小组副组长刘十庆，眉山军分区司令员、市征兵领导小组副组长樊亮才，区委书记梁磊等出席活动。

7日　省政府召开全省汛期安全生产工作紧急电视电话会议。区委副书记、区长罗万东，副区长赵飞宇在彭山分会场参加会议。

是日　省交通运输厅汛期安全第三督查组分二组分别督察了彭山区青龙下渡口渡船安全防护设施情况、汛期值班情况以及滨江大道南段及九龙山隧道工程安全生产责任落实情况、施工现场山体滑坡和地质灾害的安全防护措施的落实情况、施工现场临时用电设施安全执行情况。

8日　全区治乱工作推进会在区政府三会议召开。区政协主席谭福轩，副区长、区公安分局局长郭益出席会议。

23日　由省环境监测中心和市环保局相关负责人、专家组成的验收组到彭山区环保局开展“四川省城市环境空气质量自动监测系统省级子站验收”工作。

29日　区人大常委会党组书记、主任钟建成到彭溪镇，给该镇党员干部上党课。

30日　区委副书记、区长罗万东率区国土、规划、三产等部门负责人到成都市龙泉驿区考察成都中法生态园，学习交流中法生态园规划、建设等方面的先进经验和做法，成都经开区管委会副主任程果陪同考察。区委副书记郭红，区委常委、副区长姚文第参加考察。

是日　政协眉山市彭山区委员会第一届九次常委会在兴铁宾馆召开。区政协主席谭福轩，副主席郑玉忠、喻旭、毛太忠、卓德松出席会议。区人大常委会副主任周惠应邀参加会议。

七　月

1日　全省金融精准扶贫工作电视电话会议召开。区委常委郭茂在彭山分会场出席会议。

4日　全区防汛工作会议在区委圆桌会议室召开。区委书记梁磊，区委常委董武、郭茂等参加会议。

5日　农村“两权”抵押贷款试点融资供需对接会在区委会议中心二楼大会议室召开。市长助理崔永伟，市委农工委主任陈明芳，区委书记梁磊，区委副书记郭红，区委常委、副区长蒋会强等出席会议。会上，彭山区人民政府与四川省农业担保公司进行战略合作协议签约仪式。

是日　受农业部委托，南京农业大学教授周应恒一行到彭山区开展农村改革试验区中期评估工作，通过看现场、听汇报、查资料等形式深入了解彭山区农村改革试验区工作，并对彭山区的做法和取得的成绩给予充分肯定。市长助理崔永伟，区领导郭红、郭茂、李勇刚等陪同或参加会议。

是日　区委副书记、区长罗万东到武阳西路、彭祖山隧道、区防汛指挥中心等地调研全区防汛、地质灾害防治和城市内涝治理工作。区委常委、常务副区长李洪强，区委常委郭茂等参加调研。

6日　省政府召开全省防汛工作紧急电视电话会议，传达贯彻国务院防汛工作会议精神，安排部署防汛工作。省委副书记、省长尹力出席会议并讲话，省政府副省长王铭晖主持会议。区委书记梁磊，区委副书记、区长罗万东，区委常委董武、郭茂出席彭山分会场会议。

是日　彭山区在区政府礼堂召开第三季度安全生产工作会。

7日　全省医改工作电视电话会议召开。会议贯彻落实党中央、国务院医改重大决策，部署启动全省综合医改试点工作。区委副书记、区长罗万东，副区长廖伟出席彭山分会场会议。

是日　区政协主席谭福轩率部分区政协委员到青龙镇视察“治超”专项行动治理工作。区政协副主席毛太忠参加视察。

是日　彭山区扶贫开发协会成立，这标志着彭山区有了一个专门从事扶贫开发工作的公益性社会组织。

11日　苏宁物流集团副总裁王长林一行到彭山，就加快推进苏宁云商西南地区电子商务运营中心项目建设情况等事宜进行沟通对接，并达成一致意见。区委书记梁磊，区委副书记、区长罗万东，区委常委、副区长蒋会强、姚文第，彭山经开区管委会主任严开义等陪同或参加座谈。

是日　区委副书记、区长罗万东带领区级有关部门负责人深入彭山经济开发区，就全区重点项目建设推进情况和园区发展建设进行调研。区委常委、副区长姚文第，彭山经开区党工委书记邓强，彭山经开区管委会主任严开义等陪同调研。

12日　区人大常委会调研组到龙腾铁路器材有限公司、岷东大道、四川东星航空职业学院、国润新材料有限公司等地，对彭山区2016年国民经济计划上半年执行情况进行专题调研。区人大常委会副主任罗会华、王洪、余玺樟参加调研，区委常委、副区长姚文第等陪同调研。

13日　中国日用化工品协会理事长郑舞虹率考察组到彭山，参观考察彭山区洗涤工业用品企业并就企业所存在问题一一进行指导。区委副书记、区长罗万东，区委常委、副区长姚文第等陪同考察。

是日　彭山区村（社区）突出问题专项治理暨典型案例警示教育大会在黄丰镇召开。区委常委、区纪委书记罗焱出席会议。

15日　区委中心组（扩大）学习会暨2016年第4期“锦江大讲堂”在区委会议中心二楼大会议室召开。省信访局接访处处长张瞿作题为“适应新常态，探索新方法，提升来访接待工作规范化水平”的专题讲座。区政协主席谭福轩以及区四大家“在家”区领导，区级各部门、乡镇等涉及信访维稳工作的相关负责人参加学习会。

是日　全区小流域污染治理方案研论会在区环保局会议室召开。副区长赵飞宇出席会议。方案编制单位北京碧水源公司代表等参加会议。

20日　全国、全省、全市安全生产电视电话会议相继召开，主要任务是传达贯彻党中央、国务院和省委、省政府主要领导关于加强安全生产和汛期安全防范工作的重要指示批示精神。区委副书记、区长罗万东，副区长赵飞宇在彭山分会场参加会议。

是日 区委书记梁磊，区委副书记、区长罗万东，区政协主席谭福轩分别前往彭山区各个地点亲切慰问坚守岗位的交警、环卫工人、园林工人。区领导郭益等参加慰问。

是日 区政协组织部分委员到鲁洲生物科技有限公司、凤鸣屠宰场、彭祖新城污水处理厂，对彭山区“治污”专项治理工作开展视察，并就视察情况召开专题座谈会。区政协主席谭福轩、副区长赵飞宇出席座谈会。区政协副主席喻旭、卓德松参加视察和座谈。

是日 彭山区召开教育促进会企业恳谈会。区委副书记、区长罗万东，区政协主席谭福轩，副区长胡志中出席会议。2016年，彭山一中张雨轩以文考701分的成绩夺得全市理科状元，名列全省第11名，已被清华大学录取。彭山区成立“彭山教育促进会”，以专门机构、专款专用的方式奖励那些成绩突出、表现优异的教师和学生。

21日 区人大常委会主任钟建成到彭山区电力公司调度指挥室和黄丰镇金鱼村电力施工工地，亲切慰问在高温下坚守岗位的区电力公司一线职工。

是日 眉山市彭山区第一届人民政府第二十一次常务会召开。区委副书记、区长罗万东主持会议。会议审议并原则通过《关于全域推行绿色殡葬的实施意见》《眉山市彭山区社区戒毒社区康复工作规划》。

22日 由广西壮族自治区卫计委、疾控中心等单位有关负责人组成的检查组到彭山保胜乡、观音镇等地，检查彭山区血吸虫病防治联防联控工作。副区长廖伟陪同检查。

是日 区工商业联合会（商会）第二届会员代表大会在兴铁宾馆二楼会议室顺利召开。市工商联副主席黄锐，区委常委、副区长姚文第，区政协副主席毛太忠，区政协副主席、区委统战部部长卓德松等出席会议。

25日 由省环保局、发改委、经信局等部门有关负责人组成的调研组到彭山岷江河堤、凤鸣屠宰场、彭祖新城污水处理厂，调研彭山区污水治理工作。副区长赵飞宇陪同调研。

26日 区第一届人大常委会第十八次会议在区人大机关五楼会议室召开。区人大常委会主任钟建成主持会议，区第一届人大常委会全体组成人员出席会议，区政协副主席喻旭应邀出席会议。区委常委、常务副区长李洪强，区委常委、副区长姚文第，区法院、区检察院和区级有关部门负责人，乡镇人大主席列席会议。会议确定了新一届乡镇人民代表大会代表名额。会议还进行了人事任免。

是日 全区半年经济工作会议在区委会议中心二楼大会议室召开。区委书记梁磊，区委副书记、区长罗万东，区人大常委会主任钟建成，区政协主席谭福轩出席会议。会议由区委副书记郭红主持。“在家”区领导，区级各部门、各乡镇主要负责人，国有平台公司，规模以上重点工业企业主要负责人，区内金融机构主要负责人等参加会议。

27日 国务院发展研究中心调研组到彭山彭山果怡农业科技有限公司、观音镇果园村、区农村产权交易服务中心，就彭山区贯彻落实中央1号文件情况进行调研。区委副书记郭红，区委常委、组织部部长李勇刚陪同调研。

是日 市人大常委会副主任陈万忠率调研组到彭山凤鸣镇名都花卉主体农庄、公义镇马林村、果怡有限责任公司、观音镇果园村、区农村产权交易服务中心等地，开展深化农村改革工作调研。区人大常委会主任钟建成，区委常委、副区长蒋会强，区人大常委会副主任罗会华等陪同调研。

28日　区委书记梁磊，区委副书记、区长罗万东，区政协主席谭福轩到驻彭山某部队、区公安分局消防大队、彭山武警中队等处开展“八一”拥军慰问活动。区领导蒋会强、王洪，余玺樟、郑玉忠等陪同慰问。

是日　全区村（社区）党组织换届动员会在区委会议中心二楼大会议室召开。区委书记梁磊，区委副书记郭红，区委常委、区纪委书记罗焱，区委常委、组织部部长李勇刚出席会议。

是日　第七届彭山葡萄节在观音镇果园村彭祖酒庄开幕。该次葡萄节开幕式主题是“吃我一串葡萄，还您八百长寿”，吸引国内外游客5000余人参加。区委书记梁磊，区委副书记、区长罗万东，区政协主席谭福轩等区领导出席开幕式。

八　月

1日　四川亨达实业商贸有限公司向全市理科状元、彭山一中高考毕业生张雨轩同学捐赠助学金仪式在区民政局3楼会议室举行。区委常委、副区长、区慈善会会长蒋会强出席捐赠仪式。

2日　区政协2016年提案督办工作座谈会在区规划分局会议室召开。区政协主席谭福轩，区委常委、常务副区长李洪强参加会议。区政协副主席郑玉忠主持会议。区政协副主席喻旭、毛太忠、卓德松出席会议，区政协委室主任、部分政协委员等参加会议。

5日　全区脱贫攻坚紧急会议在区委会议中心二楼大会议室召开。区委书记梁磊，区委副书记、区长罗万东，区人大常委会主任钟建成，区政协主席谭福轩等联系贫困村的区领导出席会议。

7日　省委、省政府召开脱贫攻坚蹲点督导工作电视电话会议。会议的主要任务是：认真贯彻中央和省委关于脱贫攻坚的决策部署，传达学习省委书记王东明有关脱贫攻坚重要指示精神和要求，再次动员抓好精准扶贫工作任务，全面部署开展蹲点督察督导工作，千方百计确保完成脱贫攻坚目标任务。区委书记梁磊，区委副书记、区长罗万东，区政协主席谭福轩等在彭山分会场参加会议。

9日　市质监局质量管理科相关负责人一行到区工商质监局开展质量品牌培训工作。

同日　副区长廖伟率队到锦江乡永泉村调研指导脱贫攻坚工作。

10日　市文广新局机关党委书记粟红到彭山区义和乡政府，为该乡机关职工干部、党员群众等开展学习习近平总书记“七一”重要讲话精神宣讲活动。

是日　区政协组织部分委员到五湖四海湿地公园、彭祖新城污水处理厂，对彭祖新城管委会承办的《关于加快打造长寿水乡，提升城市品质的建议》提案跟踪办理情况进行视察。区政协主席谭福轩参加视察。

11日　市委、市政府召开全市决战脱贫攻坚誓师大会，向全市人民誓师承诺：全党动员、全民行动坚决打赢脱贫攻坚这场硬仗，确保2017年全市316个村摘帽、10.94万贫困人口全部脱贫！市委书记李静出席大会并作讲话，市委副书记、市长罗佳明主持大会，市人大常委会主任贺文，市政协主席王影聪出席。

区委书记梁磊在主会场参加会议。大会以电视直播的方式开到县（区）、乡（镇、街道）。区委副书记、区长罗万东，区政协主席谭福轩等在彭山分会场参加会议。

是日 四川创能新材料有限公司产学研签字仪式暨项目启动仪式在彭山区创业孵化园举行。区委副书记郭红、区政协副主席毛太忠等出席仪式。四川创能新材料有限公司公司与电子科技大学、中国科学院物理研究所分别签订《产学研合作协议》，标志着锂离子电池负极材料——纳米硅这一新材料项目在彭山全面开启。

12日 市委副书记刘十庆到彭山黄丰镇、锦江乡等地，就脱贫攻坚工作进行蹲点督导。副市长、市公安局局长辜永忠，区委书记梁磊，区领导郭茂、李忠云、王洪等陪同督导。

是日 眉山市彭山区第一届人民政府第二十二次常务会召开。会议听取《关于2016年上半年全区安全生产工作开展情况的报告》《关于2016年上半年环境保护工作开展情况的报告》；会议审议并原则通过《眉山市彭山区易地扶贫搬迁“十三五”实施方案》和《眉山市彭山区易地扶贫搬迁2016年实施计划》。

是日 全区“河长制”流域污染治理工作推进会召开。区委副书记、区长罗万东出席会议，区领导郭红、蒋会强、姚文第、郭益、赵飞宇等参加会议。

是日 全区秋季秸秆禁烧和综合利用工作会召开。区委副书记、区长罗万东出席会议，副区长、区公安分局局长郭益，副区长赵飞宇等参加会议。

15日 市委副书记刘十庆到彭山区江口镇双合村蹲点调研督导脱贫攻坚工作。区委副书记、区长罗万东，区委常委郭茂陪同调研。

是日 市委扶贫督察调研工作检查组到江口镇石龙村检查脱贫攻坚工作。检查方式以抽选该镇石龙村5户贫困户进行检查信息反馈验证。

是日 区委书记梁磊深入青龙镇狮子村蹲点调研督导脱贫攻坚工作。

16日 副区长赵飞宇带队到联系的保胜乡天柱村开展脱贫攻坚蹲点调研。

17日 区民政局与区人武部相关负责人到锦江乡象耳村，慰问在2015年度荣立二等功的现役军人陈静家属。

19日 遂宁市蓬溪县县委常委、常务副县长彭普诚率队到彭山明都花卉基地、天鑫农业公司、区农村产权流转交易中心，就农村承包土地的经营权抵押贷款工作进行考察。区委副书记郭红，区委常委、常务副区长李洪强陪同考察。

是日 区委常委、宣传部部长马炜一行到联系乡镇义和乡就脱贫攻坚工作进行调研督导。区文广新局、区教体局、区卫计局主要负责人随同调研。

22日 区第一届人大常委会第十九次会议召开。区人大常委会主任钟建成主持会议。会议决定任命眉山市彭山区区乡两级换届选举委员会组成人员名单，审议表决并通过2016年9月23日为眉山市彭山区区乡两级人民代表大会代表选举日。区委常委、副区长蒋会强，区法院、区检察院以及各乡镇人大主席等参加会议。

23日 彭山区人民政府与华夏幸福基业股份有限公司举行彭山区产业新城PPP项目签约仪式。市委书记李静出席仪式并致辞，市委副书记、市长罗佳明主持仪式，区委书记梁磊作项目情况介绍，华夏幸福基业股份有限公司总裁孟惊在仪式上作了发言。市委常委宣迅，市政府副市长汪树槐，区委副书记、区长罗万东，区人大常委会主任钟建成，区政协主席谭福轩等区领导，区级相关部门和乡镇负责人出席仪式。

24日　彭山区区乡两级人大换届选举动员大会在区委会议中心二楼大会议室召开。区委书记梁磊、区人大常委会主任钟建成、区政协主席谭福轩出席会议。区四大家“在家”领导，区法院、检察院、人武部、园区负责人；各乡镇党委书记、人大主席；区级各部门主要负责人；区选举委员会组成人员；区人大常委会委员出席大会。

25日　由省科协党组成员、副主席黄竞跃率省政协科协界别委员一行到彭山观音镇果园村，就彭山区创新开展银会合作发展模式进行视察。市委常委王光彩、市政协副主席梁勇、区政协主席谭福轩、区委副书记王艳等陪同视察。

是日　2016年首次区乡两级人大换届选举业务培训会在区委会议中心二楼大会议室举行。区人大常委会主任钟建成、区人大常委会副主任罗会华、政协副主席郑玉忠出席会议。

是日　眉山市彭山区第一届人民政府第二十三次常务会召开。会议学习市政府办《关于印发眉山市被征地农民社会保障实施办法的通知》、区目标办《关于明确市下达彭山区2016年度经济社会发展目标任务的通知》，会议还审议了其他事项。

29日　政协眉山市委员会文化立市课题调研座谈会在区政协三楼会议室召开。市政协主席王影聪，区政协主席谭福轩，区委常委、宣传部部长马炜，区政协副主席喻旭出席会议。

30日　省委常委黄新初到彭山果怡农业公司、五湖四海湿地公园，调研生态文明建设情况。市委书记李静，市委常委、市委秘书长黄跃，区委书记梁磊，区政协主席谭福轩陪同调研。区领导郭茂、赵飞宇，省、市、区有关部门，岷江现代农业示范园区彭山区域以及彭山区部分乡镇有关负责人等参加调研。

31日　省人大常委会委员、财经委主任委员陶生元率领调研组到彭山苏宁云商西南地区电子商务运营中心、四川中明新能源科技有限公司、寿乡水岸·五湖四海、彭祖山等地，就彭山区省重点项目及民营经济推进情况进行调研。市人大常委会副主任李永高、区人大常委会主任钟建成等陪同调研。

九 月

1日　中国农业发展银行副行长殷久勇到彭山观音镇果园村、明都花卉基地项目等地进行调研，详细了解彭山区在土地流转、规模经营和经营权抵押贷款试点工作等方面工作开展情况。中国农业发展银行四川省分行行长熊均，市委副书记刘十庆，区人大常委会主任钟建成，区委副书记郭红，区委常委、常务副区长李洪强，彭山经开区管委会主任严开义等陪同调研。

是日　彭山区召开城区洗车场专项治理工作会。

2日　全省深化供销合作社综合改革电视电话会议召开。区委书记梁磊，区委副书记郭红，区委常委、副区长蒋会强出席彭山分会场会议。

是日 眉山彭山教育促进会成立暨第一次会员代表大会在兴铁宾馆召开。区政协主席、促进会总顾问谭福轩，区委常委、宣传部部长马炜，副区长胡志中，区政协副主席喻旭及7 1个会员单位和个人出席大会。会议审议并通过《眉山彭山教育促进会章程》《选举办法》，选举产生第一届理事会、常务理事会成员及促进会会长、副会长、秘书长、副秘书长。

是日 区乡两级人大换届选举第二次业务培训会在区委会议中心二楼大会议室举行。区人大常委会副主任、区选举委员会副主任罗会华、王洪，区政协副主席、区选举委员会副主任郑玉忠等出席会议。

5日 区委副书记、区长罗万东到区国税局、区地税局，就组织收入、营改增等重点工作开展情况进行调研座谈。区委常委、常务副区长李洪强随同调研。

7日 区委副书记、区长罗万东深入基层一线看望慰问部分优秀教师代表。区委副书记郭红、副区长胡志中参加慰问活动。

是日 区外侨台办邀请彭山区台胞、台属、归侨、侨眷以及侨台资企业代表到彭山经开区、岷江现代农业示范园区彭山区域进行调研。区委常委、副区长蒋会强陪同调研。

是日 全区易地扶贫搬迁现场推进及政策培训工作会在保胜乡政府召开。区委常委郭茂出席会议。

8日 区委书记梁磊到彭山一中，看望慰问部分教师代表。

是日 青龙镇莲池村社区建设项目推介会暨启动仪式在该镇莲池村村委会举行。区委副书记王艳出席仪式并为项目启动剪彩。

9日 市社会科学界联合会副主席李广平到彭山区环保局，就省委十届八次全会精神作宣讲报告。

9日 乡镇综合文化站效能情况迎检暨“扫黄打非”工作推进会在区政府第四会议室召开，安排部署“扫黄打非”五大专项行动及“扫黄打非”进基层试点工作。区委常委、宣传部部长马炜出席会议。

13日 区委副书记、区长罗万东率队前往新彭山一中建设现场、彭山区职业高级中学新校区及旧校址、彭山二小南校区项目部，就全区教育在建项目推进情况进行调研。副区长胡志中陪同调研。

19日 全省召开金融精准扶贫融资电视电话会议。区委常委郭茂在彭山分会场参加会议。

20日 区委副书记郭红看望慰问牧马镇王永清、彭泽培两位高龄老人。

21日 国务院召开全国推行“双随机一公开”监管工作电视电话会议。副区长胡志中出席彭山分会场会议。

是日 广东省江门市人大常委会考察组到彭山，考察彭山区观音镇果园村的现代农业发展情况。市人大常委会副主任陈万忠、区委常委郭茂、区人大常委会副主任罗会华陪同考察。

是日 区委常委、区纪委书记罗焱前往黄丰镇，看望慰问部分高龄、残障老人。

22日 彭山区彭祖书画院在康泰仁和城邦举行成立大会。区委常委、宣传部部长马炜出席大会。

23日 全省脱贫攻坚评估抽检工作电视电话会议召开。区委书记梁磊在彭山分会场出席会议。区委常委、副区长蒋会强参加。

是日 彭山区召开2016年食安委成员单位第三次工作会。区委常委、副区长蒋会强出席会议。

26日 政协彭山区委员会第一届第十次常委会在兴铁宾馆会议室召开。

27日 区委副书记、区长罗万东率队前往眉山工程技师学院，就该校征地扩建等情况进行调研。

是日 副区长段永勤带领由区安监局、区经信局组成的督察组，先后深入思念食品、金桐化工、中纺粮油等工贸企业，开展国庆节前安全生产督察。

28日 区人大常委会副主任王洪率区人大调研组到义和乡、观音镇，就区一届人大二次会议代表建议批评意见办理情况进行调研。

29日 市人大常委会副主任何久伦率领市人大常委会调研组，调研彭山区开展教育工作情况。区人大常委会副主任周惠、副区长胡志中等陪同调研。

29日至30日 中国共产党眉山市彭山区第二次代表大会召开。大会应到代表259名，实到代表252名，符合规定人数。

30日 中共眉山市彭山区第二次代表大会选举产生的中共眉山市彭山区第二届委员会在区委常委会议室举行第一次全体会议。

是日 中共眉山市彭山区纪律检查委员会第一次全体会议在区委组织部会议室召开。会议选举产生了新一届区纪委领导班子。区委常委、组织部部长李勇刚主持会议。

十 月

8日 市政协主席王影聪到彭山看望慰问著名清史学家周远廉。区政协主席谭福轩陪同看望。

是日 四川大学锦江学院建校十周年庆祝大会在该校田径运动场举行。

9日 省政府在成都召开大规模绿化全川电视电话会议。区政协主席谭福轩等在彭山分会场出席会议。

是日 区“四大家”领导在区老干局会议室看望慰问全区200余名老领导、老同志。区人大常委会主任钟建成，区政协主席谭福轩，区委副书记郭红，区委常委、常务副区长李洪强出席慰问大会。区委常委、组织部部长袁利民主持慰问会。

是日 彭山在长寿牌坊广场举行第一届长寿宴活动，邀请彭山区和附近区县的1800名老年人，免费享受由彭山区老龄委主办，区老龄办、老年协会、老年体育协会和四川共愿景会务服务有限公司、善雄银旅长寿公寓联合承办的长寿宴。

11日 彭山区在区委常委会议室召开乡镇人大、政府换届选举工作推进会。区委书记梁磊，区人大常委会主任钟建成，区委常委、纪委书记李勇刚，区人大常委会副主任罗会华、王洪等出席会议。

是日 区委书记梁磊前往区委统战部调研指导工作，区委常委、区委统战部部长蒋会强，区委常委、区纪委书记李勇刚，区政协副主席卓德松陪同调研。

是日 香港中文大学讲座教授、著名经济学家郎咸平应邀在四川大学锦江学院大礼堂作了“中国宏观经济形势分析与展望”的学术报告。

16日 由区委宣传部、三产办等部门主办的2016年“弘扬中华孝道 畅游寿孝之乡”登彭祖仙山祈福活动在彭祖山景区举行。区委常委、区委统战部部长蒋会强，区委常委、区委宣传部部长马炜出席活动。

17日 陶氏化学（四川）有限公司眉山工厂开工典礼在彭山区成眉石化园区举行，这标志着彭山又成功落户了一家世界500强企业并开工建设。省投资促进局局长陈光浩出席并致辞，市委书记李静在典礼上作讲话并宣布开工。市委副书记、市长罗佳明主持。陶氏化学亚太区总裁黄祝龄，陶氏化学大中华区总裁林育麟，陶氏涂料材料业务部亚太区业务总监安世轲，中国涂料工业协会会长孙莲英，区委书记梁磊，区委副书记、区长罗万东，区人大常委会主任钟建成，成眉石化园区党工委书记周荣华等出席。

18日 彭山区在观音镇果园村举办了“筑梦乡村 绿色共享”为主题的农村土地经营项目推介会。区委书记梁磊致欢迎词。区委副书记、区长罗万东主持推介会。区委副书记郭红，区委常委、宣传部部长马炜，区政协副主席毛太忠以及省、市、区相关部门负责人，部分高校教授相关学者，农业专家、经营投资者等近千人参加推介会。

是日 彭山区在观音镇彭祖酒庄举办了“筑梦乡村 留住乡愁”彭山原创音乐会。

19日 区第二届人民代表大会第一次会议筹备工作会在区人大机关五楼会议室召开。

20日 全省召开深入推进货车非法改装和超限超载专项治理工作电视电话会议。副区长王鹏，区级相关部门、各乡镇重点货运及维修企业负责人在彭山分会场参加会议。

是日 眉山市彭山区第一届人民政府第25次常务会召开。区委副书记、区长罗万东主持会议。

21日 省人大城环资委副主任委员杨文率调研组到彭山，开展贯彻实施《中华人民共和国人民防空法》《四川省〈中华人民共和国人民防空法〉实施办法》的情况调研。市人大常委会副主任李永高、区委常委陈行等陪同调研。

是日 彭山区2017年度城乡居民基本医疗保险统筹工作会在区政府礼堂召开。区委常委、常务副区长李洪强出席会议。

是日 全区打击和处置非法集资工作会在区政府礼堂举行。区委常委、常务副区长李洪强，副区长、区公安分局局长王鹏出席会议。

22日 彭山二小选送的《喜洋洋》《漂亮》等四支代表队在“2016年眉山市第三届健身操舞大赛”中，喜获四项一等奖。

24日 全省“走基层、送温暖”电视电话会议在成都召开。区委书记梁磊，区委常委、统战部部长蒋会强出席彭山分会场会议。

27日 政协眉山市彭山区委员会第一届十一次常委会召开。区政协主席谭福轩，副主席郑玉忠、喻旭、毛太忠出席会议。区委常委、常务副区长李洪强，区人大常委会副主任周惠应邀出席会议。

是日 彭山区2016年第四季度经济运行分析会在区委会议中心二楼大会议室召开。区委书记梁磊，区委副书记、区长罗万东出席会议并讲话。

28日 区委副书记、区长罗万东深入天府新区青龙区域调研全区工业经济发展建设情况，强调要加快在建项目施工进度，奋力冲刺全年目标。彭山经开区管委会主任严开义陪同调研。

是日 包括法国国家地方合作署主任贝

朗特·福尔在内的近百位中外嘉宾到彭山，就中法农业科技园彭山园区项目进行考察交流。区委常委、统战部部长蒋会强陪同。

31日 眉山市彭山区凤鸣、彭溪街道办事处成立大会暨授牌授印仪式在区委会议中心二楼大会议室成功举行，这标志着凤鸣、彭溪两个街道办事处正式成立。区委书记梁磊，区委副书记、区长罗万东，区人大常委会主任钟建成，区政协主席谭福轩等区四大家领导出席仪式。

是日 泸州老窖、涪陵榨菜、老干妈、五粮液四家企业的高层一行到彭山，参观考察彭山区园区和部分企业。区委书记梁磊，区委副书记、区长罗万东陪同。区委常委陈行，彭山经开区管委会主任严开义等陪同参观考察。

是日 彭山区代表眉山市接受由四川省动物卫生监督所目标考核。经目标考核逐项打分，彭山代表眉山市得到了99分的高分。

十一月

1日 区第一届人大常委会第二十五次会议召开。区人大常委会主任钟建成，副主任罗会华、王洪、余玺樟出席会议，区政协副主席喻旭应邀参加会议。

是日 彭山区在区委阶梯会议室召开2017脱贫攻坚彭山公益暖冬行动启动仪式。区委常委、统战部部长蒋会强出席仪式。

6日至8日 中国人民政治协商会议眉山市彭山区第二届委员会第一次会议在区委会议中心召开。

7日至10日 眉山市彭山区第二届人民代表大会第一次会议召开。大会应到代表182名，实到176名，符合法定人数。

10日 全区2016年贫困退出验收暨脱贫攻坚考核工作推进会在区委会议中心二楼大会议室召开。区委书记梁磊，区委副书记、区长罗万东，区人大常委会主任钟建成，区政协主席谭福轩出席会议。

12日 全省脱贫攻坚退出验收考核工作电视电话会议召开。区委书记梁磊、副区长王松出席彭山分会场会议。

15日 彭山区在义和乡悦园村村委会召开全区脱贫攻坚工作现场推进会。

16日 副市长汪树槐带队到彭山，调研督导脱贫攻坚考核验收工作。区委书记梁磊、副区长王松等陪同调研。

是日 区第二届人民政府第一次全体（扩大）会议在区委会议中心二楼大会议室召开。区委副书记、区长罗万东出席会议并讲话。

是日 区眉山市彭山区第二届人民政府第1次常务会召开，区委副书记、区长罗万东主持会议。

是日 日本广岛县中日亲善协会代表团到彭山访问，前往谢家镇参加植树造林纪念活动。区委常委、统战部部长蒋会强，以及省对外友好协会、市外侨台办有关负责人出席活动。

22日 全省公共机构节约能源资源工作电视电话会议召开。区委常委、常务副区长李洪强在彭山分会场出席会议。

是日 彭山区召开2016年下半年银企对接暨企业上市培训会。区委常委、常务副区长李洪强，副区长段永勤，区政协副主席毛太忠以及彭山经开区管委会主任严开义等出席会议。

23日 区委副书记、区长罗万东到太和大道彭山段拆迁现场及工业大道施工现场，就项目建设推进情况进行调研。区委常委陈行陪同调研。

是日 彭山区在区政府礼堂召开“彭山人购彭山造”产品对接会。区委常委、统战部部长蒋会强出席会议。

24日 彭山区打击传销工作联席会暨创建“无传销区”工作会在政府四会议室召开。副区长周惠出席会议。

是日 2016年全区省级艾滋病综合防治示范区工作会在区政府四会议室召开。副区长梁兰出席会议。

25日 彭山区今冬明春大气污染防治工作会在区政府四会议室召开。副区长王松出席会议。

30日 加快推进全省民营经济发展电视电话会议在成都召开。彭山区四川华西德顿塑料管道有限公司被评为优秀民营企业。区委常委、统战部部长蒋会强，区人大常委会副主任余玺樟，副区长周惠，区政协副主席毛太忠出席彭山分会场会议。

十二月

1日 中国科协农技中心副主任杨利军一行到彭山区专题调研农技协工作。省科协科普部部长刘先让，市委常委王光彩，区委常委、统战部部长蒋会强等参加调研。

2日 副市长、市公安局局长罗毅深入彭山区调研指导文物保护工作。到岷江彭山段实地查看了市级文物保护单位“江口沉银遗址”，并到区公安分局涉案财物保管室查看部督“5•1”特大盗掘倒卖文物案涉案文物管理工作。区委书记梁磊，副区长、区公安分局局长王鹏陪同调研。

是日 区委副书记、区长罗万东率队专题调研城区教育、卫生项目推进情况。副区长梁兰、区政协副主席王娜参加调研。

5日 全省脱贫攻坚省级退出验收考核暨第三方评估工作动员部署电视电话会议在成都召开。区委书记梁磊、副区长王松在彭山分会场参加会议。2016年以来，区各部门扎实开展“两走一对接”活动，积极主动对上衔接汇报，争取项目资金支持，1—10月，全区对上争取项目共计392个，到位资金10亿元。

6日 区委常委、宣传部部长马炜前往联系乡镇义和乡，听取全乡村委会换届选举工作的准备情况汇报，并就换届重点、难点与乡党委政府班子进行深入探讨。

8日 区政协主席谭福轩到联系乡镇公义镇新桥村、观音镇果园村慰问部分贫困户。

是日 彭山区大气污染专项整治工作会召开。彭山区已经启动重污染天气III级（黄色）预警，并将开展专项整治行动。副区长王松出席会议。

9日 四川省38家科研院所走进天府新区彭山经开区，举行“科研院所进彭山”主题对接活动，并举行了“系统创新技术”专题讲座。副市长毛洪涛、副区长段永勤及彭山经开区党工委书记邓强等参加对接活动。

是日 全区迎接省级脱贫攻坚验收考核抽查工作动员大会在区委会议中心二楼大会议室召开。区委书记梁磊，区委副书记、区长罗万东，区人大常委会主任钟建成，区政协主席谭福轩等出席会议。

是日 区人大常委会主任钟建成到彭溪街道兴崇村看望慰问部分联系贫困户并为他们

送去过冬所用的棉被。

是日 副区长梁兰带领检查组先后前往四川金山制药有限公司、四川思念食品有限公司和四川大学锦江学院等检查食品药品安全工作。

13日 市安监局局长严明宇带队到彭山，全面检查彭山区重点生产经营单位的安全生产工作。区委副书记、区长罗万东，副区长梁兰陪同检查。

是日 区人大常委会主任钟建成率区人大常委会调研组前往青龙镇、牧马镇，就抢抓天府新区升格为国家级新区机遇工作开展调研。区委常委陈行、区人大常委会副主任余玺樟等参加调研。

14日 省交通运输厅厅长汪洋带队到彭山区谢家镇邓庙村验收脱贫攻坚工作。省交通运输厅公路局副局长柯勇，区委书记梁磊，区委副书记、区长罗万东，副区长王松参加检查验收。

15日 全省农村"两权"抵押贷款试点现场推进会在彭山召开。会议总结交流了试点地区经验做法，安排部署下一步工作安排。彭山在会上作经验交流。中国人民银行成都分行副行长李铀，副市长肖忠良，区委书记梁磊，区委副书记、区长罗万东，区委副书记郭红等出席会议。彭山区是全国第二批34个深化农村改革试验区之一。两年来，全区参改"两权"抵押贷款试点银行已达7家，推出金融产品14个，发放农村承包土地经营抵押贷款293笔共1.63亿元，发放农民住房财产权抵押贷款9笔共65万元。工作经验在全国交流。

是日 市人大常委会党组副书记阳金和率市城乡规划监督委员会部分成员到彭山，检查彭山区贯彻落实《中华人民共和国城乡规划法》情况以及城乡规划监督工作。省政府派驻眉山市规划督察员熊敏容参加检查活动。区委常委陈行、区人大常委会副主任胡志中陪同检查。

是日 全市首家残疾人日间照料中心在彭山区建成。市残联副理事长张平松、区人大常委会副主任胡志中出席仪式。该残疾人日间照料中心位于凤鸣大道，是区级有关部门采取购买社会服务的形式建立的专门为残障人士提供日间照料服务的机构。

22日 区人大常委会副主任余玺樟率调研组调研新《中华人民共和国安全生产法》的贯彻落实情况。

23日 区政协主席谭福轩率市政协驻彭委员到彭山水岸花堤、岷东大道和凤鸣花谷等视察部分市政项目。区人大常委会副主任胡志中，区政协副主席喻旭、毛太忠、王娜等参加了视察。岷东大道彭山段全长25.3公里，其中，岷东大道成彭段14.8公里全面建成通车，眉彭段10.5公里主体工程已完工。

是日 区人大常委会副主任郭茂率调研组调研彭山深化农村改革试点工作情况。

27日 区人大常委会主任钟建成率调研组到彭山中医院、城西农贸市场、彭山新一中、渡江路棚户区等地专题调研推进和谐幸福之城建设。

彭山概况

General situation of Pengshan

地 理

【地理位置】 彭山区地处四川盆地川西平原南缘丘陵地区，岷江中游，东邻仁寿县，南接东坡区，西与蒲江县、邛崃市交界，北与新津县、双流县相连。地理坐标为北纬30° 07′至30° 21′，东经103° 40′至103° 59′之间。境东西长28.7公里，南北宽25.9公里，辖区面积465.08平方公里。彭山是省对外开放的重点区，区位优势十分独特，有眉山北大门、桥头堡和成都后花园之称。紧邻成都市，北接双流、新津、邛崃，距成都市中心45公里，眉山市中心18公里。距双流国际机场30公里，处于成都平原经济圈核心层。成（都）乐（山）、成（都）雅（安）两条高速公路在彭山交汇，省道103线、成昆铁路和成－绵－乐城际轻轨纵贯全境。

彭山区地形分为东西两边低山丘陵、中部平原，地势西北高，东南低。主要山脉有东山龙泉山、西山总岗山。岷江由北向南纵贯区境，构成中部冲积平原，中部为开阔的平坝区，占总面积的32%。境内最高点北平观位于县城西北15公里处的保胜乡石柱村海拔711.6米。最低点“石牛栏”位于原永丰乡尖山子海拔410米。

自然资源

【矿产资源】 彭山区矿产资源初步查明主要有钙芒硝、金、硫铁矿、页岩、红石、黏土、沙石、矿泉水、天然气、石油、地热等10余种。其中钙芒硝矿最为丰富，最具开发价值。经勘探查明，区境内有两个含矿带，其上下矿带共11层，储量达45.81亿吨，是已勘探查明的特大型钙芒硝矿床。东西两山，页岩质优量大，已全面开采用作建材。浅层天然气储量丰富，被列为四川省省级重点开发项目。

【植物资源】 彭山属亚热带气候区，植物资源十分丰富，具有种类多、分布广、产量大的特点。粮食作物有水稻、玉米、小麦、红苕、黄豆、绿豆、胡豆、豌豆等，以水稻、小麦、玉米、红苕为主。树种4类71科232种，其中，裸子植物类7科15种，被子植物类59科188种，单子叶植物类2科24种，蕨类植物3科

5种。林木发展变化较大的首推果树，主产区的果树收入已成为农村经济的重要组成部分。其中，柑橘、梨、葡萄、台湾柚等优质水果，占据了水果市场的主导地位。彭山区有西南地区最大的粮食批发市场，是全国商品粮和瘦肉型猪生产基地，享有“寿柑之乡、二金条海椒之乡、泽泻之乡”称号，“彭山葡萄”成为“国家地理标志保护产品”。

【动物资源】 境内动物有野生动物和饲养动物两种。有国家重点保护动物虎蚊蛙（青蛙），国家二级保护动物灰鹤，四川省重点保护动物兰耳翠鸟（打鱼子）、白鹤（大白鹭）、黑眉柳莺等33种属国家保护的野生动物以及其它一般兽类、禽类和蛇、虫类野生动物。饲养动物在种类上大宗的有猪、鸡。鱼类有6目11科58种。瘦肉型商品猪、鸡、鸭、鹅、兔等畅销省内外。

【旅游资源】 彭山历史悠久，文化灿烂，山川秀美，人杰地灵。是中国历史上最长寿老人彭祖的故乡，是最先被国家老龄委评定授牌的“中国长寿之乡”，也是中华长寿养生文化的发祥地。汉有忠臣张纲，忠义驰声于天下：晋出孝子李密，誉满京城，其著作《陈情表》世代传颂。彭山因此有“忠孝之邦，长寿之乡”美誉。境内有AA级风景区彭祖山、省级历史文化名镇江口古镇和蜚声中外的“武阳茶肆”、千年古刹象耳寺；有集中大量崖墓出土文物的“汉崖墓博物馆”；有中国道教开山祖师王乔、张道陵潜心修炼的北平观；有川西坝子第一洞之誉的“香山仙洞”、 世界第一的中国长寿城牌坊、仙女湖、“五湖四海”等众多旅游景点。按文化可分为“养生长寿文化”“忠孝文化”“汉代崖墓文化”“茶文化”“道教文化”“名人文化”等。彭山处于成都到乐山、峨眉山的黄金旅游干线，旅游资源极具开发前景。

气候状况

【概况】 彭山属于亚热带湿润气候区。境内海拔差异小，地区间气候变化不大，年温差2.1℃以内。气候温和，雨量充沛，四季分明；夏无酷热，少伏旱，每年有不同程度的洪涝；冬无严寒少霜雪，但多寒潮低温；春季气温回升早，秋多绵雨降温快。

【气候特点】 2016年，境内气温偏高，降水增加，日照正常。年平均气温18.4℃，比历年平均值17.2℃偏高1.2℃；年极端最高气温38.4℃，比历年极端最高值38.6℃偏低0.2℃；年极端最低气温-2.6℃，比历年极端最低值-3.2℃偏高0.6℃。年总降水量1032.4毫米，比历年平均值930.1毫米偏多11%。年日照时数1140小时，比历年平均值1056.3小时偏多8%。

【异常气候现象】 2016年10月月极端最高气温、12月月平均气温及12月月平均最高气温均出现了30年以上一遇的极端情况，分别超过1981—2010年三十年同期历史极值及三十年历史极值1.8℃、0.8℃及0.4℃。2月一日最大降水量21.5毫米，比1981—2010年三十年同期历史最大值偏多7.0毫米；8月月降水量84.9毫米，比1981—2010年三十年同期历史最少值87.0毫米偏少2.1毫米。

2月日照时数达116.4小时，比1981—2010年三十年同期历史最大值98.3小时偏多18.1小时。

【持续天气的不利影响】 从8月11日到8月26日出现持续的晴热高温天气，日最高气温均超过34℃，19日—25日最高气温均超过37℃，持续的高温天气对农业生产带来不利影响。

行政区划

【建置沿革】 彭山是眉山市辖区县中建立地方政府最早的县。彭山在战国时期，为蜀国之地。公元前316年秦灭蜀后，设置郡县，置武阳县（县治地在今彭山区江口镇平茯村），属蜀郡。南朝梁武帝天监四年（505年），分武阳县地置灵石县（约今彭山县境）。大同十年（544年），改灵石县为犍为县（一说为江阳县），属江阳郡。西魏废帝元钦二年（553年），撤犍为县置隆山县（约今彭山、新津两县地）。县治地由岷江东岸迁到岷江西岸（今彭山区凤鸣镇），属江州。历北周至隋，县名无变动。唐玄宗先天元年（712年），因犯李隆基讳，改名彭山县（以境内彭女山为名）。

隆山县改名为彭山县，隶属眉州。历经前蜀、后唐、后蜀、北宋、南宋、直至元末都没有大的变动，后来有过三次合并。第一次是在明太祖洪武十年（1377），彭山县并入眉山县，1380年眉山县升为眉州，复设置彭山县，属于眉州管。第二次是在清朝康熙元年（1662），彭山撤县并入眉州直属。雍正六年（1728），复设彭山县，仍属眉州管。第三次是在1959年4月，彭山县并入眉山县，为眉山县彭山区，1962年恢复县制，属乐山地区辖。1997年，彭山县划归眉山地区管辖。2000年眉山地区改为眉山市，彭山县属眉山市管辖。2014年10月20日，设立眉山市彭山区。

【政区变化】 宋朝彭山县下辖4镇（蛮回、福化、黄龙、永丰）。明朝彭山县编户5里，康熙元年（1662年）彭山县并入眉州，编户一甲。1949年，彭山辖1镇10乡（凤鸣镇、双江乡、新民乡、黄丰乡、谢家乡、公义乡、保胜乡、义和乡、青龙乡、观音乡、复兴乡）。1950年1月6日，成立彭山县人民政府，行政区划仍维持民国时的10乡1镇。

1986年，全县辖凤鸣镇、江口镇、青龙镇、公义镇、谢家镇、双河乡、黄丰乡、新丰乡、永丰乡、净皇乡、江渎乡、府河乡、牧马乡、同乐乡、保胜乡、观音乡、凤鸣乡、灵石乡、余店乡、义和乡、邓庙乡、岐山乡共5镇17乡，191个村，1482个村民小组，16个居民委员会，65个居民小组。

2000年，全县调整为凤鸣镇、江口镇、黄丰镇、青龙镇、公义镇、观音镇、彭溪镇、灵石镇、谢家镇、永丰乡、江渎乡、府河乡、牧马乡、净皇乡、义和乡、保胜乡、邓庙乡、岐山乡共9镇9乡，187个村，1452个村民小组，27个居民委员会，146个居民小组。

2005年，全县调整优化乡镇行政区划，调整后全县设凤鸣镇、灵石镇、彭溪镇、观音镇、青龙镇、公义镇、谢家镇、江口镇、黄丰镇、保胜乡、义和乡、皇陵乡、武阳乡9乡4镇。

2008年，彭山县调整乡镇行政区划。撤销灵石镇，新建牧马镇、武阳乡，将皇陵乡更名为锦江乡。调整后，彭山县辖凤鸣镇、彭溪镇、观音镇、青龙镇、公义镇、谢家镇、江口镇、黄丰镇、牧马镇、保胜乡、义和乡、锦江乡、武阳乡共9镇4乡。

2011年，彭山县青龙镇 42.8平方公里整体纳入天府新区规划，辐射全域。

2014年，2月11日经四川省人民政府文件批复，同意彭山县撤销武阳乡，设立武阳镇。10月20日，国务院正式批复四川省人民政府，同意撤销彭山县，设立眉山市彭山区，以原彭山县的行政区域为彭山区的行政区域，即下辖凤鸣镇、彭溪镇、观音镇、青龙镇、公义镇、谢家镇、江口镇、黄丰镇、牧马镇、武阳镇、保胜乡、义和乡、锦江乡共10镇3乡。

2016年，经省、市人民政府批准，凤鸣镇、彭溪镇撤镇设立街道办事处。彭山区辖凤鸣街道、彭溪街道、观音镇、青龙镇、公义镇、谢家镇、江口镇、黄丰镇、牧马镇、武阳镇、保胜乡、义和乡、锦江乡，88个村，664个村民小组，20个居民委员会，213个居民小组。

国民经济和社会发展

2016年，彭山区国民经济和社会发展统计情况如下：

一、综合

2016年，全区实现地区生产总值（GDP）134.10亿元，按可比价计算，比2015年增长8.7%。其中，第一产业增加值实现13.70亿元，增长3.9%；第二产业增加值实现80.70亿元，增长9.1%；第三产业增加值实现39.70亿元，增长9.5%。三次产业对经济增长的贡献率分别为4.6%、63.8%、31.6%，分别拉动经济增长0.4，5.5，2.8个百分点。三次产业结构由2015年的10.2 ∶ 61.1 ∶ 28.7优化为10.2 ∶ 60.2 ∶ 29.6。

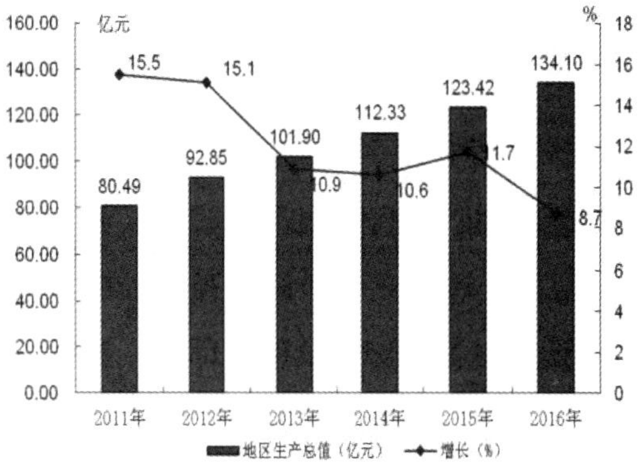

图1 2011-2016年地区生产总值（GDP）及其增长速度图

全年非公有制经济增加值84.03亿元，按可比价格计算比2015年增长9.0%，占地区生产总值（GDP）比重为62.7%，比2015年提高0.9个百分点，对经济增长的贡献率为63.9%，拉动经济增长5.5个百分点。其中第一产业增加值7.82亿元，增长9.0%；第二产业增加值54.55亿元，增长9.3%；第三产业增加值21.66亿元，增长8.2%。

二、农业

全年农林牧渔业总产值24.56亿元，现价比2015年增长6.4%；农林牧渔业增加值14.07亿元，按可比价计算增长3.9%。

全年种植业增加值5.66亿元，比2015年增长3.3%。农作物总播种面积36431公顷，其中，粮食作物2.45万公顷；油料作物4443公顷；药材2265公顷；蔬菜3419公顷。

粮食总产量15.28万吨，下降0.2%；油料产量1.05万吨，增长2.9%；蔬菜产量5.25万吨，增长6.0%；水果产量5.79万吨，增长2.9%。

全年畜牧业增加值6.14亿元，增长2.2%。全年出栏肉猪35.31万头，下降4.1%；出栏牛3586头，增长1.9%；出栏羊4.71万只，增长3.7%；出栏家禽343.02万羽，增长0.2%。全年肉类总产量3.84万吨，下降2.1%。禽蛋产量5774吨，牛奶8610吨。

全年林业增加值0.39亿元，比2015年增长12.1%。年末森林面积1.71万公顷，森林覆盖率达到36.3%。

全年渔业增加值1.50亿元，比2015年增长12.3%。水产品养殖面积1255公顷，水产品产量1.67万吨。

三、工业和建筑业

全年工业增加值70.62亿元，比2015年增长8.9%，对经济增长的贡献率为55.0%，拉动经济增长4.8个百分点。全区工业性固定资产投资达到84.09亿元，增长6.4%。

在规模以上工业中，分轻重工业看，轻工业增加值增长9.9%，重工业增加值增长9.7%。分经济类型看，股份制企业增加值增长9.8%；外商及港澳台企业增加值增长8.9%；其他经济类型企业增加值增长14.9%。

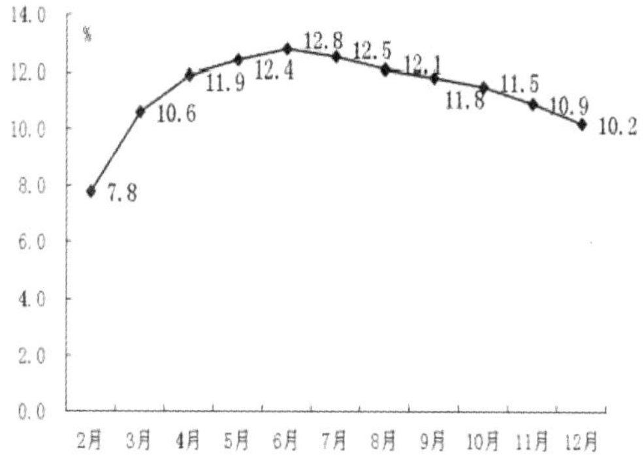

图2 2016年规模以上工业增加值增长速度图（累计同比）

2011—2016年全部工业增加值及其增长速度

表1

产品名称	单　位	2016年	比2015年增长%
合成洗涤剂	万吨	17.16	-0.5
塑料制品	万吨	1.68	4.3
饮料酒	千升	1198	7.4
涂　料	万吨	20.63	10.1
化学纤维	万吨	9.53	1.8
饲　料	万吨	120.91	1.2
家　具	万件	25.78	17.1
水　泥	万吨	223.49	-42.9
无纺布	万吨	2.43	-14.7
精制食用植物油	万吨	10.12	1.4
元明粉	万吨	67.58	-14.4
纸质品	万吨	2.28	58.9
自来水	万立方米	891	11.1
速冻食品	万吨	6.80	24.8

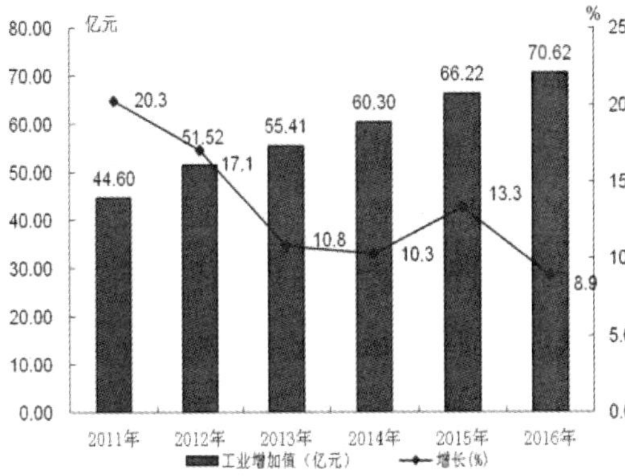

图 3 2011—2016 年全部工业增加值及其增长速度图

在统计的 27 种工业产品中，有 18 种产品产量增长，增长面为 66. 7%。规模以上工业企业产销率为 98. 6%。全区 106 户规模以上工业企业实现主营业务收入 331. 55 亿元，增长 10. 5%；实现利润 14. 29 亿元，下降 22. 8%。

全年建安工程投资完成 189. 38 亿元，全年建筑业增加值 10. 09 亿元，比 2015 年增长 10. 2%。全区具有资质总承包的建筑企业 12 家，建筑业企业房屋建筑施工面积 247. 81 万平方米，增长 18. 0%；房屋建筑竣工面积 139. 88 万平方米，增长 36. 9%，其中住宅竣工面积 84. 12 万平方米，增长 5. 2%。

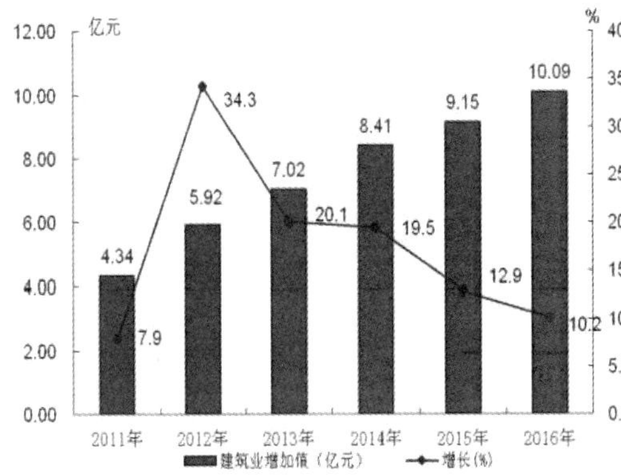

图 4 2011—2016 年建筑业增加值及其增长速度图

四、固定资产投资

全年全社会固定资产投资 227. 30 亿元，比 2015 年增长 14. 1%，其中，基本建设投资 149. 42 亿元，增长 18. 5%；房地产开发投资 25. 90 亿元，下降 29. 2%；更新改造投资 47. 18 亿元，增长 38. 8%。分产业看，第一产业投资 7. 39 亿元，比 2015 年增长 52. 1%；第二产业投资 84. 37 亿元，增长 6. 6%；第三产业投资 135. 53 亿元，增长 17. 7%。第一、二、三产业投资占全社会投资的比重分别为3. 3%、37. 1% 和 59. 6%。

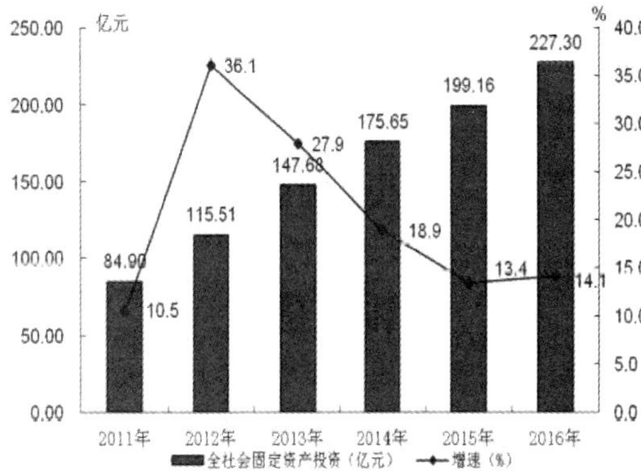

图 5 2011—2016 年全社会固定资产投资及其增长速度图

全年房地产开发投资 25. 90 亿元，下降 29. 2%。商品房销售面积 68. 59 万平方米，增长 1. 5%；销售额 37. 77 亿元，增长 20. 8%。

五、国内贸易、对外经济

全年全区社会消费品零售总额 48. 39 亿元，比 2015 年增长 13. 0%。其中批发业 5. 15 亿元，增长 12. 5%；零售业 36. 89 亿元，增长 12. 7%；住宿业 0. 51 亿元，增长 13. 7%；餐饮业 5. 84 亿元，增长 14. 8%。从销售单位所在地看，城镇实现零售额 27. 69 亿元，增长 12. 5%；乡村实现零售额 20. 70 亿元，增长 13. 6%。

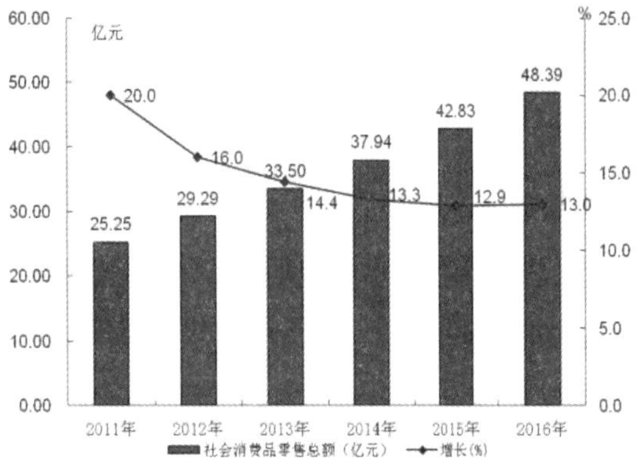

图6 2011—2016年社会消费品零售总额及其增长速度图

全年外贸进出口总额2251万美元，比2015年增长15.5%。其中，出口172万美元，进口2079万美元。全年实际利用外资1500万美元，全区招商引资到位资金134.97亿元。

六、交通、邮电、旅游

全区境内公路里程572.6公里，其中等级公路372.3公里，高速公路34.2公里。全社会客运量1914.1万人次，比2015年下降37.1%；全社会旅客周转量2.71亿人公里，增长2.7%。全社会货运量333.1万吨，下降8.1%；全社会货运周转量2.45亿吨公里，下降17.8%。

邮电主营业务收入2.22亿元，增长8.7%。全区固定电话用户5.9万户，增长0.9%；移动电话用户29.67万户，增长10.9%；宽带用户数达到11.14万户，增长26.1%。

全年共接待游客559.38万人次，比2015年增长23.4%；旅游收入达到43.63亿元，增长24.6%。

七、财政、金融和保险

全年实现地方财政收入30.53亿元，比2015年增长17.5%；地方财政一般预算收入15.12亿元，同口径增长13.3%；其中税收收入9.13亿元，增长5.2%；地方财政一般预算支出26.38亿元，增长2.9%。

年末全区金融机构各项存款余额191.40亿元，比年初增加25.74亿元，增长15.5%；其中城乡居民储蓄存款余额135.89亿元，比年初增加16.60亿元，增长13.9%。金融机构各项贷款余额87.13亿元，比年初增加10.39亿元，增长13.5%。

全年保费总收入2.47亿元，比2015年增长15.8%，其中：财产险保费收入8097万元，增长7.0%；人身险保费收入1.66亿元，增长19.0%。全年处理各项赔款和给付金额4242万元，其中，财产险赔付金额3461万元，人身险短期赔付金额781万元。

八、科技、教育、文化、体育、卫生、广播电视

全年申请专利253件,其中专利授权68件;全区各类专业技术人员10174人，其中农业技术人员1452人。全年举办科技培训140次，培训人员2.1万人次。区财政投入科学技术支出555万元。

全年财政投入教育支出2.87亿元。全区共有小学15所，专任教师881人，在校学生12876人；普通中学16所，专任教师828人，在校学生9327人。全区学龄儿童入学率100%，初中毕业生升学率95.2%，高中升学率91.2%，高考本科上线率38.3%。

年末全区拥有文化馆1个，文化站13个，公共图书馆1个，博物馆1个，青少年宫1个，体育馆36个，电视台1个。年末公共图书馆图书总藏量21.7千册。

全年财政投入医疗卫生支出2.55亿元。全区共有医疗卫生机构数243个，实有床位数1394张，全区医疗机构共有技术人员1514人，

其中执业（助理）医师601人。全区新型农村合作医疗参合率100%，全区5岁以下儿童死亡率5.49‰，婴儿死亡率4.33‰，产妇住院分娩率100%。

九、人口、人民生活、就业和社会保障

年末全区户籍总户数12.57万户，户籍总人口33.20万人。年末常住人口31.90万人，其中，城镇人口16.63万人，城镇化率52.14%，比2015年提高1.54个百分点。全年出生人口3784人，人口出生率11.69‰；死亡人口2578人，人口死亡率7.97‰；符合政策生育率为96.78%，人口自然增长率3.73‰。

全年城镇居民人均可支配收入29364元，比2015年增长8.8%。其中，工资性收入18529元，增长0.7%；家庭经营现金收入5833元，增长23.2%；财产性收入1481元，增长30.2%；转移性收入3521元，增长28.6%。人均消费性支出192581元。其中，居住支出3191元；生活用品及服务支出13584元；交通和通信支出2643元。城镇居民恩格尔系数36.1%。

全年农村居民人均可支配收入15405元，比2015年增长9.6%。其中，工资性收入7197元，增长12.7%；家庭经营现金收入5657元，增长5.3%；转移性收入2106元，增长9.6%；财产性纯收入445.2元，增长17.5%。农村居民人均生活消费支出12423元。其中，居住消费支出2252元；生活用品及服务支出759元；交通和通信支出1914元；医疗保健消费支出708元。农村居民恩格尔系数37.3%。

全年参加城乡居民社会养老保险人数13.3万人，参加城镇职工基本养老保险人数10.58万人，参加城镇基本医疗保险人数3.66万人，参加失业保险人数1.48万人，参加工伤保险人数2.12万人，参加生育保险人数2.09万人。全年城镇新增就业4556人，城镇登记失业人数2468人，城镇登记失业率控制在4.2%以内。

年末全区各种社会养老机构19所，城镇居民最低生活保障人数2356人，农村居民最低生活保障人数7030人，农村五保供养对象1324人。

农村改革试点工作

一、改革试验概况

彭山区自2014年跻身全国农村改革试验区行列以来，先后承担全国“两权”（农村宅基地使用权和集体建设用地使用权）抵押贷款试点、全国农村土地承包经营权有偿退出（新增）试点和全省农村改革综合试验区等多项改革试点任务。

改革工作推进以来，国务院研究中心、中组部、农业部、中国人民银行、省委决咨委等各级部门和领导先后到彭山指导。其中，“四步机制、三方受益”（三级土地预推—平台公开交易—资质审查前置—风险应急处理；农民流转有收益、业主投资得效益、政府服务做公益）的土地规范流转经验在全国交流、推广，并将写入全国人大修改《土地承包法》意见；“两权”抵押贷款经验被人民银行成都分行列为全省“样板”，中国人民银行就彭山“两权”抵押经验刊发编者按；彭山区家庭农场联盟抱团发展的做法得到农业部部长韩长赋的批示肯定；“产权 + 股份”的农民利益保障体系有效推动全区城镇化进程，经验在全国新型城镇化工作会上交流。

同时，彭山区被中宣部确定为全国农村改革宣传主阵地之一。央视《新闻联播》《朝闻天下》《新华每日电讯》《人民日报》《经济日报》《光明日报》等多家中央主流媒体先后到彭山关注，并在重要版面（《人民日报》头版）和时段（《新闻联播》头条）进行专题深度报道，相关新闻转载突破 3000 余次。

二、主要做法和成效

（一）“1234”党建工作体系解决新型农业经营主体党建融合引领问题。

健全一套组织架构。通过向新型农业经营主体选派党建指导员，采取单建、联建等方式共成立新型农业经营主体党支部 66 个（联建 34 个，单建 32 个），实现党的组织和工作全覆盖。在此基础上，按照“领域建党委、产业建总支、新型经营主体建支部”思路，区委成立新型农业经营主体综合党委，并组建农业、林业、畜牧部门 3 个行业党委和 1 个农业园区党委，下设葡萄、蜜柚、柑橘、蔬菜、猕猴桃、中药材、水产等 8 个产业党总支，66 个新型经营主体党支部按产业行业，归口到相应的产业党总支或行业党委。

双重管理模式。主要是“乡镇属地管理 + 部门行业指导”。全区新型农业经营主体党组织按照产业行业归属，接受产业党总支、行业党委、园区党委的指导，归属综合党委管理。行业、产业党组织主要解决新型农业经营主体党组织在服务产业发展中涉及的项目资金、生产技术、品种研发、人才培育等方面的难题。新型农业经营主体党组织按照属地关系仍然接受乡镇党委、村级党组织管理。镇和村党组织主要在党员发展、日常教育以及经营主体发展所需的土地、劳务、矛盾调解等方面给予服务支持。

三大功能定位。突出“红色先锋引领绿色产业”主题，明确产业链党组织要在农民合作社、家庭农场、农业龙头企业中发挥政治引领、产业服务、农村治理“三大职能”，发挥党组织动员群众、集聚人才、整合资源等优势，引导新型农业经营主体依法诚信经营、坚定信心跟党走，帮助解决产业发展面临的资金、人才、技术等难题，提供产前、产中、产后系列服务，推动农业增效、农民增收、农村增色。

四化推进机制。标准化建设，按照“四好四有”标准（选好书记、育好队伍、定好权责、建好阵地、有制度、有规划、有活动、有考核）建设党组织，确保产业链党组织管理规范、运行有序、坚强有力；精细化服务，通过实施“六大行动”（思想引领行动、党员示范行动、产业升级行动、人才培育行动、电商发展行动、党建标杆行动），搭建产业链党组织服务发展的措施载体；规模化培育，出台壮大新型农业经营主体九条措施，通过开展政策扶持、引导抱团发展、实施品牌打造等切实加快农民合作社、家庭农场、农业龙头企业的培育壮大；同步化推进，拓宽新型经营主体党组织建设影响力、辐射力，同步加强村级班子、同步壮大集体经济、同步服务农村治理，助推传统村级党组织建设。

（二）“1+3+N”体系解决党建引领新型农村社区社会治理工作问题。

构建社区治理体系。针对近年来农民拆迁安置区、新农村聚居点等新型农村社区大量涌现的现状，前期在3个小区开展试点，建立以新型农村社区党组织为核心，以议事会决策、管委会执行、监委会监督（简称“三会”）为自治主体，以其他社会组织和各方力量为补充的“1+3+N”新型社区管理服务架构。

壮大社区公共资源。在新型农村社区建设过程中，同步建设党组织服务阵地，落实便民服务、物业管理、治安维护、文化体育等公共服务场所和设施。建立居民自主缴纳物业管理费的相关制度和以奖代补机制。同时探索以公开竞拍、入股、出租等市场化方式经营集体资产资源，增加小区收益。

提升社区服务水平。依托社区党群服务中心，推行全程代办、限时办结、预约服务，向群众提供物业管理、就业创业、文化体育等服务。组建党员先锋队、治安巡逻队等，实行组团式便民服务。建立小区党组织班子成员定期走访、党员分栋包户联系群众制度，及时解决群众生产、生活问题。开展党员示范楼、示范户、党员先锋岗等评选服务等评选活动，发挥党员服务社区治理先锋作用。

（三）四步流转机制解决用地的适度规模化。

针对在农村土地流转中存在的农民怕业主“跑路”，业主怕农民“难缠”，政府怕无限“兜底”等现实难题，积极探索“三级土地预推——平台公开交易——风险前置审查——出险应急处置”的土地流转四步机制，实现“农民流转有收益，业主投资得效益，政府服务做公益”的三方受益格局。工作开展以来，有效改变农村长期呈现“业主无地可种，农村无人种地”两难并存的现象，全区土地流转顺畅规范、风险可控，吸引生产要素向农业农村“回流”，推动现代农业蓬勃发展。截至2016年11月底，全区实现集中流转土地面积9333.33公顷、流转率高达58%，占地54平方公里的岷江现代农业园区土地流转率高达95%。其中，全区1200余宗流转土地中，100亩以内的占40%，100—500亩的占50%，500亩以上的占10%。

（四）“两权”抵押贷款促进农村金融健康发展。

针对农村长期以来“银行想贷不敢贷，业主有投入又贷不了”的难题，彭山区借助全国“两权”抵押贷款试点契机，一切围绕“让银行下水”制定方案、完善配套，在全区构建起闭合的农村产权流转体系、双线并行的农村产权评估评审体系、多层次风险分担体系、开放的产品开发体系、洁净的农村金融征信体系五大制度体系，形成政府、公司、园区、银行、新型农业经营主体“五方联动”的农村“两权”抵押贷款机制。实现银行系统全面积极参与，新型农业经营主体便捷、低成本融资的良性格局，成功破解农村“融资难”“融资贵”等现实难题，形成独有的彭山模式。截至2016年11月底，全区已正式推出农村“两权”抵押贷款新产品14个，成功发放贷款270笔、1.03亿元，放贷笔数与金额居四川省同类试点区县第一。在贷款利率方面，最高不超过人民银行基准利率的30%，在2015年基础上最高下降3个百分点。

（五）家庭农场联盟解决农业体系的组织化。

针对单打独斗的传统农业产品质量参差不齐，销售渠道不畅，市场竞争缺乏话语权等难题，彭山区组建家庭农场联盟，将分散的生产、经营力量组合起来，带领全区家庭农场抱团发展、提标提质、对接市场、节支增效，有效降低农业生产成本，提升农业综合效益。联盟成立以来，立足彭山的区位、交通和产业优势，以打造成都平原农产品“中央厨房”为目标，以“绿色、生态、品牌”为着力点，突出“标准、品牌、服务、农资、物流、金融”六统一，组织带领全区家庭农场抱团开拓市场，实现产品提质、业主增收、消费者满意，树立彭山农业的品牌形象，促进全区农业快速持续健康发展。

（六）“产权＋股份”解决农民进城入镇的权益保障问题。

为实现“农业增效、农民增收”的目标，彭山区还积极探索“产权＋股份”的农民权益保障体系，增加农民财产性收入，让农民的资产变得成钱，装得进口袋，带得进城市。

变物权为产权，增加财产性资产。全面开展农村承包地“三权”分置改革，为农民获得长期稳定的土地流转收益奠定制度基础，覆盖率达100%。全面启动农村不动产登记、确权。按需启动农村宅基地使用权和农民房屋财产权确权、登记、颁证。积极探索农民房屋及宅基地自愿有偿退出改革，把农村闲置的资源盘活为农民拥有的资产，有效破解增加农民财产性收入的制度障碍。

变村民为股民，激发集体经济活力。全面开展农村集体资产股份制合作改革。以点带面，在全区14个村开展农村集体资产股份合作改革，建立起“产权明晰、权责明确、监管有力”的农村集体股份制经济组织，变村民为股民，增强其在集体经济经营中的话语权。同时，通过规范的市场化经营，提高集体资产经营效益、壮大集体经济、增加村民收入，群众满意度达100%。

变农民为市民，助推农业人口有序转移。通过“产权＋股份”的配套制度设计，将在农业现代化进程中的转移人群，从传统的农业农村束缚中解放出来。农村土地、房屋对农民的束缚逐渐减弱，越来越多的农民愿意转让土地经营权离开农村从事其他行业，或者带着农村产权和集体经济股份进城入镇，投入城镇化建设大潮。彭山区已实现13万余农业人口成功转变为农业业主、产业工人、三产经营者和城市居民，占全区农业人口的56%，有力地推动新型城镇化建设进程。

脱贫攻坚

一、脱贫攻坚目标全面完成

截至2016年年底，彭山区全面实现精准减贫4067户11788名贫困人口，所有减贫人口全部达到国家“两不愁，三保障”（不愁吃、不愁穿；义务教育、基本医疗和住房安全有保障）要求和四川省“一超六有”（年人均纯收入稳定超过国家扶贫标准且吃穿不愁；有义务教育保障、有基本医疗保障、有住房安全保障、有安全饮用水、有生活用电、有广播电视）的脱贫标准。实现精准退出市县级贫困村35个，贫困村贫困发生率均下降为零，全部达到“一低五有”（贫困发生率低于3%，有集体经济收入、有硬化路、有卫生室、有文化室、有通信网络）标准。

二、强化组织，指挥体系更加健全

高规格加强领导组织配置。严格执行脱贫攻坚一把手负责制，从区到村都组建党政主要领导“双组长”负责的脱贫攻坚领导小组，层层立下军令状；党建引领全民行动。成立13

个扶贫党总支，84个扶贫党支部，整体联动加强贫困村扶贫攻坚；帮扶机制落实到位。全面落实驻村帮扶机制，实施一对一、多对一帮扶联系制度，全区51名区级领导干部、84个帮扶单位、84名第一书记结对帮扶84个有扶贫任务的村，2056名党员干部结对帮扶1.18万名贫困户，做到84个有贫困任务的村帮扶全覆盖和2016年脱贫的1479户4071名贫困人口户户有帮扶责任人；实行区级领导牵头目标考核制。以责任清单的形式将脱贫攻坚任务落实到区级领导、部门、乡镇，层层签订目标责任书，将年度脱贫任务逐项分解到村，做到责任精准、措施明确、扶贫精准；高密度研究推进。区委、区政府把脱贫攻坚工作作为每月区委常委会、区政府常务会必须研究的议题，牵头区级领导汇报当月工作推进情况，群策、群力研究解决工作中存在的问题和困难。

三、高频率督察考核，扶贫工作合力增强

开展高层次指导督导。区委书记、区长分别多次深入乡镇、村社进行调研指导，召开现场办公会，集中解决难点问题；开展督导检查。由区级领导分别带队下基层进行督导检查，确保重点问题解决到实处；开展交叉检查。由区扶贫局牵头，组织区纪委、区委督查室和13个乡镇分管领导成立交叉检查工作组，对标查找问题进行交叉检查，并将发现的问题以“发点球”的形式反馈给乡镇进行对标整改；开展纪委督察。由区纪委牵头对乡镇进行督察，确保各项脱贫攻坚工作及时推进；开展巡查检查。由区脱贫办牵头，组织区教体局、区卫计局等11个部门对13个乡镇开展退出验收巡查工作，找问题、抓整改；开展行业检查。由相关部门牵头开展专项考核检查，对照行业标准进行整改落实；开展第三方评估检查。聘请第三方机构对彭山区2016年拟退出的贫困村贫困人口退出进行全覆盖检查评估，对第三方评估发现的问题及时反馈给各乡镇进行核实并对照整改。

四、在增收上下功夫，确保“两不愁”

在改革上“创”收。抢抓农村深化改革机遇，创新土地流转“四步”机制，培育四类新型农业经营主体3400余个，全区共流转土地8533.33公顷，规模发展葡萄、蜜柚、猕猴桃等6大特色优势产业。让贫困户充分享受改革红利，通过土地出租和就地务工实现双增收，人均增收1000元以上。

在代养上“稳”收。对有病无劳力却有养殖愿望的贫困户，采取由政府出资购买猪、羊、鸡等畜禽和养殖饲料，交由有资质的养殖大户、农场主等进行代养，由政府负责支付“代养”费，畜禽出栏后的收入全部归贫困户所有。

在解决就业上“增”收。在加强就业培训和技能培训的基础上，将有劳动力的贫困人员纳入公益性岗位安置，2016年安置181名贫困人员在贫困村从事保洁、绿化、治安巡逻等工作，人均实现工资性收入800—1500元/月。

五、在政策上落实，解决“三保障”

义务教育保障：由区财政拨付300万元成立“彭山区教育扶贫救助基金”并完善救助标准；对彭山区988名贫困学生分乡镇、分学校、分学段建立数据库；对在各阶段接受教育的4738名贫困学生发放助学金、生活补助等资金290万余元。区教体局具体抓落实，调动乡镇基层力量集中攻坚的做法有效保障彭山区没有因贫困而辍学的情况发生。

基本医疗保障：由财政全额出资实施基

本医疗保险、补充医疗保险全兜底，参保率达100%，实现全覆盖。为全区3427名患病群众、2841名因病致贫群众建立精细数据台账，实现对建档立卡贫困户的精准智能识别。设立300万元卫生扶贫救助基金并完善管理办法；投入资金500万余元，免费为贫困人口开展白内障复明手术等，建立建档立卡贫困户就医转诊“绿色通道”“一站式”就诊各报账服务，实现建档立卡贫困户彭山区域内定点医疗机构合规住院费用零支付。区人力资源和社会保障局及区卫生和计划生育局在脱贫攻坚工作中积极主动，协调多方力量，逐一准确核实数据，高效确保彭山区基本医疗保障工作走在全市前列。

安全住房保障：简化建房审批手续，对贫困户建房按照特事特办的原则予以支持。2016年，整合省、市、区和区民政局项目资金656万元，对全区364户住房不安全的贫困户实施危房改造和重建，切实解决贫困户住房安全问题。彭山区住房安全保障工作在全市考核中取得第一的好成绩。

六、重点工作扎实推进、脱贫政策落地见实效

易地搬迁工作。全力推进易地扶贫搬迁工作进度。2016年完成搬迁99户281人，黄丰镇两个集中安置点已建设完成，贫困户已搬迁入住。区发改局、区扶贫移民局和正兴公司在易地扶贫搬迁工作中完成年度搬迁任务。黄丰镇等易地扶贫搬迁重点乡镇也全力推进，有效确保搬迁户的如期入住。

金融扶贫工作。区委、区政府出台《关于创新开展扶贫小额信贷的实施意见》，2016年对彭山区249户贫困户发放贷款487.87万元。彭山区小额信贷的贷款率和覆盖率的大幅提升，与区金融办的协调指挥是分不开的，其中人民银行和信用联社在小额信贷中发挥积极作用。

实施低保政策兜底。实施贫困户低保政策全覆盖，确保贫困户中至少有一人享受低保，2016年新增低保对象1016户1903人。提高标准，率先在眉山地区实行农村最低生活保障标准与扶贫标准“两线合一”；用足政策，精准兜底脱贫。对建档立卡贫困户中通过各类救助后，收入仍然不达标的，采取临时生活救助补差的方式保障脱贫，2016年对145户335名贫困户发放临时生活救助41.8万元。区民政局的主动推进，积极落实，为彭山区提前实现“两线合一”打下坚实基础。

财政资金投入工作。由区水务局牵头，整合国家小农水重点县项目等项目资金2717万元，在14个贫困村中，通过采取新建集中供水站、加强自来水管网建设等方式，解决贫困户饮水安全问题；由区文广新局牵头，投入175万元，完成35个贫困村的文化活动室、村村响、农家书屋建设，完善广播电视线路，做到广播电视信号户户通，村村有广播；由区交通局牵头，投入专项资金3197万元完成60余公里的村道、社道建设，其中，贫困村村道18.4公里，投入资金184万。区水务、交通、文广新、财政等部门积极整合行业资金，全力推进脱贫攻坚。

（冯建梅）

政 治
Political Affairs

中国共产党彭山区委员会

综 述

【概况】 2016年，彭山区地区生产总值（GDP）实现134.10亿元，比2015年增长8.7%，GDP增速连续三年位列全市第一；全社会固定资产投资完成227.30亿元，增速14.1%；全年实现地方财政收入30.53亿元，增长17.5%，地方财政一般预算收入15.12亿元，增长13.3%，突破15亿元大关。彭山区县域经济发展成功跻身全省重点开发区和市辖区县第十五位，县级经济综合评价全省排名提升4位。“主动作为创一流”目标考核名列全市第一。

【工业经济】 2016年，中国共产党彭山区委员会（以下简称“区委”）坚持与时俱进深化改革、扩大开放，带头开展小分队招商，招强引优成效明显，成功引进2家世界500强企业和华夏幸福等多家国内知名企业投资入驻。坚持外向型经济发展方向，理顺招商体制机制，瞄准高端产业筑巢引凤。全区累计入驻世界500强企业11家，新增2个百亿元项目，招商引资累计到位资金480亿元，外贸进出口总额累计2.59亿美元。积极融入国家成渝城市群规划，持续着力对接成都和天府新区，先后与成都市双流区、新津县签订《战略合作协议》，广泛开展土地资源、基础设施和产业发展对接协调，对外开放、区域合作的发展格局加快形成。

【旅游三产】 2016年，区委充分发挥消费拉动作用，大力鼓励发展电子商务、旅游、健康养老等新兴消费，销售网络化水平持续提高，大力发展“互联网+农业”，建成苏宁易购彭山馆。全区农产品线上销售额再创新高。效益多元化趋势更加明显，完成全区农业产业结构调整和乡村旅游发展规划，产业融合进一步深化，打造乡村旅游节点20个，以特色农业为基础的乡村旅游正在兴起。建区以来，持续破解新型融资体系、货币化安置等10大难题，有力地推动发展，并创造“四方联动”货币化安置模式等一批在全国有影响的工作经验。

【深化农村改革】 2016年，区委深化农村改革成绩突出，“四步机制、三方受益”（三级土地预推—平台公开交易—资质审查前置—风险应急处理；农民流转有收益，业主投资得效益，政府服务做公益）土地规范流转经验在全国交流、推广。全省“两权”（农村宅基地使用权和集体建设用地使用权）抵押贷款现场会在彭山召开，“五大体系、五方联动”的“两权”抵押贷款经验被人民银行成都分行列为全省“样板”。家庭农场联盟抱团发展的做法得到农业部部长韩长赋的肯定性批示，经验在全国推广。“产权+股份”的农民利益保障体系有效推动全区城镇化进程，经验在全国交流。多渠道、多层次融资助力发展并防范金融风险的课题工作稳步推进，新增融资到位资金16.95亿元；土地规划滞后、批而未征、征而未用的难题得到有效破解，供应土地32宗133.33公顷，破解干部队伍专业人才缺乏、人力资源统筹不够的难题初见成效，统筹引进交通工程、城市建设等方面急需紧缺人才，助力彭山品质发展。全面深化改革实现历史性突破。彭山被中宣部确定为全面深化改革12大重点宣传区县，中央电视台连续4次聚焦，《人民日报》2次头版报道，新华社通稿刊发。彭山农村改革获评2016年度全省最具影响力“十大经济事件”。

【脱贫攻坚】 2016年，区委明确脱贫攻坚“路线图”。按照中央、省委、市委关于脱贫工作安排部署，深入调研，结合彭山实际，在政策制定、规划编制、投资安排、行业扶持、改革创新等方面开展一系列工作，有力地推动贫困地区减贫与发展步伐。到2016年年底，扶贫对象全部实现“两不愁、三保障”（扶贫对象不愁吃、不愁穿，保障其义务教育、基本医疗和住房）和“四个好”（贫困对象住上好房子、过上好日子、养成好习惯、形成好风气）、贫困村实现“七有”目标。深化精准脱贫目标措施。全面实施“六个精准”“五个一批”，奋力实现中央“两不愁、三保障”和省委“四个好”脱贫攻坚目标。创新方式，算好扶贫“账”，实施“明白卡”上墙。实施“一户一袋”，将“两卡两册”（帮扶卡、明白卡、扶贫手册、惠民手册）、贫困户基本信息采集表等资料装入一个袋子，分别送贫困户和所在村委会保管，做到帮扶记录、帮扶措施、帮扶政策有迹可循，有账可查，该项工作被全市推广。面向全省公开采用竞争性谈判方式，邀请第三方评估机构（成都沐阳市场调查公司）对全区贫困户、贫困人口按照省级、市级脱贫标准，进行全覆盖自查评估，将评估结果作为乡镇（街道）最终考核排名的依据之一。集中力量推进重点脱贫工作。全面落实“五个一”驻村帮扶机制，推动51名县级领导干部、84个帮扶单位、108名第一书记、2056名党员干部结对帮扶，设立乡镇（街道）扶贫党总支13个，开办“农民夜校”88个。出台《眉山市彭山区脱贫攻坚一票否决制度》，对脱贫攻坚不力的领导干部予以年终考核、评先选优、提拔任用“一票否决”，层层传导工作压力。强化义务教育保障，为988名贫困生建立贫困学生数据库，发放各类补贴，减免各种费用，发放助学贷款，全区没有因贫困而失学或辍学的情况。强化基本医疗保障，对建档立卡贫困户由财政全额出资实施基本医疗保险、补充医疗保险全兜底，参保率100%。由区财政划拨300万元设立卫生扶贫救助基金，对贫困户就医进行救助，实现建档立卡贫困户彭山区域内定点医疗机构住院费用零支付。强化安全住房保障，由区住建部门牵头，对全区贫困户进行房屋安全摸底排查，共排查出存在住房安全隐患364户933人，其中，176户471人需要维修加固，188户462人需要拆除重建，按照维修加固每户补助7500元、拆除重建每户补助3万元的标准，共发放危房改造补助资金656万元。

【依法治区】　2016年，区委深入推进依法治区，集中精力抓落实、抓巩固、抓提升，不断深化“依法执政、法治政府、法治环境、全民学法、基层自治、依法经营、监督网络、舆论宣传”依法治区八大体系。建立健全党委领导人大、政府、法院、检察院党组依法履职的工作机制。坚持“法无授权不可为，法定职责必须为”，全面实施三张清单制度。推进司法体制改革，推进审判、检务、警务等公开，构建阳光司法，维护公平正义。深入推进“法律七进”，推动全民学法、用法。2016年，彭山区荣获“2011—2015年全国法治宣传教育先进（区）县”称号，全市唯一。

【安全稳定】　2016年，区委健全调解、仲裁、行政裁决、行政复议、诉讼等有机衔接及相互协调的多元化纠纷解决机制，完善人民调解、行政调解、司法调解联动工作体系。多次牵头深入一线督察整改安全隐患、化解信访积案，持续加强社会治安综合治理，扎实抓好安全生产和群众信访工作，社会大局保持和谐稳定。加大信访法治化治理力度，依法解决群众诉求。依法惩治暴恐、黄赌毒、邪教、非法集资等违法犯罪行为，维护社会和谐稳定。扎实抓好安全生产，对安全问题多发的建筑、交通、食品药品、地质灾害等领域，集中开展专项整治，确保群众生命财产安全。

【民生工程】　2016年，区委抢抓撤县建区和综合交通同网机遇，推动城市向北对接成都，向南融入眉山。累计投入城市建设资金226.75亿元，城市建成区面积增加6.56平方公里，城镇化率达到52.69%。坚持新增财力向民生领域倾斜，全年投入民生和社会事业资金21亿元，占财政预算支出的80%以上。城乡养老保险、医保、低保等实现应保尽保。大力推进大众创业万众创新，三人行创客空间被评为国家级众创空间。持续推进“绿海明珠”“千湖之城”“百园之市”等工程，成功创建四川省环境优美示范县城。重拳开展治污、治尘、治超、治砂、治乱专项行动，道路交通安全源头治理经验在全省交流。砂石监控技防经验在全省推广。城乡生活垃圾集中收集处理实现村级全覆盖。城镇、交通干线“四乱”现象有效遏制，城区空气质量达标率74.5%，相比2015年大幅提升。创新“河长制”（指一种水污染治理制度，由区级领导担任“河长”，负责辖区内河流的污染综合治理；由河流流经乡镇（街道）党（工）委书记为“河段长”；流域主要污染源业务主管部门为牵头部门，落实项目主体责任；由区环保局班子成员为“河道警长”，落实水环境监察监测责任），一河一策推进小流域综合治理，建设城乡生活污水处理站，启用工业污水处理设施，关闭、整治沿河畜禽养殖场。

【党的建设】 2016年，区委以“两学一做”学习教育为契机加强自身建设。率先垂范、勇于担当，充分发挥推动各项事业的领导核心作用。自觉把开展“两学一做”学习教育作为重要政治任务，多次听取有关工作汇报、作出安排部署，推动全区学习教育高质量高标准开展。组织党员先后到廉政教育基地接受洗礼，引导党员干部坚定理想信念，自觉做到在思想上政治上行动上与以习近平同志为核心的党中央保持高度一致。坚决贯彻执行《中国共产党地方委员会工作条例》，创新运行《彭山区工作规则》，持续深化“三重一大”事项监督等制度机制。强化主责主业夯实党建基础。探索构建“纪组宣政统”一体化“大党建”工作格局，成立全面从严治党主体责任领导小组。推动党建与发展同步“项目化”部署、同步“一抓一”推进、同步“清单式”考核。每月召开党建现场会、党风廉政建设例会，研究解决工作推进中的具体问题。制定党建工作、党风廉政责任“两张清单”，问责落实不力的干部，全面兑现承诺。切实加强基层组织建设，持续提高村（社区）干部待遇，新建、改造扩建村（社区）党组织活动场所。创新推进产业链、聚居区等新兴领域党建工作，创新运用“党群互联屋”等载体，观音镇果园村党总支获得“全国先进基层党组织”称号。持续开展软弱涣散基层党组织整顿，深化不合格党员清理整顿。

【换届工作】 2016年，区委加强组织领导推进集中换届。以“一盘棋”思想统揽换届，将党委总体把关、选优配强班子和严肃换届纪律贯彻始终，鲜明“忠诚、担当、有为、干净”用人导向。严格选人用人政策标准，逗硬执行干部选任全程纪实、防止“带病提拔”十项规定和“六个凡必”规定。2016年12月底，在全省率先全面完成区、乡、村三级换届，组织提名人选100%顺利当选，换届全程无违纪违规、无程序失误、无负面舆情，中组部督查组全程参与区人代会选举，给予高度好评。

【党风廉政建设】 2016年，区委坚持从严管党治党狠抓班子强带队伍。压实党风廉政建设“两个责任”，区委常委带头口头承诺、带头签字背书、带头访谈约谈、带头督办落实，带动“两个责任”全面落实。在全市率先开展纪委监督同级党委工作试点，在政府全面推行“三张清单”制度，明晰权责边界，在村级全面建立廉情监督委员会，加强纪律作风和权力运行监督。始终把作风建设作为履行主体责任的重大政治任务，制定《干部庸懒散浮拖三十种突出行为问责办法》，全年通报16人，诫勉谈话17人，纪律处分5人。积极支持纪检监察机关聚焦中心任务，实现派驻监督全覆盖。注重发挥区委反腐败协调小组作用，以“零容忍”态度惩治腐败。大力开展专项整治，立案查处侵害群众利益的不正之风和腐败问题。严格贯彻执行中央八项规定，持之以恒正风肃纪，营造风清气正环境。

区委办公室工作

【信息调研】 2016年，中共眉山市彭山区委办公室（以下简称“区委办”）起草各类较为重要的会议材料、领导讲话、汇报材料等70余篇；上报各类信息600余条，市委办采用、转报100余条，完成省、市下达目标任务的200%，彭山深化农村改革被评为“2016年四川十大经济影响力事件”。全年共编发《彭山信息》20期，截至年底获得省委办公厅信息得分138分，全市第一。

【文秘工作】 2016年，区委办严格办文程序，严把政策、法规、质量、文字四道关口，扎实执行“公文无差错”标准，确保文件制发准确、程序规范、发送及时、流向清楚、无遗漏和积压现象。完善会务工作流程，精心组织，合理安排，保证会务“不拖延、不遗漏”。全年区委及区委办公室共计发文380余件。先后参与筹备党代会、全区经济工作会、中心组学习会等多个大型会议，以及中央、省、市领导到彭山的会务筹备工作，会务保障实现零差错。

【常委办工作】 2016年，区委办按照“务实高效、严谨保密”的工作原则，认真履职尽责，圆满完成各项工作任务。全力做好重要会议服务。高质量筹备并承办区委常委会、区委全会和区委重大工作统筹会等重要会议，全程提供周密细致的会务服务，确保会议顺畅、圆满，全年共计承办各类重要会议50余场。全力做好文书材料办理。及时整理区委常委会、全会、重大工作统筹会会议纪要，全年编发各类纪要48期。严格落实区委运行规则。及时传达区委常委会的工作思路、战略部署和工作要求，加强对区委领导的协调与服务，有力推动全区各项工作的顺利开展。

【督察工作】 2016年，区委办紧紧围绕全区中心工作和重点工作，充分发挥督察考核指挥棒作用，不断创新督察方法，努力提高督察的质量和效果，推动全区各项工作落地落实。重点围绕市委保证目标、区委重大决策、区委领导交办事项、全区重点工作、重点项目开展专项督察。全年开展重点工作、重点项目等专项督察8次，确保市、区重大决策部署得到及时贯彻落实。

【目标管理】 2016年，区委办开展新常态下科学目标管理、项目进程管理的课题研究，完善目标考核体系，继续推行“基础目标＋重点目标”考核机制。完善、更新全区目标绩效管理办法，将党建主体责任制落实情况纳入考核，与发展业务目标任务考核实行“双百分制”同比重考核，将“一手抓党建、一手抓发展，党建引领发展”的思路与目标考核同安排、同部署。细化《关于明确2016年度全区重点指标、重点工作、重点项目和领导联系重点企业项目的通知》（眉彭委办〔2016〕27号），将全区20项社会经济发展主要指标、19项重大中心工作、30大项重点推进项目列入重点目标管理，单独考核计分，实行“月上报，季督察，半年一考核，年终总评分”的管理办法。

【后勤接待】 2016年，区委办牢牢把握后勤接待工作的特点和需要，严格按照“节约、安全、有效”的大原则，强化接待工作人员的专业性，进一步优化接待环境和设施，不断提高后勤接待工作服务效率。2016 年，严格依据《接待工作规程》接待，圆满完成各级领导和外市、县到彭山的接待工作，树立彭山区高效、务实、节俭的良好形象。全年共接待客人171 批 6213 人次（含人代会、党代会、政协会）；其中，政务接待 5927 人，商务接待 246 人，并协助区委、区政府、各部门接待大小会议58 次。

【机要保密】 2016 年，区委办按照保密工作要求，对机要、保密工作定人定岗，明确职责，实现机要、保密渠道安全畅通。先后制定《保密工作制度》《文件传阅制度》《文书档案管理制度》等文件。根据《中华人民共和国保守国家秘密法》的要求，对文件的收发、登记、传递、归档、销毁等环节均作明确的规定，切实履行领导干部保密工作责任制和保密人员工作责任制，并对秘密文件严格实行单独登记，限定传阅范围。2016 年，区委办所收到的涉密文件，均按规定进行处理，未出现失、泄密问题，确保涉密文件在传递、使用过程中的安全。

【依法治区】 2016 年，区委办认真践行“治蜀兴川重在厉行法治”的指示精神，集中精力抓落实、抓巩固、抓提升，不断深化“依法执政、法治政府、法治环境、全民学法、基层自治、依法经营、监督网络、舆论宣传”依法治区八大体系。2016 年，彭山区获得“2011—2015 年全国法治宣传教育先进（区）县”称号，全市唯一；打造彭山区法治文化主题广场、牧马镇莲花村廉政法治广场和凤鸣街道菱角村法治文化阵地等亮点综合阵地，创新编制彭山区青少年学法用法读本，免费发放 2 万余册。

【脱贫攻坚】 2016 年，区委办深入开展“走基层”活动，扎实推进脱贫攻坚中心工作。区委办按照“高标准脱贫、率先脱贫”要求，切实解决青龙镇狮子村的实际困难。改善基础设施，通过交通、水务、农机等部门的协同配合，该村 2. 9 公里的村主道拓宽硬化工程完成竣工，新建的 8 座石河堰、8 个山坪塘、6. 4 公里沟渠、1 座提灌站等工程全部投入使用。完成村委会阵地建设，为进一步加强党的建设，发挥党员干部先锋模范作用奠定基础。拓宽群众就业门路，增强村级经济发展后劲。新推荐贫困户在彭山经开区和青龙镇公益性岗位务工30 人，新发展优质柑橘 73. 33 公顷，嫁接改良品种 20 公顷，全村柑橘种植面积达到 160公顷。全村人均柑橘种植面积 0. 07 公顷以上，丰产后人均年收入增加 5000 元以上，圆满实现该村在 2016 年年底贫困村脱帽，贫困人口脱贫的目标。

（漆　影）

组织工作

【换届工作】 2016 年，彭山区突出“党委把关、风清气正”，在全省率先完成、区乡、村三级换届。换届中，区、乡领导班子组织提名人选 100% 顺利当选，主要领导 100% 高票当选，村（社区）100% 选举成功，全程无违规违纪、无程序失误，中央组织部督察组全程参与区人代会选举。坚持专门机构抓、专题部署抓、专项督导抓，先后召开 22 次专题会议学习传达、研究部署换届工作。常委班子人人包乡联村，全程参与动员大会、代表委员推选、大会召开等重点环节。提前开展班子分析研判，及时调整5名乡镇领导干部和6名后进村、贫困村支部书记，新选配19名优秀干部进入乡镇领导班子，选派6名优秀乡镇事业人员挂任乡镇党委委员。严把人选质量关和选任程序关，所有考察对象、代表、委员，逐一征求纪检、信访、综治等14个部门意见，在关键环节切实加强领导，切实防止“带病提拔”“带病上岗”“带病当选”。坚持标准、放眼长远，把选好干部配强班子贯穿始终。换届前，采取全覆盖谈心谈话、填报干部意愿征求表、设立电子邮箱等方式，广泛征集干部意愿，全区符合条件的2000余名干部表达个人真实意愿。同时，分层、分类建立领导班子功能结构模型和党政综合、城建规划等8类人才库，在换届人事安排中统筹考虑，最大限度用人所长、用人所愿。在乡镇党委换届中，注重选拔“四类人员”进入领导班子，通过党委推荐、资格复审、组织测试、常委会研究、党代会选举等程序，17名“四类人员”最终当选乡镇党委委员。其中，乡镇事业人员10人、“第一书记”5人、村支部书记2人。在村（社区）党组织换届中，大力实施人才回引工程，吸引78名外出优秀党员回乡参选。

【监督工作】　2016年，彭山区建立《彭山区区乡换届风气监督责任清单》，明确5个责任主体、27项具体责任和54项具体任务，全面压实各级责任。换届期间，共召开严肃换届纪律专题民主生活会126场次，开展严肃换届纪律谈心谈话430人次，指导镇村两级党组织开展谈心谈话9600余人次，组织区乡村各级班子成员、“两代表一委员”等反复观看《镜鉴》5700人次，做到教育在先、警示在先、预防在先。建立信息互通和快速查核机制，对违反换届纪律的，一律严肃查处；对责任落实不到位，发生违纪案件的，严肃追究相关责任人责任，确保整个换届工作始终风清气正。

【干部队伍建设】　2016年，中共眉山市彭山区委组织部（以下简称“区委组织部”）紧扣“十三五”规划，切实加强领导班子和干部队伍建设。高标准开展“两学一做”学习教育。常委班子成员带头到所在支部参加组织生活72人次，到分管部门、所在支部、所联系重大项目、企业和贫困村等讲党课26节。先后邀请市政协主席王影聪、市纪委副书记王世林、市委党校副校长胡永恒作专题讲座。推行“亮身份、亮差距、亮承诺、亮奉献”的“四亮行动”，广泛开展党员示范岗、示范班组、示范团队评选，向全区党员发放口袋读本1.2万本、知识卡1.7万册，做到规定动作一个不少，自选动作务实创新。

【干部选拔任用】　2016年，彭山区累计调整任免干部319人，其中，新提拔科级干部112名，所有提拔人选都是经过经济主战场、党建工作、重点项目、基层一线、艰苦地区的锻炼和检验。

【干部教育培训】　2016年，区委组织部以强化“五大发展理念”、助推“四城”建设为重点，全年举办“锦江大讲堂”8期，邀请龙永图、郎咸平、于丹等知名专家学者开展专题讲座，遴选29名年轻干部参加全市递进培养班，选派37名干部参加中央、省、市各类调训，抽调26名优秀干部到工业园区、项目发展一线锻炼，依托区级部门举办行业系统业务知识培训24期次，进一步拓展全区干部的思维与视野。坚持从严从细监督管理干部。

【专项治理】 2016年，区委组织部常态化推进“庸懒散浮拖”专项治理，组建13个督查组、聘请6名干部监督员，开展监督检查108批次，全区各乡镇、区级各部门、108个村社区平均被督察6次以上，督察发现问题18个，通报批评4人，约谈提醒5人，诫勉谈话2人。

【领导干部经责审计】 2016年，区委组织部扎实开展领导干部经责审计，全年完成10个经责审计项目，涉及领导干部12人。集中开展科级领导干部个人有关事项报告工作，对全区584名科级干部报告事项进行收集、汇总、逐一分析和存档备查。严肃清理领导干部违规经商办企业和兼职行为，坚决狠刹领导干部违规经商办企业和兼职的不正之风。

【干部激励机制】 2016年，区委组织部出台《眉山市彭山区激励干部“两养成一学会”奋力担当十六条举措》，从思想引领、包容关爱、示范带动等5个方面引导干部担当有位，区委书记梁磊在全省正向激励干部座谈会上作经验交流。制定出台《眉山市彭山区公务员非领导职务晋升暂行办法》，明确在乡镇可设置非领导职数，有效破解乡镇公务员非领导职务晋升难题。认真落实《眉山市彭山区公务员职务与职级并行制度实施方案》，39名干部晋升职级，其中，晋升正处级3名，晋升副处级7人，晋升正科级13人，晋升副科级16人。全面兑现乡镇干部机关每月300元的工作补助。

【人才工作】 2016年，区委组织部推进“人才兴区”战略，服务创新驱动发展。强化引进集聚，破解人才缺乏难题。围绕推进彭山区新型工业化、新型城镇化、农村深改等重点领域，加大城市规划、环境保护、交通运输、水利建设等重点行业急需紧缺专业技术人才引进。2016年3月，赴北京、上海开展引才活动，通过广泛宣传、现场招聘、实地考察等多种形式，引进“985”“211”工程院校高层次人才5人。8月，通过公开考核招聘，引进高层次人才5人，全区引进人才达32人，人才集聚效应更加明显。彭山区创业孵化园成立眉山市首个青年创客党支部，孵化园三人行创客空间成功创建为国家级众创空间。 强化管理培育，凸显人才工作成效。实施“青年人才创业培育计划”，选树一批创业典型，发放创业贷款487.5万元，培育青年创业人才200余人。硕仙农业公司战鹏林被评为省级大学生创业典型，获得10万元创业扶持金。实施“企业领军人才培育计划”，先后推荐20名企业经营管理人才参加省、市培训，举办专题培训5期，培训企业经营管理人才220余人次。实施“科技特派员创业服务行动计划”，选派28名科技人才组团攻坚脱贫，全覆盖帮扶35个贫困村。强化激励保障，打造一流人才环境。分类建立高层次引进人才、企业高层次人才、“三类十佳人才”、拔尖人才、“寿乡十佳人才”信息库，实行动态管理、跟踪服务。组织召开引进人才座谈会，搭建区委领导与人才、人才之间互动交流平台。兑现高层次引进人才安家费17.6万元、规模以上工业企业高层次人才政府津贴19.4万元、“三类十佳人才”津贴4.5万元、拔尖人才津贴4.1万元、第四批特技特派员工作经费2.4万元、“寿乡十佳人才”津贴3万元。

【基层党建】　2016年，区委组织部突出组织晒目标、班子晒承诺、党员晒积分、面向群众晒党恩“四晒”工作法，全面推行全方位运行体系。扎实开展基层党组织星级考评，推进基层党组织标准化建设，全区按照不低于党组织数的10%确定13个后进村（社区）党组织，逐一建立整改台账。截至2016年12月中旬，全部整顿转化验收合格。扎实开展“党群集中日”活动，着力解决基层干部“组织群众难”和群众“参与管理难”的问题。抢抓第二轮全国农村改革试验区契机，突出“红色先锋引领绿色发展”主题，采取单建、联建等方式共成立新型农业经营主体党支部66个，实现党的组织和工作全覆盖。按照“领域建党委、产业建总支、新型经营主体建支部”思路，成立新型农业经营主体综合党委，并组建农业、林业、畜牧部门3个行业党委和1个农业园区党委，下设葡萄、蜜柚、柑橘、猕猴桃等8个产业党总支，形成“乡镇属地管理+部门行业指导”的工作格局。创新建立以新型农村聚居区党组织为核心，以议事会决策、管委会执行、监委会监督为自治主体，以其他社会组织和各方力量为补充的“1+3”服务架构，开展物业、就业、文化、调解等多种服务，探索新型农村社区社会治理新机制。2016年7月，整个改革课题受到农业部中期评估组专家的好评。加强投入，强化基层基础保障，在全面建立离职干部生活补助、村在职干部养老保险补助的基础上，保障村级办公和服务群众经费，村达到8万元、社区达到13万元，按省定平原标准大幅度提升村（社区）干部报酬，村支书月报酬达到1650元，社区支书月报酬达到2900元。在全区评选10名“红旗支书”，每人奖励1万元。全年累计投入1000万余元，新改扩建11个村级阵地。所有乡镇全部配齐实质副科级专职组织员，为村（社区）网格配备网格员754名，充实基层党务干部力量。

【两新党建】　2016年，区委组织部突出发挥两个功能，推进两新党建有效覆盖，积极开展员工凝聚、稳定维护、权益保障等系列主题活动，深化“互联网+”服务平台，充分发挥天府青龙“党政一点通”作用，发挥产业党总支纽带作用，定期召开小联席会、信息沟通会、技术帮扶会、文体联谊会，推动产业创新发展。加大在民办学校、民办医院、行业协会商会等社会组织中的建党力度，新打造社会志愿者联合会党支部、贤济律师事务所党支部、彭山区创业孵化园青年创客党支部3个社会组织党建示范点。2016年，共新建“两新”党组织12个，全区“两新”组织党组织总数已达219个，覆盖率96%以上。其中，非公有制经济组织建立党组织152个，单建党组织114个，联建党组织38个；新社会组织建立党组织67个，单建党组织46个，联建党组织21个。

【脱贫攻坚】　2016年，区委组织部突出强化党建引领，促进党建工作服务脱贫攻坚。站位决胜脱贫攻坚、全面建成小康的中心大局，大力推进党建促脱贫攻坚工作。全面落实“五个一”驻村帮扶机制，推动51名区级领导干部、84个帮扶单位、108名“第一书记”结对帮扶84个有扶贫任务的村，2056名参联党员干部结对帮扶1.18万户贫困户。创新设立13个乡镇扶贫党总支、84个村（社区）扶贫党支部，构建党组织政治引领、整合资源、精准发力的扶贫格局。按照市定贫困村1万元、区级贫困村4000元标准补助党员精准扶贫示范项目，实施党员精准扶贫示范工程32个。全面开办“农民夜校”，紧密结合彭山实际，系统谋划部署、务实创新推进，市委组织部《组工信息》全文转发彭山实施方案供其他区县学习借鉴，眉山日报头版报道“农民夜校”授牌仪式。

【专项检查】 2016年，区委组织部全面开展党员组织关系排查、党费收缴工作专项检查、党员档案清理等工作。从严、从实开展党员组织关系排查，开展“五核查”，在册党员全覆盖登记“一卡一表”，建立资料1.7万余份；梳理排查失联党员98名，其中，55名经多方查找已取得联系并重新纳入组织管理。严肃认真开展党费收缴工作专项检查，结合“两学一做”宣传党费收缴的相关政策和重要性，强化党员自觉交纳党费意识；发放《党费收缴工作手册》600余册，明标准、严程序，确保检查依规依纪开展，全区基层党组织共计补交2008年—2015年党费共计73.5万元。强化党员档案规范管理，制发《关于开展党员档案清理的通知》，区委组织部牵头对村（社区）党员档案整理建档，实现1.32万份农村（社区）党员档案目录电子化。

（袁杰科）

宣传工作

【重要事件】 2016年1月31日，央视朝闻天下栏目播出《开局话“三农”：家庭农场联盟“攥紧拳头”闯市场》。

2月3日，举行2015年度“喜看家乡新变化活动”。

2月28日，央视《新闻联播》《共同关注》等栏目播出《让立法在百姓心坎里》。

3月18日，央视《朝闻天下》栏目播出《四川眉山彭山：宋代石龙再次修复》。

4月22日，黄丰第七届橘花节在黄丰镇团结村橘花广场开幕。

4月28日，举行眉山市彭山区广场舞大赛暨首届彭祖文艺奖、社科奖颁奖仪式。

5月18日，邀请市政协主席王影聪作题为“标杆和榜样的力量”的专题讲座。

5月24日，第二届职工职业技能大赛在青龙镇天府新区举行。

5月30日，《人民日报》头版刊载《四川眉山彭山区探索建立农村土地规范流转体系 让土地流转没后怕（改革追踪看落实）》。

6月12日，召开全市农村精神文明建设现场推进会。

6月15日，央视《朝闻天下》栏目播出《四步机制 土地流转“零风险”》

6月30日，彭山区举行庆祝建党95周年文艺晚会暨表彰先进大会。

7月14日，在区委会议中心举行“两学一做”学习教育知识竞赛。

7月28日，彭山第七届观音葡萄节在观音镇果园村开幕。

8月18日，央视《新闻联播》播出《土

地流转“转”出农村新活力》。

9 月 22 日，彭山区举行纪念红军长征胜利 80 周年书画展。

9 月 28 日，“筑梦乡愁·留住乡愁”彭山本土原创音乐发布会在彭祖酒庄举行。

9 月 29 日，眉山市 2016 生命诗歌座谈会暨彭祖长寿之乡创作采风活动在眉山市彭山区福一酒店举行。

10 月 7 日，开展“幸福记忆·全家福”拍摄活动。

10 月 9 日，教授于丹应邀在四川大学锦江学院田径运动场作题为“大学之道　在明明德”的学术报告。

10 月 11 日，香港中文大学讲座教授、著名经济学家郎咸平应邀在四川大学锦江学院大礼堂作“中国宏观经济形势分析与展望”的学术报告。

10 月，举行全市生命诗歌座谈会。

11 月 18 日，邀请市委党校副校长胡永恒作题为“学习贯彻党的十八届六中全会精神”的专题讲座。

11 月 25 日，中国入世首席谈判代表、博鳌亚洲论坛原秘书长龙永图在“锦江大讲堂”授课。

12 月 10 日，“彭山产业新城杯”第三届冬泳节在彭山毗邻岷江的“五湖四海·寿乡水岸”举行。

12 月 24 日，央视新闻调查播出彭山江口沉银专题片《疯狂的宝藏》。

【理论武装】　2016 年，区委宣传部组织开展好中心组学习 92 次，推动“三级三讲”学习活动常态化。全年组织中心组集中学习 9 期，全年中心组集中学习 12 次 12 天。在开展集中学习的基础上，中心组成员认真开展个人自学，围绕区委、区政府中心工作，结合各自工作实际开展调研，累计达 2 个月以上，共撰写理论调研文章 50 余篇，累计有 20 余篇文章在中央、省、市报刊杂志上发表，彭山区紧紧围绕依法治区、“两学一做”学习教育、党风廉政建设、学“先进”、党的十八届六中全会精神、“从严治党”推动“四城”建设等主题教育活动、领导素养提升等内容开展学习研讨会 8 次，推广应用工作举措 50 余条。彭山区围绕贯彻落实中共十八届五中全会、“七一重要讲话”、十八届六中全会精神、“三严三实”、“两学一做”学习教育和当前台湾政局及两岸关系、“学身边榜样、做合格党员”、“适应新常态、探索新办法、提升来访接待工作规范化水平”、“大学之道、在明明德”、“中国宏观经济形势分析与展望”、“当前形势和国际人才的培养”主题教育活动、领导素养提升等内容开展集中学习 9 期。以“两学一做”学习教育为契机，组织中心组成员集中参加“锦江大讲堂”专题报告和讲座 3 次，邀请市政协主席王影聪、市纪委副书记王世林、两岸关系和平发展协同创新中心首席专家谢郁到彭山讲学，进一步增强领导干部党性修养，启迪思维智慧。组织“学身边榜样　做合格党员”专题学习会 1 期，集体重温经典电影《焦裕禄》，增强学习的多样性和生动性。常委会、常务会会前学习形成定制，领导会前领学形成常态，紧扣习近平总书记系列重要讲话精神和中央、省、市重大决策部署，组织集中学习 18 次，由 20 名领导领学了近 30 项重点内容，营造出勤学善思的浓厚氛围。

【新闻外宣】 2016年，区委宣传部制订《眉山市彭山区2016年新闻宣传总体策划方案》，突出从严治党、“四城”建设、深化改革、脱贫攻坚、依法治区等主题策划，持续推出系列重头稿件。全年，全区共有2265篇外宣稿件在各级、各类媒体刊载（播），较2015年同期增长16.2%。中央级媒体上稿69篇，省级媒体上稿681篇。《眉山日报》头版、《眉山新闻联播》头条用稿量居全市区县第一。稳妥推进“5•1”彭山特大盗掘倒卖文物案等重大新闻发布工作，获国内媒体积极关注。彭山区被中央宣传部确定为全国深化农村改革12个宣传主战场之一，《人民日报》、新华社、中央电视台、《经济日报》等中央主流媒体齐聚彭山，掀起彭山区农村改革主题宣传声势。其中，《人民日报》一版刊载稿件《四川眉山彭山区探索建立农村土地规范流转体系 让土地流转没后怕（改革追踪看落实）》；《新华每日电讯》刊载稿件《彭山农地流转创新，四步机制解“三难”》；中央电视台《朝闻天下》播出新闻《四川彭山：四步机制土地流转“零风险”》；《光明日报》、《经济日报》、《中国改革报》、新华社、《四川日报》、四川电视台等主流媒体纷纷发稿进行专题深度报道，隆重推出彭山区探索建立农村土地规范流转体系改革实效，彭山经验获全国推广。出台《宣传彭山好新闻评选奖励办法》，评选出“宣传彭山好新闻”作品2大类67件。精心制作专题片《不忘初心、继续前进》。“微彭山”官方微信公众号不定期以图文并茂的形式展示彭山风采，总阅读量142.8万余次，总点赞量5036次，粉丝总数增至4.04万人，发布121篇，原创文章47篇，图文信息《今天起，全四川人都眼红死彭山了！》阅读量突破10万人次。选送5部微电影入围眉山市第二届微电影大赛，《妈妈的长寿面》获评“十佳影片”。政府门户网站“中国•彭山网”累计访问量250万次、站点信息量1.67万条，名列全市区县官网第一。新浪微博“问寿彭祖微博彭山”、腾讯微博“微彭山”累计发布信息6000余条，总转发量2000余次，总评论数1500余条，总点赞量2000余次。办好《彭山手机快讯》，坚持每周面向全区广大干部群众推送民生、经济、廉政等信息。

【公共文化服务建设】 2016年，区委宣传部创新文化表现形式和表达载体，成功打造青龙镇龙都社区等9个“七好”（硬件好（风貌好）、文化好（本地文化+主流文化）、党建好、科技好、法制好、旅游好（游客接待设施）、产业好）首批党建阵地，凤鸣镇菱角村等7个第二批“七好”党建阵地也相继出炉。开展全区基层文化站效能建设大检查，进一步规范文化室、图书室、广播室的管理运行。全年免费配送图书1.06万册，公益电影放映达1000余场次。大力开展网吧、KTV、印刷出版市场专项整治，文化市场有序发展。

【群众文化活动】 2016年，区委宣传部组织庆祝中国共产党成立95周年大型文艺晚会、“筑梦乡村 留住乡愁”彭山原创音乐会、“滨江翡翠城”广场舞大赛等丰富多彩的活动，赢得社会各界的喝彩。组建“幸福长寿艺术团”，开展送文化下乡表演26场，舞蹈《just like fire》荣获第五届国际青少年文化艺术交流开幕式金奖。结合春节组织“猴年欢乐大游园”

"民俗文化闹新春"活动；结合重阳节组织彭祖山登山祈福、"幸福记忆 全家福"摄影活动，丰富了城乡文化生活。

【文艺创作】 2016年，新创作《父亲的田野》《不忍归去》等7首乡愁歌曲，成功推出《乡韵》原创音乐专辑。邀请中国诗歌协会副主席杨牧等著名诗人到彭山创作指导，邀请全省书画名家采风创作葡萄写意作品30余件。策划"彭山最美风景"评选活动，动员各个方面参与评出十个景点。组织第一届"彭祖文艺奖和社科奖"评选表彰活动，成立"彭祖书画院"，举办纪念红军长征胜利80周年书画展，开展"彭山人·彭山情"主题征文活动。推送10余件文学作品在省级以上刊物出版发表，22件作品在省级以上书画展中入展获奖。2个社科研究成功申报为市级课题，完成刘氏文化、武阳文化的收集整理，形成研究文稿。

【文化项目】 2016年，历史文化名城创建工作拉开序幕，江口古街、北外街两条街区的保护性整治规划已通过市规委会评审。与省考古研究院通力配合，正式启动江口沉银遗址考古发掘。区文化馆、区图书馆完成初步规划方案，张献忠沉宝博物馆已完成选址。完成江口石龙的保护维修，彭祖太极功被列入第六批眉山市非遗代表性项目目录。投入资金117万元，打造首期9个综合性亮点阵地，完成青龙镇龙都社区、公义镇马林村等6个阵地的挖掘打造。完成锦江乡、黄丰镇2个省级综合示范文化站的建设，进一步提升乡镇综合文化站建设水平。"彭山·一个不老的地方"城市主题LOGO广泛运用在餐具文具、会节会标、宣传片等显而易见的地方，展示彭山情怀的微电影剧本通过市微电影评审会初审。

【文明创建】 2016年，区委宣传部创新开展精神文明建设"73311"行动，相继评选出"感动彭山十大民星""十佳寿乡最美教师""寿乡健康卫士""十佳志愿者"等一批各行各业的先进代表，用身边的典型教育引导群众，有效弘扬身边正能量。2个集体获评全省"身边雷锋 时代榜样"先进集体，2人入选"四川好人"，2人获评"省美德少年"。精心组织"春节民俗节庆"活动、篮球赛等文体活动，吸引广大干部群众踊跃参加，寓教于乐地实施教育引导。扎实抓好文明创建，区检察院入选省级文明单位，观音镇果园村入选省级文明村。全市农村精神文明建设现场会在彭山召开。与教体局联合开展未成年人思想道德建设相关活动，分别开展学雷锋启动仪式、良好家风家训征集活动、童谣征集活动等，规范学生的行为举止，提高个人修养。中央彩票公益金乡村少年宫锦江乡净皇学校顺利通过考评验收，保胜乡中心小学入选2016年度乡村学校少年宫专题视频节目《远方的孩子》拍摄学校。

【社科研究】 2016年，区委宣传部邀请全国茶文化专家实地考察论证，《武阳茶肆遗址研究》等2篇论文被cnki中国知网收录。2个课题入选市级重点课题，1个课题获全市社科评奖一等奖。组织社科理论骨干开展彭山文化内涵脉络梳理，形成《岁月记忆—北外街》《江口古镇文史》《长寿文化和忠孝文化的关系》等价值性研究成果。推介5篇理论文章在《眉山日报》理论版刊登。

【自身建设】 2016年，区委宣传部“两学一做”学习教育扎实推进，修改完善机关内部管理制度，建立两周一次的干部例会制度和一月一次的科级干部碰头会制度，利于掌握工作进展、发现存在问题、解决推进困难，提升全区宣传思想文化工作整体质量。突出抓好部门机关干部的理论学习和素质提升，落实机关例会中层及以下干部轮流领学，培养干部过硬的综合能力。选派干部外出参加学习培训，争取机会上挂锻炼，交流科级干部7人，提高干部干事创业积极性。将各项工作任务细化、量化，定责定岗定人，定期对工作开展情况进行综合评估，确保件件有回音、事事有着落。扎实抓好联系乡镇工作，集中力量开展好扶贫攻坚、换届选举指导督导等重点工作。

（康文翔）

统战工作

【思想政治工作】 2016年，全区统一战线深入学习贯彻中共中央、省、市和区委统战工作会议精神。1月9日，区委召开全区统战工作会议，区委书记梁磊亲自传达学习中央、省委统战工作会议精神，对下一步全区统战工作进行安排部署，营造良好的统战工作氛围。6月，区委成立统一战线工作领导小组，由区委书记任组长，强化统战工作组织领导保证。继续开展坚持和发展中国特色社会主义学习实践活动。引导各民主党派开展习近平同志系列重要讲话精神专题学习，支持民建彭山总支围绕民建中央“两学一做”会议精神开展专题学习。支持党派开展“党派如何在中国共产党领导的政党协商中发挥作用”“为区奉献，做一名合格的民主人士”“画好同心圆 牢筑新理念”等大讨论。深入推进非公有制经济人士理想信念教育实践活动，以“守法诚信”为重点开展活动，围绕“民营企业家与中国梦”主题和“四信”目标要求，深入推进非公有制经济人士理想信念教育实践活动，引导非公有制经济人士政治上自信、发展上自强、守法上自觉。引导非公经济人士参与贫困助学等公益事业，积极改善民生。彭山区非公经济人士罗永田的守法诚信经营典型事迹被省委统战部、省工商联评为全省非公有制经济领域“守法诚信好故事”。

【多党合作和协商民主】 2016年，中共眉山市彭山区委统战部（以下简称“区委统战部”）积极推进协商民主建设，推进协商民主广泛多层制度化发展，充分发挥各民主党派、工商联和无党派人士的积极作用，努力营造协商民主建设良好氛围。进一步加强同各民主党派、工商联和无党派人士沟通联系协调，推动《民主党派、工商联及无党派代表人士直接向区委提建议》制度的落实。支持民主党派和无党派人士参政议政、民主监督。将党派工作与区委的总体目标、彭山的发展紧密结合起来，引导党外人士聚焦深化改革、转型发展、依法治区、“十三五”规划编制等全区重点工作并建言献策。区政协常委会增加听取每名常委收集社情民意发言议程。区“两会”期间，彭山区民主党派、党外人士提交提案66件，其中，个人提案61件、集体提案6件。鼓励支持“特约人员”发挥积极作用，收集反映社情民意，广泛参与民主监督，促进党和政府以及司法部门同人民群众的联系。民主党派和知联会开展社会服务活动。整合党外人才资源，积极开展“农村教育烛光行动”“关爱留守儿童”“名医义诊”、“定点合作”等活动，社会服务走进城乡社区、学校、敬老院等，为联系村村道建设、贫困群众、贫困学生等捐款计145.35万元。支持各民主党派加强基层组织建设，争取区委、区政府重视，在工作经费、组织发展、活动开展等方面给予支持。

【加强党外干部队伍建设】　2016年，区委统战部健全联系党外代表人士工作制度，动态管理党外后备干部人才库。2016年，彭山区提拔党外正科级干部1名，副科级干部2名，交流党外干部1名，选派1名党外领导干部在眉山市交通局挂职锻炼，选派4名党外干部参加在中央社院举行的党外代表人士参政议政能力提升班培训、2名党外干部参加省委统战部组织的民主党派干部班培训，进一步提升党外干部素质，优化党外干部队伍结构。

【经济统战工作】　2016年，区委统战部围绕非公经济人士思想政治引导工作，开展多种形式的学习培训活动，引导非公有制经济人士健康成长。依托“两学一做”活动，通过QQ群、微信群向广大非公经济人士宣传“两个全会”和习近平总书记的系列重要讲话精神。依托法律进企业活动，在5个基层商会开展“与法同行·诚信经营”宣誓承诺、接力签名活动；组织企业副主席和企业代表参加教授郎咸平作的“中国宏观经济形式和展望”专题讲座；组织非公经济代表和各商会会长及秘书长赴贵州遵义会址和湄潭县工商联，学习以遵义会址为核心的红色文化及湄潭县工商联会员企业转型升级及商会建设先进工作经验和方法。围绕非公有制企业在生产经营、信贷融资、发展环境等议题广泛开展走访调研。3月至4月，结合区工商联换届选举摸底工作，与区纪委、区监察局，联合开展为期60天的“助力彭山经济发展”的调研活动。采取“企业+商会+单位”的对话方式深入企业认真开展非公经济发展软环境和非公企业维权服务行动。2016年，共收到会员问题反映5个，协调化解5个。引导8个基层商会45家会员企业积极参与“百企联百村”扶贫攻坚活动，实现贫困村“一对一”结对帮扶全覆盖。在2016年的扶贫攻坚活动中，组织会员企业为扶贫协会捐款26.5万元，为栋梁工程捐款185万元。“百企联百村”项目共实施产业带动、基础设施建设、扶贫助困、捐资助学、解决贫困人员就业等各类项目12个，共投入资金320万元。其中，修路投入120万元，扶贫助困、捐资助学投入206万元，开展就业创业培训4期，提供就业岗位320个，解决36名贫困人员的就业问题，带动2个贫困村实施产业结构调整，引导工商资本5亿元下乡。彭山企业副主席罗永田成为四川十大扶贫好人暨首届四川十大扶贫爱心组织评选表彰活动100名候选好人之一。

【党外代表人士队伍建设】　2016年，区委统战部组织党外代表人士参加全市“同心大讲堂”学习，提高党外代表人士的理论素质和参政议政能力。选派1名副处级党外干部、1名正科级党外干部、1名副科级党外干部、1名年轻党外后备干部参加省委统战部组织的学习培训，开拓视野，提升能力。全年，彭山区新提拔党外副处级干部1名，正科级党外干部1名，副科级党外干部5名。截至2016年，全区有党外副处级干部5名，正科级干部2名，副科级干部26名。积极推进新的社会阶层人士和党外知识分子工作。以区无党派知识分子联谊会为载体，探索和掌握新形势下党外知识分子工作的特点和规律。深入开展新的社会阶层人士基本情况调查研究，撰写《彭山区新社会阶层统战工作调查报告》，为做好新的社会阶层人士统战工作奠定基础。

【民族宗教】 2016年，区委统战部深入开展民族团结进步创建活动。区民宗局在3月法治宣传月期间，充分利用宣传栏、墙报、培训会等形式，深入宗教活动场所，走上街头积极宣传党的民族宗教政策，发放宣传册600余册。积极推荐符合条件的观音镇观音村、眉山工程技师学院、四川大学锦江学院为眉山市民族团结进步创建活动示范单位，眉山市工程技师学院为四川省民族团结进步创建活动示范单位，进一步扩大民族团结进步创建活动的影响，促进彭山区民族团结进步事业新发展。积极做好民族团结服务工作。确定22个区级部门结对帮扶22户少数民族贫困户脱贫致富，全年向帮扶的少数民族贫困户提供帮扶慰问金及物资2万余元，提供各类种养殖生产技术信息30余条，帮助他们解决低保、务工、法律服务、子女入学等实际困难。积极向上争取项目资金，帮助改善散杂居少数民族村社生产、生活条件。为武阳镇泉水村家具园区部分基础设施建设项目争取到省民宗委项目资金15万元；完成2017年度观音镇观音村基础设施建设项目编制上报工作，并通过多种形式与省民宗委联系，全程追踪服务申报项目。深入开展各项宣传教育活动，通过在各场所悬挂标语、开设宣传专栏、举办法治培训班等形式进一步宣传《宗教事务条例》和其他有关法律、法规，进一步推动“法律进寺庙”活动的开展，引导宗教界依法治寺，增强宗教教职人员和信教群众遵纪守法的意识。指导全区三个宗教团体分别举办法治培训班，加大对教职人员和信众的培训力度。扎实开展学法守法示范宗教场所创建，通过创建活动的开展，到2016年年底，全区宗教场所基本达到示范单位的标准与要求，建立全区宗教场所及其教职人员学法用法常态化机制，全面推进宗教场所法治化管理。

【安全检查】 深入开展宗教活动场所安全专项工作。与卫生、食药监、消防等部门联合开展宗教活动场所安全检查，对场所消防、建筑、卫生和宗教活动等进行安全检查，加大安全宣传教育，落实安全工作责任，确保场所安全。制定下发《眉山市彭山区宗教领域汛期安全生产大检查大整治工作方案》和《眉山市彭山区宗教界夏季消防安全大检查工作方案》，乡镇（办）和场所按照全面排查、严格整治、落实责任、规范管理的要求，对场所的消防、建筑、活动、综治、卫生等方面的安全隐患进行一次全面排查整治。区民宗局在乡镇（办）和场所自查的基础上，联合区卫生局、区食药监局、区公安消防大队对全区宗教活动场所进行一次全面检查。

【换届工作】 2016年，区委成立政协换届工作领导小组，统战部专门组建工作班子，落实专人负责，从7月初开始筹备，到11月结束，经过5个月的工作，顺利完成区政协换届的工作任务，并实现党组织意图。共推荐65名统战成员担任区人大代表；提名105名统战成员担任区政协委员，区人大、区政府、区政协的领导班子中按要求全部配齐党外干部。

（谢　丽）

机构编制

【概况】　2016年，彭山区机构编制工作坚持“强化管理、优化配置、主动作为、服务大局”的工作理念，“管住、管好、用活”机构编制资源，圆满完成全年各项工作目标任务，助推全区“四城”建设和品质发展。

【行政体制改革】　2016年，中共彭山区委机构编制委员会办公室（以下简称“区委编办”）完成权力责任清单优化调整，建立政府部门权力清单制度。印发《关于开展权力责任清单优化调整的函》，组织区政府各部门（单位）开展行政权力责任清单优化调整，对全区调整后的40个政府部门（单位）的5885项行政权力进行逐项审核，全面梳理，摸清部门（单位）权力家底，划清部门（单位）权力边界，在12月15日前完成各部门（单位）权力责任清单优化调整，分两批在区政府门户网站向社会进行公示。

【乡镇行政区划调整】　2016年，按照市政府《关于同意彭山区调整部分乡镇行政区划的批复》（眉府函〔2016〕130号）精神，凤鸣、彭溪撤镇设街道办事处。及时完成凤鸣、彭溪撤镇设街道办事处后相关机构更名及职责调整工作，以区委办、区政府办名义印发凤鸣、彭溪街道“三定”规定（定主要职责、定内设机构、定人员编制，以下简称“三定”），综合设置凤鸣、彭溪街道内设机构和事业单位，强化城市管理和社会治安综合治理职能。积极与省、市编办对接，向中央、省、市跨层级调整两街道办事处行政编制的相关工作。

【乡镇行政权力审核】　2016年，区委编办协助区法制办完成对乡镇291项行政权力事项审定。其中，行政许可26项，行政处罚20项，行政强制5项，行政确认14项，行政征收1项，行政奖励23项，行政给付24项，行政检查6项，行政裁决6项，其他行政权力166项。

【部门职责】　2016年，区委编办理顺区规划分局和区规划局职责，对市规划局彭山区分局和区规划局的职责进行明确；理顺区城市行政执法局与区规划分局、区住建局行政处罚职能，要求各行政主管理部门要严格执行“三定”规定赋予的对应职责任务；理顺区房屋征收局与区土地储备中心管理体制，区土地储备中心职责仍由区国土资源分局承担，将房屋征收拆迁相关行政职责划归区住建局承担；为彭山经开区、成眉石化园区增设党工委党群工作部，为相关内设机构增挂环境保护和安全生产办公室牌子，强化党建工作和环保及安全生产责任；理顺区国有资产服务中心与区金融办领导职数和人员编制关系。

【纪检体制改革】　2016年，彭山区设置巡察工作机构，成立区委巡察工作领导小组办公室，为区委工作部门（设在区纪委），核定行政编制4名、领导职数2名，成立3个区委巡察组，各组核定领导职数2名，拟定印发区委巡察办公室“三定”规定。调整设置区纪委派驻部门（单位）纪检机构，将原设置在部门（单位）的34个纪检组按照单独派驻与综合派驻两种方式设置为17个派驻工作组，理顺派驻纪检组与所驻部门的监督与被监督关系，明晰工作职责，强化监督职能，确保对各部门（单位）派驻纪检监督检查全覆盖。按照省、市纪委对纪检体制改革的部署要求，调整对应设置区纪委内设机构为9个。

【抓乡促村工作】 2016年，区委编办对区级部门设在乡镇的站、所、办进行集中清理并开展专项抽查，针对乡镇的站、所、办机构设置存在问题，向区委、区政府提出规范乡镇机构设置的建议、意见。对乡镇人员编制和借用人员进行专项清理，为确保乡镇工作力量，制定《乡镇人员控制数保底实施办法》，明确乡镇人员保底数。提出在青龙镇推行城镇综合管理执法工作试点建议、意见。

【机构编制管理】 2016年，区委编办以制度建设为抓手，提升部门乡镇机构编制法律法规意识。区委编委会规范机构编制审批和人员调配规定，明确要求各部门无中央、省、市规范性文件要求，原则上一律不再新设机构、新增编制。建立组织、编办、人社、财政联席会议制度，进一步规范人员调动工作转接程序，杜绝未上编人员工资审定和发放。制定并印发《彭山区整治“吃空饷”实施意见》《彭山区规范机关事业单位在编不在岗人员管理办法》。坚持用编申请制度，对人员招录（招聘、考调遴选）实行编制前置审定，使有限编制资源发挥最大效能。坚持机构编制集中统一管理，严格机构编制审批。凡涉及职能调整、机构设置、人员编制调整等，严格按照《工作规则》规定的权限和程序审批机构编制事项，严控机构编制无序增长。全年组织召开编委会4次，收集整理上会议题92项，审定通过议题67项，向区委常委会提交请示4份、向区政府提交请示2份、向市委编委提交请示12份，印发各类批复通知81份。召开主任办公会7次，整理会议议题34项、审议通过29项，印发会议纪要7期，批复行文30份。

【机构编制资源配置】 2016年，区委编办坚持机构编制资源向基层和重点领域倾斜，着力解决重点部门和公共服务、民生保障、扶贫攻坚及高层次紧缺人才引进对机构编制的需求。设立副科级事业单位区新村建设服务中心，推进彭山区深化农村产权制度改革；新增区扶贫移民局领导职数1名、参公事业编制2名，助推全区脱贫攻坚工作；破解专业人才缺乏难题，为住建、规划、国土、交通、经信、食品药监等重点领域、重点部门引进高层次紧缺专业人才9名。为发改、财政、水务、环保、安监等重点部门调配增加56名编制，撤销职能弱化事业机构9个，按规定收回事业单位空缺事业编制70名，审核同意37个事业单位考试招聘59名人员、13个机关事业单位区内遴选21名人员、13个机关事业单位区外考调16名人员。

【事业单位分类改革】 2016年，彭山区被省委编办确定为全省4个承担行政职能事业单位改革试点区县之一。按照工作部署，对全区承担行政职能事业单位进行摸底，明确改革范围，并按试点工作要求冻结涉改单位机构编制事项，人员只出不进；依照国家、地方、行业有关规定，全面梳理涉改单位职能职责，共清理细化行政权力654项（其中，行政许可37项、行政处罚525项、行政强制46项、行政检查9项、行政确认10项、行政给付5项、行政征收6项、行政奖励2项、行政裁决1项、其他行政权力13项）；深入调研，了解相关单位人员结构和承担行政职能具体情况；参加中编办专题培训，领会改革精神，拟定《彭山区承担行政职能事业单位试点方案（草稿）》，按程序报批后实施。

【机构编制监督检查】　2016年，区委编办加强借用人员管理，明确各部门（单位）不再从教师队伍借用和遴选工作人员；规范借用手续，对无空缺编制的部门（单位），原则上不得办理借用手续；配合纪检、组织、人事部门对全区借用人员进行全面清理；严格监督问责，对不按规定借用人员的，一律不予认可并退回，视情况给予借用单位和被借用单位主要负责人组织处理和通报批评。开展临聘人员清查，对113个机关事业单位核定的临时工控制数和临聘人员进行全面清查，全面掌握全区临聘人员情况，拟定《目前全区临聘人员管理中存在的问题及建议》，经第3次编委会审议后执行。加强机构编制实名制管理，机关事业单位人员变动后，及时对机构编制实名制系统数据动态更新和维护，做到系统数据全面、实时、准确。做好领导干部任期机构编制规定执行情况审计工作，对10名领导干部任期机构设置、编制使用以及机构编制规定执行情况进行审计。妥善处理挂牌机构区物价局实体运转事宜和区城管监察大队人员就执法机构明确为全额拨款和解决其人员执法身份等信访事宜。

【事业单位登记管理】　2016年，区委编办完成2015年度事业单位法人年度报告公示，推进统一社会信用代码赋码换证，全区应参加年度报告公示的事业单位287个，全部完成年度报告公示且已全部赋予统一社会信用代码；对232个事业单位换发新的证书，事业单位换证比例为79.18%，机关群团单位赋码53件，发证比例为87%，超额完成省、市下达50%的目标任务。开展事业单位法人公示信息抽查，按4%的比例从全部事业单位中随机抽取12个事业单位开展事业单位法人公示信息抽查，做好核查记录，对事业单位在法人信息公示中存在的28个问题现场提出整改意见。做好事业单位登记管理工作，全区已进行登记事业单位法人登记的事业单位共294个，全年网上办理事业单位设立登记7件，变更登记58件，注销登记10件。

【中文域名工作】　2016年，采取政府购买服务形式，由外包IT公司集中注册，区委编办集中审核、缴费的方式，完成全区剩余151个机关事业单位中文域名注册工作，注册率为96.75%；在开展新注册域名的同时，区委编办出资3.7万元对已注册和新注册的351个中文域名统一续费，续费率100%，受到中编办肯定性表扬。

【信息调研】　2016年，区委编办整理印发《机构编制工作文件汇编（2014—2015年）》

500本，加大机构编制工作宣传力度；就事业单位分类改革、建立统一的事业单位登记管理制度开展调研，宣传机构编制管理的政策规定，完成《关于事业单位分类改革的调研报告》《公共服务事业单位承接社会购买的工作思考》《关于高层次(紧缺)人才引进的思考与建议》等调研报告。全年上报机构编制信息25条，被市委编办采用11条，被区委办采用4条；做好区委编办党政内网和互联网网站维护与机构编制信息公开工作，全年发布信息69条。

【机关建设】 2016年，区委编办制定“两学一做”学习教育实施方案，建立“一月一会”党支部学习制度，组织学习党章党规、习近平总书记系列重要讲话等专题学习12次。“七一”期间深入保胜场社区，为社区党员和机关干部上党课；开展三个“专题”和“六问六对照”专题讨论，建立“两学一做”学习教育《问题整改清单》，开展党员 “一句话”承诺践诺评诺，创建党员示范岗，按照规范化要求打造支部活动室，对党费收缴进行规范整改，完成支部换届工作。持续深化党风廉政建设和反腐败工作，认真落实管党治党主体责任，成立区委编办党风廉政建设领导小组，健全完善“一把手负总责、分管领导各负其责、班子成员齐抓共管、综合股组织协调”的工作机制，把党风廉政建设与机构编制工作同部署、同落实、同考核，建立《党风廉政建设主体责任清单台账》，签订主体责任书。严格执行中央八项规定，将招考、遴选、安置、人才引进等作为廉政风险重点防控领域，杜绝“吃拿卡要”等行为，完成党风廉政建设评价工作。深入开展直接联系服务群众、法律“七进”活动，编印《法律法规选印》共200余册送给社区支部和居民，支持乡镇和社区帮扶资金7.6万余元，慰问困难户资金1.2万余元。开展公务员平时考核、落实“四个当天”制度、加强干部日常监督，对机关干部出勤情况、德能勤绩廉进行全面考核，有效地整治“庸懒散浮拖”问题，促进干部作风的转变。选派领导干部外出招商1名，向区委办选送优秀年青干部1名，提拔到乡镇和部门担任领导干部2名；新进领导干部2名，新进工作人员2名。

（陈跃武）

政策研究

【调研工作】 2016年，中共眉山市彭山区政策研究办公室（以下简称“区委政研室”）紧紧围绕区委的目标任务和区委、区政府工作中心，深入实际调查研究，全年完成重点调研课题8项，完成专题调研报告12篇，政研参阅6期。其中，《关于新型智库建设的研究报告》获区委书记梁磊肯定性批示：“同意形成具体方案上会”；《关于政府向社会力量购买服务的研究报告》获梁磊批示：“课题研究很及时，动作快表扬。请洪强牵头抓紧研究，出台购买社会服务的办法，开始推动此项工作落地”；《关于整合力量进一步加强对外宣传的建议》获梁磊批示：“勿以善小而不为。请飞宇、廖区长处理”；《关于赴省农担公司和成都市农发投公司学习考察情况的报告》获梁磊批示：“加强合作”；《关于促进乡村旅游项目投资规范化便利化的实施意见》获区委副书记郭红肯定性批示：“请以两办名义发文”；《农村金融创新实践研究》入选《眉山市彭山区社科研究立项课题选编（2016）》。

【中心工作】　2016年，根据领导要求撰写综合性材料、领导讲话材料等，积极参与区委、区政府重大政策文件的制定工作，积极参与区委、政府的各项重点工作。区委改革办设在区委政研室，由政研室负责起草《区委全面深化改革领导小组2016年工作要点》《中共眉山市彭山区委关于进一步抓落实促改革的实施意见》《促进乡村旅游项目投资规范化便利化的实施意见》等一系列文件。全年上报中央政策研究室文章1篇、中央改革办案例1篇、省委改革办改革案例3篇、市委改革办信息24篇、案例8篇。并按时向市委改革办上报各类信息、进展情况及总结。政研室积极参与全区农村改革实验区推进工作。全年共完成区委、区政府交办的办文办事共9件。

【联系乡镇工作】　2016年，区委政研室重点抓好直接联系服务群众工作，及时了解联系村和帮扶户的具体情况，在党的群众路线教育实践活动、基层组织建设、经济发展、社会事业建设等方面加以指导，全年共计下村16次，解决问题8个，办好事12件，收集建议、意见3条，落实直接联系服务群众帮扶资金、物资折合人民币1.52万元，以实际行动帮助和改善联系户的生产、生活，积极支持双江村新农村建设发展。在自身财力紧张的情况下，划拨所联系的双江村各项发展经费5.3万元，支持江口镇工作经费2万元。

【内部管理】　2016年，区委政研室内强素质，外树形象，打造学习型机关。坚持“三会一课”制度，学习中央、省、市、区的会议精神，抓好党的群众路线教育实践活动的各环节工作，不断强化个人及支部党员的思想建设和运用理论解决实际问题的能力。坚持开展“两学一做”学习教育活动，打造学习型机关。进一步健全学习、文秘、考勤、调研等工作制度，用制度管人、管事、管物，提高工作质量。加强班子的团结和同志之间的团结，推动全室工作的顺利开展。认真遵守中央八项规定，深入开展领导干部作风整顿建设活动，转变机关作风，工作中做到恪尽职守、勤政廉洁，全年无一例违法、违规事件发生。严格执行《国家秘密载体管理规定》，没有出现一例泄密事件，圆满完成各项工作任务。

（张艳红）

保密工作

【重要事件】　2016年4月21日，彭山区保密委员会办公室（局）在市委保密委扩大会上以“强化保密责任防线，夯实保密工作基础”为题作交流发言。

7月5日，省保密局宣传法规处处长梁炜带队到彭山督察保密专项工作。

【概况】　2016年，彭山区认真贯彻落实中央、省、市保密工作新精神，主动作为，确保区一届二次党代会、人代会、政协会和二届一次党代会、人代会、政协会的顺利召开，确保自考、成考、高考、中考等国　家考试国家秘密的安全，全区未发生一起失泄密事件。

【组织领导】　2016年，彭山区委常委会组织学习《中共中央关于加强和改进保密工作的意见》（以下简称《意见》），区保密委于5月召开全体会议，传达市委保密委（全体）扩大会精神、习近平关于保密工作的重要讲话，区各级党委（党组）要把《意见》列入中心组学习内容，迅速组织传达学习。各机关、单位“一把手”为保密工作第一责任人，不定期听取保密机构工作汇报，及时解决保密工作中遇到的新难题。区财政继续足额预算保密工作各项经费，保障保密工作正常运转。

【保密部署】 2016年，区保密局狠抓《党政领导干部保密工作责任规定》和省、市实施办法的学习贯彻工作，各级领导干部带头履行保密职责。狠抓绩效管理。将保密工作纳入绩效考核内容，与全区其他工作同安排、同部署，兑现奖惩，确保工作落实。狠抓监督检查。不定期对各单位进行监督检查，重点检查各项保密制度的贯彻落实情况，及时发现问题、指出问题、解决问题，确保各项制度落实到位。

【定密管理】 2016年4月，区委保密办组织全区机关、单位保密办主任学习《国家秘密定密管理暂行规定》及相关文件，对机关、单位定密责任人重新确认备案。5月，开展对区委办、区人大办、区政府办、区法院、区检察院等定密授权单位的清理核查工作，定密授权管理进一步规范。

【网络保密管理】 2016年3月，区保密局组织开展对区检察院、区委组织部涉密网络的专项检查；4月，对互联网门户网站的保密管理进行专项检查；5月，协助省测评中心对区纪委涉密网络进行测评并通过。按照《彭山区电子政务内网（党政网）终端管理规定》，对区人防办、锦江乡、凤鸣街道新开通（新增）党政网终端进行审批，同时安装涉密计算机及移动存储介质保密管理系统（以下简称“三合一”）。给4个单位的党政网计算机补安装非法外联阻断软件，给6个单位安装的“三合一”进行故障排除。认真贯彻落实《手机使用保密管理规定》，指导各单位严格执行手机使用各项规定。

【涉密人员管理】 2016年，区保密局认真落实国家保密局等部门印发的《关于进一步加强涉密人员管理的意见》，按照国家保密局《涉密人员保密管理指南》分类确定涉密岗位326个，涉密人员355名（其中，核心7名、重要196名、一般152名），建立涉密人员管理台账，进行保密专业知识培训。涉密人员离岗脱密期管理、涉密人员因私出国（境）保密审查，实施常态化管理。

【依法行政】 2016年，区保密局继续落实《普通手机使用保密手册》《四川省保密检查工作实施办法》《四川省国家秘密定密管理实施细则（暂行）》3个规范性文件。优化区保密局行政权力责任清单，行政权力运行平台运转正常，进一步规范行政权力运行。区保密办（局）2名工作人员申办行政执法证，开展持证保密检查。

【教育培训】 2016年，区委常委会学习保密法规2次，区保密局到区委办、牧马镇白鹤村讲保密教育课各一次，组织涉密计算机定点维修电脑公司负责人及维修技术人员保密培训1次，对定点维修资格重新进行保密审查。通过区保密办（局）内网、外网网站、短信服务平台、宣传专栏、街道宣传等多种途径，广泛宣传营造保密法治氛围。转发《机关、单位门户网站违规发布涉密文件扫描件案例通报》，播放警示教育片11场，进一步提高全区广大干部职工保密意识和风险意识。以“依法治区、法在身边”宣传活动为契机，区保密办（局）积极开展保密法制“七进”活动，为干部群众上保密课5次，发放《眉山市党政机关保密手册》《保密行为管理手册》各500本及其他宣传资料2000余份，接待群众咨询100余人次。组织征订《红色往事：镌刻在党旗上的保密故事》27本、《机关、单位保密自查自评工作指导手册》27本、《涉密载体销毁工作读本》27本、《涉密会议、活动保密管理须知（挂图）》27套、《保密宣传教育多媒体资料（光盘）》5套、《保密法律法规知识读本》1本、《保密日常管理实务指南》1本、《保密注意事项简明图册》1套、2017年度《保密工作》133份、《保密科学技术》61份；编发《彭山保密》5期、《彭山保密法制宣传》3期，被市保密局采用2期。

【保密指导管理】　2016年，区保密局完成全区105个机关、单位的涉密岗位的核查确认工作。区保密委下发《区委保密委员会2016年工作要点》《关于印发保密委工作规则、保密委成员单位职责分工、规范机关单位保密领导机构建设的意见的通知》；区委保密办下发《关于规范定密责任人备案工作的通知》《关于做好换届期间保密工作的通知》《关于开展保密自查自评、涉密工程保密管理、互联网门户网站保密管理督查的通知》《关于切实做好2016年春节假日期间保密工作的通知》；区保密局下发《关于统一收集涉密和废旧文件资料的通知》《2016年全区保密工作目标考核细则》《关于规范填写眉山市党政机关保密工作台账的通知》《关于认真组织开展保密检查的通知》等文件。

【保密监管】　2016年4月至10月，区保密局先后完成自考、成考、高考、中考等国家统一考试试卷保密监管任务，均无失泄密事件发生。

【涉密载体管理】　2016年，区保密局严格涉密载体收发、登记、传阅、办理、使用、存档、销毁等各个环节管理，确保国家秘密万无一失。统一销毁废旧涉密文件资料8.3吨、废旧涉密硬盘34个。

【保密监督检查】　2016年，区保密局进一步规范保密检查流程。严格执行《四川省保密检查工作实施办法》各项规定，指导机关、单位严格检查要求和检查程序，保密检查进一步规范。2016年7月，协同省、市保密局，测绘局对605地勘大队涉密地形图的保密管理进行检查，对存在的问题督促进行整改；8月，对区域内军事设施、军工企业的周边环境进行检查，及时消除不安全隐患。通过对4个乡镇、3家国有企业、21个区级部门的保密检查，发现存在的问题，抓好整改完善，及时堵塞漏洞、排除隐患。各级机关、单位保密自查自评整改工作得到有效推进，全区保密检查工作进入常态化。

【技术管理】　2016年，区保密局建立涉密计算机违规外联报警平台，区委办采购安装“三合一”、终端安全登陆与文件保护系统、微机视频干扰器、红黑电源隔离插座，升级涉密计算机的安全防护技术。区档案局对2台存储档案数字化信息的内网计算机、区委防邪办对1台涉密单机安装了“三合一”。凤鸣街道办事处、锦江乡在党政网计算机上安装“三合一”各1台。区保密局用环境检查设备对区委主要领导的办公和住宿地进行环境安全检查，为区纪委工作提供技术支持2次。全区党政网计算机、涉密计算机安装“三合一”或移动存储介质保密管理系统客户端115台。

【自身建设】 2016年，区保密局狠抓全区保密部门政治建设。深入学习习近平总书记系列重要讲话精神，开展忠诚教育，增强保密干部政治敏锐性和政治责任感。开展“学先进赶先进”活动。先后到东坡区、青神县学习保密工作先进经验，找到差距，增强信心；狠抓作风建设，以“两学一助”学习教育为契机，机关纪律作风进一步改进，以实际行动树立保密部门“为民、务实、清廉”的形象。加强业务技能提升。9月4日—11日，区保密局局长周志远参加复旦大学保密学院四川保密干部能力提升培训；10月13日—15日，技术检查中心主任龚开福参加青岛全国保密技术博览会；10月17日—19日，龚开福参加全省保密干部培训。

（龚开福）

机关工委工作

【机关党建工作】 2016年年初，中共眉山市彭山区直属机关工作委员会（以下简称“区直机关工委”）签订机关党建工作责任书，建立机关党建工作清单责任制。组织部分机关党务干部到青神县学习机关党建标准化建设；组织党务干部参加市直机关开展的机关大讲堂的专题培训学习。严把入党关，预审发展机关新党员42名。向区委申请符合条件新建机关党委的部门设立机关党委，新设立农业局、水务局、工商质监局机关党委，在原来的公安局、发改局、住建局、交运局、教体局、卫计局、人社局、商务局8个党委中设立机关党委，规范机关党组织的设置。抓支部建设，以区委组织部名义下发标准化建设文件要求，制发工委相关文件，在部门机关党组织中扎实开展机关党组织标准化建设工作，打造检察院和地税局2个示范点，以点带面有效推进此项工作。协助区委组织部开展“七一”省、市、区机关优秀基层党组织，“三严三实”好班子、好干部、优秀党委工作者、优秀共产党员等推优表彰；牵头组织“七一”文艺会演中的党员集体宣誓节目。在区委组织部的统筹安排下，参与乡镇以及村（社区）党组织换届工作，协助区委办和组织部做好区第二次党代会会务工作。在“两学一做”学习教育当中，牵头抓好机关党组织在学习教育中任务清单模版制定、下发学习资料、开展学习培训及督导等工作。认真组织机关党组织做好党员党组织关系排查和党费收缴及专项检查工作；扎实认真做好中组部到四川调研督察迎检准备工作。通过组织关系排查，以机关党支部为单位建好党员的“一卡一表”档案规范化管理；积极开展党费专项检查工作，对未足额缴纳党费的机关党组织进行补交，全年专项清理补交党费40万元。

【直接联系服务群众工作】 2016年，区直机关工委实现脱贫攻坚“五个一”（即教一门脱贫致富的技术、谋一条脱贫致富的路子、找一个脱贫致富的务工岗位、立一个脱贫致富的家规、定一个脱贫致富的承诺）全覆盖，全面完成省、市“五个一”专项检查验收工作。其中，全区44名区级领导联系帮扶35个市、区级贫困村，对84个有扶贫任务的村实行全覆盖选派驻村工作组组长（其中，82名兼任第一书记），根据全区村（社区）发展稳定和党组织分类定级情况，全覆盖选派108名村（社区）第一书记，35个贫困村都落实畜牧、农业方面的农技员共计70名进行24小时专业化服务。2016年，彭山区按照决战扶贫攻战略布署，以实施“走基层”干部直接联系服务群众引领扶贫摘帽“八大工程”为载体，通过整合资源，全区2056名干部联系帮扶服务3079名困难群众。全年，区级部门帮扶联系乡镇、村、社区资金1000万余元；重点加大对84个有扶贫任务的村的帮扶，共整合各类项目资金7000万余元，用于自来水管网建设，广播电视线路，60余公里的村道、社道建设，村级阵地等村基础设施建设。安排产业扶贫资金500万元，支持3500余户发展种养殖业。同时流转土地1万公顷，向78户贫困户发放小额贷款250万余元。全面落实新型农村社会养老保险和城镇居民新型合作医疗保险制度，参保率达到100%。累计走访群众1.18万人次，累计收集问题9600个，解决问题7500个，化解矛盾纠纷2100起。区直机关工委在“绿海明珠”建设中主要负责号召各区级部门在联系村建设“绿色基地”工作。实施春秋两季大会战，义务植树35万株，完成任务的116.7%；在品质之城“花漾彭山”建设中负责指导和督促机关单位实施立体绿化工作，各任务单位均已完成全年目标任务。

【“四支队伍”服务群众工作】 2016年，区直机关工委抓好“四支队伍”（网格员服务队、基层便民服务队、自愿者服务队、共产党员自愿服务队），凸显常态服务效果。联席办常态化开展工作。每季度召开一次联席会，探讨“四支队伍”的创新服务内容和方式，促进“四支队伍”更好的服务群众，针对回社区双报到活动，制发《机关党员回社区报到积分册》，起草《“双报到”志愿服务活动领导小组及工作规则》，保证活动不走过场、更接地气。“四支队伍”常态化、个性化服务。彭山区网格中心通过制定新的《网格员队伍考核管理办法》，追加经费投入530万元，健全激励奖惩机制，开展全员练兵培训30余次。“四支队伍”联合联动，受理群众诉求问题3.76万件次。其中，收集处理社情民意3000件次，受理代办（转办）民生服务事件1.82万件次，化解矛盾问题2670件次，劝导民间纠纷3800件次，核查流动人口8500人次，摸排回访特殊人群2300人次，排查治安隐患260件次，处置民间突发事件240件次，开展各种宣传服务20万人次。机关党员先锋服务队对接村(社区)、对接网格，实行“四晒”工作法，对党员参加先锋服务进行记实积分登记，基层便民化专业服务队广泛开展“上门办”“代办”和“预约办”等服务。

【法律进机关】 2016年，工委协助区委组织部抓好依法治区“法律七进”当中“法律进机关”工作，并于2016年8月25日至9月1日，对公义镇等5个乡镇、区卫计局等23个区级部门和经开区进行专项督察，督促各单位制定好工作方案，认真开展“法律进机关”工作，确保“六个有”落实到位，做到部署到位、有序推进。

（周天翔）

群众与信访工作

【概况】 2016年，彭山区群众与信访工作紧紧围绕“零进京、零聚集、少到省、不出事”的工作目标，狠抓信访基础业务提升，规范信访办理流程，做好信访积案化解，解决多个信访突出问题，确保多个重要会事活动和敏感节点的平稳渡过，全区的信访秩序进一步好转，群众和信访工作更上一个台阶。

【信访指标】 2016年，群众走访情况：区委、区政府接待群众538批2473人次（其中，集体访97批1733人次，到区委、区政府聚集12批498人次）；群众实际到市上访120批256人次（市交办45批87人次）；群众实际到省43批80人次（市交办10批10人次）；群众实际到京17批17人次（市通报4批4人次）。群众来信情况：全年共受理群众来信115件（其中，省信访局直转（交办）信56件，市级交办17件，受理区委书记、区长信箱42件）。网上信访情况：全年共受理群众网上信访851件（其中，家投诉受理办公室（以下简称“国投办”）转交26件，受理人民网网民留言272件，受理省信访局门户网站（省委书记、省长信箱、省网投）转送投诉事项50件，区政府门户网站区委书记、区长信箱489件，区政府投诉受理事项14件）。其中，被国家信访局纳入满意度评价范围的信访事项7件，参评率100%，对信访部门满意率100 %，对责任部门满意率为85%。

【信访积案化解】 2016年，中共眉山市彭山区委群众工作部（以下简称“区委群工部”）办理省委群工部交办省领导联系化解信访案件5件，办结5件，息访5件，按期办结率100%，息访率100%；省交办信访积案14件，办结14件，息访14件，按期办结率100%，息访率100%；市交办信访积案13件，办结12件，息访11件（未息访1件为凤鸣镇张书梅案件），按期办结率100%，息访率91.6%。区自排涉稳突出问题和信访积案31件，正在办理中。受理复查案件10件。

【信访治理】 2016年，区委群工部全面开展信访“无进京非正常上访、无进京越级上访、无到省集访”（简称“三无”）创建和重点治理活动。以区委、区政府名义下发《关于进一步深化“信访三无”创建活动和信访重点乡镇、重点部门治理活动的通知》（眉彭委办〔2016〕62号），要求全区13个乡镇（街道）、108个村社区、69个区级部门积极参与“信访三无”创建，牧马镇、黄丰镇、区国土分局和区林业局进行信访重点治理活动。各乡镇和部门以活动为载体，夯实基层基础；有的放矢，把创建活动抓实抓出成效；从根本上治理进京非访、进京越级访和到省集访，达到创建和治理目标。

【信访视频建设】 2016年4月，彭山区率先在全市六个区县完成“视频”建设，并投入使用；区群众接待中心和凤鸣街道办、彭溪街道办、青龙镇三个乡镇（街道）的视频建设于2016年12月完成建设，并投入使用。

【培训交流】 2016年，区委群工部先后2次召开信访专题业务培训，针对网上信访信息系统的操作流程、注意事项等进行重点讲解，参与培训人次达标245人次；并建立彭山区网上信访QQ群，方便大家及时交流在信访办理过程中遇到的各类问题。

【信访宣传】 2016年，区委群工部印制《依法有序、文明信访宣传手册》《信访法规政策摘要》《逐级上访宣传漫画》等宣传资料500余份，积极参加全区组织的“法制宣传月”、“处置非法集资”、“法制文艺进万家”和“12•4”宪法宣传日等活动，到乡镇大力开展信访法制宣传；通过在区信访群众接待中心LED电子显示屏滚动播放《信访条例》和《公安部关于公安机关处置信访活动中违法犯罪行为适用法律的指导意见》等方式，引导群众依法有序表达利益诉求。2016年，共发生到区委、区政府聚集的情况21起，与2015年相比减少10起。

【工作成效】 2016年，彭山区历经全国两会、省两会、市三会、区三会、成都G20峰会和杭州峰会、中共十八届六中全会、眉山竹文化节等10余个重大会事活动和元旦、春节、“五一”、“七一”、“七五”等多个重大节日20余个特殊敏感时段。其间，全区各乡镇（街道）和部门紧密配合，坚持接访、排查、化解、稳控，有效将上访群众吸附在当地；群工部按要求派出驻京、驻蓉、驻眉山及在彭山信访值班人员，守住最后一道防线，全区真正实现重大敏感会事期间和重要时段“零进京、零聚集、少到省、不出事”的信访目标。“互联网+信访”初见成效。2016年，彭山区共受理群众来访、来信1504件。其中，通过网上信访反映问题的851件，占总数的56.5%。从以上数据可看出，网上信访正在逐步成为彭山区新时期信访工作的重要组成部分。群众相信一个电话或一封邮件就能解决问题，得益于互联网的快捷、高效，更得益于彭山区信访案件网下办理渠道通畅，案件办理规范。2016年，彭山区因网上信访工作办理出色，被市委群工部推选为全市“互联网+信访”试点区县。

（文　艺）

老干部工作

【概况】 2016年，中共眉山市彭山区委老干部工作紧扣中心、服务大局，锐意进取、履职尽责，推动老干部工作健康协调发展，取得显著成绩。被省委组织部、省委老干部局评为“全省老干部学习活动阵地建设示范单位”，全市唯一。离退休干部合唱团参加“重温长征史•共圆中国梦”全市离退休干部“纪念红军长征胜利80周年”合唱比赛获得一等奖。

【老干部待遇】 2016年，中共眉山市彭山区委老干部局（以下简称“区委老干局”）认真落实老干部“两项待遇”（政治待遇和生活待遇）。全心全意保障老干部政治待遇。坚持集中学习。组织老干部集中学习12次，参与人数达2600人次，及时传达学习中央、省、市、区重要文件精神，订阅《人民日报》等20余种报刊杂志，购置电脑6台、书籍400余册供老干部学习，让老干部自觉把思想认识统一到中央、省委、市委、区委的决策和部署上来。坚持重大事项通报制，组织老干部参加区委、区政府重要会议和重大活动120人次，定期向老干部通报区委、区政府重大决策、重点工作。坚持省内外参观考察，组织80余名老干部到西安、大连、邛崃等参观学习，组织160余名副县级以上退休干部参观眉山市交通建设、“绿海明珠、千湖之城、百园之市”工程，让老干部亲身感受改革开放带来的新变化，增进老干部护党爱国的思想感情。坚持走访慰问，做到老干部“生病住院必访、重大节日必访、特殊困难必访、有思想包袱必访”，将党组织的温暖送到老干部的心坎上。元旦、春节、老年节等重大节日走访慰问老干部510人次，发放慰问金86万元。不折不扣落实老干部生活待遇。坚持“两费”无拖欠，协调落实离休干部护理费按月统一发放，落实中华人民共和国成立初期63名退休干部门诊医疗照顾经费、生活不能自理照顾经费、生活困难补助经费共63万元。提供“一站式”服务，为离休干部报销医药费100万余元。坚持老干部健康体检，组织离退休干部220人到区医院体检中心进行健康体检，建立健康档案，并邀请区中医院专家开展健康养生知识讲座2期。坚持特殊困难帮扶，对易地安置、空巢、独居、失能、重病等有特殊困难的离退休干部及遗孀进行帮扶，落实帮扶资金2.4万元，调解离休干部家庭纠纷1起，协助5名去世离退休人员家属做好丧葬事宜。

【“两项建设”】 2016年，区委老干局扎实推进“两项建设”，引导老干部永葆政治本色。加强离退休干部思想政治建设，确保老干部政治坚定、思想常新、理想永存。强化离退休干部的思想政治教育引导，坚持不懈抓好理想信念和党性教育，坚持每月1次集中学习，每季度开展1次专题讲座，教育引导离退休干部始终把严守政治纪律和政治规矩作为底线，始终在思想行动上与党中央保持高度一致，始终牢记党员身份，始终保持公仆本色。加强离退休干部党组织建设，确保老干部离岗不离党、退休不褪色。强化离退休干部党建工作，持之以恒抓好离退休干部党组织建设，认真落实全面从严治党要求和关于加强和改进离退休干部党支部建设的意见，加快组建离退休干部党工委，选优配齐党工委、党支部工作力量。落实组织生活、理论学习、收缴党费等制度，使老干部始终处于党组织的教育、管理、监督之中，实现离退休干部党组织有效覆盖。拓宽党支部活动平台，创建老干部党员志愿者服务队，开展活动153人次，切实把离退休干部党组织建设成为组织老同志、凝聚老同志、教育老同志的坚强战斗堡垒。

【老干部阵地建设】 2016年，区委老干局投入资金80万余元，高起点、高标准、高质量、规范化建设老干部学习活动阵地，设置多功能室、阅览室、电脑室、棋牌室、健身室、乒乓球室、沙狐球室等，新购置空调、音响、电脑等活动器材和设施，满足老干部学习和活动的需要，在全市率先通过“全省老干部学习活动阵地建设示范单位”验收。根据老干部身体状况、兴趣爱好，合理安排棋牌组、摄影组、花卉组等8个兴趣小组活动75次，参与人数达

4500人次，参与率达92%，丰富了老干部精神文化生活。开展纪念红军长征胜利80周年系列活动，开展“家乡美”摄影比赛4次，创办专题板报4期，组织老干部参加全国、省、市、区门球比赛120人次，参加省、市、区书画展和“两学一做”征文活动30人次，取得优异成绩；门球组荣获门球比赛2个一等奖、1个二等奖；罗安才作品获“大美四川首届党员风采杯”摄影大赛二等奖；任必能作品获“彭山人的春节”三等奖；杜高容作品获“做许大勇式好干部”征文比赛二等奖等。

【老干部活动】　2016年，彭山区扎实开展老干部为党和人民的事业增添正能量活动。固定每月12日，组织离退休干部集中学习；组织开展“党章党规铭记我心”知识竞赛活动、专题辅导、选读经典著述等，提升离退休干部政治素质和党性修养；组织离退休干部到西安、延安等革命老地参观考察，加强红色文化教育。退休干部张宗友撰写《耄耋老人用微信》，被《晚霞杂志》和彭山老干部网采用；退休教师岳嵩高300余篇文章被《眉山日报》《彭山报》《晚霞杂志》等媒体刊登。并秉承“以孝治家、文化兴家、勤俭持家、清白传家、勿忘国家”的家训家规，教导家人和子孙后代弘扬勤学好读的传统美德，其家庭被评为区“玫瑰书香家庭”。开展志愿服务行动，释放正能量，举办“建设新中和　和谐奔小康”为主题的文艺汇演活动，吸引200余名村民观看；到黄丰镇中和村开展“党群集中活动日”活动，为村民题写春联120余副；开展“大手拉小手　共筑新希望”活动，走访慰问黄丰镇中和村留守儿童和贫困学生20余人；到彭山社会福利院看望慰问孤寡老人，关心他们的身体状况和生活状况；给黄丰镇中和村全体党员讲党课，为老党员发放“七一”慰问品和慰问金，免费为全村党员拍幸福照等。开展“老干之声”行动，传播正能量。引导离退休干部讲好彭山故事、弘扬彭山精神、传播彭山好声音。组织200余名离退休干部参观考察黄龙溪谷、双黄路、滨江路等区内重点建设工程，撰写调研报告4篇，提出建议、意见16条。成立离退休干部网宣传队，撰写时政论点、博文、人生感悟等，全年老干部提供稿件共计千余篇，网站、报刊转载作品400余篇。

（钟　薇）

党校工作

【重要事件】　2016年1月6日，中共眉山市彭山区委党校（以下简称“区委党校”）召开2015年度工作总结暨公务员综合考评工作会。

1月18日，区委党校班子成员述廉述职，并评选2015年度优秀公务员，通过民主测评梁碧群为2015年度优秀公务员。

1月22日，区委党校召开教职工大会对“三严三实”作风教育进行全面总结。

2月11日，根据区委、区政府扶贫攻坚任务的要求，区委党校对联系社区凤鸣镇南星社区13户困难户进行慰问。

3月3日，按照区委、区政府“先学先做”和“学先进、找差距、添措施”的工作要求，区委党校进行动员和落实学习型、创新型机关队伍建设，到都江堰村政学院、成都市委党校等地调研学习。

3月31日，区委党校落实贯彻区委、区

政府关于换届年学习相关精神，并就“选举法”和“宪法”等法律、法规进行系统学习。

4月27日至5月15日，张莉带区财会培训班到西南财大培训。

6月24日，增补王正江为总支委员。

8月11日，区委通过《关于进一步发挥党校作用有关情况的报告》的决定。

8月21日—23日，王正江参加省社科联在攀枝花举办的研讨会。

9月3日—6日，向国彬参加省委党校、省行政学院“西部师资”培训班学习。

9月20日，中共眉山市委党校副校长李建炜率科研相关人员到彭山区委党校调研。

11月14日，王正江、向国彬撰写的《关于破解新常态下融资难的调研报告》获第十二次哲学社会科学优秀成果三等奖。

12月22日，参加“农民夜校”在青龙狮子村的启动仪式。

12月26日，区委党校改选王海英为总支书记。

2016年，“流动党校”走基层、到部门，送教30余期，培训3000余人次。

【概况】 2016年，区委党校作为轮、培训全区党员领导干部主渠道、学习研究宣传党的理论体系主阵地，以“两学一做”学习教育为统揽，自觉担当起推进全面从严治党和“四城建设”的政治责任。在全市党校系统年度考核中，科研工作获一等奖，宣传工作获一等奖；在第一届彭祖文化艺术节，区委党校2篇论文获得三等奖；在全区信息报送上超额完成任务。

【人事变动】 2016年10月8日，根据《关于蒋会强等同志职务任免的通知》（眉彭委〔2016〕158号）文件，袁利民任区委党校校长，免去李勇刚区委党校校长职务；10月17日，根据《关于游德华等同志职务任免的通知》（眉彭委〔2016〕163号）文件，王海英任区委党校常务副校长，免去徐忠智区委党校常务副校长职务；10月25日，根据《关于曾理等同志职务任免的通知》（眉彭府人〔2016〕12号）文件，王海英任区行政管理学校常务副校长，免去徐忠智区行政管理学校常务副校长职务。2月26日，倪成云退休；12月13日，李媚玲退休。

【工作职能】 2016年，区委党校认真学习贯彻中央《关于加强和改进新形势下党校工作的意见》。按照年初区委组织部部长李勇刚到区委党校现场办公的相关指示，形成《关于进一步发挥党校作用有关情况的报告》，经区委第一届第34次常委会议通过。明确党校的办学原则“党校姓党”；明确党校工作目标和任务重点是开展好“5+1”办学（每年办好5个方面培训：中青年后备干部培训班、新任科级领导干部培训班、党员示范班、入党积极分子培训班、流动党校送教上门；领导讲、专家讲，每年办好1次专题讲座）、加强“流动党校”和开展“农民夜校”；明确党校师资培训和送出去培养、请回来讲课的模式。

【培训调研】 2016年，区委党校以“两学一做”学习教育为契机，根据基层需要，坚持开展“流动党校”“农民夜校”，为基层和部门党员干部上党课30余期，培训党员干部5000余人次；调研工作稳步推行，完成市社科联和市委党校课题申报、立项、结项7篇。

其中，刘先清撰写的《基层党员的素质与党校干训的调查与研究》、官为桥撰写的《土地流转后农村基层党组织建设的几点思考》获眉山市党校系统优秀调研课题。

【对外宣传】 2016年，区委党校利用科技和网络宣传党的方针政策。新建2个LED电子显示屏，及时对党校的动态和区委、区政府的中心工作进行宣传；把握时代要求，运用微信平台创建“温馨校园”，在公众平台上率先创建“寿乡微党校”，把党的声音传下去，把党校形象亮出来。

【自身建设】 2016年，区委党校年初制定授课清单，结合基层点单，要求班子集体备课、每个教员都下基层上党课，主要以《习近平总书记系列重要讲话精神》《中国共产党理论创新及其发展》《认真践行“三严三实”，争做合格党员》《基层党组织建设》《十八大五中全会精神宣讲》《十八届六中全会精神宣讲》《不忘初心，坚定理想信念跟党走》等专题进行讲解；完成好党风廉政建设，加强校园文化的氛围打造，用法治思维对校园进行管理，让“法律七进”走进机关，对校园环境投入5万元硬化和维修，丰富了干部培训和教职工的文化生活；在扶贫工作和工会、关工委等工作中，积极开展活动，全年共计捐款、捐物8万余元。

（官为桥）

眉山市彭山区人民代表大会常务委员会

区人民代表大会会议

【眉山市彭山区第一届人民代表大会第二次会议】 2016年1月21日—23日，眉山市彭山区第一届人民代表大会第二次会议在区委会议中心召开。大会听取和审查了区人民政府工作报告、区人大常委会工作报告、区人民法院工作报告和区人民检察院工作报告；审查和批准了区人民政府关于2015年国民经济和社会发展计划执行情况及2016年计划草案的报告（书面）；审查了区人民政府关于2015年财政预算执行情况及2016年财政预算草案的报告（书面），批准了2015年区财政预算执行情况和2016年区财政预算；听取了区人民政府关于代表建议批评意见办理情况的报告（书面）；审查和批准了区国民经济和社会发展第十三个五年规划纲要草案。第一次全体会议由区委书记梁磊主持。会议应到代表176名，实到代表164名，符合法定人数。第二次全体会议由区人大常委会主任钟建成主持。会议应到代表176名，实到代表163名，符合法定人数。

【眉山市彭山区第一届人民代表大会第二次会议】 2016年11月7日至10日，眉山市彭山区第二届人民代表大会第一次会议召开。大会应到代表182名，实到176名，符合法定人数。代表们以无记名投票的方式，选举钟建成为区第二届人大常委会主任，选举罗万东为区人民政府区长；选举郭茂、余玺樟、廖伟、胡志中为区第二届人大常委会副主任；选举李洪强、周惠、王鹏、段永勤、王松、梁兰为区人民政府副区长；选举夏成刚为区人民法院院长；选出24名眉山市彭山区第二届人大常委会委员；选出46名彭山区的眉山市第四届人民代表大会代表。大会听取和通过了区人民政府工作报告、彭山区2011年以来国民经济和社会发展计划执行情况及今后五年计划草案的报告（书面）、彭山区2011年以来财政工作情况和今后五年工作计划草案的报告（书面）、区人大常委会工作报告、区人民法院工作报告、区人民检察院工作报告，并对以上报告作出决议。

区人大常委会会议

【眉山市彭山区第一届人大常委会第十五次会议】 2016年1月8日，眉山市彭山区第一届人大常委会第十五次会议在眉山市彭山区人大机关五楼会议室召开。会议经审议和票决：决定暂停宿光辉眉山市彭山区第一届人民代表大会代表职务；免去谌英区人民法院青龙人民法庭庭长职务。听取代表资格审查委员会关于代表资格审查情况的报告，确认补选的李勇刚、王仲文、周亚琳、章静、吴洪5名代表资格有效，区第一届人民代表大会实有代表176名。审议通过列席区第一届人民代表大会第二次会议人员名单草案，共计181人。会议经审议表决，通过区第一届人民代表大会第二次会议的有关事项。会议经审议，票决通过《眉山市彭山区人民代表大会常务委员会工作报告》，同意提交区第一届人民代表大会第二次会议审查。

【眉山市彭山区第一届人大常委会第十六次会议】 2016年3月16日，眉山市彭山区第一届人大常委会第十六次会议在眉山市彭山区人大机关五楼会议室召开。对区财政局、区住建局办理区人大常委会工作评议意见的落实情况进行满意度测评。经审议和票决，决定免去段利霞眉山市彭山区人民法院审判监督庭庭长职务；周万明眉山市彭山区人民法院审判委员会委员职务；陈永学眉山市彭山区人民法院行政审判庭庭长职务；彭明眉山市彭山区人民法院立案庭庭长职务；卢齐康眉山市彭山区人民法院民事审判第二庭庭长职务；邓艳眉山市彭山区人民法院立案庭副庭长职务；陈新眉山市彭山区人民法院民事审判第二庭副庭长职务；聂晶眉山市彭山区人民法院青龙人民法庭副庭长职务；岳龙建眉山市彭山区人民法院刑事审判庭副庭长职务。决定任命卢齐康为眉山市彭山区人民法院行政审判庭庭长、审判委员会委员；邓艳为眉山市彭山区人民法院立案庭庭长；陈新为眉山市彭山区人民法院民事审判第二庭庭长；陈永学为眉山市彭山区人民法院审判监督庭庭长；岳龙建为眉山市彭山区人民法院行政审判庭副庭长；聂晶为眉山市彭山区人民法院民事审判第二庭副庭长；吴伟为眉山市彭山区人民法院民事审判第二庭副庭长；杨德勇为眉山市彭山区人民法院刑事审判庭副庭长；张梅、宋议、李彬、徐惠、魏晓雪为眉山市彭山区人民法院审判员。听取和审议区人民检察院关于职务犯罪侦查工作情况的汇报。

【眉山市彭山区第一届人大常委会第十七次会议】 2016年5月18日，眉山市彭山区第一届人大常委会第十七次会议在眉山市彭山区人大机关五楼会议室召开。对区人民政府办理区人大常委会关于全区小型农田水利建设情况的审议意见落实情况进行满意度测评。经审议和票决，决定免去唐素华眉山市彭山区人大常委会财经工委副主任职务；王福军眉山市彭山区人大常委会城环资工委副主任职务；李昌莹眉山市彭山区人民法院民事审判第一庭庭长职务；毛荣龙眉山市彭山区人民法院执行庭庭长职务；郭娟眉山市彭山区人民法院立案庭副庭长职务；叶云华眉山市彭山区民政局局长职务。决定任命：彭忠卫为眉山市彭山区人大常委会财经工委副主任；胡小丁为眉山市彭山区人大常委会城环资工委副主任；李昌莹为眉山市彭山区人民法院青龙人民法庭庭长；毛荣龙为眉山市彭山区人民法院民事审判第一庭庭长；郭娟为眉山市彭山区人民法院执行庭庭长；潘勇为眉山市彭山区民政局局长。听取和审议区人民政府关于农村改革试验区推进情况的汇报、区人民政府关于2015年城乡社区事务费支出使用及2016年预算安排情况的汇报、区人大常委会执法检查组关于检查《中华人民共和国预算法》实施情况的汇报、部分单位2016年部门预算编制情况的汇报。

【眉山市彭山区第一届人大常委会第十八次会议】　2016年7月26日，眉山市彭山区第一届人大常委会第十八次会议在眉山市彭山区人大机关五楼会议室召开。对区人民检察院办理区人大常委会关于职务犯罪侦查工作的审议意见落实情况进行满意度测评。会议经审议和票决，决定免去张怀庆眉山市彭山区环境保护局局长职务；王松眉山市彭山区人力资源和社会保障局局长职务。决定任命：张怀庆为眉山市彭山区人力资源和社会保障局局长；龚涛为眉山市彭山区环境保护局局长；袁枫为眉山市彭山区人民检察院副检察长、检察委员会委员、检察员；袁豪为眉山市彭山区人民检察院检察员。听取和审议区人民政府关于2016年财政预算上半年执行情况的汇报。审查和批准彭山区2016年财政预算收支调整变动方案。会议经审议和表决，同意区人民政府关于2016年财政预算收支调整变动情况的报告，批准彭山区2016年财政预算收支调整变动方案，并作出决议。听取和审议区人民政府关于2016年国民经济和社会发展计划上半年执行情况的汇报。会议经审议和表决，决定批准《眉山市彭山区人民政府关于提请审议批准2016年地方政府债务限额的议案》，并作出决议。听取区人民政府、区人民法院、区人民检察院2016年上半年工作情况的汇报。会议经审议和表决，决定批准《眉山市彭山区人大常委会主任会议关于提请审议确定乡镇新一届人民代表大会代表名额的报告》，确定新一届乡镇人民代表大会代表，共计731名，报眉山市人大常委会备案。

【眉山市彭山区第一届人大常委会第十九次会议】　2016年8月22日，眉山市彭山区第一届人大常委会第十九次会议在眉山市彭山区人大机关五楼会议室召开。经审议和票决，决定任命眉山市彭山区区乡两级换届选举委员会组成人员名单；通过《眉山市彭山区人大常委会关于区乡两级人民代表大会代表选举日的决定》，区乡两级人民代表大会代表的选举日为2016年9月23日。

【眉山市彭山区第一届人大常委会第二十次会议】 2016年9月5日，眉山市彭山区第一届人大常委会第二十次会议在眉山市彭山区人大机关五楼会议室召开。经审议和票决，决定推迟部分区选区的选举日期，定于2016年11月15日为区第十一选区、第十二选区、第二十七选区、第二十八选区、第三十四选区、第四十选区、第五十六选区、第六十七选区、第七十二选区、第七十四选区、第七十五选区的选举日，报眉山市人大常委会备案。

【眉山市彭山区第一届人大常委会第二十一次会议】 2016年9月7日，眉山市彭山区第一届人大常委会第二十一次会议在眉山市彭山区人大机关五楼会议室召开。经审议和票决，决定调整彭山区、武阳镇和锦江乡选委会组成人员名单。

【眉山市彭山区第一届人大常委会第二十二次会议】 2016年9月23日，眉山市彭山区第一届人大常委会第二十二次会议在眉山市彭山区人大机关五楼会议室召开。经审议和票决，决定免去郭益眉山市彭山区公安分局局长职务，决定任命段永勤为眉山市彭山区人民政府副区长；王鹏为眉山市彭山区公安分局局长、区人民政府副区长；龙科为眉山市彭山区人民检察院检察员、检察委员会委员、副检察长。任命夏成刚为眉山市彭山区人民法院审判员、审判委员会委员、副院长。决定接受李懿辞去眉山市彭山区人民检察院检察长、检察委员会委员、检察员职务；接受蹇峰辞去眉山市彭山区人民法院院长、审判委员会委员、审判员职务。决定任命夏成刚为眉山市彭山区人民法院代理院长；龙科为眉山市彭山区人民检察院代理检察长，报眉山市人民检察院备案。

【眉山市彭山区第一届人大常委会第二十三次会议】 2016年10月12日，眉山市彭山区第一届人大常委会第二十三次会议在眉山市彭山区人大机关五楼会议室召开。对区人民政府办理区人大常委会关于农村改革试验区推进情况审议意见落实情况进行满意度测评。听取和审议区人民政府关于2016年代表建议批评意见办理情况的汇报、区人民政府关于“六五”普法工作情况的汇报、区人民政府关于2015年财政预算执行和其他收支情况的审计工作报告。经审议票决，通过《眉山市彭山区人大常委会关于批准区2015年本级财政决算的决议》。

【眉山市彭山区第一届人大常委会第二十四次会议】 2016年10月13日，眉山市彭山区第一届人大常委会第二十四次会议在眉山市彭山区人大机关五楼会议室召开。会议经审议和票决，决定对原定于2016年11月15日部分区选区的选举日进行调整，决定2016年10月28日为区第十一选区、第十二选区、第二十七选区、第二十八选区、第三十四选区、第四十选区、第五十六选区、第六十七选区、第七十二选区、第七十四选区、第七十五选区的选举日，并在代表名额不足的区第十八区、第四十六选区同步另行选举。决定事项报眉山市人民代表大会常务委员会备案。听取和审议区人大常委会主任会议关于提请审议召开区第二届人民代表大会第一次会议时间的报告，决定区第二届人民代表大会第一次会议于2016年11月7日至10日在城区召开。

【眉山市彭山区第一届人大常委会第二十五次会议】 2016年11月1日，眉山市彭山区第一届人大常委会第二十五次会议在眉山市彭山区人大机关五楼会议室召开。经审议和票决，决定设立眉山市彭山区人大常委会凤鸣街道工作委员会和眉山市彭山区人大常委会彭溪街道工作委员会。决定事项报眉山市人民代表大会常务委员会备案。经审议和票决，决定免去：游德华眉山市彭山区人民政府办公室主任职务；邓志勇眉山市彭山区人大常委会办公室主任职务；李文莉眉山市彭山区人大常委会人事和代表联络工作委员会主任职务；李素芬眉山市彭山区人大常委会教育科学文化卫生工作委员会主任职务；周永秀眉山市彭山区人大常委会信访办公室主任职务；方廖华眉山市彭山区人大常委会农业工作委员会职务；彭忠卫眉山市彭山区人大常委会财政经济工作委员会副主任职务；胡小丁眉山市彭山区人大常委会城乡环境资源保护工作委员会副主任职务。决定任命：钟阳为眉山市彭山区人民政府办公室主任；彭忠卫为眉山市彭山区人大常委会办公室主任；胡小丁为眉山市彭山区人大常委会人事和代表联络工作委员会主任；邓志勇为眉山市彭山区人大常委会信访办公室主任；方廖华为眉山市彭山区人大常委会教育科学文化卫生工作委员会主任；张奇为眉山市彭山区人大常委会农业工作委员会主任；毛沛恒为眉山市彭山区人大常委会彭溪街道工作委员会主任。审议表决通过列席区第二届人民代表大会第一次会议的人员名单，共计188人；表决通过主席团常务主席名单、主席团成员和秘书长名单草案、大会执行主席分组名单草案、副秘书长名单草案等事项，同意提交大会按程序表决。听取代表资格审查委员会关于代表资格审查情况报告。经审议，同意审查报告，确认区第二届人民代表大会182名代表资格有效。

【眉山市彭山区第二届人大常委会第一次会议】 2016年12月20日，眉山市彭山区第二届人大常委会第一次会议在眉山市彭山区人大机关五楼会议室召开。会议听取和审议区人民政府关于贯彻实施《中华人民共和国城乡规划法》情况的汇报。经审议和票决，决定免去王瑶眉山市彭山区人大常委会教科文卫工作委员会副主任职务；任命王瑶为眉山市彭山区人大常委会办公室副主任。会议宣布眉山市人大常委会关于批准任命龙科为眉山市彭山区人民检察院检察长的决定。审议表决眉山市彭山区第二届人大常委会关于设立代表资格审查委员会的决定（草案）及组成人员名单（草案）。对区人民政府办理区人大常委会关于计划和预算上半年执行、代表建议批评意见办理、审计工作、2015年城乡社区事务费支出使用及2016年预算安排、“六五”普法工作等共六项审议意见落实情况进行满意度测评。审查和批准区人民政府关于2016年财政预算收支调整变动方案，并作出决议。听取和审议区人民政府关于全区基本公共卫生服务工作情况的汇报。

【眉山市彭山区第二届人大常委会第二次会议】 2016年12月29日，眉山市彭山区第二届人大常委会第二次会议在眉山市彭山区人大机关五楼会议室召开。会议经审议和票决，决定：接受康进松、沈阳辞去眉山市彭山区第二届人民代表大会代表职务，报眉山市人大常委会备案。决定免去李勇眉山市彭山区司法局局长职务；熊志红眉山市彭山区食品药品监督管理局局长职务；陈利眉山市彭山区监察局局长职务。决定任命钟阳为眉山市彭山区人民政府办公室主任；熊念为眉山市彭山区发展和改革局局长；罗鸿翔为眉山市彭山区教育体育局局长；陈小军为眉山市彭山区经济和信息化局局长；王鹏为眉山市公安局彭山区分局局长；潘勇为眉山市彭山区民政局局长；熊志红为眉山市彭山区司法局局长；余波为眉山市彭山区财政局局长；张怀庆为眉山市彭山区人力资源和社会保障局局长；龚涛为眉山市彭山区环境保护局局长；王太勇为眉山市彭山区住房和城乡规划建设局局长；张锐为眉山市彭山区城市行政执法局局长；柴洪军为眉山市彭山区水务局局长；谢玉民为眉山市彭山区交通运输局局长；凌茂君为眉山市彭山区农业局局长；左建伟为眉山市彭山区商务局局长；李亚军为眉山市彭山区文化广电新闻出版局局长；宁武为眉山市彭山区卫生和计划生育局局长；黄昊为眉山市彭山区审计局局长；张杰茜为眉山市彭山区统计局局长；付华为眉山市彭山区安全生产监督管理局局长；李勇为眉山市彭山区食品药品监督管理局局长；曾淑敏为眉山市彭山区监察局局长；曾进为眉山市彭山区工商行政管理和质量技术监督局局长。

区人大常委会工作

【重要事件】 3月17日，配合市人大常委会开展规范司法行为专项工作情况调研。

4月14日，配合市人大常委会开展《四川省农村扶贫开发条例》的执法检查。

4月22日，配合市人大常委会对《中华人民共和国城乡规划法》贯彻实施情况执法检查。

6月1日，配合市人大常委会开展《眉山市城乡规划条例》的立法调研。

7月27日，配合市人大常委会开展深化农村改革工作的调研。

9月21日，配合市人大常委会陪同广东省江门市人大常委会一行考察彭山区观音镇果园村现代农业。

9月29日，配合市人大常委会开展对彭山区教育工作情况的调研。

【概况】 2016年，彭山区人民代表大会常务常委会（以下简称“区人大”）紧紧围绕区委重大战略部署、改革发展稳定大局、人大工作职能职责，主动作为、依法履职，先后组织召开常委会会议12次、主任会议19次，听取和审议“一府两院”专题报告25项（次），对5项重大事项作出决定、决议，提出对14项工作的审议意见；圆满完成区、乡两级人大换届选举，换届工作风清气正；组织和配合上级人大开展执法检查、视察、专项议题调研30余次，为推进彭山经济社会发展、推进依法治区进程做出积极贡献。

【依法行权】 2016年，区人大依法行使重大事项决定权。重点对人代会的召开、2016年本级财政决算、2017年财政预算收支调整变动、人事任免等重大事项作出决定、决议，确保重大事项决定的科学性、时效性和针对性。依法行使监督权。加强对贯彻落实区委重大战略部署情况的监督。紧紧围绕区委中心工作和重大决策部署，不断加强和改进监督方式，重点对贯彻落实区委关于抢抓“四大机遇”、推进“四城”建设、加强规划监督、实施品质发展等重大决策部署的推进情况进行常态化监督。组织开展对全区拆迁安置工作、“一园两冀”农业产业发展、产业新城建设、彭祖山旅游开发、中法农业科技园等重点工作开展、重大项目推动进行专项视察，推动区委决策部署落地、落实，增强人大监督实效。加强对国民经济运行的监督。按照改革创新、品质发展的要求，重点听取和审议关于计划和预算执行、2016年财政决算及审计报告、城乡社区事务费支出使用情况的汇报，组织开展关于贯彻实施预算法情况的调研，推动经济持续向好发展。加强对社会民生事业的监督。紧紧围绕人民群众关心关注的民生事项开展监督，听取和审议关于城区学校布局规划与建设、禁毒工作、脱贫攻坚巩固提升工作的情况汇报，组织开展对农村“两权”融资抵押贷款落实情况、全区节水型社会化服务项目、“绿海明珠、千湖之城、百园之市”等工作情况的视察，对区文广新局进行专项工作评议，重点听取和审议代表建议批评意见办理情况的汇报，确保民生愿望和要求落到实处。加强对行政用权、司法执法的监督。按照“规划先行、环保否决、安全第一”的要求，加大对《中共人民共和国城市规划法》《中共人民共和国安全生产法》《中共人民共和国环境保护法》等法律、法规的执法检查力度。听取和审议关于“七五”普法工作以及贯彻实施《四川省殡葬管理条例》和《眉山市彭山区公墓管理暂行办法》情况的汇报。组织开展对区人民法院进行专项工作评议；对《眉山市城乡规划条例》贯彻实施情况进行专项视察。依法开展对“一府两院”规范性文件的备案审查工作，听取2016年规范性文件备案审查情况的汇报。及时向市人大常委会报送规范性文件，维护法律尊严。认真落实上级人大常委会的各项决定决议，积极配合上级人大常委会做好立法调研、执法检查和调研视察等工作。依法行使任免权。坚持党管干部原则与依法行使任免权相统一，切实落实国家机关工作人员任前法律知识考试、供职承诺、向宪法宣誓和任后谈话、任免公开等工作，加强任命干部的法律监督，增强任命干部的责任意识、公仆意识。

【代表工作】 2016年，区人大不断改进履职方式。进一步坚持加强人大常委会同人大代表的联系、密切人大代表同人民群众的联系“两个联系”工作制度，充分利用“两代表一委员”（党代表、人大代表、政协委员）工作站，落实好保障措施，为代表搭建履职平台。坚持有计划地邀请基层代表参加人大常委会组织的调研、视察监督活动，引导代表关心、关注彭山发展的重大事项与社会热点和难点问题，不断提高代表履职能力和水平。进一步建立和完善人大常委会组成人员联系代表、代表联系选民制度，充分发挥人大代表反映民意、参与决策、模范带头的作用。积极开展代表履职培训，提高代表履职能力，夯实政治民主基础。不断增强履职实效。进一步研究创新建议批评意见的办理方式、途径，探索建立政府重大决策、重要事项决定前征求代表意见建议机制，不断提升办理质量和办成率。

【联系工作】 2016年，区人大积极主动推进区委安排的重点工作、重点项目，自觉接受上级人大常委会指导和监督，助推“外向型、开放型”经济发展，加强“学习型、创新型”队伍建设，积极参加上级人大的学习培训，有计划地组织到区外先进地区学习人大工作方法，组织相关部门、乡镇、街道外出学习抢抓“四大机遇”、推进“四城”建设先进经验，开拓视野、扩宽思路、提高能力。加强对乡镇人大、人大街道工委工作的指导，坚持邀请乡镇人大主席、人大街道工委主任、基层人大代表列席常委会会议，参加常委会组织开展的调研、视察和执法检查活动，提升人大工作综合水平。

【作风建设】 2016年，区人大始终坚持党的领导，认真落实中央、省、市、区党委关于加强人大工作和建设的意见，坚决维护区委总揽全局、协调各方的领导核心地位，牢固树立“一盘棋”的思想，确保人大工作正确的政治方向，不断推动人大工作与时俱进、创新发展。认真落实党风廉政建设“一岗双责”责任制，深入开展“两学一做”教育活动，主动适应新常态。认真组织学习习近平总书记系列重要讲话精神，坚决维护中央权威和法律尊严。健全、完善人大常委会工作机制和管理制度，严格执行中央八项规定和省委“十项规定”，推动人大工作的程序化、规范化和科学化。积极探索新时期人大工作的新特点，打造廉洁务实高效人大机关。

【宣传信息】 2016年，区人大切实做好区级部门、乡镇和人大代表征订《中国人大》《人民权力报》和《民主与法制》工作，推动全区民主法制建设进程。及时做好人大网站动态信息的数据更新工作，全年共上传各类新闻、报告、制度建设等内容共50余条次。

【信访工作】 2016年，区人大切实加强信访接待、办理、督察督办和综合分析，认真做好信访工作，全年共受理群众来信、来访24件（次），办结回复率达100%。

区人大常委会办公室工作

【协调服务】 2016年，彭山区人大常委会办公室（以下简称“区人大办”）统筹和协调机关各委室、区级相关部门和乡镇人大主席团，围绕区委中心工作和重大事项，主动调研，当好常委会的参谋助手，确保区委、区人大常委会各项决策事项和重点工作的贯彻落实。2016年，先后协调和组织参与12次常委会会议、19次主任会议和25次人大代表视察、执法检查和工作调研的服务筹备工作。牵头或配合筹备区第一届人代会第二次会议和区第二届人代会第一次会议。在换届选举工作中，坚持注重与相关部门的统筹衔接，认真及时做好方案制定、表册设计、文件印发、数据统计等各项工作，确保各项工作有条不紊开展，每一项阶段任务高质量完成，为2016年换届选举工作以及各项选举任务的全面顺利完成提供坚实保障。积极做好常委会联系工作的服务，协调常委会领导牵头负责的重点工作、重点项目、村（社区）的联系和脱贫攻坚任务共40万余元资金。全面加强机关政治思想、组织、作风、廉政建设、依法治理、精神文明建设以及档案、保密、统计、老龄等工作。全面并超额完成党报党刊、人大“一报两刊”以及其他报刊征订任务。走访、看望彭溪兴崇村、义和喻沟村的帮扶户、贫困户，给予在生产生活、脱贫致富等方面的帮扶资金3万元。

【文秘工作】 2016年，区人大办及时登记传阅上级有关重大事项的文件，并按要求认真组织落实，确保机关政令畅通。按要求组织起草以人大常委会党组、常委会、办公室名义的各类文件150余个，形成会议纪要31期；积极组织向上级人大刊物编报各类信息和调研材料，宣传人大工作动态，展现人大形象。

【后勤保障】 2016年，区人大办坚持把机关运行有序、保障有力和安全生产放在办公室工作的首位，切实加强机关效能建设，为机关干部职工尽力创造条件，营造良好的工作环境。积极配合和认真落实公务车辆改革，严格执行公车使用规定。落实专人，加强环境卫生整治、内务整理、安全保障等工作，定期对花草树木修枝剪叶、施肥和防病治病，切实抓好春秋两季灭蝇、灭鼠工作，坚持日常巡查和节假日值班制度，加强门卫管理。完善车辆维护报告、运行费用登记和国有资产管理责任制。加强安全用电、用水、用气的管理，加强外来人员的进出管理，保证全年无安全事故发生，巩固市级卫生单位成果。

【党风廉政建设】 2016年，区人大办按照党风廉政建设“一岗双责”的要求，认真落实廉政建设责任。组织全办人员学习党风廉政建设的各项规定和要求，不断构筑拒腐防变坚固防线。坚持科级干部主动报告个人重大事项，切实加强廉政风险点防范管理；严格执行中央八项规定和厉行节约、反对浪费条例，严格财经纪律规定，从严审核支出票据，推进党风廉政建设不断深入。

（刘 莉 赵俊林）

眉山市彭山区人民政府

综 述

【概 况】 2016年，全区地区生产总值（GDP）实现134.10亿元，增长8.7%；全社会固定资产投资227.30亿元，增长14.1%；地方一般公共预算收入15.12亿元，增长13.3%；社会消费品零售总额48.39亿元，增长13.0%；三产增加值39.70亿元，增长9.5%；城镇居民人均可支配收入29364元，增长8.8%；农村居民人均可支配收入15405元，增长9.6%；规模以上工业增加值增长10.2%。县域经济发展跻身全省重点开发区和市辖区县第15位，县级经济综合评价提升4位。彭山获得国家级国土资源节约集约模范县、四川省“三农”工作先进县、四川省农田水利建设先进集体、四川省民营经济先进集体等荣誉。

【工业经济】 2016年，彭山区实施“小巨人”培育计划，新培育规模以上工业企业8家，全区规上企业达105家。坚持创新驱动，投入技改资金50亿元，支持立顿洗涤、思念食品等企业转型升级。“4+2”产业体系初具规模，工业总产值实现362亿元。深入实施品牌战略，彭山经开区被命名为省级商标战略示范园区。成眉石化园区强势崛起，四川禹王建成投产，陶氏化学、中明环保等项目加快推进。投资300亿元的华夏幸福产业新城正式签约，格力二期、苏宁二期、当当网全国第二总部等重点项目落户彭山。产业发展转型提质。彭祖山、江口古镇、北外街、岷江航电等重点项目破冰开局。国润新材料、联合利华纳税上亿元，进入全市前三强。

【农业经济】 2016年，彭山区全力推进“一园两翼”农业产业发展，农业嘉年华、明都花卉等项目加快推进，岷江现代农业园区龙头作用日益显现。新培育农业经营主体3208个，葡萄、蜜柚等六大特色优势产业种植面积达到9200公顷。成功申报国家地理标志保护产品1个，绿色食品认证12个，无公害产品11个，东坡味道产业产值实现115亿元。

【第三产业】 2016年，彭山区大力发展生产性服务业，海尔仓储、普海仓储建成投运，青龙国际物流中心成为省级物流聚集区。聚焦发展生活性服务业，恒大、复地、东星航空等三产旅游项目顺利推进，伟业广场完成提档升级，新希望城试运营。大力推进互联网+，引进苏宁云商、京东安邦等电商企业，“彭山造”网上交易额突破3亿元。大力发展乡村旅游，成功举办观音葡萄节等会节活动，彭祖酒庄被评为省级四星级农家乐，旅游综合收入实现42亿元。

【深化农村改革】 2016年，彭山区纵深推进农村改革试验区试点工作，创新土地流转（三级土地预推—平台公开交易—资质审查前置—风险应急处理）“四步机制”，集中流转土地面积9866.67公顷。探索开展农村宅基地使用权和集体建设用地使用权“两权”抵押贷款工作，发放贷款302笔、1.64亿元，全省两权融资现场会在彭山召开，彭山经验成为全省样板。彭山区组建家庭农场联盟，将分散的生产、经营力量组合起来，带领全区家庭农场抱团发展、提标提质、对接市场、节支增效，有效降低农业生产成本，提升农业综合效益。农村宅基地自愿有偿退出和集体经营性建设用地入市探索初见成效。积极探索“产权+股份”的农民权益保障体系，增加农民财产性收入。率先推行“五证合一、一照一码”，新发展民营企业560家、个体工商户1917户。彭山区被中宣部确定为全国农村改革宣传主阵地之一，深化农村改革工作被评为“2016年四川省十大经济事件”。

【招商引资】 2016年，彭山区实施精准招商，产业链招商，新签约项目22个，10亿元以上重大项目4个，协议引资343亿元。投资300亿元的华夏幸福产业新城正式签约，格力电工二期、苏宁云商二期、当当网、甲骨文等重大项目签约落户彭山。精准把握政策投向，全力向上争取，全年共争取资金11.3亿元。

【城乡建设】 2016年，彭山区投入城市建设资金6.1亿元，大力实施城市功能完善、形象提升工程。实施十里樱花花堤生态长廊、迎宾大道生态景观等5条道路景观打造，完成前程路景观绿化提升工程。“花漾彭山”“光彩彭山”建设有序推进。完成城南片区、八五新区片区等18条道路新改建工程，城市道路黑化率达95%以上。城市长寿绿道、仙女湖森林公园、东山彩林等城市品质提升项目正式启动。全力推进“三箭齐发”工程，已完成建设39.8公里，滨江大道、岷东大道建成通车，工业大道开工建设。成昆复线彭山段全面完工，彭山火车站站改工程全面完成。尖子山航电工程顺利推进。新客运中心站投入使用。按照四好公路标准，完成华彭路、高保路等4条农村公路品质提升。大力推进“千湖之城”“绿海明珠”“百园之市”三大工程，新增恢复水域面积5.2平方公里，城区绿化覆盖率达到43.3%，新建城镇公园（广场）14个。强力实施小流域治理“河长制”，城乡污水处理厂建设项目成为全市唯一省级PPP示范项目；关停畜禽养殖场（户）43家、整治239家，建成投运污水处理厂5座，水域治污取得阶段性胜利，经验全省推广。狠抓大气污染治理，空气达标率66%。

【民生工程】　2016年，彭山区坚持新增财力向民生领域倾斜，全年投入民生和社会事业资金21亿元，占财政预算支出的80%以上。大力推进安置区建设，高速公路出口安置区一期交付安置，观音椿巅安置区主体完工，莲花、牧马新镇等安置区加快建设。城乡基本养老保险实现全覆盖，医保、低保等实现应保尽保。发挥财政兜底作用，将农村低保标准从3120元提高到3300元。大力推进大众创业万众创新，三人行创客空间被评为国家级众创空间。安置工作取得较大进展，全年新分配安置房3008套，入住安置群众10898人。率先实施“河长制”（彭山区创新实施的水污染治理制度，由区领导担任“河长”，负责辖区内河流的污染综合治理；由河流流经乡镇党委书记为“河段长”；流域主要污染源业务主管部门为牵头部门，落实项目主体责任；由区环保局班子成员为“河道警长”，落实水环境监察监测责任）流域治理，经验全省推广。新一中、实验小学、区中医院等民生项目加快推进。

【社会事业】　2016年，彭山区优化城乡教育资源布局，新职高投入使用，第四小学主体完工，新一中、实验小学建设顺利推进。着力提升教育质量，全区本科上线573人，重本上线171人，创历史新高。大力发展体育文化事业，完成公园山、区体育馆改造升级。江口沉银遗址考古发掘正式启动，江口古街、北外街打造有序推进，建成幸福美丽新村文化院坝3个。

区政府办公室工作

【文秘工作】　2016年，彭山区政府办公室（以下简称“区政府办”）坚持精确、精简、高效、保密的原则，实行公文3日办结制，公文运转准确、及时、规范。认真举办“党政机关公文知识专题培训会”，大力提高乡镇和部门的公文质量。全年共印发文件371件，收文并处理文件796件，上报文件差错率为零。机要保密工作规范有序，全年无任何失泄密事件发生。

【督察工作】　2016年，区政府办全年对市区政府工作报告、政府常务会、区长办公会议定事项的落实情况，学先进、同城行动活动开展情况以及重点项目、招商引资项目、集中开工项目进行一月一督察；对重点工作进展情况实行季通报。43件区人大代表建议按规定时限办理完毕，办理率、满意率100%，办结率79.1%；94件政协提案办理完毕，办理率、满意率100%，办结率71.3%。

【信息调研】 2016年，区政府办上报各类信息533条，市政府办采用、转报78条，完成市下达目标任务的200%；《彭山区量质并重抓实大学生征兵工作 》获市委副书记刘十庆肯定性签批，《彭山破用地瓶颈抓好绿色殡葬工作》获副市长辜永忠肯定性签批。省政府办采用信息6条。全年撰写调研报告12篇，其中，《彭山区推进农村“两权”抵押贷款的主要做法和启示》获省政府副省长朱鹤新肯定批示。《彭山区创业就业典型案例》由省政府采用上报国办。

【民生工程】 2016年，区政府办坚持民生为先，牵头组织实施省、市、区十项民生工程工作及20件民生大事工作，156个民生工程全面或超额完成年度目标任务。

【应急管理】 2016年，区政府办坚持24小时应急值班值守制度；推荐13个单位参与应急规范化建设，争取应急物资15万余元；修订《彭山区安全生产事故灾难应急预案》等预案20件，指导天然气长输管线事故应对、山洪灾害避险等演练15次；成功处理“7•26”城市供水故障；全区应急值守工作在市政府办抽查中实现“零缺位”，全年无较大及以上突发事故。

【防震减灾】 2016年，区政府办建立纵向到底、横向到边、覆盖全区的“三网一员”群测群防工作体系，完善区、乡（镇）、村（社区）、社四级组成的防震减灾工作联动体制。全区10个乡镇纳入地震宏观异常观测点。充实完善全区地震灾情速报应急网络和地震应急通讯网络。制发《重点危险区应对工作方案》《重点危险区地震专项应急预案》，编制完善《彭山区2016年地震应急预案》。成功开展2016年防震减灾综合应急演练活动。组织防震减灾助理员培训1次，培训人员100余人。创建市级防震减灾科普示范基地2个，市级防震减灾科普示范校、安全示范点、农村安全示范地震点各1个。建成大型应急避难场所3个，乡镇避险场所13个，村级避险点18个。

【法制办工作】 2016年，区政府办全年审查212份政府性投资、招商引资、金融证券等各类合同；调整优化权力事项5885项；向备案机关报备规范性文件3件；坚持政府常务会会前学法规定和法律顾问全程列席重大会议制度，学习《中华人民共和国预算法》《国有土地上房屋征收与补偿条例》等法律、法规12部；公开向社会采购5个律师事务所为区政府法律顾问；制发《眉山市彭山区综合执法实施办法（试行）》，推进乡镇（街道办）、村治理；办理行政复议案件4件。

【直接联系服务群众】 2016年，区政府办选派到凤鸣镇双漩社区担任“第一书记”1名；

帮扶困难群众15户，开展集体走访活动5次，送去慰问物资和慰问金价值8.6万元，办实事、解决实际问题45个；困难户人均纯收入增幅较大，全部顺利脱贫。

【信访维稳】 2016年，区政府办坚持政策疏导和心理疏导并重，全年共受理来访、来信、来电901件（其中，区政府公众信息网区长信箱489件，群众来信20件）；接待群众来访275批1295人次；审理复查复核案件10件，按期办结率100%，群众满意率98%以上。

【行政后勤】 2016年，区政府办坚持“热情、周到、细心、高效、廉洁”的服务保障原则，进一步规范后勤保障工作程序，建立、健全后勤岗位制度，加大办公区、宿舍区卫生及门卫监管力度。坚持厉行节约，进一步规范公务接待、政府公车使用及车辆出入停放管理。

（彭国英）

政 务

【热线服务】 2016年，彭山区整合资源，全面启动“12345”热线工作。在充分学习借鉴其他区县先进做法的基础上，成立热线服务中心。单设热线服务办公室，建立完善各项工作制度，配齐、配足基础硬件设施，配备3名专职人员全面负责全区热线服务工作。全年共办理市服务热线转办工单1020件（其中，有11件不属彭山区管辖退单），单位办结1009件，办结率100 %。按反映事件内容分：基本民生464件，公共管理531件，安全稳定14件，经济发展11件。按反映目的分：诉求845件，占 83.75%；建议25件，占 2.48%，咨询150 件，占14.87%。

【服务大厅管理】 2016年，彭山区党务政务服务中心结合实际重新修改制定《彭山区党务政务服务中心窗口运行管理办法》和《彭山区党务政务服务中心窗口运行管理考核细则》，对中心窗口工作人员严格按照考核细则进行每月绩效考核，确保工作人员办事不推诿、不拖拉。坚持“首问责任制、限时办结制、责任追究制和重大项目代办制”四项制度，为党务政务服务工作正常开展提供制度保障。与省、市同步，实行朝九晚五上班制度，因地制宜解决中午工作餐。精细化管理人性化服务，对派驻政务中心工作人员生病住院等进行探望慰问。每月末开展业务集中学习并适时开展工会活动，增强沟通交流，加深工作感情。坚持每个工作日上下午工间操制度，舒缓身心压力，确保大家身体健康。坚持派驻窗口部门分管领导每月签到制度，关心窗口员工，实地帮助解决存在困难和问题。每月对窗口实行绩效考核，兑现奖惩，激励创先争优，增强荣誉感。“96960”和“37641100”投诉举报电话，自觉接受社会监督，提升行政效能。设立举报箱，收集群众意见，及时整改，做到件件有回音。聘请政风行风监督员7名，对党务政务服务中心的办事质量、办事效率、办事态度进行监督，实现零投诉。要求部门选派业务精、素质高的窗口工作人员。严格执行指纹考勤与实时考勤相结合。每月5日前将上月考勤、考核结果汇总，评选出每月“最美窗口”和“服务明星”。和省政务服务中心取得联系，给每个窗口配备标准版满意度评价仪，自觉接受办事群众的测评。做好行政审批效能视频监察系统升级改造工作，在大厅原有13个视频监控摄像头基础上新增2个，有效杜绝工作人员的违纪、违规行为。对窗口布局进行调整优化，全区有行政审批职能的37个部门全部入驻，入驻窗口部门共41个。各窗口做到“一个窗口”“一章一费制”。2016年，区党务政务服务中心总受理各类审批事项9.8万余件，办件9.8万余件，办结率100%。其中，当日办结件9万余件，当日办结率91%，群众满意率达99%。

【审批监管】 2016年11月10日，区党务政务服务中心正式启动四川省投资项目在线审批监管平台试运行工作。自试运行之日起，所有非涉密投资项目的审批、核准、备案以及所涉及的投资项目从项目前期至竣工验收涉及的行政审批事项一律纳入在线平台办理，实现网上受理、办理、监管“一条龙”服务。中心整合原来的企业服务窗口，专门配备一台电脑在服务窗口供投资业主使用，并且落实专人配合发改局窗口，做好投资项目接件和在线审批监管的具体运行工作。全年有9家投资项目网上注册申办成功，其中，包括投资13亿元的当当比特物流（眉山）有限公司。

【行政审批】 2016年，全区深入推进行政审批改革，行政审批项目由最初的356项，逐步减少到182项。 2016年，取消、调整和保留省、市、县联审项目11项，取消中央指定地方实施的行政审批25项。按照“八公开”要求，进一步公开办事项目的项目名称、申请条件、申办资料、办理程序、法定依据、办理时限、收费依据、联系方式。2016年，新增注册党务政务服务中心微信公众号，通过微信平台公开企业办事要件、办理时限、法定依据、办事资料下载等，规范办事流程，提高办事效率。同时在微信平台上设置一键拨打咨询电话，方便企业主随时咨询相关部门和人员，为企业提供贴心服务。

【政务公开】 2016年，区党务政务服务中心在大厅电子显示屏滚动播放行政审批事项的办事指南，并在触摸屏设置办事指南版块方便办事群众查阅相关办事程序。推进电子政务，完善网上办理。加强网上政务服务大厅建设，拓宽联网审批服务事项，构建全省联网信息共享平台，强化在线咨询、预审、办理等功能，保障网上政务服务大厅安全、稳定运行，让办事群众足不出户，在家就可以享受到方便快捷的政务服务。

【便民服务中心】 2016年，全区乡镇便民服务中严格执行首问负责、一次告知、限时办结、全程承办、延时服务、预约服务、月报月通报、职位代理、内务管理9项制度。办公场地做到“三好”“六有”“六公开”，即：物件摆放好、卫生条件好、制度建设好（上墙）；大厅工作人员有职责牌（桌牌、胸牌）、有办事指南、有相对固定的人员和服务设施、有投诉渠道和责任追究办法、有常态化的便民服务办件登记簿、有每月大事记载；做到“办事项目、项目内容、办事流程、办理时限、收费标准和法规依据”六公开，切实保障群众的知情权和监督权。各乡镇便民服务中心坚持每个工作日如实填写群众办件登记簿（注明办事人、办事项目、承办人、服务承诺），在该月最后一个工作日内向区政务服务中心报送每月运行表，并对村（社区）、组便民服务站（点）运行情况实行月通报。区党务政务服务中心及时通报全区便民服务中心运行情况，并于次月3日前将结果报区效能办。行政效能监察系统纵深到全区区政务服务中心13个乡镇便民服务中心，进一步加强乡镇便民服务工作的规范管理和高效运行。2016年，全区13个乡镇便民服务中心办理群众服务事项16万余件，接受群众咨询18万余人次，村组代办服务20万余人次，群众满意率达99%。

【基层便民服务】 2016年，区党务政务服务中心结合彭山区精准扶贫要求，开展形式多样的专业化技能服务。2016年，集中开展3次主题活动，发放队员名单宣传单1000余份，发放联系卡5000余张，各分队开展分散活动上千次，服务群众近万人次，及时编发《基层便民专业化服务队活动简报》4期。

（刘　倩）

外事与侨务

【外事与侨务管理】 2016年，彭山区外事与侨务工作按照中央、省、市有关要求，严格控制彭山区党政领导干部因公出国（境）人数，按规定办理1位科级干部因公出访资料。全年彭山区因公出国（境）无违规、违纪事件发生。

【外事与侨务接待】 2016年5月11日，由法国城市联盟项目专员安娜－克莱尔·高德璐女士、南比利牛斯—朗格多克—鲁西永大区议会项目专员康斯坦斯·乐波切尔与中国友协欧亚部副主任沈昕、四川省友协会长赵平等组成的中法地方政府合作论坛组委会一行到彭山锦江乡考察。7月28日，泰国驻成都总领事馆副总领事帕薇婉、泰国驻成都总领事馆商务领事李惠兰、澳大利亚驻成都总领事馆公共事务官布罗迪·威廉森、四川省人民对外友好协会秘书长向琼花一行到彭山岷江现代农业园区，参加第七届彭山葡萄节。10月28日，由中国友协、省政府、省友协、法国外交部、法国地方合作委员会共同主办的第五届中法地方政府合作高层论坛在成都举行。包括法国国家地方合作署主任贝朗特·福尔在内的近百位中外嘉宾到彭山，就中法农业科技园彭山园区项目和有关农业发展进行参观、考察、交流。11月16日，为纪念中日绿化项目，增强中日两国友好交流与合作，来自广岛县日中亲善协会和省、市友协领导共计20余位中外嘉宾到彭山，在谢家镇举行植树活动。利用各种资源牵线搭桥，争取有意向到彭山区投资的外商、华商和台商洽谈的机会。全年共接待到彭山考察、探亲侨、台胞（属）、台商100余人次。

【投资促进工作】 2016年，区外侨台办做好投资促进工作，提供农业旅游观光、商贸物流、商业综合体等投资信息3条；储备追踪项目1个；主动协助3家彭山外资企业，为企业提供服务；新引进外商投资项目1个——美国陶氏化学落户成眉新材料园区；6月20日，由区外侨台办推荐的优秀青年人才、眉山市硕仙农业技术服务有限公司总经理贾强赴泰国参加第二届中泰青年精英交流会。

【自身建设】 2016年，区外侨台办切实抓好责任落实，落实班子成员“一岗双责”党建工作制度，切实把党建与业务工作融为一体，全面完成年初签订的党建目标责任书。切实抓好班子建设，带头学习理论，认真组织学习十八届五中、六中全会，中共十八届中央纪委第六次全会及习近平总书记系列重要讲话精神以及中央八项规定、《党员领导干部廉洁从正若干准则》等。带头整改问题，以争当“三严三实”好干部为契机，聚焦“四风”，查找自身作风方面存在问题，严格控制“三公”经费支出、降低行政成本。带头服务群众，成立党员干部服务先锋队，开展“走基层”和精准扶贫工作，组织慰问贫困侨台胞（属）、困难党员群众80余人次。积极协助联系村凤鸣镇江渔村的各项工作，在有限的工作经费中，尽力支持联系村的工作，先后捐款、捐物5万余元。

（曾　莉）

港澳台事务

【港澳台事务接待】 2016年5月12日，香港特区教育局局长吴克俭一行到彭山区青龙镇初级中学参观、交流；是日，中国国民党中常委游家富一行到彭山区，考察天府新区彭山经济开发区和岷江现代农业示范园区。8月24日，台湾东森电视台一行到彭山拍摄农业宣传片。

【服务工作】 2016年，区外侨台办积极深入彭山区台资企业、台商、台胞家中座谈，了解情况，关注2016年1月在台湾举行的台湾地区领导人和“民意代表”两项选举动态，并做好前期的宣传工作。做好侨台资企业、侨台胞（属）服务工作。多次深入到侨台资企业了解企业的生产经营情况，尽力帮助企业解决生产、经营中遇到的各种困难，让企业满意。利用3月法制宣传月、科技文化卫生“三下乡”等活动，广泛宣传《归侨侨眷权益保护法》《台湾同胞投资保护法》等涉侨、涉台法律法规和实施办法，发放宣传资料4000余册。全年共接待到彭山考察、探亲侨、台胞（属）、台商100余人次。

【援助资金管理及招商引资】 2016年，彭山区争取台湾 “中航伟联集团”彭荫刚资助贫困生3000元，及时足额发放到学生手中。2016年，区外侨台办做好投资促进工作，拜访侨台资企业5家。

【宣传工作】 利用3月法制宣传月、科技文化卫生“三下乡”等活动，广泛宣传《中华人民共和国归侨侨眷权益保护法》《中华人民共和国台湾同胞投资保护法》等涉侨、涉台法律法规和实施办法，发放宣传资料4000余册。

【学习教育】 切实抓好学习教育工作。6月7日，区委中心组（专题）学习会暨2016年第2期“锦江大讲堂”上，区外侨台办积极向省、市有关部门争取，邀请到原任中国社会科学院台湾研究所副所长、研究员，现任两岸关系和平发展协同创新中心首席专家、厦门大学台湾研究博士生导师、国务院台办海峡两岸关系研究中心兼职研究员、全国台湾研究会会员、北京联合大学台湾研究院客座教授谢郁作题为“当前台湾政局及两岸关系”的专题报告。

（曾　莉）

人力资源和社会保障工作

【重要事件】 2016年1月27日，全国政协委员、人社部原副部长何宪带队到彭山调研公务员平时考核工作，认为彭山的年终考核很有意义，希望进一步探索和完善，为全国公务员管理提供更多、更好的经验。

2月24日下午，省委常委、组织部部长范锐平一行到彭山创业孵化园暨电子商务孵化园视察创新创业工作。范锐平对青年创客支部列出年度工作清单，希望把创业服务活动开展得有声有色。

4月28日上午，民政部副部长顾朝曦、省政府副秘书长陈越良、省民政厅厅长黄明全一行到彭山区创业孵化园调研创新创业和社会组织创新管理工作。

9月，省国防科工办副主任李宏志到区人社局检查综治维稳工作。

【人事变动】 2016年2月，根据《眉山市彭山区人民政府关于许勇等同志职务任免的通知》（眉彭府人〔2016〕3号），温晓任眉山市彭山区人力资源和社会保障局（以下简称“区人社局”）副局长，免去其眉山市彭山区军队转业干部安置工作办公室主任职务；6月，根据《中共眉山市彭山区委关于王松等同志职务任免的通知》（眉彭委〔2016〕92号），王松任中共眉山市彭山区委办公室主任、区委机关党委书记，免去其中共眉山市彭山区委组织部副部长、区人社局党委书记职务；6月，根据《中共眉山市彭山区委关于张怀庆、龚涛同志职务任免的通知》（眉彭委〔2016〕108号），张怀庆任中共眉山市彭山区委组织部副部长、区人社局党委书记，免去其眉山市彭山区环境保护局党组书记职务；根据眉山市彭山区第一届人大常委会第十八次会议纪要，免去王松区人社局局长职务；根据眉山市彭山区第一届人大常委会第十八次会议纪要，任命张怀庆为区人社局局长；10月，根据《中共眉山市彭山区委关于付卫平等同志职务任免的通知》（眉彭委〔2016〕168号），蔡贵明任眉山市彭山区党史地方志办公室主任，免去其区人社局党委副书记、纪委书记职务；10月，根据《中共眉山市彭山区委关于付卫平等同志职务任免的通知》（眉彭委〔2016〕168号），张维任区人社局党委书记（试用期1年）；12月，根据《眉山市彭山区人民政府关于许勇等同志职务任免的通知》（眉彭府人〔2016〕15号），免去吕卫东眉山市彭山区医疗保险管理局局长职务；12月，根据《眉山市彭山区人民政府关于许勇等同志职务任免的通知》（眉彭府人〔2016〕15号），王勤任眉山市彭山区医疗保险管理局局长（聘任），免去其四川彭山经济开发区管委会规划建设局局长职务；12月，根据《眉山市彭山区人民政府关于曾敏等同志职务任免的通知》（眉彭府人〔2016〕16号），蒋洋任眉山市彭山区社会保险事业管理局副局长（试用期1年）。

【人力资源工作】 2016年，区人社局面向社会发布全区事业单位公开考试招聘公告3批次，共提供70个招聘岗位（其中，综合类27个，卫生类16个，教育类23个，定向类4个）；吸引上千考生报名，共900余名考生参加笔试；通过笔试、面试，聘用各项人才59人。

公开考核招聘高层次和紧缺人才，发布招考公告3批次，为彭山区引进高层次和紧缺人才20人（其中，赴北京、上海知名高校引进高层人才5人，招聘教育类高层次专业技术人才3人，综合类高层次人才4人，卫生类高层次和紧缺专业技术人才8人）。招聘全科医生9人，补充到乡镇医疗机构。做好彭山区大学生“村官”的日常管理工作，同2016年新招聘的2名大学生及合同到期的10名大学生“村官”签订聘用合同；同时按规定为解聘的大学生“村官”办理相关手续。

做好定向免费师范生的考核招聘工作，为彭山区教育类事业单位考核招聘定向师范生3名，充实到区重点中学任教。公务员考试录用工作顺利进行，新招公务员（参公人员）24名。职务与职级并行制度有序推进，共完成全区行政机关12名公务员和参公人员科员级晋升副科级职级晋升工作。结合彭山区开展的公务员平时考核试点工作要求，完成全区行政机关2015年度科级以下公务员（含参照公务员法管理工作人员）年度考核工作。

人员调动全面实行区外考调和区内遴选。通过笔试、面试、体检、考察等程序，区内遴选30人，区外考调27人。人才储备交流稳步上升，接收毕业生档案1136份，累计7762份；企事业单位人员辞职档案代管共计45份（其中，2016年新接收11份）。通过工资软件审批，完成机关、事业单位工作人员正常晋升工资工作。全面完成全区机关事业单位工作人员调资工作，共涉及全区5927名在职机关事业单位工作人员，人均月增资370元；完成增加离休人员离休费工作，涉及19名人员，人均月增离休费553元。认真开展全区事业单位岗位设置和岗位认定及晋升工作，全年共审批晋升岗位人员1700余人，重新确定岗位180余人。重新对软件进行升级，并对新成立的事业单位重新进行岗位设置和认定工作。在专业技术职务评审和推荐工作中，审批初级职务任职资格140余人，审批晋升中级职称173人，向省高评委推荐晋升高级职称70余人，补办证书17人。

【就业创业服务工作】 2016年，区人社局继续发挥“彭山就业创业”公共微信平台作用，不定时发放招聘信息和最新的政策，已有粉丝9.8万余人。收集、印制就业创业政策汇编。开展一系列创业就业政策宣传活动，通过各级媒体和电子显示屏、移动短信平台、招聘会、“送岗位下乡”活动等，广泛宣传创业就业优惠政策，刊播动态信息150条以上，发放宣传资料5万余份。认真落实就业扶持政策，为彭山区954名“4050“灵活就业人员发放社保补贴474万元。依托大学生创业孵化园组织大学生村官、第一书记、网格员、返乡农民工开展“党员+电子商务”培训150余人。专题组织开展“五类”人员创业培训班2期，共培训190余人。鼓励职业院校和培训机构结合企业需求，开展“订单式培训”“委托式培训”等各项技能培训，共培训447人。搭建就业平台，强化就业服务，全年共组织441家企业举办“春风行送岗位”“青龙现场招聘会”“锦江大学双选会”大型招聘会3场，“送岗位下乡活动及脱贫攻坚专场招聘会”13场，提供9000余个岗位，进场人数1.4万余人，招聘会上达成意向求职6500余人，共发放各类宣传资料3万余份。突出创业服务，强力推进创业担保贷款工作。全年共发放创业担保贷款3551.7万元，直接扶持自主创业515名（其中，高校毕业生64名），贷款金额511.5万元；城镇复员转业军人9名，贷款金额59万元；进城创业农民工373名，贷款金额2410.4万元；其他城镇登记失业人员69人，贷款金额570.8万元。

【创新创业】 2016年，区人社局围绕创新创业，完善服务体系建设，着力推进“大众创业 万众创新”。深化大学生创业孵化园建设，一期建成孵化器面积1500平方米，二期规划建设3000平方米的企业加速器，现正在建设中，入驻团队达到59个，带动创业就业500余人。孵化园的“三人行众创空间”被科技部认定为“国家级众创空间”。孵化管理日趋完善，孵化园先后接受民政部副部长顾朝曦，省委常委、组织部部长范锐平，市委书记李静，市委副书记、市长罗佳明，市委常委王光彩等领导的调研考察。突出重点群体，抓实高校毕业生创业就业工作。继续发挥创业指导专家团队作用，“创业1+1”帮助有意愿从事创业的各类人员实现创业梦；新建高校毕业生见习基地1个，全区高校毕业生见习基地达8个；切实抓好大学生创业补贴政策，为41名实现创业的高校毕业生发放高校毕业生创业补贴41万元；落实大学生见习补贴政策，为17名高校毕业生发放见习补贴7.28万元。继续发挥在外创业人员微信群——“彭山创业者”作用，吸引在外创业人士入群，回乡创办小微企业。落实政策帮扶，做好重点群体就业工作。抓好公益性岗位开发工作，2016年新增公益性岗位369个，其中，有128名为毕业5年内的大学生，全区公益性岗位达到610个，发放岗位补贴和社保补贴837万元。打造创新创业新平台，建立农业科技创新示范园，由现代岷江农业示范园牵头，以凤鸣镇江渔村为核心，规划建立266.67公顷的农业科技创新示范园，培育市级示范现代农业业主8家、市级示范家庭农场6家、市级示范农民专业合作社13家、省级示范农民专业合作社8家、国家级示范农民专业合作社3家、市级示范农业产业化企业20家、省级示范农业产业化企业2家；2016年7月19日，与甲骨文公司签订协议，打造全国“甲骨文技术人才创新创业基地”，主要为园区培训高端技术人才，并通过平台辐射吸纳行业高端人才和企业入驻园区。

【社会保障工作】 2016年，企业养老保险实际参保人数9.98万人，征收养老保险费5.52亿元；机关事业单位养老保险实际参保人数5942人，征收机关事业单位养老保险费1.81亿元；城乡居民社会养老保险参保覆盖人数13.38万人；参保缴费任务数8.94万人，完成新参保人数1726人，银行代扣缴费金额1867.21万元，发放养老金3.9万人，支付城乡居民养老金3491.58万元。全年全区城镇职工医疗保险参保2.61万人，参保率96%；城镇职工补充医疗保险参保2.26万人，参保率87%。职工医疗保险基金收入8623万元（基本医疗保险缴费收入8351万元，利息收入272万元），支出4823万元（其中，统筹基金支出1828万元，个人账户基金支出2995万元）。城乡居民基本医疗保险参保28.69万人（其中，建档立卡贫困人口参保11137人，参保率100%），参保率97%；城乡居民补充医疗保险参保3.43万人（其中，建档立卡贫困人口参保1.11万人，参保率100%），参保率12%。城乡居民基本医疗保险基金收入1.58亿元（参保个人缴费收入3646万元，各级财政补助收入1.18亿元，区级财政补贴收入270万元，利息收入86万元），基金支出8712万元（不含市级医疗机构）。全年失业保险基金征缴925.07万元；参保人员1.48万人；失业保险稽核面达参保职工人数40%以上；失业保险稽核资金到账率达90%以上。全年工伤保险实际参保人数2.13万人；全年实际征收工伤保险费1148万元；工伤保险待遇支出109人次，共计442万元。全年生育保险实际参保人数2.09万人；实际征收生育保险费290万元；生育保险待遇支出305人次，共计515.6万元。

【社会保险基金】 2016年，彭山区社会保险基金收入21.66亿元，支出23.52亿元；截至2016年12月底，累计结余2.90亿元，其中，企业职工基本养老保险基金累计结余1.05亿元，机关事业单位养老保险基金累计结余-3561万元，城乡居民基本养老保险基金累计结余1.24亿元，工伤保险基金累计结余51万元，生育保险基金累计结余36万元，失业保险基金累计结余20.54万元，城镇职工基本医疗保险基金累计结余9155万元，城乡居民基本医疗保险基金累计结余362万元。彭山区社会保险基金做到收支平衡、略有结余。

【农劳工作】 2016年，区人社局完成转移输出农村劳动力8.97万人（其中，省内5.37万人，省外3.6万人），实现劳务收入12亿元。完成农劳品牌培训510人，其中高级工290人、中级工220人，超额完成市下达民生工程任务；完成技师培训40人，中高级农劳品牌培训为全区重点产业提供高技能人才支撑。大力促进返乡就业创业，完成农村劳动力实名制登记入库11.8万人，建立彭山籍在外创业成功人士信息库，登记录入200余人。组织在外创业成功人士50余人参加市、区“返乡回归看交通”“新春回归看彭山”等参观座谈活动，评选返乡创业明星6人，4家在外创业促就业先进企业受到市、区表彰奖励。吸引安置农民工8000余人返乡就业，新增农民工返乡创业2000户、农民企业家返乡创业102人。

【综治维稳】 2016年，区人社局做好各个时段企业军转干和自主择业军转干的政治思想工作、政策解释和解困维稳工作，做好自主择业军转干部的基本医疗和补充医疗纳入财政预算工作，多方面为自主择业军转干部服务，做到“零到省”“零进京”。劳动保障监察执法不断强化，与各乡镇（街道）、区级相关部门、园区紧密配合，对全区生产经营性企业及建设项目建立定期排查机制。全年劳动争议仲裁、行政调解立案291件，处理结案291件，标的金额2974.98万余元，涉及职工人数1122人，结案率达到100%；监察处理劳动保障投诉案件52件，涉及人数1816人，标的金额876.18万元；监察企业96家，移交公安机关拖欠农民工工资案件2件，涉及人数30人，标的金额25万元。

【向上争取资金】 2016年，区人社局向上争取项目资金14867.17万元，其中，城乡居民基本养老保险资金3281.43万元，城乡居民基本医疗保险资金 10564.74 万元，就业补助资金 1021 万元。

【扶贫工作】 2016 年，区人社局落实就业脱贫。开展贫困劳动力调查，建立贫困家庭就业台账，共登记入库 4096 户、10930 人；巡回开展“互联网 + 精准扶贫”电商培训 2 期 130 人；把贫困家庭劳动者纳入公益性岗位安置范围，在 35 个市、县级贫困村开发公益性岗位安置 80 人；对 52 名建档立卡贫困户进行农劳品牌中级工培训，使他们掌握技能，实现脱贫。助推医保扶贫。彭山区 2016 年建档立卡贫困人口城乡居民基本和补充医保的参保率达到 100%，实现全覆盖；建档立卡贫困人口的社会保障卡办卡率已达 100%，实现全覆盖；对建档立卡贫困患者开通“一站式”结算，已有 1319 人次享受脱贫资金补助 70 万元，确保建档立卡贫困患者住院医疗费用“零支付”、特殊疾病门诊医疗费用个人支付额在 10% 以内。

【主要成绩】 2016 年，区人社局完成年初省、市、区下达的 23 项民生工作任务目标，15 项超额完成，8 项全面完成；开展城镇居民人均可支配收入调查，全年城镇居民可支配收入实现 29364 元，增速达 8.8%，在全市排第二名；继续完善平时考核监督机制，由老干部组成的“庸懒散浮拖”专项督查组、区纪委定期不定期对各单位开展平时考核工作情况进行监督检查，形成督察工作纪实；彭山区创业孵化园建成眉山首个青年创客党支部；彭山区创业孵化园所属的“三人行众创空间”成为眉山市首个国家级众创空间；通过宣传动员、申报推荐、公众投票、组织评审、集中公示、表彰奖励 6 个阶段在全区评选出 10 名 “十佳创新创业明星”和 10 个“十佳创新创业促就业企业”；开展“大美新彭山，创业新天地”——彭山“就业创业杯”摄影大赛，共评选出佳作奖 10 幅、优秀奖 50 幅；5 月 13 日，举办首届“彭山区创新创意项目路演赛”；与区总工会联合举办天府新区·彭山“乐山商行杯”第二届职工职业技能大赛；组织参加全市职工技能大赛，获 3 金 9 银 8 铜、团体总分排全市第二名的好成绩；2016 年彭山户籍的应届高校毕业生可以通过彭山区就业局微信公众平台（psqjyj）、“中国彭山”门户网站，达到足不出户完成报到手续。大学生报到工作由传统的办事大厅现场办理单一选择，转变为网上报到和现场报到双向选择，实现人才服务提质加速；“五险统征”工作有序推进，从 8 月起区社保局开始开展“五险统征”，参保单位由原来的 525 个，增加至 721 个。全年共代征收医疗保险费 1663 万元，失业保险费 69 万元；完成彭山区公车改革司勤人员安置工作。

（唐　佩）

民　政

【重要事件】 2016 年 2 月，彭山区荣获“四川省第四轮敬老模范县（市、区）”称号。

3 月，彭山区荣获“四川省村民自治模范县（市、区）”称号。

8 月，彭山区敬老院管理中心被认定为四川省第二届“敬老文明号”。

12 月，眉山市彭山区黄丰镇黄丰社区被评为 2016 年全国综合减灾示范社区。

【殡葬工作】 2016年，彭山区民政局代政府起草文件，出台全区公墓管理办法。“天寿园”项目的拆迁和租地工作正在进行中，待规委会审查通过规划方案后动工。着手提升原武阳公益性公墓服务标准，和四川大学建筑系达成协议，准备推出圆宝山生态园，形成东西山重点公墓国有引领、良性竞争的绿色殡葬格局。

【贫困扶助】 2016年，彭山区将农村低保保障线标准从3120元/人•年提高到3300元/人•年，率先在眉山地区实现农村最低生活保障标准与扶贫标准“两线合一”，确保建档立卡贫困对象中的低保对象收入达到脱贫要求。突破常规，对建档立卡贫困对象全面实行低保保障。用活资金，确保拆危改旧保障有力。对扶贫移民局统计的建档立卡贫困户中358户需要加固和重建住房的，区民政局根据其在建房中遇到的生活困难给予每人1200元临时生活救助，共计救助933人，救助资金119.60万元。对部分建档立卡贫困对象即使通过发展生产、易地搬迁、生态补偿、发展教育等措施，收入仍然达不到贫困线标准的，区民政局主动介入，采取临时生活救助最终兜底脱贫的方式来保障该类对象最终脱贫。2016年，区民政局对该部分情况特殊的建档立卡贫困对象145户、335人提供41.8万元临时生活救助资金。

【基层政权换届】 2016年，区民政局协助组织部做好第十届村（居）民委员换届选举工作，本着“抓早、抓实、抓好”的原则，明确每一阶段每一环节的要求、内容和时间，使整个换届选举过程严格按照法定时间、法定人数、法定内容来展开。

【养老服务体系】 2016年，区民政局着力构建以“居家为基础、社区为依托、机构为支撑，功能完善、规模适度、覆盖城乡”的养老服务体系。大力推进养老服务设施建设，新增民办养老机构3个，新增床位150张；改造公办养老床位200张；建设城乡社区日间照料中心8个；完善居家养老服务补贴制度，建立居家养老服务信息平台，通过政府购买服务为9700名困难家庭失能老人和80周岁以上老人提供居家养老服务；积极筹集资金对公义敬老院进行改建，新增床位100张，收养规模达到150人；在武阳、江口、保胜、青龙4所敬老院开展区域性养老服务中心建设工作，成立1个养老服务指导中心、8个养老服务中心、31个服务分中心和26个服务点。武阳敬老院已全面完成“眉山市农村敬老院服务标准化示范建设”工作。

【社会救助】 2016年，城乡最低生活以及残疾人基本生活保障工作不断规范。将城镇居民最低生活保障标准从每月370元提高到420元，农村居民最低生活保障标准从2300元/年提高到3300元/年。全年新增低保1946户、2125人，注销4415户、5288人，支出保障金2924.48万元。城镇和农村低保对象月人均补差分别为303.5元和169.33元。为重度残疾人发放救助金1.66万人次、119.52万元。发放农村低保对象特殊生活补贴39.61万元，增发低保兜底人员补差30.11万元。农村五保供养工作开展顺利，及时兑现和调整五保供养金。2016年，彭山区农村五保供养标准调整为集中供养农村五保400元/人•月、散居为330元/人•月，五保集中供养率达到90%。社会医疗救助水平不断提高。及时完善《眉山市彭山区城乡困难群众医疗救助暂行办法》，积极开展门诊救助和即时结报工作。全年累计救助困难群众4873人次，救助金额490.95万元。救灾救济工作扎实开展。印发《彭山区自然灾害生活救助资金管理暂行办法》，筹措资金38.8万元用于农房倒塌户的灾后重建；下拨冬令春荒款209.1万元，救助受灾困难群众5696户、16996人；完成6个乡镇救灾物资储备点建设项目，实现全区13个乡镇救灾物资储备点的全覆盖；完成黄丰镇社区申报国家级减灾示范社区的创建和中报工作；申请财政资金64万余元为“走基层，送温暖”棉衣棉被发放工作提供保障。慈善事业继续拓展。积极开展各类慈善捐助活动，累计接收各类慈善捐款126.2万元，并通过开展助困、助学、助医等工作，支出救助资金91.19万元。流浪乞讨人员救助管理得到加强。2016年，开展“传递政府温情，暖冬送温暖”“在站寻家 让爱回家”和“夏季送清凉”等活动。启用全国救助系统，提高救助工作信息化水平，全年共救助82人。

【老龄工作】 2016年，区民政局认真做好老龄事业十三五发展规划编制工作；切实抓好《眉山市老年人优待规定》的贯彻实施；高度重视老年教育工作；超额完成“银龄安康”老年人意外伤害保险的目标任务。

【优抚双拥】 2016年，区民政局认真落实抚恤优待工作，为各类优抚对象及时足额发放定期抚恤补助资金。发放医疗补助金67.55万元。扎实推进双拥工作，及时召开专题会议，解决95438部队用水、出行难问题。继续做好退伍安置工作。完成退役士兵档案的接收、审查、登记及办理退役士兵落户手续等工作，共接收退役士兵137人，发放127人自谋职业金、自主就业金383万元。为符合政府安置工作条件10名转业士官安置工作。委托培训学校对退役士兵进行免费技能培训和创业培训，培训率达100%。

【社会事务管理】 2016年，区民政局稳步推进村民自治工作，积极开展村务公开工作，完善民主管理制度。4月，民政部副部长顾朝曦到青龙镇龙都社区调研社区建设工作。2016年，彭山区获评“四川省村民自治模范单位”称号。全面开展社会组织年检工作，积极配合财政局做好社会组织小金库治理。行政区划地名工作进一步完善。完成凤鸣镇、彭溪镇撤镇设立街道办事处工作。全面部署地名二普阶段性工作，采集录入的地名数据5319条、地名成果表3008条、地名成果图28幅。完善城乡地名标志设置，按照国家标准制作安装楼栋牌650块、单元牌1246块、户牌7.84万块和临街门牌1.44万块。婚姻收养工作进一步规范。全年依法完成结婚登记2732对、离婚登记1371对、补领婚姻证件2156本，登记合格率保持100%。

（赵晓宇）

扶贫和移民工作

【机构设置】 2016年3月8日，经区编委会2015年第四次会议审议、区委常委一届第二十三次会议审议通过，彭山区扶贫和移民工作局（以下简称“区扶贫移民局”）调剂增加参公事业编制2名，增核副科级领导职数1名，现参公事业编制7名。其中，局长1名，副局长2名，中层职数3名，现在编5人（其中，2016年12月1日经考调调入1人）。2016年1月6日，根据《彭山区人民政府关于袁志福等同志职务任免的通知》（眉彭府人〔2016〕2号）文件，方志良任区扶贫移民局常务副局长；6月22日，根据《彭山区人民政府关于胡凤翔等同志职务任免的通知》（眉彭府人〔2016〕8号）文件，范有恒任区扶贫移民局副局长；10月25日，根据《彭山区人民政府关于曾理等同志职务任免的通知》（眉彭府人〔2016〕12号）文件，曾理任区扶贫移民局局长，免去游德成区扶贫移民局局长职务。2月28日，经局长办公会研究决定，冯建梅任办公室主任，刘勇任扶贫开发股股长，张洪勉任移民后期扶持股股长。7月15日，经局长办公会研究决定，刁美尹任扶贫开发股股长，刘勇任移民后期扶持股股长，免去张洪勉移民后期扶持股股长职务。

【概况】 2016年，彭山区全面完成省、市下达的4067户11788人脱贫，30个市级贫困村，5个区级贫困村摘帽，超额完成易地扶贫搬迁99户281人（任务89户254人）；完成移民后期扶持工作，科学编制扶贫移民十三五规划，动员全社会脱贫攻坚，实现精准扶贫、精准脱贫，移民和贫困群众和谐稳定，未出现群访、非访和群体性事件；超额完成市下达的信息宣传工作，全年上报国家级媒体30篇，省级信息346条，市级媒体359条。

【验收考核】 2016年，区扶贫移民局抓交叉检查，组织区纪委、区委督查室和13个乡镇（街道）分管领导成立交叉检查工作组，对照查找问题进行交叉检查，并将发现的问题反馈给乡镇，要求乡镇及时整改完善；抓巡查整改，组织区教体局、区卫计局等12个部门分组对13个乡镇（街道）开展退出验收巡查工作，找问题、抓整改；抓现场培训，组织13个乡镇（街道）分管领导、18个行业部门分管领导、84个有贫困任务村第一书记到义和乡活桥村召开现场推进会，进一步就档案管理等工作进行现场推进。抓全面评估，聘请第三方机构对彭山区贫困村贫困人口退出进行全覆盖检查评估，对第三方评估发现的问题及时反馈给各乡镇进行核实并对照整改。确保每个贫困村贫困户都能及时补短到位，做到不漏一人，不掉一户。2016年，彭山区圆满完成省、市检查验收考核工作。

【社会扶贫】 2016年，彭山区组建社会扶贫机构，成立眉山市彭山区扶贫开发协会和四川省扶贫基金会眉山市联络处彭山区工作站，协会有会员单位106个。其中，区脱贫攻坚领导小组成员单位39个、乡镇会员13个、企业单位会员54个。积极开展社会扶贫工作，募集资金80万余元。为23名贫困大学生颁发助学金共11.5万元，积极开展送温暖、慰问贫困户、孤寡老人的活动。在重阳节期间，看望慰问公义镇敬老院五保老人。为公义镇特困户发放生产扶持资金，以帮助其发展生产，共计7850元。

【移民工作】 2016年，区扶贫移民局完成2015年第二批移民后期扶持资金项目（260万元）财政评审工作，进入招标阶段。完成移民后期扶持十三五规划编制工作。完成小型水库项目结余资金（36.53万元 ）和大中型水库水电项目结余资金（36万元）项目建设。完成水库水电移民生产生活监测评估工作和移民（干部）培训工作。及时拨付移民直发直补资金。全年发放资金58.5万元。全面完成龚家堰水库扩建工程年度工作任务。指导和协助乡镇，按进度及时拨付补偿补助款；完成库区道路复建工程；完成电力、移动、线路复建工程；完成安置点基础设施建设工程；完成共和安置点移民搬迁入住工作；完成部分企事业单位的补偿补助发放工作。

（冯建梅）

网格化服务管理

【概况】 2016年，彭山区网格化服务管理工作加强区、乡镇（街道）、村（社区）三级平台建设，健全网站监管体系；完善制度措施，优化强化队伍管理，由216人组成的网格员服务队是一支承担治安协管员、民情信息员、民事服务员、矛盾劝解员等五大职责的队伍；规范各级站点的管理运行，完善问题及时发现、上传上报、有序协调、有效处置、服务到位的常态化服务机制；做实流动人口、特殊人群服务管理、社会治安群防群治（以下简称“三项重点工作”），落实责任到每个网格，216名网格员经常性摸排、走访、帮教、关注流动人员、特殊人群（吸毒人员、重度精神病人、社区矫正与服刑人员）和排查治安隐患，在底层消除不稳定因素，从管理源头上强化综合治理。全年，全区网格员共上报处理网格事件4.23万件。其中，收集处理社情民意4587件次，受理代办民生服务事件1.77万件次，化解矛盾问题2285件次，政策法规宣传6568件次，参与特殊人群服务管理2448件次，突发事件报告394件次，参与治安防控5397件次。开展各种宣传服务20万人次。

【网格化服务管理】 2016年，彭山区网格化服务管理中心（以下简称“区网格中心”）注重强化管理、夯实工作基础，不断激发网格员工作内在动力。全年开展操作技能升级、三项重点工作等集中培训2次。积极倡导树立典型，发动各站点、各网格每月交流互动，每季度评选好人好事、典型案例和经验做法，打造的凤鸣街道、彭溪街道、青龙镇、城东社区、城中社区等示范站点，多次接受各级检查、调研、暗访，受到上级好评。2016年，网格员队伍获区委“十佳者服务队”称号，有8人被评为市级“优秀网格员”。

【三项重点工作】 2016年，区网格中心继续推进网格员三项重点工作。进一步加强与公安、司法、卫计等职能部门联系对接，落实新任务清单具体要求，开展对流动人口、吸毒人员、重症精神病人员、社区矫正人员、刑释人员的摸排筛查和服务管理。三项工作启动以来，网格员协助宣传核查流动人口1.41万人次，开展禁毒反毒防恐暴宣传摸排240人次，协助筛查重度精神病患者4872人次；走访关爱社区矫正刑释人员7098人次。各乡镇（街道）坚持“组队式”服务，发动网格员统一组队或2～3人结对、“一日双巡”，加大对特殊人群、重点人员、重要地段（时段）的监控，走访情况每日一报。是年，巡查发现涉毒、涉盗、涉赌等重要线索5起，向执法部门提供有价值信息情报560件次。

【平安建设】 2016年，区网格中心发动每个网格开展“依法治区”“文明社区”“平安社区”创建，网格员积极开展各种配合活动，发放宣传单、图片资料、告示标语等，开展法制、禁毒、消防和精神文明宣传等，向居民讲解、传播、告知防火防灾防盗、涉黄毒赌恐暴小知识等，与小区门卫、保安、物业及住户保持经常联系，在重点区域张贴悬挂公告公示通知等，形成浓厚的工作氛围。

【综治防控】 2016年，区网格中心要求每一个网格员都是安全员，参与治安巡防队，联合民警协警、“两委”委员、村（居民）小组长开展经常性、组队式治安巡逻检查，掌控人房地物信息动态、排查化解民间矛盾纠纷、掌握出租房屋和外来务工经商等流动人员信息，强化街面巡控、辖区防控等。

【“大调解”工作】 2016年，区网格中心充分发挥网格员的作用，及时走访了解网格内的社情民意，及时发现矛盾纠纷，逐级进行调解上报，对解决不了的及时通过手机终端上报信息管理平台，由村（社区）、乡镇（街道）和区网格中心及时进行分流处置。网格员参与各类矛盾纠纷调解已成常态化。全年劝解民间矛盾纠纷2285件次，上报乡镇调处450件次、区职能部门调处12件次。

【帮扶教育】 2016年，区网格中心落实帮扶监控责任到网格底端，把对重点青少年、残疾人、贫困家庭、精神病人员、刑释人员、社区矫正对象的关扶作为网格任务下达分派，由网格员定期不定期上门进行走访、回访，及时看望、帮助、帮扶，群众普遍反响好。

【服务监管】 2016年，区网格中心公示网格员职责范围，畅通“网格化”诉求渠道，发动全体网格员在基层一线、村社网格、群众家门口联络联系群众，在走访宣传、巡逻检查、入户上门、调查摸排、电话受理中提供方便快捷的咨询、服务或代办。大到国家政策、打击犯罪，小到沟渠堵塞、管道维修、邻里劝解，管理系统每天都有网格员“听诉求、讲政策、搞宣传、解疑难，化矛盾、送服务、送温暖”的信息传送，先后办理涉及党建、法制、公安、消防、民政、计生、扶贫、房屋、土地、城管、园林、医保、社保、水电气等民生服务事件1.76万件次，做到“个个有回音、件件有着落”，办结率达到98%，群众满意度99%。

【网格员管理】 2016年，区网格中心不断完善工作机制，在网格员中开展“双学双争”活动，建立“第一时间反应”机制，印发《关于重申有关规定进一步加强网格化服务管理工作的通知》。严格按照选聘网格员的程序和条件，选齐配强网格队伍。层层坚持周例会、月通报、季度评比、半年总结制，落实网格员“一日双巡”、每天报到签到、当日工作报告等要求，加强和改进日常教育管理。

【自身建设】 2016年，区网格中心坚持周例会学习，强化业务操作，让每名干部熟知相关知识、精通业务技能、成为行家里手。管好、用好设施设备，经常下乡镇（街道）

调研、指导和督促检查，做好网格信息数据研判分析，搞好工作协调保障，提供优质服务。通过电台、报纸、网络媒体宣扬网格员优秀事迹、典型案例30人次，开展专题宣传活动6次，更换网格员公示牌，提升社会知晓度和群众参与率；下发督察通报12期，通报批评乡镇（街道）6个、网格员2人，纠正整改存在问题8个。注重培养骨干，为乡镇（街道）、中心城区的社区培养21名“思想好、作风硬、业务精、服务优”的网格长。加强学习交流，推广亮点工作和经验做法。

（向闵智）

中国人民政治协商会议彭山区委员会

政协会议

【区政协一届二次全会】 2016年1月19日至21日，中国人民政治协商会议眉山市彭山区第一届委员会第二次全体会议在区委会议中心召开。大会听取并审议区政协第一届委员会常务委员会工作报告和关于提案工作情况的报告；听取并讨论区政府工作报告和法院、检察院、计划、财政工作报告及区“十三五”规划纲要；委员代表作了大会发言；选举罗建斌为区政协第一届委员会秘书长；观看“六个专项治理”专题片并进行测评；听取区委书记梁磊作的《让担当成为彭山人的共同品质》的讲话；通过政协眉山市彭山区第一届委员会第二次全体会议决议。

【区政协二届一次全会】 2016年11月6日至8日，中国人民政治协商会议眉山市彭山区第二届委员会第一次全体会议在区委会议中心召开。大会听取和审议政协眉山市彭山区第一届委员会常务委员会工作报告和提案工作情况的报告；听取讨论“一府两院”及计划、财政工作报告；听取中共眉山市彭山区委书记梁磊的重要讲话；选举政协眉山市彭山区第二届委员会主席、副主席、秘书长和常委；通过政协眉山市彭山区第二届委员会第一次全体会议决议。

【区政协第一届第六次常委会】 2016年1月11日，区政协第一届第六次常委会在区政协六楼会议室召开。区政协主席、副主席，区政协常委参加会议。区委副书记郭红，区人大常委会副主任周惠，区政府副区长姚文第，区委办主任王佑泽，区政府办公室主任游德华应邀参会。不是区政协常委的各委室主任、副主任列席会议。会议由区政协副主席郑玉忠主持。会议听取区委办主任王佑泽就区委将在区第一届第二次党代会上提交的工作报告所作的说明。会议对党代会工作报告提出个别修改建议，决定会后将意见建议收集整理后，送区委参阅；会议听取区政府办主任游德华就区政府将在区第一届人民代表大会第二次会议上提交的政府工作报告所作的说明。会议对政府工作报告提出个别修改建议，决定会后将意见建议收集整理后，送区政府参阅；根据区政协党组提交的关于陈华春、张小松两人职务任免的建议，会议经表决，一致同意陈华春任政协眉山市彭山区委员会社会法制联谊委员会主任；免去张小松政协眉山市彭山区委员会社会法制联谊委员会主任职务。

会上，区政协主席谭福轩指出，区政协常委们协商区党代会工作报告、区政府工作报告，体现协商在决策之前。谭福轩以《提高五种能力 增强履职实效》为题，对政协委员应具备的政治把握、调查研究、联系服务群众、合作共事、廉洁自律五种能力进行深入浅出的阐释，并就如何提高这五种能力要求委员们在今后的履职和工作中，要紧紧围绕彭山品质发展的主线，进一步增强责任心，多学习、多实践、多总结、多提炼，努力为区委、区政府的决策、施政建睿智之言、献务实之策。

【区政协第一届第七次常委会】 2016年1月21日，区政协第一届第七次常委会在区委会议中心常委会议室召开。区政协主席、副主席，区政协常委参加会议。区委、区政府领导，区委办、区政府办负责人、区政协一届二次会议各讨论小组召集人应邀参会。会议由区政协党组书记、主席谭福轩主持。七个讨论小组召集人分别汇报该组讨论“一府两院”工作报告，计划、财政报告，区政协常委会工作报告，提案工作报告以及“十三五”规划纲要情况。共收集建议、意见117条，涉及工业、农业、交通、旅游三产、城市建设、民生工程、生态环境等多个方面。会议要求大会秘书组抓紧将建议意见认真梳理分类，书面报区委、区政府参阅。会议审议通过《中国人民政治协商会议眉山市彭山区第一届第二次会议选举办法（草案）》及区政协第一届委员会秘书长候选人名单，决定提请区政协一届二次会议表决。会议审议并通过总监票员、监票员建议名单，决定提请区政协一届二次全会表决。会议指定总计票员、计票员。会议审议通过了《政协眉山市彭山区第一届委员会第二次会议决议（草案）》，决定提请区政协一届二次全会表决。

【区政协第一届第八次常委会】 2016年3月29日，区政协第一届第八次常委会在兴铁宾馆会议室召开。区政协主席、副主席，区政协常委参加会议。区委副书记郭红应邀参会。不是区政协常委的各委室主任、副主任列席会议。会议由区政协副主席郑玉忠主持。会议传达学习《中共眉山市彭山区委关于新形势下加强和改进人民政协工作的实施意见》《中共中央纪委机关、中共中央组织部关于加强换届风气监督的通知》；会议听取了区旅游局（三产办）关于彭山区乡村旅游发展情况的汇报。区政协常委、列席委员围绕推进彭山区乡村旅游发展开展专题议政发言；会议审议并通过《关于调整区政协机构编制有关事项的建议》，决定提请区委机构编制委员会审批；会议听取部分区政协常委反映的社情民意，要求尽快整理和梳理，以《社情民意》的形式报送区委、区政府领导并向相关职能部门进行反馈。

区政协党组书记、主席谭福轩强调，区政协常委要认真学习并贯彻好《中共眉山市彭山区委关于新形势下加强和改进人民政协工作的实施意见》，按照文件精神切实履行自身职责。区政协常委要带头严守换届纪律，不参与任何形式的拉票贿选活动；同时要积极发挥自身优势，在社会各个领域广泛做好宣传。区政协各委室要动员委员们对彭山区换届风气开展民主监督。区政协要把 “品质之城建设”“六个专项治理”“脱贫攻坚”以及“乡村旅游”等方面工作作为2016年关注、着力的重点。

【区政协第一届第九次常委会】　2016年6月30日，区政协第一届第九次常委会在兴铁宾馆会议室召开。 区政协主席、副主席，区政协常委参加会议。区人大常委会副主任周惠应邀参会。不是区政协常委的各委室主任、副主任列席会议。会议传达学习中办发电〔2016〕13号文件、《中共眉山市委关于认真做好区县领导班子换届工作的通知》（眉委发〔2016〕4号）、市政协三届十九次常委会精神；会议经表决，一致同意张宏任政协眉山市彭山区委员会民族宗教文史委员会副主任，免去杨丽君政协眉山市彭山区委员会民族宗教文史委员会副主任职务；会议审议并通过《关于推荐“五个一”活动先进政协委员的通知》；会议审议并通过《关于我区脱贫攻坚推进情况的调研报告》，决定印送区委、区政府参考；会议审议并通过《关于我区闲置土地利用状况的调研报告》，决定印送区委、区政府参考；会议讨论并通过《关于建立农村宅基地自愿有偿退出机制的调研报告》，决定印送区委、区政府参考；会议听取部分区政协常委反映的社情民意，要求及时加以梳理，以《社情民意》的形式报送区委、区政府领导参阅并向相关职能部门进行反馈。

【区政协第一届第十次常委会】　2016年9月26日，区政协第一届第十次常委会在兴铁宾馆会议室召开。会议由区政协副主席郑玉忠主持。区政协主席、副主席，区政协常委参加会议。区委常委、组织部部长李勇刚，区人大常委会副主任周惠应邀参会。不是区政协常委的各委室主任、副主任列席会议。会议传达学习《中共中央关于辽宁拉票贿选案查处情况及教训警示的通报》（中发电〔2016〕7号）、市政协三届二十次常委会、区委常委会精神；会议听取区委常委、组织部部长李勇刚就区委提交区第二次党代会的报告所作的情况通报；会议审议并通过《关于张献忠沉银遗址保护与开发的调研报告》，决定印送区委、区政府参阅；会议经表决，一致同意符洪林任眉山市彭山区政协委员联络管理委员会主任；会议听取部分区政协常委反映的社情民意，要求及时加以梳理，以《社情民意》的形式报送区委、区政府领导参阅，并向相关职能部门进行反馈。

区政协主席谭福轩讲话。谭福轩指出：辽宁拉票贿选案涉及领导干部级别之高，涉及人数之多，令人震惊，由此可见中央查处此类案件决心之大。彭山区正值换届之际，区政协常委们必须清醒认识，拉票贿选等违纪违法行为，务必认真汲取辽宁拉票贿选案的警示教训，严守换届纪律，强化监督与自我监督，珍惜身份，做好表率，共同努力维护好我区风清气正的政治环境。谭福轩肯定区政协委员在过去五年对彭山发展所作出的贡献，并对区政协接下来的工作提出要求：切实完成好区政协二届委员、常委的协商工作；全力做好区政协二届一次全会的筹备工作；圆满完成好该届政协的其他工作。

【区政协第一届第十一次常委会】 2016年10月27日，区政协第一届第十一次常委会在兴铁宾馆会议室召开。会议由区政协副主席郑玉忠主持。区政协主席、副主席，区政协常委参加会议。区委常委、组织部部长李勇刚，区人大常委会副主任周惠应邀参会。不是区政协常委的各委室主任、副主任列席会议。会议听取并协商区政府提交区第二届人民代表大会第一次会议的工作报告。决定会后将协商意见收集整理后，送区政府参阅；会议听取区政府对区政协一届二次会议提案办理情况的通报；会议审议并通过区政协一届常委会工作报告，决定提请区委常委会审定后正式提交区政协二届一次全会审议；会议审议并通过区政协一届常委会关于提案工作情况的报告，同意提交区政协二届一次全会审议；会议审议并通过区政协二届一次全委会会议日期、议程、日程及列席人员范围；会议听取区委统战部对区政协第二届委员、常委建议名单的通报。会议经表决，通过区政协第二届委员名单，同意将区政协第二届常委建议名单提交区政协二届一次全会选举；会议审议并通过区政协第二届委员会第一次会议主席团成员建议名单，决定提交区政协二届一次全会预备会议表决通过；会议审议并通过区政协第二届委员会提案审查委员会成员建议名单，决定提交区政协二届一次全会预备会议表决通过；会议经表决，一致同意许德英任政协眉山市彭山区民族宗教文史委主任；赵洪良任政协眉山市彭山区提案委主任。免去欧阳娟政协眉山市彭山区教文体医卫委主任职务；免去郭晶政协眉山市彭山区民族宗教文史委主任职务；免去陈永华政协眉山市彭山区提案委主任职务。

【区政协第一届第十二次常委会】 2016年12月29日，区政协第一届第十二次常委会在兴铁宾馆会议室召开。会议由区政协副主席郑玉忠主持。区政协主席、副主席，区政协常委参加会议。区委副书记郭红，区委常委、常务副区长李洪强，区人大常委会副主任胡志中应邀参会。不是区政协常委的各委室主任、副主任列席会议。会议学习《中国共产党第十八届中央委员会第六次全体会议公报》；会议传达，市政协四届一次全会精神和王影聪主席在市政协党组中心组（扩大）学习会上的讲话；会议审议并通过《政协眉山市彭山区委员会2017年工作要点》，会后由办公室呈报区委审定；通报《政协眉山市彭山区委员会各专委会对口》《政协眉山市彭山区第二届委员会主席会成员分工安排》；会议审议并通过《关于区政协二届一次会议提案审查委员会委员转入区政协第二届提案委组成人员的请示》；会议听取区委统战部关于提名增补区政协第二届委员会委员的说明，经协商表决，全体到会常委会成员一致同意增补何勇来为区政协第二届委员会委员；会议经表决，一致同意何勇来任眉山市彭山区政协资源环境保护监督委员会专职主任；梅志勇任眉山市彭山区政协资源环境保护监督委员会专职副主任（保留原职级待遇）；梅勇任眉山市彭山区政协社会法制联谊委员会副主任；刘红玉任眉山市彭山区政协委员联络管理委员会专职副主任。免去张富贵眉山市彭山区政协社会法制联谊委员会副主任职务，保留原职级待遇；会议听取部分区政协常委反映的社情民意，要求及时加以梳理，以《社情民意》的形式报送区委、区政府领导参阅，并向相关职能部门进行反馈。

联系区政协工作的区委副书记郭红讲话。郭红指出政协为党团结社会各界，形成统一战线发挥重要作用，政协工作是党和政府在经济和社会建设中不可离析的一部分；希望区政协在未来的工作中进一步履行好自身职能，更加敏锐地发现彭山经济社会建设中的问题，及时把各界的意见传递给党委政府；区委将一如既往地支持政协工作，共同推动政协事业的发展。

区委常委、区政府常务副区长李洪强讲话。李洪强指出，区政协积极参政议政，为区委决策和区政府开展工作提供很好的思路；希望委员们发挥联系广泛的优势，引导各界认清新常态、新形势，更加理解和支持政府工作；十三五期间，彭山的发展正值量变到质变的关键时期，希望委员们继续参与到区委、区政府的各项重点工作和重点项目中，深入开展调研，为彭山的品质建设提出真知灼见。

区人大常委会副主任胡志中讲话。胡志中指出，做政协委员很光荣，政协委员要珍惜身份和荣誉；政协委员要有饱满的社会责任心，关注身边事，认真做好调查研究，为彭山发展写出有效可行的提案、建议案；区政协在服务地方经济社会事业发展中发挥重要作用，人民群众很满意，希望区人大、区政协在未来的工作中相互关心、相互支持，从不同领域发挥自身职能，促进彭山各项事业的发展。

区政协党组书记、主席谭福轩以"齐心协力建设和谐政协、快乐政协、有为政协"为题在会上作了讲话。他强调，新一届政协首先应是和谐政协，其次要建设快乐政协，第三争做有为政协。常委们要充分发挥自身的权力和职能，深入开展调研并提出意见，大胆进行监督并指出问题，在务求实效上下功夫，在关键问题上建真言，不断创新工作格局，用富有成效的工作赢得党委、政府的支持和社会各界的尊重。

区政协常委会工作

【人事变动】 2016年6月，张宏从区工商联调入任民族宗教文史委员会副主任，免去杨丽君民族宗教文史委员会副主任职务；7月，符洪林从区林业局调入任委员联络管理委员会主任；10月，赵洪良从区残联调入任提案委员会主任，许德英从区史志办调入任民族宗教文史委员会主任，欧阳娟调区民政局任双拥办主任，免去陈永华提案委员会主任职务、郭晶民族宗教文史委员会主任职务；11月，免去郑玉忠区政协党组副书记、副主席职务，王娜当选区政协副主席；12月，卓德松、余利平任区政协党组副书记，何勇来从区委组织部调入任资源环境保护监督委员会主任，梅智勇从区城市行政执法局调入任资源环境保护监督委员会副主任，梅勇从区老干局调入任社会法制联谊委员会副主任，刘红玉从凤鸣街道办事处调入任委员联络管理委员会副主任，免去张富贵社会法制联谊委员会副主任职务。

【政治协商】 2016年，区政协召开常委会议7次、主席会议12次、专题协商会议3次、专委会议24次，并完成区政协换届工作；配合区委及时完成二届区政协委员的推荐、考察和协商工作，严格按比例和条件共产生委员172名，其中，继任43名，新任129名。在区党代会、人代会召开之前协商区委工作报告和区政府工作报告，听取区纪委及区人民法院、区人民检察院的工作情况通报。在区政协一届二次、二届一次全委会议期间，组织政协委员围绕彭山经济社会发展的重点、热点、难点问题开展协商议政、建言献策。委员的意见、建议归纳为9个方面共194条，经整理后专报。

【调查研究】 2016年，紧紧围绕区委、区政府中心工作，社会热点和部门重点、难点工作，精心选择调研课题，下功夫提升调研视察质量，建有用之言、献务实之策，并做好对调研报告的传阅、批示、办理等的追踪，促使调研成果的高质量转化和运用。先后组织开展对彭山区创新创业工作、脱贫攻坚推进情况、自愿有偿退出农村宅基地问题等课题的专题调研视察，对提案办理、“六个专项治理”等工作开展专项视察。全年共组织调研视察15次，形成调研视察报告9篇，其中，区政协与市政协驻彭山委员组通过专题调研形成的《关于在“十三五”期间推进彭山区融入眉山城区的建议》提案在市政协全会上作大会发言。

【提案工作】 区政协一届二次全委会议期间征集的提案办复率达100%，满意率达100%，办成率达到71.3%；同时整理区政协二届一次全委会议期间征集到的提案共98件。

【文史工作】 2016年，区政协全面梳理九届县政协（一届区政协）以来的工作，组织编印《政协工作纪略》《提案·社情民意选编》《工作报告·调研·视察·考察材料·个案监督·民主评论·经验交流·信息专报选编》三本专辑计45万字，得到市政协主席王影聪的表扬批示。结合文史工作，帮助抗战老兵解决免费医疗、免费接送、免费义诊问题，落实生活保障等累计15万余元。

【其他工作】 2016年，区政协在各级报刊、杂志、网络、电视共计上稿200余篇，超额完成省、市、区下达的目标任务，被省政协评为“全省政协系统外宣先进单位”。机关的文秘工作、档案工作、保密工作分别被评为市、区先进。档案工作达省二级管理水平。

【自身建设】 2016年，区政协扎实开展“两学一做”专题学习教育，坚持利用区政协全会、常委会、主席会和机关每周例会，组织政协委员和机关干部认真学习贯彻习近平总书记系列重要讲话和中共十八届五中、六中全会精神及省、市、区党代会精神，学习人民政协理论，不断增强“四个意识”特别是核心意识、看齐意识，班子成员及全体党员干部深入对照检查、亮差距并制定清单切实整改，选派5名机关干部到政协干部培训基地、高校等机构培训。抓实党建和党风廉政建设工作。加强机关党组织建设和党员教育管理；强化党风廉政建设“两个责任”，落实定期约谈、提醒谈话、诫勉谈话三项谈话制度；强化正风肃纪，整治庸懒散浮拖，机关作风持续优良。2016年度，区政协机关共获得20项省、市、区先进荣誉。

区政协办公室工作

【自身建设】 2016年，区政协委员会办公室（以下简称“区政协办”）打造学习型机关，提高机关干部职工理论素养和工作水平。坚持机关每周例行学习会，每周二为政协机关学习例会，由政协秘书长主持，学习各级党委、政府的文件，了解区委、区政府的重要工作安排部署，安排政协一周工作。机关干部职工全部参加学习，坚持学习考勤，并将考勤情况列入年终机关干部目标考核。参会人员认真做好会议记录，以学习来统一思想，统一认识，使大家做到懂政协，会协商，善议政；积极支持机关干部职工参加各类培训，提升能力水平。全年共选派5名机关干部到政协培训基地、高校等培训机构参加培训学习；机关干部利用工作之余，学习党章、党规和中央方针政策，使大家在思想上和行动上与上级保持高度一致。打造务实型机关，服务中心主动作为。强化机关内部管理，建立、健全机关管理制度，制订《政协眉山市彭山区委员会机关目标考核管理办法》，成立由政协主席牵头的目标考核工作领导小组，负责考核工作，将全体机关干部纳入考核对象，从机关学习、培训活动、委室工作开展情况和区委区政府交办工作完成情况等方面进行考核。考核办法经区政协第一届委员会第十四次主席会议通过后实施。目标考核打破以前吃“大锅饭”现象，做到奖勤罚懒，调动机关干部的工作积极性，使机关管理更加规范化、制度化、科学化。

【党建和党风廉政建设】　2016年，区政协办扎实开展“两学一做”专题学习教育，深入学习党章、党规和习近平总书记系列重要讲话，组织集中专题学习和专题讨论20余次，班子成员及全体党员干部深入对照检查、亮差距并制定清单切实整改。抓实党风廉政建设，加强对党员的教育管理；强化党风廉政建设“两个责任”，落实定期约谈、提醒谈话、诫勉谈话三项谈话制度。全年政协机关做到风清气正，没有一例违纪、违法行为发生，机关保持良好的工作作风。

【宣传工作】　2016年，区政协办强化宣传工作，抓好党报、党刊和政协机关各类报刊杂志的征订工作，完成征订任务为机关干部职工提供精神食粮。制定新闻宣传奖励政策，凡是在中央、省、市、区级媒体上发表宣传稿件，对政协工作进行宣传报道的一律按标准进行奖励，鼓励机关干部积极写稿投稿，力争把机关干部培养成工作能手和宣传好手，做到既会干，又能说，更能写。全年在各级报刊、杂志、网络、电台等媒体用稿200余篇，超额完成省、市、区下达的宣传任务，被省政协评为“全省政协系统外宣先进单位”，两名机关干部被省政协办公厅评为先进个人和优秀通讯员。加大政协委员调研视察总结提炼和宣传报道，扩大和提高政协的影响力，促成政协委员的建议、提案及时得到党委、政府的关注和采纳，为党委、政府与群众搭建良好的沟通桥梁和纽带。

【机关内部建设】　2016年，区政协办投入35万余元对机关办公场所进行彻底整治，建规范化停车位20余个，新增绿化面积150平方米。重新调整办公室，建设专门档案室，新购置标准档案柜，落实专人负责管理，建立、健全档案管理各项制度。积极组织开展丰富多彩的职工文化娱乐活动，安排活动经费2万余元，组织机关干部参加区篮球赛、“3•12”植树活动、职工工会活动、读书活动等。同时支持退休党支部8000元，用于政协机关退休职工开展各类文娱体育活动。

【政协换届工作】 2016年，区政协办积极做好换届筹备工作，配合完成政协委员的推荐、考察和协商工作，新任政协委员130名，占政协委员总数的75%。区政协二届一次全会期间，办公室认真做好会务和政协委员的接待工作，照顾好每一位政协委员，吃、住、行都有专人负责，保证会议的顺利召开，换届选举取得圆满成功。

【脱贫攻坚】 2016年，区政协办积极参与扶贫攻坚工作，投入36万余元帮扶资金用于联系村建设，并为两个联系村协调落实项目帮扶资金300万余元。区政协5位班子成员带头联系贫困村、贫困户并真帮实扶，机关干部共联系26户建档立卡贫困户，个人捐款、协调资金、帮扶物资（折款）共计20万余元，解决具体困难和问题38个，顺利通过省级验收考核。组织全区146名委员深度参与省政协发起的“我为扶贫攻坚做件事”活动，委员个人及所在单位向贫困村、贫困户捐助现金（物资折款）430万余元，协调落实项目资金近2600万余元。

【年度荣誉】 2016年，区政协办全面完成各项工作任务，宣传工作、档案管理有了新突破，先后被省政协办评为全省政协新闻宣传工作先进单位；被省档案局认定为四川省档案工作规范化管理二级标准；被市政协评为全市政协办公室工作先进单位。

（梅智勇）

纪检·监察

正风肃纪

【切实解决“9个突出问题”】 2016年，中共眉山市彭山区纪律检查委员会（以下简称“区纪委”）切实解决政绩观不正确的问题。结合彭山实际推行基础目标和重点目标相结合的考核体系，建立分类考核评价机制、重点考核机制，建立评价制度。切实解决执行不力问题。全年区委、区政府督察室共开展专项督察160余次，发督察通报60余期。切实解决群众切身利益问题。严肃查处侵害群众利益的违纪、违法案件，设立并公布举报和投诉电话，及时受理群众的举报和投诉，对影响惠民政策落实和损害群众利益的不良行为，坚决及时制止和纠正，对违纪违法行为，严肃查处。切实解决行政行为不规范问题。全面落实行政执法人员持证上岗和资格管理制度，组织开展行政执法人员清理工作，全区共计行政执法人员375名，持省政府统一式样执法证人员518名。清理编制乡镇人民政府行政权力事项291项，并将清理结果在政府门户网站予以公开。全区各执法单位对1437件行政处罚、55件行政强制进行自查。2016年，共收到行政复议申请2件，依法受理2件。切实解决违规选用干部问题，坚持原则不动摇、执行标准不走样、履行程序不变通。切实解决乱发钱物问题。开展财务专项检查，对全区111个单位和部门，2015年以来会议费、公务接待费、公务用车运行费、培训费及差旅费等使用情况进行检查，重点检查是否存在超标准、超范围列支“三公”经费，违规发放津贴、补贴、补助及其他违反财经纪律的情况。切实解决利用婚丧喜庆等事宜敛财问题。严格执行领导干部婚丧喜庆事宜报告制度，规范操办婚丧喜庆事宜报告内容，全年有31名领导干部报告了相关事项；在元旦春节、五一、端午等重要节点对操办婚丧喜庆事宜情况开展暗访，未发现违规行为。切实解决违规经商办企业和违规兼职问题。逐个清查584名科级领导干部个人有关事项报告，对领导干部有可能、有条件涉及此方面问题的相关信息要素进行登记备案，未发现违规经商办企业和违规兼职的情况。切实解决变相公款旅游问题。构建“五位一体”的群众举报体系，通过明察暗访、调阅财务账簿等方式，抽查各单位“三公”经费支出情况，切实解决变相公款旅游问题。

【巡视整改“五项专项整治”】　2016年，区纪委切实解决领导干部收受红包礼金问题。全区4295名干部签订《党员、干部不违规收送礼金承诺书》，并作出拒收不送可能影响公正执行公务或者明显超出正常礼尚往来的礼金的廉政承诺。区纪委成立专项督察检查组，对各单位组织学习规定、开展廉政承诺、实名登记上交、查处典型案件等情况进行专项检查，未发现党员、干部违规收送礼金的情况。滥发奖金、工资、补贴问题专项整治情况。系统性的开展扶贫资金专项检查、城乡医疗救助资金专项检查、农村义务教育薄弱学校改造补助资金专项检查、龚家堰水库专项资金检查、会计信息质量检查、“小金库”专项检查、非税收入收缴情况专项检查、乡镇财政资金安全检查、财经纪律专项检查等多项检查工作，未发现滥发奖金、工资、补贴及其他滥发钱物问题。违规购置和使用车辆问题专项整治情况。彭山区2016年7月15日启动公务用车制度改革工作，各单位的公务用车除工作需要保留外，全部交由区机关事务中心统一管理，并规定不得新购车辆。进一步规范车辆使用和管理，出台《彭山区公务出行保障试行办法》。庸懒散浮拖问题专项整治情况。开展监督检查120批次，全区各乡镇、区级各部门、108个村（社区）平均被督察10次以上，督察发现问题39个，通报批评16人，诫勉谈话17人，纪律处分5人。选人用人问题专项整治情况。着眼解决突出问题，持续、集中开展“拉票贿选、违规任用干部、跑官要官、说情打招呼、乡镇领导干部调整过于频繁、领导干部个人有关事项报告不实”等七项选人用人突出问题专项整治工作，未发现违规、违纪情况。针对超职数配备干部问题，扎实开展自查自纠、摸清底数、严控增量，及时废止并停止执行不合规提高干部职级待遇政策。结合职务职级并行制度的贯彻落实，全面完成超职数消化任务。

【村级事务管理】　2016年，区纪委开展村级事务管理突出问题、为官不为专项整治。规范村（居）务公开的时间、地点、内容和形式，做到财务公开见人见事，“三重一大”事项（重大问题决策、重要干部任免、重大项目投资决策、大额资金使用）公开透明。督促区民政局对享受低保的人员进行全面清理审核，共取消不符合条件的城乡低保4415户5288人，占原低保总人数的39.4%，确保城乡低保发放的公平、公正。针对群众反映强烈的突出问题，以村级财务审计为抓手，集中查处一批村组干部违纪、违法问题，纪律处分村组干部25人。

【整治不正之风和腐败问题】 2016年，区纪委开展政法领域、市场监管领域、教育领域、医疗领域侵害群众利益的不正之风和腐败问题专项整治。抽查群众反映强烈的涉法、涉诉信访案件30件，指出各类问题20个，提出整改意见12条；查处有偿补课行为1件、学校伙食团盈利信访案件1件。对20项涉及面广、关注度高的惠民政策逐一进行专项督察和明察暗访，发现问题20个，提出处理建议17条。

廉政教育

【廉洁宣讲教育】 2016年，彭山区抓实、抓好“二准则三条例”（《关于新形势下党内政治生活的若干准则》《中国共产党廉洁自律准则》；《中国共产党纪律处分条例》《中国共产党问责条例》《中国共产党党内监督条例》）的学习宣传。区委常委扩大会、政府常务会专题学习“准则”和“条例”，并组建宣讲团，分系统、分行业、分片区进行宣讲。各级党组织以知识竞赛、以案说纪、撰写心得体会等方式抓实“准则”“条例”学习，全区633个支部、1.39万名党员干部参加知识竞赛，占党员总数的79%。强化党性党风党纪教育，开展首场拟任副科级领导干部廉政法规知识考试，88名年轻干部参与；区委邀请省、市领导学者开展廉政专题讲座4场，各级党政主要领导讲廉政党课100余堂。常态化开展警示教育，全年召开专题警示教育大会1次，180名党员干部到眉州监狱接受警示教育，实名通报曝光违纪人员26名，为党员干部提供《忏悔实录Ⅴ》等警示教育光碟读本2000余册。

【廉政宣传活动】 2016年，区纪委扎实开展“纪委开放日”巡展活动。制作党风廉洁建设成果展板，分别到13个乡镇、城区7所中小学进行巡展，观展群众达到1万余人。投入14万元，打造牧马镇莲花村廉洁文化广场。成功举办纪念红军长征胜利80周年书画展，征集作品120幅，吸引1000余人观看。在彭山电视台、《今日彭山》杂志上开设“清廉彭山”专栏，建立“廉洁彭山”微信公众号，全力宣传彭山党风廉洁建设成效，转载中央、省、市重要新闻及言论，引导党员干部群众崇廉尚实。全年区级媒体刊播转载各类廉洁新闻、信息150余篇。全年编发《彭山纪检监察》17期，全区党风廉洁建设外宣稿件被中央级媒体采用6篇，省级媒体采用39篇，市级媒体采用7篇。

行政执法监察

【行权平台和监察平台建设】 2016年，区纪委深化行权平台和监察平台建设，突出“监督的再监督”，督促责任部门履行好管理、监督责任。全年对全区47个行权单位平台运行情况进行日常抽查69次，专项督察3次，发现并整改问题47个，对出现报警未及时整改的3个单位下发函询通知，对工作推进不力的8个单位分管领导进行约谈，推动网上接办1.41万件，接办件数量是2015年的2倍。

【防治工作】　2016年，区纪委开展教育、卫生等领域系统化防治工作，指导、督促、完善各类制度19个。坚持“开门反腐”，充分发挥“纪检+媒体+群众”的监督作用，启动“阳光问廉”工作。

行政监督

【党内监督】　2016年，区纪委制发《眉山市彭山区对领导干部进行定期约谈、提醒谈话、诫勉谈话的实施办法》，认真开展区委书记定期约谈班子成员；分管区级领导定期约谈分管部门“一把手”，区纪委书记定期约谈乡镇党委书记的约谈制度。严格执行约谈、提醒、诫勉谈话制度，让“咬耳扯袖、红脸出汗”成为常态，坚决防止第一种形态向其他形态转变。全年全区分层级开展干部定期约谈2306人次、提醒函询496人次、诫勉谈话34人次。建立容错纠错机制，鼓励干部干事创业。制发《关于建立容错纠错机制鼓励干部主动作为争创一流的意见（试行）》《彭山区激励干部“两养成一学会”奋力担当作为十六条举措》，明确予以容错免责、从轻或减轻和不予容错免责、从轻或减轻处理的情形，规范容错纠错的程序和结果运用，鼓励干部奋勇担当、真抓实干、主动作为、争创一流。

【重点工作监督】　2016年，区纪委开展各级重大决策部署贯彻落实情况监督检查。组建5个工作组，围绕上级重大决策部署贯彻落实、民生工程、“四城”建设等重点工作及重点项目建设推进情况，坚持一季一督察、一季一通报，开展专项督察32次，有力推动工作责任落实、任务落地。加强对征地拆迁工作的监督检查，牵头复核拆迁补偿和货币化补偿项目3个，切实维护群众合法利益。开展脱贫攻坚监督检查。组建17个监督检查组，针对“六个精准”总体要求落实、扶贫资金管理、项目运行、资源调配等关键环节，对全区13个乡镇、18个牵头部门进行全覆盖监督检查，收集群众问题建议47条，受理举报反映5起，问责处理11人，其中，通报批评4人，约谈提醒5人，诫勉谈话2人。

【换届纪律监督】　2016年，区纪委坚持一开始就亮明底线、划出红线，把教育警示这根弦绷紧，重点抓好“三个全覆盖”，即开展学习教育全覆盖、开展严肃换届纪律专题谈心谈话全覆盖、签订严守换届纪律承诺书全覆盖。组建13个换届风气督导组，采取明察暗访、查阅资料、随机访谈、知晓度测评等方式，对乡镇换届风气进行全覆盖监督检查和指导，搜集掌握换届纪律执行情况，及时发现和纠正工作中出现的问题。组建4个巡察组，利用3周时间，对全区各村（社区）党组织换届选举工作进行专项巡察，实地走访党员和群众971人，电话访谈182人，督促整改问题44个。严格执行省委组织部《防止“带病提拔”的十项规定》，对拟提拔对象干部档案必查、个人有关事项报告必核、纪检监察机关意见必听、线索具体的信访举报必查、廉洁从政等情况必测。对拟提拔或重用人选，凡个人有关事项报告查核、干部个人档案“三龄两历”、经济责任审计、信访举报反映问题和党风廉政情况有疑点的，问题没查清、疑点没消除，影响使用的，一律“放下”。

【政府投资项目监督】 2016年，区纪委对滨江大道南段、岷江大道成彭段、岷东大道眉彭段、工业大道、太和大道、龚家堰水库扩建工程、牧马新镇（二期）等项目进行监督和新增工程量的审定工作，对项目推进中发现的问题积极建言献策，有力保障相关项目的顺利推进。联合监审组，重点对青龙安置区（一、二、三期）及青龙生活污水处理厂（一期）建设项目新增工程量审批认定程序未履行到位一事进行调查。经调查，两个建设项目共计60项新增工程的认定程序未履行到位，对相关责任人进行诫勉谈话。

党风廉洁和反腐败建设

【党风廉政建设责任书】 2016年，区纪委认真落实党风廉洁和反腐败建设相关会议精神，认真落实党委主体责任。将党风廉政建设和反腐败工作任务分解落实，认真组织各牵头单位、责任单位全面落实工作任务，层层组织签订党风廉政建设责任书，定期进行专项检查，促进党风廉政建设各项任务落到实处。

【两个责任】 2016年，区纪委建立落实“两个责任”（指落实党风廉政建设责任制，党委负主体责任，纪委负监督责任）、“六张清单”（区委党风廉政建设责任清单、区委领导班子主要负责人党风廉政建设责任清单、区委领导班子其他成员党风廉政建设责任清单、区纪委党风廉政建设监督责任清单、区纪委领导班子主要负责人党风廉政建设责任清单、区纪委领导班子其他成员党风廉政建设责任清单）制度，责任清单实行台账式管理，项目化督察。

案件查处

【监督举报】 2016年，区纪委构建电话、来信、来访、微信、网络“五位一体”的群众监督举报体系，并通过区级媒体、官方网站、微信、年历等方式全面公开监督举报渠道，发动群众参与监督。坚持把群众监督举报作为纪律审查的重要线索来源。常态化、全覆盖开展乡村干部“进万家”、纪检干部“进百村”大走访，进行问题大排查、诉求大征集、民意大汇集。建立群众监督举报信息台账，定期分析问题线索，坚持“举报一件、查核一件、销号一件”。2016年，通过“两个大走访”共收集群众诉求和反映1000余条，已建立问题整改台账，逐条整改消号。

【纪检信访举报】 2016年，区纪委严查中共十八大后不收敛不收手、顶风违纪行为，着力解决损害群众利益的不正之风和腐败问题。全年全区纪检监察机关共受理信访举报62件次，初步核实线索97件，纪律审查案件97件，党纪政纪处分96人，其中，移送司法6人，科级领导干部4人。坚持召开大要案案发单位专题民主生活会制度，通报讨论案情，健全监管制度，堵塞漏洞。

（马　强）

民主党派与工商联

中国民主同盟会眉山市彭山区总支委员会

【概况】　2016年，中国民主同盟会彭山区总支围绕区委中心工作，团结带领总支全体盟员顺利完成换届工作，在自身建设、参政议政、服务民生等方面取得显著成绩。被民盟省委评为“开展坚持和发展中国特色社会主义学习实践活动先进集体”被民盟市委评为“2016年度盟务工作先进集体”。

【换届工作】　2016年4月15日，中国民主同盟会眉山市彭山区总支委员会（以下简称“民盟彭山总支”）在民盟市委和区委统战部的指导下，召开民盟眉山市彭山区总支委员会第三次代表大会，选举产生民盟彭山区总支第三届委员。王娜当选主委，周建伟、唐建超、刘红玉当选副主委，周影、任继超、杨静当选总支委员。盟总支下设三个支部，倪文萍、李清川、谢廷洪分别当选三个支部主委，圆满完成盟总支换届工作；5月30日，民盟总支有20名盟员代表参加民盟眉山市第三次代表大会，民盟总支主委王娜当选盟市委委员。

【组织建设】　2016年，民盟彭山总支盟员在各自工作领域中加强学习，不断提升自身能力水平。其中，盟总支的王娜、唐建超、任继超、谢廷洪、李清川5人被民盟市委评为“2016年度盟务工作先进个人”；主委王娜当选为区政协副主席，被评为“区政协先进个人”“区脱贫攻坚先进个人”；副主委周建伟当选为区二届商会副会长；副主委唐建超参加2016年眉山市优秀人才递进班学习，被评为优秀学员，获全市“防汛抗旱先进个人”、全区“政协先进个人”称号；副主委刘红玉分管的残疾人工作被评为全市先进；总支委员任继超获“眉山市知名教师”称号，获四川省资助金项目课题阶段性成果二等奖、眉山市中小学心理健康教育优秀成果一等奖，被区教体局任命为“任继超名师工作室”主持人；总支委员杨静获中国中学语文教学设计大赛获一等奖，编排的课本剧《孔雀东南飞》获眉山市中小学课本剧大赛一等奖；三支部主委谢廷洪撰写的《关于加强建筑企业项目部外协用工人员劳务法律风险管理的思考》在四川法制网上发表，并与盟员文志海获得民盟省委“法制论坛”优秀奖称号；盟员张艳获“四川省优秀乡村教师”称号；盟员吴锦绣获得市级教育科研课题研究成果一等奖，被评为眉山市优秀教师；盟员李晓鸣在《临床医药文献杂志》上发表论文《探讨变应性鼻－鼻窦炎采用FESS联合缓冲高渗盐溶液鼻腔冲洗治疗的疗效》，在《世界最新医学》上发表论文《慢性鼻－鼻窦炎采用克拉霉素治疗的临床效果分析》；新发展盟员熊晨崛获得2015年全市卫生计生财务年报编制一等奖。民盟彭山总支加强队伍建设，新一届总支当选市政协委员4名、区人大代表1名、区政协委员12名。2016年，发展新盟员2名，分别是区发改局干部徐逾嘉和区卫计局会计熊晨崛，为队伍建设注入“新鲜血液”。

【学习活动】 2016年，民盟彭山总支坚持开展读书学习活动，以自学和集中学习的方式进行，为盟员们推荐《中国统一战线》《四川统一战线》《四川民盟》《群言》《张梅颖文集》《民主党派在彭山》等书籍。坚持每季度开展一次专题学习制度，盟总支委员包课题、分重点开展专题宣讲。2016年，开展学习中共十八届六中全会精神、习近平总书记系列重要讲话精神、盟章盟史、统战工作条例、彭山品质发展等专题学习活动。政治交接教育学习活动。2016年3月，盟总支组织11名退休盟员到新津县斑竹园开展交心谈心活动，收集社情民意和建议意见；5月28日，盟总支组织全体盟员赴石棉县安顺场开展政治交接活动，坚定政治信念，履行民主人士的义务和责任；12月3日，盟总支组织全体盟员赴雅安市名山县蒙顶山红军百丈关战役纪念馆开展政治交接活动，缅怀先烈，学习爱党、忠诚、执着、奉献的红军精神。

【社会服务】 2016年，民盟彭山总支突出优势特色作用，做好社会服务工作。2月，与区红十字会联合到谢家镇汉安村开展“送健康入户”活动，为10户贫困户进行健康体检和健康知识宣传；3月和10月分别到义和中学、黄丰中学开展“农村教育烛光行动”，向两校前10名初三优秀学生共发放由盟员周建伟赞助的奖学金8000元，同时开展励志演讲，对农村学生不仅进行物质奖励，更为广大的农村学生提供精神食粮。盟员王娜向上争取28万元建设博爱家园生计基金项目，帮扶观音镇果园村、谢家镇汉安村和青龙镇狮子村贫困户创业；盟员周建伟投入1.5亿元启动彭山“星辰中心”商贸综合体建设，为彭山教育促进协会、橘花节、精准扶贫等捐款20万余元，为彭山经济和民生发展做出很大贡献；盟员刘红玉争取10万元资金用于凤鸣镇精准扶贫；盟员任继超于4月24—26日参加“‘四川语文名师仪陇行’初中语文教学研讨暨教师培训会”，为南充市仪陇、阆中、南部、高坪、营山5个区、市、县的300余名语文老师带去一堂示范课和一个讲座，并在6月参与撰写并完成“彭山——一个不老地方”乡土教材；盟员谢廷洪参与处理的学生溺亡诉讼案被中央电视台正面报道，为社会传播正能量。

【参政议政】 2016年，民盟彭山总支为响应民盟中央“出主意、想办法、做好事、做实事”的号召，民盟总支出台《民盟彭山区总支委员会关于参政议政信息调研的奖励办法（试行）》，鼓励盟员积极参政议政，建言献策。2016年，提交市政协提案1个：王娜《加强我市高校艾滋病防治刻不容缓》；提交区政协提案6个：民盟彭山总支《关于打造“长寿水乡”提升城市品质的建议》、周建伟《关于补缴超容积土地出让金和“过桥资金”的建议》、王娜和倪文萍《关于设立医疗纠纷第三方调解机构的建议》、周建伟、唐建超和刘红玉《建设“张献忠沉银遗址”博物馆促进自然与人文景观深度融合的建议》、吴锦秀和贺喜《加强艾滋病的预防及宣传的工作》和

《规范小区及公园等地活动场所的建议》。其中，民盟彭山总支的提案在区政协会上发言，并被区政协评为“优秀提案”；《建设“张献忠沉银遗址”博物馆促进自然与人文景观深度融合的建议》被列为区委重点提案，以上提案得到满意的办理。全年，在区政协二届全会上提交区政协提案8条。

【信息调研】 2016年，民盟彭山总支通过实地调研、走访、民意调查等多种方式，撰写调研文章2篇：王娜的《发挥民主党派在政协履职中的作用研究》、唐建超的《关于提高政协委员履职能力的对策建议》，已交区政协审核后发表。盟员唐建超执笔撰写的《彭山区“抢优强”全力促进民营经济提质增效的情况报告》获副省长朱鹤新批示：“请民营办了解其做法，梳理一下大会以来的进展情况，在下次领导小组会议上分享。”并专门到彭山调研民营经济发展经验。盟总支不断强化信息交流和对外宣传，2016年共上报信息8条，撰写约稿文章4篇。

（刘红玉）

中国民主建国会眉山市彭山区总支委员会

【概况】 2016年，中国民主建国会眉山市彭山区总支委员会（以下简称“民建彭山总支”）在中国民主建国会眉山市委的领导下，在区委统战部的指导和帮助下，紧紧围绕区委、区政府的中心工作认真履行参政议政、民主监督和社会服务职能，各项工作都取得新成绩。

【思想建设】 2016年，民建彭山总支和2个支部加强学习和培训，利用组织活动或其他方式，重点传达与学习中共中央、省、市统战工作会议精神，民建中央“两学一做”会议精神，习近平同志“七一”重要讲话精神，彭山区党代会精神等。选派班子成员1人参加中央社院基层主委培训；选派20余人次参加市委统战部组织的同心大讲堂学习，21人参加民建市委举办的参政议政、信息宣传培训班学习，20人次参加市委统战部、市区人大政协严肃换届纪律专题谈心谈话会，并签订《严肃换届纪律承诺书》。开展和参加主题教育活动。继续开展政治交接、“两学一做”等教育活动，8名会员参加民建四川省委组织的关于开展“画好同心圆　牢筑新理念”理论宣讲活动；8名会员参加民建眉山市委组织的赴重庆特园民主党派纪念馆参观学习，并撰写心得体会8篇；21名会员到广安武胜开展树立和践行社会主义核心价值观学教活动，并撰写考察文章3篇。通过系列学习和参与的各项活动，会员的政治素质得到提高，增强对中国特色社会主义的道路自信、制度自信、理论自信和文化自信。

【组织建设】 2016年，民建彭山总支新发展会员3人，储备会员2人，截至2016年12月底，总支会员总数39人。加强会员的培养和推荐工作。新提拔副科级干部1人，挂职锻炼1人。在市、区两级人大、政协换届中，共有27人次被安排为市、区人大代表和政协委员，占会员人数的71%。其中，任职区政协委员17人、区人大代表4人，任职市人大代表2人、市政协委员4人。会员政治安排实现新老交替。

【参政议政】 2016年，民建彭山总支在市、区“两会”期间，共提交政协提案21件，其中，集体提案7件。会员周惠执笔的《关于进一步加强全区校园周边环境整治的建议意见》在区政协全会上发言，陈永华执笔的《关于在“十三五”期间推进彭山区融入眉山城区发展的建议》代表市政协驻彭山委员组在市政协全会上发言。周惠执笔的《关于进一步增强眉山市中心城区对彭山区发展的辐射带动作用的建议》《关于加强乡镇卫生院工作保障的提案》和陈永华执笔的《关于实施“精准扶贫”工作的几点建议》等提案作为民建眉山市委集体提案提交市政协。总支集体提案《关于进一步加强全区校园周边环境整治的建议意见》和干志林等会员提交的《加快农网建设，落实农业用电惠农政策的建议》获得彭山区政协2016年优秀提案；《关于在“十三五”期间推进彭山区融入眉山城区发展的建议》获得市政协2014—2016年度优秀提案。在2016年11月市、区“两会”换届会上，郑碧忠、许鸣、赵仕洪、干志林、卢斌、赵龙云、陈卫华、张丹和朱珠等会员向区政协全会提交提案15件，涉及经济建设、社会事业发展等多个方面。罗永田、郑碧忠、伍宏伟、李群芳、赵仕洪、赵龙云、何锋、张丹、林翔9名会员获得区政协“五一个”（提交一件提案、反映一条社情民意、参加一次调研、为民办一件好事、参与撰写一篇调研报告）先进政协委员称号；陈永华获得市政协“五一个”先进政协委员称号。获得表彰的会员占会员中政协委员人数的67%。会员积极撰写理论研讨文章和纪念文章5篇。许鸣撰写的《民建如何在中国共产党领导的政党协商中发挥作用》《“中国梦”与民建的优良传统——学习习近平同志系列重要讲话精神、学习民建会章会史后的一点体会》《矢志不渝与党同行》《关于“四个自信”自信理由的一点思考》和杨秀奎撰写的《广安！我们来了》，分别上报民建眉山市委和区委统战部，且被眉山民建杂志登载。李琼芳撰写的《让历史告诉未来》心得体会被《四川民讯》采用。

【调研工作】 2016年，民建彭山总支开展金融扶贫专题调研工作。总支组织部分会员并邀请部分乡镇、区扶贫移民局、区财政局、区金融办及区各大金融机构负责人座谈，赴部分乡镇了解建档立卡贫困户意见，重点关注扶贫小额贴息贷款、金融部门参与脱贫攻坚等内容。何锋执笔撰写《关于进一步发挥金融服务助推脱贫攻坚的建议》调研报告，分别报送民建眉山市委和区委统战部。该报告代表民建眉山市委在市政协三届十九次常委会上作专题议政发言。通过走出去参观学习和实地视察，周惠和李群芳分别撰写《强力推进一、三产融合，努力打造乡村度假游新亮点》《学习武胜，建言彭山——武胜县乡村旅游考察报告》等视察报告，报送到区委统战部。

【社会服务】 2016年，民建彭山总支截至2016年12月底，会员及会员企业共捐资157.87万元用于扶贫济困、社会公益事业和教育基金等。扶贫攻坚。总支积极响应民建眉山市委和区委、区政协关于扶贫攻坚的号召，分别参与市、区两级组织的扶贫攻坚工作。2016年3月，参与市委组织的洪雅县槽渔滩镇关顶村社会服务工作现场会，共捐款12.25万元；其中，罗永田代表四川亨达实业有限公司捐资10万元，周惠、周宇、赵仕洪、干志林、陈卫华、宋一飞、周林、卢斌、朱珠、陈永华等会员捐款2.25万元。四川亨达实业有限公司为彭山区牧马镇和武阳乡精准扶贫捐款7万元。12名会员定点帮扶近20位贫困户，通过走访，提供信息、资金支持2万元等方式关心贫困户的生产、生活。捐资助学。会员及会员企业心系教育，力助贫困学生健康成长，会员企业四川亨达实业有限公司向彭山区慈善会定向捐款76.2万元、向彭山区教育促进会捐款50万元；会员企业建伟房地产有限公司向彭山区教育促进会捐款10万元。

【信息宣传】 2016年，民建彭山总支在建立QQ群的基础上，新建民建彭山总支微信群，便于学习宣传、联系沟通，增进会员之间的友谊，也增强凝聚力。认真贯彻落实民建市委、区委统战部宣传工作要求，组织和动员会员积极向各级媒体报送新闻信息和调研、理论文章，截到2016年12月底，总支向市、区两级报送宣传信息19条，调研、理论文章及心得体会文稿20篇，被市级采用的信息和文稿18条（篇），省级采用17条（篇）。宣传信息稿件比2015年高出1.7倍。广泛收集社情民意、建议意见。鼓励会员收集社情民意，通过民建市委和区政协社情民意平台报送6条，其中，向区政协报送4条，市委报送2条。郑碧忠反映的《建议增添评残办证举措，落实政策兜底扶贫》社情民意被民建省委会采用。在市、区政协组织的调研视察会议，民建眉山市委和区委、区政府组织的各级座谈委会上，总支会员积极建言献策，提出建议、意见20余条。

（陈永华）

中国民主促进会眉山市彭山区总支委员会

【概况】 2016年，中国民主促进会眉山市彭山区总支委员会（以下简称“民进彭山总支”）深入践行“同心”思想，扎实推进自身建设，切实履行参政党职责，充分发挥参政议政、民主监督和社会服务职能作用，为实现彭山品质发展做出积极贡献。在民进四川省委的专项工作评比中，民进彭山总支被评为参政议政工作先进集体。

【队伍建设】 2016年3月，民进彭山总支完成换届选举，新一届班子成员由5名变为7名。换届后，总支共有市人大常委1名，市政协委员4名，区政协常委3名，区人大代表2名，区政协委员11名。进一步加强领导班子建设，增强组织的创造力、凝聚力和战斗力。坚持从严要求，择优发展的原则，2016年拟发展新会员2名，已上报到民进眉山市委会，正在审批中。全年召开全体会员专题学习会议6次，全面学习民进中央和省委会相关精神，贯彻落实区四大班子换届精神，深入推进扶贫攻坚工作。召开廉政教育学习会，通过学习不断反省自己，自警、自律，从而提高会员的拒腐防变能力，筑牢拒腐防变的思想道德防线，共同营造风清气正的社会环境。

【学习宣传】 2016年，民进彭山总支强化学习宣传工作，多途径、多方式内强素质，外树形象。落实专人及时将总支工作开展活动情况、组织的社会服务工作形成文字信息及时上报至市委会。全年共报送会务信息12篇。

总支组织会员到西昌红军渡开展政治交接活动；选派1名会员参加民进中央举办的全国基层组织负责人培训班学习；选派1名会员参加民进四川省委会组织的2016年复旦大学参政议政骨干培训班的学习；选派1名会员参加民进四川省委举办的基层组织负责人培训班的学习；组织15名会员参加市委统战部组织的同心大讲堂两期；组织17名会员参加民进眉山市委会第三次的换届大会。

【参政议政】 2016年，民进彭山总支在参政议政工作方面做许多有益的探索，培养一支能干的议政队伍，取得一定的议政成绩。2016年的区“两会”上，总支作题为“关于进一步加强我区社会救助工作的建议”的大会发言；在全区统战工作会议上总支作题为“积极发挥参政党作用，为彭山经济社会发展献计出力”的大会发言；个人提案《关于进一步加大对民间理财咨询类公司监管力度的建议》被评为年度优秀提案；在市政协会上提交个人提案1件；在两次区政协会上提交个人提案14件、党派提案1件。有5名会员被区政协表彰为“五个一”活动先进区政协委员；1名会员被市政协表彰为“五个一”活动先进市政协委员。

【社会服务】 2016年，民进彭山总支坚持开展扶危济困，社会服务常抓不懈。总支秉承积极热情的态度开展多方面的社会服务工作，极大的增加民进总支在社会上的影响力。在“六一”前夕，总支为城东社区4名留守儿童送去1600元的慰问金，这是总支连续9年看望、慰问留守儿童。总支一直关注残疾孩子们的成长，已连续5年组织会员到特校看望孩子们，送去凉被等生活用品，价值3600元。在重阳节前夕，总支组织会员到观音敬老院看望慰问孤寡老人，为他们送去价值1.04万元的生活用品。总支坚持看望、慰问彭溪镇的困难群众8户，送去价值2900元的慰问金。

【科研工作】 2016年，民进彭山总支倡导会员立足本职，爱岗敬业，双岗建功，树好良好民进形象。2016年，会员赵相田承担的省级课题《重构数字化课堂教学模式的实践研究》获全省二等奖。会员张梅被四川省妇联表彰为“全省三·八红旗手”；被眉山市中级人民法院荣记个人三等功。会员阳朋军被政协眉山市委员会表彰为“五个一活动”先进政协委员、民进四川省委表彰为优秀通讯员。会员蒋洋被区委表彰为社会事业工作先进个人；荣记个人三等功。会员刘新的作品《荷》获眉山市首届师生书画大赛一等奖。会员赖婷容被区委表彰为统战工作先进个人。

（张　梅）

工商业联合会

【参政议政】 2016年3月—4月，彭山区工商业联合会（以下简称“区工商联”）联合区委统战部、区纪委、区监察局，开展为期60天的“助力彭山经济发展”的调研活动。围绕非公有制经济发展存在的困难和问题，如何营造发展环境、促进转型升级、加速品质发展，采取个别走访、集中座谈等方式调研企业86家，下发调查问卷112份，收集建议、意见24条，撰写调研报告2篇。配合区委统战部做好41名政协委员和人大代表的推荐考察工作。

【商会组织规范化建设】　2016年，区工商联召开秘书长培训会，就商会组织建设、档案规范管理、会员发展等工作进行专题培训，全面清理不合格会员，共清退46名，并及时完善、更新工商联数据库信息；开展四川省“五好县级工商联”创建工作，制定《眉山市彭山区工商联争创四川省“五好县级工商联”》实施方案及考核标准，成立工作领导小组，围绕领导班子建设好、作用发挥好、商会组建好、会员发展好、工作保障好五个方面，在增强班子凝聚力、发挥商会作用、壮大会员队伍等方面下功夫，顺利通过四川省工商联的交叉检查验收，被省工商联评为四川省“五好县级工商联”；实施区工商联企业副主席轮值制度，开展轮值会长、各商会会长年度述职考核考评工作，提升商会运行质量。

【学习培训】　2016年，区工商联围绕非公经济人士思想政治引导工作，开展多种形式的学习培训活动，促进非公经济人士“两个健康发展”。通过会员QQ群、微信群、微信公众平台向广大非公经济人士宣传全国“两会”，交流心得体会。对基层商会及非公有制企业，重点讲解习近平总书记在全国政协民建、工商联界委员联组会上的讲话精神，进一步坚定非公经济人士信心，放心发展企业。是年3月—4月在5个基层商会开展“与法同行·诚信经营”宣誓承诺、接力签名活动，引导会员依法维权，诚信经营，促进社会经济和谐健康发展。2016年10月，组织企业副主席和企业管理人员，参加郎咸平、于丹和龙永图等的专题讲座，鼓励非公有制经济人士把握经济发展趋势。11月初，组织部分企业家代表先后赴延安杨家岭、枣园、西柏坡、浙江杭州阿里巴巴网易电子商务园区等考察学习，使企业家们既经历一次革命教育，又丰富电子商务知识。

【商务考察】　2016年，区工商联围绕提升企业经营理念、促进产业转型升级，积极开展商会交流和商务考察活动。4月至5月，郫县工商联、青神工商联两个友好商会先后到彭山考察交流，双方交流了工作经验和方法；10月底和11月初，彭山组织部分企业会员和机关干部到丹棱工商联、仁寿工商联学习“五好工商联”创建经验以及企业发展、产业转型等；11月10日至13日，彭祖企业商会50个会员企业组队参加了在广西桂林举办的第十二届世界彭氏宗亲联谊大会；12月15日，彭山组织部分会员和各商会会长及秘书长30人赴贵州遵义会址和湄潭县工商联，学习以遵义会址为核心的红色文化、湄潭县商会建设工作经验。在商务交流中广泛宣传彭山，收集信息，为彭山区招商引资做出贡献。全年收集有效投资信息3条，并促成宝马仓储落户彭山。

【信贷融资】　2016年，区工商联加强与相关金融单位的沟通和联系，收集会员企业融资信息和融资建议，为解决企业信贷融资难题搭建平台。先后与农村信用社、邮政储蓄银行、彭山工商银行、成都银行、农业银行、民生银行新津支行、珠江村镇银行、乐山商业银行等建立密切的银商合作，开展信贷产品推介活动2次，帮助45家诚实守信会员贷款融资6000万元，为缓解会员融资难发挥积极作用；11月22日，组织48名有融资意愿的会员企业参加“彭山区银企对接暨企业上市培训会会议”，会上会员企业建宏房产、建伟房产、龙腾器材现场签约融资 1.1 亿元。

【精准扶贫】 2016 年，区工商联围绕“百企联百村”精准扶贫活动，引导会员积极参与社会公益、扶贫助困、新村援建等光彩事业活动。制订“百企联百村”精准扶贫工作方案，成立工作领导小组，引导 8 个基层商会 45 家会员企业积极参与“百企联百村”扶贫攻坚活动，实现贫困村“一对一”结对帮扶全覆盖。组织会员企业为扶贫协会捐款 26.5 万元，为教育事业工程捐款 185 万元。“百企联百村”项目实施产业带动、基础设施建设、扶贫助困、捐资助学、解决贫困人员就业等各类项目 12 个，共投入资金 326 万元。其中，修路投入 120 万元，扶贫助困、捐资助学投入 206 万元；开展就业创业培训 4 期，提供就业岗位 320 个，解决 36 名贫困人员的就业问题，带动 2 个贫困村实施产业结构调整，引导工商资本 7 亿元下乡。“百企联百村”引导工商资本下乡工作得到省政协副主席、省工商联主席陈放的肯定性批示。

【维权协调】 2016 年，区工商联围绕会员诉求，积极参与软环境治理行动，认真开展维权协调和矛盾纠纷调处工作。创新开展商会人民调解工作，在 8 个基层商会和 3 个行业商会成立调解委员会、尽力化解涉企矛盾，维护商会会员的合法权益，营造非公企业宽松的发展环境。会同区委统战部、区纪委、区监察局等相关部门，围绕基础设施建设、行政执法、部门服务、规费收缴、证照办理、环境保护、历史遗留等问题，采取“企业+商会+单位”的对话方式深入企业认真开展非公经济发展软环境和非公企业维权服务行动。共收到会员反映问题 5 个，协调化解 5 个，满意率达到 100%。2016 年，区工商联被市工商联评为经济服务工作先进集体。

【换届选举】 2016 年，区工商联成立区工商联换届选举工作组，研讨制定区工商联换届选举工作方案和筹备工作方案，明确区工商联班子人选的要求及职数，推荐班子人选，协助统战部开展推荐人选考察综合评价工作，顺利召开区工商联第二届会员代表大会。企业副主席（副会长）由 21 人精简到 6 人，执委委员由原来的 62 名增加到 65 名，其中，38 名为继任，27 名为新任，领导班子更具活力和代表性，为商会工作开展打下坚实的组织基础。

（易昌明）

群众团体

彭山区总工会

【重要事件】 2016 年 4 月，省总工会党组书记、常务副主席胥纯、市委书记李静到彭山调研。

9 月，眉山市企业厂务公开民主管理工作

现场会在彭山召开，彭山同庆南风厂务公开民主管理工作在全市做经验交流。

2016年，彭山餐饮行业工资集体协商案例被全国总工会选入全国优秀集体协商案例，省内仅有两家（另一家为简阳市民办幼儿园行业集体协商），并代表眉山在全省工会行业（区域）性集体协商经验交流会上发言，整个工资集体协商工作名列全市前茅。

【两个“普遍”工作】 2016年，彭山区总工会抓普遍建会工作，全区企业建会数共750家，建行业工会8家，会员人数达13804人，企业建会数和职工入会数均达到98%；抓示范点打造，在原有4个示范乡镇、6个示范社区、9个示范企业的基础上，新增10个示范企业，共计示范点工会29个。普遍开展工资集体协商，全年工资集体协商共签订合同153份，企业750家。8大行业工会全部签订工资集体协商。

【工会经费代征改革】 2016年1月1日，彭山区实施工会经费2%全额代征，即由原有企业全部职工工资总额的2%的40%，改变为企业工资总额的2%全额代征，再由地方总工会按规定比例60%返拨各基层工会。3月10月，区总工会联合区地税、人民银行召开现场会，全区140余家企业法人代表、财务主管、工会主席参加会议。区总工会分8个工作组，实行分片包干，深入到企业进行宣传，让企业主动到税务部门进行申报缴纳。2016年，彭山区企业工会经费收入2%为443万元，企业工会单独建会137户，收缴工作逐步规范化、制度化。

【技能竞赛】 2016年，区总工会牵头，于5月—7月成功举办眉山市彭山区第二届职工职业技能大赛，包含演讲、计算机办公运用、叉车定位、消防技能四大项目，涉及银行、制造业、服务业等多个行业，在天府新区、立顿洗涤公司、水电七局3个场地进行现场比赛，这次大赛共55家企业参赛，累计参与职工162名。

【帮扶维权】 2016年，区总工会法律援助主要采取“委托+协作”方式，彭山区被列为全国法律援助示范区。全年法律援助共受理维权案件22起，已办结18起，涉及职工79人，金额345万元。集体争议案件增多，比较典型的有：四川天融无纺布有限公司的15名职工集体案件、四川斯莱特电梯有限公司28名职工集体案件。“工会阳光·法律援助维权益行动”先后在观音、青龙、谢家、锦江等地开展法律维权益行动11次，制作并发放维权手册1500余份，直接受益群众达3000余人，并邀请区法院法官进基层，以模拟法庭的形式让群众切身感受法律，扩大工会维权影响。

【“四送”工作】 春送岗位：2016年3月，区总工会与人社局开展“春送岗位”活动，组织彭山、新津等区县88家企业在彭祖广场进行现场招聘，提供4800余个岗位，意向招聘3600余人。共组织3场技能培训，涉及餐饮、种植等行业，培训下岗职工300人，农民工200人。夏送清凉：7月，走访青龙、观音、养路段、交警大队等41家企事业单位，慰问职工2580人次，发放防暑降温用品16万元。秋送助学：2016年，大学新生圆梦计划共资助困难大学生52人，发放助学金20.85万元；资助贫困中小学生220人，发放资助金15.8万元。共计资助困难学生272人，资助金额36.65万元。冬送温暖：绿色通道救助大病困难职工50人，资金1.39万元；关爱帮扶困难女职工22人、1.76万元；慰问劳模179人，发放慰问金24.41万元；送温暖主要是部门元旦、春节期间“一帮一”活动。11月—12月，区总工会牵头，在全区范围内组织“脱贫攻坚、爱心捐赠”暨“捐衣服、捐棉被、捐电视”活动，在全区所有机关事业单位中，共募集御寒衣服6210件，棉被543床，电视机9台，现金6万余元。

【文体活动】 2016年，区总工会按照区委精神文明建设要求，同多个部门开展文体活动。1月，同区教体局开展迎春足球赛、乒乓球、围棋、象棋比赛；3月，同区教体育、区妇联开展“书香家庭”评选活动；4月，同区精神文明办、区教体局开展彭山第二届职工篮球赛；9月，同区教体局组织体彩杯职工羽毛球大赛。文体活动贯穿全年，极大地丰富职工生活。

【向上争取资金】 2016年，区总工会向上争取资金目标任务150万元，实际争取资金153万元，超额完成任务。

【直接联系群众工作】 2016年，区总工会联系公义镇红旗村（非贫困村），工会帮扶中心主任郭防任红旗村“第一书记”。多次走访调研，细化、完善帮扶建档卡，对张学文等8户有养殖意愿的困难户进行养殖帮扶；积极联系就业岗位，帮助结对困难户提供就业岗位，共计联系提供就业岗位12个。通过一系列的措施，红旗村14户贫困户，共52人，到2016年6月底全部脱贫。全年看望慰问贫困户物资共计5.6万余元，捐款2000元。

【彭山人买“彭山造”】 2016年11月，区总工会倡议全区各单位在工会采购活动中支持彭山企业的发展。区总工会协助区经信局，组织联合利华、中纺粮油、同庆南风、立顿洗涤等8家彭山企业进行现场产品展示，召开“彭山人购买彭山造产品”专题工作会，会上，“四大家”、财政、发改、经信、工会8个部门同8家企业现场签订认购协议，并要求各单位职工每年人均不少于500元用于购买彭山造产品。

【大群团工作】 2016年2月24日，区委常委、区长罗万东主持召开区政府与群团部门联席会议。按照联席会议要求，2016年4月，由区总工会牵头，人社局协助，通过笔试、面试、体检、政审等环节，在乡镇群团组织社会服务中心配备13名公益性岗位工作人员，专职从事群团服务工作。

（王晓忆）

共青团眉山市彭山区委

【概况】 2016年，共青团眉山市彭山区委（以下简称“团区委”）紧紧围绕区委、区政府“品质发展”核心理念，按照“五个突出”工作思路，不断提高团的吸引力和凝聚力，为助推“四城”建设贡献青春力量。

【政治理论学习】　2016年，团区委突出党建带团建，团组织能力进一步提升。开展团组织“两学一做”活动，引导广大团员学团章团规、学系列讲话，做合格团员，每月进行1～2次学习。开展团干部培训4期，组织乡镇、学校团干部参加各级团组织调训7期。团区委书记列席区委常委会，团组织学习和服务党政中心工作，为更好地发挥党的助手和后备军作用创造条件。成立党风廉政建设领导小组，联系工作实际和职能制定《工作制度》《考勤制度》《学习制度》等。采取集中学习与个人自学相结合，讨论与交流相结合等多种形式，深入开展以党风廉政建设为主要内容的政策理论、党纪党规、法律知识学习，进一步增强每位干部反腐倡廉自觉性。

【自身建设】　2016年，团区委积极做好在非公企业等新兴领域建团工作，在彭山区创业孵化园新建团总支。落实“1+100”工作制度，即每名团干部联系100名青年，同时建立“五个一”工作机制，按照线上日常有声音、有互动、有话题，线下每个季度有活动，每年有面对面交流的总体要求，彭山区“1+100”工作位居全市前列。

【基地团组织建设】　2016年，团区委夯实基层基础，落实从严治团要求，充分借鉴党组织调控党员发展做法，总结近年来发展团员工作经验，按照“坚持标准、控制规模、提高质量、发挥作用”的总要求，发展团员954名。成功指导、推报彭溪镇毛店村为“全国五四红旗团支部”、四川省优秀少先队员2名、优秀少先队辅导员2名、优秀少先队集体2个、四川省青年优秀志愿组织2个、四川省青年优秀志愿者1个。向上争取并投入资金40万元启动建设青龙镇青少年综合服务平台。争取经费7万元，对青少年社会实践基地进行升级完善。

【主题教育活动】　2016年，团区委结合主题团日、节假日等重要时间节点，开展主题教育活动20余次。其中，“学雷锋月”组织开展学雷锋活动10次；“清明”期间，组织2000余名青少年开展祭奠革命先烈活动。“3•12”植树节期间，发动各乡镇及机关团组织积极开展植树活动。“五四”青年节，举办大型纪念五四运动97周年主题活动等，区级各部门领导和彭山二中1000余名师生参加活动。“六一”儿童节期间，举办大型游园、文艺表演、诗文诵读等活动10余场，3000余名师生及家长共同参加。筹集资金1万元，在武阳小学举办公益游园体验活动。

【青少年法治教育】　2016年，团区委加强青少年法治宣传，开展“法律知识进校园”主题教育活动8期，依托法制副校长在全区中小学进行法制宣传教育，开展“两法一例”、安全自护、禁毒防艾等宣传活动5次，引导青少年树立法治理念、增强法治思维，进一步增强青少年权益保护意识，自觉学法、遵法、守法、用法。开展“6•26”法制宣传活动，30余名法制副校长进学校、到农村作法制教育报告100余场，受教育青少年达1万余人次，使青少年法制意识不断提高，做到知法、懂法、守法。

【青少年教育引导】 2016年，团区委丰富青少年教育引导方式，开展青少年训练营、素质拓展、应急救护、心理健康教育等体验活动，组织全区小学三年级以上初中三年级以下青少年分批次进入青少年社会实践基地，开展社会实践教育24期，2309人次青少年参加。其中，以“践行三爱·放飞梦想”为主题开展夏令营和冬令营活动，进行“三爱”教育，引导学生爱学习、爱劳动、爱祖国，共270名留守儿童和“五失”学生参加活动。与关工委充分利用学校讲堂、社会实践基地、关爱活动室、假日学校、乡村学校少年宫、留守儿童之家、家长学校等活动阵地，结合中国共产党成立95周年、红军长征胜利80周年，开展各类宣讲活动30余场，近1万余名青少年聆听讲座。强化新媒体运用，通过共青团微信、微博、手机报、网站等形式，设置多种主题，将各类政策、活动信息及时公布，加强“线上线下”互动。其中，“五四”期间以“为彭山我担当”为主题开展系列线上活动，受到广大青少年的热烈追捧。全年共发布微信75期，微博300余条。青少年宫充分利用阵地设施，坚持周末、节假日、暑假举办中国舞、语言表演、绘画、书法、架子鼓、钢琴、古筝、跆拳道等内容的培训，开发青少年才智，培养青少年特长，全年举办春季、暑假、秋季培训三期。

【青年就业创业】 2016年，团区委突出服务大局，青年就业创业取得实效。实施彭山青年创业促进计划。针对青年创业女性如何开网店，开展“互联网+智慧青年女性”培训，培训80余人次。做好SYE项目申报，开展申请流程、政策等培训，培训60余人次，推报4个团队成功得到SYE扶持资金28万元。举办首届“奋斗青春，创享未来”2016年彭山青年创客训练营，近60名来自不同领域农村产业致富能手、青年创业者参加。开展“2016年彭山区创新创意项目路演赛选拔赛”，共有43个项目报名参赛，涌现“秸秆循环利用”等十强项目，发放奖金2.8万元。开展“电子商务进社区”活动，培训400余人次。深化“校地共建”项目。开展创业基地合作，继续与四川大学锦江学院合作，采用“双向择优”模式实行双选实习岗位方案，选派105名优秀大学生到25个区级部门、12个乡镇（街道）开展社会实践活动，探索提供与专业知识相匹配的实习岗位。

【青年志愿者服务】 2016年，团区委积极构建“党政主导、群团合力、社会协同、公众参与”的工作机制和模式，首次探索购买社会服务，让专业的人做专业的事，开展“服务基层益行动”。经过发布、公告、宣传、报名、投票、商议等环节，在生态环保、留守儿童、法律维权、健康长寿、文明劝导等方面，确定7个项目由专业社会公益组织承接，做到周周有行动，月月有主题，季度有实效，年度有计划。全年开展各类志愿服务207次，受益群众1万余人次。深化品牌志愿服务活动，以志愿服务季活动为契机，统筹多方资源，开展“青春志愿行·温暖回家路”“多植一棵树，共建美丽彭山”“禁毒宣传”“行走彭山·健步长寿”“五湖四海文明劝导”“同样的冬天·别样的温暖 ”等各类主题志愿服务活动10余次，传递青春正能量。共发放宣传资料5000余份，服务宣讲1000余人次。做好大学生西部计划志愿者招募、管理、续签、离岗工作，并积极向省项目办申请，新吸收7名西部计划志愿者。该项工作受到全国西部计划项目办表扬肯定，被评为“西部计划2015—2016年度优秀项目办（服务县）”。

【青少年关爱帮扶】　2016年，团区委广泛开展关爱重点青少年群体活动。投入资金22万元，新建标准化“留守学生之家”9个，对已建的6个优秀“留守学生之家”进行改造提升。与成都体育学院、西南交通大学、四川农业大学、成都纺织高等专科学校及四川大学锦江学院等高校，在全区13个乡镇开办“快乐学校”，为农村留守儿童提供学业辅导、亲情陪伴、感受城市、自护教育、爱心捐赠等志愿服务。采用购买社会服务的形式，与四川大学锦江学院青年志愿者协会、“爱心连线”签订协议，两支志愿者队伍分别对观音镇、青龙镇莲池村、凤鸣镇城中社区和公义镇公义场社区的留守儿童进行长期、持续的关爱。联合区关工委开展“助学成才·放飞梦想”活动，帮助131名非义务教育阶段的贫困学子圆读书梦。有针对性组织实施青少年结对帮扶。开展2016“与党同心、与党同行”结对帮扶活动，全区19名西部计划志愿者、105名“校地共建”大学生，与彭山区124名重点青少年进行结对帮扶，开展学业陪伴、兴趣辅导、社会实践等关爱留守儿童主题志愿服务活动。实施“同样的冬天·别样的温暖”2017脱贫攻坚彭山暖冬公益行动，通过心愿的“收集—认领—实现”环节，一对一为970名贫困青少年实现暖冬新年心愿。针对100名品学兼优、家庭特别困难的学生，为其送去暖冬棉被，让他们温暖过冬。与区关工委对全区60余名“五失”青少年开展近况摸底，为符合条件的青少年送去暖冬资金1500元。该次暖冬活动帮扶资金累计达23.8万元。组织50名乡镇贫困学生参加青少年宫举办的“留守儿童夏令营”。向5名家庭特别困难，迫切需要帮助的青少年分别送去2000元的关爱慰问金。

（阙欣琦）

彭山区妇女联合会

【重要事件】　2016年8月2日，省妇女联合会（以下简称“妇联”）副主席李静调研公义镇马林村妇女儿童之家，市妇联主席李红陪同调研。

省妇联副主席李静（左四）等一行调研马林村妇女儿童之家

11月15日，省妇联副主席张怀青调研彭山区女大学生创业基地和居家灵活就业基地，市委常委王光彩、市妇联主席李红，区委常委蒋会强等陪同调研。

省妇联副主席张怀青（左一）调研女大学生创业基地和居家灵活就业基地

【贫困母亲救助】 2016年，区妇联救助贫困母亲170人，发放救助资金10万余元，完成省、市定任务的100%。

【妇女常见病普查及“两癌”救助】 2016年，彭山区成立“妇女病”免费检查工作领导小组和技术专家小组，争取财政专项经费30万余元，对彭山区5个乡镇的35～64岁已婚妇女开展“妇女常见病”免费筛查活动，为8000余名妇女进行检查。为符合条件的22名“两癌”患者（患有宫颈癌2B以上或乳腺浸润性癌的农村贫困妇女）争取专项救助资金22万元。

【妇女创新创业工作】 2016年，区妇联围绕市妇联巾帼创业创新“万千百十”工程，争取多部门支持，依托“妇女儿童之家”、女性大讲堂等教学模式举办“互联网+智慧女性”、“电商进社区”、手工编织、绿色种养殖等培训12期，培训妇女650人，培育电商带头人7人，帮助50余名妇女实现居家灵活就业。依托硕仙农业科技有限公司作为女大学生创业就业实践基地，接纳20名女大学生到基地培训，为15名女大学生提供岗位实践和创业就业机会，带动该地10余名妇女居家灵活就业。

【妇女儿童维权工作】 2016年，区妇联围绕依法治区，“现场观案”，举办4期“模拟法庭”进乡村活动；“以案说法”，组织群众演员排演“反家暴”题材小品节目；“普法讲堂”，邀请妇联法律顾问，为各乡镇（街道）、村（社区）、机关事业单位的260名妇女姐妹深入讲解《中华人民共和国婚姻法》和《中华人民共和国反家庭暴力法》；完善村（社区）“妇女儿童之家”、乡镇（街道）妇联、区妇联接访窗口服务网络，建立家暴庇护站1个，妇女儿童维权站3个。5月31日，全国预防惩治侵犯留守儿童权益犯罪联动机制试点工作座谈会在马林村妇女儿童维权站召开；对妇女儿童维权案件进行合理介入，联合相关部门警告和制止对妇女儿童的侵害行为等。

【妇女小额担保贷款】 2016年，区妇联共向就业局担保公司推荐231名符合创业条件的城镇农村妇女，申请额度1940.8万元，落实贴息168.4万元。

【家庭建设工作】 2016年，区妇联在彭山三小建立家风家训示范基地，开展父母大课堂专题讲座4场次，5000余家庭受益，收集“我的家训故事”600余条，制作《家教导航》1000余册，展出“家风家训”手抄报800余张。开展2016年“最美家庭”评选，2户家庭获得“眉山市最美家庭”，冯双平家庭获“四川省最美家庭”荣誉称号。开展“玫瑰书香·家庭文化建设”活动，评出“玫瑰书香”家庭43户。

【巾帼脱贫行动】 2016年，区妇联在谢家镇石山村举行全市“脱贫攻坚百村行，巾帼建功进石山”启动仪式，开展“送羊崽、返羊款、再帮扶”的爱心传递活动，投入资金4万元，为石山村10个建档立卡的贫困妇女家庭每户送去5只小羊崽，实现帮扶对象户年均增收3000元以上。

【村妇代会改建工作】 2016年，彭山区在公义镇马林村试点成立全市首个村级妇联，改建后马林村有1名主席、4名副主席、2名执委，当选的都是企业代表、创业者和热心妇女工作的优秀妇女。8月14日的《中国妇女报》头版报道了该次村妇代会改建工作情况，市委书记李静作了“光彩、李红：群团工作大有可为，作用无限，关键在于主动作为，祝贺市妇联取得的成绩”重要批示。

（刘琪珂）

彭山区科学技术协会

【重要事件】 2016年3月2日，中国科学技术协会（以下简称“科协”）农技中心副主任王诚和中国科协农技中心农技协发展处副处长、中国农技协副秘书长叶珊率领调研组一行到彭山调研银会工作，眉山市委常委王光彩、彭山区副书记王艳陪同调研。

3月15日，眉山市政协副主席王志敏率领调研组一行，到彭山调研银会工作。市科协主席李伟、彭山区政协主席谭福轩陪同调研。

8月25日，由省科协副主席黄竞跃等省政协科协界别委员组成的考察团一行到彭山，就彭山区创新开展的“银会合作”发展模式进行考察。市委常委王光彩，市政协副主席梁勇，市科协党组书记、主席李伟，区政协主席谭福轩，区委副书记王艳等随同考察。

12月1日，中国科协农技中心副主任杨利军一行在省科协科普部部长刘先让的陪同下，到彭山专题调研农技协以及“银会合作”工作。市委常委王光彩、市科协党组书记常伟、彭山区委常委蒋会强等参加调研。

【概况】 2016年，全区科学技术协会工作深入学习贯彻落实中共十八大、十八届六中全会、习总书记系列讲话精神，突出服务基层，科普惠民、利民、为民，圆满完成各项工作任务，促进科普工作的开展。

【科普成效】 2016年，区领导高度重视“科技、文化、卫生三下乡”“全国科普日”等活动的开展，成员单位齐心协力，区科协以服务基层、科普惠民工作为主线，多渠道、多形式、多层次传播和普及科学知识和科学思想，同时不断加强科普网络、科普队伍、科普阵地建设。协会工作、科普工作、银会合作、金桥工程、社区科普等工作获省、市表彰。

【银会合作】 2016年，围绕服务“三农”助农增收，区科协“银会合作”协助会员贷款7100万元，共计270笔。区科协争取贴息资金31万元、区财政局配套贴息资金50万元，实际贴息23.88万元，共计贴息54.88万元。

【科普惠农】 2016年，“科普惠农兴村计划”的实施，给彭山区农村经济发展注入活力，在农村科普阵地建设、新技术、新品种的推广应用方面，培养农村科普人才方面发挥重大作用。区科协在抓好协会、基地建设，促进产业不断发展壮大的同时，注重提高公众科学素质。2016年，保胜乡核桃协会被评为省级科普惠农兴村先进集体，果园村葡萄协会、城中社区被评为国家级科普惠农兴村先进集体和科普益民先进集体。

【科普活动】 2016年，由区委宣传部牵头，区科协具体承办的科技、文化、卫生“三下乡”活动，精心组织30个区级成员单位和13个乡镇参与。全区13个乡镇、“三下乡”成员单位结合自身实际开展形式多样、内容丰富的科普宣传活动，共发动科技人员400余人参与，发放各类宣传资料10万余份，张贴宣传画2000余张，为8万余名群众提供咨询服务，共发放价值6万余元的科普读本和农村实用物资。

【科普宣传】 2016年，继科普宣传栏、LED电子宣传屏、乡土人才专栏等科普宣传栏之后，区科协又开辟新的宣传途径。2016年，区科协向上争取10万元在城中社区、二小、葡萄协会、黄丰场社区安装4台电子触摸屏。该电子触摸屏共有九大版块，每天自动联网更新，内容来自50余家权威科普网站，实时提供“科技新闻、科技博览、生态环保、育儿计生、健身美容”等十几个分类的最新权威资讯。

【成果转化】 区科协在2013－2015年申报的金桥工程项目中获市政府表彰项目一等奖1个、二等奖2个、三等奖1个、优秀组织者1人、优秀个人2人；2016年申报的放射性药物分装中心建设项目等4个项目，全部列为市级项目。

【人才培养】 2016年，区科协强化青少年科技教育工作建设，开展科技创新专题活动，围绕发明创造、科技论文、科幻画、科学实践等活动增强科技教育工作实效性。扎实开展科技创新大赛工作，区科协、区教育局认真组织学校参加每届青少年科技创新大赛。2016年，彭山区获省级青少年科学影像作品二等奖1名、学生科技创新项目三等奖1名；市级青少年学生科技创新项目一等奖1名，优秀科技实践活动一等奖 1名、二等奖21奖名、三等奖46名。

【联系乡镇】 2016年，区科协为联系村、帮扶户、贫困母亲、部分农技协等送去现金、科普实用书籍、米、食用油等共计价值5万余元，解决其生产、生活困难。

（旷小玲）

法治·武装

政法委及综治

【概况】 2016年，全区政法系统认真贯彻落实中央、省委、市委政法工作会议的决策部署，主动适应新形势、新常态，忠实履行维护社会大局稳定、促进社会公平正义、保障人民安居乐业“三大”职责使命。

【维稳工作】 2016年，全区信访维稳工作形成全面排查、排查全面；源头控、控源头；包案化解、化解包案；重点抓、抓重点，存量不断减少，新量不增的良好格局。区委每月轮流在13个乡镇召开“大党建”工作会，研究信访维稳工作，更好地促进信访维稳工作属地化解。督导有力，责任到位。坚持每月一督察一通报，每期督察通报均送区纪委和区委组织部，进一步压实工作责任，坚决杜绝“出工不出力”的情况发生。2016年，因信访维稳工作不力，2名乡镇党委书记向区委常委会述职。全年全区共落实区领导包案70件，其中，省级23件、市级16件、区级 31件，已分别化解23件、15件、22件，化解率达85%以上。实现重要时段和敏感时期“零进京、零聚集、不出事”的目标，无群体性事件和恶性事件的发生。稳定风险评估和“维稳跟着项目走”工作持续深化。全年全区共开展社会稳定风险评估46个；“维稳跟着项目走”直接联系服务单位及其联系责任人分别深入对市、区重点项目建设情况进行跟踪服务251次，当场解决项目中的各类矛盾纠纷197件，为企业提供法律咨询358次，排查出不稳定因素135件，均已化解。信访事件化解有力，全年共接待群众走访507批2350人次，受理群众来信897件（其中，网上信访事件793件），初信初访办结率达100%；办结省领导交办案件5件，省积案5件，息诉息访5件，息访率为100%；办结省积案17件，息诉息访17件，息访率为100%；办结市积案13件，息诉息访11件，息访率为84.6%。信访信息化建设取得阶段性成效，率先完成“双频”接访建设并投入使用，着力推动“阳光信访”，提高信访工作公信力。全年全区无进京上访、到省集访和重访情况，到市上访批次和人数均大幅下降，实现“四零”目标。

【信息宣传】 2016年，情报信息网络高效运转，共收集各类情报信息并整理上报微博62期，国安信息106期，信息员提供各类情报信息900余条，整理上报122期，有效地掌控重大敏感事件的预警、预测和处置；充分利用广播电视、广场和出租车LED显示屏、手机短信和张贴宣传标语等形式开展国家安全宣传教育，同时在“彭山在线”开设宣传专栏，在广大网民中开展宣传；扎实开展专项工作，围绕国家“一带一路”倡议，搜集相关情报信息，组织和开展基础调研工作，全面摸清涉及彭山区国家安全的各类因素和工作资源，全力整合辖区工作资源，参与的多项专项工作被评为部级精品，并配合涉外安保部门开展专项工作。

【综治工作】 2016年，社会治安防控保持严打高压态势，彭山区先后开展危爆物品、寄递物流反恐防爆、两抢一盗、网络安全、禁毒防艾和“黄赌毒”等多项专项整治，完成侵财犯罪公诉人员 65人，打掉恶势力团伙1个。破获各类涉毒刑事案件25起，捣毁涉黄窝点4个、赌博窝点10个；治安防控能力进一步增强，加快重要地段、城乡结合部等区域的公共视频建设速度，新安装公安天网监控150处，其余各类场所安装监控1500余个；推行“红袖标”队伍实名制管理和治安等级管理，全年共投入专项巡逻经费共计75万余元；强力推进“雪亮”工程，将其纳入幸福美丽新村建设和十三五规划，统筹落实幸福美丽新村部分资金和财政专项资金用于“雪亮”工程建设；强化资源整合，充分利用乡镇、村、企业、“天网”等方面的视频资源，实现资源共享，同时实现监控资源与公安天网和网格化服务平台对接，切实解决影响公共安全的突出问题，有效提升群众对社会治安的安全感。在全省社情民意中心开展的平安建设社会治安满意度随机测评中，彭山区连续第三次位居全省一流方阵，名列全市第一。积极推进特殊人群服务管理改革试点工作。以政府购买服务的形式，招聘12名大学生专职开展社区矫正；组织矫正人员通过担任义务交通员、义务卫生员等形式参加社会公益劳动；新建星级留守学生之家13个。2016年，彭山区刑满释放人员衔接率、重点帮教对象接送率、帮教率均达到100%，安置率达到98%；完善全区严重精神障碍患者筛查机制，重型精神病人全部归口区精神卫生保健院管理，实现专业化管理和治疗；重点青少年群体教育帮抚率达到94%，青少年犯罪率明显下降；全力化解社会矛盾纠纷。深化普法依法治理。坚持开展菜单式精准普法，以“法律七进”（法律进机关、进学校、进乡村、进社区、进寺庙、进企业、进单位）为抓手，持续加强法治宣传教育，全年开展各类法治集中宣传活动90余次，赠送各类法律书籍、读本3万余册，开展各类法治培训、讲座200余次，进一步提升干部群众的法治意识。

【平安建设】 2016年，各乡镇、部门严格按照《彭山区关于开展平安和谐三级联创的实施方案》的要求，积极组织开展平安细胞工程创建活动，网格员引导网格内居民开展争创“平安网格、平安村社”活动，通过走访宣传、发放资料、张帖告示通知等进一步提高群众平安创建知晓率；广泛开展校地共建，由综治办和学校保卫处牵头，相关部门参与，签订校地共建协议，在学校周边治安环境综合治理上深入合作，全年共取缔乱摆摊点20余处，查处非法营运车辆6台次，有效维护校园周边环境和学生出行安全；大力开展“省级平安铁道线”和铁路沿线“九五”平安村建设，并将铁路护路巡防工作纳入“雪亮”工程建设范畴，进一步提升铁路护路联防工作信息化水平。

【网格化管理】 2016年，彭山区全面深化社区网格化管理工作，落实监控帮教责任到网格，深入推进网格员“三项重点工作”，共推送有价值信息情报400余条，协助公安机关查获涉毒赌盗等重要案件6起；抓好网格事件办理，坚持制度管人和按制度办事，始终抓牢网格事件办理主线，全年网格员先后收集处理各种网格事件3.48万件，参与治安防控1873件次，服务帮教特殊人群558件次，宣传政策法规2148件次。全区网格员独立或参与矛盾问题处置，月均办理达3000件次。彭山区网格管理工作在2016年省、市督导暗访中，均取得好成绩。

【矛盾纠纷化解】 2016年，彭山区积极开展多元化矛盾纠纷化解机制改革工作，积极组织协调相关部门共同建立调解、仲裁、行政裁决和复议、诉讼等有机衔接及相互协调的多元化纠纷解决机制，推动行业性、专业性调解组织的建设，在房管局、工商局建立“物业管理纠纷调解中心”和“消费者权益纠纷调解中心”；建立彭祖山风景区调解室1个；建立规模市场、商场“消费纠纷调解室”7个；建立学校矛盾纠纷调解室41个；建立车站调解室2个；医患调解室2个；园区调解室2个；在南方家居产业园等企业建立企业调委会11个。矛盾纠纷排查调处有序开展。全年全区调解矛盾纠纷2306件，调解成功2213件，调解成功率95.97%。

【法治建设】 2016年，彭山区成立司法责任制改革领导小组，统筹推进全区的司法责任制改革工作；顺利完成法官、检察官员额的核定和选任工作，彭山区27名法官、15名检察官进入员额；以人员定岗为基础，落实司法责任。开展人员定岗及办案组织设置工作，确定司法辅助人员、司法行政人员的配备，确保不低于85%的检察人员在办案一线，实现人员分类到位、岗位确定到位、办案组织设置到位、司法责任制落实到位；深入推进警务、审判、检务公开工作，全区公开各类法律文书854份，案件信息564条。刑事诉讼涉案财物管理工作进一步规范。中共眉山市彭山区委政法委员会（以下简称“区委政法委”）牵头制定任务和责任分工，并组织政法部门相关人员到温江区学习借鉴先进经验，同时开展涉案财物清查，出台规范性制度4项，建成规范性管理场3个。刑事庭审实质化改革工作推进有序。积极落实轻微刑事案件快速办理机制和推行认罪认罚从宽制度改革试点工作，确定以适用协商机制办理认罪认罚案件为重心的探索思路，首批将16个罪名（量刑指导意见所规定15个罪名以及行贿罪）纳入适用范围。区委政法委牵头制定《关于完善刑事诉讼中认罪认罚从宽制度的实施意见》《适用协商机制办理认罪认罚案件工作规定（试行）》，为规范案件办理提供必要的制度支撑。2016年，在简化诉讼程序、当事人诉讼权益保障和突出以审判为中心地位上，取得预期的效果。

【队伍建设】 2016年，区委政法委坚持政治建警，强化理论武装。深入开展“两学一做”学习教育，实行“党员奉献积分管理”制度，明确合格党员、合格干警的评判标准，引导政法干警对照查找问题，以学促用、以学促行。同时组织全区政法干警参加全市政法系统“‘两学一做’身边的典型”先进事迹报告会，强化干警理想信念教育，坚定法治信仰，做到对党忠诚、个人干净、敢于担当。全年政法各部门共开展交心谈心1300余人次。坚持从严治警。从严选拔任用干部，坚持“公平、公正、公开”和着重品行、能力、业绩的用人导向，在干警中开展“双向选择”工作，促进干警轮岗交流。从严管理监督干部，严格执行政法部门重大事项和重大案件报告制度以及领导干部不得干预司法活动、插手具体案件处理，防止干扰办案、防止利益冲突等制度。强化案件评查结果运用，将评查结果计入干警执法档案，作为个人业绩考评的重要内容，对优秀案件予以通报表彰，对2名不合格案件的承办干警予以诫勉谈话。坚持素质强警。在政法部门内建立“干警人才库”，按照干警业务能力、特长等类别归档，初步形成一套人才吸纳、培养和使用机制；加大教育培训力度。按照政法队伍“正规化、专业化、职业化”建设要求，组织干警参加“中央政法大讲堂”“四川政法大讲堂”“眉山政法大讲堂”“锦江大讲堂”等的学习，促进干警业务素质不断提升。坚持文化育警。注重文化引领，充分利用彭山得天独厚的“忠孝”文化优势，与政法文化建设有机结合。丰富干警文化娱乐项目，全年组织全区政法干警200余人参加全市第三届运动会，并取得总成绩第三名的好成绩；组织全区政法干警参加“庆七一”活动并获一等奖。坚持从优待警。全年走访慰问困难干警316名；关注干警身心健康。政法部门领导干部带头落实年休假制度，保障干警必要休假时间；建立干警年度体检制度。

（陈文涛）

公安

【信访稳定】 2016年，眉山市公安局彭山区分局（以下简称“区公安分局”）搜集各类情报信息400余条，整理上报涉及重点项目建设的《公安情报》128期，努力构建“维稳跟着项目走”工作体系，为党委、政府决策提供可靠依据。移送起诉“SD1510”专案1人，妥善处置上海复地、彭都国际、牧马恒大拖欠民工工资、志得环保、百意孵化园非法集资公众存款、阻碍成昆复线施工、锦江吊桥拆建等引发的突发案（事）件8起。

【打击犯罪】 2016年，区公安分局立刑事案件1574起，同2015年比下降20.67%，结案321起，结案率20.39%，刑事拘留279人，提请逮捕144人，起诉326人，取保候审211人，戒毒88人；立行政案件2013件，同比下降16.65%，查处1183件，同比下降18.53%，行政拘留580人，同比上升41.46%。实现当年命案全破，成功侦破部督“2014•5•1”特大盗掘倒卖文物案，起诉犯罪嫌疑人70人，追回文物千余件，其中，国家珍贵文物100件，涉案金额3亿余元，该案被新华社和中央电视台等主流媒体连续追踪报道。打掉省督办的姜志刚恶势力团伙；破获范小平团伙盗窃摩托车、电瓶车案件42起，席先军团伙盗窃移动、电信基站案件17起，郭平团伙考试作弊案等一批重特大案件。全年破获部督2016－1081号武装制贩毒案等各类涉毒刑事案件50起，打掉制毒窝点6个，抓获涉毒嫌疑人55人，查获吸毒人员334人，强制隔离戒毒82人。缴获毒品冰毒256.8克，麻古28.3克，海洛因47.1克，液态毒品11.85千克。全年破获各类经济犯罪案件20起。其中，生产、销售假药案2起，虚开增值税发票案2起，销售假烟案2起，职务侵占案2起。

【治安防控】 2016年，区公安分局全面完成市政府下达的“双清”目标任务，实有人口净增数完成率190%，从业人员净增数完成率102%。破获非法制造、持有、买卖枪支弹药犯罪案件7起，抓获涉枪犯罪嫌疑人7人，收缴各类炮弹56枚、枪支11支、子弹706发，管制刀具37把，收缴非法销售、非法储存、非法运输烟花爆竹1200余组（件）。开展涉黄涉赌专项行动，捣毁涉黄窝点 14 个，查破涉黄类刑事案件 8 起、行政案件 14 起。捣毁赌博窝点 29 个，查破涉赌类刑事案件 21 起、行政案件 26 起。

【公共安全】 2016 年，区公安分局开展区级重点内保单位安全防范检查65家/次，指导、监督和开展散装汽油购销系统安全检查 86 家/次，发现和责令整改治安隐患 11 处，下发整改通知 1 家；强化社会面管控，全年共审批群众性大型活动 2 次。全流程监督矿区井下 B 级爆破作业 5 次、地面露天爆破作业 19 次。开展道路交通安全综合治理专项行动，查处各类交通违法行为 3.6 万起。加强重点部位消防安全管理，开展火灾隐患排查，预防重特大火灾安全事故发生，全年扑救火灾 10 起，抢险救援 16 起，社会救助 28 起。

【公安改革】 2016 年，区公安分局按照省公安厅大部门、警种制改革试点工作的部署，分局探索将原有的 17 个内设机构整合为 7 个大部门，每个部门由一名局领导兼任主任，建立、完善情报主导警务机制、联合指挥部工作机制、派出所与刑侦中队合作协调机制、案管中心工作机制、警力增长和民警职务职级晋升保障机制等。2016 年 11 月 10 日，彭山区分局在省公安厅公安改革座谈会上作交流发言。完善执法权力运行监督机制，规范民警执勤执法行为，彭山区分局被省公安厅评为“全省公安机关立案突出问题专项治理工作成绩突出集体”。

【党风廉政建设】 2016 年，区公安分局纪委对相关部门进行廉政提醒谈话 2 件 2 人，诫勉谈话 10 个部门 14 名班子成员，对 2015 年年底民主测评排名靠后的 4 名中层干部进行约谈。

【队伍建设】 2016 年，区公安分局以“两学一做”为主线，组织开展“重温入党誓词”活动，设立 30 个共产党员示范岗，建立两个共产党员示范团队。强化实战培训，组织全体民警分三批次开展封闭式培训，首次将辅警纳入集中训练。强力推进警营文化建设，分局组队参加“眉山市政法系统运动会”和全区男子篮球比赛荣获冠军，参加全区广场舞大赛获得一等奖。

（张怀安）

检　察

【概况】 2016 年，全区检察工作紧紧围绕全区经济社会发展大局，准确把握职能定位，主动适应履职新常态，加大法律监督力度，深化检察改革，强化队伍司法能力和作风建设，各项检察工作成效明显。2016 年，检察院集体共受表彰 15 次，个人受表彰 24 人次。荣获国家级先进 1 项、省级先进 2 项、市级先进 4 项、获区级先进 8 项。其中，被最高人民检察院授予“全国检察宣传先进单位”称号；被省检察院授予“2013—2015 年全省检察机关先进集体”称号；被市委政法委授予“眉山市政法系统先进集体”称号。

【刑事检察】 2016 年，区检察院共立案侦查职务犯罪案件5件13人。其中，贪污贿赂犯罪案件2件8人，渎职侵权犯罪案件3件5人，提起公诉5人，法院已作出有罪判决7人，通过办案为国家挽回直接经济损失90万余元。积极参与省、市、区三级纪委交办的眉山市有重大影响的重特大案件，共抽调办案人员7人，历时4个月，先后主办和参办上级交办的专案。2016年3月16日，区人大常委会专题审议区检察院《关于职务犯罪侦查工作情况汇报》，就进一步查办和预防职务犯罪，服务全区经济发展新常态，提出审议意见。

【预防职务犯罪】 2016年，区检察院深入推进职务犯罪预防工作，加强侦防一体化建设，紧密结合执法办案开展职务犯罪预防工作。与区扶贫移民局共同签订并印发《关于在扶贫开发领域预防职务犯罪工作中加强联系配合的意见》，进一步加强该领域的职务犯罪预防工作。丰富预防内容，深入有关单位、企业、学校开展预防宣传6次，开展预防职务犯罪专题讲座5次，受教育人数达2000余人。受理行贿档案查询100件。

【刑事犯罪】 截至2016年11月25日，区检察院共受理报请逮捕各类刑事犯罪案件127件186人，与2015年相比案件数持平。依法作出批准逮捕100件147人，不批准逮捕27件39人。受理公安机关和本院自侦部门移送审查起诉215件345人，较上年增长12%，提起公诉201件318人，不起诉13件26人，提前介入案件2件2人，判决188件256人。对发生在江口镇特大盗掘古文化遗址案的58名被告人依法提起公诉。作为全省认罪认罚从宽制度试点院，区检察院积极开展试点工作。2016年5月10日，与区法院签订《适用协商机制办理认罪认罚案件工作规定（试行）》，将交通肇事、故意伤害、强奸等16个常见罪名纳入首批试点适用协商机制办理范围。认罪协商机制是区检察院在推进以审判为中心的诉讼制度改革大背景下，探索犯罪嫌疑人认罪认罚从宽制度的一次尝试，对有效缩短诉讼周期、推动刑事案件繁简分流和保障犯罪嫌疑人权利具有积极意义。截至年底，区检察院已受理认罪认罚从宽案件81件，法院已判决54件，其中，13件为试认罪认罚从宽案件。

【社会矛盾化解】 2016年，依托“大调解”和检调对接机制，区检察院共受理群众来信、来访控告举报申诉案件21件。包括贪贿类4件、渎职类1件（其中，初查初核2件，不立案审查3件）、民事申诉类1件、立案监督类2件、申请国家赔偿1件、其他类12件。开展与上级院视频接访2件，开展律师参与化解涉法涉诉信访案件2件。当场化解和引导来访者依法走访12件，办结率达100%，息诉息访率达100%，及时化解社会矛盾，维护当地社会稳定。受理法律咨询类89件，全年未出现错案及退查退办案件。积极开展司法救助工作，全年救助刑事被害人4件4人，救助金额2.58万元。

【社会管理创新】 2016年，区检察院积极参与社会管理创新，加强未成年人犯罪的教育、感化和挽救工作，开展对未成年人心理抚慰18人次，开展或指导社会调查4次，开展普法进校园1次，共300余人受教育。

【诉讼监督】 2016年，区检察院加强侦查监督，监督应当立案而未立案4件4人，不应当立案而立案3件3人，公安机关均作相应立案或撤案处理，纠正漏捕2人，纠正漏诉人数18人，纠正侦查活动违法4件。加强刑事审判监督，纠正刑事审判活动违法4件。强化民事行政诉讼活动监督，办理民事行政申诉案件7件。其中，办理民事行政执行活动监督案件2件，行政违法行为监督案件3件，协助市院办理生效裁判监督案件2件，向公安机关移送虚假诉讼案件1件。加强刑罚执行活动监督。坚持节假日驻所检察轮流值班制度及每日巡视检察制度，建立、健全监外执行人员档案和回访制度。共纠正监管场所违法7件，纠正社区矫正执行违法23件。针对彭山区在刑罚执行中存在被判有期徒刑罪犯未收监执行的突出问题，2016年开展集中清理专项活动，对全区2006年以来刑罚交付执行情况进行全面核查，清理出17名未执行罪犯后向相关单位发出纠正违法通知书，全部得到纠正，依法收监12人，网上追逃1人，罪犯已死亡3人，法院重新裁定暂予监外执行1人，对1名因贪污被判7年有期徒刑未收监执行的罪犯，监督有关部门纠正予以收监。同时，在区委政法委领导下联合公安、法院、司法行政部门会签《关于进一步规范刑罚交付执行工作的意见》，规范具体操作规程和部门职责，将刑罚执行工作落到实处。强化自身监督，坚持检察宣传大格局，继续深化检务公开。全年统一发布案件信息20余条，公开法律文书89份。通过微博、微信、企鹅号、“今日头条”客户端等媒介发布检察信息889条。在国家级媒体上稿5篇，省级媒体上稿103篇，市级媒体上稿19篇。接待律师和其他人员查询案件信息86次。

【队伍建设】 2016年4月，区检察院正式开展干警双向选择工作。全院部门负责人以下33名干警，在服从组织安排和充分尊重干警意愿的前提下，科员选科室，科长选科员，最终落选的干警到政治处待岗学习并给予相应处罚，进一步激发干警工作积极性，缓解案多人少、年龄老化的矛盾。深入开展“两学一做”学习教育活动。深化公务员平时考核工作。全年共收集干警周记实1800份，进行月晒账10次，晒出账单220份。开展季考评3次，共评出优秀等次6人，称职等次30人。做好干警业务技能培训。积极组织人员参加全省基层检察人员轮训和市检察院对口业务培训，10人次参加轮训，参训率100%。勤抓法警岗位练兵工作，定期组织法警开展格斗、擒拿、射击等训练，为业务部门办案提供强有力保障。11月，在省检察院法警总队组织的司法警察技能比武活动中，区检察院在建制队集体比赛项目中取得综合第2名的成绩。

（骆　莎）

法　院

【概况】 2016年，彭山区人民法院切实履行审判职能，为全区“四城建设”提供强有力的司法保障。共受理各类案件3543件，审执结案件3415件，结案率96.39%，诉讼标的额17.76亿元。

【机构设置】 2016年，区法院有在职干警73名。政法专项编制人员70名，工勤编制人员1名，事业编制人员2名；中共党员62名，民主促进会会员1名；研修生4名，大学本科58名，大学专科10名，高中1名。内设机构：诉讼服务中心、立案庭、刑事审判庭、民事审判第一庭、民事审判第二庭、青龙人民法庭、行政审判庭、审判监督庭、司法技术辅助办公室、审判管理办公室、执行局（庭）、法警大队、办公室、政治处、监察科、院党总支及其下设6个支部、院妇委会、院工会。

【刑事审判】 2016年，区法院受理刑事案件226件，审结217件，结案率96.02%，判处犯罪分子355人。重点打击故意伤害、抢劫等严重刑事犯罪及盗窃、非法吸收公众存款、合同诈骗等侵财犯罪88件144人。严厉打击涉赌涉黄、毒品和盗掘古文化遗址、古墓葬等犯罪74件146人，维护社会经济秩序。依法审结交通肇事、枪支弹药等案件48件52人，切实维护公共安全。妥善审结原四川省卫生执法监督总队调研员罗某受贿罪等职务犯罪7件13人，促进反腐倡廉建设。

【民事审判】 2016年，区法院受理民商事案件2289件，审结2206件，结案率97%。公正审理各类合同纠纷案件889件，维护公平竞争的市场秩序。高效处理涉金融纠纷案件309件，营造良好的信贷融资环境。及时审理涉民工工资、交通事故、消费者权益保护等纠纷429件，维护弱势群体的合法权益。妥善审理追索抚养费、赡养费、离婚、继承等婚姻家庭纠纷案件561件，促进和谐文明的家庭关系。

【行政审判】 2016年，区法院受理行政案件31件，审结31件。推动落实行政机关负责人出庭应诉，行政机关负责人出庭应诉率达100%。有序推进行政案件集中管辖试点工作，实行上门协调，巡回办案的行政案件审理机制初步形成。建立法院行政审判与政府法制工作的经常性沟通机制，发布法院行政审判白皮书，提出四项改进行政执法工作意见。

【执行工作】 2016年，区法院受理执行案件997件，执结执行案件961件，执行到位7185.69万元。部署“一年内基本解决执行难”工作，开展“百日执行风暴”“司法大拜年”等专项执行活动，采取新闻媒体曝光、限制出境、限制高消费、公布失信被执行人名单等措施，有力惩治一批“老赖”，典型案例被《人民日报》头版刊载，被省法院评为执行活动先进单位。

【诉非衔接】 2016年，区法院巩固“眉山经验”，进一步发挥“诉非衔接”优势，大力推行“二培三接”的对接方法和“辅分调审”的纠纷解决模式。诉讼辅导2042件，运用委托调解、邀请调解、司法确认、无争议事实记载等诉非衔接机制化解矛盾720件，缓解法院案多人少的压力。黑龙江省人大常委会等5个单位到彭山区法院学习交流。

【司法改革】 2016年，区法院推进法官员额制改革，顺利完成27名法官入额遴选工作。组建11个专业化审判团队，下发《办案团队运行机制的规定》，充分保障执法办案。推进“以庭审为中心”的诉讼制度改革，加大“轻刑快办”程序适用力度，办理轻微刑事案件63件，平均审理时间5～7天。建立家事审判专业化合议庭，完善相关制度建设，维护、构建和谐的家庭关系和社会关系。

【审判管理】 2016年，区法院部署开展“公正提速”行动，全方位提升司法效率，审执工作高效运转，受到区人大常委会主任肯定性批示，工作经验被省法院信息专刊采用。推行民事简案速审，简易程序适用率81.89%，速裁率40%。新建科技法庭3个，实现庭审直播、证据展示、法庭记录全方位信息化，法庭审理更加公开高效。

【司法为民】 2016年，区法院全面落实有案必立，有诉必理，有效解决“立案难”问题。提档升级诉讼服务大厅功能，建设司法公开外网服务平台，开通“12368”诉讼服务热线，为人民群众提供现场、网上、线下多渠道便利服务。深切关怀弱势群体，依法为271名当事人办理减、缓、免诉讼费50.37万元，为12名特困当事人发放司法救助金20万元。积极开展巡回审判，组建巡回审判志愿服务队深入群众家中巡回审理案件186件，被区委评为“十佳志愿者服务队”；获得全省“岗位学雷锋先进集体”称号。

【社会治理】 2016年，区法院强化特殊人群管理，开展对判处非监禁刑和刑满释放人员教育帮助200余人次。举全院之力开展脱贫攻坚工作，选派2名资深法官担任联系村第一书记，全院干警共深入联系村272人次，提供慰问帮扶资金13万余元。深入开展“法律七进”“法律跟着矛盾走”等活动，组织法官开展“模拟法庭”3期，法制宣传80余人次。四川大学锦江学院、彭山三中、鹏利小学、武阳中学等院校组织8 00余人次学生旁听庭审，以案说法，营造学法懂法、信法守法的社会环境。

【队伍建设】 2016年，区法院扎实开展“两学一做”学习教育，教育广大干警严守政治纪律和政治规矩，强化对党忠诚、为民司法理念。认真落实党风廉政建设主体责任和监督责任，充分发挥纪检监察监督执纪问责职能作用，不断加强审务督察和司法巡查工作力度，有效杜绝干警不作为、慢作为、乱作为现象。组织干警参加各类业务培训30批580人次，鼓励支持4名干警攻读在职法学硕士。开展“三创一争”“两讲一树”和“道德讲堂”4期，深化干警“四德”建设。坚持审判实践与信息调研紧密结合，省法院、市委信息专刊采用6条，信息考核排名全市第一，8篇调研文章被市级以上刊物采用，法院软实力不断增强。

【接受监督】 2016年，区法院及时主动向区委、区人大及其常委会报告重要工作事项，积极落实人大指导意见。认真办理人大代表、政协委员的意见、建议，专题向区人大报告行政审判集中管辖、“公正提速”、一年解决执行难等工作情况，主动接受监督。依法接受检察机关的法律监督，坚持邀请检察长列席审判委员会制度。认真落实人民陪审员制度，共邀请人民陪审员参加陪审案件 393 件。依托门户网站、信息报送等平台公开司法信息 320 篇，全面接受社会监督。

（张　英）

司法行政

【法治宣传】　2016 年，彭山区健全法治宣传机制，落实普法责任。严格按照“谁执法谁普法”原则，指导、组织职能部门以悬挂横幅标语、现场咨询、散发资料与普法用品、出动宣传车、文艺表演的方式进行“3•15”“4•26”“6•26”等 10 项主题日法治宣传活动；强化“法律七进”制度保障。全年对“法律七进”工作进行督导 4 次，培育 20 余个典型单位，发挥示范引领作用。打造法治宣传品牌，营造宣传氛围。组建普法讲师团，开展“菜单式”普法，打造“依法治区•法在身边”巡回宣讲品牌；将调解与普法有机结合，创新开展“调解一次纠纷，上好一堂法治课”共计 30 余次，取得矛盾纠纷化解和法治宣传教育双丰收。编写小品《竹篮打水一场空》、三句半《普法宣传走进你我身边》、情景剧《讨薪》等法治文艺剧本，联合文广新局深入乡镇开展“法润天府•法治文艺进万家”8 场巡演、“清凉之夏•法治电影进乡村（社区）”放映 13 场。2016 年，彭山区被中共中央宣传部、司法部、全国普法办公室评为“2011—2015 年全国法治宣传教育先进县（市、区）”；区司法局被市委、市政府评为“2011—2015 年全市法治宣传教育先进集体”。以“巩固 + 新建 + 融入”方式，打造法治文化阵地。巩固旧基地，对原有青龙一小、凤鸣公园法治长廊 2 个基地进行更新升级，配合相关部门轮流做好法治广场法治宣传展板更换，统一制作、季度更换。建设新基地，耗资近 40 万元建成彭山区首个集法治文化、法治宣传、休闲娱乐为一体的法治文化主题广场；协同区教育局新建青龙初中青少年法治教育示范基地，内容包括法治雕塑、法治文化长廊、模拟法庭等。配合区委完成综合亮点阵地打造，在农村，以法治宣传展板、法治挂图、草坪插牌等方式在牧马莲花村、青龙龙都社区等 10 个镇、村（社区）融入法治元素；在企业，积极创建企业法治阵地，在西京股份有限公司、同欣建材有限公司设立标准化调解室及法治培训室。

【“两所一站”建设】　2016 年，区司法局规范建设“两所一站”，筑牢基层监管组织。司法所建设：全区已建成的 13 个乡镇（街道）司法所中符合司法部 2016 年规范化建设新标准的有 8 个，所有司法所均配备专（兼）职人员 3 名，办公场所不少于 100 平方米，微章、标牌悬挂规范，制度、公章、档案标准规范。其中，青龙司法所被司法部评为全国先进司法所，全市唯一。2016 年 11 月，全市“司法行政规范化建设现场推进会”在彭山区召开，将彭山先进经验在全市范围内推广。法律服务所建设：全区共建法律服务所 7 个，现有法律服务工作者 21 名，建设标准、业务办理规范。

司法工作站建设：全年新建村（社区）司法工作站5个，全区共建65个，所有乡镇均已覆盖。2016年，司法工作站共办理法律援助34件，法律咨询6507人次，纠纷调解919件，信访代理3件，开展法治宣传活动135次，受众1.31万余人。

【社区矫正】　2016年，区司法局围绕社会管理创新，做实社区矫正工作。全年接收社区服刑人员163人，现有在册人员250人（其中，带有电子腕表58人）。完善规范社区调查评估，把好社区矫正工作“入口关”，累计评估124起；与公检法形成合力，在基层推行社区矫正点验制度，以月点验为重点，片区实行季点验，全年共开展月点验144次，季点验20次，确保社区矫正工作再犯罪率在0.2%以内。引入现代化信息管理模式，先后实行手机定位监管、电子腕表管理，并依托网格化信息平台，将社区服刑人员的定位、走访等列入网格员工作内容，预防脱管漏管；丰富社区服务方式，组织社区服刑人员每周1次协助交警对重点时期与路段的交通秩序进行疏导，已累计参与协管723人次。协调整合现有资源，助力安置帮教。全年共衔接刑满释放人员84人，安置帮教82人，安置率达98%。完善与监狱、看守所衔接的工作机制，建立重点帮教对象必接必送工作机制、保障机制和衔接机制，保证服刑人员信息核查率、刑满释放人员衔接率、重点帮教对象接送率均为100%，重新违法犯罪率控制在2%以下；积极提供职业指导、职业介绍，将符合规定条件者列为救助对象，切实解决其生产、生活、就业、就医等问题，确保刑满释放人员顺利融入社会。

【人民调解】　2016年，区司法局将“专项+常规”排查相结合，及时化解矛盾纠纷。完善矛盾纠纷排查制度，坚持区每月1次、乡镇（街道）每半月1次、村（社区）每周1次的常规性排查；在重大节点、敏感时期进行专项排查，针对重点类型、重点区域进行排查。全年共受理调处纠纷1532件，调处成功1525件，成功率达到99.5%；排查纠纷1019件，调处成功1015件，成功率为99.6%。加强调解组织建设，拓展调解领域。扎实开展“调解跟着矛盾走”活动，巩固基层调解组织建设，新建1个行业专业（劳动争议）调委会、2个企业调委会、13个乡镇（街道）矛盾纠纷第三方调解中心，做到机构成立、人员落实、设备齐全、经费保障。截至年底，全区共建立医疗、交通事故、婚姻家庭等145个专业（行业）、乡镇（村居）、企业人民调解委员会，2个个人调解室，868个调处站，1180个农村院落中心户调解室。青龙人民调解委员会被省司法厅表彰为五星级调委会（全市仅彭山区和东坡区各一个）；交通事故调委会、消费者权益保护调委会运行良好（全市唯一正常运转），全年成功化解矛盾纠纷54起。加强业务能力提升，打造过硬队伍。增强调解队伍专业性，建立涵盖涉及道路交通事故、劳动争议、土地纠纷、环境污染、医疗纠纷等领域83名专业调解员的人民调解专家库，为调解工作提供专业意见，确保工作顺利进行。加大调解员培训力度。与政法委大调办联合举行大型人民调解培训会2次，组织乡镇分管稳定的副书记、大调解专职副主任、司法助理员、镇（村）调解主任和行业专业调委会调解员进行调解专业技能培训。全年，指导各调委会分片区、分乡镇开展人民调解业务培训14场次，1095余人次，人民调解员培训率达100%。

【法律援助】　2016年，区司法局完善援助体系，扩大援助覆盖面。通过法律援助受理大厅、法律援助工作站、法律援助联系点相结合方式，规范援助网络建设，形成法律援助区、乡、村三级网络。巡回指导规范全区乡镇司法所、律师事务所、法律服务所的法律援助受理窗口26个，增设区行政服务中心受理窗口1个，拓展援助受理窗口。针对残疾人、未成年人等特殊群体及农民工讨薪、交通事故等特殊案件开通绿色通道，实施免于经济困难审查，并实行先办理、再审批的援助制度，让群众享受到援助实惠；法律援助人员充分发挥主观能动性，主动参与人民调解、信访工作，提前介入法律援助，为受援人及时提供法律援助；加强案件办理的跟踪督察及回访，回访率100%，案件办理过程和结果让党委政府满意、让群众满意、让受援人满意；发挥“12348”专线作用，做到优先指派、应援尽援，并将民事、行政申诉案件纳入援助范围。强化法治宣传，做实法律援助。依托司法援助便民服务分队、三月法治宣传月、“送法进乡村”、困难结对帮扶等活动，多形式、多渠道进行宣传，共计发放法律援助联系服务卡2.3万余张，宣传资料6000余份。全年向社会提供法律援助咨询2852人次，办理援助案件203件。其中，涉及信访稳定13件，影响最大的“添诚集团30人群体性信访纠纷”案被成功化解，为全区的稳定和谐做出贡献。

【法律服务】　2016年，区司法局组织律师、公证员、基层法律服务工作者开展“法律服务进社区、进企业”“送法下乡”“外来企业大走访”等活动，增强社会服务意识；组织律师参与化解和代理涉法涉诉信访案件，协助解决申诉难、化解难、信访秩序维护难等问题，提高依法解决涉法、涉诉信访问题的能力和效果。全年，全区律师共办理诉讼业务571件，非诉讼业务4666件，担任法律顾问108家，调解成功48件，受理仲裁58件，提供法律援助74件，参加公益事业和社会活动419次。健全机制体系，规范法律服务市场。指导督促律师事务所、公证处完善重大案件、涉法案件、敏感性案件、群体性案件报告制度，建立法律服务风险告知制度；严格遵守法律、法规、规章和行业规范，实行代理重大案件、群体性案件报告等制度，积极参与社会服务与公益活动。强化执业培训，提升诚信执业自觉性。组织律师、公证员参加市人大关于规范司法建设的座谈会，强化律师、公证员业务素质培训；完成公证处和公证员、律师事务所和律师年度考核；结合“两学一做”，开展诚信执业意识教育，将诚信教育作为律师事务所思想政治学习的重要内容，建立“日常教育＋专题教育”的诚信教育培训机制，使诚信教育常态化、制度化。

【队伍建设】　2016年，区司法局重视队伍建设，强化综合素质。抓班子成员建设。班子成员参加区委中心组学习、“锦江大讲堂”等政治理论培训，每月召开2次党组会，专题学习党的政策、理论、习近平总书记系列重要讲话等，坚定政治立场，提高决策水平。抓干部能力建设。组织局班子成员、司法所所长、司法助理员、机关干部积极参加省、市、区级各类讲座、讲堂、培训、业务练兵等190余人次；在全体干部中采取“领导讲”培训方式围绕人民调解、社区矫正、法治宣传、法律援助等业务培训48场1819人次。抓“两学一做”学习教育。通过成立领导小组、重温入党志愿和誓词、“六问三对照”、局长讲党课、集中学与个人学、“四亮行动”等方式加强干部党性党风党纪，进行专题讨论3次、集中自学14次、学习笔记45本，坚持把“两学一做”工作与抓业务、促发展两结合、两促进，以实绩论英雄。抓公务员平时考核。通过“日考勤、周记实、月晒账、季考评”方法全面开展公务员平时考核工作。抓庸懒散浮拖。按“可操作、可检查、可考核”的原则，单位建立一套工作台账、一本工作行事历、一个公开栏、一套纪实管理，8名中层干部签订“四个当天”制度承诺书，从严管理干部、转变机关作风、树立良好形象。2016年，司法行政系统受到上级各项表彰9次，个人表彰10人次，并成功申报“全国司法行政先进集体”。推进“走基层”工作，助力脱贫攻坚。务求把“走基层、解难题、办实事、惠民生”活动做好、做实、做强。派驻专人到联系社区锦江乡半边街社区担任“第一书记”，抓党建促发展护稳定。领导干部深入半边街社区15次，开展普法宣传4次；在寿星谷建立“绿色基地”，种植0.2公顷桂花林，资助树苗8000余元；全年看望慰问12户贫困党员和困难群众，捐赠衣服36件，支持社区阵地建设8万余元。

【党建工作】　2016年，区司法局狠抓党建工作，建强两新组织堡垒。创新党建工作，在下属5个“两新”党支部的律师、公证员、法律工作者中开展党建工作。为律师下达法律援助任务，要求每名律师每年必须完成2件以上法律援助案件；在全区各机关、企事业单位开展聘请法律顾问工作，推动落实律师参与“一村（居）一法律顾问”工作；律师积极参政议政，律师队伍有4名政协委员，为党政机关、村社区建言献策，推进依法行政。2016年，律师方秀莲荣获彭山区“感动寿乡十大明星”称号。

（帅　逸）

人民武装

【概况】　2016年，中国人民解放军四川省眉山市彭山区人民武装部（以下简称“区人武部”）坚决贯彻习近平主席和军委决策指示，认真落实上级党委指示要求，紧紧围绕党在新形势下的强军目标，适应改革不断创新、紧贴任务抓出实效、夯实根基不断发展，人武部全面建设稳步推进。

【思想政治建设】　2016年，区人武部始终把政治建军摆在首位，坚定自觉地维护核心、听党指挥。突出抓好“两学一做”学习教育。通过开展纪念建党95周年和长征胜利80周年、清明祭扫烈士、走访慰问军烈属和参加国家公祭日等一系列配套活动深化教育成果。深入开展改革强军主题教育活动。积极开展“新体制、新职能、新使命”和“政治工作发挥生命线作用”大讨论活动，进一步深化教育效果，进一步坚定干部职工拥护改革、支持改革、投身改革的决心。狠抓经常性思想工作落实。坚持开展“每月一课”、法规法纪、形势政策、理想信念、战斗精神等教育活动，及时组织干部职工收听、收看纪念建党95周年、长征胜利80周年大会和中共十八届六中全会电视直播，进一步强化干部职工军魂意识、“四铁”（铁的信仰、铁的信念、铁的纪律、铁的担当）意识、法纪意识、安全意识和底线思维。开好党委专题民主生活会。班子成员认真贯彻整风精神，召开专题组织生活会开门见山、直截了当互提批评意见107条。

【军事战备】 2016年，区人武部着眼应对复杂形势，紧紧围绕战备工作真打实备要求，认真贯彻落实《战备工作条例》。加强“一网四系统”维护，组织战备值班培训，规范日报告、周要报和月简报内容。加强机关值班检查，人员保持在岗在位，履职良好。修订、完善作战方案和9类非战争军事行动预案，重点针对2016年四川汛情，加强水上应急救援准备，购置2000件沙袋、100余只手电，配齐民兵应急连125人的救生衣、铁锹，并对4艘冲锋舟、6台操舟机、2辆拖车等救援器材认真保养维护。加强战备库室规范化建设，按照应急连125人和7名现役干部的编配标准，统一规范个人携行装具，并分类存放，实行专人专管，确保无丢失损坏。扎实抓好神舟十一号载人飞行任务应急搜救准备工作，及时拟制搜救方案，并协调森林、公安、消防、卫生等部门建立联合应急机制，切实做好应急搜救准备。

【军事训练】 2016年，区人武部通过跟着上级训、自己组织练、个人结合业务学等方式，采取“考、比、拉”的方法，着力抓好人武部机关训练。采取抓骨干、带队伍方式全面抓好专武部部长和民兵应急分队训练。年初，出动基干民兵30人参加军分区年度开训动员；组织区民兵应急连125人进行20公里徒步拉动演练和摩托化机动演练；年中，抽选3名骨干参加上级组织的集训；下半年，先后围绕基层人武部正规化建设、民兵整组、兵役工作等内容，组织3期专武干部业务培训，进一步提升专武干部队伍能力素质；10月26日—11月3日，组织395名基干民兵进行为期9天的集中军事训练，主要开展队列、擒敌拳、森林防火、抗洪抢险等课目的训练和学习。由于军事训练工作成绩突出，人武部被军分区推荐为省军区表彰的“军事训练先进单位”。

【国防动员建设】 2016年，区人武部抓好民兵整组。在全面整组的基础上，突出抓好基干民兵队伍调整改革，扎实开展非公有制经济组织中党管武装清查、清理工作；进一步规范民兵整组程序、优化兵员素质结构，对区民兵应急连进行结构优化，将年龄偏大、素质偏低的队员清理出队，并优先将身体素质好、综合能力强的退役士兵编入队伍；抓好民兵调整改革调研工作，拟制上报彭山区普通民兵和基干民兵组织调整计划，为下一步民兵组织调整改革奠定坚实基础。开展军事设施“两区两范围”统计上报工作。协调相关单位对辖区内驻军依法划定及待划定的陆地、空中军事禁区（管理区）有关情况进行重新统计，准确掌握辖区各类别、各层次军事设施底数，并按时上报相关情况。深入开展国防动员潜力调查统计工作。组织各乡镇和国动委成员单位对综合动员、人民武装动员、经济动员、人民防空动员、交通战备动员、信息动员、政治动员7大类战争潜力进行详细调查统计，精确掌握辖区国防动员潜力底数。扎实开展全民国防教育。紧密结合“全民国防教育日”、民兵军事训练、集中整组点验和纪念长征胜利80周年等有利时机，通过开设宣传站、发放宣传资料、专题授课和在彭山政府官网开设宣传专栏等形式，在广大人民群众和民兵中深入开展国防教育。同时，结合学生军训，扎实开展教育活动，全年有3000余名学生受到教育，国防观念得到有效增强。

【兵员征集工作】 2016年，区人武部扎实抓好宣传发动工作。按照“一季征兵、四季准备”要求，结合2016年4月份开展的民兵整组工作，对各乡镇适龄青年进行摸底，全面掌握全区适龄青年数量、质量情况；抓好在校大学生宣传发动，在四川大学锦江学院举办大学生征兵宣传发动现场会，市委、军分区主要领导和各区县人武部领导到场观摩；多种形式开展宣传发动，在区电视台和城区大型LED显示屏上滚动播出征兵宣传片，在区内两所高中校园设置征兵宣传橱窗，并将近4年从彭山考入大学的1128名学生名册和2016年高中应届毕业生名册下发各乡镇，通过民兵连连长、网格员和村社干部开展一对一、面对面的宣传；在区政务服务中心和13个乡镇设立兵役服务窗口，更好地为报名应征的青年提供热情周到的服务。严把体格检查和政治考核关，对特困家庭子女和军烈属子女在原则范围内予以优先定兵。兵员总体质量和大学生比例位于全市前茅。狠抓廉洁征兵，人人签订《廉洁征兵承诺书》，扎实开展廉洁征兵回访回查工作，无一人（含3户特困户家庭）反映在征兵过程中存在吃拿卡要、收受钱物、以权谋私、弄虚作假等方面情况。

【安全稳定工作】 2016年，区人武部一是重点抓好思想防范。把安全教育纳入政治教育计划认真落实，结合周五党日活动时间，定期集中学习法律、法规和条令条例。通过对条令条例、国防动员部《安全管理暂行规定》等规章制度以及省军区安全稳定工作会议精神的学习，并结合开展典型示范、案例剖析等活动，有效强化干部职工安全意识。突出抓好安全管理。认真对照国防动员部《安全管理暂行规定》《部队管理工作若干问题暂行规定》和《省军区部队安全风险评估暂行办法》等规章制度，紧紧盯住“人车枪弹密、水火电钱航、酒油黄毒赌、涉外涉地方”等17个防范重点，定期开展安全形势分析，部署百日安全活动，分级明确责任，人人签订承诺书，逐项比照《安全管理检查考评暂行细则》进行排查，针对存在问题采取挂账销号式整改，确保各项安全措施落到实处。全年围绕2项14个内容，先后4次展开大检查工作，解决消防安全、保密安全、用电安全等5大项22个安全隐患。持续抓好信访维稳。充分发挥民兵情报信息网功能，密切关注涉军人员动向，并积极加强与地方应急办、群工部、信访办等相关部门的协调会商，及时有效地解决相关问题。全年人武部接访20余人次，全区无涉军人员越级上访情况出现。

【后勤保障】 2016年，区人武部坚持党委理财制度。强化党委领导，坚持对年度预算、大项经费开支等重大经济活动进行集体研究，5000元以上的开支一律由党委集体研究，严密论证，审慎决策。严格落实审批制度。坚持“双主官”签批的经费审批制度，明确审批权限，做到不越权、不越级审批经费，大宗物资采购等均经过单位党委会或办公会研究决定。加强经费重点投向。在经费预算中，坚持将主要财力向战备设施建设、民兵训练、民兵整组、兵役征集、抢险救灾等重要工作倾斜，充分发挥好经费的保障效能。完善制度建设。人武部党委结合自身实际，坚持用制度管人、管钱、管物，进一步规范物资经费的管理。强化财务监督。坚持将党委监督、群众监督和业务监督有机结合起来。党委定期对经费开支情况进行集体审议，对有违规开支的行为及时纠正，并严格按照财务管理规定进行处理；坚持实行每季度向全体干部进行财务公开，明确经费收入来源、开支去向及结余数额等情况，自觉接受监督；主动接受军分区后勤部专业人员对该部财务进行审计，确保各项经费开支合理有序，杜绝违法、乱纪行为发生。

【参建参治】 2016年，区人武部积极开展扶贫帮困。重点帮扶武阳镇泉水村、茯苓村和保胜乡佛岩村。全年，向武阳镇泉水村、茯苓村各拨付10万元帮扶资金，向保胜乡佛岩村拨付5万元帮扶资金，共计25万元，联系点年人均纯收入均达3300元以上，圆满完成脱贫攻坚任务。积极开展走访慰问。10月17日，人武部组织协调驻彭部队在“扶贫日”捐款3万余元；12月12日，在“走基层、送温暖、助脱贫”活动中及时为13户困难群众捐送棉衣13套。积极助推地方经济社会建设。全年，人武部共动用民兵800余人次遂行应急抢险等非战争军事任务。同时，各乡镇（街道）人民武装部组织民兵协助公安机关开展治安巡逻，维护彭山区良好的社会治安环境。

【基干民兵】 2016年1月7日，区人武部出动基干民兵30人参加眉山军分区2016年度军事训练开训动员大会，并开展指挥所开设观摩、维稳处突、野炊等科目训练。从3月上旬至5月上旬组织开展全区民兵整组工作。10月26日至11月3日，组织395人的基干民兵军事训练。主要进行队列、战术基础动作、轻武器实弹射击、简易通信、警棍盾牌术、抢险救灾和反恐维稳常识等军事科目的训练，民兵训练合格率95.5%，优秀率达82.7%。

【非战争军事行动】 2016年5月至7月，区人武部先后出动400人次遂行“6•28”抗洪抢险演练、“7•22”彭山污水处理站排污管道垮塌险情处置、“7•26”彭山自来水厂输送管道破裂险情处置等应急抢险任务。

（任　康）

经 济

Economic

经济管理

综 述

2016年，彭山地区生产总值（GDP）134.10亿元，比2015年（下同）增长8.7%；全社会固定资产投资227.30亿元，增长14.1%。地方财政收入30.53亿元，增长17.5%；地方财政一般预算收入15.12亿元，同口径增长13.3%；财政收入占GDP比重为23%。社会消费品零售总额48.39亿元，增长13.0%。第一产业增加值13.7亿元，增长3.9%；第二产业增加值80.70亿元，增长9.1%；第三产业增加值39.70亿元，增长9.5%。城镇化率52.14%。全年实现4067户11788人脱贫；新增城镇就业4556人；全区财政投入民生和社会事业资金18.45亿元，民生占公共财政支出的72%。

发展和改革工作

【概况】 2016年，彭山区发展和改革工作深入贯彻中共十八大会议精神，牢固树立"五大"发展理念，紧紧围绕区委、区政府"四城"建设目标，以抓党建促发展为重点，主动引领担当，全面完成工作目标。彭山区发展和改革局（以下简称"区发改局"）被市委、市政府评为"全市先进基层党组织""全市主动作为创一流先进集体"，被推荐为"全省发改系统先进集体""全省物价系统先进集体"。

【经济运行管理】 2016年，区发改局加强经济运行管理，重点加强经济分析的监测研判，推动全区经济运行在合理区间。2016年，全区GDP完成134.10亿元，比2015年增长8.7%；全社会固定资产投资227.30亿元，增长14.1%。抓好规划编制，先后组织草拟《彭山区参与建设丝绸之路经济带实施方案》，完成《十二五规划实施总结》，研究形成"十三五"规划纲要。抓好分析研判，积极建言献策，当好参谋助手，每月定期向区政府常务会提交经济运行分析报告；认真执行区委、区政府发展战略与路径，向区人大提交的《彭山区2016年上半年国民经济发展计划及执行情况报告》满意率90%。

【项目建设】 2016年，区发改局认真执行中央、省、市重大经济决策部署，坚持以项目为统领，以投资为动力，把稳投资作为稳增长的关键，助推全区经济平稳发展。不断充实更新项目储备，先后成功申报省重点项目3个，市重点项目16个。大力推进项目建设。先后牵头组织实施项目152个。其中，青龙物流铁路专用线已建成通车，海尔创新产业园一期竣工并投入运营，滨江大道彭祖新城段等项目已完工。大力争取国家资金。先后牵头组织向上争取到各类项目296个、到位补助资金11亿元。进一步深挖项目源，积极做好政府性投资项目包装培训、政策指导，大力争取国家发改委专项建设基金1亿元。大力推进项目建设。全年先后牵头组织实施项目219个。其中天成云盟、中法农业进入“全省百强重点项目”（全市3个），中法农业科技园项目被写入省委十届七次全会公报。工业大道、太和大道等“千亿交通大会战”项目相继开工；苏宁电商运营中心等一大批产业项目竣工以及中医院、新一中等民生事业项目的相继开工建设，为全区发展增添新动力。大力向上争取资金。先后组织向上争取到各类项目438个、到位资金11.02亿元。积极争取国家专项建设基金。积极做好政府性投资项目包装培训、政策指导，大力争取国家发改委专项建设基金，争取专项建设基金项目16个、资金11.62亿元。其中，成功争取天府新区3个国家级新区基础设施建设项目，个数全市第一。围绕破解新型融资难题，大力探索政府和社会资本合作模式，积极引导民间资本参与建设，推出“PPP”项目14个，涉及总投资389亿元，实现为政府财力松绑。其中，滨江大道、工业大道2个项目被纳入国家发改委项目库，城乡污水处理厂进入省项目库。

【简政放权】 2016年，区发改局先后优化行政审批办事流程9项，合并取消行政审批事项4项，保留3项，取消非行政许可事项2项，转为内部事项1项，减少事项半数以上；编制《彭山区投资项目限制禁止清单》，列入禁止投资类项目649项，限制248项。先后办理行政审批项目备案、核准、审批事项135件，无一例投诉件。

【节能减排】 2016年，区发改局依法依规淘汰不符合政策的产业，对金桐石油、蓉兴化工等14个项目实施技改升级；组织尼科国润、鲁洲生物等15家企业开展“万家企业”节能低碳行动，全面完成“十二五”节能目标。

【招投标管理】 2016年，区发改局制定出台《彭山区政府投资工程建设项目不可预见工程和突发工程监管暂行办法》等管理办法3个，严格工程建设管理，有效规范招投标。全年核准招投标182件，无一例违规核准，节资率达15.3%（中标价比财评价），节约财政资金0.54亿元。规范政府投资管理，制定出台《彭山区关于进一步加强政府投资项目管理规定》，确保政府性投资资金安全规范使用。

【价格调控监管】 2016年，彭山区加大价格管理力度，开展涉农、道路交通、医疗卫生、教育收费价格专项检查，全面准确完成涉案委托89件，认定标的物品种类800种、金额833.49万元，确保物价总体水平基本稳定。

（李 罡）

工商质监

【重要事件】 2016年3月23日，全区工商行政管理和质量技术监督及民营经济工作会在区政府礼堂召开。党组书记、局长曾进对全区2015年工商质监和民营经济工作进行总结，安排部署2016年重点工作。会上还表扬2015年度特种设备安全工作先进单位，各民营经济、质量强区责任部门代表签订目标责任书。

9月29日，省农业标准化示范项目验收组受国家标准委委托，对彭山区国家葡萄综合标准化示范区项目进行验收考评，考核组一致认为彭山区国家农业综合标准化示范区圆满完成各项目标任务，给予94.6分的高分，顺利通过验收和各项考核。

【概况】 2016年，彭山区工商行政管理和质量技术监督局（以下简称“区工商质监局”）紧紧围绕区委、区政府的发展战略和中心工作，紧密团结，担当奋进，认真履行工商质监职能职责，圆满完成全年工作任务。彭山被评为四川省“民营经济”先进集体。

【亮点工作】 2016年，彭山经开区被省工商局命名为眉山市唯一一个“省级商标战略示范园区”，该项殊荣对彭山区形成一批拥有自主知识产权和高知名度商标的优势企业，对转变经济发展方式、调整产业结构、提高产品竞争力具有重要意义；彭山区先于国务院要求的10月1日、省政府要求的9月25日，提前率先启动“五证合一、一照一码”登记改革工作，有力推动“大众创业、万众创新”；国家标准委《关于下达第二批农村综合改革标准化示范点项目的通知》（国标委农〔2016〕81号）批准了彭山的农村产权流转交易服务标准化试点，该项目建设期三年；2016年，彭山区工商质监局（以下简称“区质监局”）企业年报率99.07%、农专社年报率99.13%、个体年报率99.27%，居全市第一。是年，副省长朱鹤新对彭山民营经济实现增量提质，推进经济社会事业发展特别作了肯定性批示：“彭山区做法值得总结，提炼推广。”

【民营经济】 2016年1—12月，全区新发展民营企业625户，完成目标任务数380户的164.4%；新发展个体工商户2042户，完成目标任务数1000户的204.2%；截至三季度民营经济增加值增速9.0%，增速全市第一。

【注册登记制度改革】 2016年，区工商质监局持续深化注册登记制度改革，企业“五证合一”、个体工商户“三证合一”顺利实施。是年9月12日，彭山区颁出了企业第一张“五证合一、一照一码”营业执照；12月1日，颁出了个体工商户“三证合一、一照一码”营业执照。全年颁出“五证合一、一照一码”营业执照499户，新发展企业657家。

【质量工作】 2016年，区工商质监局积极开展品牌创建，培育、指导中纺粮油、国润新材料、科威电工3家企业顺利通过第十二届“四川名牌”现场评审；指导华西德顿、铁通公铁物流、鲁洲生物等往届“四川名牌”企业通过复查；推荐指导彭山区4家企业积极参与“眉山市政府质量奖”评选，立顿洗涤用品有限公司成功入围“市政府质量奖”并公示。推进质量强区、质量考核工作。是年3月，以区政府的名义，区分管领导与各质量强区领导小组成员单位（18个部门、13个乡镇）签定2016年度质量强区工作目标责任书。争创知名品牌示范区。在市质监局的指导支持下，积极向省质监局申报“彭山经济开发区”为“省级知名品牌创建示范区”，已完成答辩工作。组织彭山区6家企业参加第十六届中国西博会“四川名牌馆”参展活动，其中，华西德顿塑料有限公司进行了产品实物展示，有力地宣传了“眉山造”“彭山造”产品。推进质量提升示范建设。重点把金叶化肥、立顿洗涤2家企业作为示范试点企业打造，并以此带动其他企业积极参与到质量提升活动中来。开展质量安全监管，加强机动车安检机构监管，对彭山区2家摩托车安检机构开展4次现场监督检查；加强工业产品许可证企业监管，对彭山区27家相关企业实施分类监管。其中，A类24家、B类3家；加强危化品和危化品包材企业监管。建立台账，组织执法人员对区相关企业开展安全大检查；对辖区内12家食品相关产品企业开展现场巡查，并组织全区食品相关企业召开食品安全工作培训会，提高企业的法制意识，落实企业质量安全主体责任；严格开展产品质量监督抽查后处理工作。2016年，完成4家企业的后处理工作，无一起产品质量申诉案件。

【标准化工作】 2016年，区工商质监局大力宣传推行地理标志保护产品标志的使用，协助彭山区5家葡萄种植企业成功申报“彭山葡萄”地理标志保护产品的使用标志；开展“质量对标提升行动”，指导彭山区26家企业进行产品标准自我声明，3家企业开展标准体系建设，并制定该辖区《质量对标提升行动工作方案》，组织开展企业标准实施情况的现场监督检查。推进企业产品标准备案，指导帮助鲁州生物、金汇涂料、高绿平环境科技等6家企业的13个新标准进行备案。

【计量工作】 2016年，区工商质监局贯彻落实《计量发展规划》，对辖区新闻、出版、电视领域使用法定计量单位情况实施监督检查；分别对集贸市场、眼镜店、加油站、医疗单位等重点领域的计量进行监管；完成计量诚信自我承诺和水、电、气计量授权监管。强化计量技术机构规范化管理。安排完成计量检定工作，共检定计量器具2813台次，其中，强检计量器具合格率达到96%以上，部分项目达到100%；积极准备，确保2017年计量标准和机构到期复审；努力提升检测能力，开展3个检定项目的增项建标工作。加强民生计量监管，确保集贸市场公平秤配备率和合格率达100%，出租车计价器和加油机受检率100%；新安装民用水电气“三表”100%实行首次检定；引导并培育诚信计量自我承诺示范单位16家。加强法制计量监管，组织开展商品计量和市场计量监督检查5次；建立和完善强制检定计量器具档案并及时更新维护，确保强制检定计量器具处于受控状态，强制检定计量器具受检率达到98%以上。加强能源计量管理，组织开展能源计量监督管理和能源效率标识监督管理工作，完成尼科国润、同庆南风等8家重点用能单位的能源计量审查工作。加强认证认可监督，指导25家企业通过管理体系首次认证，对16家认证获证组织进行监督管理，对全区自愿性认证企业的检查覆盖率达20%，强制性产品认证企业6家，100%建档，100%检查到位。

【特种设备安全】 2016年，区工商质监局将安全工作放在全局工作的重中之重，确保无一起特种设备安全事故发生。加强巡查监管和隐患排查，对辖区内重点监控的特种设备使用、生产单位开展监督检查，完成市质监局部署的专项整治任务，督促特种设备使用单位开展隐患自查自纠，及时排查、消除辖区内特种设备事故隐患。全年共检查特种设备生产、安装单位8家，共巡查特种设备使用单位328家次，发出安全监察指令书91份，立案查处违法企业2家。主动与省特检院对接，就彭山区厂（场）内机动车辆和长输管道的周期检验达成合作意见，并签订合作备忘录。在为人才交流锻炼、信息沟通共享提供平台的同时，解决企业的后顾之忧，为彭山区企业发展和安全工作提供强有力的技术支撑。是年1月，全市特种设备安全会在彭山召开，会议总结了2015年的特种设备安全工作，彭山作为全市特种设备安全工作的先进典型，在会上作了现场交流发言。加强基层基础建设，对辖区内特种设备进行全面普查登记，建立特种设备生产、使用单位“一企一档”；加强部门安全监管建设能力建设，积极开展规范化建设工作，推动特种设备使用单位标准化建设；督促特种设备生产、使用单位提高应急管理水平，加强应急演练，提高现场应急处置能力；推广应用“眉山市BDIM特种设备综合管理系统”，做到信息沟通共享。加强特种设备安全宣传教育，开展《中华人民共和国特种设备安全法》《四川省电梯安全监督管理办法》等法律、法规宣传贯彻活动；组织开展特种设备安全“三进”（进企业、进社区、进校园）、安全生产月宣传等活动；积极开展特种设备作业人员安全教育培训。突出重点，开展燃煤锅炉节能减排、涉氨制冷企业、大型游乐设施、气瓶检验、充装单位、建设工程施工起重机械、油气输送管道、危化品企业、汛期特种设备安全等的专项整治检查，切实确保彭山区的特种设备安全。严格落实企业主体责任，与特种设备使用单位签订安全生产目标责任书176份。继续开展电梯安全监管大会战行动，全年共检查电梯使用单位68家、维保单位12家，共排查乘客电梯680台、自动扶梯16台，发出监察指令书23份。

【商标、广告工作】 2016年，彭山区加强商标培育，新发展申报商标10件，培育知名商标3件（四川凤来辛钢护栏有限公司的“凤来”牌商标、彭山区澎杉雨厂的“澎杉”牌商标和眉山市彭山区观音金果果业专业合作社的“紫红园”牌商标），培育著名商标1件，报市、省工商局审查四川西金联合股份有限公司的“西金”牌商标。开展广告“四库”的调查清理工作，逐户上门调查和电话联系调查进行核实，完成上报广告产业专家库1名、广告产业人才库11名、广告产业项目库1件、广告产业数量库25户。加强培训学习，组织广告经营户45人参加《中华人民共和国广告法》培训，增强广告经营者的法制观念；在彭山区创业园举办《互联网广告管理暂行办法》培训会，电子商务企业、网站、团队、电商创业人员及工商质监所所长、广告管理员共72人参加培训，有效增强参会人员的守法意识。2016年，在排查注册商标工作中发现彭山区国有资产公司87件注册商标临近到期，区质监局迅速制定续展报告进行告知，有效保护彭山的文化遗产不损失。

【市场监管】 2016年，区工商质监局加强对汽车销售经营户的监管，定期检查机动车生产、销售、改装、拼装和维修企业的自查报告书和进销货台账。全年对全区14家汽车销售企业和经营户开展37次检查，发出整改通知书1份；牵头组织相关单位开展为期2个月的城区三轮、四轮维修点整治，彻底杜绝源头擅自加装动力装置行为，共检查经营户342次，张贴承诺书127份。加强对城区废旧回收行业的整治工作，取缔不合格废旧回收经营户3户，继续稳固彭山区创卫环境，提高旅游市场的整治力度，放弃节假日积极参加彭山区的市场秩序整治，确保旅游消费安全。加强流通领域商品质量的监管和监督抽检，加大对农资、成品油、化肥等的定期抽检，督促辖区经营者提高商品质量意识，全年共抽检农资18个批次、成品油10个批次、化肥15个批次。其中，农资5个批次不合格，成品油2个批次不合格，化肥4个批次不合格，已对不合格产品进行立案处理。加强诚信市场建设，确保市场秩序稳定有序，验收申报省级守重企业9家，市级守重企业5家，审查验收公示区级守重企业12家。建立网商约谈制度，加强网络执法。每月定期对彭山在线、彭山生活圈的网商平台负责人进行约谈，已约谈4次，发出网商行政告诫29起；要求在区质监局申领营业执照的各从事网络商品交易及有关服务的经营者，必须在四川网络交易监管网上申领电子链接标示，超额完成市质监局下达的90%的申领率。

【行政执法】 2016年，彭山区进一步规范行政权力运行，推进政务公开。截至2016年年底，共录入案件信息614条。其中，行政处罚88条，行政强制3条，其他行政权力523条。开展“红盾亮剑”行动，加大对企业、个体户、商场、超市、集贸市场等的检查力度，加强对侵犯注册商标专用权、虚假宣传、传销、投融资理财、侵害消费者合法权益等行为的打击力度，全年共立案调查各类经济违法案件10件，均已结案。是年，彭山区质监局被眉山市工商局评为“红盾春雷行动2016”先进集体。开展“质检利剑”农资和钢材专项整治、日用消费品和民生计量专项整治工作、食品包材和家具产品、“基础教育装备产品”和“13类产品能效标识”等的专项整治工作。全年共处理群众计量投诉4起，食品包材和日用消费品投诉各1起，立案2起，均已结案。

【消费维权工作】 2016年，区工商质监局组织开展主题为“新消费、我做主”的“3•15”宣传活动。通过LED、发送手机短信、广告宣传栏及彭山报等多种形式对新《中华人民共和国消费者权益保护法》进行宣传。推广消费维权入社区网络管理规范化建设，实现工商质监监管人员与社区网格员的对接，完善基层投诉处理制度，已发展10个社区。畅通“12315”“12345”消费维权渠道。全年共受理并解决各类消费者投诉320件，挽回经济损失21.58万元；处理12345平台投诉63件。大力推进“12315”消费者维权“进商场、进超市、进市场、进企业、进景区”（简称“五进”）和“一会两站”（消费者协会分会，消费者投诉站和“12315”联络站）建设。至年底“五进”活动已建立7个商场、3个超市、2个市场、4个企业、1个景区，“一会两站”已建立20个。

【信用信息管理】 2016年，区工商质监局在做好2015年度年报工作，确保年报率居全市第一的同时，严格加强信用信息管理，对4户抽查无法查找的企业、25户未年报的企业、4户农专社、73户个体户列入异常经营名录。

【自身建设】 2016年，区工商质监局“两学一做”有序开展，制定学习教育方案，成立领导小组。通过领导讲、QQ群、LED、宣传栏、横幅等方式扩大学习教育覆盖面，营造良好氛围。开展学习讨论、三张清单、“四亮”活动、党员示范等活动，确保学习教育取得实效。党建工作成效明显。2016年5月，经区委组织部批准，区质监局成立机关党委，并选举产生第一届委员会书记。全年新发展预备党员1名，培养入党积极分子1名。在“7•1”全区表彰中，局机关党委被评为“先进基层党组织”。抓好工作人员平时考核。严格按照区委、区政府平考工作要求和《彭山区工商质监局工作人员平时考核方案》，严格“日考勤”，认真“周纪实”，及时“月晒账”和“季考评”，并结合平时考核工作，开展年度个人考核工作。推进非公党建工作。充分发挥非公党建对促进非公经济发展的重要作用，在政务服务中心和各工商质监所设立党建工作“小个专”（指小微企业、个体工商户和专业市场）办公室和6个“小个专”党员组织关系转接服务站。并配合区委组织部对137个农民合作社、57个家庭农场逐一建立台账，有40个农民专业合作社建立党支部。

【脱贫攻坚】 2016年，区工商质监局脱贫攻坚工作联系村为市级贫困村武阳镇茯苓村。全年划拨给该村扶贫帮扶经费共计5万余元。截至年底，茯苓村的贫困户10户、31人人均收入在3500元以上，实现100%脱贫的目标，并通过省验收组的验收。

（侯　璐）

审　计

【重要事件】 2016年3月，东坡区审计局一行4人到彭山区审计局观摩学习。

同月，区长罗万东一行到区审计局调研。

同月，全区审计工作会议在区委会议室召开。

6月，区审计局副局长宋德强调离审计局到区财政局工作。

同月，洪雅县审计局一行12人到彭山区审计局考察学习。

同月，根据眉山市彭山区人民政府《关于胡凤翔等同志职务任免的通知》（眉彭府人〔2016〕8号）文件，许旺胡任审计局副局长（试用期1年）。

同月，市审计局局长杨志忠一行到彭山区审计局开展调研。

同月，青神县审计局一行6人到彭山区审计局就投资、财政审计、经责方面考察学习。

同月，免去余启军彭山发展控股有限责任公司董事、董事长，彭山区交通工程建设投资有限责任公司董事、董事长，彭山区城镇建设投资开发有限责任公司董事、董事长，彭山区国鑫土地开发储备投资有限公司董事、董事长职务，回审计局上班，工资从2016年8月起薪。

8月，根据中共眉山市彭山区委《关于郭平等同志职务任免的通知》（眉彭委〔2016〕118号）文件，李新民任区审计局纪检组组长，免去黄曾纪检组组长职务。

12月，为落实上级审计机关关于投资审计“三转”，区审计局投资审计中介抽签决定项目开始实行。

同月，纪检组组长李新民按区纪委要求，派驻区纪委第十一纪检组，驻区财政局。

【概况】 2016年，全区备案审计项目计划为20个。其中，审计署定计划3个，自定审计项目17个（部门其他财政财务收支2个、自定政府投资审计3个、自定领导干部任期经济责任审计12个）。投资审计年初自定的3个项目：岷江现代农业示范园区生产道路建设工程二标段、观音镇观音村城乡建设用地增减挂钩项目、彭山县化工新材料园区谢家镇安置点。计划内的投资项目“彭山县化工新材料园区谢家镇安置点”因施工单位有几百万的新增工程未补充新增工程签证手续导致审计无法开展，该项目调整为：S103线彭山段大修工程（第二批）建设项目。由于审计署定的基本医疗保险基金、医疗救助资金审计和水污染防治专项资金审计两个项目未涉及彭山区，取消该两个项目，实际审计项目计划为18个。截至2016年12月上旬，已完成审计项目276个。其中，完成计划内项目20个，完成计划外项目256个。提交审计报告49篇，上报信息35篇。已完成计划内的20个项目中，审计查出管理不规范资金2.3亿元，违规金额330万元。审计处理金额2.28亿元，其中，应减少财政拨款或补贴2306万元，应调账处理资金2498万元、应缴纳其他资金253万元、应上缴财政1.77亿元（含罚没67万元）。提出建议意见被审计单位采纳38条。

【亮点工作】 2016年，审计服务政府治理的功效进一步凸显。每月召开由区委书记牵头，区纪委书记、区检察长、区审计局局长和区纪委相关领导参与的工作会，首先听取审计工作情况汇报，针对问题及时研究处理。通过分析提出建议、服务决策、服务经济发展。如：撰写的“整合专项资金，提高资金使用效益”专题调研报告，区政府以工作通报形式向全区转发。撰写的“2016年度村（社区）干部经济责任审计情况报告”被区委书记签批“充分运用于‘抓乡促村’工作项目中”；互通信息，形成合力，加大违纪、违规问题案件线索的查处力度。2016年，彭山区成立由区委书记亲自挂帅，纪委书记、组织部部长、检察长、审计局局长为成员的反腐败专门工作组，每月由区委书记召开工作会，就审计工作近段时间发现的违纪、违规问题线索分别交给区纪委（监察）、区委组织部、区检察院进行查处，审计监督合力得到加强，有力地震慑违纪人员，营造干部队伍风清气正的良好环境。全年移送案件线索7件，涉案人员14人；建立完善制度，强力推进审计成果的转化运用。紧紧围绕领导干部“权力运行”和“责任落实”两条主线，结合彭山区实际，提请区委、区政府出台《眉山市彭山区领导干部经济责任审计结果运用办法》和《眉山市彭山区领导干部经济责任问责暂行办法》两项制度，明确纪委

（监察）、组织、人社部门等部门在运用经责审计成果中的职责，形成齐抓共管工作格局；创新公开方式，推进阳光审计。为进一步推进审计结果的公告，将2016年所实施的经责项目审计结果都在被审计单位进行公示，在首次召开的全区审计工作会上对近期经济责任审计情况进行通报。审计结果公告把审计监督与舆论监督更好地结合起来，推动审计决定的执行，促进对违规、违纪以及违法问题的查处整改，加强社会各界对审计机关的监督；有针对性地开展业务培训。除对审计干部自身进行教育培训外，针对行业部门在项目建设中存在的管理漏洞、问题，聘请相关专家到彭山授课，促进项目单位、项目干部按程序、高质量地规范管理，有效避免工程完工干部“落马”、“豆腐渣”工程的发生，减少投资审计中的困难矛盾。

【跟踪审计】 2016年，区审计局认真落实审计署《关于适应新常态践行新理念更好地履行审计监督职责的意见》和《关于进一步加大审计力度促进稳增长等政策措施落实的意见》，紧紧围绕区委、区政府中心工作，有计划、抓重点、持续开展稳增长政策跟踪审计。一季度对彭山区2015年保障性安居工程，含各类棚户区改造、农村危房改造和廉租住房、公共租赁住房、经济适用房、限价商品房等及配套基础设施的计划、投资、建设、分配、运营情况进行审计；二季度紧密结合同级预算执行审计，重点聚焦财税体制改革推进、积极财政政策的落实；三季度对彭山区省重点项目推进情况跟踪审计，抽查政府主导投资的彭祖新城基础设施建设项目和岷东大道眉彭段公路建设项目；四季度重点关注各部门下放行政审批事项、公开审批流程、压缩审批时限、规范行政审批中介服务、清理垄断性中介服务收费等政策落实，营造宽松的市场环境，促进彭山经济平稳运行、健康发展和转型升级。

【财政审计】 2016年，区审计局检查区财政、地税局和相关部门2015年完善预算体系、改进管理控制方式、积极组织财政收入、狠抓增收节支、清理规范税收政策、优化支出结构、提高支出绩效、防范财政风险等方面的贯彻落实情况。加强对重点资金的跟踪检查，以及财经法规纪律执行情况的监督检查，进一步规范财政管理工作，督促提高财政和部门决算编制的完整、准确和合规性。加强对新增债务和债券资金使用的监督检查，促进存量债务化解，切实防控财政金融风险，推动财政平稳安全运行和地方经济社会健康发展。

【项目审计】 2016年，区审计局与相关部门制定《关于新形势下加强乡镇监督的实施意见》（眉彭委办〔2016〕113号）；出台《眉山市彭山区政府投资项目审计结果运用办法》（眉彭委办〔2016〕77号）；代区政府起草《眉山市彭山区20万元以下政府投资项目审计管理暂行办法》。截至2016年12月上旬，完成投资审计项目230个。送审金额合计5.29亿元，审减金额合计6817万元，审定金额合计4.61亿元，审减率13%。

【经济责任审计】 2016年，区审计局全面完成2016年区委组织部委托的12个党政领导干部经济责任审计项目和39个村（社区）干部经济责任审计项目。审计中积极主动与区纪委（监察）、区检察院等部门互通信息，形成合力。对黄丰镇共和村、凤鸣镇石家村、观音镇曾家村、武阳镇泉水村、江口镇白蜡村等涉及违纪、违法的案件线索，提供给区纪委、检察院。审计查出挤占挪用上级专项资金、收不入账等问题，违规金额3478.63万元（其中，党政领导干部经责违规金额2267.27万元、村社区干部经责违规金额1211.36万元），党政领导干部经责管理不规范金额492.42万元，提出整改意见和建议32条。上报审计结果报告12篇，发出审计信息6条，被审计单位采用建议、意见32条。已清退违规发奖金补助资金7.04万元。

【民生审计】 2016年，区审计开展彭山2014年、2015年公路安保工程及2012年农产品质量检测等涉及民生资金25个，通过审计反映存在的问题，研究提出解决问题的对策，推动各项政策措施贯彻落实。

【信息化建设】 2016年，区审计局在保障性住房安居工程跟踪审计、地税局税收征管联网审计、财政预算执行和其他财政收支审计、残联理事长经济责任审计等项目中，大力推广信息化审计技术。全年共编写审计实例1篇，审计方法9篇。结合工作实际，对OA流程图进行修改，对人员进行调整，及时更新账号、密码。定期自行对会商系统的网络连接情况进行检测，确保会商系统网络随时畅通；全年有11人通过AO认证考试，占比84%；有8人通过计算机审计中级考试，占审计业务人员比例62%。严格按照市审计局联网审计建设统一要求，从多方面保障联网审计工作的顺利推进。从硬件投入上保障联网审计工作的需要，更换部分办公用电脑、打印机、移动硬盘等设备，确保硬件能适应联网审计建设要求；在办公场所严重不足的情况下，为满足联网审计机房建设达到标准，调剂出2间共30平方米的办公室作为机房和数据分析用房；为防止机房设备产生的微弱辐射对人体造成不良影响，对墙面做防辐射处理。从软件配置上，调整信息化建设工作领导小组成员，加强信息化建设工作领导力量和实际工作能力。完成机房内服务器、空调等设备的安装。

【队伍建设】 2016年，区审计局聚焦短板，做好集中培训提升能力工作。局长黄昊参加“市县局长培训班”；选派法制股股长钟星参加“眉山市2016年优秀干部人才第二期递进培训班”培训。培训后，钟星撰写的《顺应发展新趋势 力求四个新转》调研文章，被中国审计网论文库收集，被省审计厅、市审计局转发；区审计局对2016年遴选的3名事业人员进行上岗培训、保密培训、分审计专业技能培训；积极组织全局人员参加审计署举办的“一带一路”倡议解读、稳增长政策跟踪审计、地方经济责任审计案例教学3个网络专题培训。全局共参加“审计大讲堂”培训10期；借助“审计大讲堂”，培训地税联网审计、审计报告撰写和审计审理工作、政策跟踪审计等审计专业技能培训；发挥“审计小课堂”解惑、交流、审计经验共享和案例分析等作用，以达到在审计中不断归纳、总结、提升。依托项目，加强实践锻炼提升能力。区审计局选派5人参加市审计局于年初组织的保障性住房交叉审计；区审计局与区财政局联合举办关于建筑业营业税改征增值税四川省建筑工程计价依据调整办法的培训会。依托项目抓好实战练兵。2016年，全局取得中级专业职称11人，取得计算机中级职称8人，取得AO认证11人。

【审计宣传】 2016年，区审计局撰写、报送审计信息文稿34篇，采用22篇。向省审计厅报送34期，被四川省审计厅门户网站登载1篇、《现代审计》杂志采用2篇、《今日头条》采用2篇；向市审计局报送34篇，被《眉山审计工作通报》采用9篇、被眉山市审计局门户网站采用1篇、被《眉山市信息化审计工作动态》采用2篇、被眉山市扶贫和移民工作局市级部门门户网站采用2篇、被《纪检监察工作》采用1条，局长黄昊撰写的《整合专项资金 提高资金使用效益》调研文章被区政府以《工作通报》第4期向全区转发。

（张建才）

统　计

【概况】 2016年，彭山区统计工作着力在依法统计、提升服务、深化改革和规范管理上下功夫，以第三次全国农业普查为重点，狠抓统计各项工作。全年多项工作受到区委、区政府表彰，妇儿“两纲”工作、统计工作年度综合考评、基层统计工作均获得市级评比第一名，1人记三等功，2人获市级先进个人荣誉。

【主要经济指标】 2016年，全区实现地区生产总值（GDP）134.10亿元，比2015年增长8.7%，居全市第1位。其中，第一产业增加值13.70亿元，增长3.9%，增速居全市第4位，占GDP的比重为10.2%；第二产业增加值80.70亿元，增长9.1%，增速居全市第4位，占GDP的比重为60.2%；第三产业增加值39.70亿元，增长9.5%，增速居全市第2位，占GDP的比重为29.6%。规模以上工业增加值比2015年增长10.2%，居全市第3位。全社会固定资产投资达227.30亿元，增长14.1%，居全市第1位。社会消费品零售总额实现48.39亿元，增长13.0%，居全市第1位。城镇居民人均可支配收入实现29364元，增长8.8%，居全市第2位。农村居民人均可支配收入15405元，增长9.6%，居全市第2位。

【农业普查】 2016年，彭山区统计局成立彭山区农业普查领导小组，组建农普办，下设综合组、业务组、督察组，分片包干指导乡镇农普工作。从机构、经费、人员、物资、责任“五落实”做好基础保障工作。强化宣传，开通微信平台、“农政通”通道，张贴大型宣传海报、活动展示栏、LED公益广告；组织开展农普集中月活动，印发农普知识单1万份、年画5500份、环保口袋3500个、《致调查户的一封信》6万份；和区教育局联合开展“手拉手农普进校园”活动；参加省、市组织的“农普知识竞赛”，获得市级“最佳答题手”和省级二等奖的好成绩。强化培训，成立一支专门的培训队伍，组织13个乡镇相关人员分片区开展培训。认真开展部门数据清理、普查区划分编码、摸底调查等工作。着力抓好督察工作，成立专门的督察组，对全区13个乡镇农业普查开展情况不定期地进行督察。

【统计服务】 2016年，区统计局加强预警预测，提高统计分析水平，在发布常规的统计公报、统计月报的同时，编印《彭山统计季刊》，为“两会”印制《担当奋进，跨越发展的彭山2016年》手册，创新制作“彭山统计”公众微信平台。利用统计专业优势，积极提供调查服务。高质量地完成平安建设群众满意度测评，配合区委、区政府的重点工作开展“六治”环境调查，配合纪委开展政风行风暨发展软环境测评，并制作详细的调查分析报告。其中，《“六治”调查报告》印制给所有政协委员进行学习研讨。

【统计法制建设】 2016年，区统计局严格贯彻落实中央、省、市领导对统计工作的重要指示精神，在各级领导和部门中强化统计法制宣传，在政府常务会上组织全体参会人员集中学习《中华人民共和国统计法》，要求涉统部门和相关单位、企业防微杜渐。加强与主管部门的配合，对重点单位进行重点监督，让企业真实独立报送统计调查所需的数据。加大常规统计执法检查力度，成立独立的统计执法队，全年共计对15家企业进行执法检查，处理违法企业4家，下发责令改正通知书3份，对其中2家企业给予警告、罚款处分。

【规范化建设】 2016年，区统计局继续巩固和完善省级规范化建设示范县成果，开展规范化建设工作“回头看”，积极开展调研，着力积极推进乡镇统计规范化建设工作。经市统计局综合认定，彭山区统计局以及谢家镇、江口镇、观音镇统计站被评为“市级优秀单位”。

【统计信息化建设】 2016年，区统计局着力打造“互联网+统计”工程，更新维护服务器系统，安装防火墙系统，建立视频会议室，使用PDA数据采集系统，新购置办公电脑9台、笔记本电脑5台、彩色激光打印机1台，推动现代科学技术在统计工作中的应用。

（赖雪英）

国有资产监督管理

【机构变更】 2016年7月6日，眉山市彭山区开发性金融合作办公室更名为眉山市彭山区国有资产服务中心。

【国资监管】 2016年，彭山区国有资产监督管理局（以下简称“区国资局”）按照职权法定原则，向社会公开8项权利清单、8项责任清单，涉及国有资产监管的内容85项录入行权平台，明确权限职责，依法履职，主动接受监督。依法处置，强化监管。按照《关于印发眉山市彭山区公共资源交易目录（第一批）的通知》（眉彭府办函〔2015〕68号）文件规定，全区行政事业单位商业门市租赁、资产评估价超过5万元的罚没物品处置全部进入公共资源交易中心公开交易。全年实现收入3341.4万元，完成全年任务2500万元的133.7%，其中，租金收入205万元，资产处置收入2750万元，城区污水处理费收入313万元；积极参与土地、砂石公开拍卖监督工作。严把出口关，确保国有资产不流失。承担公务用车改革取消车辆的处置工作，评估车辆138台，公开拍卖73台，报废23台；对全区212家行政事业单位的国有资产进行清查清理，全部录入行政事业单位资产管理信息系统，资产清查报表顺利通过省财政厅审查；严把出口审批关，对37个行政事业单位固定资产进行审核批复，共核减资产1185万元；编制区属国有企业资本经营预算，完成国有资产统计。

【国企监管】 2016年，区国资局调整班子，充实力量。充实调整国有企业负责人6人，新成立公司4个。调整部分国有公司董事会、监事会成员，19名兼职不兼薪的科级领导干部不再兼任企业董事或监事，由相关职能部门委派一般工作人员到企业兼任董事或监事。健全制度，加强监管。按要求对企业进行监管，理顺规范企业监管的事项和程序。修订完善《眉山市彭山区国有企业监督管理暂行办法》《眉山市彭山区区属国有投融资企业工资总额预算管理暂行办法》《眉山市彭山区区属国有投融资企业负责人经营业绩考核暂行办法》，制定《眉山市彭山区国有企业监事会管理暂行办法》。年中，严格企业的日常考核；年底，对企业的人员、运行经费控制数执行情况、工作完成情况进行考核。邀请区审计局对成眉石化公司和国鑫公司进行财务审计，发现问题及时纠正，实现科学、规范管理。

【融资工作】 2016年，面对地方政府不能新增债务、融资方式发生变化的现状，区国资局指导公司通过发行企业债、开展融资租赁、专项基金抵押贷款、保证贷款等多种渠道融资；采用应收账款作抵押物的形式，一定程度上缓解抵押物缺乏的困境；坚持“银企”高层互访沟通，积极与国开行、省农发行、省农行、成都农商行等银行高层沟通，获取更多融资信息和资源。2016年，企业生产经营良好，全年实现授信36.78亿元，融资到位资金19.62亿元，完成全年任务15亿元的130.8%，较好地推进全区经济、社会事业发展。

【其他重点项目】 2016年，岷江航电顺利推进；江口古镇打造前期基础工作已准备就绪；彭祖新城PPP项目已完成实施方案编制、物有所值和财政承受能力评价，各项审批程序已完成，正在按程序开展采购投资人工作。

（代亚军）

国土资源管理

【重要事件】 2016年5月18日，国土资源部执法局副局长郭宝平、省国土资源厅机关党委书记降爱军一行到彭山区观音镇果怡农业科技有限公司，考核节约集约模范市创建工作。区委书记梁磊、区国土分局局长钟杰等陪同考核。

5月26日，眉山市人大常委会副主任李永高对彭山区地质灾害防治工作进行专项检查，区国土资源分局局长钟杰做现场汇报。

【概况】 2016年，眉山市国土资源局彭山区分局（以下简称“区国土分局”）以尽职尽责保护国土资源、节约集约利用国土资源、尽心尽力维护群众权益“三个模范”创建工作为主线，保障发展，依法办事，维护权益，为全区经济社会全面、协调、可持续发展提供国土资源保障。被国土资源部评为“国家级国土资源节约集约模范县”，被市国土资源局评为“国土资源节约集约模范县创建先进集体”，被区委、区政府授于“国土资源管理工作先进集体”“政法工作先进集体”“民生工作先进集体”“城市建设工作先进集体”“统筹城乡先进集体”“先进党组织”等荣誉共 24 项，有 31 名个人获得省、市、区表彰。

【保障用地】 2016 年，区国土分局积极主动服务，保障发展用地。全年完成建设用地上报 17 个批次，共计报征土地 608.05 公顷。确保中心城区、彭祖新城、华夏幸福、天府新区等区域重点项目、重点工程用地。用 3 个月时间完成中心城区局部规划调整，保障锦江学院、彭山一中、交通物质储备、合江明珠 4 个项目用地规划，切实做到“保重大、保民生、保落地”；完成复地道路、石化园 220 千伏变电站、石化园区供水厂、双凤湖水库、苏宁二期项目用地的调规上报。完成陶氏化学（中国）投资有限公司 6 万吨/年丙烯酸系乳液项目、工业大道道路改造工程、彭祖康养示范区等 43 个项目用地预审，面积 1617.4 公顷，为建设项目提供前期保障。完成 4 个双挂钩项目，可使用周转指标 75.58 公顷，完成观音镇果园二期项目新立项，完成市目标任务验收 2 个的 200%。眉山区域最后 36 公顷省管机动指标布置于彭山区青龙镇。解决天府新区数控机床、商业中心、海尔机器人等 7 个重点项目规划用地问题。2016 年，彭山区成功创建为国家级节约集约模范县，国土资源部奖励彭山区年度计划 33.33 公顷。

【土地出让】 2016 年，区国土分局公开招拍挂土地出让 38 宗 141.95 公顷，价款 20.17 亿元，完成市、区目标任务 8 亿元的 252%，环比同期上涨 90%。其中，工业 15 宗 42.07 公顷，价款 8500 万元；商住 7 宗 21.77 公顷，价款 1.94 亿元；融资 16 宗 78.11 公顷，价款 15.75 亿元；二级市场 500 万元，增加容积率 0.08 亿元，追缴土地出金 1.5 亿元。

【土地资源保护】 2016 年，区国土分局严格规范管理，保护土地资源。严格落实耕地保有量不少于 1.91 万公顷，基本农田保护面积不少于 1.58 万公顷，全面落实耕地保护共同责任机制，签订耕地保护责任书，逐级分解落实保护责任，明确耕地保护考核目标。永久性基本农田划定留足空间。经市人民政府同意，彭山区耕地保有量调整为 1.90 万公顷，调减基本农田保有量 536 公顷，为 1.53 万公顷。调减后彭山区基本农田保护率为 80.5%（法定比例为不低于 80%），全市指标最优，为彭山发展留足空间。中期规划调整稳步推进。该轮中期规划调整市政府给彭山的指标是 650 公顷，用来满足 2017—2020 年重点项目用地，取得的指标用以重新布局满足未来 4 年用地规划，更好地解决规划布局、结构与现行彭山发展不符的问题。

【土地执法监察】 2016 年，区国土分局开展动态巡查 134 次、389 人次，完成违法行为发现率 100%，违法行为制止、报告率 100%；立案查处一宗案件（圣爱特殊教育培训学校）已结案，结案率 100%；顺利完成 2015 年度土地矿产卫片执法检查，确保“不问责，不约谈”。全区涉土违法行为逐年下降。

【民生工程】 2016 年，区国土分局建成基本农田保护示范区 3 个。建设现代农业示范园区耕地保护平台 5 个。建设低效耕地整理提升示范区平台，完成土地整理验收项目 2 个，新增耕地 89.42 公顷；新立项 2 个，新增耕地

26.38 公顷。建成高标准农田项目 6 个，面积 2777.68 公顷。通过高标准农田建设，发展成片优势特色产业 6000 公顷，极大地改变农村长期存在的“业主无地可种，农村无人种地”的两难并存现象，实现土地节约集约利用。

【征地拆迁】　2016 年，区国土分局完成土地征收面积 175.39 公顷，拆迁安置 763 户 3604 人；拨付征地拆迁资金 18 个批次 9280.26 万元；审查货币安置并报区财政局备案 25 个批次 2003 人；全年新办理失地农民养老保险 1184 人；办理土地报批社保预存款 16 个批次 4804 人，拨付预存款资金 42171.5 万元；印发《彭山区城市规划区外货币补偿安置试行办法》，代区政府拟制《关于进一步加强集体土地征收管理工作的通知》，待区政府审定。

【土地维权】　2016 年，区国土分局切实维护群众申诉权。受理当事人举报、上级交办的信访件 83 件，全部结案；案件复查 5 件，办理重点项目风险评估报告 2 件，信息公开 2 件；行政复议 1 件；行政诉讼 5 件，全部胜诉。其中，瑞龙公司和爱晚公司土地纠纷案件全部办结，提高执法办案的水平，两项工作取得的成效得到市、区领导的肯定。没有出现越级进京和集体到省上访，实现信访“三无”。

【地灾防治】　2016 年，区国土分局建立健全区政府、乡镇（街道）、村、社、农户五级地质灾害群测群防体系，确保做到人员“零伤亡”，最大限度地减少地质灾害造成的损失。进一步加大地质灾害工程治理投入，积极向上争取中央补助金 200 万元用于彭祖山景区双佛路段处重大地质灾害治理工程。将查明的 45 个地灾隐患点全部纳入群测群防体系，配备专职监测员 50 名，投入区级监测配套资金 6 万元和省、市级资金 5.7 万元的监测补助费；完成全区地灾应急演练 14 次，参演人员达 800 余人。发送预警信息 1000 余条。整合地质灾害搬迁、新农村建设、扶贫移民、民政补助等资金，进一步加大受地质灾害威胁的群众搬迁工作，完成应急搬迁地灾户 3 户。全区地质灾害连续 11 年实现“零伤亡”，保护人民群众生命财产安全。

【不动产工作】　2016 年，区国土分局自首证颁发以来，共受理不动产登记 488 宗，办理不动产抵押登记 252 宗，预购商品房预告登记和预告抵押 165 宗，土地他项权证注销 45 宗，查封登记 24 宗，不动产权籍调查 6869 户，不动产查询 70 宗。

【创新工作】　2016 年，区国土分局在全市率先实施工矿废弃地复垦，已完成待终验，取得指标 12 公顷。结合彭山区第二批农村改革试验区优势，在公义镇新开村开展宅基地退出试点，颁发全市第一宗农村集体建设用地证书，盘活土地 1.2 公顷；完成 4 个农村宅基地退出复垦项目的立项，实现集体建设用地流转指标 9.03 公顷。成功出让 1 宗弹性年限工业用地，出让年限 20 年，为企业多元化的用地方式提供选择，使企业可以在厂房建设、设备购置方面投入更多资金。作为全省三个试点县之一，截至 2016 年 12 月，共办理农民住房财产权抵押贷款 9 宗，不动产登记抵押登记金额 163.4 万元，债权发放金额 65 万元，涉及建筑面积 961.96 平方米，土地面积 0.07 公顷，切实为农民住房财产权抵押融资提供快捷的登记服务。

（李 阳）

投资与招商

【概况】 2016年，全区有效签约项目15个，合同金额346.58亿元。其中，投资额1亿元至5亿元（含5亿元）的项目8个，投资额5亿元至10亿元（含10亿元）的项目1个，由世界500强、中国500强企业投资或投资额10亿元以上的重大签约项目4个、合同金额321.3亿元。新签约项目中已开工10个，开工率66.67%，其中，投产3个。2016年，全区有到位资金的招商引资项目共108个，实际到位资金134.97亿元，完成市下目标任务125亿元的107.9%，完成区定目标任务130亿元的103.8%。其中，省外到位资金110.76亿元，完成市下目标任务96亿元的115.3%，完成区定目标任务104亿元的106.5%。

【省级平台督办项目】 2013—2016年省级活动平台签约重点督办项目共61个、合同金额518.9亿元。2016年，履约项目59个，履约率96.7%；开工项目53个，开工率86.88%；到位资金262.80亿元，资金到位率50.64%。“三率”指标任务均已完成。

【项目考核】 根据省、市2016年考核办法，考核2015年省级活动平台签约项目（国际投资大会），督办项目共6个，合同金额74亿元。履约项目6个，履约率100%。开工项目6个，开工率100%。到位资金32.423亿元，资金到位率43.8%。“三率”指标任务均已完成。考核2016年中外企业活动项目以半年指标为准：督办项目共7个，合同金额55.2亿元。已履约项目7个，履约率100%。开工项目6个，开工率85.7%。到位资金11.45亿元，资金到位率20.73%。“三率”指标任务均已完成。

【重大项目签约】 2016年，彭山区投资促进局强势突破重大项目签约，签约陶氏高科技化工材料项目，投资8000万美元，年产3万吨丙烯酸乳液，年产值6亿元人民币；签约当当网“三中心”项目，投资15亿元，项目投产后五年内累计销售收入达到100亿元人民币，年纳税总额3000万元以上；签约华夏幸福彭山产业新城项目，总投入不低于300亿元。签约世界500强甲骨文公司天府新区技术人才创新创业基地项目，该项目是搭建天府新区彭山青龙区域创新创业、科技型企业的孵化平台。

【重点项目推进】 2016年，区投资促进局大力推进签约重点项目落地。格力电工进展顺利，设备已安装完成，试生产，产值达到5亿元；同步已经启动二期项目谈判。产业新城项目已于2016年6月28日正式签约并展开前期工作，已完成投资0.85亿元。陶氏化学项目已于10月17日举行开工仪式，各项工程全面启动；同时，力争陶氏化学其他项目事业部落户彭山。甲骨文项目租用厂房已交付，正在装修改造。

【项目资源储备】 2016年，彭山区追踪项目有际华集团、陶氏化学上下游产业链项目、清华同方、星光文旅农业迪斯尼项目、韩博集团清洗项目、绿城集团康养小镇、中铁信托健康城项目、苏宁跨境电商项目、世贸集团牧马新城项目等。

【资源整合】 2016年，投促委成员单位按照各自行业特点，通过分析当前经济发展情况和投资热点，相继出台了《眉山市彭山区重点工业企业“小巨人”培育方案》《眉山市彭山区企业做大做强扶持政策》《眉山市彭山区电子商务发展扶持政策》《眉山市彭山区培育壮大农民专业合作社和家庭农场九条措施》《关于促进乡村旅游提档升级的暂行办法》等扶持政策，增强促进作用。强化成员间合作形成补链招商合力。充实区投促委成员至12个，坚持执行投促委联席会议制度，分析投资促进工作形势。成功利用各成员单位职能优势，实现补链招商，初见成效。区领导平均每月2次带队外出招商考察，对接追踪项目，带队拜访重大项目，切实协调解决项目落户；投促委成员单位积极走企业，抓增资技改服务；投促委接待国内外知名企业、商协会200余家，在全区选派4名优秀干部驻上海、浙江、广东、江苏经合局，一线招商，确保储备信息充足。推动闲置资产招商，盘活厂房5万平方米，落户4个项目。2016年，通过贴心服务现有企业，制定和落实政策驱动，彭山区扩大投入的项目有金桐三期、思念三期、同庆南风二期，正在积极洽谈的有苏宁二期、格力二期等项目。牢牢把握重大活动契机，参加中外知名企业四川行活动、西博会，通过活动平台对接企业有效信息10余家，正积极追踪。

（李智群）

公共资源交易

【重要事件】 2016年2月4日，省农业厅厅长任永昌调研彭山区农交中心，副市长钟毅、区委常委郭茂陪同调研。

3月29日，区人大常委会主任钟建成带队调研区农交中心。

7月4日，农业部经管司司长张红宇调研区农交中心，市长助理崔永伟、区委常委郭茂陪同调研。

12月15日，全省“两权”抵押贷款现场推进会与会代表参观区农交中心，副市长肖忠良、区委书记梁磊陪同参观。

【概况】 2016年，眉山市彭山区公共资源交易中心（以下简称“区交易中心”）累计完成建设工程、政府采购、国土出让、产权交易等各类交易服务事项271项，涉及交易总额17.29亿元，增收节支1.97亿元；农交中心对外发布农村产权流转信息747条，农村产权流转成交面积达586.67公顷，成交金额8300万元。2016年，区交易分中心被市公共资源交易中心评为2016年度平台整合、信息化建设、规范化服务等先进单位。农交中心自成立以来，接受国家、省、市各级领导检查指导50余批次、2000余人，受到各级领导充分肯定，农村产权流转交易服务中心工作多次受到央视《新闻联播》、新华社、《人民日报》、《四川日报》等媒体宣传报道。

【交易服务】 2016年，区交易中心建立、健全《电子化设施设备管理制度》《档案管理制度》《廉政风险点及防控措施》《保密制度》

《车辆管理制度》五项制度，加强内控管理。实行项目管理责任制、工程建设项目实行招标代理机构、开评标服务人员“双评价”机制，在开评标室安装电子呼叫系统、增加监控点、对评标区实行全封闭物理隔离等，规范提升分中心流程化管理、现场监管、档案管理等工作与区公管办联合出台《公共资源交易现场管理暂行办法》，进一步促进公共资源交易中心工作的规范化、科学化、阳光化。

【深化农村改革】 2016年，彭山区是全国第二轮深化农村改革34个试验区之一，区农交中心多措施并举强化服务，将试点打造成示范点，强势助推全区深化农村改革。为提高干部群众对农村产权流转交易政策的了解，制作并印发《眉山市彭山区农村改革政策解答》读本和《规范农村产权流转交易工作宣传资料》，组织全区乡镇村社干部到区农交中心现场观摩，并联合区农改办和正兴公司进行面对面政策咨询和问题解答。整合国土、房管两个服务窗口，设立不动产登记服务窗口，优化服务。交易大厅在政策咨询、林业、不动产登记、农业等服务窗口的基础上，新设立农村产权价值评审、农村“两权”抵押融资需求登记两个服务窗口，为农村产权流转交易和农村“两权”抵押融资活动提供“一站式”服务，极大地方便群众办事。2016年，中心窗口部门已颁发农村土地承包经营权证400余本，受理农村产权价值评审登记200余条，颁发交易鉴证书40余本。在搭建省级农村产权交易平台的基础上，又搭建市级农村产权交易信息平台，省、市、区实现三级互联互通。围绕农村“两权”抵押融资工作，新搭建农村“两权”融资需求平台，配合农改办出台《眉山市彭山区农村“两权”抵押贷款信息征集登记发布暂行办法》，并召开金融部门对接会，为农村“两权”抵押融资开辟绿色通道，通过农村“两权”融资平台发布信息200余条，促进彭山区农村产权流转交易和农村“两权”抵押融资活动有序开展。

【农村产权交易】 2016年6月8日，区交易中心通过网上竞价的方式，成功组织交易牧马镇官厅村集体的滩涂水面使用权，增资率达30%；9月30日，区农交中心成功组织交易首宗农村集体建设用地指标，打破农村集体建设用地使用权交易的空白；11月15日，成功组织交易牧马镇官厅村1组农户承包土地经营权流转，成交价高达1300元/亩。截至年底，中心对外发布农村产权流转信息700余条，农村产权流转成交面积达513.33公顷（主要涉及农户承包土地经营权流转、农村集体经营性资产、农村集体建设用地指标流转等），成交金额7200万元。正在挂牌农村产权流转项目112个，涉及面积2133.33公顷。

【直接联系群众工作】 2016年，区交易中心组织职工积极参加直接联系服务群众活动，筹资资金2万元为联系社区修建一条300米的社道，惠及群众300余人；开展“走基层、送温暖”爱心衣物捐赠活动，现场为社区困难群众捐赠衣物30余件；在“七一”、重阳、元旦、春节等节假日走访慰问贫困党员、留守儿童、留守老人等40人次，送去慰问金及物资达2万余元；组建巡逻队和宣讲队，多次参加社区秸秆禁烧巡逻、换届纪律和法治社区宣讲活动，发放宣讲资料5000余份。

（李　姝）

农业和农村经济

综　述

【重要事件】　2016年3月16日，中国人民银行成都分行副行长李铀一行到彭山，就“两权”抵押贷款试点工作推进情况进行专题调研，认为彭山区工作推动基础条件好、创新突破效果明显，要求将彭山打造成为全省乃至全国“两权”融资试点的“样板区”。

5月27日，国家质检总局党组成员、国家标准委主任田世宏一行到彭山，调研考察彭山国家葡萄综合标准化示范区建设。

考察组在四川果怡农业科技有限公司葡萄标准化示范基地展馆参观

6月1日，四川省旅游发展委员会主任郝康理一行到彭山，调研指导现代农业观光和文化旅游等工作，市委副书记刘十庆、区委副书记郭红陪同调研。

四川省旅游发展委员会一行调研彭山区农业观光和文化旅游工作

9月18日，彭山·大地象棋争霸赛在凤鸣镇江渔村凤鸣花谷举办。

12月28日，彭山农村改革被列入全省十大经济影响力事件，副区长王松参加全省颁奖典礼，并现场发表获奖感言。

副区长王松发表获奖感言

【概况】　2016年，彭山区农业和农村工作坚决贯彻落实中央、省、市、区的重大决策部署，始终以“农业增效、农民增收”为工作重心，加强农村改革试点探索，大力发展都市近郊型现代农业，为实现彭山区经济社会跨越式发展做出积极贡献。

【目标任务】 2016年，彭山区全年实现农业增加值14.07亿元，增长3.9%；农民人均可支配收入达到15405元，增幅9.6%；粮食产量15.28万吨；渔业产量1.65万吨；出栏生猪22.05万头，出栏小家禽218.75万羽、兔子379.05万只，畜牧业产值10.05亿元；实现农业招商引资6.1亿元。

【都市近郊型现代农业】 2016年，彭山区完成《眉山市彭山区现代农业发展规划（2016—2020年）》的初步编制。调整"一园两翼"农业产业结构，加快一二三产业融合发展，为彭山区农业提标升质，增加农民收入，制订2016年到2020年的详细发展目标：到2020年，土地流转率达到70%；高标准农田整治2000公顷；建成标准农村道路200公里；发展特色产业333.33公顷；品种改良933.33公顷；森林覆盖率达到37.65%；营造林达到666.67公顷；残次林改造400公顷。明确各乡镇、各部门四个方面的工作重点：统筹农业、交通、旅游三个规划，在"两翼"各布局一条农旅骨干环线，打造系列旅游节点，推动产业融合发展；规模经营、高效推进土地流转，严把项目准入关；提升品质、优化产业结构，实现种养循环农业，坚持生态同步；完善基础设施配套。对各高标准建设的农村道路、基础设施给予奖补。针对"一园两翼"涉及的8个乡镇签订目标责任书，制订各乡镇的年度产业发展计划。

【新型农业经营主体】 2016年，彭山区大力培育龙头企业、家庭农场、农民合作社、专业大户等新型农业经营主体，激发农业和农村发展活力，实现区域农业由单一的家庭经营向多元主体经营的转变。成立"彭山区家庭农场联盟"，以绿色、生态、品牌为着力点，围绕市场主体、运营模式"两创新"和标准、品牌、服务、农资、物流、金融"六统一"，在信息共享、技术交流、资金互助等方面实现抱团发展，助推全区农产品提标提质，新型农业经营主体高质量发展。全年共培育各类新型农业经营主体3400余个。其中，家庭农场386个，农民专业合作社236个，市级以上龙头企业23家，种养殖专业大户2800余个。

【新村建设】 2016年，彭山区按照"住上好房子、过上好日子、养成好习惯、形成好风气"的创建标准，强力推进"四好村"创建工作，制定《眉山市彭山区人民政府关于创建区级"四好村"活动工作方案》及《眉山市彭山区"四好村"创建考评试行办法》，根据省、市要求评选出区级"四好村"40个，推荐市级"四好村"27个、省级"四好村"10个。按照"宜散则散、宜聚则聚"原则，新建幸福美丽新村，融入文化元素，倡导休闲新村旅游。制定《2016年全区幸福美丽新村建设实施方案》，分解落实各项目标任务。继续实施"建、改、保"，计划建设新村聚居点15个，已建成13个；计划建设农村廉租房92户，已建成80户；"百村绿色家园"2个，已建成2个，建设便民服务中心2个，建设"雪亮工程"两个。打造以刘家大院、黄丰橘香天下为主的特色亮点村2个，刘家大院美丽新村以保护传统村落，打造美丽新村为核心，以"寻根问祖”为主题线路，以刘家的整体院落建筑文化、民俗文化为依托，打造刘家村落安乐祥和、风景如画的世外桃源，完成农户大门整体风貌改造11户、墙面粉刷8000余平方米，安装太阳能路灯40盏、青石板路2公里，生产便道及路面扩宽2公里，修建沟渠2公里，整治臭水沟120米，与此同时，占地2000平方米的百园之市（活动广场）已建成并投入使用；大院内道路色带、大门、墙面等整体风貌改造已经全面完成，填补了彭山区新农村建设文化保护空白。做好幸福美丽新村经营主体的培育和主导产业的发展，“东翼”以柑橘为主，重点在于提高柑橘品质，加大改良力度；“西翼”以发展猕猴桃、核桃为主，完善产业园区的各项基础设施建设，巩固公义红旗、观音果园、彭溪兴崇、凤鸣金烛葡萄、蜜柚产业基地。

【区域品牌打造】 2016年，彭山区结合彭山养生养老元素，着力打造“一个不老的地方”“寿果”等寿乡农产品品牌，提升品质。全区申报商标15个；成功申报国家地理标志保护产品1个，绿色食品认证12个，无公害产品11个，农产品行业金奖12项。构建一个营销体系。在成功组建“眉山市彭山区家庭农场联盟会”的基础上，创建“眉山市彭山区家庭农场联盟发展服务有限公司”，通过政府引导，采用市场化经营模式，将全区优质农产品推出去。与“苏宁易购”签订合作协议，进一步推广“彭祖”商标，形成“东坡味道”彭祖体系。推动一三产深度融合。深入挖掘彭祖长寿养生文化、李密张纲忠孝文化等，积极探索一三产业融合发展模式，不断拓宽农业的功能边界。引入“农业嘉年华”、中法农业科技园、黄丰橘颂园等农业主题公园和明都花卉、养生缘、双凤湖主题农庄等农旅实体项目10个以上，充分发挥农业的观光、体验、创意等多种功能，逐步在全区形成游园采摘、民风民俗、科普体验、养生休闲等的有机融合。

【基础设施建设】 2016年，彭山区整治渠道47公里，山平塘62座，新建蓄水池60个，解决农村饮水不安全人口1.2万人；森林覆盖率稳定在35%以上，退耕还林面积4533.33公顷；新建和改造提灌站10座，农作物机械化作业水平68.6%。

【亮点工作】 2016年度，彭山区认真贯彻落实中共十八届五中、六中全会，市委、市政府《全面落实“五大发展理念”全面推进都市近郊型现代农业发展的意见》精神，创新农业发展模式，深化农村改革，以打造成都平原的农产品“中央厨房”为目标，全力推进全区农业供给侧结构性改革，形成“一园两翼”农旅产业融合发展新格局，不断开创“三农”工作新局面。2016年，彭山区被省委、省政府评为“三农”工作先进县（区），全市唯一。农民人均可支配收入实现15405元，增幅9.6%，全市排名第二。产业链日益健全，着力打造具有市场竞争优势的精品葡萄、优质柑橘、红心猕猴桃等6大优势产业，共培育各类新型农业经营主体3400余个。建成农产品冷链集散中心3个，育苗基地4个，农产品初加工企业9个，形成“互联网+农业”农产品电子商务平台；创建全国葡萄新品种科研基地；启动农产品质量安全溯源体系建设；成功打造农产品区域品牌“彭山田野·礼”。制定全区“一园两翼”的农旅发展战略，形成“智慧”岷江、“乐活西山”和“康养东山”等多种新兴业态。以“四好村”创建为目标，建成刘家大院等具有现代意义“乡愁”的幸福美丽新村66个；成功创建省级“四好村”11个；打造观音果园雅筑、武阳荷风晓月、黄丰橘园春晓等18个文化阵地典型。探索开展农村“两权”抵押贷款工作，全区7家参与试点银行已推出农村“两权”抵押产品14个，发放农地贷款293笔、1.63亿元，发放农房贷款9笔、65万元，全省两权融资现场会在彭山召开，彭山经验成为全省样板。彭山农村改革成功入围全省2016年十大最具经济影响力事件，成为彭山经济、社会发展的又一张响亮的城市名片。

（晏瑶珈）

农业工作

【重要事件】 2016年2月，眉山市彭山区被省政府评为“四川省农产品质量安全监管示范县”。

7月5日，市委组织部部长姜怡到彭山区农业局调研农业行业党委工作。

9月29日，全国高校园艺学科建设与人才培养院长论坛在彭山召开现场会。

12月2日，省水产局在眉山市彭山区召开四川省2016年渔民家庭收支调查年报数据会审会。

是日，彭山区农业局多经站参加中国柑橘学会2016年学术年会暨广安市第一届农博会。

【概况】 2016年，彭山区农业工作以“东坡味道”千亿产业和发展都市近郊型现代农业为抓手，稳定粮食生产，发展优质特色产业，稳妥有序地推进土地流转，加快培育新型农业经营主体，促进农业稳定发展和农民持续增收。全区粮食总产量达到15.32万吨，比2015年增加0.37万吨；新推广沃柑、大雅等优质水果品种，全区水果种植面积7466.67公顷，总产量达9.65万吨，实现产值6.3亿元；蔬菜种植面积3800公顷，实现总产量9.1万吨，产值2.8亿元；中药材面积2400公顷，产值0.98亿元；商品鱼总产量达到1.66万吨，均超额完成目标任务。

【粮食综合生产】 2016年，区农业局依托粮油高产创建示范片建设项目，以点带面，建立以公义、凤鸣、谢家等乡镇为中心的水稻万亩高产创建示范片2片；以锦江、牧马、武阳等乡镇为中心的油菜万亩高产创建示范片2片；以锦江、牧马等乡镇为中心的马铃薯万亩高产创建示范片2片。示范带动开展水稻集中旱育秧、免耕优化栽培、玉米育苗覆盖等粮油新技术3万公顷次，引进推广粮油作物新品种32个，主导品种、主推技术到位率达到95%以上。水稻万亩示范片经省、市专家组验收平均亩产621.9公斤；油菜亩产达到206.4公斤；马铃薯亩产达到1602.55公斤以上。2016年8月，省农技推广总站组织全省30余个区县参观彭山区水稻机械化穴直播示范，为该项技术在全省推广奠定技术理论基础。积极做好2016年小春生产培训和指导工作，依托粮油高产创建项目，在全区发放油菜种子和硼肥2.9万包，建立以锦江乡、武阳镇、黄丰镇和牧马镇为核心的油菜高产创建示范片区1933.33公顷，辐射带动全区油菜生产。积极做好大小春生产的培训和技术指导，下派农技员对口联系指导村社进行生产，成立由8名中高级农艺师组成的农业技术服务专家组和29名技术人员组成的农业技术服务团，对农民生产过程中遇到的问题进行集中研判和解决。完成晚秋资源开发6.67万公顷；建设无公害水稻示范基地33.33公顷。

【病虫害统防统治】 2016年，区农业局实行病虫害统防统治，全区实现专业化统防统治面积4.65万公顷次，专业化统防统治率达42.11%，病虫损失率控制在4%以下；完成绿色防控示范4133.33公顷，全区水稻、果树、蔬菜等主要农作物绿色防控覆盖率达33.54%，农药使用量增长率为-0.09%。抓好农业部、省厅下达的农区鼠情监测工作（每月一次），共向部、省、市农业部门上报鼠情信息12期，及时指导全区农区灭鼠工作。全年共完成农田统一灭鼠5333.33公顷（其中，竹筒毒饵灭鼠1333.33公顷），农舍统一灭鼠1.4万户，共挽回粮食损失379.63万公斤。

【土地流转】 2016年，区农业局通过示范扶持、培训扶持、政策扶持等措施，有力地推动新型农业经营主体快速发展。全区已培育四大新型经营主体3208家，其中，在工商注册登记的农民合作社累计达237家、家庭农场达467家，培育市级示范农民合作社18家、省级示范农民合作社10家；全区实现集中流转土地面积9333.33公顷（其中，流转耕地面积8175.33公顷，流转率高达58%），全区1200余宗流转土地中，6.67公顷以内的占40%，6.67-33.33公顷的占50%，33.33公顷以上的占10%。流转方式以出租为主，流转去向主要为种养大户、家庭农场、农民合作社、工商企业等。

【两权抵押贷款】 2016年，彭山区开展农村土地经营权抵押融资，支持现代农业发展。建立农村产权评审评估体系，成立以农业局专家为主导的评估评审专家团，负责全区产权价值评估评审工作，为金融部门和业主提供抵押融资依据。“五大体系、五方联动”（五大体系：产权交易、产权评估、风险分担、产品创新、征信；五方联动：政府、农业园区、正兴农业公司、银行、新型农业经营主体）的两权抵押贷款经验被人民银行成都分行列为全省“样板”。自2015年9月实施以来，全区已办理农村土地经营权抵押贷款登记备案173笔，发放经营权流转收益保证贷款8916万元。

【农产品质量安全】 2016年，区农业局切实抓好农产品质量建设，确保农产品质量安全。建立区、乡镇、生产主体三级农产品质量监管、农产品质量检测网络，利用现有设备，区、乡（镇）共检测农产品样品3303个，合格率100%。建立“眉山市彭山区农产品质量安全追溯网”，并与省对接。指导生产经营主体规范记录生产档案和上市产品规范包装标识。对全区新型农业生产经营主体进行调查，统一编印“投入品经营档案”和“农产品生产档案”，指导新型农业生产经营主体和农业投入品经营者认真填写生产档案和购销台账。结合省农业厅农资打假专项整治和“三品一标”（无公害农产品、绿色食品、有机农产品和农产品地理标志统称）专项检查，认真开展安全隐患“大排查大整治”行动，加强农业执法，出动执法人员720人次，对辖区内的农资单位（个人）开展拉网式检查415次；认真做好市场检查记录，确保监管不漏门店、不漏品种、不留死角。全面推行并认真落实持证上岗、质量承诺、可追溯制度以及索证索票、经营台账记录制度。同时依法加强“三品一标”认证后监管。

【品牌培育】 2016年，区农业局强化围绕粮油、蔬菜、水果、水产品等主导产品编制《彭山区农作物种植规程》81个，印发《彭山区农作物种植规程》和技术明白纸各3000册和10万余份，下发到主要农户，并将主要技术在基地上墙公布。2016年，新认证（或续展）绿色食品2个，无公害农产品2个，全区共认证无公害农产品11个，绿色食品4个，品牌效应突出。

【水产渔政管理】 2016年，全区养殖面积1100公顷，渔种投放2350吨；渔业总量完成16550吨。加强养殖技术指导和新品种的引进推广，强化渔政执法检查，水产品质量安全和渔船安全事故零发生，渔船登记检验率达到100%。

【民生工程】 2016年，区农业局向上争取资金8549万元，其中，农业产业投入为5724万元，各类惠农政策为2825万元；培训新型职业农民130人；农发高标准农田建设项目涉及观音镇梓桐村、文昌村、观音村，彭溪镇毛店村4个行政村，土地治理面积560公顷，总投资915.6万元，衬砌渠道27条、22.20公里，整治和新建田间道路13条、7.16公里；新建沼气集中供气工程3处，总投资138.2万元，包括黄丰镇四塘村集中供气工程（投资48.6万元，供气77户）、武阳镇五一社区集中供气工程（投资42.3万元，供气63户）和黄丰镇合力村集中供气工程（投资47.3万元，供气80户），完成2014年中央预算内投资沼气项目建设任务（新建500口户用沼气池，建设6个村级沼气服务网点）。

【农业宣传】 2016年，区农业局加强政策宣传，积极做好信息报送、政策宣传工作，完成信息稿件撰写目标任务，在眉山农业信息网发表土地确权宣传报道14篇。2016年，全国先后有省内外10余个单位到彭山区学习、考察土地规范流转经验。

【扶贫工作】 2016年，彭山区通过成立行业党委，下属葡萄、蜜柚、蔬菜、猕猴桃、柑橘、水产、中药材、综合8个党总支，覆盖所有贫困村，促进“一村一品”布局基本形成，农业产业扶贫增收效果初步显现。农业产业扶贫842人，完成任务数842人的100%，贫困村主要农作物良种覆盖率达到90%，农业实用技术推广率达到92%。优化主导产业布局，在全区贫困村规划建设三大水果产业带，全区现已建成省级万亩示范区3个，其中，观音镇、公义镇葡萄万亩示范区各1个；黄丰镇柑橘万亩示范区1个。通过实施粮食生产能力提升工程、现代农业推进工程、高标准农田建设等工程，建成现代农业产业基地1333.33公顷，改善产业发展条件。2016年，粮食生产能力提升工作项目总投资690万元，涉及李山、邓庙、天柱、佛岩、金岗5个贫困村。进一步提升产业技术支撑，开展百名农业科技人员进百村技术扶贫行动，确保每个贫困村有一名驻村农业科技人员。由进村开展农业产业扶贫的农业科技人员和贫困村村委会通过院坝会、现场示范、田间学校等方式“一对一”“手把手”开展技术培训，做到全覆盖。开展新型职业农民培训，将贫困村符合新型职业农民培育条件的农民纳入当地新型职业农民培育范围，围绕主导产业开展培训。2016年，在全区13个乡镇宣传无公害稻米、水果、蔬菜、泽泻的栽培管理技术，同时大力宣传发展无公害农产品的重要意义，累计培训贫困人员2400人次，发放种植业技术资料和水产养殖技术资料4500份、科技书籍1000本。

【蚕桑生产】 2016年，全区完成养蚕350张，生产蚕茧1.1万公斤。巩固基地建设成果，对基地新建桑园100%进行良桑化改造。引进推广“7532”夏、秋用新蚕品种，保障全年四季蚕品种为最优品种。进一步提高蚕茧产量，小蚕共育率和省力化、集约化大蚕蚕台育率分别达到95%以上。进一步提高蚕茧质量，塑料簇、纸板方格簇等新簇具使用推广率达到98%以上。进一步提高蚕农栽桑养蚕技术水平，蚕茧生产基地举办春夏两期技术培训班，参训蚕农达到98%以上。加强服务体系建设，为蚕农提供优质、高效的产前、产中和产后服务，全年无爆发性蚕病、桑树虫害发生。坚持产量、质量、效益为中心，蚕农单张养蚕收入提高98%以上。协助蚕农销售，抓好蚕茧收购，维护蚕农利益，全区蚕茧收购率达100%以上，蚕农满意度达100%。

【亮点工作】 2016年，集体资产股份合作制改革试点工作全面铺开。在全区13个乡镇14个村实施农村集体资产股份合作制改革试点工作。清产核资资产总额3276万元；界定集体经济组织成员38691个；14个集体经济资产管理股份制公司已报区政府审批。完成东坡味道产值115.11亿元。新建“3+3”农业综合改革与发展示范点1个（公义镇葡萄示范点）。大力推进现代农业示范县建设，发展适度规模种植晚熟柑桔333.33公顷。实施农业部“险资直贷+水果产业收入保险”试点项目。完成创建“省级农产品质量安全监管示范县”；指导谢家镇和黄丰镇通过省级安全社区创建工作。

（卓　柯）

畜牧业工作

【重要事件】 2016年3月11日，彭山区动物春季防疫部署会在区政府四会议室召开。

4月21日，农业部兽医局调研小组在省农业厅、市畜牧局领导陪同下，调研彭山区动物检疫工作。

5月6日，由市畜牧局局长万俊才带队市政府督察小组，对彭山区动物生猪定宰行业压点升级和屠宰资格审核清理工作开展督察。

6月6日，省卫监所检查小组检查彭山“动物卫生产地监管年”行动开展情况。

8月16日，眉山市副市长汪树槐督察彭山区脱贫攻坚工作。

9月22日，彭山区动物秋季防疫部署会在区政府四会议室召开。

10月31日，彭山区代表眉山市接受四川省动物卫生监督所目标考核，得到99分的高分。

【概况】 2016年，全区实现畜牧业产值11.89亿元，出栏生猪22.05万头，出栏小家禽、兔等958.05万只；新增现代畜牧业业主145户，培育家庭牧场7个，新增专业合作社3个；创建生态牧场2个；主要畜禽规模养殖比重比2015年提高0.2%，达73.4%；主要畜禽良种化水平比2015年提高0.1%，达98.8%。

【畜产品质量安全】 2016年，彭山区畜牧局狠抓生产投入品监管，强化饲料、兽药生产、销售和使用环节的监管，严厉打击“瘦肉精”、三聚氰胺违法添加和注水肉等违法行为，开展生产投入品拉网式排查17次，对“瘦肉精”、三聚氰胺等违禁物品检测8070次，未发现违禁添加行为。强化检疫力度，全区畜禽产地、屠宰、市场检疫率达100%，无重大畜产品质量安全事故发生。严厉查处违法行为，立案调查6起兽医卫生违法事件，收缴2批假劣兽药，查处4起非生产企业社会冻库违法违规行为，共处罚金7856元。农产品质量安全检验检测站建设项目顺利通过验收，并投入使用。

【动物卫生安全】 2016年，区畜牧局扎实开展重大动物疫病防控工作，严格执行圈舍消毒制度和春秋两季集中免疫制度，全区畜禽免疫密度达100%，抗体合格率全面达标。2016年，全市春防交叉检查，彭山区抗体检测水平全市第一。狠抓狂防免疫工作，登记犬只城区免疫率达100%，乡镇免疫率达95%以上。全区没有发生区域性重大动物疫情和动物源性公共安全事件，连续7年未发生一例狂犬病死亡病例。

【生态安全】 2016年，区畜牧局按照有关法律、法规和《彭山区畜禽养殖管理办法》《彭山区畜禽养殖污染治理方案》的要求，科学调整和划定全区养殖区、限养区、禁养区。开展畜禽养殖污染治理工作，关停禁养区内畜禽规模养殖场（户）43家，整治限养区、养殖区内畜禽规模养殖场（户）239家。大力推行种养结合、生态养殖模式，发动养殖场（户）就近流转土地用于养殖粪污消纳。扎实开展毛河、府河流域污染治理工作，成立领导小组和技术指导小组，制定治理方案，实地调查收集流域范围内污染情况，绘制流域污染图；联合国土、环保、水务、农业等部门及相关乡镇人民政府，整合各类项目资金，共同研究，共同推进。

【生产安全】 2016年，区畜牧局组织召开安全生产培训会，培训全区饲料企业负责人110人次；与全区23家饲料企业签订生产安全责任书和质量安全责任书；组织20家企业开展消防应急演练；安全生产检查饲料兽药生产企业、畜禽屠宰点、适度规模养殖场90余次，全年未发生一起安全生产责任事故。

【标准化建设】 2016年，区畜牧局提升服务职能、推广标准化建设工作。强化培训：开展养殖技术、畜产品质量安全、生产安全、检疫检验技术、养殖粪污治理技术等相关培训152期，培训人次数达9000余人次。科技服务：开展百名畜牧科技人员进村入户服务群众和“四支队伍”服务群众活动，人均服务天数达 150 天以上，服务次数累计达 6480 余次。品种改良：已建成黄丰巨星种猪场和义和天蓬种猪场。引进优质种公猪 80 余头，为全区畜禽养殖户提供优质精液，已投入使用。向上争取项目 11 个，项目资金 357.49 万元。

【畜牧产业精准扶贫】 2016 年，区畜牧局创新畜牧产业精准扶贫模式，整合项目资金 60 万余元，专项投入精准扶贫工作，向 99 户贫困户赠送仔猪 180 头，与 99 户贫困户签订代养协议，代养生猪 201 头，全年实现联系贫困户增收 65 万余元。落实畜牧科技人员定点联系贫困村与贫困户，开展养殖技术培训 20 期，每周走访帮扶联系困难户 1 次以上，提供养殖技术指导及服务。

【"互联网+畜牧"】 2016 年，区畜牧局继续探索彭山优质畜产品在电商、微商等网络平台销售模式，新增畜产品网店 2 个；推进互联网和畜牧产业深入融合，实现"屠宰检疫监管+互联网"。

【生猪定宰压点升级】 2016 年，区畜牧局对全区 28 家生猪定点屠宰场进行整合重组，缩减为 7 家标准化的生猪定点屠宰场，并统一安装监控设备实施联网监控，确保屠宰流程规范、环保达标、安全生产，有效杜绝私屠滥宰、环境污染等现象。2016 年 6 月 17 日，全市生猪屠宰管理工作推进会在彭山区召开。

【秸秆养畜】 2016 年，区畜牧局以生态养殖、废物利用为原则，强力推进弘丰牧业秸秆养畜项目。废秸秆通过粉碎发酵后，可转化为商品羊的饲料。2016 年，已完成弘丰牧业标准化圈舍改造 2000 平方米和粪污处理设施建设，购置、完善秸秆粉碎、仓储等设施设备，项目建成后，年可消纳废秸秆 800 余吨。

（赵庆晓）

林业工作

【概况】 2016 年，全区森林面积 1.67 万公顷，林地面积 9675.37 公顷，林业产业总产值 21.96 亿元，其中，第一产业 2.02 亿元，第二产业 16.14 亿元，第三产业 3.8 亿元，农民人均从林业上获得收入 1382 元；全年向上争取项目资金 2049.16 万元；全面推行森林保险，全区参保面积 1.15 万公顷，参保率为 100%(68.9%)，实现全覆盖；森林覆盖率 36.28%，林木覆盖率（含路旁、沟旁、渠旁、宅旁"四旁"）37.50%。

【营造林】 2016 年，彭山区林业局完成成片造林 800 公顷，新育苗 26.67 公顷，主要是香樟、臭椿、银杏等；完成中幼林抚育 2000 公顷；完成"四旁"义务植树 38 万株，完成 2015 年度计划 200 公顷林业血防造林和退耕还林后续产业目标任务；完成德贷项目四个经营单位的组建和经营方案的编制工作，并通过省级和国际监测；启动东山彩林建设项目，将岷江以东的林中空地、荒山荒坡农户四周、道路沟渠两侧等地段改造为以栾树、银杏、美国红枫、红叶杨、戚树为主的彩林景观带，总规已通过区规委会，建设方案经区重大工作统筹会通过。2016 年 11 月项目正式启动，完成首期 1.2 公顷国有土地建设；完成项目一期 21.73 公顷业主承包土地、国有土地外业测绘和施工图设计；通过区财评中心财评，进入招标程序。

【资源保护】 2016年，区林业局加强森林病虫害检疫防治和森林防火工作，制发《眉山市彭山区2016年林业有害生物发生趋势预报》。建立“2016年林业有害生物防治信息辅助数据库”。完成区森林防火指挥中心一期建设，在公义镇农乐村、锦江乡永泉村成功创建市级森林防火“二三四工程”示范村2个，并通过市防火办验收合格。完成市林业局下达2个的目标任务，全年未发生一起森林火灾。制定彭山区涉林企业安全生产检查细则，强化涉林企业安全生产工作，全年未发生一起涉林企业安全事故。积极开展“林地专项行动”“火案专项行动”“打击涉林非法占用林地专项行动”“打击非法猎捕野生动物”等各项专项行动，加强警民联动，加强林区防护，加大违法犯罪打击力度，全年共侦办刑事案件2起，移送起诉2起；办理行政案件20件，行政处罚20人，罚款3.7万余元，为国家和个人挽回经济损失70万余元。所办案件做到无退侦、无退补、无冤假错案、无提起行政诉讼和行政复议、无不合格案件、无因执法工作不规范受媒体曝光的情况、无民警违纪违法的“七无目标”。开展野生动物保护宣传活动，以及“爱鸟周”宣传活动，积极开展野生动物资源保护、监测、监督和执法工作，对全区野生动物驯养繁殖经营户进行核查，缴获野生动物及其制品10只，开展野生动物救助活动，救助了一只猫头鹰。

【绿海明珠】 2016年，区林业局完成“绿带”“绿肺”两大工程。“绿带”工程完成迎宾大道绿化景观建设、农旅观光大道彭山段22公里、岷东大道彭山段绿化11公里、成乐高速公路景观绿化任务；启动江新路美化建设项目、谢义路、彭回路锦江段、先桂路等乡村主要道路美化，双凤水库绿化5公顷、龚家堰水库大坝和集中供水站绿化5公顷。“绿肺”工程完成城区立体绿化和成片造林333.33公顷，锦绣大道北节点、城南广场2处绿地广场，G245线城区过境段绿化，学院南路850米道路绿化，前程路绿化，滨江路4.2公里花堤提升工程，岷江水上绿色走廊“寿乡水岸·岷江河滩公园”一期绿化补植、补栽，鸭子凼园中园建设；启动C段项目的规划及苗木种植；完成牧马镇“集镇拥翠”工程建设任务；建成黄丰镇团结村、武阳镇泥湾村、观音镇曾家村3个“绿色家园”村。

【退耕还林】 2016年，区林业局完成全区4533.33公顷退耕还林的县级自查验收工作，并兑现政策补助资金；完成2015年计划后续产业专项建设种植、养殖项目的外业验收，并兑现专项建设资金。

【天然林保护】 2016年，区林业局完成天保二期工程年度建设任务，实施森林管护157.07公顷，管护率100%。严格执行《四川省天然林资源保护条例》，制定《彭山区2016年度森林管护实施方案》，利用标语、报刊、宣传车等形式加强宣传，成立管护队伍并与管护人员签订年度森林管护责任书；采取巡山护林、设卡检查等方式，防止盗伐、滥伐、偷拉盗运，防止毁林开荒和乱占林地；搞好森林防火和病虫害防治工作，保护林区内野生动物、植物；做好全区森林管护工作。

【林业产业】 2016年，彭山区被列为全省第三轮林业产业重点县，建设期为3年。林业局制定《眉山市彭山区现代林业重点县建设方案（2016—2018年）》《彭山区2016年度现代林业产业发展资金项目实施方案》，并按照实施方案开展工作，营造成片珍贵用材林、珍贵树种配置区造林33.13公顷，累计333.33公顷。创建现代林业产业提质增效示范区2个，竹编年产值5647.3万元，带动就业人员5008人，生态旅游产值3.6亿元。林业生态旅游扶贫攻坚工作中，新增旅游商品经营户121户，创建1星、2星级森林人家4个。新增家庭林场3个。

（徐 兵）

水务工作

【重要事件】 2016年3月30日，省防汛检查组视察彭山区防汛工作。

省防汛检查组现场听取彭山堤防建设工作汇报

10月29日，国家发改委领导视察龚家堰扩建工程建设。

国家发改委领导视察龚家堰扩建工程建设时情景

12月23日，省水利厅副巡视员卜冀滨带领省水利脱贫攻坚考核组检查彭山区扶贫攻坚农村饮水安全工程工作。

省水利厅检查组听取彭山区脱贫攻坚农村饮水安全工程情况汇报

【概况】 2016年，眉山市彭山区完成水利总投资4亿元。其中，水务系统的中央、省级投资5797.3万元。

【水利工程】 2016年，彭山区水务局新建整治渠道52.3公里、整治山坪塘62个、改造泵站3处、整治石河堰11座、新建蓄水池61个，投入资金1300万元。

【防汛工作】 2016年，区水务局完成各类水毁工程修复130余处，其中，江口农贸市场水毁工程、龙溪河水毁工程整治堤防599米，投入资金 400 万元；委托正兴公司打造橘花广场河道景观，投入资金 80 万元。

【安全饮水】 2016 年，区水务局建成集中供水工程 1 处，供水管网延伸 4 处，加压泵 4 处，新安装自来水用户 1100 余户。截至年底，全区已建成集中供水工程 9 处，主管网 176 公里，覆盖 13 个乡镇（街道），城乡自来水入户 6.17 万户，覆盖 23 万人。

【水利扶贫】 2016 年，区水利局在全区 19 个贫困村共投资 2717 万元，用于完善农田水利基础设施和人饮工程设施建设，取得显著的经济效益和社会效益。水利脱贫攻坚工作顺利通过市考核验收，综合评分为全市第一。

【龚家堰水库扩建】 2016 年，龚家堰水库扩建工程已完成大坝主体、补水工程及移民复建工程建设，正抓紧完善各类配套设施建设，累计完成投资 1.87 亿元。

【“千湖之城”建设】 2016 年，“千湖之城”建设完成投资 2.47 亿元，恢复和新增水域面积 5.2 平方公里，两项指标分别超额完成市委、市政府下达工作任务的 124% 和 104%。

【水利生态建设】 2016 年，区水务局采用 PPP 模式新建公义、武阳、黄丰、凤鸣城西 4 座城乡污水处理及管网工程；加强饮用水水源保护，建立、健全全区饮用水水源地保护规划和水源污染事故预案；加大水库水产养殖污染治理，取缔 18 座中小型水库肥水和人工投饵养殖；推行“河长制”，积极开展湄州河生态治理工作。

【水政执法】 2016 年，全区加大水利法律、法规的宣传力度，认真开展“3•22”世界水日暨“中国水周”宣传活动，悬挂宣传横幅 2 幅，制作展板 7 个，发放宣传资料 2400 余份，接待咨询涉水法规、节水知识群众 560 余人。

（车明辉）

农机机械

【重要事件】 2016 年 10 月 14 日，根据《中共眉山市彭山区委关于付卫平等同志职务任免的通知》（眉彭委〔2016〕168 号）文件，任命李红继为眉山市彭山区农机事业局（以下简称“区农机局”）党组书记；11 月 17 日，根据《眉山市彭山区人民政府关于李红继等同志职务任免的通知》（眉彭府人〔2016〕13 号）文件，任命李红继为农机局局长。

11 月 16 日，农业部农机购置补贴调研组、农机化司副司长李安宁等一行 7 人到彭山区成林农机合作社、义和乡，调研农机购置补贴工作。

农业部农机购置补贴调研组调研彭山区农机购置补贴工作情景

【概况】 2016 年，全区农机总动力达到 27.89 万千瓦，综合机械化水平 66.5%。机收稻麦 1.68 万公顷，助农增收 3600 万余元。争取到位项目资金1110万元，示范推广农机新技术2项。实施农机购置补贴项目，确保满足农民群众购机需求，中央补贴资金结算进度达100%。新建提灌站10座，维修改造提灌站580台5800千瓦。新建（整治）机耕道305公里。

【农机化服务】 2016年，区农机局开展稻麦跨区机收服务，引进联合收割机900余台次，机收稻麦1.68万公顷，助农增收3600万余元。开展秸杆禁烧工作，抽调工作人员3人，协助联系乡镇开展秸杆禁烧宣传解释工作。督察机收作业质量，要求割桩不高于10厘米，排查安全隐患。

【农机化推广】 2016年，区农机局开展放心农机下乡进村宣传周活动，宣传农机补贴政策、农机产品新“三包”规定等法律、法规，进行产品质量咨询，教农民识别假冒伪劣农机的方法，共发放宣传资料3600余份，接受群众咨询1800余人次。开展农机化新技术新产品推广工作，示范推广水果保鲜储藏设备、小型半喂入收割机新机具和新技术。

【农机安全监管】 2016年，区农机局充分利用省道路交通安全及重点驾驶人信息共享平台，要求有违法记录的车辆及驾驶人先到交警队接受处罚，然后办理业务，全年查询平台信息400余条，接受处罚28人。强化源头治理，与驾驶员和车主签订《安全生产责任书》《不违法载人承诺书》《到期报废承诺书》《不超限超载承诺书》，签订率达100%；严把登记注册入户关，严格安全技术检验制度、逾期未年检公告报废制度，完善台账管理。对逾期3年不参加年检的拖拉机登报公告作废，共公告作废拖拉机86台，年检拖拉机336台，年检率66%，持证率100%。深化“打非治违”（打击非法违法生产经营活动行为），完善农机事故应急处理、党政同责、“一岗双责”等实施方案，田检路查和与联合执法相结合，共联合执法9次，安全检查92次，出动人员392人次，出动检查车辆92台次，检查拖拉机3258台，纠正违章152起，排查整改隐患12起。

【基础设施建设】 2016年，区农机局继续加强提灌站建设。发动群众投资、投劳，新建、维修、改造提灌站，组织技术人员深入村社195人次，开展技术指导、质量监督和管理服务，新建提灌站10座，改造提灌站552台5500千瓦，恢复灌溉面积6660公顷。投入提水提灌机械2.6万台次49.3万千瓦，提水5580万立方米。开展乡村便民道建设，累计投入资金4826万元，建设机耕便民道305公里。其中，村组道路131公里，田间机耕道103公里，入户便民道71 公里。强化资金使用监管，严格执行村民自治，杜绝暗箱操作。

【农机培训】 2016年，区农机局开展新型职业农民技能培训，在市级贫困村江口镇永利村培训农民70人，培训时间7天，田间现场示范小型联合收割机、割草机等农村实用农机具操作使用、维修、保养技术。开展农机安全培训。组织农机驾驶员、车主学习安全知识、法律法规、重要文件、领导批示，做到警钟长鸣。全年共举办培训9期，培训驾驶员3328人次。开展专业技术人员知识更新培训。组织全区农机技术人员26人，参加省、市培训，学习国内外农机工作先进经验，了解现代农业发展状况，更新提高专业知识水平。

（袁如蓉）

工　业

综　述

2016年，彭山区工业规模持续壮大，106户规模以上工业企业实现总产值366.3亿元，同比增长13.7%，完成工业投资84.37亿元，更新改造投资47.18亿元，工业投资比重占全社会投资比重达37.1%。实现规上工业总产值299.5亿元，占全区工业比重达到82%，其中，战略性新兴产业产值达到76.6亿元，占全区工业比重达到21%，同比提升1个百分点。新培育规模上工业企业8家；向上争取项目资金10个，争取各级专项扶持资金2600万元；新培育1家5亿元企业。

经济和信息化工作

【概述】 2016年，彭山区经济和信息化工作以“稳增长和创新驱动”为中心，认真落实“三去一降一补”（即去产能、去库存、去杠杆、降成本、补短板）政策，坚持一手抓提质增效调优存量，一手抓高端引进做大增量，工业经济总体保持健康平稳的发展势头。规模以上工业增加值增速10.2%，高于全市0.2个百分点，增速居全市第三位。

【项目投资】 2016年，工业固定资产投资完成84.37亿元，工业投资比重占全社会投资比重达37.1%。格力电工、金叶化肥、禹王防水等一批投资亿元以上的项目建成投产；陶氏化学、艾德骏普特种车、精达电器等一批投资亿元以上的重大项目正加快建设；川娃子、圣祥聚氨酯等一批重大储备项目正开展前期准备工作，加快引领2大战略性新兴产业向产业高端发展，引领园区向“大项目——产业链——产业集群”的发展模式转变。思念项目全年完成投资1000万元，完成前期相关手续办理及场平、打围、天然气管道铺设。

【园区建设】 2016年，两大工业园区主导产业进一步明晰，彭山经开区重点发展日化产业、新能源新材料、现代物流和智能制造业；成眉新能源新材料园区重点发展精细化工和化工新材料产业。彭山经开区工业产值达到232亿元，成眉新能源新材料园区禹王防水等两个项目建成投产，进入新的发展阶段；两大园区完成基础设施投入10.9亿元，项目承载和要素保障能力进一步增强。彭山经开区成功创建化工高新技术产业基地和知识产权示范园区；成眉新能源新材料园区引进世界500强陶氏化学，实现重大项目引进新突破。

【企业服务】 2016年，彭山区经济和信息化局（以下简称“区经信局”）全面落实企业做大做强扶持政策，出台相关政策，重点针对工业企业上市融资、转型升级、创新驱动和做大做强等给予专项产业扶持资金支持。实施“小巨人”企业培育计划。优选13家企业，按照“一企一议”制定发展目标，在企业流动资金贷款贴息、技改投资补助方面给予大力支持，在向上争取、土地、融资、直供电等方面给予倾斜性支持。推进企业在资本市场融资，2016年西金电气成功在“新三板”上市。小巨人企业2016年户均产值达3亿元以上。开展盘活困难企业和闲置资产专项行动。对11户停产、半停产企业逐一研究，每户企业落实一名干部帮扶，对有市场缺资金的3户企业，利用好市工业企业应急周转资金和各类金融扶持政策，对症下药，助其尽快复产；对8家无市场无资金的企业实行清退。同时抓紧开展对全区长期停产、资产闲置、土地闲置企业的清理，登记造册，通过招商引资引进优势企业对闲置资产改造利用，新引进格力电工、中国建材等企业盘活闲置资产4家，新增销售收入5亿元、税收1000万元。加快推进转型升级，大力推进供给侧结构性改革。支持同庆南风、思念食品等8家企业采用节能、安全、环保等新技术进行升级改造；推进鑫龙木业、立顿洗涤等6家企业生产设备、工艺流程更新升级，实现“设备换芯”“生产换线”和“机器换人”；鼓励南方家居、华西德顿等5家企业运用“互联网+生产、销售、管理”等创新性方式开展生产经营活动。抓好政府服务，坚持领导联系服务制度，全区确定42个重点企业和重点项目，每位区级领导都联系一户重点企业或重点项目，签订联系卡，明确联系内容，定时开展联系服务和协调活动。积极帮扶企业开拓市场。组织28家企业参加川港博览会，组织10家企业参加“川货全国行”等活动。开展彭山造、彭山用推广活动，编制全区工业企业名优产品目录，出台相关政策措施，对该地企业采购该地工业品给予补贴。鼓励企业开展网络销售，驰阳科技等5家企业自建电商平台，全年网络销售10.2亿元；组织华西德顿、八百寿等12家企业在苏宁、淘宝等电商平台销售产品，全年实现网络销售3.6亿元。

【节能降耗】　2016年，区经信局认真贯彻落实省、市淘汰落后产能工作，关停彭山区宏宇金属制品有限公司、四川龙腾纺织印染有限公司。加强企业节能降耗监督管理，确保企业达到节能降耗目标，四川同庆南风有限责任公司被省节能减排应对气候变化工作领导小组、省人力资源和社会保障厅评为“四川省十二五节能减排降炭”工作先进集体。为10家企业争取直购电试点，为企业节约电费成本2000万余元；利用市应急临时周转资金，为2家重点企业解决4笔流动资金需求，累计达3000万元，缓解企业资金临时周转困难；协助解决10家企业办理项目用地37.33公顷。保证企业正常生产所需的油、电、气等要素保障。

【发展保障】　2016年，区经信局与区规划局、区国土局、区交通局等部门，共同实地考察、勘查、定位，编制完成《眉山市彭山区加油站网点规划（2016—2020）》。为中纺粮油、同庆南风等9家企业争取到直购电政策；为正邦饲料、美金龙化纤等6家企业进行申报，为企业节约生产成本1500万元。完成全区加油站的年检，督促全区20家加油站和两家油库完成油气回收的改造工作。大力推进信息化与城市化融合，已完成“智慧城市”建设项目招标代理和咨询机构的采购招标，完成部分要件的编制。抓好用地、融资等要素保障工作，争取到林德气体、中纺粮油等9家企业享受直购电政策；争取土地指标37.33公顷，解决美金龙、汪氏药业等10家企业（项目）用地；协调金融机构为同庆南风、金山制药等9家企业融资3.2亿元，为斯莱德企业争取市工业企业应急周转资金2000万元。

【安全生产】 2016年，区经信局对105家规模企业进行安全隐患排查，在隐患排查中坚持勤查、细查、严查，不留“盲区”和“死角”，不放过任何事故隐患，坚决杜绝“走过场”。全年累计排查一般隐患150余项，重大隐患1项，督促企业能及时整改的立即整改，未能整改的要求限期整改。全年编发安全生产信息24期，落实隐患治理资金1000万余元。指导工业企业开展安全生产标准化建设，新增20家三级标准化建设、3家二级标准化建设，夯实企业安全生产基础。

【依法治企】 2016年，区经信局大力推进依法治企，制定法律进企业实施方案，与企业签订法律进企业目标责任书。聘请一名律师作为彭山经济和信息化局法律顾问，并负责帮助全区规上企业解答法律问题，更好地保护企业的合法权益。大力开展普法宣传，编制《企业常用法律汇编》150份赠送给全区规模企业。打造西金电气、同欣建材2个“法律七进”示范点，并赠送法律书籍累计支出2.8万元。认真做好信访稳定工作，对规模以上企业开展拖欠工资保险情况逐一排查，全年无一起进京、到省、到市上访事件发生。

（袁烽赓）

电 力

【概况】 国网眉山市彭山供电公司（以下简称区电力公司）是四川省电力公司下属分公司，担负着彭山区13个乡镇（街道）的供用电管理任务，供电面积465平方公里。2016年，供区内用电客户15万余户，乡、村、农户通电率100%。管辖变电站及开闭所16座，其中，220千伏变电站2座，110千伏变电站6座，35千伏变电站4座，10千伏开闭所4座；变电总容量1081.2兆伏安。公司下设9个部门1个分中心，管辖13个班组、6个农村供电所，有员工450人，其中，主业人员187人，农电人员253人，集体企业聘用人员10人。2016年，完成售电量6.3亿千瓦时；全年完成电网投资9599.97万元；新增业扩报装容量3.73万千伏安。截至2016年12月31日，彭山电网实现连续安全运行5478天。

【安全生产】 2016年，区电力公司扎实推进本质安全建设，持续提升风险管控能力，强化各级安全责任落实。修订完善岗位安全职责，严格执行安全风险“日管控”机制，开展安全专项行动和反措落实专项整治，治理缺陷隐患193项。加强安全巡查稽查，完善“抓反复”机制，有效遏制问题重复发生。加强输变配电设备隐患排查治理，发现缺陷33项，主设备隐患整治基本完成。统筹开展不停电作业，深化配网抢修网格化管理。以最小作战单元开展无脚本应急演练，有效提升应急处置能力。有效应对高温酷暑、防雷度汛等严峻考验，圆满完成区“彭祖文化节”“七一”文艺会演等重大保电任务。公司荣获2016年度省公司、眉山公司“安全生产先进单位”称号。

【电网建设】 2016年，公司结合业扩配套新规，主动对接地方政府专项规划及招商引资动态，有效推进电网规划和地方发展规划的对接。加快重点区域电网建设，全年协调推动110千伏彭溪站增容、110千伏青龙站增容、110千伏桂林站配套工程建设投运和10千伏红石开闭所工程建设，供电可靠性大幅提升。加快推进项目工程建设，完成生产大修技改项目总投资1512万元，全年新建10千伏线路17公里，新增及改造配变41台，新建及改造低压线路66.2公里。推进农网改造升级工程和中心村、井井通项目，完成2015年第一、二、三批农网升级改造工程项目190个，投资7871.7万元；完成2016年农网改造第一批9个项目，投资1023万元。

【经营管理】 2016年，区电力公司全面完成资产清查，强化财务实时管控，财务一体化管理持续深化。健全综合计划月度分析制度，提升执行准确度。加强成本预算精益化管控，健全预算闭环管理体系，可控成本同比下降5.39%。保持电费回收高压态势，“一户一策”防控欠费风险，电费回收实现“双结零”。完成三新公司岗位设置和薪酬体系建设，规范管理和运行机制。突出抓好降损增效，台区线损合格率同比上升6.75%，计量采集成功率98.5%。营配数据贯通工作顺利完成，逐步实现数据资产化管理。争创国网公司五星级供电所，谢家、彭溪供电所创建工作已通过省供电公司预验收。

【优质服务】 2016年，区电力公司加快服务业务线上转移，城区、彭溪、谢家等4个营业厅实现自助服务。有序推进智能电能表全覆盖，完成投资740万元3.72万只智能电能表的换装工作，覆盖率达到69.32%。深化推广“掌上电力”APP应用及远程充值，建设自收和代收网点64个。深入开展体外循环专项治理，整改问题16项次，进一步提高业扩办电效率。常态化开展供电服务明察暗访，加大供电服务投诉管控力度，窗口服务水平明显提升。开展城区弃管小区用电隐患排查，有效形成“心连心”服务站与社区的联动。共产党员服务队连续四年实现服务满意率100%。

【改革创新】 2016年，区电力公司圆满完成“了改分”工作，认真落实改革方面的工作部署。全面完成集体企业改革改制任务，推动集体企业做优做强。有序推进管理创新，管理创新项目“加强精益化、实用性预算管控，提升预算执行力”荣获眉山公司管理创新二等奖；“新形势下规划管理模式的探索与实践”获三等奖。深化营销稽查及量价费损在线监测，发现异动3项，堵漏增收46.14万元。扎实推进“通用制度进班组”，创新开展“班组大讲堂”，提升班组管理水平。广泛运用工料云信息平台、工单管理APP、业扩报装APP等技术创新成果，提升供电所标准化管理水平。

【自身建设】 2016年，区电力公司扎实推进“从严治党”，进一步规范农电、集体企业党建管理，有效提升党建工作贡献度和覆盖率。“微宣微讲”、支部书记讲党课分别获眉山公司竞赛二等奖和三等奖。全面加强党风廉政建设，严格落实“两个责任”，分层分级强化

“一岗双责”监督检查。开展“两学一做”学习教育活动，细化落实党风廉政责任清单，强化监督执纪问责。开展作风建设明察暗访18次，处罚违纪、违规人员56人。加强各类人才培养及人才梯队建设，优选聘后备人才，交流和调整重要岗位人员。深入开展企业文化建设，扎实推进班组建设，共产党员服务队被评为省公司班组建设优秀班组；调度运行班、谢家供电所被评为眉山公司红旗班组。完善职工书屋、职工健身房、退休工人活动中心建设，开展职工文化成果展示、职工运动会、新春游园活动等文体活动，进一步加强品牌建设和精神文明建设。2016年，公司党委荣获眉山公司红旗党委，谢家供电所党支部荣获省公司先进基层党支部。

（张雨薇）

四川彭山经济开发区管理委员会

【概况】 2016年，四川彭山经济开发区管理委员会（以下简称“彭山经开区”）抢抓天府新区发展机遇，围绕工业强市、工业强区目标，坚持立足重大产业发展项目、重大招商引资项目、重大基础设施建设及新型城镇化建设，全面提升园区投资软硬环境及综合竞争力，促进园区产业结构升级、经济发展方式转变，努力把园区建设成为天府新区8个产城示范单元中的排头兵。

【主要经济指标完成情况】 2016年，彭山经开区完成固定资产投资52亿元，同比增长7.7%；规模以上企业完成总产值235亿元，同比增长13.1%；主营业务收入211.6亿元，同比增长9.8%；税收完成5.11亿元，同比增长 5.0%；招商引资到位资金45.6亿元。

【项目建设】 2016年，彭山经开区统领项目抓工业经济提速增效，促园区高效发展。量身制订省、市、区和园区重点项目分类推进计划，严把时间节点，严格打表督察，倒逼工期，每个项目均做到有班子成员挂牌督办，帮助解决突出问题，全力推进苏宁云商等32个新开工和续建重点项目建设。苏宁项目于2016年10月进入试运营，“双11”交易额达到3.7亿元；格力电工项目两条生产线已进入试运行阶段，剩余16条生产线拟在2017年投入试运行生产，项目整体建成后可实现产值25亿元以上，年税收3000万元以上。做实项目服务，优化环境，变“坐等审批”为“主动服务”。充分利用园区党政服务中心和新成立的项目服务中心，为企业提供税务、工商、规划等“一站式”代办和“一条龙”服务，努力做到“新区事新区办”。加大引导，鼓励企业做大、做强。不折不扣落实《眉山市彭山区做大做强扶持政策》，完善并实施重点工业企业“小巨人”培育方案，技改11家，鼓励上市企业 2家。

【招商引资】 2016年，彭山经开区新签约项目12个，协议引进资金36亿元。其中，包括格力二期和甲骨文（天府新区）技术人才创新创业基地2个世界500强项目；苏宁二期电子商务运营中心项目、当当网（当当网全国第二总部项目、当当文学出版集团项目、当当手工艺／非物质文化遗产全国交易平台项目）2个10亿元以上项目；天府青龙兴业总部、鸿驰电动车、永吉太阳能项目3个投资亿元以上项目；宝马汽车公司在西南地区唯一的分拨配送中心，配送总量超过8万辆的宝马汽车成都分拨中心在天府青龙区域落地营运。闲置产“再招商”，助推产业转型升级。试水供给侧结构性改革，让“死”资产变“活”资源，原巴斯夫项目企业资产闲置成功引进中建商品混凝土项目；原伟易达项目招商引进格力电工、永吉太阳能利用、德瑞密封体等7个新项目落地建设；新筑路基成功引入鸿驰电动车整车生产线项目。园区共推动闲置低效利用土地13个项目，共83.77公顷；利用闲置土地、厂房及设备资产引进项目15个，全部建成投产后可新增产值超过100亿元，新增税收超过5亿元，为园区工业经济转型升级注入新活力。深化战略对接，深入开展院地、院企合作，成功举办天府青龙管理委员会与四川省科研院所战略对接会，园区与四川省机械研究院等三家科研院所；企业与三家科研院所签订战略合作协议，统筹优化资源配置，促进技术、人才、资金等创新资源向园区集聚；启动机器人研发中心、天府青龙创客中心、天府青龙创业孵化基地等项目建设，与甲骨文所属的四川澳瑞思科技有限公司签订战略合作协议，为园区企业的科学发展提供软件保障。2016年，彭山经开区被省工商局命名为“省级商标战略示范园区”。帮助金核辐照等5家企业新建“产学研用”联盟，协助园区企业新获批各类专利120余项，新增高新技术企业2家。年初，园区对企业应用发明专利、高新技术企业成果建立技术、工程中心和产学研联盟等23个项目，实施68万元的科级创新奖励。

【基础设施建设】 2016年，彭山经开区基础统筹抓产城一体，促进园区品质发展。坚持规划先行完善功能配套。遵循“整体协调、统筹发展、产城融合、三位一体”的工作原则，加快推进四川省城乡规划设计院对《天府新区彭山青龙片区控制性详细规划》更深入的维护调整，依托评审结果对接、维护、调整、完善《天府新区彭山青龙片区给排水专项规划》《公共服务专项规划》《城市风貌与色彩结合旧城改造专项规划》《滨河商业区专项规划》《生态环境与绿地系统专项规划》《灯饰夜景专项规划》《道路交通专项规划》7个专项规划。按照“产城一体”要求，全力打造园区形象，提升园区品质。完成园区市政道路及安置三期15公里亮化工作；完成龙都新苑三期绿化及非机动车特车棚；完成 7000平方米、260套的公租房改造；完成10千伏安青翻线迁改和龙都大道西段续建工作；开展园区污水处理厂前期试运行前企业接入管网方案和预算工作；启动环区路北段、通济堰西路、新彭八路西段、通江大道西段4条道路前期各项准备工作。实施天府新区青龙整体城镇化项目。争取国家农发行贷款17亿元，2016年到位6亿元。现已启动20万平方米的城市综合体（含货币化安置小区）建设，通过多方努力，安置所需的商品房建设用地性质论证经市规委会联席会议拟在2017年开工建设。厚植生态优势，实施生态绿地项目。新增绿地面积13.33公顷，实施绿化景观及节点提升工程；现已完成设计规划方案待区重大事项统筹会审核通过后实施；完成主要道路沿线的企业实施标志标牌、灯箱、安置三期小区绿化等改造。

【党风廉政建设】 2016年，彭山经开区党建引领抓干部队伍建设，促园区科学发展。以落实“两个责任”为抓手，强化守土有责和责任传导，制定经开区履行党风廉政建设主体责任书，层层压实党风廉政建设责任，签订目标责任书12份，形成横向到边、纵向到底的责任传导链。惩防并举，积极预防，排查健全工程项目、征地拆迁、专项资金廉政风险防控点170余个。

【园区建设】 2016年，彭山经开区以深化服务非公企业党组织为切入点，切实发挥好非公企业党组织在企业职工中的政治核心作用和在企业发展中的政治引领作用，协调解决鲁洲生物粮食收购减税证明、企业污水等问题。对园区57个企业党组织进行走访，撤销3个企业支部，新建党支部9个。加强园区社会治理，突出维稳跟着项目走，扎实开展园区信访维稳工作，全面开展企业安全隐患排查190余处，打非治违3个；落实园区规划环评要求，各项工作稳步推进。积极创建平安和谐社区。

（潘　燕）

成眉石化园区管理委员会

【重要事件】 2016年3月24日，市长罗佳明调研成眉石化园区。

罗佳明（左一）调研彭山成眉石化园区

【概况】 成眉石化园区是四川省三大石化基地之一，是省重点发展的天然气化工及能源基地，是经国家发改委、国土资源部公告确认的省级经济开发区。园区总体规划面积21.5平方公里。其中，产业区16.8平方公里，生活配套区4.7平方公里，涉及彭山区凤鸣镇、谢家镇、义和乡3个乡镇，已完成核心区域内333.33公顷的征地拆迁。现已取得中石油四川石化相关原料供应承诺书，并拥有中石油、中石化各年16亿立方米天然气用气指标，原料优势明显。

【基础及配套建设】 2016年，石化四路、六路、七路建成通车，园区形成“两纵三横”的骨干路网；工业供水厂、污水处理厂建成运行，供水、供电、天然气、污水处理等公用配套的全面保障使园区承载能力得以大幅提升。

【招商引资及项目投建】 2016年，成眉石化园区共有中明环保、森辉能源等13个项目在建，其中，陶氏化学、兴途科技开工建设，四川禹王、泓华科技竣工投产。全年签约产业项目7个，新签约项目中，6个为亿元项目（其中，5亿元以上项目2个），新增投资22亿元，达产后可实现产值50亿元，可实现税收3.8亿元。

【产业新城建设】 2016年8月，彭山区政府与华夏幸福基业签订彭山产业新城区域合作协议，合作区域面积100平方公里（涵盖成眉石化园区全域），园区由此开启了财政单一投入发展向资本创新合作发展（PPP）的模式转型。产业新城以“五大发展”理念为引领，以成眉石化园区为产业核心区，以机械及高端制造和精细化工及化工新材料为主导产业，坚定创新、开放的工作方向，坚持协调、合作的工作方法，坚守落地、落实的工作目标，着力打造园区产业高端、新城品质优良、区域富有活力的彭山产业新城。

（余　珊）

岷江农业园区彭山管理委员会

【机构设置】　2015 年 6 月，根据中共眉山市彭山区委办公室、眉山市彭山区人民政府办公室《关于成立眉山岷江现代农业示范园区彭山管委会的通知》（眉彭委办〔2015〕73 号）精神，眉山岷江现代农业示范园区彭山管理委员会正式成立。2015 年 9 月，根据中共眉山市彭山区委《关于成立眉山岷江现代农业示范园区彭山片区党委的通知》（眉彭委〔2015〕154 号）文件，中共眉山岷江现代农业示范园区彭山片区党委成立。

【重点项目建设】　2016 年，岷江现代农业示范园区彭山管理委员会完成固定资产投入 1 亿元，完成任务 1 亿元的 100%；争取市专项扶持资金 3005 万元，完成任务 2000 万元的 150%；整合财政涉农资金 1.93 亿元，引领社会投资 2.17 亿元，强力推进重点项目建设，全面超额完成目标任务。油用牡丹示范园：完成 700 米生产道路建设、26.67 公顷油牡丹种植、6.67 公顷观赏牡丹和芍药种植、1000 米牡丹观光大道花卉种植。彭山明都花卉种植示范中心：完成 20 公顷钢架大棚建设和花卉种植；1600 米硬化路、2000 米沟渠及山坪塘、蓄水池建设；30 公顷花卉基地种植；1500 平方米的花卉展示馆已完成主体工程建设。完成凤鸣江渔地心水厂至观光大道石家段东坡区界 1960 米生产通道建设，已完成审计。

【拆迁工作】　截至 2016 年年底，岷江现代农业示范园区已拆迁 1557 户，完成年初任务 336 户的 463%。其中，凤鸣江渔、宝珠、石家共拆迁 1226 户，观音镇拆迁 55 户，公义镇拆迁 272 户，彭溪镇拆迁 4 户。

【土地流转】　2016 年，园区管委会指导 4 个乡镇充分发挥土地流转服务公司的指导服务作用，规范土地流转。采取农户委托农业社、农业社委托村委会、村委会委托土地流转服务公司实施土地预流转，统一签订协议，统一收取土地租金，统一收取保证金的方法，有效降低农民单家独户流转土地的风险，防止规模经营中“插花土地”现象。坚持“四规范”“五扶持”（即：规范经营范围、规范经营规模、规范农地用途、规范风险防范。项目扶持、用地扶持、金融扶持、保险扶持、资金扶持）适度规模经营，培育新型经营主体。2016 年，先后引进北京富通公司，培育眉山星月农业公司、彭山果满园家庭农场等四大新型经营主体 12 家，在凤鸣江渔流转土地 200 余公顷，化解土地再流转遗留问题，发展以花卉、台湾亚热带水果为主的示范种植观光休闲旅游体验采摘特色农业基地 5 处 133.33 公顷，带动园区“中门户”“北门户”特色农业的发展，规模经营花卉、水果、粮经复合 1733.33 公顷。

【四大新型经营主体扶持】　2016 年，岷江农业园区彭山管委会积极向上争取产业发展扶持资金605万元、基础设施建设扶持资金400万元，对52户农村四大新型经营主体实施土地流转租金补贴，购买特色农业保险补助，特色农业发展贷款贴息，购置园内农业先进设施设备补助，休闲观光农业设施建设及举办会节补助，生产通道及排灌沟渠、游步道建设补助，科技展示中心补助等，增强落户业主的发展信心和发展能力，有效改善生产条件，为农业招商引资打下坚实基础。

【农业招商引资】 2016年，岷江农业园区彭山管理委员会完成招商引资1.7亿元，完成上级下达任务数1.2亿元的141.6%。引进北京富通公司与区控股公司合作建设“北门户”现代农业高科技展示中心（农业嘉年华），总投资2.9亿元，一期计划投入1.5亿元，已签订协议，完成规划设计、财评招投标工作，已于2016年10月初开工建设；引进眉山星月农业科技有限公司、浙江宁波业主丁泉云、成都业主何廷刚等，已流转土地80余公顷，计划投资5000万元，发展花卉示范种植观光休闲、康体养生产业；成功引进、培育四川明都花卉公司四川花之元公司，落户凤鸣镇江渔村，发展花卉、油牡丹示范种植基地83.33公顷，填补全区无集中成片花卉基地的空白；引进培育从云南返乡创业农民工周永洪，落户公义镇马林村，创建四川永洪果蔬种植公司，发展红心蜜柚示范种植基地32公顷；培育彭山区农民工刘文均，创建彭山天鑫农业有限公司，落户彭溪镇兴祟村、观音镇果园村、公义镇马林村，建成红心蜜柚标准化示范种植基地333.33公顷。建成冷链库2000平方米、6000立方米，仓储5000平方米、3万立方米，与东北三省农超对接，年为全区果农提供仓储、冷储社会化销售服务1万吨。促进其带动全区发展红心蜜柚种植基地1333.33公顷；引进贾强、夏佳宜等大学生到园区创业，创建彭山硕仙农业技术服务公司，落户公义镇马林村，发展台湾亚热带水果种植，建设大学生创业园26.67公顷。

【深化农村改革】 2016年，岷江农业园区彭山管理委员会继续发挥党建引领作用，紧紧围绕转变农业发展方式，构建新型农业经营体系、政策支撑体系、社会化服务体系，抓住都市近郊农业发展最关键的环节深化改革。创新“两权”（农村承包土地的经营权和农民住房财产权）完成农产品预期贷款980万元。在各类项目建设中优先鼓励农民选择货币安置方式；深入推进宅基地有偿退出、集体建设用地集中使用的改革，全面推行涉农项目资产有偿使用，完成葡萄和蜜柚等特色农业种植和产品保险1200公顷，规范土地流转服务公司运行；进一步加大项目资金整合的力度，提高高标准农田建设的标准。

（夏诗淼）

旅游业

旅游三产工作

【概况】　2016年，彭山旅游三产工作紧紧抓住“规划、项目、品牌、营销、配套”五大抓手，第三产业增加值39.7亿元，增速9.5%，全市排位第二；全年累计接待游客559.38万人次，同比增长23.4%，实现旅游收入43.63亿元，同比增长24.6%。全面实现“养生养老产业有新突破，乡村旅游发展有新思路，提档升级有新亮点，品牌营销有新特色”的工作目标。

【养生养老产业】　2016年，区旅游局（三产办）根据彭山区的实际情况，实地调研，科学规划，完成《彭山区十三五养生养老产业策划和规划》《彭山区旅游发展总体规划》《江黄片区乡村旅游规划》《公义镇马林村乡村旅游扶贫规划》《公义镇新桥村乡村旅游策划》。

【乡村旅游】　2016年，彭山区确定“一园两翼”的乡村旅游发展产业格局。一园即岷江现代农业主题公园，两翼即东山养生文化体验度假旅游区和西山忠孝文化生态田园旅游区。按照这个产业布局，在引导各类项目资金整合投入上持续发力，助推这三大区域的产业发展和基础设施建设。特别是岷江农业主题公园（农业嘉年华项目），通过整合各类资金（政府和工商资本）近2亿元，农业生态主题旅游度假区已初具雏形。制造节庆热点，指导各类行业协会和企业，以长寿养生为主题，持续办好各类品牌特色乡村旅游会节，重点办好“三月三”朝山节、观音葡萄节、黄丰橘花节、“九九重阳登山节”等重点旅游节庆活动。2016年10月，成功举办土地项目推介会，包装推介乡村率旅游项目20个，有30余家与会企业表达投资意愿，有15家企业再访彭山深入考察。打造乡村旅游新亮点。落地一批农养、旅养结合项目。如：彭祖酒庄、向阳农场、凤鸣花谷、盘桓小筑、苌町轩、寿星谷。2016年，彭山区共有4家农家乐提档升级，并通过省、市旅游标准化评定委的验收，彭祖酒庄已通过四星级（省级）农家乐评选；向阳农场、田园丰情、秦家园通过三星级农家乐评选；寿星谷景区正在进行国家AAA级旅游景区的申报。

【会节活动】　2016年，区旅游局（三产办）牵头举办彭山“寻味记”活动，评选出十大美食、十大名厨、十大名店；牵头举办餐饮行业提档升级系列活动，通过邀请专家开办讲座、带领业主出门学习、引导业主提档升级等措施，实现“教进去，走出去，提上来”，眉山羊肉馆、醉八仙、兴铁宾馆、寿乡人酒店、新村生态园农家乐、土豆花农家乐6家餐饮企业通过区联合评定组的验收，取得区三产办、区商务局联合颁发的“彭山区餐饮示范点”授牌。伟业广场建成投运，希望城商业综合体主体竣工，文企经贸Q版挂牌。成功举办彭祖朝山节、黄丰橘花节、观音葡萄节等会节活动，强力拉动消费。潘荣记甜皮鸭被评为川菜名菜，醉不翁酒店被评为餐饮名店，半瓶酒陈小龙被评为川菜名师。积极组织企业参加“万企出国门”“川货全国行”“广交会”“青神竹文化节博览会”“成都博览会”“西博会”“东坡泡菜节”等会节活动。

【规上企业培育】 2016年，区旅游局（三产办）新培育的规模以上批发零售及住宿餐饮企业有恒大酒店、苏宁眉山采购公司、东华酒业、紫恒庄园、摩尔赛尔商务酒店、凯盛家纺等。其中，恒大酒店、东华酒业入统资料已报区统计局，苏宁相关资料已备齐，待网上数据切换后即可入统；引进苏宁、格力、当当网、陶氏化学等国际与国内知名品牌企业。

【品牌营销】 2016年，区旅游局（三产办）突出城市品牌，包装推出系列“彭山”产品。10月，与成都驴妈妈国际旅游社有限公司签订旅游合作框架协议，推出围绕养生度假为主题的彭祖山—五湖四海—岷江农业园区彭山一日游和彭祖山—五湖四海—岷江农业园区—恒大金碧天下彭山二日游线路。制作印象彭山、玩转彭山攻略画册和闲说彭山的书籍；包装并推出一批旅游产品；以葡萄、猕猴桃、米枣为主题的彭山味道，彭祖旅游书签，武阳古陶，彭山印象主题茶杯；同时指导企业开发一系列旅游产品，如八百寿的“老彭百礼酒”、牧马山“桑葚养生酒”等。

【产业扶贫】 2016年，区人社局、区商务局、区旅游局、区民政局、区文广新局等服务业产业扶贫相关单位分别从劳动就业、创新创业、电子商务、乡村旅游、养生养老和文化娱乐等方面入手，实施服务业减贫工作。开展一系列创业就业政策宣传活动，协调全区的商贸企业、电子商务企业着力解决贫困人员就业问题，要求企业在佣工招聘时优先考虑使用有一定能力和技能的贫困人员，其中，苏宁云商、川娃子食品厂、伟业超市、姐妹超市、易田电子商务有限公司等企业招聘贫困职工60余人； 建成县级农村电商营运实体1家、乡镇（街道）服务站8个、村级电商精准扶贫示范站（服务站）4个；实施贫困村“开智”“开心”工程，为全区贫困户安装地面卫星电视接收设备1700台，并调试完成；区旅游局向上争取市旅游局扶贫专项资金10万元，完成公义镇马林村乡村旅游扶贫工作。2015—2016年，彭山区完成服务业减贫1079人，全面完成目标任务。

（冯建梅）

彭祖山风景区工作

【概况】 2016年，彭山区彭祖山风景区工作局完成10平方公里E级控制网、地形测绘、地籍测绘；完成彭祖山项目概规；完成彭祖山核心景区修建性详规，并上报市规委会；完成120公顷的征地拆迁；成立江口古镇历史文化古街推进小组，完成历史古街保护性规划，全面启动历史古街文化调研、调查，完成房屋测绘20万平方米；核心景区拆迁户431户，签订房屋拆迁协议401户，完成率93%，长寿村旅游小镇一期入住139户；货币化安置189户，总人数595人；为核心景区拆迁户450人购买社保；武阳片区水郡未来城533.33公顷的修建性概规已完成。

【规划、建设管理】　2016年，彭祖山风景区工作局协助四川天成云盟文化旅游投资有限公司完成173.33公顷《彭祖山风景名胜区核心景区详规》及533.33公顷的水郡未来城项目的概念性规划。完成长寿村旅游小镇6.87公顷规划设计方案，完成长寿村旅游小镇二期项目建设的规划设计方案。省重点项目天成云盟国际健康养生养老项目完成投资3亿元。完成长寿村旅游小镇首一期3万平方米主体工程建设、排洪沟建设、景观绿化及配套工程，总投资4500万元；景观绿化及配套工程于12月20日经市级部门验收，该项目是按照市委、市政府2015年全市“绿海明珠”“百园之市”“一镇一园”的标准，绿化面积1.77万平方米，广场面积2452平方米。配合江口镇政府完成彭祖山项目161.07公顷的征地拆迁；完成拆迁总户的93%；货币化安置169户、523人，支付4040万元；完成征地手续51.75公顷，尚有109.31公顷，完成测绘、村社走边界确认后，上报手续；79户拆迁户分房入住长寿村旅游小镇一期。

【资金管理】　2016年，彭祖山风景区工作局为确保彭祖山建设快速推进，积极筹措资金，全年偿还文旅公司垫资款、工程款1650万元；完成武阳郡田园新村商业街消防计量水表、燃气、弱电安装工程并支付工程款150万元；准时按节点支付长寿村旅游小镇首期工程合同款项1300万余元；筹措并划拨彭祖山核心景区拆迁工程款1.02亿元。

【服务监管】　2016年，彭祖山风景区工作局坚持将监审工作深入到工程第一线。在武阳郡田园新村工程竣工审计过程中坚持实事求是原则，配合审计单位全面完成武阳郡田园新村工程竣工审计，审减增量工程900万余元；在长寿村旅游小镇工程建设过程中，坚持定期、不定期深入工程一线，及时掌握工程进展情况，对于工程建设过程中的相关事项，及时做好汇报并严格按照相关程序处理，为该工程的顺利完工并分房入住打下坚实基础。

【景区管理】　2016年，彭祖山风景区工作局进一步加强景区的分管领导责任，明确总经理主体责职，坚持正确的用人导向，调整部分中层管理人员，成功收回彭祖祠（墓）的经营权，为景区新增营业收入55万余元，规范并中止江口汉崖墓经营管理，排减开支10万余元，有力地打击在景区的肇事逃票案件，保全国有资产不流失，保障健康经营和交接过渡期内的安全、稳定。景区全年无一起旅游安全事故发生，营业总收入达到422万元，接待游客30万余人次。

（李吉玉）

商 贸

综 述

【重要事件】 2016年4月12日，眉山市电商产业投资合作推介会暨签约仪式在成都市万达瑞华酒店召开。彭山区人民政府组织当当网、苏宁云商、眉山市彭山区全程购电子商务有限公司、彭山易田电子商务有限公司、彭山硕仙农业技术服务有限公司等8家电商企业参会。会上彭山区人民政府与当当网现场签订战略合作协议；彭山区商务局与苏宁集团四川公司签订网销合作框架协议。

7月4日，华通物流（成都）分拨中心入驻仪式在天府新区青龙物流园举行。该项目的启动，创新开通大件物流铁路到达（沈阳至青龙）、公路配送（云、贵、川、渝区域）的公铁联运新模式。

7月28日，彭山区政府与苏宁易购联合打造的2016年第七届彭山观音葡萄节正式启动。苏宁易购中华特色馆彭山馆同时开馆。

9月21日，由四川省烹饪协会、眉山市商务局主办的“东坡美食、味在眉山”争创省级餐饮名店、名菜、名师评审大会在眉山东湖饭店举行。在该次评审活动中，彭山区醉不翁酒楼被评为省级餐饮名店，潘荣记甜皮鸭被评为川菜名菜，半瓶酒饭店陈小龙被评为川菜名师。

【概况】 2016年，全区社会消费品零售总额突破 48.39亿元，增速达13%，排列全市第一；外贸进出口总额达2053万美元。

【电商物流】 2016年，彭山区商务局引进知名电商（苏宁易购、当当网）2家企业入驻彭山，苏宁易购中华特色馆彭山馆开通运营。成立电子商务协会，建成彭山区电子商务孵化园，方格电子成为西部最大的阿里巴巴第三方电商中转仓。普及电子商务知识，培训电商创业人员1600人，完成培训任务106%；引进苏宁云商彭山直营店、京东安帮店、第三方平台知名企业吾邻超市、四川易田、邮乐等落户彭山。四川青龙国际物流中心成为第一批省级物流聚集区，铁通物流被认定为四川省现代物流重点联系企业，海尔仓储、普海仓储建成投运，青龙火车站完成北改工程并开通中铁快运，苏宁易购物流部分2016年9月已从广汉搬迁至彭山经开区投运，出台电商扶持政策，扶持本地企业6家，兑现电子商务扶持资金25万元。

【外向型经济服务】 2016年，区商务局主动优化服务，积极帮助联合利华、国润新材料、金桐石化、陶氏化学等外资企业快速办理各种手续，积极组织企业参与“万企出国门”活动，力促联合利华出口首单1.3万美元。招大引强，中法农业科技园项目写入省委十届七次全会公报，陶氏化学正式落户彭山，邀请乐山海关关长一行到彭山指导企业开展进出口业务。制定出台《眉山市彭山区关于外向型经济发展的八条措施》，兑现扶持资金33万元，正积极引进全球化工100强雅保化工（美国）入驻四川国润新材料。

【商贸活动】 2016年，伟业广场建成投运，希望城商业综合体主体竣工，文企经贸Q版挂牌。成功举办彭祖朝山节、黄丰橘花节、观音葡萄节等会节活动，强力拉动消费。积极组织企业参加“万企出国门”“川货全国行”“广交会”“青神竹文化节博览会”“成都博览会”“西博会”“东坡泡菜节”等会节活动，让彭山产品快速卖出去。做好限额以上贸易企业培育，组织恒大酒店、东华酒业上报统计局。

【资金争取】 2016年，区商务局对上争取资金常年保持在100万元。2016年，区委常委、区长罗万东亲自带队到省商务局协调，对上争取资金超过500万元，取得重大突破。

【重点项目】 2016年，城西农贸市场片区综合改造项目涉及的住户已全部签订征收协议，项目范围内的房屋和市场已全部拆除，泓茂房地产有限公司正式启动该项目建设。

【市场监管】 2016年，彭山区在商贸流通领域开展商业预付卡专项治理，3个商贸超市公开作出承诺；加大节假日期间市场监测力度，积极组织货源，确保日常生活必需品供应不断档、不脱销。开展诚信兴商宣传月活动，确保商品质量，提升服务品质。开展商务执法检查，做好市场监测，确保市场稳定运行，并制定2015—2017年应急商品数据库。

（张 娇）

粮食工作

【重要事件】 2016年5月6日，国家粮食局副局长卢景波带领夏粮收购调研组到彭山，调研指导彭山区2016年夏粮生产、收购、储粮安全、“粮安工程”建设工作。

9月2日，省粮食局副局长伍文安带领仓储处副处长余波一行，对彭山区国有粮食收储企业——凤鸣国家粮食储备库的粮食仓储智能化项目进行检查调研，市粮食局局长钟建国、副局长刘毅等陪同检查。

10月16日，国家粮食局调控司司长周冠华带领国家粮食局粮食统计工作专项检查组，检查彭山区企业粮食流通统计工作。

12月15日，省粮食局局长张书冬到彭山区检查粮食企业安全生产工作。张书冬一行在四川彭山凤鸣国家粮食储备库火车站粮库实地查看了企业储粮安全情况、消防设施设备配备等情况。了解彭山区粮食系统安全生产体系建设情况、安全生产责任制落实情况、安全生产隐患排查情况。

【概况】 2016年，全区粮食工作紧紧围绕“政治引领、服务有型”的党组织标准，以“党要管党、从严治党”成为新常态的要求，扎实开展“两学一做”活动，继续以“稳市场、保安全、强产业、惠民生”为目标，不断提升和促进全区粮食工作发展。荣获眉山市粮食局2015年度综合目标考核优秀单位。

【粮油购销】 2016年，彭山区粮食工作继续坚持以“抓粮源、稳市场、保供给、促发展”为目标。全面完成粮（油）购、销业务。全年共收购粮食2.3万吨，占总任务（1.5万吨）的153.3%，油菜籽收购4300吨，占总任务（1000吨）的430%；销售粮食4.3万吨，占总任务（3万吨）的143.3%；销售食用油4200吨，占总任务（2500吨）的168%；全区中央、地方政策性储备粮油现库存量为4.35万吨；市级以上代储粮食3.2万吨已全部入库。

【粮食托市收购】 2016年，为确保严格执行国家政策性粮油出库政策，彭山区粮食局加强对企业执法监督检查力度，开展执法检查达122人次。全年全区共出库政策性菜油1.57万吨，玉米7.55万吨，竞买玉米1.92万吨。辖区内没有发生一起违反政策性粮油出库的行为。

【粮油仓储基础设施建设】 2016年，彭山区粮食部门继续加大对粮油仓储设施的投资建设规模。投资608万元，完成彭山国家粮食储备库原粮低温库的改建；投入200万元，用于智能化粮仓改造；投入450万元，用于购销公司青龙粮食物流园原粮低温库的新建项目。通过项目建设进一步提升全区粮食的仓储功能，为下一步粮食产业发展打下坚实基础。

【惠民服务】 2016年，区粮食局在全区城乡规范9家“放心粮油工程示范店”建设，完成1家粮油配送中心建设，进一步提升全区粮油食品的安全度；在全区推广农户小粮仓2000户，占总任务（1000户）的200%，达到了为农户减损增收的目标。

【向上争取政策性资金】 2016年，全面落实政策性资金争取目标责任制，向上争取项目资金1080万元，占总任务（1000户）的108%，完成区委、区政府目标，为全区粮食经济可持续发展提供条件。

（郑　媞）

供销合作

【概况】 2016年，彭山区实现商品购进总额5482万元。其中，农副产品购进2911万元；商品销售总额6021万元；全系统实现利润12.5万元，上缴国家税费 12.5万元；助农增收2911万元。

【企业改制】 2016年，彭山区供销社做好彭祖矿泉饮料厂依法破产后遗留问题的处置；做好公义供销社歇业解散和职工的安置；与区法院积极配合，做好原彭山县陶瓷厂依法破产工作，做好下岗职工、退休人员的疏导解释工作，稳妥推进依法破产和遗留问题的解决工作。

【综合改革】 2016年，区供销社认真贯彻落实中共中央、国务院《关于深化供销合作社综合改革的决定》（中发〔2015〕1号），中共四川省委、省人民政府《关于深化供销合作社综合改革的意见》（川委发〔2016〕22号）以及区委办、区政府办《深化供销合作社综合改革的实施方案》（眉彭委办〔2015〕114号）文件精神，积极行动调研，就今后区供销社在构建实体性合作经济组织、打造农业社会化服务主渠道方面努力工作，真正把供销社打造成服务农民生产、生活的生力军和综合平台。结合彭山实际，提出《眉山市彭山区组建“三位一体”农民合作经济组织联合会改革试点方案》。

【安全工作】 2016年，区供销社积极抓好全系统安全生产工作，制定预案，强化“一把手”责任制，共执行安全大检查12次，全系统未发生一起不安全事故。

【民生工作】 2016年，区供销社在全系统继续开展“送温暖”活动，筹集慰问金2万余元，对系统40余名生活困难、患重病下岗职工和企业离退休老干部以及军队转业干部进行慰问。积极抓好系统11名企业军队转业干部和8名企业下岗失业志愿兵服务和维稳工作，解决其生活、工作上的实际问题，为彭山区平安和谐做出贡献。

【中心工作】 2016年，区供销社围绕区委2016年度重点工作、重点推进项目和领导联系重点企业项目工作以及“学先进、找差距”要求，区供销社积极行动，区社“一把手”参加由省农业和农村体制改革专项小组办公室及省供销社联合组织的考察组，赴浙江省供销合作社考察学习。重点学习浙江省供销合作社在构建生产、销售、信用“三位一体”农民合作经济组织体系、开展联合社改革试点和理顺联合社与社有企业关系，推进社有企业做大做强等相关经验。通过座谈交流，学习浙江省供销合作社在推进综合改革试点工作的先进经验，对彭山供销社综合改革工作具有非常现实具体的学习、指导作用。

（龙永松）

烟草专卖

【卷烟营销】 2016年，彭山区烟草专卖局销售卷烟10619.6箱；实现销售收入3.24亿元，同比增加167.3万元，增幅0.52%；销售川烟2716.5箱，市场份额25.6%。卷烟结构有所提升。全年单箱均价3.54万元／箱，比2015年增加571元，增幅1.6 %，其中，娇子实现单箱均价3.21万元／箱。

【电子商务】 2016年，区烟草专卖局电子商务全面发展，网上订货率100%，网上订货成功率92.99%；电子结算户数比99.6%，金额比94.3%，次数比93.0%，大客户销量比6.7%；现代终端软件使用活跃度77.0%，网上结算活跃度85.6%。

【品牌培育】 2016年，区烟草专卖局品牌培育持续加强，娇子（黑）和娇子（太阳神鸟蓝）销售50.3箱，占同价位份额6 %；娇子（红芙蓉）和娇子（凉烟）销售140箱，占同价位份额4.3%；格调细支销售18.2箱。

【专卖管理】 2016年，区烟草专卖局严格执行市烟草专卖局各项决策，始终坚持以“打假破网、强基提效”为工作重心，不断创新工作思路与方法，确保各项目标任务稳步推进。开展市场监管，规范经营秩序。先后开展“铁拳2016”“天府金叶2016”“打击非法经营烟叶原料”等专项整治行动，全年共查处案件120起，罚款11.66万元、没收假烟160.9条，走私烟67.5条。加大打假破网，规范市场管理。全年共查获5万元案件6起，同比增长40%；移送公安、工商各1起；与东坡区联办网络案2起。坚持依法行政，规范行政许可。全区持证卷烟零售户共计858户，全年共计新办零售许可证132户，办理变更14户，注销127户，补办40户。全年实施法律宣传活动4次，送法下乡4次，接受法律服务咨询群众600余人。加强日常监管，规范内管机制。全年共处理预警58条，意见建议函11份、工作信息反馈表45份，提出规范经营意见建议7条；加强“非法流通卷烟”治理工作，全年共查获5万元以上真品卷烟案件5起，未发生一起国家烟草专卖局通报案件。

【法规普及】 2016年，区烟草专卖局先后在“3•15”“5•15”“6•29”“12•4”特殊期间，派出执法人员走上街头，向群众广泛宣传烟草法律、法规，展览“打假”成果，全年共计实施大规模宣传活动4次，送法下乡4次，出动宣传人数10余人次，车辆4台次，发放各种宣传资料3500余份，接受法律服务咨询群众600余人。

【党建工作】 2016年，区烟草专卖局党建工作重点强化。制定年度党风廉政建设及反腐倡廉工作计划，共组织学习党风廉政学习培训5次，反腐倡廉培训2次；认真开展“两学一做”主题教育活动及“六有”支部创建工作，严格按照细则标准，对年度的资料进行总结梳理，确保整理完善。

【企业建设】 2016年，区烟草专卖局积极开展“责任担当•有我”主题实践活动，精心准备文艺汇演，充分发挥党组织的战斗堡垒作用和党员的先锋模范作用；凝心聚力，沟通互助，以丰富多彩的工会活动团结队伍，活跃气氛，增强力量。以“扶贫济困，奉献爱心”为主题，组织全体干部员工开展扶贫日募捐活动，以实际行动表达对贫困弱势群体的特殊关爱，彰显企业社会责任和广大干部职工的大爱精神。

【安全管理】 2016年，区烟草专卖局深入开展“安全生产天府行”“安全生产月”活动；积极开展安全岗位达标和安全文化工作，共组织全体人员集中培训12次，安全知识竞赛1次，开展“隐患排查”活动1次，安全承诺1次，安全消防应急预案演练1次，驾驶员安全培训12次，请消防专业人员授课2次。

（李　群）

财政·税收

财 政

【概况】 2016年，彭山区地方一般公共预算收入突破15亿元，向上争取转移支付实现11亿元，争取置换和新增债券16亿元，PPP筹资280亿元，有力保障全区重点工作、重点项目顺利推进，为彭山品质发展做出新贡献。

【财政收入】 2016年，地方一般公共预算收入达到15.1亿元，同比增长13.3%，全市排名第二。其中，税收收入9.13亿元，同比增长8.69%（同口径），非税收入完成5.98亿元，同比增长21.5%。税收收入占一般公共财政预算收入的比重为60.4%。全区向上争取各类项目资金11.29亿元，其中，一般转移支付5.3亿元，增长19%；专项转移支付5.99亿元，增长4%。同时，向省财政厅争取到置换债券13.23亿元、新增债券3.12亿元，有效降低债务成本，为岷东大道、工业大道、滨江大道、城南小学、农业嘉年华等重点项目提供资金支持。

【PPP模式】 2016年，区财政局牵头草拟并出台《眉山市彭山区产业引导投资基金管理办法（试行）》，对财政资金转变支持产业发展方式，吸引社会资本投资彭山起到积极作用。率先在全市创新实践PPP模式，成功申报彭山区城乡排水及污水治理项目成为省级PPP示范项目，华夏幸福产业新城等3个PPP项目签约落地，投资金额280.1亿元，8个项目入选财政部项目库。

【配合改革】 2016年，区财政局积极配合全区各项改革，落实国家公务用车制度改革政策，兑现公务交通补贴资金602.48万元。按照扩面提标、巩固基本药物制度机制和推进公立医院改革的要求，划拨区级各类医改配套资金1494.35万元。落实深化农村改革资金6000万元，设立农村产权交易市场，探索建立农村两权抵押担保机制。

【债务控制】 2016年，彭山区严格控制举债行为，建立落实融资审批报备和季度使用情况报告制度。按照“权责利”和“借用还”相统一的原则，积极开展债务置换，以低息置换高息，降低债务成本。偿还和核减系统内债务2.18亿元，降低债务风险。

【服务购买】 2016年，区财政局实施政府向社会力量购买服务，代政府草拟并出台《彭山区政府向社会力量购买服务暂行管理办法》，编制《2016—2017年眉山市彭山区政府购买社会服务目录》。完成全区政府向社会力量购买服务项目53个，采购金额4844.81万元，增强民间资金投资社会服务领域的活力。

【资金盘活】 2016年，区财政局积极盘活存量资金，对2015年结转结余资金进行全面清理和收回纳入总预算统筹管理，并按照盘活财政存量资金有关要求，对结转结余资金进行分类汇总，根据实际情况统筹使用，盘活存量资金3.65亿元，提高资金使用效率。

【项目评审】 2016年，彭山区严把“事前审核原则关”“招投标最高限价关”“隐蔽工程监督关”三关，全年累计完成财政评审项目380个、送审资金24亿元，审定资金20.12亿元，审减资金3.88亿元，审减比例16%。支付中心严格会计核算和报账把关，杜绝违规、违纪支出，严格控制行政事业单位“三公”经费支出。

（周才洪）

政府金融工作

【概况】 2016年，彭山区有金融机构10家，驻彭山保险机构办事处14家。截至年底，全区各项存款余额191.40亿元，较年初新增25.74亿元，比2015年同期增长15.5%；其中，城乡居民人均储蓄存款余额135.89亿元，比年初增加16.60亿元，增长13.9%；金融机构各项贷款余额87.13亿元，比年初增加10.39亿元，增长13.5%。

【政府融资】 2016年，区政府金融办公室牵头破解融资难题，积极推进国有公司融资。截至2016年12月底，新增政府性项目融资20.27亿元，成本普遍在5%～8%之间。进一步推进企业上市和挂牌工作。已出台鼓励和奖励企业上市融资的政策；加大对区内企业的资本市场融资培训力度，分别于6月、11月由区金融办牵头请专家，对彭山区各类重点企业进行资本市场融资业务培训，参加培训企业达220家。西金联合电气已于8月15日在“新三板”上市。金融创新成效显著，投融资路径多元发展。积极推进农村“两权”抵押融资，共发放两权融资贷款302笔，金额1.63亿元。全国险资支农融资彭山试点，经验全省推广。截至年底，已为彭山区23户农户提供471万元融资贷款，开辟彭山涉农融资新渠道。大力推广政府投资PPP合作模式。彭山区正式上报省财政厅10个PPP项目，其中，8个项目已通过省厅审批入库，2个项目正在审批。入库项目中有市政道路PPP项目、迎宾大道等六条道路城市品质提升工程、城乡排水及污水治理一期工程、彭祖新城建设、彭山区产业新城5个PPP项目已完成物有所值评价、财政承受能力论证和实施方案编制、验证等前期工作。政府性融资担保公司的组建和运行，为企业融资增信提供支持，全年累计开展担保业务4.77亿元。

【货币安置工作】 2016年，区金融办稳步推进货币化安置融资工作。2016年，珠江村镇银行、乐山商业银行、信用社、邮储银行四家银行参与彭山区货币化安置工作。发放货币化安置贷款1366户，投放金额6.22亿元，为新型城镇化建设、重点项目工作推进，提供有力的资金保障。

【银政企对接】 2016年，彭山区召开2次大型银政企对接会，并编制《彭山区金融机构信贷产品推介手册》《彭山区企业融资需求手册》，推荐项目154个，融资需求161.25亿元，现场签约项目20个，金额34.39亿元。

【金融环境建设】 2016年，彭山区加大金融生态环境建设力度，防范金融风险，着力打造诚信彭山、诚信企业，营造诚信氛围。四川省县域金融生态环境评价结果的通报（成银发〔2016〕160号），在GDP50—150亿元组县（区、市）中，彭山区全省排位名列第十八位。良好的金融生态环境促使该地金融机构加大对中小企业的信贷支持，同时也吸引异地金融机构对彭山的信贷投放。

【金融监管】 2016年，区金融办加大防范和打击非法集资工作的力度，防止出现系统性、区域性金融风险。建立政府、司法部门与金融监管部门的沟通协调机制，形成监管合力。制定《眉山市彭山区处置非法集资突发事件应急预案》《彭山区互联网金融专项整治工作实施方案》。充分利用手机短信、宣传展板、LED屏幕等各种载体，多渠道开展防范和打击非法集资宣传，深入到农村社区，做到“处非工作”无“死角”，全覆盖。

（夏旭阳）

国家税务

【概况】 2016年，彭山区实现全口径组织税收收入6.7亿元，同比增长52.06%；实现地方公共财政收入1.8亿元，同比增长108.00%；扣除四大行业营改增实现地方公共财政收入1.36亿元，同比增长56.45%。

【组织税收】 2016年，彭山区国家税务局（以下简称“区国税局”）坚持思想上强调高度重视组织收入工作，定期召开组织工作会议，进一步强化主体责任，增强担当意识，把组织收入任务作为核心工作来抓，力保地方级和市国税局收入任务完成。定期通报核心大税源企业生产经营及纳税情况，每户通过确定班子成员、中层干部对口跟进服务，及时掌握企业动态信息，为组织收入工作服务。强化“主要耗用指标+基准税负”的风险管理。充分利用增值税发票电子底账等系统，通过基准税负管控进项，划定管理底线，提取企业外部第三方信息（水、电、气等）和企业内部信息（可靠性高的添加物、人工工资等），强化大数据分析对比。强化以查促管、以查促收的稽查职能。区稽查局以打虚打骗、稽查专项改革试点为重点，增强工作的主动性和创造性。2016年11月，省稽查局专文编发《彭山国税稽查率先建成千万级查补单位》简报，通报肯定区国税局稽查工作。坚持策略上强化部门协作，积极获得区委、区政府支持，建立关于异地建筑服务业就地预缴相关税收保障机制；协同区政府搭建综合治税平台，加强同财政局、招商局、房管局信息沟通，及时获取对财政补贴、股权转让项目、产权过户等涉税信息。建立市、县两级联动制，通过共同组建专业化、跨区域管理团队，加强重点产业链、失控发票的税收风险管理，联合开展风险应对，对发现的风险问题及时会诊。加强国地税征管基础事项的合作，联合实施欠税管理，联合开展税收分析调查、采集第三方数据信息，协同开展税款征收。

【“营改增”工作】 2016年，彭山区营业税改增值税工作（以下简称“营改增”）积极寻求党政支持。成立以区委副书记、区长罗万东为组长的彭山区营改增工作领导小组，并争取资金专项保障“营改增”。2016年5月，局长欧小鸥在区政府常务会上，领学“营改增”相关背景及业务简介。同时，区政府印发《关于异地建筑企业就地预缴税款相关事项的通知》（眉彭府办〔2016〕13号），明确各部门均具有协税护税和提供信息资料的义务，调整科室职能。及时做好对“营改增”纳税人发票配售等涉税事项以及冠名发票印制的处理工作。以“护航营改增，业务大比拼”为契机，对内开展操作培训、能力测试、预申报演练等，扎实师资力量；以纳税人学堂为平台，采取预约办税、上门辅导、分行业集中开展纳税申报及税负分析表的填写的辅导，打响“6月一到，顺利申报”攻坚战，确保四大行业中的一般纳税人、小规模纳税人在生产环境中申报成功。开展对试点纳税人身份界定工作，对系统批量标识的一般纳税人身份界定100%进行人工复核，对所有“营改增”试点纳税人人工复核比例达到20%以上；抽调业务骨干组成数据核实工作小组，认真分析省、市国税局发布的申报疑点数据，及时修改，确保营改增申报基础数据的准确性；立足征管薄弱点、风险模糊点，根据5至9月实际纳税情况撰写《营改增政策效应分析》。做好生活服务业清理工作，实地调查大型餐饮、超市、酒店，张贴关于索取发票“温馨提示”，加强消费者索取发票、销售者给票的意识；加强与不动产登记中心、房管局等多部门间的沟通，共享信息平台，抓好对异地预缴税款、不动产征收工作、跨区域修建公路的征管，将后期管理持续到位。

【纳税服务】 2016年，区国税局完善办税设施。针对“营改增”后纳税人突增的情况，通过在自助办税区，新增电脑、打印、扫描、排队叫号机、ARM机等设备，增设印有二维码标示的涉税事项告示牌，改良硬件环境，缓解办税压力。扩展办税大厅。针对园区纳税人“路途远”“多头跑”老大难问题，在青龙天府新区“党群服务中心”，建成“一主厅＋分厅”服务模式。提升服务水平。开展“护航营改增，知识大比拼”业务技能测试，坚持每周业务讨论会，积极组织前台工作人员参与营改增政策培训、业务操作，继续提高大厅工作人员素质。通过走进政府大院，走进大学方式，培训财务人员超500人次，培训2017年会计系优秀毕业生税收知识1000余人次。推进网上办税实现错峰分流，充分依托“12366”、彭山国税纳税服务QQ群、微信、短信等平台，及时为纳税人提供政策咨询和办税指引。

【国地税合作】 2016年，以《国地税合作规范（3.0版）》为指引，结合彭山国、地税特色，制定《深度合作共建联合办税服务厅实施方案》《加强国地税合作的实施方案》《联合办税服务制度》等税收保障机制。召开专题联席工作会议12期，加强国、地税干部交流，互派2名干部到对方单位学习。共同打造“合心、聚力、共进”国地税合作品牌，建成全市首个国、地税联合办税大厅进驻政务服务中心，设有5个国、地税联合办税窗口，推行“一窗两人两机双系统”面对面办税，覆盖所有的涉税业务。同时，针对青龙地区税源集中度高的特点，彭山国、地税联合办税服务窗口成功入驻青龙天府新区群众服务中心，实现园区企业不出园区就可办理业务。联合开展税收风险应对。互相通报税收风险分析名单，协同对674户营改增纳税人个体双定户进行定额核定，联合开展欠税公告；通过联合成立2个调查小组，对378户异地建筑企业实施调查摸底工作，建立税收保障机制，联合制定建筑企业的税款完税证明单；联合开展纳税信用等级评定，评定744户（其中，A级16户、B级254户）。

【队伍建设】 2016年，区国税局组织开展“两个责任落实年”活动，分解落实责任清单，将各项责任落实并考核到具体部门、具体个人，层层签订党风廉政建设目标责任书，建立领导班子、班子成员、纪检组、部门、个人“五位联动”的党风廉政建设共建格局。制定《眉山市彭山区国家税务局党风廉政建设绩效考核标准》，完善年度绩效考核内容；持续巩固开展“守纪律、讲规矩”主题教育实践活动，层层签订严格工作纪律承诺书；对2015年以来财务情况、代开发票情况进行内审，对发现的问题及时进行整改和完善。强化党建工作，紧抓支部建设。以“两学一做”为契机，立足基层实际，强化党建工作统筹，落实党建工作责任制，形成党组统一领导、机关党委牵头抓总、各个支部各司其职、党员干部广泛参与的党建工作新格局。认真开展“坚定理想信念、明确政治方向”“牢记根本宗旨、勇于担当奋进”和“坚守纪律底线、树立清风正气”3次专题讨论；通过党组织与辖区内国网眉山市彭山区供电公司综合党支部签订“党组织‘结对共建连心桥’协议书”，共建活动平台，实现党组织管理水平的不断提升、战斗力的不断增强。严格奖惩，做到党建工作有计划、有安排、有检查、有评比，组织区局6个党支部召开专题组织生活会和落实民主评议党员活动，共组织评议党员66名。防范执法廉政风险。以内控内生化自查为契机，规范权力运行、加强监督制约，避免潜在的廉政风险，切实提高廉政风险防控的自觉性和主动性。

（朱 禹）

地方税务

【概况】 2016年，彭山区地方税务共组织地方各项收入9.35亿元，其中，税收收入8.92亿元；入库地方公共预算收入7.26亿元。

【组织收入】 2016年，彭山区地方税务局（以下简称“区地税局”）调整税源管理重心，向新的主体税种要收入。“营改增”实施后，将税收管理工作重心转移到财产类税收的征管上，加大房产税、城镇土地使用税、契税、耕地占用税的比对、监控力度；进一步强化土地增值税清算管理工作；坚持企业所得税税源本地化原则，积极争取外来分公司在彭山缴纳企业所得税。提升征管服务水平，向管理要收入。2016年度，区地税局加大对纳税人尤其是房地产企业“营改增”前各项税收的清理力度，充分利用“以地控税，以税节地”管理平台和二手房交易税收评估系统降低漏征漏管率。成立欠税清缴小组，定期召开清欠会议部署阶段工作，通过拍卖、银行扣款等税收强制措施，保证欠缴税款及时入库。推行信息化管税，向风险评估要收入。2016年5月，成立专职风控所，积极开展税收风险事项排查应对工作。风控所依托省地税局大数据平台和金税三期风控模块，识别风险纳税人，降低税款流失率。应对风险点4441条，通过风险评估入库2318.93万元。推进依法治税，向税务稽查与专项检查要收入。建立案源管理“三库”，实施“双随机”案源管理模式，并配合全市跨区交叉稽查。充分利用预警信息分析比对，重点选取房地产企业进行纳税检查，已组织入库收入共计3500万元。推进部门深度合作，向税收共治要收入。积极协调国土、房管、财政、审计、发改及乡镇政府等部门，加强涉税信息共享与运用，形成治税合力。全年通过乡镇获取的货币化安置信息达495条，及时督促相关公司入库税费2000万余元。

【国地税征管体制改革】 2016年，区地税局深入开展“便民办税春风行动”。区地税局联合国税做好纳税信用等级评定工作，实施分级分类管理，对不同信用等级的纳税人提供分类服务或实施限管措施。协同国税与人民银行和县、区9家商业银行签订《税银战略合作备忘录》《战略合作协议》，助推大众创业、万众创新。2016年，共有2家B级信用的中小微企业申请享受到“税贷通”和“税易贷”产品。共同下好国地合作“联手棋”。区地税局加强与国税的沟通联系，以共建办税厅为着力点，通过联合开办纳税人学堂，联合税收宣传，联合维护纳税人信用，定期召开联席会议等合作事项。全年，国地税共定额核定674户个体双定户，联合发布欠税公告3次，成立2个税源调查小组主抓重点税源管理，对378家异地建筑企业实施调查摸底工作。深化大企业税收服务与管理改革。建立“走出去”企业纳税人清册，动态展示“走出去”企业存量和增量信息，并抽调多名业务骨干上门为清册企业辅导“一带一路”沿线国家的税收政策以及境外投资涉税实务。

【税制改革】 2016年，区地税局扎实做好“营改增”前置准备与后续交接工作，协助国税完善基础信息登记，联合成立4个调查小组共同完成“营改增”试点纳税人调查1257户次，深入掌握税种改革前后组收变化、纳税人税费负担变化，同时做好对纳税人的政策宣传和办税辅导。“营改增”全面铺开后，顺利交接管户1240户。做好资源税从价计征改革工作。深入企业进行实地走访，倾听纳税人在该次改革中的需求和建议，同时对全区以四川同庆南风有限责任公司为代表的芒硝石膏生产企业的资源税费负担情况进行现场调研，明确测算标准和口径。

【税收征管】 2016年，区地税局不断完善办税服务厅建设，联合国税建立全职能办税服务厅，采用“一窗双人两机两系统”模式，实现国地税业务“一站式”办结。同时，为进一步缓解纳税人“路途远”“多头跑”等困难，办税厅还入驻青龙天府新区，建立“一主厅多分厅”的服务模式。以金税三期为支撑，大力加强信息化管税，把握金税三期工程与税收征管规范的契合点，实现征管工作标准化作业和流程化操作，同时建立问题跟踪解决机制，大力抓好核心征管系统运维工作，确保系统稳定运行和正常申报。以金三系统为基础，实现多平台联动运用和数据共享，如财行税第三方信息采集系统、存量房评估系统、个人所得税扣缴系统等，确保税款及时入库。依托云计算和省局大数据平台，创新性提出“互联网+税务”全天候智能运维咨询方案。该方案获得省地税局“互联网+税务”创意点子一等奖。普及网上办税，方便纳税人的同时，提升征管服务质效。截至2016年年底，成功上线运行网络申报企业1500户，入库税款5亿余元。

（王 欢）

金 融·保 险

综 述

【主要业务指标】 2016年，全区实现国内生产总值（GDP）134.10亿元，比2015年增长8.7%；全社会固定资产投资227.30亿元，增长14.1%；地方财政一般预算收入15.12亿元，增长13.3%。截至2016年11月末，全区各项存款196.69亿元，各项贷款余额86.38亿元，比年初增加9.05亿元，增速11.7%，增列全市6区县第一位。

【信贷管理】 2016年，人行彭山支行积极发挥人民银行在“两权”抵押融资贷款试点中的牵头作用，推动形成“以产权制度改革构筑基础、以闭合体系控制金融风险、以产品创新服务现代农业、以配套制度优化金融生态”的农村“两权”抵押融资体系。起草或协助区委农改办出台“两权”抵押贷款实施方案、实施细则、融资抵押程序设计、价值评估、风险补偿等系列制度，形成文件制度40余份。通过逐层推动，主动汇报，扫清农房财产权颁证障碍，促成彭山区第一份农房财产权证成功颁证并成功发放首笔“农房”抵押贷款。推动建立“两权”融资信息发布平台。与地方政府部门多次召开会议商讨制度设计，促成由区农交中心统一收集、发布需求信息、银行自由竞争、农户集中办理的“两权”抵押贷款供需信息运行机制。营造起良好“两权”抵押贷款工作氛围。协调做好宣传对接，积极开展各类融资对接会、座谈会。融资对接会与产品路演直接促成试点机构向业主授信1002万元，发放“两权”融资贷款1293万元。组织试点机构下沉农村，广泛宣传农村“两权”抵押贷款优惠政策和金融服务改革创新举措，做到宣传到村、到户，实现“两权”宣传全覆盖。联动区各部门，开展诚信及征信宣传教育，做实信用农户、信用村、信用乡镇（街道）创建和评定工作。推动辖内银行业金融机构对建档农村新型经营主体开展信用评分，全面实施辖内信用户、村、乡评定，累计评定1.6万余户信用户、12个信用村、1个信用乡镇。截至2016年11月末，彭山区农村承包土地的经营权抵押贷款发放270笔，发放金额1.03亿元。

【金融结对扶贫】 2016年，人行彭山支行建立区、乡镇（街道）人民政府、农村新型经营主体、建档立卡贫困户、银行为基础的四方协议框架。按照扶贫贷款5%贴息政策，与区财政局就《金融结对扶贫四方协议书》进行政策匹配，及时修改相关贴息条款，确保扶贫贷款贴息手续简化便捷。结合“两权”抵押贷款风险补偿基金，推动建立辖区扶贫贷款风险补偿“双保险”机制，最大限度控制风险。截至2016年，扶贫小额扶贫信用贷款发放101笔，金额341万元，全区6家金融机构委托扶贫小额贷款发放2178万余元，覆盖全区有生产能力的建档立卡贫困户。

【金融改革】 2016年，人行彭山支行把握工作实质，积极发挥金融支持供给侧结构性助推器作用。持续实施“千户百亿”诚信小微企业融资培育工程，建立《彭山中小微企业信贷培育工程走访制度》，成功培育中小微企业12户。推动银行业机构累计为培育企业发放贷款6.49亿元。引导银行机构支持辖内经济项目建设。全年彭山区金融机构累计为彭山工业投资有限公司提供资金支持1.5亿元、电建集团新能源开发有限公司提供贷款支持1亿元，有效支持全区市政工程与项目建设，并带动相关实体持续发展。积极支持新型城镇化建设。协调区委政府将乐山市商业银行彭山支行纳入货币化安置工作主办行之一。截至2016年，乐山市商业银行彭山支行发放1.17亿元，珠江村镇银行发放4.39亿元，高效支持房地产去库存工作。

【支农再贷款】 2016年，人行彭山支行加强支农再贷款审批发放、监督使用和债权维护的管理，探索抵押发放再贷款的有效方式。加强贷后实时跟踪监测，防止借款人利用支农再贷款以同业拆借、同业存放、上存资金、投资和理财等方式套利。建立、完善“台账、回访、考核、通报”机制，确保再贷款资金合规使用。要求法人机构按照统一的台账格式记录运用再贷款发放信息，并随机抽取贷款对象进行回访，核查贷款金额、利率及其它附加费用等情况。以支农再贷款示范基地为依托，引导现代农业持续发展。围绕岷江现代农业示范园区与黄丰万亩柑橘种植园区示范基地，推动法人机构持续加大对两大园区的支农贷款投放。

【现代化服务型国库建设】 2016年，人行彭山支行不断加强财税库银横向联网工作，认真贯彻《中华人民共产国预算法》赋予职责，全面完成国库工作目标任务。2016年1—11月实现一般预算收入13.99亿元，办理各类业务7.88万笔，拒绝不合规业务43笔，金额3125.64万元，全年未发生差错。派员参加分行上线培训工作会，开展系统测试10余次，及时向上级支库反馈参数设置、业务运行出现的情况，国库会计分析系统与事后监督系统在支库顺利上线。

【城乡支付结算】 2016年，人行彭山支行牵头新创建彭山北街商圈银行卡刷卡无障碍省级示范街区，2个城市社区金融综合示范服务网点，3个助农取款优质服务示范点，2个农村金融综合服务示范站，1个支付惠农示范行（社），实现乡镇（街道）ATM机布放全覆盖。立足区域实际情况，对辖区央行支付、非银行支付风险、农村支付环境建设等方面知识进行集中宣传，营造起良好的支付服务市场氛围。积极开展账户管理，全年共开立账户703户，变更账户623户，撤销账户98户。

【征信管理和服务】　2016年，人行彭山支行推动《关于加强社会信用体系建设打造“诚信眉山”的意见》和《眉山市社会信用体系建设规划（2015—2020）》的落实。2016年，共受理个人征信查询1744笔，企业查询126笔，变更208笔。积极推动“税银”战略合作协议落地。与区税务机关、建设银行签订三方协议，创新税收金融服务，利用税收信息推动金融机构支持小微企业，有效缓解融资难、融资贵难题。

【人民币管理工作】　2016年，人行彭山支行加强反假货币和2015新版人民币知识宣传培训，拓展反假知识普及覆盖面。组织辖内金融机构开展人民币反假知识集中宣传和“反假货币大比拼，精彩好礼送不停”二维码答题活动，对金融机构开展人民币反假、人民币流通管理、人民币冠字号码查询、现金机具等业务实地检查，促进金融机构认真执行人民银行法规政策和管理制度，全年共收缴假币2307张，面额19.45万元。

【金融消费权益保护】　2016年，人行彭山支行认真执行金融消费者权益保护的有关规定，督促金融机构积极履行各项法定义务，有效保护金融消费者的合法权益。规范服务工作流程，及时妥善处理消费者投诉，组织金融机构开展“3•15”金融消费权益日等主题宣传活动，营造金融消费维权良好氛围。

【金融综合管理】　2016年，人行彭山支行履行金融稳定职责，加强金融综合管理。全面落实宏观审慎评估、金融综合评价和金融风险监测工作要求，构建完善对金融机构激励约束机制。以宏观审慎评估工作实施细则为框架，引导辖区法人机构加强自我约束，优化指标，稳健经营。及时进行测算预评估，加强事中监测，对两家法人机构进行评估演算，督促其形成逆周期投放策略。按照综合评价标准，探索综合评价工作新方法。健全、完善台账量化考核打分和定性评价制度、方法，提高综合评价质量。改进和完善综合执法检查的统筹管理，督促金融机构严格执行重大事项报告制度，加大综合执法检查力度，增强执法检查的针对性，落实对2015年度彭山区法人金融机构存款保险进行风险评级，完成辖内金融机构保费核算的审核工作。加强对银行业金融机构的风险监测，对农村信用社、村镇银行风险开展监测分析评估工作，针对农村信用社贷款存在潜在风险的情况，多次提示农村信用社加强贷款后续管理工作，防止新的不良贷款产生。完善可疑交易报告的监测分析工作机制，督促相关机构认真落实反洗钱职责。

【内部管理】　2016年，人行彭山支行规范行政运行。梳理《中国人民银行彭山支行行政运行规则》制度63条，确定政务各项工作流程，确保事项办理按级次与既定规则办理；建立签报管理制度，重要工作事项明确各层级职责，留下办事痕迹，有效健全支行层级管理机制；根据相关政策变化，及时修订制度，更新、完善《彭山支行制度汇编》，增强制度合规性、有效性，确保制度活力。严格财务管理。认真执行各项财务制度，坚持重大开支集体研究制度，坚持“勤俭节约”的财务工作方针。强化财务审批。结合支行相关财务规定和预算执行情况，对支行财务预算的科学性、精准性进行分析，严格实行切块式财务审批。以项目为审批基础，严格实行财务收支各层级审核把关。优化报账程序。在部门均确定一名财务报账人员，按“从严、从紧、从细”的管理原则，进行费用报账程序、报账手续、原始票据管理等规范操作培训，费用支出报账审查相关制度得到严格执行。更新财务制度。制定或修订《中国人民银行彭山支行财务费用管理办法（修订版）》等6项财务管理制度。夯实科技与安全保卫管理。加强计算机安全管理，内联网与外联网严格实行物理隔离，加强计算机病毒防治工作，杜绝内联、外联网计算机交叉使用。加强计算机应急管理，年中配合成都分行、中心支行，在彭山成功开展成都分行全辖网络应急箱演练；成功安装电子监控设备及红外线报警设备，并实现与“110”联网互通；对保卫档案资料进行规范化整理、统一装订，保卫档案做到设置合理，分类合规，内容完整，装订整齐。强化岗位监督管理。强化职工遵纪守法意识。通过行政会议与专项整治活动，支行向职工强化遵纪守法重要性，明确职工“八小时”内与“八小时”外纪律要求。精细化落实人员岗位责任。支行集体研究并梳理出部门岗位职责，结合部门人员的学识、能力、特长，合理确定岗位人员工作职责，实现权责一致与人岗相适。

【软环境建设】 2016年，人行彭山支行着力全行软环境建设，基层央行文化氛围营造深入推进。积极塑造干部职工主人翁意识。结合支行职工综合需求，制订精神文明配套设施添置计划，努力为职工创造“单位是我家”工作环境，塑造职工更加强烈的主人翁意识。为职工修建食堂，增强职工对食堂民主管理意识。从各部门抽调业务骨干统筹食堂事务，对菜品、卫生、食材等伙食要素进行全面统筹，把食堂打造成为“如家的食堂”。执行支行“职工之家”建设计划。拟设立图书室、荣誉室、健身房和多功能室等文化活动设施，为职工支行创造更加暖心的工作环境。引导职工树立正确价值取向。加强与职工沟通交流。积极开展“我与领导面对面”谈心交流活动，行领导分部门召集职工进行交心谈话，广泛掌握职工需求与心理动态，加强职工工作方式与方法引导。完善职工合理化建议机制。向职工提供合理化建议清单，逐项进行意见答复，提升干部职工组织认同。大力营造具有支行特色的文化氛围。以“厚学求是，重道笃行”为治行理念，努力融合支行履职实际，把社会主义核心价值观的要求转化成文化底蕴与道德追求。积极开展下乡帮扶活动，促使职工树立博爱之心。组织青年职工到访仁寿中岗乡进行扶贫活动，为留守儿童及贫困户送去温暖，向中岗乡留守儿童中心普及基础金融知识，引导其树立知识改变命运的观念。构建“忠孝、健康、和谐”氛围，让彭山地域文化融入支行。开展对彭山文化底蕴研究活动，组织党员干部与金融机构工作人员对彭祖文化内涵与外延进行探究，倡导彭山忠文化与孝文化融入金融生态环境建设。

（黄　琴）

中国工商银行股份有限公司彭山分行

【综合负债】 2016年，中国工商银行股份有限公司彭山分行（以下简称“工行彭山分行”）综合负债净增较2015年有明显提升，比同期多增2.4亿元，增幅120.5%；各项存款比同期多增1.85亿元，增幅151.2%；

【资产业务】 2016年，工行彭山分行资产业务达到历史最优水平，同比增幅456%，四行同业增量占比65.88%，同业排名第一。

【中间业务】 2016年，工行彭山分行中间业务稳步增长，高于全市平均增幅16.7个百分点。

【资产质量】 2016年，工行彭山分行资产质量进一步优化，不良贷款余额、不良率实现双降。

【存、贷款余额】 2016年，工行彭山分行总体市场竞争力有效提升，存、贷款余额四行占比分别较年初提升0.96和7个百分点，提升水平分行第一。

【风险防控】 2016年，工行彭山分行内控案防工作保持平稳，全年无案件和重大风险事件发生。

【工作措施】 2016年，工行彭山分行打好客户拓面攻坚战，做实客户基础。抓好项目储备，扎实推进工作进度，尽早实现贷款投放，促资产业务可持续发展。抓大不放小，多措施提升客户资金沉淀，实现综合负债业务稳定增长。强化风险管控，为业务发展保驾护航。继续加强党建工作和党风廉政建设，充分发挥党建工作的引领作用和党员先锋模范作用。加强团队文化建设，提升员工各项综合素质。2016年，工行彭山分行工作机制、考核机制等机制建设进一步优化，外部环境进一步改善，财政和社保资金等政府资源逐步回流。

（蒲　影）

中国农业银行股份有限公司彭山分行

【概况】 2016年，中国农业银行股份有限公司彭山分行（以下简称“区农业银行”）各项存款余额为44.03亿元，各项贷款余额为13.39亿元，各项存款余额、个人贷款余额增量、中间业务收入、经营利润均居区域四行同业第一。实施多维度精细化内控合规管理，扎实开展员工行为排查活动，加强全行劳动纪律管理。支行党委坚决贯彻执行党的路线、方针、政策和上级行党委的指示、决定，坚持“两个从严”，抓实党建工作，扎实开展“两学一做”教育工作和“知法守法敬法”案例警示教育等活动，扎实推进惩防体系建设。

【信贷业务】 2016年，区农业银行加大对政府性基础设施项目、PPP项目、旅游文化产业、中小微企业和低风险票据业务以及高校和医院项目的营销。强化个贷营销。明确住房按揭贷款在个贷业务发展中的支撑性地位，集中人力、财力，在维护和发展存量客户的同时积极营销县域优质楼盘企业；以“房抵贷”“助业贷”“农户贷”等产品为载体，审慎发展优质小微企业及个体工商户；以“两权”试点为契机，加大农业新型经营主体的金融支持。截至2016年12月末，个人住房贷款新增投放1.16亿元，个人经营性贷款（不含农户）投放4271万元，农户贷款投放4081万元；成功实现“两权”抵押贷款突破，已投放贷款1812万元；支持产业化龙头企业2家，农村种养殖大户20户，家庭农场、专业大户22户。

【储蓄存款】 2016年，区农业银行个人存款持续坚持“份额主导、客户为本、结构优化、价值创造”的个人存款营销策略，力促储蓄存款稳增长、升效益。抢抓“春天行动”，连续3年保持全市“春天行动”前两位；强力推进网点二次转型，全面提升网点营销管理能力；以成昆复线拆迁、社保代缴、财政和计生代发等源头客户为重点，助推个人存款业务快速发展。个人存款存量及增量均名列四行第一位。

【对公存款】 2016年，区农业银行对公存款持续坚持“抓源头、调结构，抢下游、保份额，强维护、稳客户”的营销策略，加大对政府职能部门的走访和沟通，争取政府资源的倾斜；加大对重点客户、重点项目的营销维护，挖掘对公存款新的增长点；持续开展“扩户提质”“千百工程”和“五进三户”活动，强化客户营销拓展。

【中间业务】 2016年，区农业银行巩固代理保险业务传统优势，以银保合作为基础，加快业务经营转型，积极调整产品结构，实现代理保险中间收入407.4万元。推进公司业务投行化，以合规发展为前提，积极推进投行业务收入提升，实现投行与金融市场中间业务收入95.82万元。充分运用信用卡发卡营销系统、CFE交叉营销功能，挖掘存量优质客户，积极拓展收单商户，新增信用卡有效客户2254户，新增收单商户65户。以贵金属、金市通、账户金、E农E商管家等产品为突破口，大力提升新兴中间业务贡献度。新增E农管家42户、E农管家终端商户442户、银讯通服务点66个、惠农通服务点545个，惠农卡新增发卡3516张，实现惠农通行政村全覆盖。

【信贷风险】 2016年，区农业银行加大诉讼清收。截至2016年12月末，自营不良贷款现金清收382.98万元。已提请对5户不良贷款法律诉讼，向法院申请强制执行9户不良贷款，加大已核销贷款的清收，加大核销力度，对重点客户实施动态监管。

【人才储备】 2016年，区农业银行优化干部队伍结构，进一步完善人才梯次培养机制，加强后备干部和重点专业人才培养，公开推荐、选拔1名部门经理和2名营业网点负责人，储备15名后备干部进行重点培养，公开选聘8名营业网点运营主管。支行推荐4名优秀人才参加市分行副科级干部竞聘，全部入围。

【管理机制】 2016年，区农业银行认真研究上级行综合绩效考核办法，正确应对政策变化，进一步健全全行综合绩效考核办法，建立阶段性重点业务专项考核机制，逐步实现重点产品动态计价，使全行三位一体的考核体系更为科学合理。严格督导各部门、网点落实“二次”考核分配，积极引导自主营销，激发全员营销活力。严格按照上级行相关规定执行内退人员生活费、员工“五险一金”政策制度，及时计算、计提、上缴和上划各类保险，保障员工病有所医、老有所养，切实解决员工的后顾之忧。

【企业文化建设】 2016年，区农业银行深入贯彻落实“注重人文关怀，关爱基层员工”的工作要求，进一步改善全行工作环境、生活环境。举办内容丰富、形式多样的文体活动，认真开展“文明单位”“卫生单位”“青年文明号”“文明家庭”“巾帼文明示范岗”“共产党员示范岗”等创建工作。支行“金色利剑”青年突击队荣获总行优秀青年突击队称号；参加省分行“安全随行、守卫平安”知识竞赛，支行获得团体一等奖；参加市分行“爱岗敬业，争做标兵”“说产品讲营销”“产品创意大赛”等演讲、竞赛活动，支行斩获全部比赛一等奖。

（黄 晓）

中国农业发展银行彭山分行

【概况】 2016年，中国农业发展银行彭山分行（以下简称“农发行彭山分行”）以科学发展为主题，以加快转变发展方式为主线，围绕保障国家粮食安全和主要农产品市场稳定、支持农业农村基础设施建设两大重点任务，坚持“两轮驱动”的战略，按照支行提出“支农树形象，发展增效益，存款保稳定，风险牢防控，管理上台阶，案件事故零发生”的工作思路，推进彭山分行健康可持续发展。截至2016年年末，各项贷款余额1.52亿元，贷款规模与年初下降1.61亿元，降幅 49%。

【业务经营】 2016年12月末，全行实现各项收入1852.57万元，各项支出1047.75万元，收支轧差后账面利润804.82万元，比同期减少84.37万元。各项存款日平均余额3.04亿元；其中，企事业单位存款2.62亿元、财政存款4219.22万元，人均日平均余额为1519.04万元。全行共实现中间业务收入7.95万元，较2015年同期增加0.83万元，人均中间业务收入0.4万元。贷款月均1.69亿元，其中，商业性贷款3929.17万元，政策性粮食贷款1685.72万元，基础设施贷款6783.33万元，粮食挂账贷款4460.68万元，2016年已上报的贷款17亿元，为天府新区彭山工业投资有限公司办理整体城镇化项目贷款。截至2016年12月末，共审批12笔基金项目，投放金额4.66亿元。

【粮食收购】 2016年，农发行彭山分行始终将粮油政策性业务作为工作的重点，坚决贯彻落实国家各项粮棉油收购政策和调控政策，扎实做好省级储备粮食信贷各环节的监管工作，确保粮食收购工作平稳顺利，并实地走访当地有收购意向的企业，了解当期收购情况，结合实际积极调整和合理优化收储资金供应和管理工作，避免因支行资金供应和自身工作问题而造成的区域性“卖粮难”“打白条”问题。

【客户营销】 2016年，农发行彭山分行继续发展统领全行工作，充分发挥支农作用，持续抓好客户营销。坚持以发展统领全行工作，牢固树立发展意识，紧密围绕发展定目标，定措施，防风险，强管理，提高干部队伍水平；树立抓项目营销就是抓发展，以业务营销为抓手，重点抓土地整理，整体城镇化，公路建设等项目。根据新政策找准切入点，加大与政府的汇报和与政府部门及政府性公司的沟通、配合。农发行信贷政策调整后，支行及时向地方政府主要领导汇报，引起区委、区政府主要领导高度重视。2016年，有储备项目2个（天府新区彭山区域整体城镇化建设项目融资17亿元，岷江现代农业园区土地流转项目2亿元），共计19亿元。

【存款组织】 2016年，为稳定存款，农发行彭山分行一季度便行动起来，积极向政府领导汇报2016年支行存贷款业务经营目标任务，以及完成目标任务的措施办法，特别是在政府融资项目贷款的营销审批与组织财政性存款的关系入手，希望得到政府的大力支持；想方设法保现有财政性存款的稳定；加强项目贷款资金的支付审核，对资料不全，不符合支付规定的根据相关政策规定向企业做好宣传解释；以项目引存，营销天府新区整体城镇化建设项目，引入财政资金存款；对贷款企业辅助账户资金情况按季进行检查，促使企业及时将超过限额资金划入农发行账户；加强贷后管理，督促企业清收应收账款，及时回笼归行，提高归行率；严格执行资金到账后申报资金计划的规定，使资金在农发行账户上有停留时间；强化项目贷款资本金管理，争取让有项目贷款的企业尽早将资本金存入该项目在彭山支行的资本金专户。

【基础管理】 2016年，农发行彭山分行按照上级行开展基础管理年活动要求，狠抓基础管理工作，强化制度执行力。行领导带头执行制度办法，加大检查处罚力度，对违规操作、违反制度的行为除按相关规定进行经济处罚外，还要取消该年度评先评优资格。加强“三防”演练，加强着装晨会管理，规范营业室员工仪容仪表，培养良好的工作行为习惯。

【安保工作】 2016年，农发行彭山分行加强安保工作，确保全行安全运行。加强对员工的安全教育，每月开展安全教育，逢会必讲安全，反复强调，增加员工安全意识；实行安全保卫工作责任制，采取签订“三防一保”（防抢劫、防诈骗、防盗窃、保护金融资产安全）、“银企共建”、“岗位职责”三项责任书；开展行风监督员定期座谈、客户意见征求、“四无”创建三项活动；落实好“一把手”和部门主管的两级责任制措施，确保全行安全运行；定期对现金库存、营业场所、车辆等进行安全检查，消除安全隐患；认真落实各项制度，按季对要害岗位人员进行考核、考查，定期进行安全检查，每天进行监控回放检查等工作，确保安全“零事故”。

（刘　畅）

中国建设银行股份有限公司彭山分行

【概况】 2016年，中国建设银行股份有限公司彭山分行（以下简称“建行彭山分行”）以提升市场占比为导向，以客户拓展为基础，以产品营销为重点，以服务提升为抓手，以渠道建设为推力，以条线联动为纽带，鼓足干劲、精细管理、推进转型，推动分行业务稳步发展。一般性存款四行市场份额占比32.51%，较年初提升3.04个百分点；国际业务取得较快发展；单位结算账户市场份额和账户质量进一步提升；信用卡专项分期业务和商户营销实现突破；保险、理财产品等重点产品的网均中收在三个区域排名第一；个人住房贷款保持较好增长态势，继续保持个贷新增同业排名第一；资产质量持续保持“零不良”。

【主要指标】 2016年，一般性存款时点余额30.29亿元，比年初新增6.7亿元。其中，对公存款时点余额11.92亿元，比年初新增4.49亿元；储蓄存款时点余额18.37亿元，比年初新增2.21亿元。各项贷款余额13.66亿元，比年初新增3.12亿元。其中，对公贷款余额9.01亿元，较年初新增2.26亿元；个人贷款余额为4.65亿元，较年初新增0.86亿元。中间业务收入0.15亿元，同比增加0.02亿元。实现考核利润0.63亿元，同比新增0.09亿元。

【客户拓展】 2016年，建行彭山分行加大宣传力度，统一在网点设置大幅宣传海报，选择优质的居民小区集中宣传；结合金融生态圈建设，加大商户营销力度，将县城主要街道划分网点，由网点客户经理带人上门营销，全年实现商户营销85户。将个贷、资金结算、小企业部分业务营销工作前置到网点，利用网点优势获取对公客户资源，实现小企业业务零售化、对私对公网点综合化转型。对大中型公司类贷款重点抓好授信申报和回收再贷工作，对小企业客户实施“夯实基础、个中选优”的营销策略；个贷条线坚持优选房地产和个人客户，巩固和加强与“口碑好、品牌优”优质房地产开发企业及其开发的重点楼盘项目的合作，大力拓展收入稳定、偿债意愿高、还款能力强的个人类客户，同时积极做好二手房的拓展工作。

【服务建设】 2016年，建行彭山分行加强一线员工优质服务管理，牢固树立以客户为中心的服务理念，规范服务礼仪、提高业务技能，提升柜面窗口服务能力；增强二线员工主动服务一线的意识培养，正确处理自身工作与服务工作的关系，后台人员对网点的业务支撑和保障诉求做到响应及时、解决及时，提高二线部门服务效率；加大服务检查力度，对省分行非现场检查通报、支行检查、客户投诉及一线反馈的问题，及时查找原因、确保整改，强化前后台服务监督和考核，提升分行员工整体服务水平。

【党建工作】 2016年，建行彭山分行开展“两学一做”学习教育活动，组织党员和全行员工认真学习中共十八大和十八届三中、四中、五中、六中全会精神和习近平总书记系列重要讲话精神，继续做好“双向培养”工作；加强企业文化建设，丰富员工业余生活，关心关爱员工，通过组织形式多样的工会活动，正确疏导员工工作压力，营造快乐工作、幸福生活的氛围和环境，增强全行凝聚力和向心力。

【党风廉政建设】 2016年，建行彭山分行严格执行财务纪律，加强员工廉洁从业教育，加强成本管理，优化费用结构，将费用总量控制和结构调整的要求落到实处，严格控制与压缩行政性费用支出。2016年，彭山支行业务管理费较2015年下降16万元，降幅为2.54%；

【内控管理】 2016年，建行彭山分行加强员工教育，组织开展《中国建设银行员工违规处理办法》的学习考试，开展各种警示教育；组织开展员工行为排查和大要案件及风险隐患排查；做好柜面操作风险管理，加大监督检查力度，提升网点核算质量，降低网点稽核差错率。全年个银条线稽核差错23笔，稽核差错率万分之0.61；对公稽核差错共计2笔，差错率为万分之0.3，均控制在市分行要求的范围内。

【安全保卫】 2016年，建行彭山分行组织开展消防知识培训和灭火演练，各网点每季组织应急预案演练，认真开展安全检查，对检查发现的问题确保百分百整改，消除安全隐患。

（陈贵全）

彭山区农村信用合作联社

【概况】 2016年，彭山区农村信用合作联社（以下简称“区联社”）围绕“务实创新、服务民生，依法经营、从严治社，尊重规律、科学发展”的基本方略和“强基固本、治行兴社，建设零售银行”的战略目标，加强风险控制，分解任务目标，强化责任落实，扎实有效地开展各项工作。

【业务经营情况】 2016年，区联社各项存款余额为53.76亿元，比年初增加7.02亿元，增幅为15.02%；日均存款余额为52.57亿元，比年初增加8.77亿元。各项贷款余额为27.50亿元，比年初增加1.23亿元，增幅为4.68%。其中，涉农贷款18.87亿元，比年初增加8495万元，涉农贷款占比为68.64%。不良贷款余额为9653万元，净下降9568万元，不良贷款占比3.51%，比年初下降3.81个百分点；实际不良贷款余额1.47亿元，占比5.34%。实现总收入2.77亿元，比2015年同期减少2588万元。其中，利息收入1.93亿元，比2015年同期减少2620万元；总支出2.34亿元，实现账面利润4305万元。计提拨备4000万元，拨备覆盖率为126.84%，收入成本比为44.98%，中间业务净收入占比为1.62%；资本充足率为10.65%；资产利润率为0.43%。股金余额为2.21亿元；共发行银行卡39万张，实现卡存款余额12.09亿元，其中，银行卡活期存款6.25亿元，银行卡定期存款5.84亿元，实现银行卡业务收入135.13万元。拓展特约商户178户，安装POS机212台，拓展特惠商户40家，实现交易金额4.25亿元，交易笔数6.33万笔。安装EPOS机124台，全面覆盖89个行政村，实现交易金额1.02亿元，交易笔数36.28万笔。

【网点转型】 2016年，区联社狠抓网点转型，促进业务发展。根据省联社《2016年网点转型工作意见》的精神，区联社成立网点转型委员会，由综合管理部牵头，并及时将网点转型任务分解落实到各部门，确保网点转型工作落到实处。按月召开网点转型工作布置会，部署网点转型相应工作，提高全员对网点转型认识，推动网点转型工作的开展。抓好柜面服务的监督检查力度。按季对辖内网点进行柜面服务检查，确保服务质量，促进柜面服务水平提升。为进一步规范信贷业务管理，防范操作风险，区联社下发《关于进一步规范信贷业务操作的通知》，规范信贷操作。加强柜面业务的检查力度，对发现的电子银行业务、会计出纳、柜面操作等出现的违规问题按月按季进行通报。对屡教不改的，轻则进行轻微违规积分，重则交处罚委员会。畅通服务投诉处理渠道，在各营业网点醒目位置公布投诉电话。修订完善网点装修、装饰方案，及时向眉山农商行筹建办上报《关于聘请咨询公司辅导网点方案的请示》《关于网点装修装饰的请示》《关于新设离行式ATM机网点的请示》等请示。聘请专业团队为各营业网点设计图纸，经过反复多次讨论、修改形成网点装修设计图，并报筹建办审核。

【组织存款】 2016年，区联社牢固树立存款立社思想，抢抓存款。加大目标任务考核力度。在年初联社就积极谋划，提前将存款任务层层分解，落实到人，并积极开展劳动竞赛活动，特别开展个人揽储竞赛，把组织资金任务与绩效、费用考核挂钩，严格考核机制，使人人都有任务、有压力，调动员工积极性。加大营销宣传力度，营造良好的资金组织环境。积极开展“扫村、扫社、扫街”活动，抓住春节揽储黄金时间，做好返乡农民工汇兑资金、个体工商户回笼资金、企事业工作人员年终奖金等个人储蓄存款组织工作，根据不同行业资金周转特点，有针对性的进行存款宣传、组织工作，尽快建立服务对象信息库。经过多方协调，取得政府支持，将财政性资金吸收到信用社。将土地出让收入、民工工资保证金、履约保证金、住房维修基金、法院执行案件标的款等资金全部存在区联社。对日均存款达到一定比例的企业，继续实施在贷款利率上给予优惠。积极拓展代理业务。通过代发工资、代收水电费、代收学费等方便群众生活的代理业务，增加蜀信卡功能，吸收存款。积极与彭山港华燃气公司协商代收天然气费，现已成功完成保胜天然气代收项目。截至2016年12月末，各项存款余额为53.76亿元，比年初增加7.02亿元。

【宣传工作】 2016年，区联社加大宣传力度，树立农信品牌形象。通过营业网点LED屏滚动播放宣传活动口号，在营业网点内摆放宣传展架、宣传海报和宣传DM单；租用彭山区伟业广场大幅LED屏幕滚动播出“蜀信e”宣传内容；通过区联社自有微信公众号“彭山农信”，就“四川农信蜀信e全新出击”“农信贺新春，感恩惠百姓”“任性转，全国免”“感恩大回馈，用就送话费”等活动，对关注区联社微信公众号的客户进行消息推送；通过统一的短信平台，对辖内客户进行活动信息推送，共发送宣传短信4万余条；大力推进“农情浓意”营销宣传活动，制定宣传方案，邀请专业演艺公司，筛选各乡镇赶集日，在全区13个乡镇，进行文艺节目演出和现场抽奖，在演出过程中，对区联社的银行卡业务和电子银行业务进行介绍，将农村信用社的优点植入文艺节目中，并现场向客户赠送日历、春联和福字，发放大量业务宣传DM单，有效提高区联社银行卡及电子银行业务的宣传覆盖面，增加客户办理各类业务的积极性；积极开展非法集资宣传、“3•15”消费者权益保护日宣传、征信宣传，不断提高广大消费者的金融知识，提升农信社的社会形象；开展特色化的金融知识宣传活动，将金融知识带到普通百姓中去。

【贷款营销】 2016年，彭山区作为“两权”（农村宅基地使用权和集体建设用地使用权）贷款试点地区，区联社抓住“两权”贷款试点工作的契机，扎实有效地开展支农工作。制定《彭山农村信用社“两权”贷款考核办法》，对“两权”贷款进行按季考核，加大贷款营销考核力度，提高广大员工贷款营销积极性。为稳步推进“两权”抵押贷款工作，成立两权”抵押贷款工作小组，制定“两权”抵押贷款工作方案，明确“两权”抵押贷款任务及奖惩。创新设计出适合彭山区“三农”发展的“金杏·福农地”（农村承包土地的经营权抵押贷款）、“金杏·福农居”（农民住房财产权抵押贷款）“两权”抵押贷款金融服务系列产品。截至2016年12月末，共发放“两权”抵押贷款75户，7210万元。稳步推进精准扶贫工作，制定《彭山区农村信用合作联社扶贫小额信贷管理实施细则（实行）》《关于规范精准扶贫对象评级授信工作的通知》等，明确精准扶贫的对象，要求全区信用社对贫困户建档立卡和评级授信。至2016年12月末，共发放精准扶贫贷款1.30亿元，其中，小额扶贫贷款249户，贷款余额487.87万元。积极进军“三城”，强化小微贷款营销。对小微贷款归口管理部门进行整合；制定《二手房贷款管理办法》，促进信用社二手房贷款工作；加强个人贷款营销，制定《优质个人客户信用贷款管理暂行办法》，明确优质客户的对象、贷款限额等，规范贷款操作行为，防范信贷风险。截至2016年12月末，小微贷款余额为15.17亿元，有力支持辖内中小微企业的发展。积极与政府协调开展货币化安置工作。2016年，共发放彭溪街道货币化安置贷款127户，金额6536万元；与青龙镇签订货币安置协议，开展更多的货币化安置项目。

【不良贷款清收】 2016年，区联社管好存量贷款，狠抓不良贷款清收工作。切实提高风险分析会质量。客户部门负责人及客户经理密切关注信贷资金风险状况，提高大额贷款的交叉检查频率，加大对大额贷款的风险管控力度，严格执行贷款风险责任追究制度；认真落实50万元以上贷款、担保公司担保贷款和房地产贷款、第三方监管贷款按季风险分析会，500万元以上贷款的按月风险分析会，并按月、按季写出风险分析报告。对已出现风险苗头的贷款，及时向部门和联社汇报，研究切实可行的应对措施和化解方案，把各种贷款风险消灭在萌芽状态。积极开展不良贷款清收，努力实现“双降”。抽调专人组成清收小组，制定不良贷款清收方案，明确目标，落实责任，做到一户一策，并采取诉讼清收、风险代理、内部清收、资产转让等多种手段、措施和渠道予以化解；对不良贷款清收任务逐笔分解到高管、中层干部和客户经理，联社随时掌握进度和风险现状。为配合筹建办全面完成彭山联社各项改革工作。截至2016年12月末，冲核销贷款1.41亿元；起诉17户，收回贷款本金金额5166万元。

【财务管理】 2016年，区联社推进成本管理精细化，加强财务管理。制定《2016年度财务费用管理办法》《彭山区农村信用合作联社成本费用管理办法（试行）》等，明确费用报销程序，在调动职工积极性的同时把有限的费用尽可能的用于经营发展。积极做好财务基础工作。对全辖营业网点进行会计出纳合规操作现场检查，对现金管理、对账制度落实、账户管理情况、大额资金支付管理情况、重要空白凭证管理情况、印章使用情况、柜面操作情况、反洗钱、反假币工作开展情况、应收应付款管理等情况进行检查。并对存在问题的网点下发整改通知书；加强现金、反洗钱管理工作。下发《三证合一注意事项》《改进个人银行账户服务加强账户管理相关要求》《机构信用代码管理变化要求》《彭山联社2016年度反洗钱年度工作计划》《反洗钱月度简报》等制度文件，加强反洗钱工作；组织学习《中国人民银行关于加强支付结算管理防范电信网络新型违法犯罪有关事项的通知》（银〔2016〕261号）等文件，积极做好全面推进个人账户分类、银行卡业务等管理，加强对可疑交易监测，加大对无证机构的打击力度；加强对前台的会计辅导、检查、培训工作。2016年，进行会计辅导和检查61次；清点重空现金66次；开展各项业务培训6次，发放整改通知书30份，发放通报11份。加强管理，不断增加业务收入。加大蜀信卡营销，增加卡业务收入；增加中间业务品种，加大代发工资、代收代付业务，增加中间业务收入；规范中间业务操作，确保中间业务收入合规、合法。截至2016年12月末，彭山区存放同业约期存款已达22.5亿元，创收4839万元。

【科技服务】 2016年，区联社做好营业机构网络设备的日常监控和维护及各营业机构（部门）的技术和业务支持工作。截至2016年12月末，共受理数据维护申请2045份；通过员工主数据系统进行柜员信息修改962笔；上报ITSM事件273笔；进行客户号归并263笔；完成批量代收9万余笔，代收金额1600万余元；完成批量代付60万余笔，代付金额6500万余元。做好各营业机构（部门）和重点合作单位的科技服务工作。指定专人负责联社办公区及全区各营业机构（部门）的日常科技保障工作；完成重点合作单位的上门服务工作，每月安排专人至国库集中支付中心、社会保障局、民政局、残联和其他重点合作企业等单位协助客户完成工资代发、资金代发和电子银行业务指导等工作；通过“彭山区农村信用社”官方QQ号，对重点客户进行各项业务的业务咨询和技术处理；完成理财双录系统测试工作。

【电子银行业务】 2016年，区联社制定《彭山区农村信用合作联社2016年度银行卡、电子银行业务及中间代理业务营销宣传方案》，并制定“开户有礼”“月月抽大奖”“你缴水费，我送话费”“6元洗车”“9.9元看电影”“11元洗发”等适合各类客户的现场营销方案，通过柜面宣传和现场活动等各种渠道，有效加强营销宣传力度，对区联社银行卡及电子银行业务进行宣传。做好渠道建设，打造核心竞争力。加强自助银行设备的布放力度，通过合理选址布放，有效组合在行式和离行式自助设备等方式，进一步改善农村地区支付环境。强化助农取款服务管理工作。通过广泛开展宣传活动，让农户进一步认识到现代金融服务的优越性。在助农取款服务点建设过程中，优选具有条件的商户，打造13个新型农村金融服务平台；随时监控客户的交易情况，及时筛选出交易量小，经营环境差的客户，进行改善或拆机。截至2016年12月末，共安装自助银行设备39台，其中，离行式自助银行设备10台，交易笔数136.69万笔，交易金额16.09

亿元，手续费收入57.05万元。累计注册“蜀信e”客户1.89万户，其中，个人有效客户1.25万户，活跃客户8951.95户，该年度个人网银动账4.24万笔，交易金额11.57亿元；手机银行动账交易44.72笔，金额8.11亿元。

【安全保卫】 2016年，区联社强化安全责任管理，与各信用社和相关部门签订安全保卫目标管理、枪支弹药管理、案件防范等一系列安全责任书，并实行风险责任金专项考核的责任制约机制，强化领导责任和全员参与意识，实行谁主管谁负责和逐级负责制。加强安防人员培训，牢筑安防思想。制定并下发《彭山区农村信用社2016年安全保卫工作意见》，对安全保卫工作进行安排部署。组织学习《四川省农村信用社安全保卫工作管理办法》、眉山农村商业银行筹建工作小组办公室关于印发《门柜业务重要环节操作规程》等规章制度；开展枪支使用和保养操作培训，完成对区联社新聘大堂引导员的安全知识培训；对新进的守押队员、监控值守人员进行安全理论知识与实际操作培训，并通过考核验收。开展各类应急处置预案演练。6月，组织“安全生产月”和“安全生产天府行”活动，开展员工安全警示教育以及突发事件应急处理演练培训等工作；9月23日，在办公大楼电脑设备室开展火灾处置演练。抓好物防技防工作。新增金库区域网络高清视频摄像头及配套的监控主机一台，并入区联社监控中心平台进行统一管理，实行重点和要害区域与联社监控中心24小时监控与报警为一体的互动机制与功能。在离行式和在行式等自助存取款设备安全设施建设中，更换稳定的新型110联网报警器，淘汰旧式的110联网报警器。及时更换和添置消防器材。安全检查工作情况。全年共开展常规安全检查288个机构数，576人次，144个工作日；开展节前重点专项检查96个机构数，288人次，40个工作日，安全检查面达100%。检查中发现安全隐患问题34个，对4名责任人经济处罚2000元。

（蒋大树）

中国人寿保险股份有限公司彭山支公司

【概况】 2016年，中国人寿保险股份有限公司彭山支公司（以下简称“中国人寿彭山支公司”）以标保为统领加速发展期交业务，以效益为追求做大、做优短险业务，以一体化销售为目标全面提升服务意识与水平，各项业务保持快速发展势头，各项工作顺利开展，整体经营情况创造历史新高。

【主要经营指标】 2016年，中国人寿彭山支公司实现总保费收入1.33亿元，同比增长14.7%。其中，长险首年标准保费1016万元；首年期交保费2427万元；新单保费5714万元；10年期及以上首年期交保费1373万元；短期险保费986万元，短险赔款支出421.71万元。

【服务管理】 2016年，中国人寿彭山支公司实施多渠道前端受理，提升智能化服务水平。大力推进E宝账保全电子化服务，提高客户离柜率，减少公司运营成本，提升服务响应效率。全年通过电子保全处理业务6000余笔，保全电子化服务推广率为33.85%。深化智能理赔系统运用，加大移动理赔推广。通过网点延伸和微信理赔等移动理赔服务方式，提升理赔作业效能、增强风险防控水平。全年通过智能理赔系统处理案件800件；收集、更新三大目录4004条；通过网点延伸处理案件100件；通过微信理赔处理案件200件。加强客户信访投诉管理。全年共收到保监局12378、省公司转办处理单5件，积极应对客户诉求，确保最短时间内给客户满意的答复，维护公司的信誉。认真开展VIP客户服务与增值服务活动，提升服务品牌。开设VIP客户办理业务专柜；组织3位钻石卡客户及11位白金级客户参加省公司“华西”及彭山医院健康体检活动；开展生日积分换礼活动等。开展形式多样的特色客户活动。认真开展“牵手国寿，健康同行”少儿绘画活动，向市公司选送客户的16幅作品有4幅获得“优秀作品”奖励；举办“我与客户面对面”座谈会两场，客联会数10场。

【内控管理】 2016年，中国人寿彭山支公司坚持依法合规经营，风控能力不断增强。积极应对满期给付高峰。全年完成满期给付1443件，给付金额332万元。有效履行公司诚信经营的原则。坚持依法合规经营。进一步强化法治思维和合规经营理念，高度关注业务人员代签名和代抄录风险提示语等违规行为、农村保险业务资金归集等风险问题。加强风险排查。开展“两个加强、两个遏制”回头看、非法集资、反洗钱专项自查，加大员工风险培训力度，巩固内控成果。高度重视反洗钱工作。建立、健全反洗钱组织机构，认真做好客户身份识别、可疑交易分析、风险等级客户管理、反洗钱培训、反洗钱宣传、反洗钱自查自纠和考核检查。开展防范和处置非法集资工作。2016年5月—6月在全公司开展防范和处置非法集资专题宣传月活动；全员签署《防范和处置非法集资工作承诺书》；组织员工填写非法集资专项治理工作调查问卷等。

【党建工作】 2016年，中国人寿彭山支公司严格落实党建工作责任制。落实党委抓党建工作主体责任和党委书记抓党建第一责任；落实党风廉政建设责任制。深入开展“两学一做”学习教育工作。公司党支部班子成员严格按照中央和上级公司安排部署，开展集中学习和个人学习；围绕“学党章、强信念”“学讲话、有作为”开展集中学习研讨，谈心交心；召开专题民主生活会。持续加强作风建设。组织学习中共十八大以来历次中央全会精神和全国国有企业党的建设工作会议精神；组织观看《作风建设永远在路上》反腐倡廉警示教育片；严守党的政治纪律和政治规矩，持续改进工作作风。切实加强基层党建工作，着力增强基层党组织整体功能。开展党员组织关系排查工作；切实加强发展党员工作，严格按照党章规定的党员标准发展党员。

【队伍建设】 2016年，中国人寿彭山支公司扩量提质销售队伍，个险渠道建立运作高效增员体系，队伍规模不断扩大，月均持证人达到500人。组经理33人，处经理3人，主管考核达标率90%；团险渠道在2016年成功组建3人片区经理队伍，综拓专员8人；银保渠道强化主管、队伍制度经营和自主经营意识，强化收入分析、季度考核晋升辅导，年末共有营销人员46人，主管3人。打造高效能管理队伍。公司个、团、银三个发展渠道管理人员弘扬通观全局的战略意识、主动作为的发展意识、勇于担当的责任意识、迎难而上的拼搏意识、开拓进取的创新意识，资源共享，协调配合，使公司在2016年全面完成目标任务。为缓解员工队员老化，后备不足的现状，2016年通过校园招聘录用3名全日制本科生，提升员工的综合素质，为公司的后续发展储备人才。

【经济贡献】 2016年，中国人寿彭山支公司坚持履行行业责任和社会责任，持续服务全区民生保障需求，为政策性保险业务提供承保、理赔服务15万余次，年内兑现满期金、生存金、红利、理赔金总计8200万元；解决500余人的就业问题；全年向地方税务局缴纳个税、城建税、教育附加等税金151万元，向彭山国税缴纳营业税和增值税40万元，为全区经济发展做出积极贡献。

（王建如）

人保财险彭山支公司

【概况】 2016年，人保财险彭山支公司跨越8000万元保费大关，保费收入8096.62万元，同比增长6.97%。其中车险完成保费收入5429.93万元，非车险1549.55万元，农险1117.14万元。2016年，实现保费计划和利润双完成，公司荣获“2016年度全市系统先进集体”称号。

【金农支农服务】 2016年，人保财险彭山支公司创新推出金农支农服务措施——“险资直贷+水果产业收入保险”项目，成功获批农业部金融支农服务创新试点，为彭山区引入项目资金500万元（其中，250万元用于补充“两权融资风险资金池”）；项目试点取得圆满成功，为彭山区葡萄、柑橘、猕猴桃、红心柚提供包含自然灾害、病虫害、目标收入综合性保障，同时进一步丰富彭山区融资渠道，着力解决新型经营主体“贷款难、贷款贵、风险高”的难题，为研究出台区域性或全国性支农支持建立项目储备，为改革完善财政支农投入机制提供参考经验。

【金融服务“三农”】 2016年，人保财险彭山支公司创新金融服务“三农”，勇担社会责任。为充分发挥人保财险作为国有骨干保险企业在服务地方经济、保障农业生产、灾害援助和参与社会管理的职责和优势，切实解决农户“融资难、融资贵”问题，通过公司积极争取，成为全国首批运用保险资金开展支农融资业务地区之一。这是彭山区在深化农村金融改革的创新道路上又一件大事，切实解决和改善彭山区农业生产主体由于抵押等问题导致的“贷款贵、贷款难”的难题。2016年，公司为彭山区23户农户提供471万元的融资贷款，为彭山区地方特色和产业基础建设，培育新型农业经营主体和地区优势产业，在农村土地流转、规模经营、现代农业园建设提供资金支持，进一步促进农业生产快速发展。

【服务管理】 2016年，人保财险彭山支公司在推进保险业务发展的同时，严格确保人保财险整体品牌对于服务的管理要求，始终在承保、理赔服务和效率等方面严格管理、常抓不懈，一直致力提升公司区域服务能力和水平。

2016年12月，公司进行了一次涉及全区13个乡镇农业保险服务工作的评测调查，在承保、理赔、服务响应等方面均取得一致好评，得到各乡镇政府的高度评价。

【内部管理】　2016年，人保财险彭山支公司进一步修订完善并细化各部门的考核方案，严格主导执行并强化过程考核、目标考核为主线的薪酬激励机制。重建公司的销售架构。针对不同渠道的市场竞争特点，充分利用现有的人力资源，组建车商、个代（销管）、交叉销售和直销渠道四个专业销售团队，分别明确各自团队的管理责任和考核要求，并在公司考核方案中，针对每个团队特点进一步以团队管理为考核单元，重点注重团队协作机制，强化各自团队的业务拓展计划目标和销售方案，并根据不同渠道的不同市场变化情况，分别制定落实不同的市场销售策略和计划。通过努力，确保2016年公司整体经营目标的顺利实现。

（梁林勇）

交通·邮政·电信

交通运输

【重要事件】　2016年6月8日，滨江大道东坡区界至彭山城区段建成通车。

7月16日，彭山区新客运中心站建成并投入使用。

10月，工业大道谢家至新津界开工建设。

12月29日，岷东大道眉彭段建成通车。

【概况】　2016年，交通建设投资目标任务为16.31亿元，累计完成投资额17.65亿元，完成目标任务的109%。各项工作均完成全年目标投资任务。

【交通建设】　2016年，成都经济区环线高速公路彭山段累计完成投资额4.5亿元，主体工程建设已完成，正在开展收尾工作；成乐高速扩容改造工程已完成初步设计工作，正在开展施工图设计及总承包单位招标工作。工业大道彭山段：累计完成投资额5.3亿元。工业大道谢家至新津界已于2016年10月开工建设，现正开展路基桥涵施工。工业大道谢家至东坡区段征地拆迁已全部完成。滨江大道彭山段：滨江大道东坡区界至彭山城区段已于2016年6月建成通车，累计完成投资额0.8亿元。岷东大道彭山段：累计完成投资额5.3亿元。岷东大道彭祖山至黄龙溪段剩余路段已于2016年6月底全面建成通车；岷东大道彭祖山至东坡区界段主体工程已全面完工，正在进行收尾工作。全年改善农村公路56.9公里，江口镇至土地乡公路7.5公里主体工程已全面完工，剩余3条49.4公里正在开展沥青面层施工；建成通村公路64.2公里。全年完成投资1.12亿元，完成目标任务的104%。渡改公路桥工程累计完成投资额0.85亿元。两河渡渡改公路桥已全面完工；青龙下渡渡改桥及夏家沱客渡渡改公路桥正在开展初步设计工作；锁江渡渡改公路桥将由尖子山航电堤坝替代实施。超限检测站工程累计完成投资0.075亿元。谢家检测站主体工程已完工，正在进行收尾工作；武阳检测站已完成施工招标及征地拆迁工作。

【公路养护管理】 2016年，彭山区交通运输局完成江白路、华彭路、彭谢路、彭回路、江口场镇等路面维修工程，老彭谢路路面加宽工程，高保路、广青路灌缝工程以及市政道路维修工程；完成245国道大修，道路状况良好，公路路面使用性能指数达到87以上。彭山区养路段在公路养护建设中探索利用新技术、新材料、新工艺、新设备，用“四新”技术打造低碳绿色公路。以综合整治为契机，加大公路管养。进一步完善环境卫生管理和清扫保洁制度，每个路段都指定专人成立整治小组具体负责，实行“一日一清扫、一周一大扫、一月一考评”，做到垃圾日产日清，形成一套长效的环境治理工作机制。在综合治理的同时，重点对路域环境进行治理，省干线公路治理共清运垃圾2015吨；树木涂白77公里（其中，省道22公里、邛彭路7公里、高保路14公里、江回路10公里、江白路14公里、华彭路观音至武阳10公里）；清理非公路标识物（牌）67处，堆积物89处，条幅103条，清除路界内沙堆250余立方米。共出动各型车辆275辆次，人员1000余人次。

【路政管理】 2016年，区交通运输局加大交通行政执法力度，强化路政巡查工作，每天坚持上路巡查，确保干线公路每天巡查不少于1次，对巡查发现问题及时处理。全年清除以路为市330处、违章摆摊设点103个，清除各种路障211处，处理损坏路产案件9起，办理路政许可案件1起，案件查处率达98%，案件结案率达100%。加强干线公路超限运输车辆治理，加强部门联动，建立执法协作和联合治超机制，特别加强路政、运管、交警、公安等部门之间的协调运作，实行联合治超执法，确保人员投入，坚持齐抓共管，协同作战，始终保持严格执法的高压态势。实行24小时驻站治超机制。扎实开展驻站治超工作，路政派出执法人员26名，交警派出执法人员4名，实行24小时四班三运转，轮班治超；全面落实“一超三罚”工作机制。按照部门联动联勤做到信息共享、互相协调、共同处理的要求，认真填报抄告信息，力求做到真实详细，并于每月月底按时上报；实行双超治理严查机制。凡路经超载检测站货运车辆，逢车必查，对其进行规范管理，凡属超限运输车辆，均立即卸载、教育、处罚，立即消除违法行为方可上路行驶；严格规范信息登记制度。对途经超载检测站辖区的运输车辆做好真实有效登记手续，做到查阅清晰、资料规范齐全。全年投入执法人员5036人次，投入执法车辆766台次，发放宣传资料1.5万余份，接待法律咨询490余人次。检测各类货运车辆10.12万辆，查扣处罚超限超载运输车辆348台次，教育卸载7452辆，卸货4653.52吨（包括教育卸载），收取补偿费和罚款53.22万余元。55吨以上非法超载超限车辆基本杜绝，超限率已控制在4%以下。

【道路运输管理】 2016年，彭山区新客运中心站建成投入使用，安装自动售票机两台，实行联网售票；新客运中心站和所有高速直达客车（彭山至成都、乐山、雅安，青神至成都）已实现 Wi-Fi 全覆盖，为旅客提供方便、舒适的服务。实现重点营运车辆联网联控系统全覆盖，车辆上线率 90% 以上；旅游包车，三类以上班线客车全部安装使用车载视频监控系统，完成运政信息系统数据清理工作。强化源头管理，认真履行道路运输安全管理职责。加强“三品”查堵，杜绝车辆超载出站，严禁“带病”车进站参营、出站营运。加强危货运输企业安全管理工作。指导、督促危货企业做好安全管理工作，对 3 家危货企业从业人员的从业资格证进行核查，对危货车辆的罐体检测报告、 车 品一罐、危险品标志标牌、罐车安装紧急切断装置等进行规范。全年共组织安全检查 298 次，检查企业 304 家，检查营运车辆 4712 台次，出动检查人员 1920 人次，出动检查车辆 491 台次；发现安全隐患 63 处，全部均已整改；查处客运违法行为 8 起；召开安全会议 21 次，安全培训 6330 人次；张贴悬挂安全标语 89 幅，印发宣传资料 5000 余份，投入宣传教育培训经费 6.5 万元。

【航务海事管理】 2016 年，彭山区海事处主要采取召开会议、张贴标语、播放宣传片、发放法规和安全知识宣传资料等形式，到渡口、码头以及其他人群密集地方开展现场宣传活动。共召开安全例会 12 次，组织召开《国内水路运输管理条例》宣讲会 1 次，汛期水上交通安全培训会 4 次，现场会 23 次，参会人数达 165 人次；在各渡口、码头张贴标语 6 幅，宣传牌 8 个，发放宣传资料 200 份，全年安全经费投入 3.9 万元。在每月 28 日的安全例会中，海事处向船主、船员宣传学习与安全相关的上级来文，及时提出要求，用以会代训的方式提高船员的安全意识和业务水平。同时，及时了解各渡口、码头、船舶情况，收集、处理他们提出的问题。加强重视船舶的日常检查工作，将日常检查与专项检查、日常检查与节假日检查、定期检查与不定期检查相结合，重在发现隐患，督促整改，使船员处于适任、船舶处于适航状态。全年共检查营运渡口、码头 186 个次，船舶 531 艘次，发现违章行为 3 次，整改 3 次，安全隐患 15 件，全部予以纠正和整改。彭山区全年未发生重大及以上运输船舶水上交通安全事故。2016 年度中央财政补贴 133.39 万元，全部按照文件规定按时划拨使用到规定项目。

【安全生产和应急管理】 2016 年，区交通运输局深入开展各项专项治理活动，层层建立领导管理机构，加强对车站、码头、道路、水路、在建工程、危险化学品运输企业、维修企业等安全监管，形成领导重视、机构健全、人员齐备、经费满足、责任到位的安全体系。按照“党政同责、一岗双责、齐抓共管”的要求，年初与下属单位签定安全生产责任书 6 份，把安全责任落实到责任单位，将安全责任纳入目标管理，实行一票否决制。做到有计划、有检查，完善安全例会制度、事故报告制度、奖惩制度、安全检查和隐患整改责任制度；制定工作预案，进一步强化重特大事故责任追究制度，使交通安全管理工作有序进行。建立、完善安全生产责任体系、交通运输企业安全诚信体系和“黑名单”制度。对公路重点的路段、桥梁、施工路段集中进行全面检查，全面清理路障，制作安装标示、标牌，检查井盖及修复情况，及时消除路面病害；加强桥隧和事故易发路段安全管理。狠抓安全培训、宣传教育工作，深入开展元旦、春节、“五一”等重大节假日和“两会”、汛期、冬季等重要时段的安全生产检查。坚持安全发展，围绕构建和谐交通，强化安全生产监督，共组织安全会议15次，交通安全培训3次；局属各单位每月召开安全生产例会，同时加大对社会的宣传力度，通过专题、标语、展板等形式，大力宣传相关法律、法规，印发宣传资料1.3万余份，安排宣传车2辆，在国道、省道、县道及城乡道路上巡回宣传安全生产知识，积极开展“百日安全”和“安全生产月”活动，努力造就人人讲安全、遵守安全规则的态势。制订《眉山市彭山区交通运输局突发公共事件总体应急预案》《眉山市彭山区公路地震灾害应急工作方案》《眉山市彭山区交通运输局防汛应急预案》等，构建完善应急预案体系。有针对性在客运中心开展消防、防恐应急演练1次，路政大队迅速清除路障演练1次。

【交通战备管理】 2016年，区交通运输局加强交通战备机构能力建设，落实机构设置和人员配备要求，保障交通战备工作经费。完成国防交通专业保障队伍整组，组织开展训（演）练。在交通基本建设中积极贯彻国防要求。2016年10月，完成观音雷达连交安设计整治，协助区武装部完成军事交通保障、国防交通信息数据统计更新等任务。

【重点工作】 2016年，区交通运输局完成道路交通安全综合治理长效机制建设年各项工作任务。加强源头监管。区政府组织区级各部门、各乡镇集中签订《禁止超载超限安全责任书》，行业主管部门与企业签订责任承诺书，公安部门与非营运货车车主签订责任承诺书。并对全区13个乡镇进行“拉网式”排查，与15家货运企业分别签订责任书和承诺书，建立、健全全区基础信息台账，监督企业制度上墙，完善静态计重设备，定期开展教育培训。继续开展道路交通安全联合治超工作。区运政、路政、交警、农机单位共同投入执法警力，分片分段责任包干，执法全域覆盖。落实24小时勤务模式，从严治理国、省、县道货车超限超载行为。对违法、违规的货运车辆，一律实行“抄告制度”和“黑名单”制度，违法驾驶员、违规经营企业均得到最严厉的处罚。完成建制村通客车达92.1%、道路客运联网售票、机动车驾驶培训服务模式改革试点、道路运政管理信息系统互联互通、“12328”交通运输服务监督电话系统等更贴近民生实事和运输服务信息化工作。积极创建“四好农村路示范县”。按照“四好”农村公路标准建设要求，重点对华彭路、高保路、广青路、江回路、江白路实施提档升级改造工程，各项任务已全面完成。积极加快交通运行监测与应急指挥系统（二期）工程，完成电子客票试点工程及普通公路治超管理系统建设工作。切实加强对交通建设资金的使用管理。严肃财务纪律，加强财务制度管理，规范各类业务工作收支渠道，严把建设资金的出入关口，建立科学的资金管理机制，确保各项建设资金专款专用。

【综治维稳】 2016年，区交通运输局定期开展社会稳定风险评估，及时化解各类矛盾，强化重要节点、重点领域的安全维稳工作，有效维护交通运输系统的安全稳定。在全系统全面推行领导干部挂牌群众点名接访制度，进一步完善信访维稳各项规章制度。及时化解群众关注的热点、难点问题。2016年，彭山区交通系统进京非正常上访为“零”，赴省、市集体上访为“零”，无一起信访积累事件。

【脱贫攻坚】　2016年，区交通运输局全力以赴实施农村公路建设项目，为全区脱贫攻坚工作提供交通保障。完成村道完善工程28.8公里（补助20万元／公里）；车购税撤并建制村硬化工程37.6公里（补助30万元／公里），建制村加宽工程16.4公里（补助12万元／公里）；贫困村通村硬化工程10条，18.4公里（补助10万元／公里）。完成投资资金：村道完善工程1440万元，车购税项目1573万元，贫困村村道184万元，合计3197万元。选派“第一书记”，为脱贫攻坚提供重要人才保障。选派两名“第一书记”，分别进入保胜连桥村和谢家吴堰村，驻村脱产专职帮扶。根据贫困户实际，制定“一对一”帮扶、劳力输出就业扶贫、自主经营种养业扶贫、救助式扶贫等措施，多途径帮助贫困农户稳定增收和脱贫。全年局领导干部到岗次数700余人次，累计投入资金20万余元，救助帮扶物质，发放慰问金5万余元。所联系的贫困户人均纯收入已全部达到3300元以上的脱贫标准，圆满完成2016年脱贫攻坚工作任务。

（周　玲）

邮　政

【机构编制】　2016年，彭山区邮政分公司在职员工88人。其中，合同制职工62人，劳务工13人，派遣制职工13人；下设综合办公室、市场部2个职能管理部门，3个班组（封发组、经警队、投递组），8个储蓄网点和13个邮政代办（设在13个乡镇）。

【概况】　2016年，全区共有投递段道27条。其中，城市段道6条，农村段道21条；服务面积465平方公里，服务人口35万人；全区有汽车邮路1条，路线为彭山—江口—江渎—武阳—观音—青龙—公义—谢家，全长77公里；摩托车和电动二轮车邮路15条。

【主要指标】　2016年，区邮政分公司实现总收入2105万元。储蓄收入达到1361万元，同比增长8.15%。其中，余额净增1.12亿元，同比增长46.9%，创历史新高。

【基础管理】　2016年，区邮政分公司坚持从人防、物防、技防、建章建制、加强队伍建设等方面入手筑牢安全保卫工作的基础。全年全区未发生资金票款案件、邮政通信质量事故、消防火灾事故等重特大事故，未发生用户投诉而引发新闻媒体曝光的事件。

【实物网络】　2016年，区邮政分公司在黄丰、牧马新增上线离行式CRS存取款设备各1台，在邮件处理中心安装伸缩式胶带输送机，并开工建设区公司金库。

【转型改革】　2016年，区邮政分公司不断优化薪酬分配，结合外部环境变化和企业转型升级需要，不断创新经营管理机制，优化薪酬分配，制定并实施《彭山邮政2016年金融网点绩效分配办法》《彭山邮政2016年营销绩效考核办法》《2016年彭山区分公司机关行政管理人员奖励工资考核办法》，建立较为完善的经营激励体系。出台《彭山区邮政分公司封发人员2016年按量计酬实施办法》《彭山区邮政分公司营揽投建设方案》等一系列文件。对封发、揽收和投递人员，全面推行按量计酬，建立多劳多得的竞争分配机制。

【内控管理】 2016年，区邮政分公司相继出台《彭山区邮政分公司会议制度管理办法》《彭山区邮政分公司员工违规违纪制度管理办法》《彭山区邮政分公司员工轮岗及末尾淘汰管理办法》《关于加强节约用电的通知》《关于核定通信费定额补助标准的通知》。持续开展降本增效工作，把有限的成本用于增强企业核心能力建设。

【党建和党风廉政建设】 2016年，区邮政分公司把"两学一做"作为党建工作的龙头任务，紧紧围绕中共十八届六中全会精神和党章以及习近平系列重要讲话精神，大力开展"书记讲党课"活动，激发队伍活力，使党员在推动年度各项工作任务中发挥先锋模范作用，形成企业党建与中心工作紧密结合、和谐发展的新局面。压实两个责任，严格执行《关于落实党风廉政建设党委主体责任、纪委监督责任的实施意见》等制度，厘清职责定位，明确目标责任，强化工作措施，构建落实"两个责任"制度体系。公司领导坚持以上率下，带头履行主体责任，层层传导压力，促进主体责任落实。

【教育培训】 2016年，区邮政分公司鼓励员工在岗学习，加强员工业务知识培训，提高职业技能。全区邮政在岗职工大专及以上人员占比达到91.2%，整体职业素质稳步提升；组织员工参加银行从业培训及考试。

（伍 琴）

电 信

【概况】 2016年，彭山区电信工作以做强"互联网+"战略为全年工作主线，以省公司"价值、规模"发展统一全员思想，以"翼支付生态运营"为抓手，进一步推进市场化、差异化、规范化，用心做强经营、做优服务、做实基础，转作风、抢时间、抓机遇、破瓶颈，全面实现2016年的目标任务。

【通信建设】 2016年，中国电信彭山分公司（以下简称"公司"）重点是以"互联网+"为统领，做深、做精、做透重点行业应用，抢占信息化服务制高点，广泛开展"农村信息化"和"宽带乡村"建设合作，搭建好业务推广平台；完成光纤进户建设1.6万端口，城区光纤入户率达95%，提升用户上网质量；在打造天翼精品网络方面，抓住重点，精细规划，以提升有效区域质量和用户感知为主，全年通过新建、扩容基站，网络覆盖更加完善，优化4G基站81座，新建800兆无线基站89座，天翼网络覆盖率达到98%以上。

【业务拓展】 2016年，公司聚焦"012"战略，在电信电视、宽带和天翼语音等重点业务发展方面取得一定成果。强化管理执行和细节管控，努力将一切资源和工作精力都集中到以客户为中心、加快发展上来。2016年，以

"国家精准扶贫项目"为抓手，前后联动、融单并举，推动电信电视超常规发展，围绕"思维上超常规、方法上超常规、管理上超常规"的要求，打造一张精品电信电视网，促进电信电视规模上量发展，电信电视用户达7万户。依托全光建设，大力开展提质提速活动，以10兆光纤宽带为起步，大力开展提质提速活动，实现存量169用户200兆接入，宽带达7万部。绿色环保、清晰保密的天翼语音占领移动通信市场，以"天翼信息村""孝行通""H进班"和"行业信息化"应用为抓手，全面拓展移动语音市场，实现电信手机规模发展，电信手机使用者达9.2万人。

【强化服务】　2016年，公司以"服务就是营销"为指导，系统推动服务能力提升转型。夯实基础服务能力，从制度标准、服务流程、激励考核、协同能力、执行能力等方面持续完善以客户满意为中心的服务管控体系。下大力气改善影响客户满意的关键指标，投诉率持续下降；以服务模式转型为手段，服务开发创新为牵引，通过该地全功能穿越体验，服务回馈内容产品化设计、产商品审核前置等措施，推动服务全面领先；全面深入推进服务达标工作，以"660服务"（6小时装机、6小时修障、0条件受理）为标准，实现服务监督工作常态化、专业化、系统化。

（陈　敏）

移动通信

【概况】　2016年，中国移动通信集团四川有限公司彭山分公司（以下简称"彭山移动"）在职员工61人，党支部在职党员25名，其中，流动党员6名，党员占比41%，班组长中绝大部分是党员。2016年，通过夯实党建工作，将党建融入公司生产经营，彭山移动荣获2016年度"向奋斗者致敬，创百千万新精彩"党支部一等奖、年度先进集体、4G综合发展银奖、政企运营综合能力铜奖、信息化拓展标杆奖等。党支部书记连续两年被评为优秀党务工作者；两名基层员工被评为十佳奋斗者，一名基层员工被评为优秀。

【生产经营】　2016年，彭山移动折前收入1.41亿元，增幅9.18%，超行业增幅2.5%；4G客户规模11.77万户；宽带客户2.88万户，客户份额39.1%，团队年度绩效评估获得全市第一名的好成绩。彭山团支部被四川共青团团委授予"五四红旗团支部"称号。

【队伍建设】　2016年，彭山移动在原有企业文化"四敢精神"的基础上，提炼符合彭山移动凝聚力打造的企业文化新诠释："敢想"是高目标牵引，"敢说"是组织协同，"敢拼"是攻坚克难，"敢干"是业绩。工作开展中以"努力到无能为力，拼搏到感动自己！"为口号，树立员工积极向上的价值观。在团队建设中，彭山移动注重正能量传递，尤其是标杆班组、标杆个人打造。以后勤中心为责任主体，挖掘优秀员工、优秀事迹，引导团队成员比学赶超。班组打造方面，城区片区用户份额超全区50%，公司业绩好坏与城区市场的健康发展密切关联。因此，彭山移动以城区支局作为试点，抽调公司一线精英组成新一届城区班组，发挥党员带头作用，重点提升城区市场发展能力。2016年，彭山城区从原来的全市排名25名上升至全市排名第二名，在城区支局的标杆引领下，彭山移动整体KPI全市排名第一。针对各营销阶段涌现的先进人物、先进事迹进行标杆打造。通过公司内宣展板、内部宣贯会议等方式将正能量传达给公司的每一个人，形成比学赶超的良好氛围。涌现出“90后”销售中心主任黄梓航、优秀4G专员蒋春燕、优秀客户经理代表王佳、优秀网络工作者刘磊等标杆人物。

【廉洁教育】 2016年，彭山移动高度重视嵌入式风险及廉洁教育工作开展，将嵌入式风险防控工作按项目组的形式组建项目小组，扩大支部党建工作参与面。开展内部廉洁风险防控点再次梳理，把存在对外联系的市场、政企、网络的岗位纳入关键岗位员工管理，全部签订《廉洁责任书》，进一步把控防控细化到各个环节，坚持谁受理谁负责，保障公司健康发展。

（文　婷）

城乡建设与环境保护

住房和城乡规划建设

【概况】 2016年，彭山区城镇建设资金投入39.7亿元；城镇基础设施建设投入资金6.1亿元；房地产开发投入33.6亿元，新开工面积74.67万平方米；商品房销售面积58.5万平方米；实现建筑业产值达38.2亿元，推广散装水泥213万吨，散装率达61%，城乡建设取得成效。

【行业管理】 2016年，彭山区住房和城乡规划建设局（以下简称“区住建局”）严格落实“首问责任制、限时办结制、一次告知制”，所有行政审批、备案事项全部纳入行政服务中心办理，实现“进一道门、办所有的事”，清理行政权力535项，厘清行政权力“三张清单”，做到决策公开、执行公开、管理公开、服务公开，对国家、省、市政府已取消、调整的行政审批和非行政许可审批事项严格执行，落实到位，进一步优化彭山经济建设软环境，办理施工许可证44件，图纸审查批准49件，合同备案89件，项目报建登记42件，竣工验收备案44个，招标备案47个，收取配套费3456万元，网上审核率100%，现场办结率100%，按时办结率100%，办理满意率100%，群众有效投诉率“零”。

【依法行政】 2016年，区住建局强化建筑业、房地产业、建设工程招投标监督等行业管理，坚持与各建筑施工企业、项目部都签订《质量安全生产目标责任书》，将责任进行分解，各负其责，监督承担建筑工程项目建设的建设单位项目负责人、勘察单位项目负责人、设计单位项目负责人、施工单位项目经理、监理单位总监理工程师五方责任主体行为，为更好的开展质量安全监督工作打下基础。不定期对辖区内建筑工地进行拉网式的质量安全生产隐患排查治理，对现场查找出的隐患，能够当场整改的立即整改，不能当场整改的，当场下发《建设工程安全隐患限期整改通知书》，全年下发整改通知书150份，重大工程一次性验收合格率达100%，1个工地扬获“省标化工地”称号，5个工地正在申报“市标化工地称号”；深入推进“工程质量治理两年行动”和“打非治违”行动，依法查处违规行为33件，处罚金41.8万元，进一步规范建筑市场。全年33个在建工地无安全质量事故发生；实施燃气行业管理，主要加强燃气企业安全生产管理，加强液化石油气瓶质量监管、充装、运输、储存、使用等环节管理，依法打击非法经营液化石油气商户7户，没收气瓶39个，检查整改存在安全隐患的管道1534.7米，未新增违法占压。无燃气安全事故发生。

【信访维稳】　2016年，区住建局牢固树立“群众利益无小事”的观念，热情接待，认真办理，及时反馈，做到“件件有着落，事事有回音”，全年接待信访295人，受理，处理信访案件20案件，为农民工追讨工资600万余元，信访案件按时限办理、答复、复查和复核事项办结率达100%。建设领域未发生进京、到省上访事件。

【“四城”建设】　2016年，区住建局以项目为抓手，强力推进“四城”建设（品质发展之城、生态宜居之城、长寿养生之城、和谐幸福之城），承建的19个省、市、区重点项目顺利推进。大力实施品质提升项目建设。实施十里樱花花堤生态长廊、60米宽高速路出口迎宾大道生态景观等5条景观大道，打造以高速路出口为起点，环高铁、穿新城、沿滨江的城市主干道路景观。完成前程路景观绿化提升工程；完成水岸花堤2200余株重瓣白樱、日本晚樱栽植和10万平方米草坪播种，完成汀步道、栈道建设、透水混凝土等工程、景观灯饰、河堤栏杆等；锦绣大道、李密大道、迎宾大道已完成堆坡造形，栽植部分苗木样品形成样板。长寿绿道、仙女湖森林公园、东山彩林三个城市康养健身项目已经启动。打造畅通之城。蔡山东路延伸段道路形成通车能力；完成宏图天桥、锦江学院人行天桥建设；完成城南片区、八五新区片区、孟文路片区等18条道路新建、改造、黑化工程，改造道路总长7.7公里，黑化面积7.24万平方米，改造人行道3.45万平方米，黑化工程全面完工，城市道黑化率达95%以上。推进安置区建设。完成高速公路出口安置区一期7.5万平方米，614套安置房建设；观音椿巅安置区307套、3.2万平方米安置房主体已完工，正进行外装饰工程；莲花四期安置区正实施基础工程；牧马新镇二期已确定施工单位，即将开工建设；锦江学院片区棚户区、南门庭院安置区、李密路安置区实施前期准备工作。

【“百园之市”建设】　2016年，区住建局投入1亿元，大力推进“百园之市”建设。水岸花堤、高速路入口公园、彭溪河公园C段、黄丰镇合力村聚居点广场顺利推进，城区已建成公园（广场）9个，“一镇一园”已经建成公园（广场）11个，为彭山区“百园之市”建设任务保质、按时完成奠定基础。

【“扬尘”治理】　2016年，区住建局扎实开展建筑工地扬尘治理工作，做到“四个强化”“四个到位”（即强化认识、强化宣传、强化监督、强化惩处；方案计划到位、经费人员到位、管理措施到位、整改落实到位），全区33个在建项目，严格执行“六个必须、六个不准”，建筑工地施工环境、场容场貌明显改观，文明施工水平明显提升，“扬尘”治理达到预定目标，成效明显。

【“百万安居工程”建设】 2016年，区住建局大力推进“百万安居工程”建设，助力脱贫攻坚。公租房二期4幢18层，424套住房主体全面竣工；发放租赁补贴40户，金额7.31万元，城镇低收入和最低收入住房困难家庭实现应保尽保；充分发挥农村危房改造资金在脱贫攻坚中的助推作用，农村危房改造60户（含22户精准扶贫建档户）全面竣工，省级补助资金45万元全部发放到位。农村危房改造户档案做到一户一档，台账清晰、资料齐全，管理规范，率先完成全省扩大农村危房改造试点农户档案管理信息系统录入上传工作。新开工农房建设1300户。

【村镇建设】 2016年，区住建局加大法律法规宣传力度，加强村镇建设管理人员和农村建筑工匠培训，发放《四川省农村建房通用图集》100余份，供农村居民自建房选用，进一步提高农村自建房抗震标准，完成省级试点镇牧马镇市政基础设施投资8000万元，就地吸纳转移农业人口2100人。

【亮点工作】 2016年，区住建局全面推行棚改货币化安置，进一步深化“政府+企业+银行+拆迁户”四方联动机制，破解货币化安置资金瓶颈，缓解政府资金压力，有效的推动货币补偿安置工作，签订棚改化币化安置协议1589份，涉及5125人，支付货币补偿资金8.11亿元，货币化安置率全市名列前茅，棚改工作受到住建部有关领导的肯定，全市棚改工作会在彭山区召开。“去库存攻坚”见成效。制定优惠政策引导农村居民进城购房，大力宣传，服务刚需，截至2016年5月发放购房补贴款1.11亿元，涉及3103户、28.7万平方米，房地产住宅库存面积降低至34.8万平方米，商品房库存去化周期降低至10个月，有效缓解彭山区房地产“库存”压力。试点推进农村“两权”颁证。深化农村产权制度改革，为公义镇新开村和兴荣村1342户农民办理房屋产权清晰、界址明确的房屋所有权证，为盘活农村住房资产，释放农村发展潜力奠定基础。

【干部培训】 2016年，区住建局组织干部职工参加各类专业技术培训班80余人次，带着问题走出去，赴周边市、县参观学习20余人次，学习棚改、行业管理等先进经验；加强自学，每两周开展机关干部集中学习会，建立“住建沙龙”平台，年轻干部踊跃参加，交流学习工作经验。把干部职工培养成能人，把能人培养成业务骨干，业务水平不断提升。实行层级化管理，全局干部职工各施其职，各尽其能，形成“事事有人管，层层有人抓”的工作格局，各项工作规范有序。

（唐　嘉）

房屋征收管理

【概况】 2016年，全区完成房屋征收6万平方米，签订搬迁协议530户；完成昌大米业、毛光祥等4宗土地回购，保障高速公路出口、武阳东路道路建设用地需求；全年共建成安置房2266套，完成7个土地整理和高标准农田验收，新增耕地160公顷；通过置换债券消化存量债务3.2亿元，有效降低政府举债成本。

【机构设置】 2016年，根据区委编委《关于理顺房屋征收与土地储备中心管理体制的通知》（眉彭编发〔2016〕16号）文件精神，土地储备中心职责仍由眉山市国土资源局彭山区分局承担。区房屋征收拆迁相关行政职责划归区住建局履行。彭山区房屋征收补偿安置协调办公室更名为“彭山区房屋征收局”（以下简称“区房征局”），并调整为区住建局管理，其事业单位类别、机构级别、主要职责、人员编制、领导职数保持不变。

【国有土地上房屋征收】 2016年，区房征局参与实施西门新商圈、城西市场、二环北路（碱厂）、成昆复线、北外街改造、江口古镇改造6个旧城改造、基础设施建设和棚户区改造项目。完成房屋征收6万平方米，签订搬迁协议530户。协调并妥善处理征收信访案件37件，办理行政复议1件，对极不配合的12户被征收户下达补偿决定，其中，1户进行了依法搬迁。

【土地回购工作】 2016年，区房征局按照区委“按需回购”的要求，全年完成昌大米业、毛光祥等4宗土地回购，保障高速公路出口、武阳东路道路建设用地需求。指导督促乡镇妥善管护回购的国有土地15宗、26.7公顷，实现储备土地科学化管理和效率化利用。

【项目实施】 2016年，区房征局共负责4个政府性投资“双挂钩”项目、5个安置区续建工程和7个土地整理、高标准基本农田项目续建工程。全年共建成安置房2266套，并分别交付观音镇、武阳乡、凤鸣街道，由所在乡镇（街道办）进行分房安置；完成7个土地整理和高标准农田验收，新增耕地160公顷。受理接待工程建设来访群众300人次，依法妥善处理拖欠农民工工资、工程质量纠纷、工程造价纠纷等信访案件。

【融资工作】 2016年，区房征局通过置换债券消化存量债务3.2亿元，有效降低政府举债成本。

【脱贫攻坚】 2016年，区房征局加强联系村基础设施建设，争取农业川中项目4.6万元，用于改造村级水利管网1000余米、整治山平塘1口。单位筹集资金6万元，用于解决新民支渠灌溉用水困难问题、建成未成年人活动场所和修缮老年人活动场所。充分调动单位党员干部力量，开展“一帮一”结对帮扶，为贫困户提供物资帮扶2万元，并为其提供生产扶持、低保政策、医疗救助等方面的支持，全年12户建档立卡贫困户全部脱贫。

（余 丹）

城乡规划工作

【重要事件】 2016年2月，副市长付庆一调研彭山区城乡规划工作，彭山区城乡规划局

（以下简称“区规划局”）牵头编制的《农村建房指导图则》受到表扬，经验在全市推广。

3月，市人大常委会党组副书记阳金和率队到彭山，调研乡镇规划监督工作。

5月，成立眉山市城乡规划局彭山分局。任命潘淼为分局局长，聘用何志良、罗尧、杨威为副局长。区规划局与眉山市城乡规划局彭山分局实行合署办公。

同月，组织召开彭山区文化馆、图书馆、规划展示馆、档案馆公开招标设计方案评选会。

6月，市人大常委会党组成员、副主任李建章，市人大常委会委员及市城乡规划局相关负责人组成的《眉山市城乡规划条例》立法调研组在彭山区开展城市规划管理条例立法调研活动。

8月，政协眉山市彭山区委主席谭福轩带领政协主席会成员、各专委会主任及提案人召开规划提案督办会。

12月，市人大常委会党组副书记阳金和率队到彭山，调研乡镇规划监督工作及“绿海明珠·千湖之城·百园之市”规划建设及推进情况。

【机构情况】 2016年，区规划局内设办公室、财务股、基础规划股、项目规划股、工程规划股、行政许可股、规划监察大队、市政工程股。在编职工31人，正科级领导职数1人，副科级领导职数3人，中级以上专业技术职称7人，初级专业技术职称17人。

【项目规划】 2016年，彭山区编制规划35个。其中，控规及城市设计2个，专项规划19个，项目规划14个，编制费用2000万元。主要编制有《长寿水乡概念性规划》《“五湖四海”湿地公园景观规划》《彭山区农村散居居民建房指导图则》《观音、谢家、公义、武阳雨污水专项规划》《仙女湖片区步道专项规划》《彭溪河沿岸污水专项规划》《城西片区污水专项规划》等。

【规划审批】 2016年，区规划局共办理选址意见书37件，用地规划许可证30件，用地面积130.71公顷；工程规划许可证52件，建筑面积157.68万平方米，规划核实24件，核实建筑面积67.29万平方米。

【农村居民建房】 2016年，区规划局借鉴贵州湄潭县农房建设管理经验，组织编制《农村居民建房风貌指导图则》，以传统川西民居风貌作为全区农房建设的统一风貌，图则已发送全区13个乡镇。乡镇规划执行委员会在批准村民建房时，建房户须从图则中选定相应的户型和风貌，按照图则的风貌进行建设，乡镇规划监督委员会对建设过程要进行监管，确保风貌不走样。

【项目策划】 2016年，区规划局委托上海文博堂机构编制《彭祖长寿城文化策划方案》，完成彭山的文化策划，喊响“彭山·一个不老的地方”。《长寿水乡概念性规划》《“五湖四海”湿地公园景观规划》在编制过程中既尊重已有的生态基底，更注重对水岸线的保护，塑造“望得见山、看得见水、记得住乡愁”的彭山城市特色。《刘家大院特色村落整体策划》深度挖掘、保护具有民俗特色和历史文化价值的古镇、古街区、古村落，突出文化的传承。

【三维地理信息系统】 2016年，区规划局应用三维地理信息系统，该系统以真实城市为背景，对方案中涉及到的建筑和环境进行建模，为领导、管理人员、专家对项目方案分析和审核提供更直观、更准确的平台。对规划项目真正做到规划管理过程的精细化，确保每一个建设项目的品质和特色。

【区规委会审定情况】 2016年，区规划局共召开城市规划委员会13次，审议46项议题；召开联席会14次，共审议142项议题。坚持和完善专家评审、技术艺术审查、公众评议委员会制度等工作制度，对重要地块的修建性详细规划、房地产开发项目一律组织专家评审，充分征求专家意见。对方案审议推行票决制，提高决策的科学性和民主性，有力促进彭山区城乡规划建设依法、规范、有序实施。

【规划执法】 2016年，区规划局通过加大违法行为的查处力度，共查处和纠正各类违规建设行为和案件65件，发出《建设监察执法调查通知书》25份、《责令暂时停止施工通知书（决定书）》25份、《责令限期拆除违法建设通知书》18份、《建设行政处罚事先告知书》10份、《建设行政处罚听证告知书》8份、《建设行政处罚决定书》7份，拆除违法建筑面积3000平方米，形成规划执法的高压态势。

（侯官林）

城市行政执法

【概况】 2016年，彭山区城市行政执法工作以“四城建设”为主线、以品质发展之城为核心，以“治乱”专项行动为载体，抓实城市市容和环境卫生管理与执法工作，全面完成城区12平方公里的市容检查管理任务，维护了良好的城市形象；全面完成城区250万平方米的道路清扫保洁工作；全面完成城区和13个乡镇生活垃圾的收集、转运、压缩处理工作，“治乱”专项行动深入扎实，广告治理、城区农贸市场、城区停车难题成效明显。

【建筑工地管理】 2016年，彭山区强化城区建筑施工工地进出口通道管理，制定《眉山市彭山区建筑施工工地出入口管理办法》，逐一对城区建筑施工工地宣传该办法。全年单独或联合住建部门开展建筑工地出入口专项检查 12次（重点为出入口是否硬化；是否有车辆冲洗水池等设备；是否安排专人开展路面保洁；保证净车出场）。共发出限期改正通知书30余份，责令停工整改1家，对城区所有（ 34家）建筑工地实施每周巡查登记管理制；加强城区市政挖掘占道管理，制定备案登记管理规定，通过实施强有力管理，城区市政挖掘占道施工规范率达到95%以上，确保挖掘占道后的环境卫生质量。

【货运车监管】 2016年，区城市行政执法局强化货运车道路扬尘监管，制定货运车辆运输路线，联合交警部门，强化路面巡查。并在工地运输车辆往来路段不定期开展设点检查。全年，共检查货运车辆700余台（次），办理货运车辆运输证131辆；纠正车辆抛洒滴漏、未遮盖篷布、不按规定路线行驶等违章行为为53例，实施行政处罚19件，处罚金额达4.4万元。

【客运三轮车管理】 2016年，区城市行政执法局与公安交警、交通运管、工商质监四部门联合对人力客运三轮车及城区无牌无证电三轮违法上路行驶进行查处，共出动执法人员500余人次，查扣各类违规（章）人力客运车辆 450余辆（次），实施行政处罚96例。全年向人力客运三轮车驾工人员，销售、维修人员散发《致人力客运三轮车从业人员的一封信》《从事电动车经销商相关规定和要求的告之书》等相关法律、法规宣传资料700余份。充分发挥区人力客运三轮协会在主管部门和驾工人员之间桥梁、纽带作用，对违规驾工人员开展安全教育驾驶培训150人（次），斩扣非法加装动力装置57套（台）；抽调执法人员33人、执法车辆7台，分三个组进行街面巡查，共查扣违章上路电三（四）轮462辆；宣传教育群众963人。工商质监局与交警大队、交通局对城区出售电动自行车（三轮、四轮）的商家和维修点进行检查，共检查电动车维修点463户/次，签订不改拼装承诺书125份，共印发《关于从事电动车经销相关规定和要求的告知书》120余份，处理消费维权2起。

【占道经营治理】 2016年，区城市行政执法局联合公安交警、住建、食药监和教育部门开展城区学校周边环境综合治理，重点整治流动摊贩违规占道经营和车辆乱停乱放影响交通行为。城管负责流动摊点的查处，住建局负责对流动摊贩随车携带液化气瓶安全隐患的查处，食药监局负责对小吃摊贩食品卫生的查处，公安交警负责对机动车乱停乱放的查处。共出动执法车8辆，执法人员30人，教育劝导行人850余人，查扣流动摊点27个，规范临时停车点7个，有效地改善学校门口的拥堵不安全状况。对城区占道经营、占道作业的商铺进行联合整治，要求所有商铺作业全部进店，共出动执法人员24人，教育劝导商铺43家，发出限改通知书26份。

【洗车场专项治理】 2016年，区城市行政执法局全面启动城区洗车场专项治理行动，制定《彭山区城区洗车场专项治理工作方案》，印发《关于开展城区洗车场专项治理的通告》，通过电视、报纸、政府网站等媒体和公开栏广泛宣传。6月，区城市行政执法局牵头联合多部门集中整治城区洗车场，共出动车辆140余台次，出动执法人员400余人次现场执法，截至2016年12月底，共拆除违章搭建彩钢棚、遮阳网37处，责令恢复损坏人行道24处，禁止私自使用地下水行为12例，规范三级沉淀池29家，通过治理做到城区洗车场无一处违章搭建，无一处占用道路洗车作业，三级沉淀池标准率100%。促使26家洗车场完全达标，12家无法达到相关要求的已陆续强制性关闭，4家洗车场重新选址搬迁，7家还在使用地下水的洗车场正在落实整改。

【餐饮治理】 2016年，区城市行政执法局结合雾霾治理和贯彻《中华人民共和国大气污染防治法》要求，从10月开始对城区大中型餐馆的油烟净化器安装情况进行全面检查，完成城区67家餐饮行业的油烟净化器检查工作，其中，18家达标。从11月18日起，通过每天不间断街面巡查，发出限期改正通知书56份，纠正违章露天操作32例，依法暂扣违章物品8例。城区露天烧烤，已全部达到店内作业的要求。

【户外广告管理】　2016年，区城市行政执法局开展城区橱窗广告专项治理，全年共清理乱贴、乱挂广告橱窗（布幅）广告800余幅（条）。在对户外广告设置情况进行全面摸底后，于10月12日全面完成城区36处，1300平方米存在高空坠落隐患，陈旧、破损的大型户外广告拆除工作。根据城区户外广告（灯杆、道旗）治理方案完成城区九条道路治理，拆除灯杆、道旗广告1450余根。按照店招备案管理要求和设置规范（一店一招，同一平面上下对齐、色调一致的原则），全年实施备案管理 168例。

【"门前五包"责任制】　2016年，乡镇、社区和相关职能部门按照各自的职责开展工作，签订"门前五包"（指承担门前包卫生、包绿化、包市政公用设施、包建筑物容貌、包秩序五项任务）责任书3000余份，责任书签订率达到85%。区城市行政执法局、治理办、园林局、凤鸣街道办、彭溪街道办以及社区先后两次召开工作推进会，同锦江学院大学生志愿者一起上街开展宣传活动，进一步提高群众对"门前五包"工作的知晓率和参与率。建立"门前五包"检查评比制度，对落实情况较差的单位和经营商家进行媒体曝光。

【道路清扫保洁】　2016年，区城市行政执法局完成中心城区250万平方米的清扫保洁工作，中心城区道路清扫保洁实行定人、定岗、定区域，分16个网格片区管理机制，坚持机械化"两扫四冲"作业（早上8：00－10：00，下午2：30－4：30进行机械化湿式清扫；早上8：00以前、10：00－12：00，下午13：30－14：30、16：30－17：30进行喷雾、洒水降尘保持路面湿润，喷雾降尘和湿式作业全部实现机械化）为主，人工保洁为辅的环卫清扫保洁模式，同时定期冲洗路牙积尘、灰带和道路隔离设施下积尘，确保城区环境卫生干净整洁。

【生活垃圾管理】　2016年，区城市行政执法局取消中心城区无盖铁皮垃圾桶276个，关闭中心城区生活垃圾地库5座，全部采用环保节能的电瓶三轮收集车实行定时、定点上门收集服务；新购置电瓶三轮收集车30辆，总计已达到70辆，彻底解决垃圾桶、垃圾地库带来的二次环境污染问题，有效改善市民投放垃圾不便的现象；为城区部分物业管理较规范的小区实行定时上门收集服务，解决原来居民遍街乱投放垃圾的乱象；严格垃圾收集清运管理标准，彭山区农村生活垃圾实行户收集、镇集中、区转运的收集处理模式，主干道农村生活垃圾收运系统共设置380个桶（点），安装1100个垃圾桶，每天由6辆专用桶装车和7辆摆臂车往返收集清运，全年收运农村生活垃圾4.8万余吨，农村生活垃圾收集处理率达到79%以上；全年收集中心城区生活垃圾3.7万余吨，城区垃圾收集率和处理率均达到100%，城乡生活垃圾收集率和处理率达到87%以上。全年清运、压缩、转运生活垃圾8.5万余吨，做到垃圾日产日清、无积压。

【城乡环境综合治理】　2016年，区城市行政执法局为更好体现彭山长寿养生文化元素，深入推进城乡环境综合治理工作，更换公厕标识标牌30余个，制作环卫运输车辆车身标识6套，制作电瓶三轮车车身标识70个；纠正劝导乱扔、乱倒、乱吐以及施工运输车辆污染城市道路等不文明的行为100余起；清除乱贴、乱画的城市“牛皮癣”6600余处；没收非法宣传的小传单、小广告5000余份；集中清理整治城中村、城郊结合部河道沟渠砖头、杂物等处的无主建筑垃圾450余处、1200余吨。

【设备管理】 2016年，区城市行政执法局投入200万余元购置电瓶三轮收集车30辆，不锈钢果屑箱450个，铁皮垃圾桶750个，移动式塑料垃圾桶400个，垃圾专用集装箱20个，环卫工人休息室3间，改造广场天桥下方公厕1座，翻新维修公厕3座。为所有垃圾清运、转运和电瓶三轮收集车辆安装GPS行车卫士系统，实行全天候作业安全监控，并有专人负责抽查、调取相关行车记录及日常监管台账记录。

（邓 洋）

市政园林管理

【园林绿化管理】 2016年，彭山区市政园林管理局（以下简称“区园林局”）共修剪绿篱9次、64万平方米；修剪草坪9次、36万平方米；修剪行道树4.1万株；雨季扶正树木72株；补植缺株行道树134株；根据植物的长势及病害的发生及时施肥施药6次，涂抹石灰两次；对全城区鲜花更换共9次、5.19万平方米；更换绢花5次、1200平方米；谢家苗圃鲜花大棚生产鲜花35万盆，栽植面积7000余平方米，为城区节点鲜花供应提供保障。

【市政管理】 2016年，区园林局共维修护栏1700余次，更换破损或缺失的雨水篦110套、污水检查井井圈井盖127套，更换路沿石190米，花台151米，树池、树围共79套，维修人行道彩砖及花岗石1573平方米，疏通城区排污管3300米、方涵清淤1400米，清掏污水检查井600座、雨水检查井950座。

【路灯照明维护】 2016年，区园林局坚持每天对全城区路灯巡查，及时对损坏的路灯设施进行更换维修，全年共排除电缆故障达500余次，检修更换灯泡387个、镇流器315只、灯头65个、触发器355只、灯罩30套，排除电缆故障更换铜芯电缆2120米，使用铜直接995只、护导线3000米，撤除锈损灯杆28根，扶正倾斜灯杆25根。

【城市绿化、美化】 2016年，彭山区投入资金44.8万元完成彭山区彭祖大道、长寿大道灌木补植工程，共补植面积1.04万平方米；为增加绿量，提升城市绿化品质，继续实施城区“花漾彭山”立体绿化工作，共投入资金41.98万元完成彭山城区三角梅补植工程，共栽植三角梅1.09万株；为改善城市面貌，增大城区鲜花量，投入资金28.56万元完成城区品质提升花箱摆放工程。在彭祖大道主要节点摆放花箱，共摆放花箱88组、152个；为美化公交站台，给市民营造舒适的出行环境，投入资金37.5万元完成公交站台景观提升三角梅栽植工程，在彭祖大道、迎宾大道33个公交站台架设镂空钢架栽植三角梅，实现立体绿化全覆盖；为切实推进“四城建设”，打造高规格道路绿化景观品质，实现彭山与成都绿化品质同城，落实区委、区政府下达的目标任务，由区市政园林管理局实施成彭大道景观绿化建设项目。为减少政府投资成本，节约时间，提高项目实施效率，该工程采用设计、采购、施工总承包（EPC）模式。

【城市照明】 2016年，彭山区投入资金41.6万元完成城区（鹏利街西段、城南市场西巷、滨江河堤塔子坝下游等处）路灯安装工程，共安装路灯45盏，保障夜间城市道路照明，方便市民出行；投入资金60.35万元完成西门口宏图天桥夜景亮化工程，共安装LED洗墙灯340套、轮廓灯517套、投光灯187套；投入资金23万元完成锦江学院跨彭祖大道人行天桥照明安装工程，共安装LED洗墙灯104套、LED轮廓灯663套、LED投光灯110套。

【市政项目】 2016年，彭山区投入资金118.42万元完成城区（寂照街、彭武路）人行道铺装工程，共改造面积1.3万平方米；投入资金45.6万元完成彭山区消防栓安装工程，共安装消防栓54个；投入资金38.29万元完成城区检查井盖安装工程，将现有雨污水检查井盖改造为具有地方文化元素的井盖，共改造安装井盖580个；为减少安全事故的发生，保障市民安全出行，投入资金12.18万元完成彭山区检查井安全防护网安装工程，共安装防护网1300个。

【队伍建设】 2016年，区园林局领导班子狠抓园林队伍建设，加强作风建设，制定完善机关各项规章制度；根据工作需要，成立以局长为组长的财经审查领导小组、方案审查领导小组、作风建设领导小组，使机关工作更加规范化，制度化，以促进市政园林各项工作有序开展。积极探索第三方管理模式，草拟园林绿化社会化养护管理实施方案、管理标准等，推进彭山区园林绿化养护管理模式多样化、专业化、规范化，提高城区绿化养护管理水平。2016年9月7日—11日，由局长张萍带领规建股、市政股、养护股等专业技术人才赴上海、杭州考察学习，并就两城市建设和市政园林建设管理方面撰写考察报告，结合彭山区实际，提出新的工作思路和建议，得到区委书记梁磊、区长罗万东的肯定性批示。

【提案、信访工作】 2016年，区园林局及时办理人大、政协有关市政园林方面的提案6件，及时进行答复，并就市民在政府网站区长信箱中的留言及时作回复，满意率100%。认真做好群众来信来访工作，上访100余件均及时办理回复，办结率100%。及时办理党政服务热线信箱15件，满意率100%。

【安全生产工作】 2016年，区园林局成立安全生产领导小组，定期召开会议，专题研究安全生产工作，层层落实责任措施。年初，制订全年安全生产工作实施方案和城市防洪排涝应急预案，每天对园林绿化、市政设施、路灯设备进行安全隐患排查，对排查出的问题及时整改，并做好台账。每月开展安全生产培训并按时报送安全生产工作信息，做好安全生产总结，确保各项工作安全有序推进。

【环保工作】　2016年，区园林局对全体职工进行环保知识宣传教育，发放环保倡议书；要求职工在路段管理过程中禁止焚烧、乱倒绿化垃圾；要求洒水车每天对绿化植物进行冲洗除尘；要求在建工程强制性扬尘减排。

（袁　薇）

环境保护

【污染物总量减排】　2016年，全区削减化学需氧量421.97吨，氨氮26.76吨，二氧化硫431.84吨，氮氧化物105.99吨，完成市下达总量减排任务。

【行政审批】　2016年彭山区严守项目审批“一票否决”，全年共审批建设项目环评文件68个，验收企业40家，建设项目“环评”执行率100%，“三同时”（建设项目中防治污染的设施，应当与主体工程同时设计、同时施工、同时投产使用）执行率达90%以上；开展清理整顿环保违法、违规建设项目工作，清理违法、违规建设项目186个。实施规范项目26个，整改备案管理133个，关停27个。

【下发污染治理文件】　2016年，彭山区环境保护局（以下简称“区环保局”）提请区委、区政府审议并下发《关于2016年环境保护工作的意见》《关于认真做好大气污染防治工作的通知》《关于印发眉山市彭山区水污染防治行动计划2016年度实施计划的通知》《关于印发水污染防治行动计划眉山市彭山区工作方案的通知》《关于印发〈眉山市彭山区2016年农作物秸秆禁烧和综合利用工作方案〉的通知》《区委区政府关于推进小流域“河长制”铁腕治理流域污染工作的意见》《关于印发小流域“河长制”四项制度的通知》等文件，统筹全区污染治理工作。

【环境监察执法】　2016年，区环保局开展环保大检查，全区重点污染企业污染治理设施正常运行率达到98%以上，达标排放率95%以上，基本杜绝偷排、直排等违法排污现象，全年未发生一起重特大环境污染事故。查处违法案件25件，限期整改3件，停止违法决定19件。严格饮用水源地监管，开展巡查执法23次，联合执法6次。处理环境信访件288件，办结率100%，满意度98%以上。

【环境监测】　2016年，区环保局开展污染源监测302次，竣工验收监测52次；例行监测104次（其中，流域断面35次，饮用水水源地51次），降雨监测28次；空气质量自动监测站数据上传率100%，有效率99.3%，居全市前列。

【环保能力建设】　2016年5月24日，区环境监测站通过四川省质量技术监督局计量认证复查；6月24日，通过省、市空气自动站验收。

【环保宣传】　2016年，区环保局开展环保宣传进机关、进学校、进企业、进社区、进村社活动，组织全区重点污染企业开展新法专题宣讲、重点解读，开展多部门“6•5”环境日、

"12•4"宪法日宣传活动，活动中接受群众咨询2300余人次，发放《中华人民共和国环境保护法》等环保小册子和宣传资料45种、1.6万余份，展出展板16个。

【小流域"河长制"流域污染治理】 2016年6月，区委、区政府下发《关于推进小流域"河长制"铁腕治理流域污染工作的意见》《关于印发小流域"河长制"四项制度的通知》，在全市率先建立小流域"河长制"流域污染治理制度，9条流域治理工作全面启动，畜禽养殖关停治理、河道清淤、垃圾整治全面开展。完成9家涉磷工业企业（除龙腾、迪美特停产外）总磷治理；对观音纺织印染实施专项治理，污水处理站管理规范，水质达标排放。以"减排、抑尘、压煤、治车、禁烧"为抓手，国润、鲁洲等5家工业企业建成脱硫、脱硝设施；大成农牧、思念食品等12家10蒸吨以下燃煤锅炉，淘汰或置换为天然气；金汇涂料、方宸化工等5家挥发性有机物企业实施污染治理；新注册机动车环保标志发放政策已取消。禁烧工作早谋划、早宣传，组织、宣传、巡察、督察、经费到位，春、秋季禁烧与综合利用成效明显。全年召开9次动员会和现场推进会，印制区政府公告14万余份，发放告知单18万余份，宣传资料共27万份，标语550余幅；区、乡镇、村出动宣传车7500余辆次，巡查9800余次，秸秆综合利用率98%。强化四川金核、四川同辐和四川润祥3家辐照技术公司的日常监管。在例行环境监管巡查中未发现严重问题。

（何 涛）

文 化
Culture

教育·体育

教 育

【概况】 2016年，全区共有小学15所，在校学生12904人；普通中学15所（含高中、初中、九年一贯制学校），在校学生9449人；中等职业学校1所，初中毕业生升学率90.9%，高中升学率90.6%，高考本科上线率39.82%。全区小学专任教师885人，普通中学专任教师892人。区财政投入教育支出2.87亿元。

【财政支出】 2016年，区财政支出中教育占比持续位居全省扩权强县前列。全年累计向上争取项目资金6375.32万元，完成2016年下达目标任务5000万元的127.5%。教育信息化迅速推进，被省教育厅批准为省级教育资源规模化应用试点区。“三通两平台”建设全面完成，建成区教育资源和管理平台，完成师生账户注册工作和使用培训工作。完成省教育云平台“人人通”个人空间注册工作，教师注册率达到100%，学生注册率达到 60%。投入资金81.9万元，完成2套互动式录播教室的采购安装；投入资金200万余元，完成全区71所公办、民办学校“明厨亮灶”和校园安保系统安装。新配教师办公电脑420台、财会人员专用电脑50台、教师办公桌椅955套。

【教育布局调整】 2016年8月，总投资6500万元的区职高新校区竣工并投入使用；9月12日，总投入2.6亿元的新一中和新三中进场施工；总投资4000万元的区第四小学（城南小学）已完成主体工程；12月6日，总投资5000万元的实验小学（彭溪小学）工程进场施工；计划总投资3000万元的城北公立（彭祖新城）幼儿园已完成规划方案报批。

【学校改造】 2016年，彭山区教育体育局（以下简称“区教体局”）投入1200万元完成江口小学改扩建工程和府河学校改扩建工程一期工程主体建设；投入20万余元完成江口镇永丰村小学维修改造。实施第二轮学前教育三年行动，投入建设资金280万元，完成2个农村幼儿园项目建设。各基层学校完成“学校油烟净化”工作；完成武阳中小学、净皇学校、谢家中学锅炉改造天然气工作。顺利成立眉山彭山教育促进会，已筹集奖励资金260万元。

【“两学一做”学习教育】 2016年，区教体局积极开展“两学一做”学习教育活动，队伍素质得到提高。开展两次“局长讲党课”活动，创新开展“四比四创四带头”争创活动，率先在民办幼儿园成立党支部。涌现出60个党员示范岗、10个党员示范团队和10个党员示范单位。荣获区委组织部“两学一做”学习教育知识竞赛一等奖。

【惩防体系建设】 2016年，区教体局大力加强惩防体系建设，师德师风得到提升。率先在学校设立纪检员，加强监督防范。扎实开展教育系统整治干部作风、公办幼儿园招生问题、有偿补课问题、校服定制等专项治理活动；制发教育系统“十条严禁”，严明政治纪律；开展整治庸懒散浮拖问题“四个当天”活动，提升教育良好形象。

【乡村教育支持】 2016年，区教体局制定《眉山市彭山区乡村教师支持计划实施细则》并报区政府发布，按政策兑现农村教师生活补助、乡镇工作补贴等。对在乡村任教满30年的教师实行荣誉登记。

【干部选拔】 2016年，区教体局严格干部选拔标准，新任命中小学校长7名，中层干部7名。推行校长和教师轮岗交流制度，该年度轮岗交流校（园）长7人，交流中层干部8名。

【教师培训】 2016年，区教体局交流教师245人次，完成干部培训443人次、骨干教师培训496人次、其他各类培训4511人次。在眉山市率先承担“国培计划（2016）网络研修与校本研修整合培训项目”千人培训任务。启动区首批8个名师工作室。代表眉山市参加小学英语、语文教学赛课获省级一等奖。采取逢进必考方式，公开招聘中小学教师30名，区内考调乡镇优秀教师5人充实城区师资。

【师资力量】 2016年，全区成长特级教师3人，市学科带头人2 人，区拔尖人才2人。考核认定省级骨干35人，市级骨干56人，市级骨干培养对象100人，区级骨干256人，区级骨干培养对象185人。涌现出省级优秀乡村教师2人，市级优秀校长2人，市级知名教师2人，市级优秀教师10人。

【教学成绩】 2016年，普通高考创历史新高，张雨轩以文考701分的高分摘取全市理科状元，名列全省第11名，成为眉山市高考破700分大关的第一人。全区本科总上线573人，增幅15.1%。其中，一本上线人数达171人，增幅51%。彭山连续七年获全市高中教育质量管理一等奖。积极开展全国规范化家长学校创建，3所学校成功创建为“全国优秀家长学校”。“法律进校园”活动扎实开展，编印并免费下发《中小学生学法用法读本》两套1.9万册，青龙初中创建为市级依法治校示范校。彭山职高完成整体搬迁，新开设航空服务专业和烹饪与营养膳食专业，对计算机专业学生进行动漫设计培训。会计专业学生参加四川省技能大赛首次获得一等奖，参加眉山市第八届中职生综合素质大赛首获团体一等奖。完成各类培训与技能鉴定6802人次。区教体局获“四川省教育系统关心下一代工作先进集体”、眉山市“扫黄打非”先进集体；彭山二小、观音小学被评为市“校园文化十佳学校”；彭溪小学、余店小学、义和学校创建为市级“绿色示范学校”。

【学前教育三年行动计划】 2016年，区教体局启动彭山区第二轮“学前教育三年行动计划”，完成6所普惠性民办幼儿园的复核；新认定并扶持7所普惠性民办幼儿园，全区学前三年毛入园率达91%以上。新增3所市级“示范幼儿园”。

【素质教育】 2016年，区教体局扎实开展“阳光体育”活动，彭山一中、二中等学校通过省“阳光体育学校”复查验收，彭山一小、彭山二小、谢家中学创建为市级阳光体育示范学校。成功举办区中小学生足球和篮球比赛；承办眉山市中小学生足球联赛、市中小学生篮球赛并获好评。派出体育骨干教师45人参加各级足球培训，足球训练在各中小学达到普及，彭山三中被报批为全国足球训练学校。市级篮球比赛，彭山三中、彭山二小分获初中组男子组、小学女子组冠军，彭山一中获高中男子组亚军；市足球比赛，彭山二中获初中男子组亚军。彭山二小、彭山职高参加眉山市健身舞大赛荣获一等奖。彭山二小保持“四川省艺术教育特色学校”称号，彭山一小、公义小学通过市级艺术教育特色学校验收。彭山一小《彭山娃娃舞莲箫》获2016年上海国际青少年音乐舞蹈大赛特等奖。举办全区师生书画比赛，评选出优秀书画作品共342件，优秀作者299人。主办彭山区2016年广场舞大赛，区教体局囊括未成年组一、二、三等奖。区教体局在眉山市第十五届青少年科技创新大赛中被评为优秀组织单位，有5件作品荣获省级奖，146件作品荣获市级一、二、三等奖。

【义务教育阶段免费补助】 2016年，区教体局免除义务教育阶段在校学生3.62万人次的学杂费，下拨公用经费补助1357万元；为义务教育阶段的3.62万名学生免费提供教科书，免费金额212.99万元；全面免除义务教育阶段在校学生3.62万人次的作业本费，拨付免作业本费补助60.70万元。

【建档立卡贫困学生资助工作】 2016年，区教体局牵头做好建档立卡贫困学生资助工作，对建档立卡贫困学生按政策规定应助尽助。学前教育阶段，2016年对1760人次“三儿”（孤儿、残儿、贫困儿童）减免保教费88万元，并对242人次建档立卡儿童追加减免费用16.98万元。义务教育阶段，所有学生均享受“三免”（免学杂费、免费提供教科书、免费提供作业本）政策。2016年，对2879人次贫困寄宿学生发放生活补助177.5万元。秋季向住校的建档立卡贫困学生74人（小学7人，初中67人）发放义务教育贫困寄宿生生活补助4.54万元（每生每年小学1000元、初中1250元）。普高阶段，普高免学费学生人数达在校学生的30%，免除2372人次、98.276万元（包括建档立卡贫困学生54人）。普高28%的在校学生享受到每学期1000元的助学金补助，资助2222人次、222.2万元（包括建档立卡贫困学生54人）。中职教育方面，彭山区职高的所有学生均享受中职学生免学费政策，按每生每学期975元补助，免除1017人次、99.16万元（包括建档立卡贫困学生14人）。职高一、二年级20%的在校学生享受到每学期1000元的助学金补助，资助136人次、13.6万元（包括建档立卡贫困学生14人）。按政策从2016年秋季学期起，对在线申报成功的建档立卡贫困中职学生给予每生每期500元生活补助，已审批通过9人的申请，拨付生活补助4500元。高等教育方面，对405名学生发放生源地助学贷款317.6万元。按政策从2016年秋季学期起，对6名在线申报成功的建档立卡全日制本专科贫困学生拨付学费资助和生活补助2.4万元。

【安全责任落实】 2016年，区教体局按照“一岗双责”要求，进一步健全安全稳定工作“三级”管理体制，层层落实责任。在敏感时期开展拉网式排查，把矛盾纠纷化解在萌芽状态。

【安全设施配置】 2016年，区教体局共投入200万余元完成集“明厨亮灶”和校园安保工程为一体的校园视频监控系统，实现安全远程管理。建立彭山区校园及周边治理和校车安全监管领导小组联席会议制度，定期开展各类专项联合执法大检查。33所公办校（园）均建立矛盾纠纷调解室，兼职调解人员165人。

【和谐稳定】 全年教体系统和谐稳定。2016年，区教体局获区“道路交通安全综合整治工作先进集体”“综治暨网格化服务工作先进集体”“2016年普通高考安全稳定工作先进集体”称号。彭溪中学被评为“四川省爱路护路宣传教育示范学校”；彭山一中等12所学校被命名为“眉山市平安示范单位”；彭山一中等3所学校被市政府评为“基层应急管理规范化建设成效突出单位”；谢家中学创建省级“防震减灾科普示范学校”。

（苟瑞遥 陈新春）

四川大学锦江学院

【概况】 2016年，四川大学锦江学院（以下简称“学院”）名列2016中国独立学院最佳专业排行榜第二位，1个专业荣膺中国独立学院六星级专业、4个专业获评中国独立学院五星级专业；入选2016年“回响中国”腾讯网教育年度总评榜“综合实力独立学院”10强；获中国民办教育协会高等教育专业委员会“创新创业教育师资队伍建设奖”。中国新闻网、人民网、新华网、凤凰网、光明网、中国青年网、《华西都市报》、《成都商报》等数十家主流媒体先后对学院进行710次报道。

【党团工作】 2016年，学院组织全校师生认真学习贯彻中共十八大、十八届五中、六中全会精神，深入开展“两学一做”学习教育，以“围绕中心抓党建，抓好党建促发展”为工作思路，明确党建工作、意识形态工作、党风廉政工作和安全稳定工作“党政同责、一岗双责”，严格落实党风廉政建设“两个责任”。2016年，学院新增2个党支部，完成35个党支部的换届工作和3个党支部的补选工作，全年发展预备党员432人，转正预备党员455人。学院机关党支部被四川省教育工委评为“四川省高等学校先进基层党组织”，3人分别被评为“四川省高校优秀共产党员”“四川省高校优秀党务工作者”“四川大学优秀党务工作者”。开办四川大学锦江学院第三期青年马克思主义者培养学校，培训学生干部240人。开展精品团日生活5次，校级优秀团组织生活观摩3次。全年共发展新团员157人。

【统战工作】 2016年，学院积极支持民主党派和无党派人士参加相关活动，为建立民主党派的基层组织创立条件。成立眉山市无党派知识分子联谊会四川大学锦江学院分会，被眉山市委宣传部、市委统战部、市民宗局授予“眉山市民族团结进步创建活动示范学校”荣誉称号。

【教学工作】 2016年，学院完成计算机科学与技术、英语、会计学3个专业的四川省普通高等学校本科专业评估试点工作。召开“以专业评估为契机，推动专业内涵发展，提升人才培养质量”为主题的2016年教学工作会。成功申报经济与金融、食品科学与工程2个本科专业，市场营销、国际商务2个专科专业。工程造价、行政管理、动画3个专业获得学士学位授予权。完成首届“专升本”工作；完成2015年本科人才培养方案修订工作；启动2016年专科专业人才培养方案修订（制定）工作。完成1000余门课程教学大纲修订，启动必修课程中英文简介的制定工作。正式实施通识课程和体育教学改革。增加“智慧树”在线课程平台，全年开设网络课程87门，1.5万人次选修。《大学英语》全面实施“分层教学、基础教学与能力训练相结合”的改革方案。正式实施《计算机基础》课程无纸化考试。建设《大学英语》《微积分》课程试卷库，并用于期末考试命题。启动录播教室建设工作。新建、扩建实验室项目9个；新建校外教学实习基地6个。加强经济学（金融方向）、酿酒工程、软件工程 3个“四川省民办高校重点特色专业质量提升计划项目”的实验教学条件建设；启动商科实训中心建设，制定商科实训中心建设规划和实施方案。电子信息技术实验教学中心通过四川省教育厅“四川省实验教学示范中心建设项目”的验收。全面推进教学质量监控体系建设和执行。规范成绩登录程序，优化教学信息员队伍，重新组建教学信息部，加强教学信息收集反馈工作。深入推进教学改革及研究。18个校级教育教学改革项目（2013—2016年）通过专家组结题验收。4个四川省教学改革立项项目通过结题验收。

【队伍建设】 2016年，学院加强教职工的培养和考核工作。组织各类培训23场，组织全体辅导员专题培训学习18次。完成2016年度兼职教师的考评和聘任工作。开展劳务派遣人员用工引进工作，优化对劳务人员的管理。完成人事档案转存彭山区人才交流中心的对接工作。与教育主管部门、相关小学及幼儿园进行衔接，为教职工子女入学提供便利。开展教师队伍“两个一工程”（每个专业至少聘请一位行业专家和一位知名学术专家作为特聘教授）建设，新聘特聘教授4人。34名教职工取得中级专业技术职称。启动第二届校内低职高聘工作。开展首届“十佳优秀教师”评选工作，评选出10位教师为四川大学锦江学院第一届“十佳教师”。大力扶持科学研究，组织教师成功申报四川省教育厅2017年科研项目20项，眉山市社会科学研究项目2项。推动科研项目结题验收，组织完成2012年学校青年科研基金项目、四川省教育厅2013年科研项目、四川省教育厅2014年科研项目结题验收工作，共14个项目通过结题验收。全年教职工获得校内外荣誉、奖励共计219项，发表论文58篇，主编或参编出版专著1部、教材1部。其中，获得四川省第十一届哲学社会科学成果二等奖1项；获眉山市第11次哲学社会科学成果一等奖1项、三等奖2项。1名教师获得四川省人民政府先进个人通报表扬；4名教师在四川省思想政治理论课“精彩一课”讲课比赛中，获得二等奖3个，三等奖1个；1名教师在四川省第四届“导航名师”大学生创新创业指导课程教学大赛（本科组）中获三等奖。

【学生教育管理】 2016年，学院进一步完善班主任制度，选聘162名专职教师担任2015级、2016级班主任，配合辅导员开展学生学业和心理指导工作。强化学生学业和心理指导工作，开展心理专题讲座和心理咨询活动，并建立新生心理健康档案。组织3次特色主题班会和3次特色主题班会班级活动观摩会。开展以“违纪违规·安全”为主题的学生班会，引导和规范学生行为。

【学生素质培养】 2016年，学院全面实施学生素质“五大养成计划”（绅士淑女养成计划、学养拓展计划、健身行动计划、特长培养计划、志愿服务计划）。加强对学生社团的指导，大力扶持学术性社团和优秀社团活动。新成立一川洄梦广播剧社、ERP创新实践协会、3D打印社等社团，学术性社团举办特色活动64次，例行活动100余次，讲座52次。举办演唱会、书画大赛、地球一小时活动、假面舞会等周末活动40余次。开展关爱弱势群体、支农支教、赛会服务、城乡综合治理、心理抚慰等志愿服务活动205项。学院作为G20财长和央行行长成都会议的两个主要志愿者提供单位之一，选派110余名志愿者参加会议服务。

【创新创业教育】 2016年，学院共立项2016年大学生创新创业训练计划项目校级项目19项，获批省级项目14项。开展“互联网+”创新创业大赛。与区科技局、创新创业孵化园签订校政企三方合作协议，为学生创新创业提供指导和服务。获批建立眉山市彭山区“知识产权工作站”，为学生申请专利申请补贴10万余元。学院创新创业俱乐部投入使用面积1460平方米（含经管实训中心的场地），入驻创新创业团队20支。学校大学生创新创业俱乐部正式被命名为第二批“四川省大学生创新创业俱乐部”，并获得100万元建设资金。学院为近30个创业团队累计申请创业补贴30万余元。邀请校外专家和各界创业精英到校开设创新创业讲座；举行10场“创业沙龙”暨创业分享会；开展SYB创业培训30期。2016年，学生在省级以上各类竞赛中获奖184项（其中学科竞赛奖148项）。学生申请国家专利158项，获得实用新型专利授权2项。

【学生就业考研】 2016年，学院举办大型校园双选会，邀请到用人单位262家，提供就业岗位7200 余个，举办专场招聘会32场。本科毕业生就业率达95.87 %。2016届毕业生中，196位学生通过国家考研分数线，57名学生被国外境外知名高校录取。

【教育交流与合作】 2016年，学院加强学生留学咨询和宣讲服务工作，开展宣讲会15场，及时跟进、发布留学信息。继续开展学生暑期赴美带薪实习项目和暑期英、美访学（夏令营）项目，促进学生跨文化交流和社会实践活动。成功举办美国北佛罗里达大学12名师生参加的为期三周的“川大锦江中文项目”。美国领升国际美国职业经理人海外志愿服务活动两次走进学院，举办讲座5场。美国、日本、韩国、英国、德国、加拿大、泰国等19所大学和教育机构的校长、代表、专家教授应邀到校开展交流访问。

【十周年校庆】 2016年是学院建校十周年，学院完成30万余字的校史编写出版工作，完成校史展的布展，展出照片1000余张，省级以上奖状、奖牌、奖杯、证书等1000份。绘画书法摄影展展出校内师生优秀作品100余件。确定学院吉祥物、校树、校花，并完成寓意及形象的设计；完成学院画册和校庆特刊的编印；完成学院118项规章制度的汇编；完成校歌歌词的创作；完成学院十周年校庆VI标识系统的设计及应用；邀请李肇星、龙永图、于丹、郎咸平、丁学良、靳埭强等专家学者，到校举办了历时一个月的21场高端学术讲座；开展了一个月的文体活动；举行了一场校庆庆祝大会和一台高水平文艺晚会。

（郭　晨）

体　育

【经费保障】 2016年，区教体局积极向国家体育总局和省、市体育行政部门引进资金达200万余元，为彭山区体育发展提供有力的经济保障。

【基础设施改造】 2016年，区教体局投入30万余元完成公园山室外篮球场塑胶地坪更换和区体育场举重馆改造等工作。投入55.85万元完成全区21个村、社区及单位的健身器材的安装和更换。

【体育活动】 2016年，区教体局完成彭山区“一季一赛”及“7311”工程活动的组织工作；成功承办2016年彭山区“万人迎春长跑”活动、“滨江翡翠杯”广场健身舞大赛和区第二届职工篮球运动会。在区职工篮球运动会中夺得3个一等奖；成功承办2016年全国钓鱼邀请赛、“中国门球（四川）网友赛”及“四川·彭山第三届冬泳节”。

（苟瑞遥　陈新春）

科学技术

科技管理

【概况】 2016年，彭山区科学技术工作深入实施创新驱动发展战略，不断提升企业自主创新能力，强化高新技术产业培育，突出科技成果转化，加快科技创新体系建设，为全区经济社会发展提供有效的科技支撑。是年，彭山区科技工作全市排名第一，被眉山市科技局评为科技创新工作先进单位一等奖。

【科技成果】 2016年，彭山区科学技术局（以下简称“区科技局”）积极组织申报各类科技计划项目，争取项目资金400万元。鉴定登记市级以上科技成果4项，获得2016年度眉山市科学技术进步奖2项：二等奖一项，三等奖一项。深入实施科技创新工程，大力推进高新技术产业发展。2016年新增国家高新技术企业2家：奥格特金刚石钻头有限公司、四川西金联合电器股份有限公司。实施高新技术及战略新兴产品项目15个。全年全区高新技术产业产值达55.5亿元，同比增长29%。技术交易合同登记金额1800万元。建立产学研联盟7家。创建国家级众创空间1家。

【知识产权保护】 2016年，彭山区大力实施专利示范工程，强化知识产权保护工作。四川省知识产权局向彭山区“国家知识产权强县工程试点区”进行授牌。成立4家知识产权工作站，分别是彭山区经开区知识产权工作站、成眉新材料新能源区知识产权工作站、观音镇知识产权工作站、四川大学锦江学院知识产权工作站。全年专利申请332件，完成全年目标任务数的257%，发明专利254件，完成全年目标任务数的498%。专利完成量排全市第一。

科学技术普及

【科技企业孵化器工作】 2016年，省级科技企业孵化器成效显著，引进孵化企业46家，组织企业参加科技金融活动6家，帮助申报各类风险投资3000万元，举办创业培训班2期，创业“1+1”培训3期，培训学员190人。

【科技特派员服务工作】 2016年，彭山区共组建8支科技特派员团队，服务25个农业科技项目，建立彭山葡萄、猕猴桃技术研发中心，引进农业新产品20个，推广新技术25项。

【农业科技示范基地建设】 2016年，彭山区成功申报市级农业科技园区1个：义和乡猕猴桃产业科技示范园区。成功申报市级农业专家大院1个：义和乡猕猴桃产业种植专家大院。建成科技扶贫示范村1个：义和乡悦园村。与四川农业大学签订战略合作协议。在凤鸣镇江渔村建立1.33公顷农业新特品种试验示范基地，已引进15个农业新品种进行试验试种。

【科普宣传工作】 2016年，区科技局组织开展科普宣传月和科技活动周活动，和区科协、农业局、林业局、水务局、畜牧局、农机局、气象局、卫计局等20余个单位先后在青龙镇和保胜乡开展送科技下乡活动。在科技活动周期间，全区共展示科普知识展板350余块，发放科普宣传资料2.5万余份、赠送书刊1500册以上，悬挂标语80条，医护专家对百姓进行义诊达300余人次，宣传防艾、环保、防震减灾、安全自救、农业技术、知识产权保护、申报专利、节能减排等相关知识。

（王丽琳）

气象工作

【概况】 2016年，彭山区气象工作加强气象预测预报能力、气象防灾减灾能力、应对气候变化能力、开发“四个”能力建设，彭山区气象局为彭山社会经济发展做出积极贡献。被区委、区政府评为农业农村工作先进集体、彭祖长寿养生文化节保障工作先进单位；3人分别被区委、区政府评为农业农村工作先进个人、统筹城乡工作先进个人、宣传工作先进个人；省级文明单位年度考核合格。

【气象服务】 2016年，区气象局加强与区国土部门协作，收集归档彭山区最新地质灾害隐患点资料，联合发布地质灾害预警信息；与农业、水务、林业、交通、教育等部门签订气象防灾减灾合作协议，联合发布防灾减灾信息；与环保局联合发布空气质量预报及空气监测数据；修订彭山区气象决策服务人员信息库。2016年，台站地面气象观测质量1199分，传输及时率及业务可用率均在99%以上，运行维护填报率100%，自动站传输及时率99%以上，地面气象观测质量综合指数99.9%。及时反馈各类疑误信息，按时填报各类业务报表，无业务事故及通报发生。区域站和土壤水分站传输及时率均在99%以上，区域站业务可用性99%以上，土壤水分站业务可用性超过98.5%。全年预报质量：短期9/11=81.8%。其中，大雾2/2=100%、强降温3/3=100%、暴雨4/6=66.7%。中期17/19=89.5%；其中，强降温4/4、适播4/4、连晴7/8、高温2/2、大雨0/1。一般降水0～12小时81.6%，12～24小时89.9%，0～24小时85.9%，最高温度89.8%，最低温度90.9%。节假日晴雨预报质量94.7%。预警信号：暴雨预警信号TS85.7，提前量204分钟；雷电TS95.0 ，提前量111分钟。对外发布《重要天气消息》18期，《气象信息快报》72期，《天气旬月预报》31期，《农业气象专题报告》2期，《雨情快报》18期，《农业气象旬月报》34期，《节日专题预报》57期，《中小河流洪水气象风险预警》2期，《地址灾害气象风险预警》3期，《中期重要天气趋势》17期。发送服务短信45万余人次。发布暴雨橙色预警信号4次、暴雨黄色预警信号4次、雷电橙色预警信号1次、雷电黄色预警信号27次、高温橙色预警信号3次、大雾橙色预警信号10次、大雾黄色预警信号2次、大风蓝色预警信号1次。

【业务服务平台建设】 2016年，区气象局积极应对灾害性天气，及时启动应急预案，加强部门联动，实时跟踪，气象服务主动、超前、准确，为确保区委、区政府指挥防灾抗灾提供科学的决策依据；特别是“三农”气象服务和汛期气象保障服务，得到区委、区政府及社会各界的高度赞扬。2016年，区气象局进一步完善业务服务平台建设，升级改造“气温、气温、网速、风向”4要素区域自动站1个。进一步加强防雷规范化建设。

【业务培训】 2016年，区气象局加强业务学习，积极参加业务技能培训，业务能力不断提高；业务设备运行正常，业务人员能较好地运用“三级业务平台”“公共气象服务平台”“国突平台”“农业气象服务平台”“气象预警信息发布平台”等开展气象业务服务。

【为农气象服务】 2016年，区气象局组建由农业、地质、水利、气象等部门的专家联盟，加强会商，提供技术支撑，提高服务质量。动态更新农民专业合作社、种养殖大户等重点服务对象信息库，建立“直通式”QQ群、手机短信群、气象微博。积极探索智慧农业气象服务试点工作，完成葡萄基地的小气候观测设备资料实时显示及实景监控建设，加强农业气象综合业务平台和公共气象服务平台的衔接运用，实现农业气象服务产品制作、接受无缝连接。开通微信公众服务平台，拓宽服务覆盖面。

【人工增雨作业】 2016年，区气象局针对2016年初春彭山区持续灰霾天气、5月持续少雨时段、强对流天气和8月持续高温少雨，组织实施8次防雹增雨作业。开展常态化人影作业，积极参加瓦屋山水库流域人工增雨作业。

【党风廉政建设】 2016年，区气象局健全领导班子，成立党组，完成支委改选；积极开展“两学一做”专题学习，坚持每月一次支部组织生活会；制定局党风廉政建设和反腐败工作方案、落实党风廉政建设主体责任实施方案，层层签订党风廉政建设责任书，分层分类制订党风廉政建设责任清单，建立落实党风廉政建设主体责任工作台账；学习贯彻《党员领导干部廉洁从政若干准则》《中国共产党纪律处分条例》，认真做好《四川省县级气象机构党风廉政建设工作手册》及“工作明白卡”在日常工作中的运用，顺利完成公务用车改革；开展党风廉政宣传教育月活动；严格落实“两个责任”，严格执行“三重一大”制度，对大额资金管理与使用等事项实施廉政风险防控；单位局务公开工作职工测评满意评分为99.79分，领导班子及成员执行党风廉政建设责任制及廉洁从政职工满意度测评为满分；全年3次向区纪委汇报区气象局党风廉政建设工作，积极推进“五同共建”（目标同向、资源同享、防线同筑、廉洁同创、民心同聚）。

【内部管理】 2016年，区气象局继续将各乡镇农村气象灾害防御工作纳入区政府年终目标考核；续聘3个地方机构临时人员，所有待遇由区财政解决。严格执行各项财经法规，确保资金的安全，发挥资金使用效益。加强预算管理与财务管理，预算执行进度达到要求。强化权力运行制约和监督，重大问题决策、重要干部任免、重大项目投资决策、大额资金使用“三重一大”事项均通过党组会集体决定。加强与区行政服务中心衔接，做好区气象局在中心综合窗口行政许可办理，依法办理施放气球活动审批，认真执行施放气球定期检查巡查及报告制度。加强规章制度的建立、完善、执行，治理庸懒散浮拖，强化执行力，严格执行“四个当天”制度；做好矛盾、纠纷排查化解工作，畅通信访举报渠道，无越级访、涉诉访；安全生产稳定运行，没有违纪、违法案件发生。

【联系乡镇工作】 2016年，区气象局派驻联系村第一书记，捐助村阵地建设经费1万元；看望慰问贫困党员和困难户，送慰问金9600元，生产、生活物资5500元，发动全局职工为贫困户捐棉衣、棉被共计28件。

【气象宣传】 2016年，区气象局加强气象宣传，彭山区电视台采访报道5次，《眉山日报》1篇、《彭山报》3篇、彭山门户网站3

篇；积极参与全区科技文化卫生“三下乡”活动。开展文明单位结对帮扶乡村学校少年宫活动，区气象局与彭山区黄丰镇中心小学签订《眉山市文明单位结对帮扶乡村学校少年宫协议书》，向小学少年宫提供文化、体育、音乐、美术、科技等器材以及经费扶持，共计5000元。

（李　超）

2016年气象资料

表2

平均气压（百帕）	温度℃					降水（毫米）				平均相对湿度	蒸发量	日照时数（小时）	平均风速	最多风向及频率
	平均温度	最高温度	出现日期	最低温度	出现日期	降水量	一日最大	出现日期	暴雨天数					
963.6	18.4	38.4	25/8	-2.6	25/1	1032.4	63.5	22/7	3	76	\	1140.0	1.1	NE，9

传　媒

文化广电新闻出版

【机构设置】　2016年，彭山区文化广电新闻出版局（简称“区文广新局”）机关内设办公室、财务股、社会文化股、新闻出版股（挂“扫黄打非”工作领导小组办公室牌子）、广播电影股、行政许可股（挂行政调解和安全生产股牌子）6 个股室。区文广新局有直属事业单位6个：彭山区文化馆、彭山区非物质文化遗产保护中心、彭山区图书馆、彭山区文物保护管理所、彭山区文化市场综合执法队、彭山区广电局。

【编制变动】　2016年，区文广新局共有编制47名（不包括文化馆自收自支编制2名），实有45人。其中，行政编制8人、实有8人；参公事业编制16人（包括工勤编制4人），实有15人。全额拨款事业编制23人，实有22人。

【公共文化服务建设】　2016年，区文广新局累计向上争取项目资金1184万元。“两馆一站”〔文化馆、图书馆及乡镇（街道）文化站〕免费开放规范有序。制订文化发展“十三五”规划，下发《关于进一步加强现代公共文化服务体系建设的实施意见》，制定全区基本公共文化服务保障标准。对各乡镇（街道）综合文化站建设和管理开展专项检查，理顺人、财、物和工作关系，对5个乡镇（街道）综合文化站和村（社区）文化活动阵地进行优化组合。修定完善《乡镇（街道）示范综合文化站和村（社区）文化阵地考核办法》，规范文化室、图书室、广播室管理运行。建成青龙龙都社区等9个综合文化服务中心，建成2个广播村村响向组组响延伸示范点。总投入48万元的区图书馆残疾人阅览室建成并投入使用。为乡镇（街道）文化站、村（社区）图书室免费配送图书1万余册，报刊20余种。建成农村固定放映点1个，放映农村公益电影1065场，观众达10万余人次。完成35个贫困村的文化活动室、广播室、农家书屋标准化建设，为1479户贫困户免费开通电视信号，为370户无电视机的贫困户赠送电视机，文化脱贫攻坚工作顺利通过省、市、区检查验收，并获得眉山市表彰。

【群众文化活动】 2016年，区文广新局组建幸福长寿艺术团，全年开展“文化惠民、法润天府”等送文化下乡50余场次。精心组织庆祝中国共产党成立95周年大型主题文艺晚会、“筑梦乡村留住乡愁”彭山原创音乐会、元旦“欢歌笑语迎新年”文艺演出等活动。结合春节组织“欢乐猴年大游园”“民俗文化闹新春”“家乡的春节”摄影展等活动，参与群众上万人，营造浓浓的年味。

【非物质文化遗产】 2016年，“彭祖太极功”成功申报为眉山市第六批非物质文化遗产保护名录；谢家竹琴表演队数次为省、市级媒体录制专题节目。

【文学艺术创作】 2016年，区文广新局创作的舞蹈《JUST LIKE FIRE》参加北京第五届国际青少年文化艺术交流周开幕式演出并获金奖，小品《局长》获得眉山市比赛三等奖，2件作品获得区首届文学艺术成果评选一等奖。扎实推进黄丰草龙、保胜连簫、公义腰鼓等优秀传统文化进校园活动，完成市级文艺精品项目《节节高声声甜》音乐制作和舞蹈编排任务。出版《彭祖山文学》4期，《国宝彭山》编辑工作进展顺利。组织拍摄的《我的老父亲》获市第二届微电影大赛十佳影片。

【文物保护】 2016年，区文广新局按照“一流发掘，一流保护，一流展示，一流安保，一流宣传”要求，张献忠江口沉银遗址水下考古工作顺利启动。张献忠江口沉银再次成为中央电视台、新华社、中新网等主流新闻媒体和社会关注的热点。老鹰岩摩崖造像保护规划获省政府批准。顺利完成省级文物保护单位——江口石龙保护维修并通过验收。完成全国可移动文物普查阶段性任务，登记可移动文物1009套。积极配合公安机关破获“五一”文物大案，成功追回国家一级文物8件，二级文物38件，全区国家一级文物已达16件，全市第一。邀请全国茶文化专家实地考察论证，“武阳茶肆”再生性遗址保护性课题研究被列为市级社科重点课题，《武阳茶肆遗址研究》等2篇文章在国家级刊物《茶艺博览》上发表，并被cnki中国知网收录。

【全民阅读】 2016年，区图书馆开展“书香彭山”送书及送春联下乡活动，组织开展学生读书征文活动，获得国家新闻出版广电总局“玫瑰书香”活动优秀奖。

【文化市场】 2016年，彭山区新增文化经营户9家，音乐派KTV、希望城影院、恒大酒店影院、恒大健康娱乐中心等一批文化产业项目建成并投入使用。建成公义场社区、观音镇曾家村2个“扫黄打非”示范工作站。开展“清源”“净网”“护苗”“秋风”“固边”五大“扫黄打非”专项整治行动和元旦、春节文化市场专项整治、文化市场安全大排查等各类专项整治行动，办结文化市场各类违法、违规经营案件11起，收缴非法出版物290余本（盘），收缴非法印制藏经9万余张，排查整治安全隐患12处。蕊欣印刷厂超范围印刷案被评为全省综合执法重大案卷。完成网吧“文网卫士”技术监管系统安装调试并全面启用，“12318”网上举报日常管理、文化市场技术监管平台应用工作规范有序，按时、保质、保量完成平台数据录入更新工作。启动网吧高清视频监控系统规划设计工作。完成150余件知识产权登记工作。

【文化项目】 2016年，彭山区历史文化名城建设工作拉开序幕，江口古街、北外街保护性规划已通过市规委会评审，涉及的文化梳理、文物保护工作初步完成，形成《岁月记忆——北外街》《江口古镇文史》等研究成果。区文化馆、图书馆规划设计方案初步完成，张献忠沉银博物馆完成选址并着手规划方案的招标工作。张纲墓保护利用完成初步规划。

【文化体制改革】 2016年，区文广新局降低社会资本进入门槛，支持非公有制文化企业和小微文化企业发展；充分发挥重要文化节会的平台作用，扩大对外文化交流；完善区级公共文化服务基础设施建设，建立公共文化服务体系建设协调机制，促进基本公共文化服务标准化、均等化；整合基层宣传文化、党员教育、应急广播、科学普及、体育健身等设施，建设“幸福美丽新村（社区）文化院坝”。建设一批农民工文化驿站、留守学生（儿童）之家和乡村学校少年宫；完善政府购买公共文化服务机制；推进文博业、旅游业相互融合；推动公共图书馆、文化馆（站）等组建理事会，吸纳有关方面代表、专业人士、各界群众参与管理；加强社会主义核心价值观教育，完善中华优秀传统文化教育。

（吴　茜）

广播电视

【宣传工作】 2016年，《彭山新闻》栏目全年播出电视新闻1510条；开设宣传专栏20期；《彭山故事》栏目全年播出24期；《跟我看天下》栏目全年播出185期；《健康你我TA》栏目全年播出31期；《七嘴八舌》栏目全年播出22期；《聚焦三农》栏目全年播出39期。市级以上电视（广播）台采用电视新闻节目217条，位居全市第二。其中，在央视播出3条；在省台播出11条；在《眉山新闻联播》播出头条新闻34条，位居全市第一。2016年在眉山市电视台的用稿总条数和头条新闻条数比2015年翻了三翻。

【中心工作】 2016年，彭山区电视台按照区“走基层”暨干部直接联系服务群众工作要求，台党组书记、台长廖玻积极主动与联系村黄丰镇共和村联系，组织13名党员干部前往黄丰镇共和村，与帮扶户、联系户签订承诺书

13 份，张贴联系卡 13 张。为帮扶户解决生产、生活方面急盼的问题 5 个，办好事 13 件，收集建议、意见 3 条。为共和村建设一个扶贫攻坚绿色基地，地址选在该村 4 组，岷东大道辅道旁，面积 0.1 公顷，投资金额为 1.48 万元；完成共和村村级阵地绿化工作，共计投资 1.27 万元，种植摇钱树、桂花、三角梅、天竺桂、葱兰等 9 种花木。全年为黄丰镇共和村扶贫工作出资 6 万余元。

【安全播出】 2016 年，区电视台认真落实安全播出责任制，严格值班值守，加强监督检查，确保中央、省、市、区等重大活动、重要节日、重点时段的安全播出万无一失，实现“三个零”（零插播、零停播、零中断）目标。

【专题节目】 2016 年 6 月开始，区电视台进行专题节目的改版，本着发掘彭山故事，发现彭山美食美景，让彭山人参加到节目中来的宗旨，新增设三个专题版块：《寿乡身边事》以讲述彭山的人和事，展现彭山特有的人文风情；《小宇嘻游记》，以主持人游玩体验的方式，网罗彭山味道，发现彭山舌尖上的美味和引人入胜的美景；《我行我秀》，接受观众投稿，给市民提供一个展示自我的平台。

【“彭山传媒”】 从 2016 年 8 月起，区电视台开始策划建设“彭山传媒”手机 APP，前期投入资金近 20 万元，于 10 月中旬开始投入试运行。“彭山传媒”手机 APP 突出智慧特色，设置掌上资讯、品质彭山、乐淘彭山、民生服务、互动彭山五大版块，近二十个栏目，既可实现区电视台所有自办节目的及时直播点播，也是老百姓生活的好帮手。市民可通过 APP 能快速了解区委、区政府和各单位发布的大事件、公告、公示等，其中，品质彭山版块，让更多人了解彭山的品质发展之势，为彭山的招商引资打造一个名片，让更多商家更直观地看到彭山的品质、彭山的发展。

【基础设施】 2016 年，区电视台完成广电大楼塔钟更换，并正式投入使用，新塔钟和电视台标志的使用，重新竖立彭山地标性建筑的形象。

【荣誉成果】 2016 年度“美丽四川——美食”影视作品创作推动活动评选，区电视台制作的专题《搓出来的美味——冰粉》获提名奖；根据由四川省人力资源和社会保障厅、四川省新闻出版广电局发文《关于表彰四川省新闻出版广电系统先进集体和先进个人的决定》（川人社发〔2016〕6 号）文件，区电视台被评为四川省新闻出版广电系统先进集体。

（唐 冉）

电子政务工作

【概况】 2016 年，彭山区电子政务工作始终坚持正确的舆论导向，秉承“宣传大政方针，聚焦经济民生，传承寿孝文化”的办报理念，坚持宣传彭山、服务彭山、提升彭山形象为宗旨。认真办好《彭山报》周二刊（每个周二出版一期报纸），并按时出刊，全年共出版 95 期；上级媒体用稿 280 篇，报刊差错率严格控制在万分之三以内，没有出现政治性、导向性错误。“中国·彭山”政府网运行正常，站点信息量2.3万条，访问量291.11万次，均名列全市区县第一。

【内宣工作】 2016年，彭山区电子政务办认真办好《彭山》报周二刊，并按时出刊，完成全年目标任务。严格执行“三审三校”制度，报刊差错率严格控制在万分之三以内，确保每期报纸紧扣中心，导向正确，贴近群众，排版美观，具有较强的可读性，报纸质量始终名列全市前列。按照区委、区政府的中心工作及时开辟栏目，积极策划活动，加大宣传报道力度，增大信息量，在全区上下积极营造解放思想、品质发展、担当有为的良好舆论氛围，打好宣传主动仗。围绕努力建设天府新区彭山区域，全方位、多层次、多角度进行报道，加大党建工作、经济建设、精准扶贫、民生工作的宣传力度，加强对各部门、各乡镇的宣传报道，促进各项工作顺利开展。较好地完成区委、区政府以及区委宣传部交给的各项宣传报道任务。

【外宣工作】 2016年，《彭山报》记者共有280篇新闻稿件在市级以上媒体刊登。其中，中新网《世界卫生日 街头义诊受欢迎》、人民网《四川彭山启动PPP模式 投资1.6亿建10座污水处理厂》等中央级媒体20篇；四川日报《彭山推出“党群互联屋”智能化服务足不出户 指尖一点能办事》《彭山启动PPP模式建10座污水处理厂》《彭山经开区成为省级商标战略示范园区》《眉山彭山区投资2.98亿迁建中医院》以及四川经济日报、成都商报、成都日报、四川农村日报等省级媒体70余篇；《彭山全面取缔肥水养殖和人工投饵养殖》《彭山入选全省第二批节水型社会建设重点县（区）》《编制脱贫手册 助力精准扶贫》等稿件刊登在眉山日报、四川在线等市级媒体190余篇。

【政府网站】 2016年，在四川省人民政府信息公开办发布的全省政府网站绩效评估结果中，彭山区政府门户网站“中国·彭山”网名列全省58位，全市第2位，全省排名较2015年提升50位。2016年，区电子政务办对网站进行第三次改版，改版后的网站功能更全，页面更美观，信息更丰富，可读性更强，深受广大市民的喜爱。站点信息量达2.3万条，访问量291.11万次，均名列全市区县网站第一。按照省政府网站绩效评估要求，进一步精简内容，调整栏目，在原有的基础上增设“五公开”专栏（决策公开、执行公开、管理公开、服务公开、结果公开）。为57个乡镇、部门建立子网站，统一信息发布途径，使“中国·彭山”网的相关栏目内容信息得到保障。行政权力公开运行工作进步明显，办件数量和质量都得到明显提升，办件录入量达1.9万件，比2015年增加1.2万余件，行政权力公开运行工作已进入常态化。

【其他工作】 2016年，区电子政务办全面完成党建工作、脱贫攻坚、党风廉政建设和反腐败工作、社会治安综合治理等工作。认真完成区委下达的脱贫攻坚工作，积极开展联系乡镇工作，区电子政务办领导先后多次到凤鸣镇宝珠村帮助解决实际问题，带领全体职工积极走访联系贫困户，帮助解决生产、生活困难，为联系户送去资金、物资共计5万余元。

（周　静）

文 史

档 案

【档案宣传教育】 2016年，彭山区档案局借文化科技卫生“三下乡”活动，深入保胜乡开展档案法律咨询和普法宣传，展出展板4幅，发放宣传资料500余份，接待咨询群众150余人次；利用“6•9”国际档案日宣传活动，围绕“档案与民生”主题，悬挂档案宣传横幅1幅、宣传画册6套24幅，制作档案宣传展板4个，发放宣传彩页1000余份、《中国的世界记忆遗产》折页200余份，接受群众档案咨询200余人次。同时在《彭山报》对档案法律、法规相关知识进行宣传报道，彭山电视台《国际档案日》宣传专栏，滚动播出“国际档案日”宣传标语100余条次。全年上报档案信息51条，其中，《中国档案报》和《四川档案》分别刊登宣传稿件1篇，中国档案资讯网、中国档案、四川档案等网站刊登宣传稿件26篇；订阅《四川档案》52份、《中国档案报》1份、《中国档案》杂志2份，超额完成订阅任务。

【档案行政执法】 2016年4月—9月，区档案局联合区人大法工委、区监察局对牧马镇等24个机关事业单位进行档案行政执法专项检查，通过“听、看、议、评”等方式，对存在问题的2个单位进行通报并限期整改。

【档案查阅利用】 2016年，区档案局共接待查阅利用1993人次，查阅利用档案3551卷，复印资料3231页，出具证明366份。其中，接待异地查档1人次，查阅利用档案4卷，复印资料2页，出具证明1份。接待查阅利用中有2154卷用于解决民生问题。

【数字档案馆建设】 2016年，区档案局投入7000余元购买一台高配置的专用电脑用作数字档案的查阅；指导22个单位使用眉山市数字档案室系统，并在区人民法院进行试点工作；对区人民检察院、区人民法院、区委组织部的所有档案均进行数字化处理；完成馆藏档案应数字化处理基数的50%（含目录和全文），共著录26.6万条，扫描130万页；制定电子档案接收进馆实施计划，开展电子档案在线或离线接收进馆工作。

【档案指导检查】 2016年，区档案局及时对机构改革后的区工商行政管理和质量技术监督局、区发展和改革局开展档案业务培训和指导、检查工作；与市档案局、区交通局联合完成滨江大道彭祖新城段建设工程项目档案验收工作；认真贯彻《农村土地承包经营权确权登记颁证档案管理办法》，协助区农业局做好确权登记档案的指导；与区扶贫移民局密切配合，建立、健全扶贫档案工作机制，并联合发文，对扶贫开发项目、精准扶贫档案工作提出要求，对扶贫开发项目和精准扶贫档案进行培训、指导、检查和调研；积极开展机关企业单位档案工作规范管理认定和复查工作。认定1个机关单位，1个国有企业单位，复查了两个省三级机关事业单位。

【档案安全管理】 2016年，区档案局投入10万元，全面改造档案馆库房电线路及相关用电设备；加强档案库房管理，完善各项规章制度，开展每周一次的定期库房安全检查和不定期的抽查，对汛期档案进行专项检查，定岗、定职；做好重要档案异质异地备份工作，区档案局的数字化档案数据已在甘肃省档案局进行备份；对2台存储档案数字化信息的内网计算机，安装符合保密安全标准的涉密计算机及移动存储介质保密管理系统（三合一）；进一步完善区档案数字化加工制度，落实档案信息安全措施，与数字化加工中标公司签订《数字保密合同书》，与进行数字化加工的工作人员签订《档案数字化加工人员保密协议》，保证档案信息系统数据的绝对安全。各种安全措施到位，全年无任何安全事故发生。

【档案资源体系】 2016年，区档案局依法做好档案接收进馆工作，全年共接收6008卷档案进馆；多形式多途径开展特色档案资料的征集工作，征集观音葡萄节和黄丰橘花节等特色档案进馆，进一步丰富馆藏资源，优化馆藏结构；完成对国家和省重点档案抢救项目任务，对馆藏的1062卷民国档案进行著录和粘糊。全年冷冻档案5000余卷；积极稳妥推进拟开放档案密级鉴定工作，形成制度化、常态化工作机制。对馆藏的区妇联的档案进行密级鉴定工作。

【网络平台建设】 2016年，区档案局对权责清单进行清理优化，并相应调整行权平台事项，做到及时录入案件，及时处理预警报警，确保平台规范高效运行。全年上传档案信息83条，网站点击率较高。充分利用党政网区档案局网页平台，积极宣传贯彻《中华人民共和国档案法》，公布预约查档方式、查档须知、流程等，及时更新单位工作信息。

【档案工作培训】 2016年1月16日，区档案局对彭山港华燃气有限公司的档案分管领导和业务员50余人开展业务培训，重点讲解文件材料的收集、整理，档案工作规范化管理标准，档案信息服务，档案安全保管保护及保密工作等。4月7日，对交通运输局的档案分管领导和工作人员进行交通运输公路工程档案培训，学习《公路建设项目文件材料立卷归档管理办法》，对公路工程项目档案的收集、整理、归档、移交和竣工文件编制等进行讲解。7月13日—15日，区档案局牵头组织区公安局、区检察院、区人事局等单位档案工作人员，共计10人赴市党校参加全市档案业务培训会。

（杨文娴）

党史地方志工作

【概况】 2016年，彭山区党史地方志工作认真落实国务院《地方志工作条例》《四川省地方志工作条例》《全国地方志十三五规划》《眉山市地方志十三五规划》，以改革创新为动力，积极履行职责，推动依法修志、年鉴编纂、史志宣传、地情资料开发利用等各项工作的开展；以服务为宗旨，增强史志服务功能，不断提高史志工作为彭山经济社会发展大局服务的水平，推进史志工作持续健康发展。

【党史工作】 2016年，彭山区党史地方志办公室（以下简称“区史志办”）积极推进《执政实录》编纂，完成61万字《中国共产党彭山执政实录（2015）》编撰、定稿、送审及印刷工作；继续征集《中国共产党彭山历史》（第三卷）资料，为编修工作打好基础；积极配合市委党史研究室出版《眉山党史》——纪念中国共产党成立95周年特刊工作，广泛搜集、整理彭山区革命先辈先贤和烈士人物传记，报送人物传记3篇；协助区委宣传部举办纪念红军长征胜利80周年书画展，区委常委、宣传部部长马炜，区人大常委会副主任周惠，区政协副主席喻旭出席活动，活动共展出书画作品120余幅，受到社会群众广泛关注；根据区委组织部安排，编纂出版《缅怀先辈先贤 比学身边典型 展现共产党员时代风采》“两学一做”学习教育读本，用先辈先贤和优秀共产党员的历史事迹感召教育全区党员；深入开展“两学一做”学习教育活动，全面落实“两学一做”学习教育各项工作，建立台账，召开专题会议，并于6月2日由区史志办党支部书记带领全办党员干部到联系的凤鸣镇东红社区参加社区党支部组织生活会，并为100余名党员作题为《做一名有担当的共产党员》讲话。

【地方志工作】 2016年，区史志办保质完成113个单位、61万字《彭山年鉴（2015）》的资料收集、整理、编写、校核、送审及公开出版等工作；全面完成《四川年鉴（2016）》和1万余字的《眉山年鉴（2016）》彭山区年鉴资料的编写和报送；完成4万余字的《彭山年鉴（2016）》1—12月年度大事记资料收集和初编工作；制定并发布《眉山市彭山区地方志第十三个五年发展规划（2016—2020年》，促进和指导彭山区地方志事业未来五年的科学发展；积极开展对乾隆版《彭山县志》标点、校勘、注释、翻译等抢救整理工作，充分利用静态方志资源为经济文化建设服务；积极指导江口镇、彭溪镇、义和乡等8个乡镇（部门）开展修志编纂工作，组织《彭山县人大志（1987—2011）》审稿工作的开展；收集、编撰《眉山市志·园区建设》中彭山经开区和成眉石化园区资料；收集、整理、编撰《乡镇简志 眉山市篇》彭山区资料，大力宣传彭山区特色地情文化；积极协助《眉山市志》市级部门进行初稿编纂等工作；通过查阅档案200余卷及各类资料300余册，编撰完成《眉山市彭山区地方志工作回顾》《眉山市彭山区地方志工作大事记（1981—2016）》《彭山区地方志出版书籍》《彭山区方志忆事》等文章，形成《眉山市彭山区地方志工作回顾（1981—2016）》；编撰出版全彩《忠孝之邦——李密故里》地情资料手册，为深入系统地了解李密故里“孝文化”精髓提供翔实的资料；历时三个月，逐个对地情资料室3000余册志书、文献、地情资料进行清理、补充完善，并录入电脑，形成规范的电子地情资料目录；积极组织全办干部职工参加区政协组织的彭山“民风民俗”征文活动，投稿6篇，其中1篇被2016年第二期《眉山文史》刊载。

【地方志执法】 2016年，区史志办积极参加市人大组织的贯彻落实地方志工作法规培训，并组织开展全区《地方志工作条例》及《四川省地方志工作条例》执法检查和自检；依法规范全区地方志工作，全面完成区行权平台和“三张清单”编制工作，积极将地方志工作录入行权平台。截至12月底，录入行权平台20条信息，确保方志工作有序推进。

【史志宣传培训】 2016年，区史志办充分发挥史志职能作用，积极开发利用地情资料库方志资料，为区委、区政府及有关部门提供决策参考，为社会、经济发展服好务。做好地情资料查询服务，积极配合北外街、江口古镇、武阳茶肆等项目，查阅、借阅相关地情资料；积极为教体局编撰“彭山乡土教材”提供地情资料；全年接待区内外各界人士来电咨询、来访、来查80余人次，并提供优质的咨询、查阅服务；努力提高编纂人员政治素质和业务素质，积极组织业务人员参加省、市地方志业务培训，建立培训常态工作制；积极参与“科技、文化、卫生三下乡”活动，免费赠送《全国地方志十三五规划》《地方志工作法规资料》及《眉山地方志》等杂志资料1000余册；致力地方志理论研究，组织、动员、鼓励修志人员积极撰写理论文章和工作信息的宣传报道工作，全年共编发信息简报21条，被《眉山地方志》刊物刊载7条；及时更新党政网、互联网彭山区党史地方志网站信息43条，努力推进依法修志的步伐；为彭山区政府门户网站“走进彭山”等栏目提供内容，及时更新“历史文化”“人文地理”“大事记”等内容；积极组织工作人员参加省委党史研究室组织的“第三届全国党史文化论坛”征文活动，完成《增强党史文化自觉与自信》《长征精神与党史文化的联系》2篇论文撰写并投稿；积极配合市纪委、市委党史研究室、市地方志、区纪委组织的党史人物和历代先贤名人家风家训材料收集整理工作，积极参加区纪委组织的“我的家风家规”征文活动，投稿2篇，其中1篇入选全区评选活动。

【中心工作】 2016年，区史志办认真抓好直接联系服务群众活动，积极做好联系乡镇工作。支持联系乡镇凤鸣镇经费1.5万元，完成江渔村33.33公顷植树任务；积极帮助东红社区解决东红巷250米生活土路没有路灯等实际问题；联系东红社区10户困难户，积极解决群众生产、生活中的困难，送去帮扶资金、物资价值7000余元；为东红社区争取到社会就业保障平台建设经费2万元；在第一书记、单位负责人变更后，及时与社区对接，调整联系人员，切实帮助社区居民解决实际困难；参加眉山市地方志工作办公室组织的“走基层、察地情”活动3期，先后到彭山区保胜乡、丹棱县、青神县等地考察学习当地特色文化；协助民政局做好第二次全国地名普查工作，为地名普查提供历史基础资料，并以高质量、高起点、高标准、高水平协助完成彭山区普查工作；深入开展读志传志用志，通过编辑信息简报、编写地情读本、开展专题研究，发掘历史文化精髓，大力推动地方志成果进机关、进乡村、进社区、进学校、进企业、进单位。

（刘黔玲）

社　会
Social

管理与监督

安全生产监督管理

【概况】　2016年，彭山区安全生产监督管理工作牢固树立安全生产红线意识，把安全生产工作作为发展区域经济和民生工程的重要内容，以安全社区建设为契机，着力改善安全生产基层薄弱、基础脆弱状况，结合危险化学品、非煤矿山、道路交通、长输管线、粉尘危害、燃气、消防等专项整治活动，持续开展安全生产大检查，强化隐患排查治理、安全教育培训、打非治违，促进全区安全生产形势持续稳定。

【主要指标情况】　2016年，彭山区共发生生产安全事故8起，死亡9人（其中，建筑2起2人，道路交通6起7人），受伤2人（交通2人）。全区杜绝较大及以上和有较大影响的生产安全事故发生，安全生产形势稳定。

【安全宣传】　2016年，彭山区安全生产监督管理局（以下简称“区安监局”）以“强化安全发展理念，提升全民安全素质”为主题，举办安全监管人员培训会6期，培训人次达800人以上，并对重点高危行业一线从业人员1200余人进行培训。组织开展“安全生产月”“送法下乡”等大型宣传教育活动，发放各类宣传资料200余种10万余份，接受群众咨询上万人次。2016年，区安监局被省安委办评为安全生产宣传月活动先进单位。

【应急救援建设】　2016年5月，彭山区投入500万余元在经开区建成全市第一支危险化学品专职救援队，配齐装备，配强救援队伍，形成由专职救援队为骨干，各危险化学品企业参与的上百人规模的危险化学品应急救援队，通过培训和演练，已具备抢险救援能力。8月，彭山区政府代表眉山市在彭山经开区四川金恒通化工有限公司，成功开展全市规模最大的危险化学品事故应急救援综合演练。该次演练为各单位开展针对性演练，提高应急救援能力起到很好的示范作用。

【遏制重特大事故试点工作】 2016年，区政府召开常务会专题研究部署遏制重特大事故工作，成立以分管副区长段永勤为组长的领导小组，并根据彭山特点，制定下发《彭山区人民政府安全生产委员会标本兼治遏制重特大事故工作实施方案》。各级各部门按照任务分工，组织精干力量，在全区范围内开展隐患风险大排查，共排查出隐患风险点320余处，初步建立安全风险基础数据库；充分利用区政府专家组力量，制定各行业安全风险分级指导标准，对每个风险点进行风险评估分级，落实管控措施和责任人。

【安全监控】 2016年，彭山区建立重点单位和重点危险源实时监控系统。通过在高危行业企业关键装置、重点部位、作业面、储罐区、重大危险源等位置安装摄像头和存储、传输等设备，将采集到的企业高危作业面（部位）生产运行的图像传送到网络上，并在区安监局设立安全信息服务中心，实时监控企业高危作业面（部位）的生产运行状况。以“政府购买服务”的方式聘请专家，参与安全生产检查活动，对辖区内企业定期进行专项安全检查，检查结果对区安监局负责，监管和执法并行，强力督促高危企业履行安全责任，整治安全隐患，遏制重特大事故发生。

【组织保障】 2016年，区委常委会、区政府常务会坚持定期听取安全生产工作汇报，研究、解决安全生产重大问题，坚持把“安全第一”作为彭山经济发展的“三大铁律”之一，全面落实安全生产的红线意识和底线思维；区政府安委会坚持每季度组织督察组对各乡镇、街道、园区和职能部门进行安全督察，严格奖惩，坚持每季度召开安全生产工作会，区长亲自安排部署安全工作。

【责任落实】 2016年，区委、区政府制定《区重点行业安全生产工作一岗双责职责规定》，明确区级领导、职能部门、乡镇（街道）政府安全监管责任；完善并修改《安全生产责任追究制度》，严格执行责任追究；制定《2016年安全生产工作意见》、签订《安全生产目标责任书》，分解落实目标任务；完善、修订区安全生产目标考核及奖励办法，在安全生产工作上重奖严惩；严格按照安全生产相关规定，落实政府监管责任和企业主体责任。

【经费保障】 2016年，彭山区落实公共安全隐患整治基金4041万元，专项目标考核奖260万元，安全社区建设专项经费180万元，重点高危行业一线从业人员安全培训专项经费30万元，应急救援、监管监察装备等经费近50万元。全年通过安全生产隐患整治资金带动各项安全投入达6000万余元。

【安全监管】 2016年，书记、区长坚持亲自深入企业、基层检查安全生产；乡镇（街道）、园区、职能部门每季度组织开展辖区、行业安全大检查；企业自查隐患，建立台账，网上直报排查治理情况；区政府安委会每月对重大隐患挂牌治理、督察通报。2016年，全区整治完成市级重大隐患2处、区级重大隐患420处、区级一般隐患2284处。全年企业自查隐患761条，申报率、整改率居全市各区县第一。四川省安全隐患排查治理信息系统建设彭山区居全市第一。截至2016年年底，彭山区开展隐患自查自改自报企业167家，覆盖率63.74%。

【打非治违】 2016年，区安监局采取多部门配合、乡镇（街道）参与的方式，定期开展联合执法、集中执法。查处交通违法6.15万起、客运车违法8起；查扣非法运营车5辆、非法营运“电三轮”261辆；查扣超载、超限运输车辆348台次；查处消防违法案件43起、特种设备违法2起、危化品企业违法3起、烟花爆竹违法23起，行政拘留9人，收缴并销毁非法产品3200余件；取缔非法炼油作坊1家、危化品非法储存点2个、烟花爆竹零售点22个。对安全生产违法行为起到很好的震慑作用。

【专项整治】 2016年，区安监局针对季节、行业的特点，开展重点行业领域专项整治。全区涉及“两重点、一重大”（重点监管的危险化工工艺、重点监管的危险化学品和重大危险源的监管）危化品企业全部完成自动化改造和实时监控；所有矿山企业完成专家会诊、风险评估；全区烟花爆竹零售店“两关闭”（关闭存在“下店上宅”“前店后宅”等形式与居民居住场所设置在同一“两关闭”建筑物内的零售点；关闭与人员密集场所和重点建筑物安全距离不符合条件、集中连片经营、在超市内销售、未按规定专店（或专柜）销售的零售点）全部整顿完毕；作业场所职业病危害申报4家、检测22家，体检1900余人；整治油气长输管线被占压2处，燃气管道被占压4处。

【亮点工作】 2016年，区安监局向财政预算申报每个乡镇70万元用于安全社区专项建设。安全社区建设成效显著，继凤鸣镇、彭溪镇、锦江乡之后，谢家镇、黄丰镇经省政府专家组验收合格，成功创建为省级安全生产社区。

（李嘉翔）

食品药品监督管理

【重要事件】 2016年12月14日，省食品药品监督管理局检查组一行5人到彭山区检查餐饮环节食品安全工作，市、区食药监局相关人员陪同检查。

省食药监局检查组检查彭山区餐饮环节食品安全工作

2016年，区财政投入资金50万元，完成6个乡镇（街道）食品药品监管所标准化建设，提高基层监管能力；投入500万余元，实现全区教育机构（含民办）食堂安全远程视频监管。

【机构编制】 彭山区食品药品监督管理局（以下简称“区食药监局”）设办公室（综合协调股）、政策法规股（行政许可股）、食品生产监管股、食品流通监管股、餐饮服务监管股、药品医疗器械化妆品安全监管股6个内设机构；下属2个事业单位，即眉山市彭山区食品药品监督稽查大队和眉山市彭山区食品药品检验检测中心（挂眉山市彭山区药品不良反应监测工作站）。局机关核定行政编制21名，后勤服务人员编制1名。2016年，有在职人员20人，工勤人员1人，离退休9人。食品药品监督稽查大队核定行政执法类事业编制15名，实有12人（其中，4人为参公工勤编制）。食品药品检验检测中心核定事业编制7名，实有7人。

【食品安全机构】 2016年，区食药监局建立和完善区、乡（镇）、村（社区）三级食品安全监管网格，在乡镇配置食品药品安全监管员32名，在各村和社区设立食品安全信息员108个。截至2016年年底，全区共有各类食品、药品、餐饮、保健品、化妆品生产经营单位3022户。其中，食品流通经营单位1091户，食品生产企业53户，食品添加剂生产企业1户，餐饮服务单位895户，药品经营单位164户，药品生产企业4户，医疗器械生产企业1户，化妆品经营单位135户，化妆品生产企业1户，保健食品经营单位18户，生产加工小作坊备案登记105户，“三小”即小作坊、小经营店、小摊贩554户。

【食品药品安全监管】 2016年，区食药监局全面展开辖区内食品生产、食品流通环节日常巡查。认真分析研究确定彭山区食品安全监管的重点范围、地段，切实摸清食品生产企业和大中型超市的生产经营状况；明确食品安全主体责任，与食品生产企业签订2016年度食品安全责任书和承诺书。对辖区内餐饮单位实行食品操作全程监管。重抓餐饮过程，监管过程包括食品购进、食品加工制作、餐饮具消毒、食品留样等关键环节过程；强调餐饮服务单位必须做好食品购进查验记录、索证索票记录，特别要求购进的预包装食品、进口食品必须标识完整及具有中文标识，从源头上把关食品安全，做到每种食品都能追根溯源。加强药械日常监管，规范市场秩序。加强对药械化生产、经营、使用单位的监督检查。严格按照“月巡季查”的要求开展日常监督检查，按“一企一档”要求建立档案；开展安全隐患大排查，以“严查、严打、严办，零容忍”为工作准则强化对药品生产、经营和使用、医疗器械经营使用各环节的安全监管；加强对含麻黄碱复方制剂、含可待因复方口服溶液、复方甘草片、复方地芬诺酯片、麻黄草饮片等特殊药品的监管力度。对麻醉药品和一类精神药品经营企业每月检查，二类精神药品经营企业每季度检查，辖区内未发生特殊药品流弊事件；完成2016年彭山区GSP跟踪检查任务40家，现场检查药品经营企业25家，注销和未营业企业15家；开展药械质量安全风险研判、风险研判评估，并完成风险研判报告，提高药械风险防控能力。大力推进食品药品抽检工作，共完成抽检524个批次（比2015年增长62.7%），其中，抽检食品458个批次、药品66个批次。食品抽检14个不合格，药品抽检8个不合格。收集药品不良反应报告318例，医疗器械不良反应报告57例，化妆品不良反应报告11例。不合格报告处理率100%。

【食品药品执法】 2016年，区食药局局共出动执法人员5966人次，发放责令整改书82份、监督意见书159份，立案139件，结案139件，累计罚没款 45.55 万元。登记食品药品投诉举报案件71件，受理63件，全部办结，办结率 100%。收缴销毁过期食品、不合格食品、假药劣药等共计 1.8 吨。

【党风廉政建设】 2016 年，区食药监局强化教育，理论学习结合典型案例，深入开展廉洁从政教育；加大监督力度，加强对行政许可、行政处罚、GSP 认证、案件办理等权力运行重点岗位和环节的监督；健全、完善内、外部监督机制。全年未发生一起违纪、违法事件。

（陈　妤）

价格管理

【价格管理】 2016 年，彭山区认真落实简政放权要求，监督执行好 10 个部门共 45 项涉企行政事业性收费政策，实现“减、免、缓、停”收费政策落实到位。推进资源性价格改革，监管落实好居民生活用气阶梯价格，建立天然气价格上下游联动机制。牵头落实对低收入困难群众实行每月 15 千瓦时免费电量电价优惠政策，1—8 月城乡 1.3 万余户“低保户”和农村“五保户”家庭享受用电优惠资金 44.12 万余元。强化政府定价管理，核定区殡仪服务站治丧厅租赁费和区职业高级中学住宿费等定价项目，完成区精神卫生保健院精神病护理费上报工作。完成电力城市公用事业附加费征收和监管，1－10 月共计征收入库 90 万余元。

【物价检查】 2016 年，彭山区物价局开展各类收费和价格专项检查共 5 次，检查单位和个人共 120 余家。其中，对查出有违规收费的 8 个医疗机构，区国土局、区工商质监局等 3 个行政事业单位进行行政处罚，共计实施经济制裁 27.81 万元；受理“12358”举报电话和群众来信、来访 40 件，退还消费金额 306.80 元，群众满意率 100%；开展“3•15”消费者权益保护日宣传活动，发放价格法律法规资料 2000 余份，接受医疗、水、电、气、占道停车等收费和价格咨询 15 人次。维护市场价格秩序，定期检查整治物业管理、临时占道停车、旅游景区、宾馆住宿、大型超市等 80 余家，对存在不明码标价和标价不规范的商家，及时发放《责令整改通知》。联合区交通局向各运输单位下发《2016 年春运价格专项整治工作的通知》，并与运管部门不定期对城乡短途客运票价和出租车营运车辆价格进行检查。开展教育开学期间巡查。对城区和乡镇的多所中小学、幼儿园进行抽查，多数学校对收费管理都做到公开、透明、规范，尤其是代收费用，都能做到上墙公示，但有个别学校在收费公示方面未能达到长期公示要求。

【价格认证】 2016 年，区物价局受理区法院、公安局、检察院、国资委、开发区提交的财物、车损、国有资产价格认定和认证 80 件，认定标的物品种类 800 余件，认定标的 733.49 万元，为维护司法公平公正和政府处置国有资产提供合理依据和保障。完成观音镇、武阳乡盗挖砂石案 3 件，认定总标的 8 万余立方米，总价值 400 万余元；做好全年砂石市场价格动态监测，每月定时向区砂管办报送价格报表，为政府制定砂石价格提供参考依据。解决价格矛盾，调解价格纠纷，完成道路交通价格鉴定 8 件、物业价格纠份 1 件。完成观音镇、青龙镇非法经营公墓 2 件，认定总标的150万余元。启动2016年“价格认证法制年”建设活动，召开公、检、法、司联席会议；重新制定完善《价格认证中心管理制度》。完成省认证中心法制活动计划，积极参与凉山洲、攀枝花等跨区的档案、业务交叉检查工作。

【价格监测】 2016年，区物价局加大价格监测力度，增加节日价格监测巡查密度，重点对粮油、肉、蛋、奶、蔬菜等群众生活必需品、日常消费品价格重点巡查，对农业生产资料价格进行监测，遇到价格异常波动及时上报，全年，共向上级价格部门报送各类监测报表和调查报告80余份。做好全国劳动力市场价格监测工作，认真选择布点，对彭山区监测点的报价人员进行一对一的指导，务求及时、准确、高质量地完成劳动力市场价格监测工作，共向省发改委上报劳动力市场价格监测报表6期（18份）。

（李　罡）

卫生与计划生育

卫生事业管理

【概况】 2016年，财政投入医疗卫生支出2.55亿元。全区共有医疗卫生机构数243个，实有床位数1394张，全区医疗机构共有技术人员1514人，其中执业（助理）医师601人。全区新型农村合作医疗参合率100%，全区5岁以下儿童死亡率5.49‰，婴儿死亡率4.33‰，产妇住院分娩率100%。

【卫生执法监督管理】 2016年，彭山区全面完成卫生监督重点检查各项工作，加强卫生监督协管员培训，提高业务水平。全年查处游医3起，清除违法医疗广告4家，共办理22起行政处罚案件，罚没款总计金额3.13万元，并首次对生活饮用水供水单位进行处罚。坚持依法审批，对行政权力运行平台相关项目重新进行清理，全年共录入行政处罚案件3例、其他行政权力725件。

【爱国卫生工作】 2016年，彭山区大力普及“全民参与爱国卫生、共建共享健康中国”，倡导健康生活方式。全面贯彻落实环境卫生整洁工作，区爱卫会制定下发《城乡环境卫生整洁行动实施方案（2015—2020年）》，与区治理办配合，充分发挥区级部门、乡镇村社组织的作用，积极开展城乡环境整洁行动。积极开展“灭蚊防病、健康你我”爱国卫生月、“健康中国行，幸福小康路”以及世界无烟日、世界卫生日等宣传活动，大力开展健康教育和健康促进工作，倡导健康生活方式。加强对无烟单位的创建调研、指导与考核工作，切实做好日常监督、管理工作。投入近20万元由专业消杀公司开展春秋“两季”除四害，从根本上减少“四害”孳生繁殖环节，有效降低“四害”密度。2016年，成功创建1个国家级卫生乡镇、1个省级卫生乡镇、6个省级卫生村、5个省级卫生单位、5个省级无烟单位。

【信访维稳】 2016年，彭山区卫生和计划生育局（以下简称“区卫计局”）落实专人受理信访案件23次，接待来访、来电、来信，建立信访档案。按时完成交办件，案件处理率达100%，办结率达100%，息诉息访率达100%。全系统无非正常上访，实现“零进京、到省”，无“民转刑”案件、越级上访案件，无因调解不当引发的群体性事件和影响社会稳定的事件发生，确保卫生计生系统的稳定。

【卫生法制建设】 2016年，彭山区卫计局完成“六五”普法工作，制定“七五”普法工作方案，巩固“法治彭山”创建成果，依法做好行政复议、行政应诉和社会矛盾纠纷大调解工作，推进卫生行政权力公开透明运行，努力打造学法用法示范单位。

【卫生计生宣传】 2016年，区卫计局健全新闻宣传工作机制，通过微电影、微信等新媒体，重点对全区的医改深化、医疗机构建设、人口计生政策、卫生计生民生工程、卫生监督、公共卫生、医院管理、寿乡健康卫士等方面工作进行全方位宣传和报道。截至2016年12月，共报送各类信息229条，其中，省级媒体97条，市级媒体44条，区级媒体88条，《彭山卫计》79期介绍彭山做法的《乡村一体化：哪些应统 哪些宜分》在国家健康门户网站和《健康报》上刊登；反映彭山健康扶贫和联系村方面工作的报道《财政来买单，贫困户住院不花钱》《彭山区设立97个扶贫党（总支）支部引领脱贫攻坚——由“分散发力”到“攥指成拳”》在《四川日报》上刊登；《新时期乡村医生管理探索》在《四川医院管理》杂志上刊登。

【中医管理】 2016年，彭山区全面完成基层中医药服务能力提升工程承诺指标，抓好乡镇卫生院中医馆项目建设工作，已完成中医馆建设项目5个（其中，中央补助项目3个、省级补助项目2个），进一步加大重点中医专科建设力度，区中医医院建成市级重点专科3个（老年病科、骨伤科、针灸科），在建省级重点专科1个（针灸科），进一步巩固省级农村中医工作先进县建设成果。

【亮点工作】 2016年，区卫计局创新计划生育特殊家庭关怀扶助工作，建立计生特殊家庭就医、转诊绿色通道、免费体检制度，建立完善扶助关怀信息系统，并接受国家卫计委工作调研。彭山区观音镇创建国家卫生乡镇。成功组织开展“行走彭山、健步长寿”大型户外群众健步走活动。省级艾滋病综合防治示范区工作全面铺开。代表四川省接受全国八省省际血防联防联控交叉检查，在全省率先完成螺点调查和GPS定位工作，并在全省工作会上作经验交流。区疾控中心成功创建二级机构，100%的乡镇预防接种门诊达到“A级”以上标准，全面实行日接种。

医药卫生体制改革

【分级诊疗】 2016年，彭山区百分百的基层医疗卫生机构实现与区和市、省级医疗机构的双向转诊，区域就诊率达到90%。与医保、物价等部门进一步研究制定差别化的医保报销政策和价格政策，严格落实未按规定转诊医保不予报销的政策，引导患者基层首诊。与扶贫、人社部门联合制定贫困人口分级诊疗实施方案。落实不同层级医疗机构的功能定位，不断提升区级医院和基层医疗卫生机构服务能力，促进患者基层首诊。落实医疗联合体建设，积极引进三级医院优质资源到彭山区服务。区人民医院参与成都市第一人民医院组建的医疗联合体，科室实现对接（心内科）；区中医医院参与四川省中医医院、四川省中西医结合医院、四川省骨科医院、眉山市中医医院、眉山肿瘤医院组建的协作型医疗联合体和专科协作型，眉山肿瘤医院与区中医医院肿瘤科实现科室对接。区人民医院和区中医医院分别牵头组建县域医联体，优质卫生资源下沉到基层，二级医疗机构下派医护人员365人次，乡镇卫生院到二级医疗机构进修92人次，提升基层服务能力。

【县级公立医院综合改革】 2016年，区卫计局在区级医院全面开展预约诊疗、双休日和节假日门诊、“一卡通”、“先诊疗、后结算”等便民惠民措施；区人民医院选择疝气、支气管炎、上消化道出血等18个专业60个病种作为临床路径管理试点工作，选择“急性心肌梗死”“急性心力衰竭”“社区获得性肺炎”“脑梗死”“剖宫产”作为单病种质量控制试点，为全面推广临床路径积累一定经验；继续推进区级医疗机构优质护理示范工程，区人民医院、区中医医院、区妇幼保健院建立示范科室17个，覆盖率达100%；巩固取消药品加成工作。2016年安排拨付取消药品加成财政补助资金149.42万元，全市率先完成财政“兜底”民生工程任务，区级公立医院共减少药品加成收入974.6万元，直接让利于患者；制定《公立医院重点专科发展（2016—2020）发展规划》，提出省、市、区重点专科发展方向；建立公立医院信息公布制度，向社会定期公布相关信息。区人民医院接受国家卫计委对口支援工作检查。

【国家基本药物制度】 2016年，区卫计局巩固国家基本药物制度，开展基本药物制度实施情况监测与指导，进一步降低药品和医用耗材采购价格，推动基本药物制度工作的有序开展。截至2016年年底，彭山区的17个乡镇卫生院、1个社区卫生服务中心和180个村卫生室全部实施国家基本药物制度。巩固药品、医用耗材网上集中招标采购工作成绩。5个区级医疗机构、1个社区卫生服务中心、17个乡镇卫生院和180个村卫生室（乡镇卫生院代购）全面实行网上阳光采购。药品、医用耗材阳光采购合格率、医疗卫生机构上网采购率、阳光积分合格率、药品阳光采购合格率均达到100%。全区医疗机构1—11月集中采购药品总金额7423万元，其中，基层医疗机构采购金额1553万元，区级医疗机构采购金额5870万元。彭山区在全市、全省率先提出药占比一票否决制，同时纳入目标考核，对各医疗单位药占比实行动态管理，建立预警约谈机制，具体指标是区级公立医院药占比不高于30%，中心卫生院药占比不高于35%，基层医院药占比不高于40%。

【卫生信息化】 2016年，信息化快速推进，“健康彭山”微信公众号与“114”平台对接，区人民医院、区中医医院开通微信预约挂号、检查结果查询等功能，在全市率先完成基层卫生软件信息系统集成使用并在全市做经验交流，卫生信息化成为“智慧彭山”的重要支持内容。

公共卫生服务

【基本公共卫生服务项目】 2015年6月，彭山区启动电子居民健康档案录入，截至2016年10月底，共录入电子健康档案31.77万份，录入率102.3%。建立完善的信息系统，通过便捷有效的数字化管理，提高档案信息管理水平和质量。项目工作的进一步下沉，工作质量显著提高，改变村级医疗机构人才队伍不合理、工作下沉不到位的局面。细化项目分类培训，针对具体管理人员进行具体内容培训，促进项目开展规范有序。改变考核方式，调动基层医疗卫生机构的积极性，进一步推动项目工作。优化以乡村医生为主体的家庭医生服务团队，签约家庭户数该年度达到全区家庭户数98.22%。在眉山市率先全面完成全区2841个贫困人口健康状况调查。

【疾病预防控制】 2016年，区卫计局认真组织实施国家重大公共卫生专项疾病预防控制项目，加大艾滋病、结核病、手足口病、狂犬病等重点传染病防控力度。全面铺开省级艾滋病综合防治示范区工作，在四川大学锦江学院组织开展“12•1”世界防艾日大型宣传活动；6月，正式成立性病艾滋病防治协会；组织开展四川省“行走彭山、健步长寿”全民健康生活方式日主题宣传活动；全面完成省结核病考核指标，严防学校等重点人群发生聚集性疫情，全区无聚集性疫情发生，免费治疗肺结核病人110人；顺利完成二级乙等疾控机构规范化建设工作，已通过市卫计委验收；加强实验室检测能力建设，做好疫情网络直报工作，疾病预防控制信息网络报告及时率、完整率和准确率均为100%，法定传染病报告质量综合评价合格率达99.13%，全区甲、乙类法定传染病发病率控制在全省平均水平以下。继续巩固消除疟疾、消除碘缺乏病和急性传染病综合防控省级示范区目标成果；深入推进扩大免疫规划工作，保持无脊灰状态，开展脊灰、麻疹查漏补种及查验证、补种工作。于4月1日起，在全区医疗机构产科开展新生儿卡介苗接种和预防接种信息录入工作，国家免疫规划疫苗和全区五苗全程接种率均达98%，100%的乡镇预防接种门诊达到“A级”以上标准，全面实行日接种；继续巩固血吸虫病传播阻断达标成果，争取区财政血防项目资金120万元，坚持实施以控制传染源为主的综合治理防治策略，超额完成查灭螺和人群查治病工作任务，无急血病例发生。7月21日，代表四川省接受国家血防春查工作广西代表团的检查。在全省钉螺调查推进会上作经验交流。

【卫生应急工作】 2016年，彭山区强化应急体系和能力建设，疾控机构和区内二级以上医院均成立应急管理机构。7月，在彭山区第二人民医院开展食源性疾病卫生应急演练，全区各医疗卫生机构负责人、分管负责人和工作人员80余人参加演练；举办应急培训班1期，培训60余人。突发事件信息报送准确率、及时率100%；做好突发公共卫生事件风险评估工作，抓好重特大突发公共事件卫生应急处置。

【严重精神障碍患者服务管理】 2016年，彭山区科学规范地开展严重精神障碍患者筛查、治疗和管理工作，进一步完善严重精神障碍信息录入、评估、随访管理制度，全年共开展2次筛查工作，新筛查出严重精神障碍患者120人。全区严重精神障碍患者筛查检出率达4.82‰，管理率达97.41%，规范管理率91.31%，治疗率达54.42%。

【妇幼卫生服务】 2016年，彭山区不断优化社会环境和促进医疗保健机构产、儿科能力建设，大力实施妇幼卫生项目工作。按计划完成全年农村孕产妇住院分娩补助项目、艾滋病、梅毒和乙肝母婴阻断项目等重大妇幼公共卫生项目。圆满完成“两癌”筛查及妇女病普查工作任务，其中，宫颈癌筛查6483人，乳腺癌筛查1785人，妇女病筛查8166人。持续开展免费婚前医学检查项目，全年为2608对新婚夫妇进行检查。完成全年任务数2600对的100.3%。

【卫生扶贫专项工作】 2016年，区卫计局坚持深入开展联系服务群众工作，长期开展志愿服务行动，全面扎实完成卫生健康扶贫各项工作任务。在全市创新开展加强村级卫生扶贫专项工作，率先落实推行卫生扶贫攻坚“挂图作战”，并在全区攻坚工作大会上作经验交流发言。区、乡两级实现贫困对象智能精准识别和“一站式”服务，率先在全市完成全区11402建档立卡贫困人口分类施治前期筛查摸底，落实一次性救助134人、不可逆转维持治疗489人、慢性病需持续救助1377人。乡镇（街道）卫生院主动承担贫困人口门诊慢性病代办手续，大大方便贫困群众就医。区卫计局联系村义和乡悦园村扶贫工作成为全区先进。卫生健康扶贫工作多次接受省、市、区各种检查，检查结果等级均优秀。

医疗项目

【项目工作】 2016年，彭山区项目工作推进达标，向上争取项目资金6012.9万元，完成全年目标任务102%。区中医医院整体搬迁项目顺利开工建设并完成投资4060万元；区人民医院综合楼项目完成施工图设计；区精保院项目确定建设规划用地并启动规划设计；黄丰镇卫生院改建项目，青龙镇卫生院、公义镇卫生院新建项目均已完工并投入使用。

【财政保障】 2016年，区级财政保障得到加强，计生奖扶、公共卫生、药品取消加成、综合医改等各类配套资金全部到位，建立300万元的卫生扶贫基金。区财政兑现落实全系统退休人员经费“兜底”，在编在职人员养老保险、职业年金单位承担部分给予经费补助，解决历史遗留问题。

人口与计划生育

【二孩政策落实】 2016年，彭山区抓好全面二孩政策落实工作，做好政策的衔接，做好登记发放生育服务证等服务工作。2016年，共进行生育登记2791例，其中，一孩1561例，二孩1230例。网络预约办理131例。

【两奖一扶助】　2016年，彭山区落实计划生育“两奖一扶助”（农村计划生育家庭奖励扶助、独生子女父母奖励和计划生育家庭特别扶助）等惠民政策，完成2016年奖励扶助、特别扶助和独生子女父母奖励政策确认工作，实现政策确认零误差。全年有1.69万人享受农村计划生育家庭奖励扶助；有764人（其中，独生子女死亡类538人，伤残类226人）享受国家计划生育特别扶助；有80人及4个独生子女家庭享受眉山市计划生育特别扶助；有2.07万户18岁以下独生子女家庭享受独生子女父母奖励金，发放以上四类计划生育扶助资金合计2311.7万元。截至2016年12月底，各项奖扶金发放到位。做好计划生育特殊家庭关怀扶助工作，制定出台相关文件，建立计生特殊家庭就医、转诊绿色通道、免费体检制度，落实社会关怀项目，建立、完善扶助关怀信息系统。3月16日，国家卫计委家庭发展司利益导向处处长齐新杰一行调研彭山区扶助关怀工作。

【出生人口性别比综合治理】　2016年，区卫计局加强出生人口性别比综合治理，开展打击“两非”（利用超声技术和其他技术手段进行非医学需要的胎儿性别鉴定以及非医学需要的选择性别的人工终止妊娠）专项治理，全面使用全国“两非”案件信息管理系统，提高出生人口性别比统计数据质量。建立、健全乡镇——村居——网格员管理服务网络，加强流动人口信息统计，流动人口个案信息入库率达90%以上，信息反馈率、接收率、及时率达95%以上。

【人口动态监测调查】　2016年，区卫计局做好均等化服务示范区建设，开展流动人口“健康小屋”试点建设。做好国家流动人口动态监测调查，任务完成率100%。截至12月底，已检查1171对。完成全年任务数的109.99%。自然增长率为1.29‰，同比减少0.54个千分点，符合政策生育率为94.3%，同比增加5.2个百分点。

彭山区人民医院

【概况】　2016年，彭山区人民医院门诊病人33.45万人次，较2015年同期增加2.18万人，增长6.98%；出院人次2.05万人，住院人次2.07万人，较2015年同期增加453人，增长2.23%；床位使用率113.3%；平均住院日8.3天；危重病人抢救成功率97.66%；出入院诊断符合率95.44%。全年总收入1.78亿元，同比增加869.24万元，增长5.13%；总支出1.67亿元，增加105.48万元，增长0.64%。

【医院建设】　2016年，综合楼建设稳步推进，完成初设方案、可研报告、环评报告、立项批复、规划批复，进入设计、地勘阶段。改善就医环境，优化服务流程，进一步完善医院的建筑和绿化设施。投入1.47万元更新医院户外不锈钢垃圾桶；投入1.24万元更换住院部二、三楼开水锅炉；投入4.5万元更换部分自来水管道和医院自抽水设备；投入1.6万元对门诊、住院部门厅进行更新；投入2.65万元进行立体绿化和环境绿化。

【信息化建设】　2016年，医院投入249.54

万元完成中心机房的改造；完成软件系统改造的招标工作，中标价243.4万元；投入20.9万元购置电脑、打印机、软件模块定制和接口费用、双网改造。完成华南医保、特殊门诊、大病门诊、趣医网、健康彭山、“精准扶贫”与区人民医院医疗信息系统的对接工作。

【医院管理】 2016年，区人民医院继续按照二甲医院评审标准抓医院内涵建设，稳步推进公立医院改革，落实临床路径管理、分级诊疗制度、病情费用双公开制度，继续实行药品零加价。落实建档立卡贫困人口的医疗扶贫政策，完成退费工作，加强医疗管理督察。坚持“依法治院、依法执业”，实施制度化管理。全年开展法律、法规培训4次，培训率达100%；坚持定期对重点法律法规、规章制度执行情况进行检查。加大对外宣传力度。全年，编制院刊4期，利用各种媒介和报刊，及时向群众宣传医院新举措、开展的新技术、新业务，介绍医疗专家、传递健康知识。向《眉山日报》《彭山报》投稿25篇，向区卫计局投稿30余篇。与四川机构网协作更新医院的网站，便于社会各界了解医院。为宣传健康知识，搞好健康促进工作，医院党员志愿者服务队、青年志愿者服务队定期组织医务人员深入到乡镇、社区、学校、机关、幼儿园、敬老院及街道，开展健康知识讲座8次、义诊10余次，发放宣传资料1万余份。扎实做好人才的引进工作。招聘专业技术人员10人，调入1人，考核招聘2人（其中研究生1名），通过参加高校的双选会与17名应届大学生签订三方协议。加强继续教育及教学管理。全年开展县级和院内继续医学教育24次，市级继续医学教育3次。开展青年医师“三基”培训12次，“三基”考试4次，合格率达96%。在国家级刊物上发表学术论文25篇。共派出461人次参加各种进修学习培训和参加学术交流会。继续做好对口支援和医联体工作。全年共派出53名医护人员到区9个乡镇卫生院和金川县观音桥乡中心卫生院进行对口支援工作，与9个乡镇卫生院签订医联体协议。

【医疗质量管理】 2016年，区人民医院加强医疗技术资格准入管理，为进一步规范医院高风险有创操作诊疗技术管理，对高风险诊疗技术实施动态管理，并根据科室学科发展和技术变化，适时对目录进行调整和更新。对医师手术进行分类分级管理、审批及授权督察监管。加强合理用药及贵重耗材的监督检查，对个别不合理用药的医师按照《彭山县人民医院抗菌药物整治实施方案》给予经济处罚并进行诫勉谈话。强化贵重医用耗材的监管，每一例贵重医用耗材必须取得患者签字同意并报医务科审批备案。扎实开展临床住院总工作，在内科系统及外科系统设立住院总，医务科定期进行考勤，确保工作取得实效。加强医疗安全（不良）事件管理，全年上报医疗安全不良事件共221起。均按照要求进行调查并整改。2016年10月，医院重症医学科成功创建成为市级乙等临床重点专科。继续加强临床路径管理工作，全年医院进入临床路径的病人总数为5142例，执行结束4503例，变异退出638例，入组率51.6%，入组完成率为87.6%，变异率为12.4%，临床路径管理例数占住院患者之比为24.6%，临床路径覆盖面进一步扩大。2016年，区人民医院经学术管理委员会审核通过的新技术、新项目申请共计16项，其中，正常开展新技术、新项目15项。

【医疗质控工作】　2016年，区人民医院抽查终末病历7219份，占出院病历的35%，甲级病案率97.98%。抽查运行病历150份，发现和纠正各种缺陷105处。对以上查出的缺陷病历进行整改，全院通报并给予一定的经济处罚。

【医院感染预防与控制工作】　2016年，区人民医院进一步加强医院感染预防与控制工作，落实《医院感染管理办法》《医疗机构消毒技术规范》的各项管理要求，控制或降低医院感染发生。全面开展医院感染监测的各项工作，上报院感病例308人次，感染率为1.50%。选派1名院感科人员到上级医院进修，参加省、市医院感染管理培训11人次；组织院内培训7场次，培训人员961人次；组织进行院感暴发、职业暴露、医疗废物泄漏的应急预案演练。医疗废物继续推进外送并进行无害化处置，督察医院污水处理无害化处置。

彭山区中医医院

【概况】　2016年，彭山区中医医院（以下简称“区中医院”）门诊病人19.49万人次，较2015年增长1.6万人次，增长率为8.9%；住院人次5240人次，较2015年减少477人，增长率为-8%；全年手术1033台次，较2015年增加18台次，增长率为2.0%。全年医院总收入4201万元，较2015年增加312万元，增长率为8.1%。

【医疗工作】　2016年，区中医院重点开展中药药事管理、重点药品监控、中医药健康服务业项目、医疗质量绩效考核、中医适宜技术培训等专项活动，促进医疗质量的持续改进，提高医院的综合竞争力。开展中医药技术培训工作，全年开展3次适宜技术培训周活动，督促科室中医药技术、非药物疗法等的应用，住院患者中医综合治疗率达73%，门诊中医药适宜技术应用率23%。加强与上级医院的协作，与眉山肿瘤医院、眉山心脑血管病医院、眉山眼耳鼻咽喉等医院建立医疗合作关系，开展专家坐诊、查房、讲座等工作，提升医院的管理水平和服务能力。加强人才的引进和培养，新招聘成都中医大、西南医科大学本科毕业生6名；参加2016年成都中医大、泸州医学院、川北医学院的“双选会”，签约本科以上人才5名；选派秦瑾如、李艳霞等7名医师到上级医院进修学习。积极开展中医师承教育，成立“全国名老中医陈学忠传承工作室彭山班”，培养佘滟、徐伟、何柳等继承人9名。医院充分发挥中医药特色优势，加强省级重点专科（针灸科）和市级重点专科（老年病科）建设，在建省级重点专科针灸科顺利通过省中医药管理局清理；进一步完善市级重点中医专科（肛肠科、消渴病专科）在建工作。全年针灸科、骨伤科、老年病科、肛肠科开展刺、灸、拔罐、火疗、正骨、夹板固定、练功康复、小针刀、艾灸、穴位贴敷、穴位埋线、穴位注射、中药熏药等中医特色治疗近6000人次，中医治疗率100%；开展各类业务学习60余次，选派180人次参加各类培训，带教各类进修实习生40人次，开展杵针、脑钠肽检测等新技术4项。2016年，全院住院临床共开展26个常见病种中医诊疗方案和17个病种的临床路径管理，并定期总结、评估及优化，督促科室加强中医药技术、非药物疗法的应用。区中医院与江口镇卫生院、牧马镇卫生院、牧马镇第二卫生院等9家乡镇卫生院及社区卫生服务中心签订对口支持协议，全年共派遣10名医务人员到乡镇卫生院驻点开展对口支援工作，诊治病人1200余人，开展业务讲课30余次，开展中医药适宜技术培训30余项。成功申请软脉化斑汤治疗颈动脉斑块疗效观察，老年高血压人群、中风偏瘫的体质辨识观察分析，中西医结合治疗糖尿病足病的临床研究，肝功异常的中医药综合治疗方案研究4项市级科研课题。

【护理工作】 2016年，区中医院开展护理质量大检查4次。严格落实患者入、出院护理服务工作制度和服务流程，加强危重病人的管理，特别是危重病人各项护理操作监督各项护理安全制度的落实。完善、健全、优化中医护理方案和专科专病护理方案，为患者提供具有中医特色的健康指导。全年组织开展中医知识技能培训共11次；在国家中医药管理局下发的52个中医护理方案及医院护理部制定的5个中医护理方案中遴选各科能收治的病种中医护理方案并组织培训实施。积极开展中医护理技术，各临床科室开展中药熏蒸8012人次、中药熏洗4392人次、穴位贴敷2354人次、耳穴埋豆238人次、磁热疗法4875人次等，中医药健康教育覆盖率达到100%。加强护理人员的培养和考核。选派梅利琼、张孟姣、姚蕾、文萍4名骨干护士分别到眉山市人民医院新生儿科、成都中医药大学附属医院骨伤科、华西上锦分院、四川省人民医院ICU科进行培训和进修；选派护理管理人员和骨干参加省市级护理管理培训60余人次；组织一级护士理论考核4次，合格率100%；组织护理技术培训2次，技能考核2次，合格率100%。

【医院感染工作】 2016年，区中医院开展医院感染现患率调查103例，现患率为1%；开展手术切口目标性监测682份，监测率100%；派出7位医务人员参加省、市医院感染管理等的专项培训；举行医务人员（含实习生、新近人员、保洁人员）医院感染培训5次，院感理论考试1次。

彭山区妇幼保健计划生育服务中心

【医疗质量管理】 2016年，彭山区妇幼保健计划生育服务中心（以下简称“中心”）严格按照《四川省病历书写规范》，对住院病历、病程记录、处方及相关资料的书写提出更进一步规范化要求。制定《彭山区妇幼保健院电子病历管理制度》，加强病案管理力度，由病案质量管理小组定期进行病案质量的监控。根据输血法规和临床需要对全中心进行临床输血知识教育，积极推广临床输血新技术，对临床用血进行监督、考核。强化药事质量管理委员会管理，依据《抗菌药物临床应用管理办法》，规范临床医生合理使用抗生素，对预防性抗生素的使用、治疗疗程、剂量、给药途径、联合用药、配伍禁忌等进行每月一次的督察工作，对存在的问题进行及时反馈，并将考核纳入绩效管理。加强医院感染教育培训，全年共组织院内培训4次，突发传染病应急处置模拟演练1次，进行考核，合格率为100%；组织院感专职人员多次参加省、市级培训，并对中心工勤人员、新进人员进行有针对性的院感知识培训。进一步完备手卫生设施，全年中心手卫生依从率为78.7%。聘请检测机构每月对中心重点科室和部门进行卫生学监测，包括空气、物体表面、使用中的消毒液、医护人员手卫生等，监测合格率为97%。加强与上下级医院的沟通协作，分别与成都市第三人民医院、眉山市妇幼保健院、彭山区第二人民医院、锦江卫生院、保胜卫生院、谢家卫生院、武阳卫生院签订医疗联合协作协议和双向转诊协议，构建医疗联合协作服务体系，为广大妇女儿童提供更加安全、有效、方便、优质、价廉、连续的医疗保健服务。

【妇幼卫生】 2016年，中心为全区的孕产妇和儿童提供优质的妇幼卫生项目服务，提供艾滋病咨询3311人，艾滋病检测3302人，确诊阳性孕产妇6人，其中，1名孕妇已经自愿终止妊娠，5名艾滋病感染产妇及所生婴儿，按照规范定期随访；提供梅毒检测服务3302人，发现阳性孕产妇6人，其中，已经分娩的5人，阳性产妇及所生婴儿按照规范随访；提供乙肝病毒检测服务3302人，确诊阳性产妇111人，对111名新生儿免费注射乙肝免疫球蛋白。农村孕产妇住院分娩补助项目：截至2016年12月20日，住院分娩率达100%，补助农村孕产妇1895人，补助金额达94.75万元，补助率达100%。农村妇女增补叶酸预防神经管缺陷项目：全年组织医务人员下乡4次，发放宣传资料2000余份，为全区2331名待孕及孕早期妇女发放叶酸1.4万瓶。截至10月20日，全区避孕药具应用率97.73%，随访率98.39%，有效率97.77%，知情满意率99.03%，药具占综合节育措施比率99.68%。超额完成“两癌”筛查任务，其中，宫颈癌检查6483人次，乳腺癌筛查1785人次，可疑阳性患者均采取复查或转三级医疗机构进行确诊检查。创新性地开展农村“妇女病”免费普查工作，并由区财政局划拨项目资金37.84万元以保障该项惠民项目顺利实施，全年共完成普查8166人次。

【《两纲》工作】 2016年，中心规范助产医疗机构“第1次产前随访记录表”“高危妊娠产前评分表”“四川省孕产妇保健手册”和“产后42天随访记录表”管理。做好“住院分娩网络直报”信息录入，及时完成产后访视、新生儿访视等工作，促进《两纲》（《中国妇女发展纲要（2011—2020年）》和《中国儿童发展纲要（2011—2020年）》）工作的实施。截至2016年9月底，全区孕产妇人数3430人，系统管理人数3390人，系统管理率98.83%；活产数3462人，系统管理人数3396人，管理率98.09%；孕产妇住院分娩人数3430人，住院分娩率100%，新法接生率达100%。0—6岁儿童人数1.77万人，系统管理人数1.74万人，系统管理率97.87%；3岁以下儿童人数8897人，系统管理人数8711人，系统管理率97.91%。

5岁以下儿童死亡19人，死亡率为5.49‰；婴儿死亡15人，死亡率为4.33‰；新生儿死亡10人，死亡率为2.89‰；无孕产妇死亡，无新生儿破伤风发生。加强三级干预措施，降低新生儿出生缺陷。2016年，全区孕产妇系统管理率98.83%，高危孕产妇管理率100%。截至9月底，全区内助产医疗机构活产数2524人，新生儿筛查数2517人，筛查率达99.72%。新生儿听力筛查数2483人，筛查率98.38%，其中，检测出的14例未通过新生儿，已转诊到省听力筛查中心进一步复诊，筛查机构追踪随访中。强化出生医学证明管理，全年全区助产医疗机构签发“出生医学证明”2633张，废证24张，废证率0.91%。

（方继华）

人民生活与社会保障

精神文明建设

【重要事件】 2016年6月12日，全市农村精神文明建设现场推进会在彭山区举行。市委常委、宣传部部长周孝平，区委书记梁磊，区委常委、宣传部部长马炜，全市六个区（县）委常委、宣传部部长，精神文明办主任，市级相关部门和彭山13个乡镇、区级相关部门负责人出席会议。周孝平和与会人员一行先后前往彭山区青龙镇龙都社区、观音镇果园村和黄丰镇合力村调研彭山区农村精神文明建设的统筹和阵地建设模式。

全市农村精神文明建设现场推进会与会人员调研青龙镇龙都社区调研精神文明建设工作

【概况】 2016年，彭山区精神文明建设工作认真贯彻习总书记重要讲话精神，紧紧围绕区委、区政府中心工作，主动作为、创新举措，扎实推进社会主义核心价值体系建设、群众性精神文明创建，稳步拓展志愿服务、未成年人思想道德建设。

【公民道德建设】 2016年，彭山区精神文明建设办公室（以下简称“区文明办”）培树道德标杆，深入开展精神文明建设“73311”行动。评选出“感动寿乡十大民星”“三严三实好干部”“十佳红旗支书”“十佳志愿者和志愿者服务队”“寿乡十佳人才”“寿乡最美教师”“寿乡健康卫士”等各10人，营造行善立德的良好氛围。大力选树典型。区人民法院巡回审判服务队和鹏利小学荣获四川省“身边雷锋—时代榜样”先进集体称号；“天使之爱”医疗志愿协会荣获“第七届四川省青年优秀志愿者组织奖”；西部志愿者傅迎珑被评为“四川省百名优秀志愿者”，荣获“第七届四川省青年优秀志愿者个人奖”；谢长贵和谢宾父子荣获“四川好人”称号；保胜小学王慧被评为“四川省自强美德少年”；彭山二小张诗雨被评为“四川省感恩美德少年”；社会治安志愿者协会、“爱心连线”被评为眉山市“十佳志愿服务组织”；“健康长寿义诊”“关爱抗战老兵”志愿服务项目被评为眉山市“十佳志愿服务项目”；凤鸣街道办事处城中社区居民委员会被评为眉山市“十佳志愿服务社区”；社区网格员吴晓玲被评为眉山市“十佳志愿者”；周六文、吕学英、贾泽华等10人被评为“眉山好人”。开展道德模范巡讲活动，组织市、区级道德模范到12个偏远村（社区）、学校开展巡讲活动，扬凡人善举，传颂美德善行，树立好人好报价值导向，提升群众道德水平。

【文明活动】 2016年，区文明办在传统节日期间，以“忘不了的节日·记得住的乡愁”为主题，开展赠送春联、民俗文化大展演、迎春猜灯谜、网上祭先烈、“粽香情暖联系户”、中华经典诵读、“传家风·立家规·树家风”、“问寿·拜寿”送温暖、“幸福记忆·全家福”、“九九重阳节·浓浓敬老情”等活动，弘扬中华优秀传统文化。

【“法律进单位”活动】 2016年，区文明办制定工作方案，把“法律进单位”活动融入“六五”“七五”普法中，与区文明办工作同部署；层层签定目标责任书，聘请法律顾问，开展各类普法宣传活动220余场次，发放普法资料6000余份；创建区人民医院、区第二人民医院、区气象局、农业银行彭山支行4个示范点；区文明办2014年至2016年迎检档案资料规范有序，各单位普法、“法律进单位”软硬件齐备，宣传氛围浓厚；多次开展“法律进单位”督导工作，进行查缺补漏，确保各级检查验收顺利通过。

【志愿者服务】 2016年，社会志愿者联合会牵头各社会志愿服务组织，以“一月一主题”引领全年志愿服务工作，相继开展“传承雷锋精神，共建大爱寿乡”“关爱寿乡老人”“东山彩林”“倡导文明出行，呵护城市绿肺”“暖冬行动”等主题志愿服务活动。社会志愿者联合会在暑期开办为期24天的免费兴趣班，为40余名未成年人搭建学习和交流的平台；天使之爱走进学校宣传卫生安全知识，开展“健康伴我同行”健康教育推广、“大手拉小手，生命更精彩”生活安全常识教育等活动4次；爱心连线节日送爱心，长期关爱慰问留守儿童；社会治安志愿者协会开展“文明劝导”200余次，还走进敬老院为老人们送去关怀与温暖；友仁志愿者联盟长期关爱贫困、留守、特殊儿童；方舟公益志愿者协会积极开展“我爱碧水蓝天”环保行动，倡导爱护环境，关爱环卫工；锦江乡志愿者服务队开展学雷锋活动等。全年开展志愿服务活动400余次，关爱贫困学生和留守儿童2000余人次。进一步打造社会志愿者联合会党支部，完善支部各项规章制度，建立需求对接、党员示范、队伍管理、激励引导四项机制，规范服务模式，提升志愿者服务水平。培育友仁志愿者联盟和寻找关爱抗战老兵志愿服务组织。建立青龙龙都社区标准化志愿服务站；打造“爱心连线”关爱留守儿童、社会治安志愿者协会“做文明使者”志愿服务品牌。通过各媒体宣传志愿服务活动，扩大志愿服务影响力。《彭山区志愿者倡导文明传播雷锋精神成时常》被四川文明网、四川法制网、眉山文明网等网站转载；《彭山志愿者为福利院老人送欢乐》《彭山区200志愿者上山建造“东山彩林”》《志愿者街头开展“文明交通劝导”活动》等10篇信息被四川文明网采用；《开展“倡导文明出行，呵护城市绿肺”志愿者服务》《组织青年团员开展学雷锋志愿者服务活动》等4篇信息被眉山文明网采用。

【文明创建】 2016年，区检察院成功创建为省级文明单位，青龙镇龙都社区成功创建为省级文明村社；开展区级文明单位（村社）创建、验收和年度考核工作。围绕弘扬乡风文明和“一堂一站一广告”建设为重点，大力实施“亮点阵地”、文化惠民、环境治理等工程，打造青龙龙都、武阳泥湾村、观音镇、观音铺社区、黄丰合力等8个亮点阵地；以农村文化墙、农村“三户”评选为载体，抓实农村道德建设，促进农村乡风文明。2016年6月，眉山市农村精神文明建设现场推进会在彭山区召开。

【文明宣传】 2016年，区文明办加大文明宣传力度，开通微信公众号“文明彭山”，每周更新一期文明信息，提升市民文明素质，关注人数达到620人。

【未成年人思想道德建设】 2016年，彭山区建成首个区未成年人心理成长指导中心。指导中心选址彭溪中学，建接待室／办公室（测评室）、团体辅导室（阅览室）、咨询室（箱庭室）、音乐放松室和宣泄室5个室，每个室将按其功能定位配置相应的专业设备。指导中心对未成年人免费开放，并组建一支心理咨询师志愿者服务队，通过电话、网络咨询和面询、讲座、团体辅导等方式开展日常心理辅导、心理健康知识普及等服务，同时承办全区心理辅导人员的培训工作。广泛开展德育主题活动。组织全区各中小学开展“清明祭英烈”、“美德少年”评选、“童心向党”、“向国旗敬礼”中华经典诵读、“青少年爱国主义读书教育活动”、“法律进校园”等活动，引导未成年人心向党，跟党走。推进乡村少年宫惠民工程。锦江乡净皇学校乡村少年宫通过市文明办、市财政局和市教育局验收；全区6所中央彩票公益资金支持乡村少年宫项目和10所自建项目的38万元运行经费划拨到位，确保各乡村少年宫的正常运行；拍摄完成保胜小学乡村少年宫专题片《远方的孩子》。完善“四位一体”，强化学校、家庭、社会和网络教育体系建设。全面启动“文明校园”创建，申报市级“文明校园”2所、区级“文明校园”7所；持续开展“家风家训”“家长学校”“净化社会文化环境”等活动。

（沈秋林）

老龄工作

【概况】 2016年，彭山区认真贯彻落实《中华人民共和国老年人权益保障法》和《眉山市老年人优待规定》，始终坚持“党政主导、社会参与、全民关怀”的老龄工作方针，努力实现“六个老有”（老有所养、老有所医、老有所为、老有所学、老有所教、老有所乐）的工作目标，维护老年人合法权益，强化基层老龄工作，丰富老年人的精神文化生活。

【老年组织建设和管理】 2016年，为加强老年组织建设和管理，彭山区积极开展示范基层老协会创建活动。2014年和2015年彭山区的示范基层老协会创建活动取得良好效果，先后创建的6个示范基层老协会，在全区老协工作中起到示范带头作用。2016年，是示范基层老协会创建的第三年，为进一步推动示范基层老协会创建工作，区老协在全区老协联席会上，再次针对基层老年人协会规范化建设6条标准进行重点讲解，要求有条件的乡镇（街道）按照规范化建设的要求积极争创，确定示范点，以点带面，促进全区示范基层老协会活动的开展。彭溪镇大楠村老年协会和义和乡活桥村老年协会已经被省老龄委命名为省级示范基层老协会，凤鸣镇老年协会、黄丰镇老年协会、牧马镇老年协会、锦江乡老年协会正在积极创建市级示范基层老协会。

【敬老模范县创建】　2016年，在连续3届成功创建省敬老模范县（区）工作的基础上，为继续巩固彭山区省敬老模范县（区）的创建成果，进一步完善老龄工作机制，彭山区启动第五轮敬老模范县（区）的创建工作，把省敬老模范县（区）的实施意见转发到全区所有乡镇（街道）、部门和企事业单位，并开展前期宣传动员工作。

【老年优待】　2016年，切实抓好《眉山市老年人优待规定》（以下简称“《优待规定》”）的贯彻实施。《优待规定》下发后，区委、区政府高度重视，把贯彻落实《优待规定》当作一项与人民群众切身利益密切相关的大事来抓。在《优待规定》原有的基础上针对彭山区老年人优待工作的实际情况再次提出四点具体要求，下发各乡镇（街道）、区级各部门，要求贯彻落实。区、乡镇（街道）财政部门积极保障优待工作经费，主动协调解决落实优待措施工作中出现的重点、难点问题。建立80岁以上老年人高龄津贴自然增长机制，80～89岁老人每人每月高龄津贴由10元调至30元；百岁及以上老人每人每月高龄津贴由500元调至900元。老协、老体协活动经费每年13万元，老年大学年教学经费达10万元。2016年，在乡镇（街道）以老年人每人2元的标准安排该乡镇（街道）、村（社区）老年经费的基础上，区政府也按照各乡镇（街道）老年人每人2元的标准安排村（社区）老年经费；区政府每年划拨13万元对各乡镇（街道）老龄工作进行奖补。全年共发放高龄津贴2.73万人次、579万元，老龄事业经费支出达620万余元。

【老年教育工作】　2016年，彭山区老年大学被评为省B级老年大学，是全额管理、定额补助的事业单位，设事业编制1名。老年大学经费纳入区财政预算，每年有专项的教育经费和工作人员经费。从2012年开始，区财政把老年大学教学经费由原来的每年3万元逐步提高到现在的每年10万元。为进一步加强全区乡镇（街道）老年学校的建设和管理，彭山区统一制作全区13个乡镇（街道）的老年学校牌匾。在乡镇（街道）老年学校规范化建设的基础上，村（社区）老年学校的建设也得到蓬勃发展，108个村（社区）老年学校均已挂牌，村（社区）老年学校建设达到全覆盖。2016年，彭山区召开专题工作会，确定由区老年大学牵头，加强对乡镇（街道）、村（社区）老年学校的管理，在乡镇（街道）、村（社区）确定示范学校，带动提高全区老年学校的教学水平，吸引更多的基层老年人参加有益的学习和活动。

【“敬老月”活动】 2016 年，为弘扬中华民族尊老敬老的传统美德，进一步营造爱老助老的良好氛围，下发《眉山市彭山区老龄工作委员会关于印发〈眉山市彭山区 2016 年重阳节系列活动方案〉的通知》（眉彭老委〔2016〕2 号）。在“敬老月”活动期间，共开展“走访慰问送温暖活动”“寿星、孝子评选活动”“ 彭祖山登山祈福”“幸福记忆·全家福摄影活动”“敬老送温暖·爱心送欢乐——文化惠民慰问演出”“ 重阳寿宴”“拜寿重阳节暨千人广场健身操展示活动”等 11 项大型敬老爱老主题活动，让全区老年人度过一个欢乐祥和的老年节。

【老龄工作督导】 2016 年 4 月和 8 月，区老龄办与区老龄工作督导员对各乡镇（街道）的老龄工作进行督导，主要针对各乡镇（街道）老年人意外伤害保险工作的开展情况、基层老协会登记备案管理工作开展情况进行督察，助推彭山区老龄工作的提升和老龄事业的发展。2016 年，全面超额完成“银龄安康”目标任务，全区 13 个乡镇（街道）的登记工作和村（社区）老协会备案工作也全部完成。

（李　丽）

残疾人事业

【概况】 2016 年，彭山区残疾人联合会（以下简称“区残联”）以为残疾人提供精准服务为中心，扎实推进各项残疾人工作，创新购买 3 个志愿者服务协会，为残疾人开展公益服务，受到残疾人和社会各界好评。

【“智慧量服”】 2016 年，区残联充分利用手机 APP 平台，准确地掌握残疾人的家庭状况、生活状况和需求状况，为残疾人提供“一人一策”的量体裁衣式个性化服务，服务残疾人 8450 人，为残疾人提供各类服务 5. 56 万项次；“智慧量服”平台手机 APP 录入率达 99%，使区残联能更好地整合各方面资源，为该区各类残疾人提供优质高效的精准服务，为推进残疾人小康进程提供有力的保障，为 2017 年全面实现“开放量服”打下良好的基础。

【残疾人康复】 2016 年，区残联为 140 名贫困白内障患者免费实施复明手术；为 532 名精神病患者提供医疗救助；为 27 名脑瘫儿童开展康复手术和康复训练；为 6 名听力残疾儿童免费安装助听器和人工耳蜗；为 6 名智力残疾儿童提供康复训练服务；为 76 户残疾人家庭提供无障碍设施改造。

【残疾人教育】 2016 年，区残联将未入学适龄残疾儿童作为重点监测目标，整合社会资源，对特殊教育学校和随班就读的 130 名残疾学生资助资金 22 万余元；对 4 名新录取的残疾人大学生发放每人 4000 元的助学金。

【残疾人就业】 2016 年，区残联帮助 3353 名城乡残疾人实现居家灵活就业和幸福创业；对 283 名残疾人发放居家灵活就业创业直补 28. 3 万元；推荐 165 名残疾人到单位、企业就业，征收残疾人就业保证金 460 万元。

【文化体育】 2016年，区残联发放文化体育健身器材550件，为近600名残疾人提供体育健身指导。

【阳光家园计划】 2016年，区残联持续实施阳光家园计划，为42名残疾人提供日间照料服务；为45名精神残疾人提供集中托养服务；为296名残疾人提供居家托养服务；为550名残疾人提供用品用具服务。

【残疾人服务体系建设】 2016年，区残联加强残疾人服务体系和保障体系建设，率先提高重度残疾人护理补贴标准，每人每月提高标准20元。对2900名残疾人发放护理补贴，对2700余名贫困残疾人发放生活补贴，对92名残疾人精准扶贫对象补差，为2423名重度残疾人购买城乡医疗保险，为符合条件的农村重度残疾人购买农村养老保险。

【亮点工作】 2016年，区残联积极主动协调各相关部门，为省残疾人体训中心水、电、气等项目顺利开通和建设方案调整做好后勤服务工作，使工程建设顺利进入竣工验收阶段。区残联投资近70万元，将位于凤鸣街道办事处一环东路的残疾人就业服务所闲置库房，改建成一个占地1200平方米的残疾人日间照料中心，该中心设有多功能活动室、阅览室、电脑室、康复室、休息室和餐厅，能为50名以上智力、精神和重度肢体残障人士提供免费、安全、稳定职业康复训练、生活能力训练、职业技能培训、文体娱乐、图书阅览及盲人电脑阅览等多种功能的日间照料服务。

（徐建华）

红十字会

【概况】 2016年，彭山区红十字会工作运用科学发展观理论实践各项工作，以弘扬“人道、博爱、奉献”的伟大红十字精神为宗旨，全面宣传和贯彻《中华人民共和国红十字会法》《中国红十字会章程》《四川省人民政府关于促进红十字事业发展的实施意见》，以组织建设为基础、以宣传工作为先导、以项目工作为抓手，全面做好救灾、救护、求助“三救”工作和献血、献造血干细胞、公民逝世后献器官“三献”工作，充分发挥党和政府在人道救助领域的助手和联系群众的桥梁纽带作用，圆满完成年初各项目标任务。

【组织建设】 2016年，彭山区新发展红十字会基层组织2个，分别是眉山市彭山区青龙镇红十字会和眉山市彭山区青龙镇狮子村红十字会。

【公益活动】 2016年，彭山区红十字会制定并下发文件，要求红十字会员单位结合实际在“5•8”期间开展多形式红十字宣传活动。5月5日上午，协同区防震减灾局，组织城区（社区）7个医疗卫生会员单位和凤鸣镇红星社区红十字志愿者共60人，在区政府大门开展义诊义检、健康咨询、红十字运动知识、红十字救助基金和造血干细胞捐献等宣传活动，同时，眉山市中心血站献血车还到现场进行无偿献血。共发放宣传资料约2.5万余份。5月5日下午，组织红十字志愿者参加区防震减灾局举办的2016年防灾减灾综合演练，共发放宣传资料400余份；6月中下旬分别对中纺粮油（四川）有限公司、四川同庆南风有限责任公司、四川蓉兴化工有限责任公司、四川思念食品有限公司、四川金桐精细化学有限公司和彭山同昌精细化工有限公司6家公司的部分管理和生产一线的76名员工进行为期2天的卫生救护培训。其中，有75名学员顺利通过考核，获得红十字会颁发的应急救护员证。为进一步做好乡镇（街道）安全社区创建工作，积极与黄丰镇政府、谢家镇政府共同携手，分别在两个乡镇开展初级卫生救护培训4期，培训共发放宣传资料1300余份。120名参训人员全部通过理论和技能考核后取得“中国红十字会急救员证”，受益率达100%。

【红十字青少年活动】 2016年，区红十字会与区教体局、团区委共同携手在区青少年社会实践基地开展“红十字应急救护知识进校园”活动。活动分为春、秋两季开展，每季3期，共6期，受训对象为全区每年在基地学习的中小学生，活动内容包括创伤急救、逃生避险、止血包扎等急救方面知识，以理论授课、技能操作、实战演练等方式进行。专门聘请市、区具备有急救资质的讲师为学生授课。全年共培训1500人，发放宣传资料5000余份。

【红十字志愿者活动】 在3月“学雷锋，红十字志愿服务健康行”活动中，区红十字会组织红十字医疗志愿者深入到谢家镇汉安村五户老人家中宣传健康知识、开展健康体检，并分别为他们送去大米和食用油等慰问品。红十字团体会员单位“天使之爱”医疗志愿协会定期与不定期深入到乡镇或贫困户家中以讲座、义诊义检、健康咨询等形式开展健康志愿服务活动。

【救灾济困】 2016年，区红十字会及时将省红十字会援助的价值3825元物资（即：50桶油、50袋大米）和区红十字会自筹5325元购买的米和油，分别送达13个乡镇（街道）95户贫困群众。开展广泛募集，争取到企业非定向爱心捐款共2万元（彭山美好家园房地产开发有限公司捐款1万元和四川省亨达实业有限公司捐款1万元），分别救助全区8个乡镇中因贫困、重大疾病和残疾的11户困难群众。争取到省红十字会的大病救助资金1.5万元，用于青龙镇龙都社区上街九组红斑琅疮患者郭思岑的医疗救助。

【项目工作】 2016年，区红十字会继续巩固凤鸣镇城中社区和红星社区博爱家园项目成果，分别开展2次志愿者活动。加强生计基金的督导，分别于2016年2月和3月完成两社区生计基金的第一轮投放工作。通过开展实地调研，于6月完成红星社区博爱家园项目8万元生计基金第二轮的投放工作，继续用于辖区的种植业。通过积极与上对接，于9月将城中社区博爱家园项目8万元生计基金全部投放到市级贫困村青龙镇狮子村，用于该村的产业扶贫，援助方式为无息借款，援助时间为3年（根据狮子村实际需求，5万元用于狮子村优质柑橘示范园种植柑橘，3万元分别用于两户贫困户养鸡和养猪）。全面完成观音镇果园村和谢家镇汉安村博爱家园项目。自3月起分别在两村项目点开展为期一个月的入户宣传活动；组织区中医医院专家在观音镇果园村开展健康知识讲座，主要讲解常见病、慢性病和康复保健等常识；特邀区防震减灾局和区消防大队在观音镇果园村安置小区开展防震减灾暨消防知识讲座；分别在两村村委会议室各组织30名骨干人员开展生计基金培训会，受益率达100%；分别对两村的村委会班子成员、村民组长、党员代表及部分村民代表开展初级卫生救护培训和应急逃生演练，受益率达100%；按照资金拨付计划，在1月分别为谢家镇汉安村投放生计资金5万元用于中药材种植和水稻制种、为观音镇果园村投放生计资金5万元用于葡萄种植；完善两村防灾减灾硬件的指示牌和宣传牌，全面完成两村防灾减灾硬件设施的审计和资料收集工作；接受红基会和省、市红十字会对彭山区博爱家园项目的督导，获得上级的好评。

（汪　泳）

人　物

Figures

新一届区级领导

中共眉山市彭山区第二届委员会书记、副书记及常委

梁　磊　男，汉族，1972年6月生，河北蔚县人，1994年11月加入中国共产党，1995年7月参加工作。中央党校经济管理专业毕业、中国政法大学公共管理专业毕业，中央党校研究生学历，公共管理硕士。

1991年9月至1995年7月，四川大学中文系汉语言文学专业学习。1995年7月至1999年12月，四川锦江宾馆办公室秘书、办公室主任助理、总经理秘书。1999年12月至2000年6月，四川旅游集团公司成都野生世界有限公司办公室主任。2000年6月至2001年7月，四川省旅游集团投资有限公司办公室副主任。2001年7月至2006年10月，彭山县政府副县长。2006年10月至2007年9月，彭山县委常委、组织部部长。2007年9月至2010年4月，彭山县委常委、组织部部长、县委党校校长。2010年4月至2010年7月，彭山县委副书记、县委党校校长。2010年7月至2010年9月，彭山县委副书记。2010年9月至2011年10月，彭山县委副书记、县总工会主席。2011年10月至2011年11月，彭山县委副书记、县政府党组书记、副县长、代理县长、县总工会主席。2011年11月至2015年2月，彭山县（区）委副书记、县（区）长。2015年2月至2015年4月，眉山市彭山区委书记、区政府区长。2015年4月起，眉山市彭山区委书记。

罗万东　男，汉族，1971年10月生，四川峨眉山人，1996年8月加入中国共产党，1993年7月参加工作，省委党校经济学专业毕业，省委党校研究生学历。

1991年9月至1993年7月乐山财贸学校商业经营专业学习。

1993年7月至1997年9月，乐山市委政研室办事员。1997年9月至1998年7月，眉山地委办公室办事员。1998年7月至1998年9月，眉山地委办公室干事。1998年9月至2001年12月，眉山地委办公室信息科副科长。2001年12月至2002年12月，眉山市委办公室信息科科长。2002年12月至2003年10月，眉山市委办公室正科级干部。2003年10月至2005年2月，眉山市委督查室副主任（正科）。2005年2月至2006年8月，眉山市旅游局副局长。2006年8月至2007年2月，眉山市东坡区委常委、总工会主席。2007年2月至2009年7月，眉山市东坡区委常委、宣传部部长、总工会主席。2009年7月至2010年11月，眉山市东坡区委常委、组织部部长。2010年11月至2011年11月，眉山市东坡区委副书记。2011年11月至2011年12月，眉山市政府副秘书长。2011年12月至2012年6月，眉山市政府副秘书长、市招商引资局党组书记、局长。2012年6月至2013年5月，眉山市政府副秘书长、市投资促进委员会党组书记、常务副主任。2013年5月至2015年4月，眉山市政府副秘书长、市投资促进局党组书记、局长。2015年3月至2015年4月，眉山市彭山区委副书记、代理区长。2015年4月起，眉山市彭山区委副书记、区长。

郭 红 女，汉族，1970年4月生，四川渠县人，1992年6月加入中国共产党，1995年7月参加工作，四川农业大学林学系造林学专业毕业、四川大学生命科学院植物学专业毕业，研究生学历，农学硕士，理学博士。

1988年9月至1992年7月，四川农业大学林学专业学习。1992年7月至1995年7月，四川农业大学林学系造林学专业硕士研究生。1995年7月至1996年11月，四川省科委农村处干部。1996年11月至2000年9月，四川省科委农村处副主任科员。2000年9月至2004年12月，四川省科技促进发展研究中心主任助理兼四川21世纪议程管理中心副主任（正科级）。2004年12月至2005年12月，四川省科技顾问团办公室副主任。2005年12月至2007年3月，四川省农村科技发展中心副主任（主持工作）。2007年3月至2012年5月，四川省农村科技发展中心主任。2012年5月至2015年3月，丹棱县委副书记（保留正县级待遇）。2015年3月起，眉山市彭山区委副书记（保留正县级待遇）。

李洪强 男，汉族，1970年9月生，四川彭山人，1998年11月加入中国共产党，1990年7月参加工作，省委党校函授学院法律专业毕业，省委党校大学学历。

1987年9月至1990年7月，眉山师范学校普师专业学习。1990年7月至1993年7月，彭山县江口镇中心小学教师。1993年7月至1997年7月，彭山县鹏利小学教师。1997年7月至1998年6月，彭山县教育局秘书。1998年6月至2003年4月，彭山县委组织部办公室副主任、主任、副科级组织员。2003年4月至2006年5月，彭山县委组织部副部长、正科级组织员、县委党建办主任。2006年5月至2006年12月，彭山县凤鸣镇党委书记、城西工业区党工委副书记。2006年12月至2007年7月，彭山县招商引资局局长、党组书记。2007年7月至2010年5月，彭山县政府办公室主任、党组书记、县政府机关党委书记。2010年5月至2011年10月，彭山县委办主任、县委机关党委书记。2011年10月至2012年2月，彭山县委常委、宣传部部长、县委办公室主任、县委机关党委书记。2012年2月至2015年4月，彭山县（区）委常委、宣传部部长。2015年4月起，眉山市彭山区委常委、区政府常务副区长、区行政管理学校校长。

蒋会强 男，汉族，1973年2月生，四川乐山人，1999年6月加入中国共产党，1995年8月参加工作，北京师范大学公共管理专业毕业，大学学历，公共管理硕士。

1991年9月至1995年8月，西南财大财政专业学习。1995年8月至1997年8月，乐山市财政局预算科干部。1997年8月至1999年6月，眉山市财政局预算科干部。1999年6月至2002年7月，眉山市财政局预算科副科长。2002年7月至2005年1月，眉山市财政局国库科科长。2005年1月至2005年8月，眉山市财政局预算科科长。2005年8月至2010年2月，眉山市财政局副局长。2010年2月至2010年3月，彭山县委常委。2010年3月起，彭山县（区）委常委、副县（区）长。

马　炜 男，汉族，1976年4月生，四川眉山人，2003年6月加入中国共产党，1998年8月参加工作，省委党校函授学院经济学专业毕业，省委党校研究生学历，工学学士。

1994年9月至1998年7月，重庆建筑大学机电工程学院学习。1998年8月至2003年12月，眉山市建设工程招标投标办公室工作。2003年12月至2005年3月，眉山市委宣传部科员。2005年3月至2005年8月，眉山市委宣传部副主任科员。2005年8月至2008年3月，眉山市委宣传部办公室副主任。2008年3月至2010年5月，眉山市委宣传部办公室主任。2010年5月至2011年8月，眉山市委宣传部文艺科科长。2011年8月至2012年7月，眉山市委宣传部办公室主任。2012年7月至2015年4月，眉山市委宣传部部务委员。2015年4月起，眉山市彭山区委常委、宣传部部长。

李勇刚 男，汉族，1975年11月生，四川仁寿人，2000年4月加入中国共产党，1999年1月参加工作，四川农业大学林产品贸易专业毕业，大学学历，经济学学士。

1994年9月至1998年7月，四川农业大学林产品贸易专业学习。1998年7月至1999年1月，待业。1999年1月至2000年8月，仁寿县天峨乡政府干部。2000年8月至2002年9月，仁寿县白凤乡政府干部、乡长助理。2002年9月至2005年12月，仁寿县委组织部干部。2005年12月至2006年12月，眉山市委组织部干部、副主任科员。2006年12月至2008年7月，眉山市委组织部组织科副科长。2008年7月至2009年7月，眉山市委组织部信访科科长。2009年7月至2012年9月，眉山市委组织部研究室主任。2012年9月至2015年5月，眉山市非公有制经济组织和社会组织工作委员会副书记。2015年5月至2015年8月，眉山市委组织部部务委员。2015年8月至2016年9月，眉山市彭山区委常委、组织部部长。2016年9月起，眉山市彭山区委常委、纪委书记。

袁利民　男，汉族，1974年3月生，四川井研人，1993年5月加入中国共产党，1997年7月参加工作，四川师范大学地理学专业毕业，大学学历，理学学士。

1993年9月至1997年7月，四川师范大学地理系学习。1997年7月至2001年9月，仁寿县清水区团委副书记、书记。2001年9月至2002年6月，仁寿县团结乡副乡长。2002年6月至2003年6月，仁寿县委办公室信息股负责人。2003年6月至2006年4月，仁寿县政协办公室副主任。2006年4月至2006年12月，眉山市纪委执法监察室副主任。2006年12月至2008年10月，眉山市纪委监察局执法监察室主任。2008年10月至2010年4月，眉山市纪委监察局执法监察室主任、行政效能监察室主任。2010年4月至2010年9月，眉山市纪委副县级室主任，市纪委监察局执法监察室主任、行政效能监察室主任。2010年9月至2011年11月，眉山市纪委副县级室主任，市纪委监察局纪检监察一室主任。2011年11月至2012年6月，眉山市纪委常委、副县级室主任，市纪委监察局纪检监察一室主任。2012年6月至2015年3月，眉山市纪委常委、副县级室主任。2015年3月至2016年9月，丹棱县委常委、纪委书记。2016年9月起，眉山市彭山区委常委、区委组织部部长。

陈　行　男，汉族，1980年7月生，四川洪雅人，2001年6月加入中国共产党，2003年7月参加工作，西南政法大学法学专业，大学学历，法学学士。

1999年9月至2003年7月，西南政法大学法学专业学习。2003年7月至2006年3月，眉山市东坡区检察院干部。2006年3月至2008年7月，眉山市委办公室干部、副主任科员。2008年7月至2009年11月，眉山市委督查室副主任。2009年11月至2010年12月，眉山市委办公室保卫科科长。2010年12月至2012年12月，眉山市委督查室副主任、主任科员。2012年12月至2016年9月，眉山市纪委驻市交通运输局纪检组组长、党组成员。2016年9月起，眉山市彭山区委常委。

郭　益　男，汉族，1972年10月生，四川仁寿人，1994年4月加入中国共产党，1995年7月参加工作，省委党校函授学院行政管理

专业毕业，省委党校大学学历。

1992年9月至1995年7月，电子科技大学经济法与经济管理（市场营销）专业学习。1995年7月至1998年10月，洪雅县公安局川派出所副所长。1998年10月至2001年2月，洪雅县公安局党委委员、政工科科。2001年2月至2001年7月，洪雅县高庙镇党委书记。2001年7月至2003年2月，洪雅县高庙镇党委书记、人大主席。2003年2月至2005年6月，洪雅县委政法委副书记、县稳定办公室主任。2005年6月至2005年8月，洪雅县委政法委副书记（正科级）。2005年8月至2010年8月，洪雅县公安局政委（副县级）。2010年8月至2016年9月，彭山县（区）政府副县长、县（区）公安局局长。2016年9月起，眉山市彭山区委常委、副区长。

眉山市彭山区第二届人大常委会主任、副主任

钟建成 男，汉族，1965年7月生，四川仁寿人，1985年6月加入中国共产党，1983年7月参加工作，省委党校经济管理专业毕业，省委党校大学学历。

1983年7月至1984年9月，仁寿县禾加乡财粮。1984年9月至1990年7月，仁寿县禾加区财政所会计。1990年7月至1997年10月，仁寿县财政局干部、预算股副股长、股长（其间，1992年10月西南财大会计专业自考毕业）。1997年10月至2002年6月，仁寿县财政局副局长（其间，1995年8月至1997年12月在四川省委党校经济管理专业学习；2001年4月参加四川大学经济学院研究生班学习）。2002年6月至2003年3月，仁寿县财政局副局长、行政服务中心主任。2003年3月至2006年5月，仁寿县财政局局长、党组副书记。2006年5月至2006年10月，仁寿县财政局局长、虞丞乡党委书记。2006年10月至2006年11月，仁寿县人民政府副县长、县财政局局长、虞丞乡党委书记。2006年11月至2007年2月，仁寿县政府副县长。2007年2月至2008年4月，仁寿县政府副县长、黑龙滩风景区管委会副主任。2008年4月至2011年10月，仁寿县委常委、县政府副县长、黑龙滩风景区管委会副主任。2011年10月至2015年2月，彭山县（区）委常委、县（区）政府副县长、县（区）行政管理学院校长。2015年2月至2015年3月，眉山市彭山区政府副区长、区行政管理学校校长。2015年3月至2015年4月，眉山市彭山区人大常委会党组书记、区政府副区长、区行政管理学院校长。2015年4月起，眉山市彭山区人大常委会主任、党组书记。

郭　茂 男，汉族，1963年5月生，四川眉山人，1985年5月加入中国共产党，1982年7月参加工作，省委党校法律专业毕业，省委党校大学学历。

1979年9月至1982年7月，眉山农校植

保专业学习。1982年7月至1983年12月，彭山县府河乡植保员。1983年12月至1987年7月，彭山县农业局植保站干部（其间，1985年8月至1987年6月，四川省团校政治理论专业大专班学习）。1987年7月至1988年12月，彭山县农业局科教站站长（其间，1988年3月至1988年12月，赴日本国群马县儒恋村研修）。1988年12月至1996年4月，彭山县科协副主席、秘书长（其间，1990年5月至1990年12月赴日本参加农业研修）。1996年4月至1996年12月，彭山县青龙镇党委副书记。1996年12月至1998年10月，彭山县青龙镇党委副书记、镇长。1998年10月至2001年11月，彭山县义和乡党委书记、人大主席（1997年9月至1999年12月，四川省委党校法律专业学习）。2001年11月至2002年3月，彭山县义和乡党委书记。2002年3月至2003年2月，彭山县江口镇党委书记。2003年2月至2006年10月，彭山县政府办公室主任。2006年10月至2011年10月，彭山县政府副县长。2011年10月至2015年7月，彭山县（区）委常委。2015年7月至2016年10月，彭山区委常委、总工会主席。2016年10起，彭山区人大常委会副主任、党组副书记。

余玺樟 男，汉族，1964年4月生，四川宣汉人，2000年6月加入中国共产党，1987年6月参加工作，四川师范大学研究生部基础数学专业毕业，研究生学历，理学硕士。

1983年9月至1987年6月，四川师范大学数学系学习。1987年6月至1987年9月，云南楚雄师范学院助教。1987年9月至1990年7月，四川师范大学研究生部基础数学专业学习。1990年7月至1991年11月，云南楚雄师范学院讲师。1991年11月至1997年7月，航天工业总公司062基地经济师。1997年7月至2001年12月，彭山县财政局综合科副科长。2001年12月2002年5月，彭山县财政局综合科科长。2002年5月至2003年2月，彭山县财政局副局长。2003年2月至2004年8月，彭山县黄丰镇党委书记。2004年8月至2006年12月，彭山县财政局局长、党组副书记。2006年12月至2009年6月，彭山县财政局局长、党组书记。2009年6月至2011年11月，彭山县财政局局长、党组书记兼农村合作基金会资产管理办公室主任。2011年11月至2011年12月，彭山县人大常委会副主任、县财政局局长、党组书记兼农村合作基金会资产管理办公室主任。2011年12月至2013年2月，彭山县人大常委会副主任、县财政局党组书记。2013年2月起，彭山县（区）人大常委会副主任。

廖　伟 女，汉族，1961年11月生，四川宜宾人，1986年8月加入中国共产党，1981年9月参加工作，省委党校函授学院法律专业毕业，省委党校研究生

学历。

1978年9月至1981年7月，四川省水利电力学校水利工程地质专业学习。1981年7月至1988年8月，彭山县水电局干部（其间，1986年2月至1988年7月在乐山市委党校政治大专班学习）。1988年8月至1996年8月，彭山县妇女联合会副主任。1996年8月至1998年3月，彭山县科技局副局长。1998年3月至2002年4月，彭山县科技局局长（其间，1998年9月至2000年7月在省委党校函授学院法律专业学习，1999年10月至2000年1月在眉山地委党校中青班学习）。2002年4月至2003年2月，彭山县教育科技局副局长、科技局局长。2003年2月至2003年4月，彭山县计经局副局长（正科级）、物价局局长。2003年4月至2005年12月，彭山县政府县长助理。2005年12月至2006年5月，彭山县正科级干部。2006年5月至2006年10月，彭山县卫生局局长。2006年10月至2009年4月，彭山县政府副县长。2009年4月至2016年9月，彭山县（区）政府副县长、县（区）红十字会会长（兼）。2016年9月至2016年11月，彭山区人大常委会党组成员、区政府副区长、区红十字会会长（兼）。2016年11月起，彭山区人大常委会副主任。

胡志中　男，汉族，1964年11月生，四川眉山人，民盟盟员，1989年7月参加工作，西南农业大学农业经济系经济管理专业毕业，大学学历，农学学士。

1985年9月至1989年7月，西南农业大学农业经济系经济管理专业学习。1989年7月至1991年8月，眉山县大石桥乡团委书记。1991年8月至1995年8月，眉山县政协副秘书长、经科委副主任（其间，1994年2月至1995年2月，下派眉山县白马铺乡企管会挂职锻炼）。1995年8月至2000年12月，眉山县农业局副局长（其间，1997年5月至1997年8月，乐山市委党校第10期中青年干部培训班学习，1999年10月至2000年1月，四川省社会主义学院第50期党外局级干部培训班学习）。2000年12月至2001年12月，东坡区农业局副局长（其间，2001年4月至2001年7月，眉山市委党校首期党外中青年干部培训班学习）。2001年12月至2009年6月，眉山市政协提案委员会副主任。2009年6月至2010年5月，眉山市人口和计划生育委员会副主任。2010年5月至2016年11月，彭山县（区）政府副县（区）长。2016年11月起，彭山区人大常委会副主任。

眉山市彭山区第二届人民政府区长、副区长

罗万东 男，汉族，1971年10月生，四川峨眉山人，1996年8月加入中国共产党，1993年7月参加工作，省委党校经济学专业毕业，省委党校研究生学历。

1991年9月至1993年7月，乐山财贸学校商业经营专业学习。1993年7月至1997年9月，乐山市委政研室办事员。1997年9月至1998年7月，眉山地委办公室办事员。1998年7月至1998年9月，眉山地委办公室干事。1998年9月至2001年12月，眉山地委办公室信息科副科长。2001年12月至2002年12月，眉山市委办公室信息科科长。2002年12月至2003年10月，眉山市委办公室正科级干部。2003年10月至2005年2月，眉山市委督查室副主任（正科）。2005年2月至2006年8月，眉山市旅游局副局长。2006年8月至2007年2月，眉山市东坡区委常委、总工会主席。2007年2月至2009年7月，眉山市东坡区委常委、宣传部部长、总工会主席。2009年7月至2010年11月，眉山市东坡区委常委、组织部部长。2010年11月2011年11月，眉山市东坡区委副书记。2011年11月至2011年12月，眉山市政府副秘书长。2011年12月至2012年6月，眉山市政府副秘书长、市招商引资局党组书记、局长。2012年6月至2013年5月，眉山市政府副秘书长、市投资促进委员会党组书记、常务副主任。2013年5月至2015年3月，眉山市政府副秘书长、市投资促进局党组书记、局长。2015年3月至2015年4月，眉山市彭山区委副书记、代理区长。2015年4月起，眉山市彭山区委副书记、区长。

李洪强 男，汉族，1970年9月生，四川彭山人，1998年11月加入中国共产党，1990年7月参加工作，省委党校函授学院法律专业毕业，省委党校大学学历。

1987年9月至1990年7月，眉山师范学校普师专业学习。1990年7月至1993年7月，彭山县江口镇中心小学教师。1993年7月至1997年7月，彭山县鹏利小学教师。1997年7月至1998年6月，彭山县教育局秘书。1998年6月至2003年4月，彭山县委组织部办公室副主任、主任、副科级组织员。2003年4月至2006年5月，彭山县委组织部副部长、正科级组织员、县委党建办主任。2006年5月至2006年12月，彭山县凤鸣镇党委书记、城西工业区党工委副书记。2006年12月至2007年7月，彭山县招商引资局局长、党组书记。2007年7月至2010年5月，彭山县政府办公室主任、党组书记、县政府机关党委书记。2010年5月至2011年10月，彭山县委办主任、县委机关党委书记。2011

年10月至2012年2月，彭山县委常委、宣传部部长、县委办公室主任、县委机关党委书记。2012年2月至2015年4月，彭山县（区）委常委、宣传部部长。2015年4月起，眉山市彭山区委常委、区政府常务副区长、区行政管理学校校长。

周　惠　女，汉族，1971年8月生，四川彭山人，民建会员，1992年9月参加工作，西南交通大学运输工程系交通工程专业毕业，大学学历，工学学士。

1988年9月至1992年7月，西南交通大学运输工程系交通工程专业学习。1992年9月至2001年5月，彭山县公路养护管理段工程股股长。2001年5月至2005年7月，彭山县公路养护管理段副段长（2002年5月任民建眉山市总支副主委，2002年10月任民建彭山支部主委）。2005年7月至2006年7月，彭山县观音镇副镇长（下派）。2006年7月至2006年10月，彭山县彭溪镇副镇长（下派）。2006年10月至2016年11月，彭山县（区）人大常委会副主任。2016年11月起，彭山区政府副区长。

王　鹏　男，汉族，1963年5月生，四川南部人，1986年10月加入中国共产党，1982年10月参加工作，省委党校法律专业毕业，省委党校大学学历。

1982年10月至1984年9月，武警乐山市支队战士。1984年9月至1987年8月，武警夏县专科学校军事学专业大专班学习。1987年8月至1991年4月，武警乐山市支队排长、正连职参谋。1991年4月至1998年7月，武警乐山市支队司令部警务股股长（副营）（其间，1995年9月至1997年12月在四川省委党校法律专业本科班学习）。1998年7月至2000年9月，武警眉山地区支队教导队教导员（正营）。2000年9月至2002年5月，眉山市公安局民警。2002年5月至2006年3月，眉山市公安局治安管理支队副支队长、正科级侦察员。2006年3月至2007年4月，青神县公安局政委。2007年4月至2008年5月，青神县公安局政委（副县级）。2008年5月至2011年11月，眉山金象化工产业园区管委会副主任。2011年11月至2016年9月，丹棱县政府副县长、县公安局局长。2016年9月起，眉山市彭山区政府副区长，区公安分局局长、党委书记。

段永勤　男，汉族，1976年10月生，四川眉山人，2001年3月加入中国共产党，1999年10月参加工作，洛阳工学院机械设计制造专业毕业，大学学历，工学学士。

1995年9月至1999年7月，洛阳工学院机械设计制造专业学习。1999年10月至2003年5月，东坡区金花乡政府干部。2003年5月至2006年3月，东坡区政府办公室科员。2006年3月至2006年7月，眉山市经济委员会综合科科员。2006年7月至2007年5

月，眉山市经委委员会综合科副科长。2007年5月至2008年7月，眉山市民营经济领导小组办公室副主任、中小企业科副科长。2008年7月至2008年10月，眉山市经济委员会中小企业科科长、市民营经济领导小组办公室副主任。2008年10月至2010年9月，眉山市经济委员会技术改造科科长。2010年9月至2012年7月，眉山市经济和信息化委员会技术改造科科长。2012年7月至2013年10月，仁寿县视高经济开发区管委会副主任。2013年10月至2016年9月，天府新区仁寿视高管委会副主任。2016年9月起，眉山市彭山区政府副区长。

王　松　男，汉族，1969年12月生，河北磁县人，1993年12月加入中国共产党，1990年8月参加工作，省委党校法律专业毕业，省委党校大学学历。

1987年9月至1990年8月，西昌农业专科学校兽医专业学习。1990年8月至1992年9月，彭山县凤鸣乡团委书记。1992年9月至1995年12月，彭山县凤鸣镇团委书记、凤鸣检察室干部（其间，1992年9月至1994年12月，下派东风水泥厂工作）。1995年12月至1998年12月，彭山县彭溪镇团委书记、土地办主任、规建所所长。1998年12月至2003年5月，彭山县彭溪镇副镇长（其间，1999年4月至1999年12月，下派东风水泥厂任厂长；1999年9月至2001年12月，省委党校函授学院法律专业学习）。2003年5月至2005年7月，彭山县计划经济贸易局副局长。2005年7月至2006年12月，彭山县发展和改革委员会副主任。2006年12月至2011年12月，彭山县观音镇党委书记，2010年10月明确为副县级。2011年12月至2012年6月，彭山县委组织部副部长、县人社局局长。2012年6月至2014年12月，彭山县委组织部副部长、县人社局局长、党委书记。2014年12月至2016年6月，眉山市彭山区委组织部副部长、区人社局局长、党委书记。2016年6月至2016年7月，眉山市彭山区委办公室主任、区委机关党委书记。2016年7月至2016年9月，眉山市彭山区委办公室主任。2016年9月至2016年11月，眉山市彭山区政府党组成员。2016年11月起，眉山市彭山区政府副区长。

梁　兰　女，汉族，1982年5月生，四川彭山人，2006年6月加入中国共产党，2004年11月参加工作，四川农业大学食品科学与工程专业毕业，大学学历，工学学士。

2000年9月至2004年6月，四川农业大学食品科学与工程专业学习。2004年11月至2007年1月，彭山县江口镇政府工作人员（其间，2006年2月至2006年6月，抽调到县委先教办工作；2006年6月至2007年1月，借调县委组织部工作）。2007年1月至2007年7月，彭山县委组织部组织股工作。2007年7月至2008年9月，彭山县委组织部办公室副主任。2008年9月至2009年4月，彭山县委组织部办公室主任。2009年4月至2009年10月，彭山县“两新”组织党工委书记（副科级）。2009年10月至2009年12月，彭山县“两新”组织党工委书记（副科级）、保胜乡党委副书记（挂职）。2009年12月至2010年12月，彭山县“两新”组织党工委副书记（副科级）、保胜乡党委副书记（挂职）。2010年12月至2010年12月，彭山县“两新”组织党工委副书记（副科级）。2010年12月至2012年12月，彭山县彭溪镇党委副书记、纪委书记。2012年12月至2013年3月，彭山县彭溪镇党委副书记、纪委书记、矛盾纠纷“大调解”协调中心主任。2013年3月至2015年3月，彭山县（区）县（区）长助理、彭溪镇矛盾纠纷“大调解”协调中心主任。2015年3月至2015年5月，眉山市彭山区彭溪镇矛盾纠纷“大调解”协调中心主任。2015年5月至2016年9月，眉山市彭山区武阳镇党委书记。2016年9月至2016年11月，眉山市彭山区政府党组成员。2016年11月起，眉山市彭山区政府副区长。

夏成刚　男，汉族，1970年2月生，四川眉山人，1993年6月加入中国共产党，1993年9月参加工作，四川联合大学法律专业毕业，在职大学学历。

1991年9月至1993年7月，四川工业学院工业会计专业学习。1993年9月至1994年9月，乐山市中级人民法院试用干部。1994年9月至1997年4月，乐山市中级人民法院书记员。1997年4月至1997年12月，乐山市中级人民法院助审员（其间，1994年10月至1997年6月，四川联合大学法律专业学习毕业）。1997年12月至2000年5月，眉山地区中级人民法院经济庭助审员（副科级）。2000年5月至2001年1月，眉山地区中级人民法院经济庭审判员（副科级）。2001年1月至2002年4月，眉山市中级人民法院经济庭审判员（副科级）。2002年4月至2006年6月，眉山市中级人民法院民二庭副庭长，2003年10月确定为正科级（其间，2002年11月至2004年7月，下派仁寿县人民法院任副院长）。2006年6月至2007年4月，眉山市中级人民法院赔偿委员会办公室主任兼任民二庭副庭长（正科级）。2007年4月至2008年3月，眉山市中级人民法院赔偿委员会办公室主任兼任行政审判庭副庭长（正科级）。2008年3月至2009年8月，眉山市中级人民法院副县级审判员、赔偿委员会办公室主任、行政审判庭副庭长。2009年8月至2009年9月，眉山市中级人民法院副县级审判员、赔偿委员会办公室主任、审判监督庭庭长。2009年9月至2010年11月，眉山市中级人民法院副县级审判员、审判监督庭庭长。2010年11月至2011年10月，眉山市司法调解中心专职副主任。2011年10月至2011年11月，青神县人民法院党组书记、副院长、代理院长。2011年11月至2016年9月，青神县人民法院党组书记、院长。2016年11月起，眉山市彭山区人民法院党组书记、院长。

政协眉山市彭山区第二届委员会主席、副主席

谭福轩　男，汉族，1963年2月生，四川彭山人，1985年6月加入中国共产党，1982年8月参加工作，省委党校大学学历。

1979年9月至1982年8月，乐山师专中文系学习。1982年8月至1988年2月，彭山二中团委书记。1988年2月至1993年12月，彭山县教育局少先队总辅导员。1993年12月至1996年3月，成都丰利电子有限公司副经理（停薪留职）。1996年3月至2000年5月，彭山县委组织部组织科副科长、科长、副科级组织员。2000年5月至2002年4月，彭山县委组织部副部长、党建办副主任。2002年4月至2003年2月，彭山县委组织部副部长、党建办主任。2003年2月至2006年2月，彭山县委组织部副部长、党建办主任、老干局局长。2006年2月至2006年8月，彭山县委组织部副部长、老干局局长。2006年8月至2011年10月，丹棱县委常委、组织部部长。2011年10月起，彭山县（区）政协党组书记、主席。

卓德松　男，汉族，1962年9月生，四川彭山人，1986年2月加入中国共产党，1983年7月参加工作，绵阳农业专科学校农学专业毕业，大专学历。

1980年7月至1983年8月，绵阳农业专科学校农学专业学习。1983年8月至1987年2月，峨边县农业局干部。1987年2月至1988年4月，峨边县农业局副局长。1988年4月至1990年5月，峨边县委副局级组织员（1986年6月至1988年8月，北京人文函授大学法律专业学习）。1990年5月至1993年11月，彭山县委组织部组织科长、副局级组织员（其间，1990年5月至1991年5月，下派任净皇乡党委副书记）。1993年11月至1995年4月，彭山县委办副局级秘书。1995年4月至1998年10月，彭山县政府办副主任。1998年10月至2002年4月，彭山县招商局局长。2002年4月至2004年8月，彭山县对外经济贸易合作局（招商局）局长。2004年8月至2006年10月，彭山县委办公室主任、县委机关党委书记。2006年10月至2006年12月，彭山县人事局局长、党组书记。2006年12月至2010年8月，彭山县委组织部副部长、县人事局局长、党组书记。2010年8月至2011年10月，彭山县委组织部副部长、县人力资源和社会保障局局长。2011年10月至2011年12月，彭山县政协副主席、县委统战部部长、县委组织部副部长、县人力资源和社会保障局局长。2011年12月至2016年10月，彭山县（区）政协副主席、县（区）委统战部部长。2016年10月起，眉山市彭山区政协党组副书记、副主席。

喻　旭　女，汉族，1966年3月生，四川彭山人，民进会员，1984年7月参加工作，省委党校现代管理专业毕业，省委党校研究生学历。

1981年9月至1984年7月，乐山卫校护士专业学习。1984年7月至1991年6月，彭山县中医院护士。1991年6月至1999年12月，彭山县卫生局团委书记、女工委主任、办公室副主任（其间，1994年9月至1996年7月，在省卫生干部学院卫生事业管理专业脱产学习）。1999年12月至2003年5月，彭山县卫生局副局长（1999年9月至2001年12月在四川省委党校函授学院法律专业学习；2001年9月至2004年7月在四川省委党校现代管理专业研究生班学习）。2003年5月至2003年12月，彭山县人大教科文卫工作委员会副主任（享受正科级）。2003年12月至2006年5月，彭山县广播电视局副局长（享受正科级）。2006年5月至2006年12月，彭山县外事侨务台湾事务办公室主任（2006年10月任民进眉山市委副主委，2006年4月至2006年7月参加市社会主义学院第3期党外干部培训班学习）。2006年12月至2008年1月，眉山市政协学宣委副主任。2008年1月起，彭山县（区）政协副主席。

毛太忠　男，汉族，1963年12月生，四川彭山人，无党派，1981年7月参加工作，省委党校经济管理专业毕业，省委党校大学学历。

1978年9月至1981年7月，乐山财贸学校统计专业学习。1981年7月至1984年5月，彭山县江口基层供销社统计员。1984年5月至1993年3月，彭山县供销社统计员（其间，1985年7月至1988年6月参加全国高等教育自学考试统计专业学习毕业）。1993年3月至1994年1月，彭山县供销社综贸公司化建部主任。1994年1月至1998年8月，彭山县百货公司文体经营部业务员。1998年8月至2002年5月，县计划经济局计划科科长、工业经济科科长（其间，1999年9月至2002年12月，省委党校经济管理专业学习）。2002年5月至2003年5月，彭山县工商联副会长（主持工作）。2003年5月至2006年11月，彭山县工商联常务副会长（副科级）。2006年11月至2008年12月，彭山县经济委员会主任。2008年12月至2009年3月，彭山县工商业联合会主席、县经济委员会主任。2009年3月至2011年2月，彭山县工商业联合会主席。2011年2月起，彭山县（区）政协副主席、县（区）工商业联合会主席（2012年2月至2013年4月色达县挂职）。

王　娜　女，汉族，1981年10月生，四川彭山人，民盟盟员，2000年3月参加工作，四川农业大学网络教育学院人力资源管理专业毕业，函授大学学历。

1996年9月至1999年9月，乐山卫生学校临床医学专业学习。2000年3月至2002年12月，彭山县谢家卫生院工作（其间，1999年9月至2002年7月在四川大学华西医学院临床医学专业学习）。2002年12月至2004年6月，彭山县人民医院妇产科工作。2004年6月至2007年5月，彭山县卫生局办公室工作、团委书记（借调）。2007年5月至2007年12月，彭山县委办公室工作（借调）。2007年12月至2008年1月，彭山县群众工作中心工作。2008年1月至2012年3月，彭山县卫生局副局长（2006年2月至2008年2月，四川农业大学网络教育学院人力资源管理专业学习）。2012年3月至2012年12月，彭山县卫生局副局长、牧马镇副镇长（下派）。2012年12月至2013年3月，彭山县红十字会常务副会长、牧马镇副镇长（下派）。2013年3月至2016年11月，彭山县（区）红十字会常务副会长。2016年11月起，彭山区政协副主席。

眉山市彭山区党政群机关及其工作部门领导任免名录

中共眉山市彭山区委

书　记：梁　磊（继任）
副书记：罗万东（继任）
王　艳（11月止，共青团眉山市委书记挂职）
许　磊（11月止，省交通运输厅公路局副局长挂职）
郭　红（继任）
李祝才（3月止，眉山市委副秘书长、市委督查室主任挂职）
林　挺（12月止，省发展和改革委员会收费管理处处长挂职）
常　委：蒋会强（下派，继任）
董　武（8月止）
罗　焱（9月止）
郭　茂（9月止）
李洪强（继任）
姚文第（9月止）
马　炜（继任）
李忠云（9月止）
李勇刚（继任）
袁利民（9月任）
陈　行（9月任）
郭　益（9月任）

眉山市彭山区人大常委会

主任、党组书记：钟建成（继任）
党组副书记：罗会华（9月止）
郭　茂（9月任）
副主任：罗会华（11月止）
王　洪（11月止）
周　惠（11月止）
余玺樟（继任）
郭　茂（9月任）
廖　伟（9月任）
胡志中（11月任）
专职委员：丁　越（继任）
郑发启（继任）

眉山市彭山区人民政府

区长、党组书记：罗万东（继任）
党组副书记：李洪强（继任）
副区长：李洪强（继任）
蒋会强（下派，10月止）
姚文第（9月止）
廖　伟（11月止）
胡志中（11月止）
郭　益（9月止）
赵飞宇（9月止）
罗任飞（挂职，继任）
段永勤（9月任）
王　鹏（9月任）
王　松（11月任）
周　惠（11月任）
梁　兰（11月任）

眉山市彭山区政协

主席、党组书记：谭福轩（继任）
党组副书记：郑玉忠（11月止）
卓德松（9月任）
副主席：郑玉忠（11月止）
喻　旭（继任）
毛太忠（继任）
卓德松（继任）
王　娜（11月任）
秘书长：罗建斌（1月任）

区纪律检查委员会

书　记：罗　焱（9月止）
李勇刚（9月任）
常务副书记：陈　利（继任）
曾淑敏（12月任）
副书记：曾淑敏（12月止）
陈　斌（9月任）
常　委：章建军（继任）
杜远虑（继任）
刘晓卫（继任）
张锦刚（9月任）
李　慧（9月任）

监察局

局　长：陈　利（继任）
曾淑敏（12月任）
副局长：罗　俊（4月止）
李　燕（7月止）
张敬林（7月任）

区纪委、监察局组织部（2016年12月由原干部室更名）

部　长：李　慧（12月任）

区纪委、监察局宣传部（2016年12月由原宣教室更名）

部　长：杜凤兵（12月任）

区纪委、监察局办公室

主　任：马　强（12月任）

区纪委、监察局党风政风监督室

主　任：张锦刚（继任）

区纪委、监察局案件监督管理室（机构取销）

主　任：张志浩（12月止）

区纪委、监察局案件审理室

主　任：刘芩宇（继任）

区纪委、监察局执法和效能监察室（机构取销）

主　任：王　熠（12月止）

区纪委、监察局信访室

主　任：孙维炜（12月止）

区纪委、监察局宣教室（机构取销）

主　任：李　慧（12 月止）

区招投标监督委员会办公室

副主任：林中飞（1 月止）

区纪委、监察局招监室（机构取消）

主　任：马　强（7 月任，12 月止）

区纪委、监察局纪检监察一室

主　任：张敬林（7 月止）

　　　　张志浩（12 月任）

区纪委、监察局纪检监察二室

主　任：王　熠（12 月任）

区纪委、监察局干部室（机构取消）

主　任：杜凤兵（12 月止）

派出第一纪工委

书　记：章建军（继任）

副书记：祝　慧（继任）

委　员：周　艳（继任）

派出第一监察分局

局　长：章建军（继任）

副局长：祝　慧（继任）

监察员：周　艳（继任）

区委巡察办

主　任：陈　利（12 月任）

区委第一巡察组

组　长：刘建军（12 月任）

区委第二巡察组

组　长：吴　勇（12 月任）

区委第三巡察组

组　长：徐忠伦（12 月任）

区纪委第一派驻纪检组

组　长：漆　影（12 月任）

区纪委第二派驻纪检组

第一组长：冯素才（12 月任）

组　长：李卫兵（12 月任）

区纪委第三派驻纪检组

组　长：康红艳（12 月任）

区纪委第四派驻纪检组

第一组长：宋冬梅（12 月任）

组　长：游　雨（12 月任）

区纪委第五派驻纪检组

组　长：夏传宝（12 月任）

区纪委第六派驻纪检组

第一组长：彭国英（12 月任）

组　长：李艳芬（12 月任）

　　　　赵　柯（12 月任）

区纪委第七派驻纪检组

第一组长：罗　云（12 月任）

组　长：刘　麦（12 月任）

　　　　舒　心（12 月任）

区纪委第八派驻纪检组

第一组长：袁登华（12 月任）

区纪委第九派驻纪检组

组　长：方　强（12 月任）

区纪委第十派驻纪检组

第一组长：高　勇（12 月任）

组　长：周　慧（12 月任）

区纪委第十一派驻纪检组

第一组长：钟　铨（12 月任）

组　长：李新民（12 月任）

区纪委第十二派驻纪检组

第一组长：孙维炜（12 月任）

组　长：宋德强（12 月任）

区纪委第十三派驻纪检组

第一组长：盛晓波（12 月任）

组　长：王安成（12 月任）

　　　　冯　阳（12 月任）

区纪委第十四派驻纪检组

第一组长：张明亮（12 月任）

组　长：汪建勋（12 月任）

鲁喜化（12 月任）

区纪委第十五派驻纪检组

第一组长：刘利平（12 月任）

组　长：谌　兵（12 月任）

区纪委第十六派驻纪检组

第一组长：尹　刚（12 月任）

组　长：黄莉均（12 月任）

区纪委第十七派驻纪检组

第一组长：刘　莉（12 月任）

组　长：黄建波（12 月任）

法　院

院　长：蹇　峰（9 月止）

夏成刚（11 月任）

党组书记、副院长：夏成刚（9 月任，11 月止，代理院长）

党组副书记、常务副院长：付　超（继任）

副院长：李素华（继任）

周　文（继任）

纪检组组长：冯素才（12 月止）

政治处主任：娄江永（继任）

区人民法院执行工作局

局　长：谌　英（继任）

区人民法院审判委员会

专职委员：段利霞（继任）

彭　明（4 月任，试用期一年）

青龙法庭

庭　长：李昌莹（4 月任）

区人民法院司法调解中心

主　任：李素华（继任）

专职副主任：张　咏（4 月止）

检察院

检察长：李　懿（9 月止）

龙　科（11 月任）

副检察长：龙　科（9 月任，11 月止，代理检察长）

常务副检察长：徐惠林（继任）

副检察长：袁　玲（继任）

张　翔（继任）

徐俊驰（继任，省检察院民事行政检察处挂职）

政治处主任：

纪检组组长：李卫兵（12 月止）

区人民检察院反贪局

局　长：满　强（继任）

区人民检察院司法调解中心

专职副主任：郭　红（继任）

检察委员会

专职委员：李　鸿（继任）

青龙检察室

主　任：赵显强（继任）

人武部

政　委：董　武（5 月止）

政委（代）：罗　琦（7 月任）

部　长：宋廷学（5 月止）

部　长（代）：王贺利（5 月任，6 月止）

李　敏（5 月任，12 月止）

副部长：李　敏（继任）

参　谋：任　康（继任）
　　　　黎　翔（5 月止）

军事科

科　长：李　敏（继任）

政工科

科　长：何　明（继任）

后勤科

科　长：任　康（继任）

区委办

主　任：王佑泽（6 月止）
　　　　王　松（6 月任，10 止）
　　　　游德华（10 月任）

机关党委书记：王佑泽（6 月止）
　　　　　　　王　松（6 月任，7 月止）

区委机关党委副书记、纪委书记：
　　　　漆　影（继任）

常委办主任：徐　舟（10 月止）
　　　　　　李庆凌（12 月任）

副主任：龚　涛（6 月止）
　　　　黎文林（继任）
　　　　巨晓峰（7 月止）
　　　　周明强（7 月止）
　　　　徐　舟（10 月止）
　　　　胡凤翔（6 月任）
　　　　李庆凌（7 月任）
　　　　许　旺（12 月任）

区委机关党委书记：唐　杨（7 月任）

区委、区政府接待办

主　任：袁志福（6 月止）
　　　　张　海（6 月任）

副主任：倪　杨（继任）
　　　　夏　萌（继任）
　　　　孟桂林（6 月任）

目标办

主　任：颜　菱（继任）

督查室

主　任：胡晓斗（7 月止）
　　　　李庆凌（兼，7 月任，12 月止）
　　　　许　旺（12 月任，试用期一年）

区网格化服务中心

主　任：巨晓峰（10 月止）
　　　　徐丽红（10 月任）

副主任：欧　晶（12 月止）
　　　　陈思翰（12 月任）

组织部

部　长：李勇刚（9 月止）
　　　　袁利民（9 月任）

常务副部长：何勇来（12 月止）
　　　　　　袁凌铃（12 月任）

副部长：王　松（6 月止）
　　　　黄　松（5 月止）
　　　　刘　伟（继任）
　　　　王海英（10 月止）
　　　　巫燕平（12 月止）
　　　　彭　艳（5 月任）
　　　　张怀庆（6 月任）
　　　　付卫平（10 月任）
　　　　李　燕（12 月任）

部务委员：曾明华（6 月止）
　　　　　付卫平（10 月止）
　　　　　胡发军（7 月任）

党建办

主　任：巫燕平（12 月止）
　　　　颜　菱（12 月任）

副主任：先张玉（继任）

非公有制经济组织、新社会组织党工委

书　记：王海英（10月止）

付卫平（10月任）

副书记：彭　佳（7月止）

远教中心

主　任：张　海（6月止）

梁卫东（6月任）

副主任：袁杰科（7月任）

人才办

主　任：陈立雪（6月止）

曾明华（6月任，12月止）

李　燕（12月任）

区委宣传部

部　长：马　炜（继任）

常务副部长：易　雨（7月止）

郭　平（7月任）

副部长：龚　涛（6月止）

潘　勇（4月止）

郭　平（7月止）

胡凤翔（6月任）

李　燕（7月任，12月止）

丁诗韵（12月任）

部务委员：康文翔（7月任）

区委对外宣传办公室暨区政府新闻办公室

主　任：龚　涛（6月止）

胡凤翔（6月任）

副主任：梁卫东（6月止）

对外宣传新闻中心

主　任：徐莉莉（7月任）

精神文明办公室

主　任：郭　平（7月止）

李　燕（7月任，12月止）

区社会科学界联合会

主　席：吴建明（继任）

区文学艺术界联合会

副主席：王碧林（继任，聘任）

长寿文化研究所

所　长：李兴华（继任）

副所长：徐莉莉（7月止）

陈元飞（继任）

倪　瑞（10月任）

互联网不良与违法信息举报中心

主　任：徐　军（继任）

区委统战部

部　长：卓德松（10月止）

蒋会强（10月任）

常务副部长：符江川（继任）

副部长：刘丽霞（6月止）

陈立雪（6月任）

刘晓冬（6月任）

部务委员：宁　莉（继任）

民族宗教事务局

局　长：刘丽霞（6月止）

陈立雪（6月任）

区委政法委

书　记：李忠云（10月止）

郭　益（10月任）

常务副书记：王　军（继任）

副书记：夏　云（继任）

周亚琳（4月任）

综治办

主　任：夏　云（继任）

副主任：陈文涛（继任）
　　王　启（12 月任）

维稳办

主　任：徐　敏（继任）

防邪办

主　任：张志春（7 月止）
　　成红敏（7 月任）

国家安全领导小组办公室

主　任：傅　艳（继任）

政工科

科　长：成红敏（7 月止）

大调解中心

专职主任：杨海霞（继任）

法学会

专职副会长：辜　欣（12 月止）
秘书长：孙文涛（7 月任）

区委政研室

主　任：周明强（12 月止）
　　辜　欣（12 月任）
副主任：帅　辉（继任）
　　张艳红（7 月任）

区委机构编制委员会办公室

主　任：黄　松（5 月止）
　　彭　艳（5 月任）
副主任：陈跃武（继任）

事业单位登记管理局

局　长：黄　松（5 月止）
　　彭　艳（5 月任）
副局长：袁　丽（继任）
　　段艳梅（继任）

机构编制信息中心

主　任：陈文秀（7 月止）
　　周　容（7 月任）

区委群众工作部

部　长：黎文林（继任）
副部长：干树文（继任）
　　冯雅琴（12 月任）
部务委员：冯雅琴（12 月止）
　　郑秀芬（12 月任）

区群众接待中心

主　任：黎文林（继任）
副主任：何李霞（继任）

区信访群众疏导调解中心

专职副主任：郑秀芬（4 月任，12 月止）
　　刘红霞（12 月任）

区委农村工作领导小组办公室

主　任：张鸿涛（继任）
副主任：刘俊辉（12 月止）
　　李　琴（继任）
　　邓文杰（继任）

区委机要局

局　长：胡　水（继任）
副局长：李　毅（继任）
总工程师：黄光伟（继任）

区保密局

区委保密委员会办公室主任、保密局局长：
　　周志远（继任）

保密技术检查中心

主　任：龚开福（继任）

区直机关工委

书　记：彭　艳（5月止）
　　　　叶秀兰（5月任）
副书记：周天翔（继任）
纪工委书记：刘利平（继任）

区委老干部局

局　长：刘　伟（继任）
副局长：梅　勇（12月止）
　　　　陈迎春（12月任）

党　校

校　长：李勇刚（10月止）
　　　　袁利民（10月任）
常务副校长：徐忠智（10月止）
　　　　　　王海英（10月任）
副校长：王正江（继任）
　　　　刘先清（继任）
校委委员：向国彬（继任）

党史地方志办公室

主　任：许德英（10月止）
　　　　蔡贵明（10月任）
副主任：刘黔玲（继任）
　　　　唐　嘉（7月止）
　　　　何　霞（7月任）

《今日彭山》杂志社、区政府电子政务办公室

总编、主任、党组书记：曾卫平（继任）
副总编、副主任：罗国华（6月止）
　　　　　　　　周　静（继任）
　　　　　　　　温选鹏（6月任）
纪检组组长：宋冬梅（12月止）

妇　联

主席、区政府妇儿工委办主任：
　　　　叶秀兰（5月止）
　　　　袁凌铃（5月任，12月止）
　　　　巫燕平（12月任）
副主席：管　莉（继任）
　　　　黄　丹（7月任）

共青团眉山市彭山区委

书　记：陈　盼（7月任）
副书记：陈　盼（7月止）
　　　　丁诗韵（1月任，12月止）
　　　　张潇丹（12月任）

总工会

主　席：郭　茂（10月止）
　　　　蒋会强（10月任）
常务副主席、党组书记：宋碧梅（12月止）
　　　　　　　　　　　吕卫东（12月任）
副主席：黄明秋（6月止）
　　　　张洪良（继任）
　　　　李　建（6月任）
纪检组组长：刘　莉（12月止）

区科协

主　席：余红星（继任）
副主席：唐　红（继任）
　　　　彭　佳（7月任）

区工商联

主　席：毛太忠（继任）

党组书记：符江川（6 月止）
刘晓冬（6 月任）
常务副主席：张　宏（6 月止）
刘晓冬（6 月任）
副主席：张　钰（继任）

残　联

理事长：赵洪良（10 月止）
游德成（10 月任）
副理事长：潘秀莉（6 月止）
郑碧忠（继任）
李　锐（6 月任）

红十字会

会　长：廖　伟（12 月止，兼任）
梁　兰（12 月任）
常务副会长：王　娜（12 月止）
刘婷婷（12 月任）
秘书长：田伟华（继任）

区人民代表大会机构

法制委员会

主任委员：袁贵洪（11 月任）
副主任委员：郑发启（兼，11 月任）

财政经济委员会

主任委员：王建军（11 月任）
副主任委员：黄　丹（兼，11 月任）

区人大常委会工作部门

办公室

主　任：邓志勇（10 月止）
彭忠卫（10 月任）
副主任：刘　莉（继任）
王　瑶（12 月任）

农工委

主　任：方廖华（10 月止）
张　奇（10 月任）
副主任：吴建康（继任）

法工委

主　任：许世良（继任）
副主任：金玉群（继任）

人代工委

主　任：李文莉（10 月止）
胡小丁（10 月任）
副主任：邓　平（继任）

财经工委

主　任：李建炜（继任）
副主任：唐素华（4 月止）
彭忠卫（4 月任，10 月止，保留正科）

教工委

主　任：李素芬（10 月止）
方廖华（10 月任）
副主任：王　瑶（12 月止）

信访室

主　任：周永秀（10 月止）
邓志勇（10 月任）
副主任：李廷忠（继任）

城环资工委

主　任：王从清（继任）
副主任：王福军（4 月止）
彭忠卫（4 月任，10 月止）
胡小丁（4 月任，10 月止，保留正科）

区政府办公室

主任、政府党组成员、办公室党组书记：

游德华（10月止）

钟　阳（10月任）

政府机关党委副书记、纪委书记：

彭国英（继任）

副主任：江李梅（继任）

曾　敏（12月止）

政府机关党委书记：许　蕾（7月任）

纪检组组长：杨　坤（12月止）

应急办

主　任：唐建超（12月止）

曾　敏（12月任）

副主任：刘海福（2月止）

许　勇（12月止）

李　川（6月任）

法制办

主　任：周云霞（12月止）

杨　坤（12月任）

防震减灾局

局　长：秦德权（12月止）

袁　洪（12月任）

督查室

主　任：张　玲（6月止）

行政调解指导中心

专职副主任：袁　洪（12月止）

机关事务中心

主　任：袁志福（继任）

副主任：曾　鑫（继任）

区行政管理学校

校　长：李洪强（继任）

常务副校长：徐忠智（10月止）

王海英（10月任）

副校长：王正江（继任）

刘先清（继任）

发展和改革局

局长、党委书记：熊　念（继任）

党委副书记：陈红霞（继任）

副局长：梅晓佳（继任）

罗　佳（继任）

项目办副主任：倪　平（6月止）

张　玲（6月任，7月止）

黄　庆（8月任）

招投标管理办公室主任：曾大勇（继任）

节能减排管理中心主任：佘　毅（6月止）

铁建办主任：柳树君（继任）

机关党委书记：张　玲（7月任）

经济和信息化局

局长、党组书记：陈小军（继任）

副局长：喻　红（继任）

彭　凯（继任）

赵景宏（继任）

教育体育局

局长、党委书记：罗鸿翔（继任）

党委副书记、纪委书记：刘建军（12月止）

副局长：王晓波（12月止）

曾旭东（6月止）

祝　军（继任）

许　勇（12月止）

区政府教育督导室主任：王晓波（继任）

矛盾纠纷大调解中心专职副主任：
赖志刚（继任）
党委副书记、机关党委书记：
曾明华（12月任）

科学技术局

局长、党组书记：卢礼会（继任）
副局长：孙奕飞（继任）
纪检组组长：黄建波（12月止）

公安分局

党委书记、局长、督察长：郭　益（9月止）
王　鹏（9月任）
政委、党委副书记：郭昌军（5月止）
黄　耀（5月任）
副政委：王荣华（继任）
程　轲（继任）
常务副局长：曾勇强（继任）
副局长：杨　刚（继任）
程　轲（1月止）
刘良贵（继任）
纪委书记：方　强（继任）

政治处

主　任：周　贤（继任）

区治安案件调解中心

专职副主任：刘良贵（继任）

纪检监察审计室

主　任：吕明富（继任）

国保大队

大队长：袁智勇（继任）
教导员：侯维列（继任）

指挥中心

主　任：王树良（继任）

情报信息大队

大队长：李泉勇（继任）
教导员：郑　超（4月止）

警务保障室

主　任：廖宁崎（继任）

法制大队

大队长：赵建春（继任）
教导员：张桂军（继任）

刑侦大队

大队长：王　东（继任）
教导员：余　海（4月止）

禁毒大队

大队长：徐成武（继任）
教导员：梁红斌（继任）

治安大队

大队长：干　艳（继任）
教导员：夏　江（继任）

经侦大队

大队长：邓　剑（继任）
教导员：毛华山（继任）

巡警大队

大队长：陈维刚（继任）
教导员：李廷富（继任）

交警大队

大队长：杨　刚（继任）
教导员：石先云（继任）
副大队长：钱乐林（继任）
倪　鹏（继任）

交警大队综合中队

中队长：张静萍（继任）

交警大队法宣中队

中队长：李　玲（继任）

交警大队车管中队

中队长：陈　静（继任）

指导员：杜　浪（继任）

交警大队特勤中队

中队长：陈维勇（继任）

指导员：宋　宇（继任）

交警凤鸣中队

中队长：代　宏（继任）

指导员：李建文（继任）

交警武阳中队

中队长：罗海波（继任）

交警青龙中队

中队长：吴　祥（继任）

指导员：向真伟（继任）

网监大队

大队长：廖劲淇（继任）

教导员：秦小虎（继任）

看守所

所　长：范明鲜（继任）

教导员：袁文广（继任）

拘留所

所　长：刘　刚（继任）

教导员：贾小平（继任）

青龙派出所

所　长：陈钇光（6月止）

尹建春（6月任）

教导员：尹建春（5月止）

观音派出所

所　长：付　聪（继任）

教导员：刘建明（继任）

凤鸣派出所

所　长：陈钇光（6月任）

教导员：魏　欣（继任）

江口派出所

所　长：刘　渊（继任）

教导员：任　浩（继任）

彭溪派出所

所　长：朱国军（继任）

教导员：邹　皓（继任）

谢家派出所

所　长：陈钧轴（继任）

教导员：卫　巍（继任）

公义派出所

所　长：张　清（继任）

教导员：何　忠（继任）

黄丰派出所

所　长：汪大胜（继任）

教导员：邓红军（继任）

牧马派出所

所　长：向　超（继任）

教导员：李　科（继任）

灵石派出所

所　长：郑　超（4月任）

武阳派出所

所　长：余　海（4月任）

民政局

局长、党组书记：叶云华（4月止）

潘　勇（4月任）

副局长：刘　琦（10月止）

肖学勤（7月止）

胡晓斗（7月任）

欧阳娟（10月任）

纪检组组长：赵洪斌（7月止）

老龄办主任：刘　琦（10月止）

欧阳娟（10月任）

双拥办主任：秦国华（继任）
矛盾纠纷大调解专职副主任：
谢勤快（继任）

司法局

局长、党组书记：李　勇（12月止）
熊志红（12月任）
副局长：高其平（继任）
陈建华（继任）
纪检组组长：游　雨（继任）
区人民调解指导中心专职副主任：
江　山（继任）
政工科科长：吴正维（继任）
观音司法所所长：曾定平（继任）

财政局

局长、党组书记：余　波（继任）
常务副局长：胡意宏（继任）
副局长：游利琼（6月止）
张进军（6月任）
纪检组组长：李　建（6月止）
财政评审中心主任：袁　远（继任，正科级）

区农村合作基金会资产管理办公室

主　任：余　波（继任）
常务副主任：张进军（6月止）
副主任：李俊维（继任）

国资局

局　长：张富洪（继任）
党组书记：张富洪（继任）
副局长：徐丽红（11月止）

金融办

主　任：王忠文（继任）
副主任：张代君（继任，兼开发性金融合作办主任）

人力资源和社会保障局

局长、党委书记：王　松（6月止）
张怀庆（6月任）
党委副书记：蔡贵明（10月止）
副局长：张　毅（继任）
温　晓（2月任）
矛盾纠纷大调解中心专职副主任：
夏跃鹏（继任）
机关党委书记：张　维（10月任）
纪委书记：蔡贵明（10月止）

城乡居民社会养老保险事业管理中心

主　任：向俊峰（继任）
副主任：侯　娅（继任）

就业局

局　长：周德祥（继任）
副局长：梁　娟（继任）

医保局

局　长：吕卫东（12月止）
王　勤（12月任）
副局长：王玉琼（继任）

社保局

局　长：罗　涛（继任）
副局长：蒋　洋（12月任，试用期一年）

区军转干安置办公室

主　任：温　晓（2月止）

区农村劳动力转移输出暨农民工工作领导小组办公室

副主任：房江波（继任）

国土资源局

局长、党组书记：钟　杰（继任）

常务副局长：方志良（继任）

副局长：梁　莉（继任）

　　　　李　锐（6月止）

　　　　刘晓冬（8月止）

　　　　夏礼俊（6月任）

纪检组组长：李艳芬（12月止）

不动产登记中心

主　任：朱镜江（12月任）

环保局

局长、党组书记：张怀庆（6月止）

　　　　　　　　龚　涛（6月任）

副局长：李　里（继任）

　　　　龚　勋（1月止）

　　　　李红霞（2月任）

纪检组组长：罗　云（12月止）

环境监察执法大队

大队长：王宇萍（继任）

环境监测站

站　长：朱利霞（继任）

住房和城乡规划建设局

局　长：王太勇（继任）

党委书记：邓　艳（6月止）

　　　　　王太勇（6月任）

副局长：陈　川（12月止）

　　　　黄劲松（12月止）

　　　　周　晖（7月止）

　　　　邓　艳（6月止）

　　　　张文平（继任）

　　　　单兵权（12月任）

矛盾纠纷大调解中心专职副主任：

　　　　杨晓兵（继任）

总工程师：何剑锋（12月任，试用期一年）

机关党委书记：唐　嘉（7月任）

人防办

主　任：陈　川（继任）

治理办

主　任：吴　勇（12月止）

　　　　唐建超（12月任）

副主任：伍宏伟（继任）

城乡规划建设执法大队

大队长：单兵权（12月任，兼）

房管局

局　长：黄劲松（12月止）

测绘地理信息局

局　长：帅　海（继任）

房屋征收管理局、土地储备中心

局　长：刘晓冬（6月止）

　　　　李国廷（12月任）

副局长：李国廷（12月止）

　　　　李群芳（继任）

土地储备中心

主　任：刘晓冬（6月止）

房屋征收补偿安置协调办公室

主　任：陈　林（继任）

城乡规划局

局　长：潘　淼（继任）

副局长：何志良（继任）

　　　　罗　尧（继任）

　　　　杨　威（6月任，市城乡规划院规划二所副所长、工程师挂职）

总规划师：肖　燕（继任）

交通运输局

局长、党委书记：谢玉民（继任）

党委副书记、纪委书记：钟　铨（继任）

副局长：罗革胜（继任）

罗洪刚（继任）

机关党委书记：毛晓蓓（10月任）

交通工程管理中心

主　任：王　军（7月止）

蔡永祥（11月任）

公路养护管理段

段　长：袁建伟（继任）

公路路政管理大队

大队长：陈　斌（10月止）

邓迎红（11月任）

道路运输管理所

所　长：刘光平（继任）

海事航务管理处

处　长：侯代喜（继任）

水务局

局长、党组书记：柴洪军（继任）

副局长：魏兴儒（继任）

张明哲（继任）

机关党委书记：刘超（7月任）

纪检组组长：汪建勋（12月止）

总工程师：何春林（继任）

防汛办主任：张春祥（继任）

龚家堰水库管理中心主任：陈强盛（继任）

农业局

党组书记：李国成（7月止）

凌茂君（7月任）

局　长：凌茂君（继任）

副局长：彭　洪（继任）

李俊维（继任）

谢延平（继任）

机关党委书记：徐海娟（7月任）

纪检组组长：张文晖（12月止）

矛盾纠纷大调解中心专职副主任：

代建辉（4月止）

农村能源办主任：王显报（继任）

林业局

局长、党组书记：符洪林（7月止）

易　雨（7月任）

副局长：梁留彬（继任）

袁秦明（继任）

森林公安局

局　长：邓　坤（继任）

政　委：胡　灵（继任）

森林防火指挥部办公室

主　任：黄　伟（继任）

商务局

局长、党委书记：左建伟（继任）

党委副书记、纪委书记：黄莉均（继任）

副局长：刘　义（6月止）

黄显钧（继任）

周国忠（6月任）

文化广电新闻出版局

局长、党组书记：李亚军（继任）

副局长：赵　胜（继任）

刘婷婷（12月止）

李璐秀（12月任，试用期一年）

纪检组组长：谌　兵（12月止）

电视台

台长、党组书记：潘　勇（4月止）
廖　玻（4月任，10月止）
副台长：杨晓慧（6月止）
周记臣（10月止）
张晓容（10月止）
纪检组组长：鲁喜化（10月止）

广播电视台（2016年，原电视台更名）

台长、党组书记：廖　玻（10月任，原电视台台长、党组书记4月任，10月止）
副台长：周记臣（10月任）
张晓容（10月任）
纪检组组长：鲁喜化（10月任，12月止）

卫计局

局长、党委书记：宁　武（继任）
副局长：熊小刚（10月任，原卫生局副局长10月止）
陈　波（10月任，原卫生局副局长10月止）
周　慧（10月任，原计生局副局长10月止）
李　伟（10月任，原计生局副局长10月止）
爱卫办主任：李绍清（12月止）
刘　娟（12月任，试用期一年）
大调解中心专职副主任：邓学奎（继任）
地方病防治领导小组办公室主任：
何铭玲（12月止）
李绍清（12月任）
新农合办主任：宋永奎（继任）

审计局

局长、党组书记：黄　昊（继任）
副局长：宋德强（6月止）
徐　宁（继任）
许旺胡（6月任）
纪检组组长：黄　曾（7月止）
李新民（7月任，12月止）
总审计师：曾　群（继任）

经责审计分局

局　长：刘　莉（继任）

统计局

局长、党组书记：张杰茜（继任）
副局长：张　敏（4月止）
游利琼（6月任）
帅　虹（11月任）
总统计师：张　莉（继任）

安全生产监督管理局

局长、党组书记：付　华（继任）
副局长：李玉平（7月止）
孙　卫（继任）
陈　东（8月任）

安全生产监察执法大队

大队长：杨　茗（6月止）
郑碧波（8月任）

食品药品监督管理局

局长、党组书记：熊志红（12月止）
李　勇（12月任）

副局长：蒋宗善（继任）
黄党发（7月止）
夏文涛（7月任）
纪检组组长：尹 刚（12月止）
食品安全总监：夏文涛（7月止）
管夏西（8月任）
药品安全总监：王 岚（继任）

物价局

局长、党组书记：袁凌铃（6月止）
熊 念（6月，兼）
副局长：戢炳华（1月止）
王世强（继任）
纪检组组长：王安成（6月止）
物价认证中心主任：杨志伟（继任）

粮食局

局长、党组书记：张智勇（继任）
副局长：罗善超（继任）
余康林（继任）
纪检组组长：刘 麦（12月止）

城市行政执法局（2014年12月，组建城市行政执法局）

局长、党组书记：张 锐（继任）
副局长：徐永平（4月止）
梅智勇（12月止）
陆晓辉（8月任）
邹 兵（12月任，试用期一年）
纪检组组长：周国忠（6月止）
王安成（6月止）

工商质监局

党组书记：曾 进（继任）
局 长：曾 进（继任）
副局长：周 鹏（1月止）
何 平（10月任，原工商局副局长10月止）
周亚玲（10月任，原质监局副局长10月止）
杜筱玲（10月任，原质监局副局长10月止）
纪检组组长：田 伟（10月止）
胡燕斌（12月止）
经检大队大队长：
唐 斌（11月任，12月止）
凤鸣工商所所长：刘 健（继任）
青龙工商所所长：刘福洪（继任）
江口工商所所长：张 林（继任）
公义工商所所长：邓 洪（继任）
谢家工商所所长：刘 伟（继任）

市政园林管理局

局 长：张 萍（继任）
副局长：杨 健（继任）
毛桂霞（继任）

外侨台办

主 任：赵利萍（继任）
副主任：何 丽（继任）

政务服务中心

主 任：徐忠伦（10月止）
副主任：江 科（10月止）
谭 怡（2月任，10月止）

纪检组组长：赵　轲（10 月止）

党务政务服务中心（2016 年，由原政务服务中心更名）

主　任：徐忠伦（10 月任，12 月止）
　　　　周明强（12 月任）
副主任：江　科（10 月任）
　　　　谭　怡（10 月任）
纪检组组长：赵　轲（10 任，12 月止）

畜牧局

局长、党组书记：张　奇（10 月止）
　　　　　　　　徐忠智（10 月任）
副局长：李红继（11 月止）
　　　　李新民（7 月止）
　　　　杨　光（8 月任）
　　　　徐成君（11 月任）
纪检组组长：袁登华（12 月止）

农机局

局长、党组书记：袁贵洪（10 月止）
　　　　　　　　李红继（11 月任）
副局长：毛先平（继任）
　　　　王卫东（继任）
纪检组组长：康红艳（12 月止）

三产办（旅游局）（合署办公）

旅游局局长、党组书记：邓　兵（继任）
主　任：胡凤翔（6 月止）
　　　　陈丽红（6 月任）
副主任：李　茂（11 月任）
旅游局副局长：钟　华（继任）
　　　　　　　李　勤（继任）
旅游局纪检组组长：盛晓波（12 月止）

彭祖山风景区工作局

局　长：木宗锋（继任）
副局长：廖　玻（兼，4 月止）
　　　　唐俊刚（继任）
　　　　张　蓉（继任）
规建股股长：冯　军（继任）
财务监审股股长：宋　刚（继任）

投促局

局长、党组书记：周　浩（继任）
副局长：夏礼俊（6 月止）
　　　　代　丽（继任）
　　　　王昱凯（10 月任）
纪检组组长：舒　心（12 月止）

供销社

主　任：曾洪秀（12 月止）
副主任：陈　建（继任）
　　　　陈雅利（继任）
纪检组组长：高　勇（4 月任，12 月止）

档案局

局　长：张富明（继任）
副局长：徐　丽（继任）
　　　　黄永红（继任）

公共资源交易中心

主　任：刘碧波（10 月止）
党组书记：陈丽红（6 月止）
　　　　　刘碧波（6 月任，10 月止）
副主任：陈丽红（6 月止）
　　　　李　巍（10 月止）
　　　　陈文秀（7 月任，10 月止）
纪检组组长：张明亮（10 月止）

公共资源交易分中心（2016年，公共资源交易中心更名）

主　任：刘碧波（10月任）
党组书记：刘碧波（10月任）
副主任：李　巍（10月任）
　　　　陈文秀（10月任）
纪检组组长：张明亮（10月任，12月止）

扶贫和移民工作局

局　长：游德成（10月止）
　　　　曾　理（10月任）
常务副局长：方志良（1月止）
副局长：李　洪（继任）
　　　　范有恒（6月任）

眉山市彭山区政协工作部门

办公室

主　任：骆志强（继任）
副主任：陈　平（继任）
　　　　刘　昶（继任）

委员管理联络委

主　任：符洪林（9月任）
专职副主任：

提案委

主　任：陈永华（11月止）
　　　　赵洪良（11月任）
副主任：倪文玉（继任）

经济科技委

主　任：刘学成（继任）
副主任：梁　跃（继任）

民族宗教文史委

主　任：郭　晶（11月止）
　　　　许德英（11月任）
副主任：杨丽君（7月止）
　　　　张　宏（7月任）

农业委

主　任：王伦祥（继任）
副主任：李叔哗（继任）

教文体医卫委

主　任：欧阳娟（11月止）
副主任：李国信（继任）

法联委

主　任：陈华春（1月任）
副主任：张富贵（继任）

四川彭山经济开发区

党工委书记：邓　强（继任）
党工委副书记：严开义（继任）
管委会主任：严开义（继任）
党工委委员、管委会副主任：
　　　　余利平（12月止）
　　　　许宏连（继任）
　　　　杨　健（继任）
党工委专职副书记：谢万钧（继任）
管委会主任助理：刘刚岭（继任，市园林局工程师挂职）

四川彭山经济开发区管理委员会工作机构

党群工作部

部　长：梁学红（继任）

办公室

主　任：刘海福（2月任）
副主任：郭泳涛（4月止）
　　　　潘　燕（12月任）

招商局

局　长：金　戈（继任）

副局长：倪　平（6月任）

规划建设局

局　长：王　勤（聘任，12月止）

刘　燕（12月任）

副局长：罗小英（继任）

财政局

局　长：李容梅（聘任，继任）

副局长：胡　瑞（聘任，继任）

纪检组组长：宋德强（6月任，12月止）

群众工作局

局　长：梁学红（继任）

段　炼（4月任）

副局长：冯建伟（聘任，继任）

经济发展局

局　长：李　昶（聘任，继任）

副局长：周绍华（继任）

信息服务中心

主　任：段　炼（4月止）

副主任：胡江华（4月止）

欧月林（4月止）

项目服务中心

主　任：郭泳涛（4月任）

副主任：胡江华（4月任）

欧月林（4月任）

成眉石化园区

党工委书记：周荣华（继任）

党工委副书记、管委会主任：杨兴弘（继任）

副主任：常　盛（继任）

纪工委书记：张　彦（继任）

管委会主任助理：

党工委党群工作部部长：陈玲玲（7月任）

成眉石化园区管理委员会工作机构

办公室

主　任：常　盛（继任）

副主任：余　珊（聘任，继任）

招商局

局　长：周　影（继任）

规划建设局

局　长：刘　燕（12月止）

经济发展局

局　长：雷梁秋（聘任，继任）

信息服务中心

主　任：费　循（4月止）

财务融资局

局　长：张媛媛（7月任）

项目服务中心

主　任：费　循（4月任）

乡镇机关领导名录

凤鸣镇（撤销）

党委书记：曾　理（10月止）
党委副书记、镇长：张　奇（10月止）
人大主席：张　勇（10月止）
党委副书记：张永峰（10月止）
　　林胜元（6月止）
纪委书记：张永峰（4月止）
　　周彭港（4月任，10月止）
党委副书记、政法委书记：
　　周彭港（4月止）
党委副书记：徐　舟(4月任,10月止,下派)
人武部部长、副镇长：赵耀洲（11月止）
副镇长：谢有根（4月止）
　　曾　勇（4月止）
　　叶浩洋（4月任，10月止）
　　刘红玉（4月任，10止）
　　吴定威（4月任，10月止）
矛盾纠纷大调解中心专职副主任：
　　雷梁春（10月止）
党委组织委员：冯南溪（6月任，10月止）

凤鸣街道（2016年，凤鸣镇撤镇设街道办事处）

党工委书记：张　奇（10月任）
党工委副书记、办事处主任：张　勇(10月任)
党工委副书记：阚雪银（7月任，省检察院办公室主任科员挂职）
　　张永峰（10月任）
　　林胜元（挂职，6月任）
纪工委书记：周彭港（10月任）
人武部部长、办事处事副主任：
　　赵耀洲（11月任）
办事处副主任：刘红玉(10月任,12月止)
　　吴定威（11月任）
矛盾纠纷大调解中心专职副主任：
　　雷梁春（10月任）
党工委组织委员：冯南溪（10月任）

彭溪镇（撤销）

党委书记：刘　跃（10月止）
党委副书记、镇长：喻建勇（10月止）
人大主席：毛沛恒（10月止）
党委副书记：唐隆华（10月止）
　　杨汶元（6月止）
纪委书记：唐隆华（4月止）
　　郑　靓（4月任，10月止）
党委副书记、政法委书记：
　　郑　靓（10月止）
人武部部长、副镇长：潘建兵（4月止）
副镇长：马　翔（10月止）
　　杨　鑫（10月止）
　　许　鸣（10月止）
矛盾纠纷大调解中心专职副主任：
　　段晓川（10月止）
党委组织委员：辜晓霞（6月任，10月止）

彭溪街道（2016年，彭溪镇撤镇设立街道办事处）

党工委书记：刘　跃（10月任）
党工委副书记、办事处主任：
喻建勇（10月任）
工委主任：毛沛恒（10月任）
党工委副书记：宋　伦（7月任，省检察院办公室主任科员挂职）
唐隆华（10月任）
杨汶元（挂职，6月任）
纪工委书记：郑　靓（10月任）
人武部部长、办事处事主任：
马　翔（10月任）
办事处副主任：杨　鑫（10月任）
许　鸣（10月任）
矛盾纠纷大调解中心专职副主任：
段晓川（10月任）
党工委组织委员：辜晓霞（10月任）

青龙镇

党委书记：谢万钧（6月止）
王佑泽（6月任）
党委副书记、镇长：吴　洪（4月止）
余卫斌（4月任，10月止）
徐　舟（10月任）
人大主席：胡小丁（4月止）
王　皓（4月任）
党委副书记：刘　锐（继任）
纪委书记：刘　锐（4月止）
贾　洋（4月任）
党委副书记、政法委书记：
贾　洋（4月止）
党委副书记：徐永平（4月止，挂职，区城管办副主任）
王杰宇（继任，市政府天府新区综合科科长挂职）
人武部部长、副镇长：覃光敏（继任）
副镇长：曾　婷（继任）
张　雷（10月任）
矛盾纠纷大调解中心主任：
专职副主任：李加华（继任）
党委组织委员 ：
宋　倩（4月任，试用期一年）

观音镇

党委书记：邱　磊（10月止）
谢　红（10月任）
党委副书记、镇长：毛　琨（继任）
人大主席：盛　帅（继任）
党委副书记、纪委书记：
杨正朝（4月止）
纪委书记：陈　伟（4月任）
党委副书记、政法委书记：
陈　伟（4月止）
党委副书记：王　嫦（4月任）
副镇长：徐廷卫（继任）
干孟林（4月止）
潘竞平（继任）
张海鹏（10月任）
人武部部长：徐廷卫（6月止）
潘竞平（6月任）

矛盾纠纷大调解中心专职副主任：

袁建坤（继任）

党委组织委员：

蔡志利（4月任，试用期一年）

江口镇

党委书记：廖 玫（4月止）

吴 洪（6月任）

党委副书记、镇长：袁 睿（继任）

人大主席：葛开红（继任）

党委副书记：廖志强（10月止）

纪委书记：廖志强（4月止）

吴玉君（4月任）

党委副书记、政法委书记：

吴玉君（4月止）

党委副书记：雷红梅（10月任）

人武部部长、副镇长：高 勇（4月止）

杨 铭（6月任）

副镇长：刘红玉（4月止）

刘洪春（继任）

杨 茗（10月任）

王 蕾（10月任）

矛盾纠纷大调解中心专职副主任：

陈 汐（继任）

党委组织委员：

彭蜀明（4月任，试用期一年）

谢家镇

党委书记：王仲文（继任）

党委副书记、镇长：肖 敏（10月止）

廖志强（10月任）

人大主席：李永轶（继任）

党委副书记：林中飞（继任）

纪委书记：林中飞（4月止）

帅 锋（4月任）

党委副书记、政法委书记：

帅 锋（4月止）

人武部部长、副镇长：吴定威（4月止）

人武部部长：梁 伟（6月任）

副镇长：侯明攀（4月止）

何 锋（继任）

梁 伟（10月任）

徐 萍（10月任）

矛盾纠纷大调解中心专职副主任：

梁 伟（6月止）

党委组织委员：

曾 萍（4月任，试用期一年）

公义镇

党委书记：李桂平（继任）

党委副书记、镇长：余卫斌（4月止）

张 敏（4月任）

人大主席：王 皓（4月止）

宋 群（4月任）

党委副书记：刘江岸（继任）

纪委书记：刘江岸（4月止）

黄利全（4月任）

党委副书记、政法委书记：

郑秀芬（4月止）

人武部部长、副镇长：刘雪超（继任）

副镇长：刘琴英（4月止）

代建辉（4月任）

孙 岩（10月任）

矛盾纠纷大调解中心专职副主任：

张海鹏（6月止）

党委组织委员：

刘琴英（4 月任，试用期一年）

黄丰镇

党委书记：谢　红（10 月止）

巨晓峰（10 月任）

党委副书记、镇长：周亚琳（4 月止）

闵昌迪（4 月任）

人大主席：易建兵（4 月止）

杨正朝（4 月任）

党委副书记：彭静渊（继任）

纪委书记：彭静渊（4 月止）

周　宇（4 月任）

党委副书记、政法委书记：

周　宇（4 月止）

副镇长：李　林（10 月止）

袁长清（4 月止）

陈　兵（10 月任）

叶浩洋（10 月任）

人武部部长、副镇长：李德强（4 月止）

叶浩洋（10 月任）

矛盾纠纷大调解中心专职副主任：

党委组织委员：

夏海朝（4 月任，试用期一年）

义和乡

党委书记：杨开华（继任）

党委副书记、乡长：郭　韬（继任）

人大主席：宋　群（4 月止）

易建兵（4 月任）

党委副书记：毛丽沙（继任）

纪委书记：毛丽沙（4 月止）

杨　星（4 月任）

党委副书记、政法委书记：

骆仕忠（4 月止）

副乡长：徐　东（4 月任）

杨魁锋（10 月任）

人武部部长、副乡长：杨　柯（4 月止）

人武部部长：徐　东（6 月任）

矛盾纠纷大调解中心专职副主任：

伍从凯（继任）

党委组织委员：

杨　柯（4 月任，试用期一年）

牧马镇

党委书记：许晓飞（继任）

党委副书记、镇长：刘　伟（继任）

人大主席：彭忠卫（4 月止）

徐永平（4 月任）

党委副书记：陈海懿（继任）

纪委书记：陈海懿（4 月止）

余盛坤（4 月任）

党委副书记、政法委书记：

赵德根（4 月止）

副镇长：黄　伟（4 月止）

刘　勇（4 月止）

毛丽娟（4 月任）

毛先勤（10 月任）

人武部部长、副镇长：李仁建（继任）

矛盾纠纷大调解中心专职副主任：

杨明军（继任）

党委组织委员：

刘　勇（4 月任，试用期一年）

锦江乡

党委书记：钟　阳（10 月止）

肖　敏（10 月任）

党委副书记、乡长：章　静（继任）
人大主席：熊　勇（4月止）
　　罗　俊（4月任）
党委副书记：黄利全（继任）
纪委书记：黄利全（4月止）
　　孙　政（4月任）
党委副书记、政法委书记：
　　杨　星（4月止）
副乡长：孙　政（4月止）
　　赵品栋（4月任）
　　姜　坤（10月任）
人武部部长、副乡长：孙　政（4月止）
　　姜　坤（6月任）
矛盾纠纷大调解中心专职副主任：
　　冯　胜（继任）
党委组织委员：
　　鲁　川（4月任，试用期一年）

武阳镇

党委书记：梁　兰（10月止）
　　余卫斌（10月任）
党委副书记、镇长：喻　刚（继任）
人大主席：闵昌迪（3月止）
　　胡晓菲（4月任）
党委副书记：王晨蕾（4月任）
党委副书记、纪委书记：胡晓菲（4月止）
纪委书记：倪　杨（6月任）
党委副书记、政法委书记：
　　倪　杨（6月止，区接待办副主任下派）
副镇长：游翎瀚（团区委下派10月止，10月任）
　　王晨蕾（4月止）
　　曾　勇（4月任）
　　佘　毅（10月任）
人武部部长：游翎瀚（6月任）
矛盾纠纷大调解中心专职副主任：
　　黄德双（继任）
党委组织委员：
　　徐　佩（4月任，试用期一年）

保胜乡

党委书记：任　柱（继任）
党委副书记、乡长：刘庆伟（继任）
人大主席：陈　宇（继任）
党委副书记：向东平（继任）
纪委书记：向东平（4月止）
　　潘建兵（4月任）
党委副书记、政法委书记：
　　王　嫦（4月止）
人武部部长、副乡长：谭树祥（4月止）
人武部部长：贺　建（6月任）
副乡长：贺　建（继任）
　　包恒华（10月任）
矛盾纠纷大调解中心专职副主任：
　　岳品忠（继任）
党委组织委员：
　　张　鸥（4月任，试用期一年）

2016 年度获市委、市政府以上表彰的先进个人名录

表 3

姓　名	工作单位	荣誉名称	表彰机关	获奖文件字号
杨海龙	区农业局	全国农田面源污染监测技术体系的创建与应用获一等奖	农业部	证书
李国会	区农业局	全国农田面源污染监测技术体系的创建与应用获一等奖	农业部	证书
谢蓉梅	区公安分局刑侦大队	刑事技术青年人才	公安部	公刑〔2016〕1801 号
黎文林	区委群工部	全省优秀共产党员、优秀党务工作者	省委	川委〔2016〕437 号
李红春	区农业局	科技进步奖	省政府	川府发〔2016〕21 号
张咸成	区农业局	科技进步奖	省政府	川府发〔2016〕21 号
刘　昶	区政协	2016 年度全省政协新闻宣传先进工作者和《四川政协报》优秀通讯员	省政协办公厅	川政协厅〔2016〕71 号
陈永华	区政协	2016 年度全省政协新闻宣传先进工作者和《四川政协报》优秀通讯员	省政协办公厅	川政协厅〔2016〕71 号
余红星	区科协	省“讲理想、比贡献”活动优秀组织者	省科协、省人社厅	川人社发〔2016〕55 号
宋小明	区工商质监局	省工商行政管理系统先进个人	省人社局、省工商局	川人社发〔2017〕12 号
吴正维	区司法局	四川省司法行政先进个人	省人社厅、省司法厅	川人社发〔2016〕63 号
刘黔玲	区史志办	四川省党史部门先进工作者	省人社厅、省委党史研究室	川人社发〔2016〕3 号
余立刚	区疾控中心	四川省公共卫生工作先进个人	省人社厅、省卫计委、省中管局	川人社发〔2016〕7 号
李绍清	区爱委会	四川省爱国卫生运动委员会先进个人	省爱国卫生运动委员会	川爱卫发〔2016〕4 号
周　平	区人民医院	四川省卫生计生系统先进个人	省人社厅、省卫计委、省中管局	川人社发〔2016〕53 号
汪玉伦	区农业局	农业行政处罚优秀案卷	省农业厅	川农业函〔2016〕826 号
陈秀如	区农业局	农业行政处罚优秀案卷	省农业厅	川农业函〔2016〕826 号
罗　慧	区农业局	农业行政处罚优秀案卷	省农业厅	川农业函〔2016〕826 号
蒋宗善	区食药监局	四川省食品药品监督管理系统先进个人	省人社厅、省食监局	川人社发〔2016〕39 号
王晓波	区教体局	四川教育宣传工作先进个人	四川教育报刊社	川教刊〔2016〕9 号

续表 3

姓　名	工作单位	荣誉名称	表彰机关	获奖文件字号
梁庆伟	区教体局	四川教育宣传工作先进个人	四川教育报刊社	川教刊〔2016〕9 号
翟廷伟	谢家镇中心小学	2016 年度四川省优秀乡村教师	省教育厅	川教函〔2016〕428 号
张　艳	黄丰镇初级中学	2016 年度四川省优秀乡村教师	省教育厅	川教函〔2016〕428 号
周　熙	区教体局	四川省教育系统关心下一代工作先进个人	省教育厅、关工委	川教关函〔2016〕13 号
张春祥	区水务局	2016 年度四川省防汛抗旱先进个人	省防汛抗旱指挥部、省人社厅	川人社发〔2016〕48 号
余　海	区公安分局交警大队	个人一等功	省公安厅	川公奖字〔2016〕40 号
罗　阳	区公安分局刑侦大队	个人一等功	省公安厅	川公奖字〔2016〕40 号
刘良贵	区公安分局	个人二等功	省公安厅	川公奖字〔2016〕40 号
郑　超	区公安分局情报大队	个人二等功	省公安厅	川公奖字〔2016〕40 号
秦小虎	区公安分局网安大队	个人二等功	省公安厅	川公奖字〔2016〕40 号
郎占邓知	区公安分局刑侦大队	个人二等功	省公安厅	川公奖字〔2016〕40 号
尹建春	青龙镇派出所	个人三等功	省公安厅	川公奖字〔2015〕86 号
范明鲜	区看守所	全省优秀公安监所所长	省公安厅监管总队	公厅监〔2015〕136 号
李廷洪	区拘留所	全省公安监所教育感化深挖犯罪工作先进个人	省公安厅监管总队	公厅监〔2015〕136 号
付　华	区安监局	2016 年全省“安全生产月”活动先进个人	省安监局	川安办函〔2016〕110 号
岳龙建	区法院	庭审标兵	省高院	川高法〔2016〕6 号
张　梅	区法院	四川省三八红旗手	省妇女联合会	川妇字〔2016〕7 号
娄江永	区法院	岗位标兵	省高院	川高法〔2016〕163 号
李素华	区法院	荣誉天平奖章	省高院	川高法〔2016〕514 号
段利霞	区法院	荣誉天平奖章	省高院	川高法〔2016〕514 号
熊琳艳	区法院	荣誉天平奖章	省高院	川高法〔2016〕514 号
岳龙建	区法院	荣誉天平奖章	省高院	川高法〔2016〕514 号
曹　伟	区法院	荣誉天平奖章	省高院	川高法〔2016〕514 号
刘献根	区法院	荣誉天平奖章	省高院	川高法〔2016〕514 号
徐孟鸿	区地税局	“互联网＋税务创意项目和创意点子”一等奖	省地方税务局	眉地税函〔2016〕86 号
张　梅	区法院	省三八红旗手	省妇联	川妇字〔2016〕7 号

续表 3

姓　名	工作单位	荣誉名称	表彰机关	获奖文件字号
谭福轩	区政协	2015 年度“绿海明珠”大会战工作先进个人	市委、市政府	眉委〔2016〕47 号
黎文林	区委群工部	“绿海明珠”“千湖之城”“百园之市”大会战等工作先进个人	市委、市政府	眉委〔2016〕47 号
卓德松	区委统战部	全市统战工作先进个人	市委、市政府	眉委〔2016〕59 号
王太勇	区住建局	2015 年度“绿海明珠”大会战工作先进个人	市委、市政府	眉委〔2016〕47 号
郭　益	区公安分局	2015 年维稳工作先进个人	市委、市政府	眉委〔2016〕47 号
常　盛	成眉石化园区	2015 年度工业发展先进个人	市委、市政府	眉委〔2016〕47 号
张　彦	成眉石化园区	2015 年度维稳、综治、大调解、群众和信访工作先进个人	市委、市政府	眉委〔2016〕47 号
杨兴弘	成眉石化园区	2016 年度群众和信访工作先进个人	市委、市政府	眉委〔2017〕28 号
严开义	经开区	2016 年度群众和信访工作先进个人	市委、市政府	眉委（ 2017 ）28 号
许宏连	经开区	2016 年度工业发展先进个人	市委、市政府	眉委（ 2017 ）35 号
黄　昊	区审计局	2015 年全市审计工作先进个人	市委、市政府	眉委办〔2016〕24 号
邓学奎	区卫计局	综治维稳工作先进个人	市委、市政府	眉委〔2016〕47 号
诸海蒂	区人民医院	眉山市关心下一代工作先进个人	市委、市政府	眉委〔2016〕113 号
张　莉	区统计局	工业发展先进个人	市委、市政府	眉委〔2016〕47 号
罗鸿翔	区教体局	眉山市 2015 年综治工作先进个人	市委、市政府	眉委〔2016〕47 号
王佑泽	青龙镇	关心下一代工作先进个人	市委、市政府	眉委〔2016〕113 号
谭　铃	青龙镇	关心下一代工作先进个人	市委、市政府	眉委〔2016〕113 号
曾勇强	区公安分局	2016 年度维稳工作先进个人	市委、市政府	眉委〔2017〕28 号
刘良贵	区公安分局	综治工作先进个人	市委、市政府	眉委〔2016〕47 号
袁智勇	区公安分局国保大队	群众和信访工作先进个人	市委、市政府	眉委〔2016〕47 号
程　磊	区公安分局交警大队	2016 年度大调解工作先进个人	市委、市政府	眉委〔2017〕28 号
梁　兰	武阳镇	主动作为创一流先进个人	市委、市政府	眉委〔2016〕128 号
付　超	区法院	关心下一代工作先进个人	市委、市政府	眉委〔2016〕113 号
梁　磊	区委	2015 年度主动作为创一流先进个人	市委	眉委〔2016〕128 号
梁　磊	区委	2015 年度“绿海明珠”大会战工作先进个人	市委	眉委〔2016〕47 号

续表 3

姓　名	工作单位	荣誉名称	表彰机关	获奖文件字号
罗万东	区政府	2015 年度主动作为创一流先进个人	市委	眉委〔2016〕128 号
罗万东	区政府	2015 年度工业发展工作先进个人	市委	眉委〔2016〕47 号
谭福轩	区政协	2015 年度“绿海明珠”大会战工作先进个人	市委	眉委〔2016〕47 号
郭　红	区委	2015 年度大调解工作先进个人	市委	眉委〔2016〕47 号
郭　红	区委	2015 年度主动作为创一流先进个人	市委	眉委〔2016〕128 号
郭　红	区委	2015 年度都市近郊型现代农业发展工作工作先进个人	市委	眉委〔2016〕47 号
王　艳	区委	眉山市关心下一代工作先进个人	市委	眉委〔2016〕113 号
李洪强	区政府	2015 年度十大民生工程和 20 件民生大事工作先进个人	市委	眉委〔2016〕47 号
李洪强	区政府	2015 年度主动作为创一流先进个人	市委	眉委〔2016〕128 号
郭　茂	区人大	2015 年度都市近郊型现代农业发展工作先进个人	市委	眉委〔2016〕47 号
姚文第	区政府	2015 年度综合交通大会战工作先进个人	市委	眉委〔2016〕47 号
李忠云	区委政法委	2015 年度主动作为创一流先进个人	市委	眉委〔2016〕128 号
李忠云	区委政法委	2015 年“百园之市”大会战工作先进个人	市委	眉委〔2016〕47 号
李忠云	区委政法委	2015 年度群众和信访工作先进个人	市委	眉委〔2016〕47 号
邓　强	经开区	2015 年度“绿海明珠”大会战工作先进个人	市委	眉委〔2016〕47 号
严开义	经开区	2015 年度群众和信访工作先进个人	市委	眉委〔2016〕47 号
游德华	区政府	2015 年度十大民生工程和 20 件民生大事工作先进个人	市委	眉委〔2016〕47 号
彭　艳	区委编办	眉山市优秀党务工作者	市委	眉委〔2016〕112 号
张鸿涛	区委农工办	2016 年度都市近郊型现代农业发展工作先进个人	市委	眉委〔2017〕28 号
张鸿涛	区委农工办	2016 年度主动作为创一流先进个人	市委	眉委〔2017〕39 号
刘　斌	区司法局	2015 年度调解能手	市委	眉委〔2016〕47 号
陈建华	区司法局	2015 年度群众和信访工作先进个人	市委	眉委〔2016〕47 号
李桂平	公义镇	2015 年度维稳、综治、大调解、群众和信访工作先进个人	市委	眉委〔2016〕47 号

续表 3

姓　名	工作单位	荣誉名称	表彰机关	获奖文件字号
郑利苹	公义镇	2015 年度优秀网格员	市委	眉委〔2016〕47 号
李桂平	公义镇	2015 年度都市近郊型现代农业发展工作先进个人	市委	眉委〔2016〕47 号
吴建国	公义镇	全市优秀共产党员	市委	眉委〔2016〕112 号
余　波	区财政局	眉山市优秀党务工作者	市委	眉委〔2016〕112 号
郭　红	区检察院	2015 年度大调解工作先进个人	市委	眉委〔2016〕47 号
袁　玲	区检察院	眉山市优秀党务工作者	市委	眉委〔2016〕112 号
廖　红	区中医医院	全市优秀共产党员	市委	眉委〔2016〕112 号
李春华	义和乡喻沟村	优秀共产党员	市委	眉委〔2016〕112 号
凌茂君	区农业局	都市近郊型现代农业发展工作先进个人	市委	眉委〔2016〕47 号
朱双建	黄丰镇双塘村	优秀共产党员	市委	眉委〔2016〕112 号
魏中全	区第一中学	眉山市优秀共产党员	市委	眉委〔2016〕112 号
王佑泽	青龙镇	优秀党务工作者	市委	眉委〔2016〕112 号
潘　淼	区城乡规划局	2015 年度国土资源管理工作先进个人	市委	眉委〔2016〕59 号
柴洪军	区水务局	2015 年度千湖之城大会战工作先进个人	市委	眉委〔2016〕47 号
柴洪军	区水务局	2015 年度群众和信访工作先进个人	市委	眉委〔2016〕47 号
柴洪军	区水务局	2015 年度主动作为创一流先进个人	市委	眉委〔2016〕128 号
梁　兰	武阳镇	优秀党务工作者	市委	眉委〔2016〕112 号
宋小英	武阳镇	优秀共产党员	市委	眉委〔2016〕112 号
梁　兰	武阳镇	群众和信访工作先进个人	市委	眉委〔2016〕47 号
王仲文	谢家镇政府	综治先进个人	市委	眉委〔2017〕28 号
袁　玲	区检察院	2015 年度走基层先进个人	市委	眉委办〔2016〕24 号
郭　红	区委	2015 年第三产业工作先进个人	市政府	眉府函〔2016〕27 号
郭　红	区委	2015 年旅游工作先进个人	市政府	眉府函〔2016〕27 号
蒋会强	区政府	2015 年食品安全工作先进个人	市政府	眉府函〔2016〕27 号
郭　益	区公安分局	道路交通安全综合整治工作先进个人	市政府	眉府函〔2016〕47 号
郭　茂	区人大	第三届四川农业博览会参会工作先进个人	市政府	眉府办函〔2016〕29 号

续表 3

姓　名	工作单位	荣誉名称	表彰机关	获奖文件字号
游德华	区政府	2015 年食品安全工作先进个人	市政府	眉府函〔2016〕27 号
张鸿涛	区委农工办	第三届四川农业博览会参会工作先进个人	市政府	眉府办函〔2016〕29 号
陈　俊	区委农工办	第三届四川农业博览会参会工作先进个人	市政府	眉府办函〔2016〕29 号
曾　进	区工商质监局	2015 年民营经济工作先进个人	市政府	眉府函〔2016〕27 号
赵耀洲	凤鸣镇	2015 年食品安全工作先进个人	市政府	眉府函〔2016〕27 号
潘竞平	观音镇	2015 年食品安全工作先进个人	市政府	眉府函〔2016〕27 号
余卫斌	公义镇	2015 年食品安全工作先进个人	市政府	眉府函〔2016〕27 号
王　岚	区食药监局	2015 年食品安全工作先进个人	市政府	眉府函〔2016〕27 号
罗鸿翔	区教体局	2015 年食品安全工作先进个人	市政府	眉府函〔2016〕27 号
马兴援	区质监局	2015 年食品安全工作先进个人	市政府	眉府函〔2016〕27 号
李新民	区畜牧局	2015 年食品安全工作先进个人	市政府	眉府函〔2016〕27 号
陈　波	区卫计局	2015 年食品安全工作先进个人	市政府	眉府函〔2016〕27 号
胡凤翔	区三产办	2015 年第三产业工作先进个人	市政府	眉府函〔2016〕27 号
钟　华	区旅游局	2015 年旅游工作先进个人	市政府	眉府函〔2016〕27 号
盛晓波	区旅游局	2015 年旅游工作先进个人	市政府	眉府函〔2016〕27 号
宋碧梅	区总工会	2011—2015 年度妇女儿童工作先进个人	市政府	眉府函〔2016〕101 号
张　萍	区园林局	防汛减灾工作先进个人	市政府	眉府函〔2016〕182 号
邓敏志	区林业局	血吸虫病防治工作先进个人	市政府	眉府函〔2016〕169 号
周　慧	区卫计局	2011—2015 年度妇女儿童工作先进个人	市政府	眉府函〔2016〕101 号
乔　璐	区血防站	血吸虫病防治工作先进个人	市政府	眉府函〔2016〕169 号
兰　强	区血防站	血吸虫病防治工作先进个人	市政府	眉府函〔2016〕169 号
绕则太	区血防站	血吸虫病防治工作先进个人	市政府	眉府函〔2016〕169 号
张杰茜	区统计局	民营经济工作先进个人	市政府	眉府函〔2016〕27 号
王 岚	区食药监局	2015 年度食品安全工作先进个人	市政府	眉府函〔2016〕27 号
罗鸿翔	区教体局	眉山市 2015 年度教育工作先进个人	市政府	眉府函〔2016〕12 号
刘光玖	区教体局	眉山市 2015 年度教育工作先进个人	市政府	眉府函〔2016〕12 号

续表 3

姓　名	工作单位	荣誉名称	表彰机关	获奖文件字号
干　涛	区教体局	眉山市 2015 年度教育工作先进个人	市政府	眉府函〔2016〕12 号
王洪伟	彭山一中	眉山市 2015 年度教育工作先进个人	市政府	眉府函〔2016〕12 号
毛太成	彭山二中	眉山市 2015 年度教育工作先进个人	市政府	眉府函〔2016〕12 号
张世贵	武阳镇初级中学	眉山市 2015 年度教育工作先进个人	市政府	眉府函〔2016〕12 号
余光军	牧马镇府河学校	眉山市 2015 年度教育工作先进个人	市政府	眉府函〔2016〕12 号
伍鹏程	区职业高中	眉山市 2015 年度教育工作先进个人	市政府	眉府函〔2016〕12 号
刘泽良	云堡智能幼稚园	眉山市 2015 年度教育工作先进个人	市政府	眉府函〔2016〕12 号
罗鸿翔	区教体局	眉山市 2011—2015 年度妇女儿童工作先进个人	市政府	眉府函〔2016〕101 号
王洪伟	彭山一中	眉山市优秀校长	市政府	眉府函〔2016〕116 号
罗康林	青龙镇第一小学	眉山市优秀校长	市政府	眉府函〔2016〕116 号
任继操	彭山二中	眉山市知名教师	市政府	眉府函〔2016〕116 号
张　林	黄丰镇中心小学	眉山市优秀教师	市政府	眉府函〔2016〕116 号
刘晓莉	观音镇初级中学	眉山市优秀教师	市政府	眉府函〔2016〕116 号
袁　宏	彭溪镇中心小学	眉山市优秀教师	市政府	眉府函〔2016〕116 号
段根秀	武阳初中	眉山市优秀教师	市政府	眉府函〔2016〕116 号
刘晓燕	鹏利小学	眉山市优秀教师	市政府	眉府函〔2016〕116 号
张　翔	谢家镇第一初级中学	眉山市优秀教师	市政府	眉府函〔2016〕116 号
吴锦秀	彭山一中	眉山市优秀教师	市政府	眉府函〔2016〕116 号
叶榆茂	彭山区职高	眉山市优秀教师	市政府	眉府函〔2016〕116 号
张　帆	凤鸣镇灵石小学	眉山市优秀教师	市政府	眉府函〔2016〕116 号
唐　议	彭山二小	眉山市优秀教师	市政府	眉府函〔2016〕116 号
张安强	彭山一中	眉山市知名教师	市政府	眉府函〔2016〕116 号
谢玉民	区交通运输局	千亿交通大会战先进个人	市政府	眉府函〔2017〕24 号
谢　丽	区委统战部	2011—2015 年度妇女儿童工作先进个人	市政府	眉府函〔2016〕101 号
李永红	区水务局	2012—2016 年防汛减灾工作先进集体	市政府	眉府函〔2016〕182 号

续表 3

姓　名	工作单位	荣誉名称	表彰机关	获奖文件字号
徐　中	区水务局	市血吸虫病防治工作先进个人	市政府	眉府函〔2016〕169 号
程　轲	区公安分局	2012—2016 年防汛减灾工作先进个人	市政府	眉府函〔2016〕182 号
杨　刚	区公安分局交警大队	道路交通安全综合整治工作先进个人	市政府	眉府函〔2016〕47 号
杨　岚	区公安分局	道路交通安全综合整治工作先进个人	市政府	眉府函〔2016〕47 号
王　琦	区公安分局	妇女儿童工作先进个人	市政府	眉府函〔2016〕101 号
杨代福	公义镇	2015 年度道路交通安全综合整治工作先进个人	市政府	眉府函〔2016〕47 号
李桂平	公义镇	2011—2015 年度妇女儿童工作先进个人	市政府	眉府函〔2016〕101 号
梁　兰	武阳镇	2015 年度全市森林防火工作先进个人	市政府	眉府办函〔2016〕21 号
游翎翰	武阳镇	2015 年度征兵工作先进个人	市政府	眉府函〔2016〕89 号
梁　兰	武阳镇	2015 年小春农作物秸秆焚烧与综合利用工作先进个人	市政府	眉府函〔2016〕112 号
王仲文	谢家镇	2016 年小春农作物秸秆焚烧先进个人	市政府	眉府函〔2016〕1 号
代　丽	区投促局	第三届四川农业博览会参会工作先进个人	市政府	眉府办函〔2016〕29 号
黄莉均	区商务局	第三届四川农业博览会参会工作先进个人	市政府	眉府办函〔2016〕29 号

2016年彭山区百岁老人名单

表4

乡　镇	姓　名	性别	年龄	身份证号码	家庭住址	备注
青龙镇	李志轩	男	106	511128191001034219	桂林村5组	2016.10去世
	祝一清	女	104	511128191204201128	四河村5组	
	赵学彬	女	103	51112819131007422X	狮子村4组	
	黄学明	女	102	511128191412234223	桂林村6组	
	毛彬如	女	102	511128191406301127	永远村1组	
	杨松云	男	101	511128191510041113	龙都五组	
	徐学成	男	101	511128191502281111	四河村7组	
	黄玉清	女	101	511128191511181120	永远村4组	
保胜乡	赵绍武	男	102	511128191404124518	连桥村4社	
	廖吉轩	男	100	511128191609284515	连桥村1社	
彭溪镇	龚金枝	女	103	511128191304055244	毛店村12组	
	马碧辉	女	101	511128191506055226	兴崇1组	
凤鸣镇	李华英	女	100	511128191601255824	南星社区	2016.12去世
	帅仕祥	女	100	51112819161004552X	集关社区	2016.3去世
	朱学彬	女	104	511128191204065824	金烛村委会	2016.12去世
	徐学明	女	103	51112819130110002X	南星社区居委会	2016.8去世
	周玉贞	女	102	511128191403075523	石家村委会	2016.4去世
	张叔勤	女	101	511128191509045525	石家村委会	
公义镇	陈术清	男	102	511128191405111516	新开村8组	
	盛学彬	女	101	511128191502191546	农乐村6组	
	陈桂英	女	100	511128191602151525	红旗村6组	
	舒云安	男	100	511128191603121512	五马村4组	
	尹书明	女	100	511128191603151527	马林村7组	

续表 4

公义镇	李云华	女	100	511128191605101523	五马村 1 组	
	康佩群	女	100	511128191606211521	社区 3 组	
	杨立成	男	101	511128191505031513	欣荣村 3 组	
观音镇	刘余氏	女	100	511128191611264820	梓桐村 6 组	
	梁学华	女	104	511128191211054824	曾家村 1 组	
江口镇	苏学明	女	102	511128191407100642	茶场村 5 组	
	向学英	女	100	511128191612200626	双江村 6 组	
	熊南英	女	100	51112819160727062X	双江村 3 组	
	郑桂蓉	女	100	511128191611090621	石龙村 3 组	2016.12.20 去世
	王桂英	女	101	511128191509063029	土桥村 4 组	
锦江乡	邓志彬	女	101	51112819150515322X	联络村一社	
	罗学明	女	104	511128191205103226	联络村一社	
	魏学彬	女	100	511128191602053423	正华村八社	
	白思哑	女	101	511128191502103227	联络村六社	
	王素华	女	101	511128191510083924	武阳村 4 组	
	游志华	男	101	511128191504273916	武阳村 5 社	
	白素琴	女	102	511128191405183421	茯苓村 4 组	2016.6 去世
	宋学华	女	100	511128191603023920	大塘村 1 组	
	蔡如英	女	101	511128191511162325	五一村 9 组	
	李学彬	女	101	511128191511282327	五一村 1 组	2016.10 去世
	郭玉清	女	101	511128191512170626	顺江村	
	王国清	男	100	511128191608191915	红石村 3 组	2016.3 去世
	周学英	女	100	511128191608081927	石山村 1 组	2016.5 去世
	毛述华	女	100	511128191604061929	和平街 83 号	

总人数：47 人 （年末数 36 人） 男：10 人 女：37 人

乡镇概况

Towns Survey

凤鸣街道

【概况】 2016年，凤鸣街道地区生产总值（GDP）增速10.5%，全社会固定资产投资完成3.71亿元，城镇居民可支配收入达到27001元，农民人均纯收入达到14062元，招商引资实现12.67亿元，规模以上企业产值达到21亿元。

【机构变更】 2016年，根据《四川省人民政府关于同意眉山市彭山区调整部分乡镇行政区划的批复》（川府民政〔2016〕9号）和《眉山市人民政府关于同意彭山区调整部分乡镇行政区划的批复》（眉府函〔2016〕130号）文件精神，经省、市人民政府批准，彭溪镇撤镇设立街道办事处。

【党的建设】 2016年，凤鸣街道深入学习中共十八届五中、六中全会精神和习近平总书记系列重要讲话精神，学习省、市、区重大决策部署；认真组织开展“两学一做”学习教育和“干部进万家、送政策、解难题、聚民心”大走访；到眉山东坡区大石桥街道办事处、内江市隆昌县金鹅镇、宜宾市南溪街道办事处等地学习先进乡镇（街道）的党建和村（社区）管理工作。考核机制健全，促进干部职工积极性。不断强化和完善街道办事处机关干部日常考核制度，在“日考勤、周记实、月晒帐、季考评”的基础上，以制度的形式加强个人办公地点卫生和私家车规范停放的管理；继续坚持村（社区）工作季度考评通报制度；继续第一书记考核制度，将脱贫攻坚工作完成情况、出勤率、村社考核排名、村社争取资金物资及办实事情况纳入考核。强化民主政治建设，让权力在阳光下运行。认真执行民主集中制、重大事项班子成员议定制等领导班子议事决策制度；完善村（社区）党组织民主决策机制，结合“一事一议”，深化“四议两公开一监督”、党员议事会、村民监督委员（廉情监督委员会）会作用；推行党务村务公开、轮流坐班制；执行“三三制”调解机制；投入资金近84万元建成标准化党群服务中心大厅，开设集劳保就业、民政残联、党群服务、卫生计生、社会事业5个服务窗口，提高服务群众的办事效率。

【党风廉政建设】 2016年，凤鸣街道深化党风廉政建设，确保政治生态环境。坚持“标本兼治”的原则，认真抓好党员干部的党性、党风、党纪教育，建立、健全党员干部学习教育制度，强化民主监督机制，促进党风廉政建设。组织广大党员干部认真学习《中国共产党廉洁自律准则》和《中国共产党纪律处分条例》，学习贯彻中央、省、市、区有关文件精神。播放党风廉政建设教育片，增强党员干部遵纪守法的自觉性及明辨是非、拒腐防变的能力。在街道、村社区两级党组织换届中，全面落实“两个责任”，全程严肃监督执纪问责，确保换届工作风清气正。定期召开领导班子民主生活会，街道党工委班子以及各村（社区）党组织召开两次以上民主生活会，按照上级有关规定切实提高民主生活会质量。进一步建立、健全党风廉政建设制度和工作制度，全面实行村（社区）财街道管理，规范和完善《党务政务公开制度》《村（居）务公开制度》，大力推行“四议两公开一监督”工作法等，从源头上扼制违法、违纪案件的发生。建立党风廉政建设“六张清单”，实行台账式管理，全力构建惩防体系，完善反腐败制度建设，街道、村（社区）反腐败的制度体系基本确立。2016年，街道纪工委调查处理21起党风廉政社会评价问题，纪律处分7人，其中开除党籍6人。

【重点项目】 2016年，在区委、区政府重点项目的建设中，凤鸣街道高度重视，坚持以“党建引领、项目推进”为指导，科学优化各方力量积极开展工作，有力保证区委、区政府重点工程在凤鸣顺利推进。以货币化安置的形式高质量完成迎宾大道、太和大道、中医院、交通物资储备中心等项目建设；以实物安置的形式完成宝珠、石家、江渔3个土地双挂钩项目的拆迁工作以及宝珠、石家、江渔、易埝、惠灵5个村共1500余户3个安置点的安置区住房分配工作；“两河”流域治理有序推进，已强制关停污染作坊和养殖场5处。

【民生工程】 2016年，惠民帮扶服务网络不断拓展，惠民政策进一步落实，困难学生、困难职工、留守儿童、空巢老人、贫困母亲等社会特殊群体受到关爱救助，各项社会事业有序推进。2016年，城镇新增就业987人，失地人员再就业288人，就业困难对象再就业146人。农村被征地农民培训300人次，农民工在岗培训200人，创业培训70人；重大疫情得到有效控制，新型农村合作医疗、城镇医疗保险基本实现全覆盖，资助贫困白内障患者实施手术22人，开展大病救助140人；城乡低保实行动态管理，应保尽保、应退尽退，基本养老保险覆盖面不断扩大；扶贫攻坚工作扎实高效推进，全街道223户建卡贫困户全部脱贫；计划生育工作常抓不懈，奖抚政策全面落实，奖励扶助金及时发放到位；新规划的城南小学建设有序，区中医院主体工程建设基本完成；环境治理成效明显，共投入80万余元加强103线、新彭谢路和现代农业园区观光大道两旁环境保护和综合治理，凤鸣环境卫生得到极大改善。

【信访维稳】 2016年，街道党工委、办事处把信访、维稳及平安创建工作列入重要议程和年度工作目标，注重严打整治和完善防控体系，群众平安满意度不断提升，社会环境进一步改善。坚持领导接访、干部下访和矛盾纠纷排查调处机制，确保全国“两会”“国庆周年”庆典，省、市、区重要会议和重大活动期间，实现“零进京、零到省、零聚集、不出事”的目标。积极开展法律援助工作，深入开展

“七五”普法和“法律七进”活动，全力推进“法治凤鸣”建设。加强网格化管理工作，把人、地、物、事、组织等内容全部纳入其中，实施精细化、信息化、动态化社会服务管理，通过对重点人员的动态监测、对重点区域或设施的实时监控、对隐患矛盾的及时化解，有效实现社会服务“零距离”、社会管理“全覆盖”、居民诉求“全响应”。始终坚持把安全生产放在首要位置，进一步落实安全生产“五级五覆盖”责任，把各项工作做实、做细、做到位，扎实推进省级安全社区创建持续改进工作，坚决遏制重特大事故发生。

（魏鹏瞩）

彭溪街道

【重要事件】 2016年3月16日，彭山区彭溪街道办事处（以下简称“彭溪街道”）邀请省检察院公诉二处女子办案组开展“反家暴法”讲座。

10月12日下午，省人社厅政策研究处副处长戴立章一行，到彭溪镇劳保所调研，市人社局视察组成员，市就业局局长、区人社局局长的陪同调研。

省人社厅政策研究处副处长戴立章（右二）调研彭溪镇劳保所

10月31日，彭溪街道正式挂牌成立。撤镇设街后，不再召开党代会和人代会。

12月28日，彭溪街道各村（社区）召开村民选举大会，选举产生各村（社区）新一届村（居）委领导班子。

【机构变更】 2016年，根据《四川省人民政府关于同意眉山市彭山区调整部分乡镇行政区划的批复》（川府民政〔2016〕9号）和《眉山市人民政府关于同意彭山区调整部分乡镇行政区划的批复》（眉府函〔2016〕130号）文件精神，经省、市人民政府批准，彭溪镇撤镇设立街道办事处。

【概况】 彭溪街道位于饮誉全国的“忠孝之邦，长寿之乡——彭山区”城北，地处成都平原西南端，岷江上游西岸，属平坝地区，是四川省经济发展“一条线”的腹心。全街道辖区面积17.41平方公里，人口3.82万人，辖1个社区和4个行政村，共有41个农业社，9个居民小组，党员980人，21个支部，一个党委，两个总支。全年获省、市、区表彰31项。2016年，彭溪街道固定资产投入完成3.1亿元；规模企业总产值完成7.8亿元；招商引资完成12.15亿元；农民人均纯收入达15052元。

【项目工作】 2016年，老城商贸片区、锦江学院片区、彭祖新城片区、“中国长寿坊”片区、综合交通五大片区，“中国长寿坊”二期、彭溪小学改扩建，新一中、广水合江明珠、残疾人运动训练中心、棚户区改造，“卡口”安置区等20余个重点项目有序推进。2个月时间完成职高三期项目14户工作任务；省残疾人体育馆项目主体已完成；完成观光路景观节点房屋拆迁；完成景观打造1处；共交地160.67公顷，拆迁扫尾200余户；五湖四海河堤绿化项目建设有序推进；彭祖新城龙门新苑安置房、正一城市广场安置房等城市配套项目全面完成。安置房统规统建安置422户、912人；锦江学院三期确认安置266户、518人，安置区已打围，进入招投标阶段；签订货币化安置协议1158户、3698人，货币化补偿金额达5.95亿元，占全区货币化安置人数和金额的60%。货币化安置、拆违、预征地交地等重点工作得到区委书记、区长肯定性批示。

【产业发展】 2016年，以川大锦江学院为辐射推动的农家乐、房屋出租、副食品批发零售、网吧、水吧、书屋等“校园服务经济圈”正在发育形成，已发展到300余家，户均增收1万元以上。兴崇村依托岷江现代农业示范园，发展以四季水果、红心柚、葡萄、草莓为支柱产业的现代观光农业。依托岷江现代农业示范园，规范性流转土地260公顷。

【试点工作】 2016年，彭溪街道完成兴崇村集体资产股份制改革试点工作，成立兴崇村集体资产经营管理有限公司，为壮大集体经济打下坚实基础。

【党建工作】 2016年，彭溪街道坚持抓党建就是抓发展，运用大党建思维抓党建，充分发挥党建对经济发展、深化改革、城市建设、项目推进、安全稳定等工作的引领作用。深化“两学一做”学习教育。精心制定学习方案，创新学习形式，丰富学习内容。扎实开展“四亮行动”“三项整改”“回头看”活动。把“两学一做”学习教育和重点工作、重点项目结合起来，真正做到两不误、两促进。重心下移强基层，提升党建保障水平。开展阵地标准化建设，多方筹集资金，新建大楠村党群活动中心，改造提升蔡山社区、毛店村便民服务阵地；发挥党组织在产业发展中的作用，完成兴崇村集体资产股份制改革试点工作；开展党员组织关系集中排查，按规定开展党费补缴；晋位升级取得成效，大楠村实现后进转化，开展星级党组织考评，推进基层党组织达标建设。

【党风廉政】 2016年，彭溪街道强化管理，持续用力，转变干部作风。强抓班子，严带队伍，严格执行机关干部日常考核，制定机关干部平时考核补充规定，量化考核指标。建立重点工作党工委督办制、村（社区）周例会制，落实三级民事代办制，认真解决“不作为、慢作为、乱作为”等问题。坚持把思想政治建设摆在首位，高度重视党员干部党风廉洁建设和反腐败宣传教育工作，坚决贯彻执行中央八项规定、“六条禁令”及省委、省政府“十项规定”，严格村（社区）“三资”管理、机关“三公”经费管理，常态治理“庸懒散浮拖”，切实转变机关作风。

【民生工程】 2016年，彭溪街道加大城乡环境综合治理力度，强化大气污染防治，推进全域秸秆禁烧，落实全域禁养，关停彭溪河沿岸规模养殖场8户，处理肉鸭6万羽，猪300余头，羊30只，整治奶牛场1家；实施河长制管理，治理湄州河、彭溪河河流污染，转运各类垃圾5余吨，清理河道杂物、淤泥10余吨，修建、改造周边垃圾池10余个；强化规划执行和监督工作，突破阻力，共拆除违规违法建筑近2700平方米。

【社会事业】 依托三级劳保就业服务体系，彭溪街道有针对性开展就业培训15期，点对点跟踪服务，帮助就业2530人。卫计工作连续三年成为市区卫计部门年终检查免检乡镇。兑现2016年“奖扶”总人数1295人，奖扶金126.91万元；特扶65人，36.48万元；眉山市特殊困难扶助5人、3000元；0～18周岁农村独生子女父母奖励3074人，发放奖励金18.44万元。全年彭溪街道征收社会抚养费18.6万元，占全区征收总额的22%，为全区第一。公共卫生服务：彭溪街道办事处成立专业灭螺队伍，与村干部、乡村医生签订目标责任书，年终顺利通过区地防办的现场检查，成为区地防办工作亮点。民政：低保清理核查全年新增低保户38户，取消低保户288户。截至2016年12月底，有低保户323户；临时医疗救助和大病救助相结合，全年共救助101人次；将符合条件的对象全部纳入供养范围，彭溪街道现有五保户11人，以集中和分散的方式供养，集中供养率达54%，签订《供养协议》达100%。辖区内共有残疾人626人，2016年入户率达100%，为199名重度一、二级残疾人发放重度残疾人护理补贴18.478万元；为191名低保残疾人发放生活补贴9.956万元；为15名残疾人发放机动车燃油补贴5475元；为1名建档立卡户残疾人发放生活补贴720元；为6名脑瘫儿患者申请免费康复训练并向上争取资金6.36万元；为8名白内障患者做免费手术治疗；为29名残疾人争取了轮椅、拐杖、握力球、拉力绳、哑铃等辅具；为23名精神智力三、四级残疾人发放居家托养费1.38万元；根据需求为3名残疾人提供职业技能培训；为21名残疾人申请创业直补并发放创业直补金2.1万元。大力开展全民健身活动，重阳节期间，彭溪老协培训组织40人参加区老体协组织的千人健身操展示活动。文化：培育、成立文艺队伍6支。参加2016年彭山区春季滨江翡翠杯广场舞大赛，是全区参与度最高的乡镇；积极组织各村（社区）书屋参加读书征文活动，全年报送征文稿18篇（其中5篇获奖）。文教基础得到巩固；区职高整体搬迁，彭溪小学升格为彭山实验小学。“三农普”现已完成4村2586户普查。

【安全维稳】 2016年，彭溪街道坚持依法行政，严格落实安全稳定“党政同责、一岗双责”。实施信访当天办、维稳跟着项目走、社会稳定风险评估，快速处理矛盾问题。全年整治安全隐患87起，调解矛盾纠纷127件，社会治安防范能力得到有效提升，各类案件得到有效预防。

（胡菊香）

青龙镇

【重要事件】 2016年6月15日，中共青龙镇第二次代表大会和第二届委员会第一次全会、纪律委员会第一次全会召开，该次大会应到代表143名，实到代表142名，选举产生中共青龙镇第二届委员会委员9名，镇纪律检查委员会委员5名，并分别选举产生各自的书记、副书记。

9月7日，青龙镇各村（社区）召开支部党员大会，选举产生各村（社区）新一届支部（总支）委员会领导班子。

10月30日—31日，青龙镇第二届人民

代表大会第一次会议召开。会议应到正式代表62人，实到61人。大会选举产生新一届人大、政府领导班子。

12月28日，青龙镇各村（社区）召开村民选举大会，选举产生各村（社区）新一届村（居）委领导班子。全面完成村（社区）换届选举工作。

2016年，青龙镇实现狮子村、同乐村两个市级贫困村成功摘帽，全镇253户780人顺利脱贫。

【概况】 彭山区青龙镇地处成都“30分钟经济圈内”，是眉山市的“北大门”，是全国小城镇建设综合体制改革试点镇、四川省首批小城镇建设试点镇、省级重点镇、省级经济开发区，是市委、市政府命名的市级文明卫生单位。2016年，全镇辖区面积42.8平方公里，辖8个行政村，1个社区，总人口4.5万人，全镇共有中小学校3所，全镇有中小学生1500余人；有教职工145人，中小学生入学率达100%。

【区位优势】 青龙镇的交通优势十分明显，是成都平原经济圈中唯一集航空、铁路、高速公路、水运等交通条件于一体的重镇。青龙镇有“成都后花园”之称，距成都32公里，距双流机场30公里。成乐、成雅高速公路在此交汇，成昆铁路、省道103线、岷江河从北到南纵贯全镇，新建成的成绵乐城际轻轨也穿境而过。从成雅、成乐高速公路至成都仅需20分钟，到雅安需40分钟；境内青龙火车站有3条铁路专用线，货物吞吐量300万余吨，是成昆铁路线上仅次于成都火车东站的最大货运站；距成都双流机场30公里，15分钟即到，航空运输业非常快捷；南河经青龙通往乐山、宜宾，随着航道进一步的疏通开发，水路运输也十分便利。

【基础设施】 2016年，青龙镇基础设施完善，城镇建成区面积2.8平方公里，拥有日产5000立方米自来水厂一个，110千伏、220千伏变电站各一座，省级联网天然气配气站日供应气能力2030万立方米；开通移动电话、光纤电视，实现村村通、户户响；修建客运汽车站，村道全面实现硬化；镇域内1所中学、2所小学均为市级校风示范校，彭山区第二人民医院，辐射近十万人的医疗。物流产业兴旺，优越的区位，便捷的交通铸就青龙镇交通枢纽和重要物资集散地地位，构成青龙粮油交易物流中心得天独厚的开发优势。青龙充分发挥物资集散地的特点和优越的地理位置，投资上亿元，建成西南地区最大的粮食批发大市场“天下粮仓”。青龙粮油交易物流中心及铁路转运站、农贸市场、综合贸易市场、木材专业市场和各类服务商家达1025户，货运中转长期辐射成都、乐山、雅安、凉山州、攀枝花和西藏、云南、贵州等全国10余个省、市、区，已有的粮食、木材、副食品批发等行业销售额达50亿元以上。青龙镇充分利用这些有利条件，以粮食大市场为依托，狠抓招商引资，加大市场建设规模，引进新的企业和商家，从而带动省道103线沿线的第三产业迅速发展。

【工业经济】 2016年，青龙镇以打造“青龙北部工业新城”为目标，继续坚持“工业强镇”的理念，突出区位优势，以诚招商。强化服务，坚持把项目建设尤其是重大项目建设作为壮大工业经济的关键之举。2016年，全镇地区生产总值（GDP）实现40.89亿元，固定资产投资实现58亿元，规模企业总产值达到207亿元，入库税金实现5.6亿元。2016年，新开工苏宁云商、长安特种汽车等重点项目16个，续建海尔机器人等重点项目6个，实施金叶科技、峡山材料等技改项目8个，竣工百麟环保（一期）、联辉管业等项目16个。规模以上工业企业总产值率先突破200亿元，成为全市首个“200亿元园区”。

【特色农业】 2016年，青龙镇建设村道1020米，硬化、浆砌、掏淤沟渠10千米，新建山坪塘2口，修整山坪塘8口，新增提灌站1座，农村基础设施日臻完善。加快推进农业机械化，全面落实农机补贴。实施退耕还林310.17公顷，荒山造林40公顷。特色效益农业稳步发展。形成以木耳、葡萄、丰水梨、柑橘种植为主的特色效益农业，先锋村木耳、古佛村葡萄和同乐村丰水梨、狮子村“不知火”柑橘品牌日益响亮，农民增收渠道不断拓宽。全年新增柑橘83.33公顷。

【第三产业】 2016年，青龙火车站、粮食大市场和天下粮仓，年货物交易量达400万余吨，销售额50亿元以上。餐饮、服装、通信、电器等服务业日益兴隆，个体工商户达到860余户。

【城乡环境】 2016年，青龙镇提升城镇品质，打造节点9处，完成龙都大道改造，完成龙都大道和青龙老街亮化。美化道路景观，修剪树木260株。打造休闲观光走廊，完成岷江河堤硬化610米。新购执法车2台，购买果蔬箱、塑料垃圾桶、铁皮垃圾桶共计300余个。全镇建成垃圾池800余个，每个村都配备村级保洁员，基本实现农村生活垃圾常态化管理，城乡面貌焕然一新。

【社会事业】 2016年，青龙镇慈善救助1名应届高中生、7名应届大学生，救助现金2.8万元。医疗卫生设施不断改善，彭山区第二人民医院，基本目录药物实行零差价，新农合参合率达到99%。公共服务水平不断提升，广播电视覆盖率进一步提高。群众文化生活日益丰富，截至2016年年底，建成“农家书屋”9个，各村均成立老年大学、农民夜校。实现新增就业、再就业90人，实现“4050”（女40岁、男50岁）人员灵活就业40人，积极争取政策为狮子村、同乐村解决公益岗位4人，投入2万余元为社区添置便民设备。上报2009年－2014年失地农民人员400人，登记龙都1、2、3、4、5组，莲池5组，狮子2组，四河9组新失地农民640人，经反复核查并上报国土局社保局审查，245人购买社保。2016年，城乡居民参保人数2.87万人，补充险参保8570人；全年申请慢性门诊救助97人。全面落实城乡大病医疗救助，低保、“五保”实现应保尽保，全年为380户因灾致生活困难群众，发放灾款13万元。积极为城乡低保和贫困户开展大病医疗救助、一站式医疗救助、临时生活困难救助等，解决医疗救助现金62万余元，为28户重点优扶对象进行医疗救助，救助资金3.8万元。为52名精神病患者提供免费服药服务。大力宣传全民火化减免相关政策，严格执行全民火化减免规定，为90户死亡火化家庭减免火化相关费用8万余元。严格低保审批程序，宣传低保审批政策，对不符合条件的坚决给予取消，切实做到应保尽保，通过全面入户清理核查，取消130户、180人的低保享受资格。着力化解矛盾纠纷，做好信访维稳工作。认真抓好“七五”普法和人民调解工作。全年共受理各类纠纷135件，调解135件，调解成功率100%。集中培训3次，以案代训基层调解骨干3次。全年共有刑释人员22人回乡，全部落实帮教措施。积极开展社区矫正工作，对在矫的20名缓刑人员进行教育管理。全年接收社区矫正人员22人，解除矫正17人。

【计划生育】 2016年，全镇出生人口444人（其中，不符合生育38人），死亡271人，认真做好“两奖一扶”金的发放工作，实现“零差误”发放，并且每一季度定期开展一次计划生育政策宣传活动，发放政策资料4000余份。

（张　敏）

观音镇

【农业经济】 2016年，全镇发展葡萄种植达到433.33公顷、蜜柚种植160公顷。其中，新增葡萄种植面积13.33公顷；完成葡萄品种26.67公顷，技改20公顷；片区农民人均纯收入达到19402元，比2015年增长9%。引进“互联网+销售”模式，成功举办第七届葡萄采摘节，倾力打造农业示范园区。投入837.8万元，硬化生产便道8.6公里，整治沟渠14.4公里。全年推广水稻旱育免耕定抛等新技术4个、新品种6个。组建新型经营主体24个，发展种养植大户24户，开展农村实用技术培训1万人次。农林牧渔总产值达到1.70亿元，同比增长4.5%，农民纯收入达到14271元，同比增长9.5%。

【工业经济】 2016年，全镇完成招商引资11亿元，新建成投产企业2家，完成工业固定投资10亿元，实现工业产值80亿元，园区企业实现税收1亿元。随着椿巅片区项目和退城入园项目实施，全镇工业拆迁货币化安置135户，现房安置100户。整理出工业用地26.67公顷，转变产业工人2800余人。中纺粮油产值26亿元，金桐石化三期建成投产，产值达11.3亿元，位列全市工业企业亩平税收第一。投资3000万元的观音污水处理厂进场建设。

【民生工程】 2016年，观音镇政府以“廉洁、务实、亲民”为主题，坚持“群众路线”工作思路。全年劳保所安置城镇新增就业512人，下岗和失地无业农民再就业70人，就业困难对象再就业35人，为20名劳动者提供小额担保贷款。城乡居民医疗保险参保人数达到26440人，基本实现全覆盖；农村低保应保尽保，农村基本养老保险覆盖面不断扩大。完成4204人养老保险资格验证，为316人办理城乡居民养老保险。认真落实计划生育政策，兑现计划生育“两奖励一扶助”（独生子女父母奖励 、计划生育奖励 、特困家庭扶助）资金197.54万元，惠及群众2047人。投入资金5000元，慰问计划生育困难户10户，发放独生子女父母奖励金26.118万元。精准脱贫工作扎实推进，投入200万元实施扶贫项目工程。完成全镇126户、302人的扶贫户建档立卡工作，于2016年年底全部脱贫。

【城镇建设】 2016年，彭祖新城建设稳步推进，完成长寿路、滨江路、五湖四海等基础设施建设；补助190万余元在椿巅、曾家、梓桐社区安装自来水，2368户、8300余人用上自来水；投入9000万余元完成观音村726户新农村综合体建设；投入3900万元启动退城入园307套工业安置房建设，货币化安置549人，政府补贴购房资金4392万元。

【社会综合治理】 2016年，观音镇大力治理面源污染，上半年关停眉州河沿岸养鸭场13家、清腾肉鸭30万羽、还耕土地6.67公顷；下半年关停1家、整治3家梓桐河流域规模养殖企业，建设污水处理站，加强全域垃圾治理，全力推进小流域“河长制”铁腕治污工作。投入100万余元推进城乡环境综合治理，集镇、103线省道和各村社区道路综合治理成效显著。2016年，通过国家级卫生乡镇的验收。

【安全、维稳工作】 2016年，观音镇政府高度重视安全生产和综治维稳工作，注重严打整治和完善防控体系，群众平安满意度不断提升。全年组织安全检查280人次，专业技术人员检查30人次，查患236处，投入整治资金18万元，全部整改完成。全年接受国家和省级安全生产工作督察10余次。选聘网格长1名、网格员14名，积极开展综治工作，接待群众来信、来访62起，回复省、市、区交办信访件52件，排查调处纠纷103起，调解成功率达99%，确保“零到京、零非访、不出事”的目标实现。

（余 洋）

江口镇

【重要事件】 2016年4月，经国家文物局批准，四川省文物考古研究院联合国家文物局水下文化遗产保护中心和彭山文物保护管理所，制定江口沉银遗址水下考古工作方案。四川省考古研究院将从2016年11月23日至2017年4月30日对江口沉银遗址进行考古发掘。区公安局、区文化广播新闻出版局联合发布《关于江口沉银遗址发掘的通告》。

江口沉银遗址位于眉山市彭山区江口镇岷江河道内，遗址保护范围为东西各至河堤，南至岷江大桥，北至府河、南河交汇处，面积100万平方米。

江口镇张献忠沉银遗址考古现场

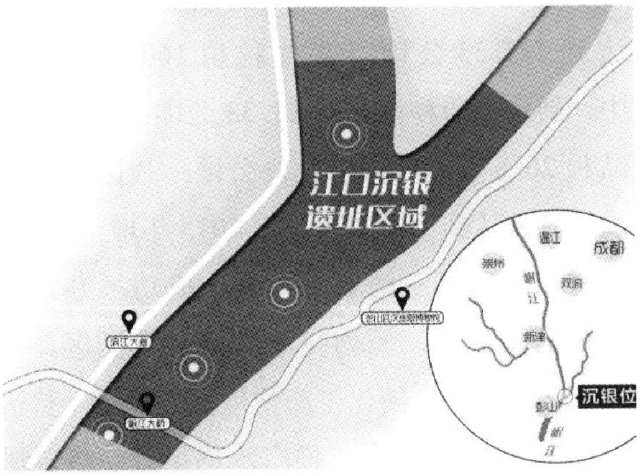

图为江口沉银遗址区域图片

10月，四川眉山市警方通报称，成功破

获公安部督办的特大盗掘倒卖文物案，打掉盗掘文物团伙10个，摧毁倒卖文物网络9个，追回国家一级文物8件、二级文物38件、三级文物54件，涉案文物交易金额3亿余元。追回的文物中包括张献忠时期的典型器物，有“西王赏功”字样的钱币、银锭，皇帝册封金银册，金腰牌等珍贵文物。

【概况】 2016年，江口镇地区生产总值（GDP）完成3.4亿元，增幅在8%以上；完成固定资产投入5.8亿元，招商引资5.8亿元，其中，农业项目招商引资8000万元；农民人均纯收入达到11764元，增幅达到10%；农业增加值比2015年增长4.5%；粮食产量达到750万公斤；年出栏生猪2.4万头，水产品产量达700吨。2016年，《中国日报》、央视等国家级主流媒体多次聚焦江口。项目征地拆迁、“正向处置”等多项工作经验被市、区主要领导肯定性签批。获得全市防汛减灾工作先进单位、统计工作先进单位等荣誉称号；3人次获市委、市政府表彰。深化改革、脱贫攻坚、社会民生、交通建设、征兵等多项工作被区委、区政府表彰。

【农业和农村经济】 2016年，江口镇远景、凯旋、石龙和土桥村完成柑橘品改400余公顷，特色蔬菜种植31公顷，白蜡村流转土地引进金银花种植17.33公顷。结合“长寿养生果蔬新村示范片”项目，硬化道路15公里，新建和整治沟渠32.5公里、山坪塘整治36个，石河堰整治10座，提灌站整治15座。林下生态养殖观光园区利用“专业合作社+养殖基地+农户”的方式，带动园区养殖山林鸡20万羽，使该地农民人均纯收入增加500元。争取“一事一议”“以工代赈”及“新农村建设”等项目资金900万余元，硬化道路55公里。深化农村改革，完成白蜡村集体资产股份制改革试点。成立土地流转服务公司，规范农村土地和集体建设用地流转。全面开展全国第三次农业普查。加快产业结构调整，新植柑橘66.67公顷，品改142公顷，柑橘总产量达1500万公斤。新改种珍稀林木40公顷，产业增加值实现1151万元。

【项目工作】 2016年，彭祖山综合开发完成征地拆迁95%，完成彭祖山农户拆迁389户；彭祖山长寿旅游小镇安置入住农户209户。江口古镇完成历史文化街区规划、历史文化资料编纂等工作，启动危房回购。龚家堰水库扩容、岷东大道、简蒲高速（成都三绕）、九龙山隧道等重点项目顺利推进。尖子山航电完成地勘和规划设计。东山彩林、仙女湖运动公园、沉银考古、盘桓•小驻等三产旅游项目启动实施。“人防工程”建设已全面启动，道路工程改道重建完成500米。

【基础设施建设】 2016年，江口镇大力推进“千湖之城”“绿海明珠”建设，新增水域面积1.8平方公里；完成永土路、彭里路拓宽改造；永利、双合、土桥“土地整理”项目即将完工；实施公路整治项目2条7公里（远景村、双合村）；新建和改造农村道路15公里，新建山平塘16口，沟渠建设5000米，提灌站建设3座，新修河提保坎800米。

【环境综合治理】 2016年，江口镇实施污染管控，全镇范围内禁养区不再新批规模养殖，全面禁止肥水养鱼，全年户外禁烧。全年共关闭搬迁规模养殖9户，限养区治污18户，取缔肥水养鱼4户。强化规划执行和监督，农村建设、土地流转全部纳入规范化管理。抓好环境整治工作，完善工作机制，全镇保洁人员68人，每人一月一元的卫生费全额收齐，下拨环境卫生费18万余元；投入资金18.6万余元新建垃圾池53个，投放垃圾桶120个。乡镇生态环保工作和府河水域环境治理工作有序推进。实施“绿海明珠”“花漾江口”等建设，城乡环境进一步改善，永利村被评为全区城乡环境综合治理“十佳村”。

【民生工程】 2016年，江口镇全面落实惠民资金250万元，圆满完成民生工程目标任务。长寿旅游小镇安置区顺利入住。城乡低保实行动态管理、应保尽保；为625名失地农民办理社保；发放临时生活救助、大病医疗救助等28万余元。实施免费孕前检查，全面贯彻实施两孩政策，PIP系统全面达标。全面完成医疗保险、小额意外险、老年人意外险征收任务。认真落实安全生产“一岗双责”，排查整治安全隐患105处，全镇安全态势平稳。

【社会事业】 2016年，江口镇完成贫困白内障免费手术6例；大病救助35人次，救助资金10万余元，一站式救助服务400人次，实现残疾人灵活就业150人，发放残疾人辅助器具30项次；在土桥村、永利村新建2个长寿养老中心，新建村级卫生站10个。进一步扩大新型城乡居民养老保险参保面，确保完成续保工作及验证工作，新增新型农村医疗保险115人次，为625名失地农民新办理保险。全年符合政策生育率达到96.5%；完成孕检75对；协助相关部门落实好计划生育三结合工作，开展计生“三查”3次，全面完成各村困难独生子女就学工作及“两奖一扶”工作，实现计生工作免检。加大殡葬管理宣传和执法力度，完成全年火化任务103具。强化安全管理责任制，实行“一岗双责”，做到月查、突击检查、重点检查到位，整治到位，全年无一例安全事故发生。以“平安创建”工作为主题，建立矛盾纠纷动态管理机制，坚持常态化排查处置不稳定因素；及时预防和化解矛盾纠纷76起，基层矛盾纠纷化解成功率达98%，无一例重大群体性事件发生，无重大刑事案件发生，行政案件和治安案件明显减少。实行镇、村、社三级网格化管理阵地，进一步提升社会服务管理精细化水平。村镇建设按照镇统一川西民居风貌严格审批，审批农房建设67户，无乱占土地、违法建房行为发生。顺利经过卫片检查和土地全国审计工作。人民武装、民兵标准化的规范建设工作全面完成。文化、教育、卫生、工、青、妇等专项事业工作和谐发展。

（雷红梅）

谢家镇

【概况】 2016年，谢家镇位于成都平原经济圈核心层内，北距成都58公里，南邻眉山26公里，东接县城7公里，属四川盆地亚热带湿润气候。谢家镇历史悠久，物产丰富，有“搬不空的谢家场”之称。2016年，全镇辖区面积46.5平方公里，总人口2.53万人，辖8个行政村，1个社区居委会。全镇地区生产总值（GDP）实现5.37亿元；完成固定资产投资2.5亿元，招商引资1亿元；实现农林牧渔总产值3.61亿元，增长5.6%；农民人均纯收入达到15435元。

【农业经济】 2016年，谢家镇大力发展特色种植业，全镇实现川泽泻GAP规范化种植800公顷，农民增收2200万元；杂交水稻制种基地面积达800公顷；葡萄种植面积达40公顷；优质草莓面积4公顷；蚕桑基地面积33.33公顷；新发展晚熟柑橘品种200公顷；小水果（李子、桃子、樱桃、猕猴桃）种植面积40公顷；巩固退耕还林733.33公顷，完成2015年退耕还林后续产业40公顷，建立绿色基地6个；实现土地预留转613.33公顷，完成产业结构调整200公顷，新型现代农业业主达123家，培育家庭农场、农业企业、专业合作社等新型农村经营主体达45家，李山、石山等村土地流转率达80%以上，初步形成晚熟杂柑、藤椒、桃子、葡萄等主导产业，促进农业产业化，提升土地效益，增加农民收入。全镇土地流转成绩喜人，村村皆有新业主，引进玫瑰、紫山药、藤椒、柚子等规模种植，为谢家发展提供坚强保障。2016年，谢家镇农林牧渔总产值完成2.61亿元，增长5.6%。

【工业经济】 2016年，谢家镇落实领导定点联系企业制度，努力为企业排忧解难，做到主动登门和“110”式服务，切实维护群众和企业的利益。成眉新能源新材料园区发展迎来新机遇，世界500强企业陶氏化学入驻园区开工建设，禹王防水已建成投产，中明能源项目正稳步推进，华夏幸福正式签约，为谢家发展带入空前机遇。全年完成固定资产投资2.5亿元，招商引资1亿元。

【第三产业】 2016年，谢家镇依托彭谢新城建设，积极鼓励发展商贸流通服务业，做足山水文章，沿彭谢路、毛河流域发展田园生态休闲观光旅游；依托丘区贫困村，规划建设城市青少年教育基地，配套发展乡村游、农家游。

【基础设施建设】 2016年，谢家镇全力抓好交通建设，通组道路硬化1.8万米，谢义路完成升级改造，新彭谢路完成“四化”建设（黑化、亮化、绿化、美化），扩宽工程正在实施，眉山对接成都的工业大道正紧锣密鼓施工，10公里丘区产业发展小环线，目前已开工建设。全力抓好农业基础提升，实施“五小水利”工程、土地整理、高标准基本农田建设、现代农业生产发展、农网改造等项目，新建沟渠12公里、整治改建沟渠100公里，整治田间道23公里、生产道路26公里，整治山坪塘11座，新建蓄水池28个，改造泵站13座，大力改善全镇农田水利基础设施建设，方便群众生产用水。

【社会事业与民生】 2016年，谢家镇抓普惠、强治理，实现民生改善新迈进。脱贫攻坚走在前列，干在实处，先后接受省、市、区脱贫攻坚领导小组检查验收，工作得到充分肯定，全镇163户433人实现全部脱贫，3个市级贫困村和1个区级贫困村成功摘帽；低保工作做到应保尽保、应退尽退，动态管理，清退不符合条件的低保户466户、545人；开展门诊救助和大病救助，参保参合率100%；秸秆禁烧实行全天候；畜禽污染整治全面开展，关闭11户、整治54户养殖户；四川省安全社区建设验收合格，人人享有安全、健康、和谐环境；受理矛盾纠纷85件，调解85件，成功率100%，积极将矛盾化解在基层，有力维护社会稳定。

（董和麟）

公义镇

【重要事件】 2016年5月8日，区委书记梁磊到公义镇马林村考察阵地建设。

5月9日，公义镇领导班子换届工作正式启动。

6月29日，公义镇庆祝建党95周年暨表彰大会召开。

7月21日，市委督查组到公义镇农乐村检查脱贫攻坚工作。

8月28日，公义镇召开村（社区）党组织换届选举大会。

12月26日，区委常委、组织部部长袁利民到公义镇调研换届选举工作。

【概况】 公义镇位于彭山县城西北11公里处，海拔438.1～774米，辖区面积40.31平方公里，下辖8村1社区，57个农业社，3个居民小组。总人口2.51万人，其中，农业人口2.42万人，非农业人口900人，有耕地面积1633.07公顷，以通济堰为界，属半丘半坝地貌，主产水稻、玉米、红薯、花生、小麦、油菜，是典型的农业大镇，是有名的“腰鼓之乡”“女子龙之乡”。镇内储藏有丰富的钙芒硝、页岩，具有极高的利用价值和开发潜力。有退耕还林500公顷，血防还林133.33公顷。以岷江现代农业园区建设为契机，加快农业招商引资，实现土地流转1066.67公顷。有57家业主云集公义，建有家庭农场27家，打造高端蔬菜46.67公顷，优质葡萄533.33公顷，橘柚353.33公顷，华辉苗圃、生态莲藕13.33公顷，形成公义农业绿色屏障，成为一道亮丽的农业特色风景。打造省级粮经复合基地1个466.67公顷。巩固国家级水稻制种基地133.33公顷，绿色田园观光基本形成，受到省、市、区的关注，成为农业农村工作会观光热点。2016年，全镇地区生产总值（GDP）实现3.41亿元，同比增长4.9%；固定资产投入4.41亿元，同比增长7.1%；农民人均可支配收入15124元，同比增长8.9%。公义镇被区委、区政府评为组织工作、政法工作、农业和农村工作、新型城镇化建设和交通工作、第三产业工作、安全生产工作、脱贫攻坚工作、关心下一代工作8个先进集体。脱贫攻坚工作顺利通过省、市、区验收。

【换届工作】 2016年，公义镇圆满完成区乡党代表换届、镇党委政府班子换届、村（社区）两委换届工作。把一批政治素质好、廉洁奉公、工作能力强、能带领群众脱贫奔康的优秀党员和致富能人选进村级领导班子。镇、村干部的知识、年龄结构明显优化，实现绘出好蓝图、选出好干部、配优好班子、换出好面貌的预期目标。

【农村经济】 2016年，公义镇以全国第二轮深化农村改革试点为契机，依托岷江现代农业示范园，改造沿线风貌，整治沟渠，加大土地流转，集中流转土地1066.67公顷，诞生家庭农场82户，成立农业公司2个，创办种植专业合作社4个。发展壮大柑橘、红心柚533.33公顷，优质葡萄133.33公顷，高端蔬菜133.33公顷等特色优势农业产业。按照“产业活旅游、旅游带产业”思路，注力发展“一村一品”，继续巩固欣荣省级中药材川芎种植基地400公顷和国家级水稻制种生产基地153.33公顷。随着“农业嘉年华”项目进场，通济堰嘉年华段滨河带规划完成，特色民宿装修建设启动，马林、新桥旅游元素逐步完善，景区旅游日渐发展；“社区公园”规划完成，已递交区规划联席会；农乐环湖旅游道路正在建设。公义田园观光农业体系正在形成，一产与三产高度融合，促进群众稳定增收。

【项目建设】 2016年，双挂钩、农业嘉年华、工业大道、污水处理厂等重点项目有序推进。马林、红旗“双挂钩项目”交房屋钥匙235套，拆除旧房762套，总共复垦42公顷；马林新村235户群众乔迁新居；红旗安置点建成封顶；农业嘉年华项目顺利进场施工；工业大道涉及6村1社区，全长8公里，征地53.33公顷，拆迁159户，货币安置率达到99%；污水处理厂工程全面建设。

【民生工程】 2016年，公义镇全面完成46项民生工程任务。投入5000万余元，完成13项全镇群众高度关注的民生工程。整治沟渠20公里，改造山坪塘33个，石河堰11个，硬化生产便道17公里，改造电力提灌站17个，新建移民提灌站2座，综合治理6个水库；农村基础设施更加完善和优化，农乐争取交通项目280万元进行环水库道路修建；新桥村争取扶贫移民项目200万元进行村道扩宽；五马村争取党建经费20万元进行办公阵地建设。畜禽污染治理重拳出击，城乡环境治理工作取得实效，全面取缔以街代市，秸秆禁烧成效明显，马林荣获“十佳”村称号。文化事业蓬勃生机，中学升学质量居全区乡镇之首，小学艺术教育成为全区的楷模，6年级升学考试居全区第二名，公义腰鼓和女子龙深受市、区好评。安全工作警钟长鸣，积极开展防汛、地质灾害、森林防火演练；争取上级资金40万余元新装道路交通监控11个，新增道路交通指挥牌17个，转弯镜7个；取缔违法经营三轮车6辆。全力以赴打造脱贫攻坚工程，马林村甩掉区级贫困村帽子，农乐、五马、新桥3个市级贫困村脱贫119户、315人。

【社会管理】 认真执行“一岗双责”的责任，加强道路交通、森林防火、烟花爆竹、地质灾害、食品安全、大气污染、秸秆焚烧工作的排查力度，对各类矛盾纠纷实行“统一受理、集中梳理、归口管理、依法处理、限期办理”。全年共调处信访维稳矛盾纠纷百余件，解矫对象63名；成立“4050”巡逻队、民兵应急分队、专职治安巡逻队，实行全方位24小时治安巡逻和院坝联防，及时解决群众需求和化解矛盾，社会治安防范能力得到有效提升，各类可防性案件得到有效预防，群众安全指数和幸福指数越来越高。

（赖文希　袁　奥）

黄丰镇

【重要事件】 2016年2月2日，中共眉山市彭山区黄丰镇第一届代表大会第一次会议在黄丰镇文化中心召开，全镇的107名党代表、

30名列席人员出席会议，大会听取和审查党委书记作的党委工作报告；书面向代表作纪委工作报告；学习区委工作报告和区委书记梁磊在政协闭幕式上的讲话；讨论党委工作报告；围绕党建工作发表建议、意见。

4月22日，彭山区青见协会、彭山区雷雷果业有限公司、彭山区团结鑫隆农业专业合作社在黄丰镇联合举办第七届橘花节，为期40天，主题是“我仍在橘树下等您”。吸引远近游客2万余人。

6月15日，黄丰镇第二届代表大会第一次会议在黄丰镇文化中心召开，全镇人大代表115人、列席32人参加该次会议，大会听取和审查中共眉山市彭山区黄丰镇第二届委员会报告。

8月—9月，黄丰镇顺利进行村（社区）支部委员会换届工作。

11月—12月，黄丰镇顺利完成村（社区）委员会的换届工作。

12月23日—24日，黄丰镇安全社区建设工作一次性通过省级专家组验收。

【概况】 2016年，黄丰镇紧紧围绕“四城建设”蓝图和“深化农村改革，推进一三互动”的工作思路，认真履行职能，紧紧依靠群众，以大力发展柑橘产业和建设社会主义新农村为核心，全力打造都市近郊观光农业，努力打响“幸福黄丰”品牌，全镇经济社会保持健康快速发展的良好态势。全镇地区生产总值（GDP）达3.12亿元，较2015年（下同）增长9.9%；全镇固定资产投资达到4亿元，增长60%；农民人均纯收入达到15493元，增长7.8%。农村社会总产值、农业增加值和农民人均纯收入保持增长态势。

【农村经济】 2016年，黄丰镇坚持走农业产业化发展之路，推动规模农业、高效农业不断发展，柑橘产业发展实现升级，农业总产值实现2.2亿元，增长7.9%。利用家庭农场联盟和阿里巴巴、淘宝、微店等网络销售平台，积极探索柑橘“互联网+农业”的销售模式，并取得初步成效。深化农村改革工作稳步推进，团结村、双塘村集体经济股份改革工作取得阶段性成果。

【三产旅游】 2016年，黄丰镇整合资源，完善旅游基础设施建设，优化旅游环境，加大旅游宣传力度，以节为媒，成功举办“彭山黄丰第七届橘花节”。通过以节促游、以游促销、以销促投，搭建宽阔平台引导第一产业向第三产业拓展，通过多形式、多渠道，增加果农收入，推动旅游三产经济和社会快速发展，有效带动全镇的经济发展，实现“以节为媒、一三互动”，第三产业生产总值达到8103万元。

【安全生产】 2016年，黄丰镇安全生产责任制和“两个主体”责任落实到位，安全生产工作教育培训宣传到位，“安全生产月”活动开展到位，并梳理完善涉及自然灾害、安全生产、社会安全、地质灾害防治等方面的预案，配备一批应急救援器材，积极组织开展应急救援演练，提高应急处置能力；投入7万元，开设农产品检验中心和食品药品快检室各一个，定期开展农产品抽检和食品药品安全检测；针对柑橘产业，开展农药、化肥、种植等产业产品监管，推广病虫防控技术，食品安全保障到位。全年安全生产实现“零事故”，顺利通过“省级安全社区建设工作”专家组评定，成功创建省级安全社区。

【基础设施建设】 2016年，黄丰镇投入208万余元，硬化道路3公里，黑化道路5公里，增加错车道3处，加宽路面4公里，修复破损道路19.5公里，整治悬空路基16处，安装防护栏128米、减速埂24米、凸透镜3面、交通警示标牌69块。岷东大道、简蒲高速公路黄丰段建设顺利推进。岷东大道完成建设3公里，成都经济环线简阳至蒲江段工程项目完成建设5.1公里，两条主要道路的建设完成将使黄丰道路发展瓶颈变为发展优势。

【农村环境综合治理】 2016年，黄丰镇大力开展污染防治工作，落实村民自治，形成秸秆等垃圾主动禁烧，推进农村环境综合治理工作落实；加大环境整治力度，着力开展小流域污染治理，投入6.3万元对镇内部分流域进行清理。深化镇村治乱、治污、治脏、治差，村容风貌改观大，居家安全感进一步提升。集镇面貌大为改观，扩大了场镇面积，完成集镇水塔改建工作，加强集镇环境卫生整治，实施集镇美化、亮化工程，启动集停车、休闲、娱乐活动场所为一体的社区广场建设。

【维稳工作】 2016年，黄丰镇以依法治镇工作和创建“安全社区”为突破口，充分发挥各基层调解组织的作用，化解各类矛盾纠纷，深化网格化服务管理，加强对群众矛盾问题的源头治理与防范；组建村级巡逻队，加强夜间巡逻，维护社会治安，偷盗柑橘、摩托车现象明显下降；成立镇矛盾调解中心、村（社区）矛盾调解室，及时接收受理和调处各类矛盾纠纷；加强技防设施建设，新安装摄像头24个，综合治理群众满意率高。

【换届工作】 2016年，黄丰镇依法、依规全面完成镇人大、镇政府班子换届工作。顺利完成全镇10个村（社区）和村民小组换届选举工作。

【民生工程】 2016年，全镇整合900万余元项目资金投到贫困村，以推进新农村建设作为扶贫攻坚整村推进的有效载体，通过走访摸排，2016年全镇易地扶贫搬迁36户、103人。其中，在四塘村、花龙村新建两个扶贫安置点，安置贫困户29户、94人，投亲靠友6户、8人，购买农村闲置房1户、1人。改造危房28户、74人。顺利通过省、市和第三方评估机构考核验收，实现全镇4个市级贫困村，1个区级贫困村，267户贫困户、782人的脱贫摘帽。

（吴先艳）

牧马镇

【重要事件】 2016年2月25日，省住建厅领导到牧马镇调研检查重点镇建设。

4月12日，全市规划执行与监督现场会在牧马镇召开。

4月28日，牧马镇召开眉山市彭山区牧马镇第一届人民代表大会第四次会议，大会选举徐永平为牧马镇人大主席、毛丽娟为牧马镇人民政府副镇长。

5月11日，市委副书记、市长罗佳明到

牧马镇调研岷东大道对接剑南大道工程事宜。

5月20日，区委副书记郭红带领区住建局、区委农工办等部门负责人到牧马镇调研脱贫攻坚推进工作。

5月23日，区政协主席谭福轩，区委常委、政法委书记李忠云和区委常委郭茂带领相关部门、各乡镇负责人，考察牧马镇“百园之市、千湖之城、拥翠工程”建设。

6月1日，四川省委组织部组织一处处长卿刚到牧马镇调研乡镇党委换届及“两学一做”学习教育工作。

6月15日，召开中国共产党眉山市彭山区牧马镇第二次代会大会，大会选举许晓飞、刘伟、陈海懿、徐永平、刘勇、余盛坤、李仁建、毛先勤8人为中共眉山市彭山区牧马镇第二届委员会委员；选举余盛坤、陈泽明、倪文燕、王伟、盛建群5人为中共眉山市彭山区牧马镇第二届纪律检查委员会委员。随即召开中共眉山市彭山区牧马镇第二届委员会第一次全体会议，选举许晓飞为书记，刘伟、陈海懿为副书记；召开中共眉山市彭山区牧马镇第二届纪律检查委员会委员第一次全体会议，选举余盛坤为书记，陈泽明为副书记。

8月7日，国家开发银行相关领导到牧马调研“市民农庄”建设工作，区委书记梁磊，区委常委、常务副区长李洪强等陪同调研。

9月，牧马镇莲花旅游新村四期正式开工建设。

10月24日，区委副书记、区长罗万东带领区政府班子到牧马镇调研工作。

10月25日—26日，眉山市彭山区牧马镇第二届人民代会大会第一次会议召开，大会选举徐永平为镇人大主席，刘伟为镇人民政府镇长，李仁建、毛丽娟、毛先勤为镇人民政府副镇长。

【概况】 2016年，牧马镇北与新津县的金华镇、双流县黄龙溪镇接壤，东与国家AAAA级旅游景区古镇黄龙溪相邻，南与彭山区武阳镇接壤，西依岷江（南河），与天府新区的工业重镇青龙镇隔江相望。距彭山城区15公里，距成都市中心38公里、双流国际机场30公里。2016年，牧马镇辖区面积28.5平方公里，耕地面积816.93公顷。全镇地区生产总值（GDP）实现2.61亿元，增长7.7%；农民人均可支配收入达到15170元，增长9.6%；全社会固定资产投资完成 17 亿元；招商引资实际到位资金19亿元。2016年，牧马镇被区委、区政府评为改革创新、平安建设、项目和对上争取工作、对外开发和投资促进工作、统战等7个先进集体，政风行风及软环境建设排名全区第三。莲花村被市旅游局授予“旅游乡村”称号。

【新农村建设】 2016年，莲花旅游新村四期和牧马新镇二期安置区已进场开工建设。东干道牧马段4公里和青府路6公里改造道路黑化工程竣工通车。新建村社水泥路3.7公里，整治改建提灌站1座。建成毛家渡下场口花卉公园。完成毛家渡场镇和官厅村规划范围内天然气和自来水安装入户工程。重拳开展畜禽污染治理，关闭畜禽养殖场5家，整治32家。2016年，牧马镇被评为眉山市城乡环境综合治理“十佳乡镇”。

【农村改革试点】 2016年，牧马镇进一步规范土地经营权流转和集体资产经营权转让工作机制。官厅村集体鱼池经营权成功在区农村产权交易平台转让，是全区电子竞价方式转让的第一宗农村集体资产经营权，被省、市多家媒体广泛报道。莲花村、天宫村集体资产经营管理股份合作制改革试点工作推进顺利，成功注册集体股份制经营公司。

【项目建设】 2016年，恒大·金碧天下四期建设进展顺利，低密度住宅主体工程及市政道路、管网园林等全部竣工。复地·黄龙溪谷项目二期建设全面竣工，三期开盘销售，妥善处理项目用地中多年未决的“飞地”问题。四川东星航空职业学院天府校区主体工程全面竣工。牧马皇陵旅游综合开发项目，已完成征地拆迁前期数据摸底、土地边界踏勘、保险金入库、土地报批等准备工作。

【民生保障】 2016年，牧马镇加大社会救助力度，发放城乡低保、“五保”、医疗救助等资金118万余元，资助贫困学生12名，切实保障困难群众基本生活。发放计生“奖励扶助”资金140万元，兑现残疾人资助资金20万余元。发放就业、社保等补助资金40万元。为全镇低保户和建档立卡贫困户购买基本医疗保险。

【社会管理】 2016年，牧马镇完善城乡低保动态管理，实现应保尽保，建立农村“五保”社会救助体系，加大困难群众流浪乞讨人员和残疾人生活救助。建立老龄人口信息库，落实80岁以上高龄群体普惠补贴政策。城乡居民养老保险参保率达到99%，城乡居民医疗保险参保率达到94.5%以上。圆满化解省委常委、组织部部长范锐平联系指导彭山区的信访积案3件，受理矛盾纠纷调处110件，调解成功率达100%；信访群众疏导调解成功率达100%；法律援助咨询完成170件；妥善处理和答复信访案件30件；社区矫正全年解矫10人，现有矫正人员17人，无脱逃漏管发生。没有发生一起到省、到京信访事件，确保信访维稳实现“四零”指标。创新管理制度，抓好城乡规划执行和监督工作，建立镇、村两级队伍，对违规搭建、违规流转和私挖乱采等行为依法进行处置，拆除违建1.25万平方米，制止违规土地流转3起。全面落实安全生产监管主体责任，按照“党政同责、一岗双责、齐抓共管、失职追责”的原则，建立镇、村、社三级安全生产监管体系，连续五年无较大以上安全责任事故发生。

【党建工作】 2016年，牧马镇加强镇党委自身建设，进一步健全和完善党委中心组学习制度，进一步规范党委班子政治生活制度。加强村（社区）“两委”建设，圆满完成村（社区）两委换届工作，新一届村（社区）两委班子成员中35岁以下干部达到9人。改革村（社区）考核奖惩机制，推行季度考核与年终考核相结合、重点工作单独考核的村（社区）目标考核模式。投入资金8万余元完成毛家渡社区阵地改造，进一步完善基层组织活动阵地建设；投入资金30万余元完成莲花村村级阵地形象提升工作。抓好党组织 “星级管理”和“软弱涣散”党组织整顿工作，做好村级后备干部培养选拔工作，7名后备干部通过村（社区）两委换届成功选进新一届班子。抓好党员干部队伍建设，以 “两学一做”学习教育为契机，建立“三张清单”“三项制度”，扎实开展党费收缴清理工作，规范党支部“三会一课”制度，党员干部政治素质进一步提高。

（刘　勇）

武阳镇

【重要事件】　2016年1月，全市森林防火工作现场会在武阳镇大塘村召开。

同月，泥湾村刘壮被评为“彭山区红旗党支部书记”。

3月25日，区长罗万东批示：武阳镇便民、惠民、利民“一本通”做法值得推广。

3月，全镇、村、社三级干部开展“大走访”活动。

同月，岷东大道武阳段建成通车。

同月，区委常委、区长罗万东批示：武阳镇“春风”行动，化解矛盾，解决问题，值得表扬，要深化做成“两连一对接”的典型。

4月，秸秆禁烧市、区现场会在武阳镇泥湾村召开。

同月，区、镇两级党代表换届工作圆满完成。

5月27日，市长罗佳明通过电话询问武阳镇防汛工作部署、防汛预案等情况，要求把防汛各项部署落到实处。

6月，泥湾村党支部评为“彭山区先进党支部”。

同月，完成武阳镇党委换届工作。

6月3日，区委书记梁磊批示："三访"活动、“一本通”这两项举措，务实管用，全区各乡镇要学习借鉴。

8月，完成武阳镇村级党组织换届工作。

10月，完成镇政府换届选举工作。

同月，完成区镇两级人民代表换届选举工作。

11月，江渎、大塘村计生工作顺利通过省、市、区级检查。

12月，完成武阳镇村（居）民委员会换届工作。

同月，武阳镇创省级卫生乡镇通过省验收评估。

武阳镇创建省级卫生乡镇动员会

【概况】　2008年，彭山县区划调整设立武阳乡。2014年成立武阳镇。2015年，武阳镇被纳入天府新区协管区。武阳镇位于成都平原以南，是2300余年前古武阳郡遗址所在地，距彭山区8公里，北与牧马镇接壤，南与彭祖新城隔江相望，西与省道103线相连，东与彭祖山相连，府河与南河两江相拥在镇南端交汇，岷东大道穿镇而过，是眉山市岷江源头重镇。2016年，武阳镇辖区面积28.7平方公里，其中，耕地921.8公顷（水田723.07公顷，旱地198.73公顷），林地389公顷，园地94.33公顷，水产养殖面积173.8公顷，其他17.67公顷。辖1个社区，6个村，10个居民小组，41个农业社。全镇总户数5973户，总人口2.02万人，党员796人，劳动力人口1.37万人，从事家庭经营7145人，从事农业人员3930人，外出务工人员7187人。2016年，全镇地区生产总值（GDP）达到2.34亿元，农村居民可支配收入达到1.5万元。有中学1所、中心小学1所、卫生院1所、私人幼儿园1所、畜牧站1所、中心敬老院1所、规模以上农家乐3家。

【工业经济】　2016年，武阳镇完成固定资产投资5亿元；规模以上工业企业产值完成20亿元；新增规模企业2家；招商引资到位资金3亿元。全力推进岷东大道武阳段建设，全面完成7.49公顷项目用地征地和57户118人拆迁安置工作；彭祖山项目59.8公顷规划用地全部交付正兴农业公司，协调农户与天成云盟集团达成铺面整体招租意向性协议；完成武阳污水厂征地0.6公顷及其协调工作，确保项目顺利进场施工；全面完成泉水安置区“双挂钩”项目363户486套房屋的分房入住工作，南方产业园一期38户60套房屋和成彭大道10户24套房屋分房入住；刘氏祠堂为核心景区的民居风貌改造二期工程正进行高端策划和规划；争取资金300万余元修建五一、泥湾、江渎、茯苓村“断头路”7.8公里，方便群众出行；全面推进农村深化改革，完成泉水村集体股份改革试点工作。

【农村经济】 2016年，武阳镇农业生产总值1.86亿元，农村居民可支配收入达到1.5万元。以美人指、紫地球、巨玫瑰为主的优质葡萄种植逾46.67公顷，以蓝莓、猕猴桃、甘蔗采摘为主的63.33公顷特色农业体验区已初具规模，实现传统农业向规模化产业化转型升级。土地流转上交易平台160公顷，培育新型农业经营主体52户、专业合作社15个、家庭农场28个、专业生产大户17个，土地确权颁证工作顺利开展。完成泥湾村“百村绿色家园”绿色工作，完成绿色基地任务1公顷，协助区级联系部门在各联系村建立“绿色基地”共7个，面积4公顷；组织开展“3•12”义务植树活动，栽植各种花草、树木达8000余株，义务人数230人，顺利完成彭祖大道三角梅栽植任务；抓好森林防火示范乡镇巩固达标工作，全年无火情发生；扎实做好重大动物疫病防控和防狂工作，全年辖区内无重大动物疫病发生，未发生因犬咬伤致狂犬病死亡病例。9家畜禽养殖关停户已全部关停，7家污染整治已全面完成。完成政策性农业保险入保工作：入保水稻18.23公顷、玉米60.08公顷、油菜3.69公顷，极大地保护群众利益。组织各村扎实开展脱贫攻坚工作，顺利通过省、市、区验收。

【民生工作】 2016年，武阳镇规划建设大塘村“小农水”建设项目，沟渠防渗48公里，整治三坪塘14个，五支渠改造9.2公里，硬化五一社区道路1公里，整治机耕、便民道路10公里，新建茯苓村硬化道路1.1公里。按时足额发放耕地地力保护基金209.11万元，农机购机国家补贴4000元，收缴水费34.1216万元；脱贫73户207人，易地搬迁2户6人，脱贫攻坚工作顺利通过省、市验收评估；创省级卫生乡镇通过省验收评估；全年争取资金1804.95万元有效改善农村交通、水利、安全、教育、文化和卫生等基础设施和公共服务平台；新型农村合作医疗参保率达90.5%，举办创业就业培训班9期，培训1930余人次，城镇新增就业62人；发放耕地地力保护资金补贴204.3万元、退耕还林资金31.9万元、计划生育奖励扶助资金23.9万元。

【城乡环境治理】 2016年，武阳镇积极开展专项治理，治砂、治尘成效明显；强化规划执行和监督，亮牌建房经验全区推广，拆除违章建筑18处，拆除建筑面积2100余平方米。

【安全稳定】 2016年，武阳镇严格落实“一岗双责”，实行安全生产、维稳工作“一票否决”制。排查整治各类安全隐患138起，并整治到位，全年无较大以上安全事故发生；坚持维稳跟着项目走，项目工作中的17起矛盾纠纷全部化解在项目一线；广泛开展“三访”（访贫问苦、访民问需、访贤问策）活动，变上访为下访，收集矛盾问题384个，全部化解在群众家门前；全年无进京、到省上访情况，无群体性事件发生。

【党建工作】 2016年，武阳镇开展“两学一做”活动，入户走访4880户，收集建议、意见304条，解决突出问题268个。党委、政府，村（社区）两委换届工作圆满完成，选拔优秀年轻干部3人。投入资金80万元，完成镇、村两级党建工作规范化建设，建成区党建示范点1个，邻里服务中心1个。集中推进非公有制企业和社会组织党建“两个覆盖”，建设非公有制企业支部1个，农民专合组织支部4个。抓实第一书记管理，大塘村第一书记挂帅新建的鱼鳖混养基地初显成效，带动周边群众养殖56户。完善党建工作机制，创新“三访”工作法，实现党建工作制度化、长效化、规范化。修订完善《镇机关管理办法》《村（社区）干部日常管理办法》，明确镇、村社干部权责范围和违规惩处标准，全年查处违纪干部2名。实行“四个当天”制度、首问责任制、责任追究制，干部作风明显转变，发展软环境进一步优化，党风廉政社会评价工作跻身前三名。

（舒鹏飞）

锦江乡

【大事记】 2016年3月4日，眉山市彭山区锦江乡第一届人民代表大会第二次会议在乡机关礼堂召开，补选眉山市彭山区锦江乡副乡长赵品栋、姜坤。

6月12日，中共眉山市彭山区锦江乡第一届人民代表大会第二次会议在乡机关礼堂召开，选举产生新一届乡党委班子（钟阳、章静、罗俊、黄伟、孙政、鲁川、姜坤、赵品栋）和新一届乡纪委班子（孙政、周柯、杨志）。

8月31日，中共眉山市彭山区锦江乡人民政府完成区、乡两级党代表选举工作。

9月23日，眉山市彭山区锦江乡人民政府完成区、乡两级人大代表选举工作。

10月30日，眉山市彭山区锦江乡第二届人民代表大会第一次会议在乡机关礼堂召开，选举产生新一届眉山市彭山区锦江乡人民政府领导班子（章静、罗俊、赵品栋、姜坤）。

12月28日，眉山市彭山区锦江乡人民政府完成全乡村（居）委会换届选举工作。

【概况】 2016年，锦江乡财政收入达到929万元，农村总收入达到1.96亿元，农业收入达到3387万元，粮食产量7944吨，农民人均纯收入11704元，相比2015年增长9%。组织、人口计生、依法行政等24项工作受到各级党委、政府的表彰。

【基础设施建设】 2016年，锦江乡投资104万元完成天库村、象耳村共计4000米硬化道路的一事一议项目；投入280万元车购税项目，完成象耳村、永泉村、正华村、联络村

14公里道路加宽。

【村级阵地建设】 2016年，锦江乡投资50万余元在象耳村新建老年人日间照料中心。天库村、武陵村老年人日间照料中心已启动建设。

【农业产业化】 2016年，全乡推行水稻、秋马铃薯、油菜高产高效种植模式，推广面积133.33公顷，建成武陵、永泉、天库3村120公顷马铃薯示范基地，总产值达450万余元。完成农产品质量安全检测。中法园区项目重新启动高标准规划设计，核心区内流转土地43.73公顷。进一步规范化建设农村土地流转平台。农村产权改革试点在象耳村率先完成，集体资产股份合作制初步形成。

【计划生育】 2016年，锦江乡完成新增奖扶对象81人的申报、村级评议、乡级初审和装档上报工作；完成2017年新增奖特扶对象116人的申报工作；发放特别扶助证27本，慰问特别扶助对象4人；对初婚6个月以上未怀孕的127人进行清理核对；完成“三查”1128人次，外出过问率达100%。

【民生工程】 2016年，锦江乡深入开展道路交通安全综合整治，各村村道设立安全警示牌150个，安装波形护栏10公里，扎实推进“千湖之城”建设。全面完成绿海明珠建设工作，建立区联系单位“绿色基地”和1200平方米休闲绿地项目工程，全面完成春季义务植树工作。“花漾锦江”项目顺利推进，打造永泉村26.67公顷花卉基地，全域成功引入游客5000人次。环天府新区快速通道建设已启动，多方协调力争锦江大桥早日开工建设。已打造十里锦江画廊。全年实现全乡142户363人全部脱贫，异地搬迁完成6户16人，顺利通过市和第三方评估机构考核验收。

【民政事业】 2016年，锦江乡加强城乡低保清理工作，规范低保评议，确保底线民生公平正义。全年资助困难大学生4名，资助金额达到1.5万元。进行“三留守”摸底，其中，留守儿童144人，留守妇女189人，留守老人595人。全年精准扶贫户的危房改造资金发放12万余元。

【财政税收】 2016年，锦江乡加强国有资产管理，强化预算约束，优化支出结构。2016年，财政收入完成929万元。

【劳动和社会保障】 2016年，锦江乡全面完成城乡居民基本医疗保险和基本养老保险覆盖体系，全乡居民社会养老保险完成4631人，参保覆盖7664人，城乡居民基本医疗保险完成1.07万人。城镇新增就业完成率达103%；为辖区内困难对象“4050”灵活就业人员发放补贴金3.63万元。

（周　柯）

义和乡

【大事记】 2月，中国共产党彭山区义和乡第一届代表大会第一次会议召开。

6月，中国共产党眉山市彭山区义和乡第一届第二次代表大会召开。

6月，义和乡召开庆祝建党95周年大会，全体党员重温入党誓词，并表彰先进党支部和优秀党员。

8月，义和乡圆满完成各村党组织换届选举工作。

10月，眉山市彭山区义和乡第二届人民代表大会第一次会议召开，选举易建兵为义和乡人大主席。

12月，义和乡脱贫攻坚工作代表全区接受省、市验收，顺利达标，义和乡岐山村是省考核组唯一表扬单位，悦园村受市考核组好评，其档案管理工作全区交流，市通报表扬。

【区位优势】 义和乡建制于1935年，2005年合乡并镇后，原岐山乡并入义和乡；距彭山县城14公里、成都62公里、双流国际机场45公里、成乐高速公路11公里；东北与凤鸣镇、谢家镇相依，西北与成都邛崃市、蒲江县接壤，西南与东坡区多悦镇为邻。

全乡境内钙硭硝矿产储量丰富，存量可开采上百年；旅游资源丰富，文化底蕴浓厚，远近闻名的天宫山上自古建有“天宫庙”，于清康熙八年（1669年）更名为“飞来寺”，开发潜力大；森林资源丰富，全乡有森林面积1866.67公顷，森林覆盖率达33%以上。交通便利，全乡主干道全部硬化水泥路，通村公路硬化率达95%以上，成眉工业大道贯穿全乡，直达成都；水利条件优越，通济堰横贯全境，双凤、大坝、群英、联合4个水库和145口山坪塘蓄水量可达500万立方米以上；水利设施健全，全乡沟渠总长30余公里，硬化率达80%，提灌设施完备，基本满足全乡农业灌溉需求。

【概况】 2016年，义和乡辖区面积34.27平方公里，辖5个村、40个村民小组，人口15543人。随着成眉石化园区大手笔、高起点落户，全乡从传统的农业乡镇跻身全县重点工业乡镇行列。2016年，全乡积极发展都市近郊型现代农业产业，优质猕猴桃种植面积达420公顷；拥有全国最大的733.33公顷中药材种植基地、全区最大的466.67公顷水稻杂交制种基地，是全区“万亩万元”工程的重要示范基地；现有无公害“天宫辣椒”种植400公顷，年总产量450万公斤，是省首批辣椒标准化生产示范乡；有岐山米枣100公顷，年总产量150万公斤。

【经济发展】 2016年，义和乡地区生产总值（GDP）达到2.42亿元，增长率达到8.5%；固定资产投资实现2.5 亿元；农民人均纯收入13790 元，增速11%。

【农业产业化】 2016年，义和乡发展优质水稻制种93.33公顷；新发展和改良柑橘426.67公顷；发展优质猕猴桃420公顷；大力发展中药材产业，种植川芎、泽泻240公顷；推广水肥一体新技术146.67公顷，发展优质猕猴桃品种3个；土地流转580公顷。发展畜牧业大户3户；出栏生猪4.56万头；出栏肉鸡11.18万羽；出栏小家禽12.04万羽。转移农村剩余劳动力5668人；农民实用技术培训3000人次。依托现代农业项目、小型农田水利项目，硬化道路17公里；浆砌沟渠16公里，新建蓄水池67口，改造提灌站14座，通村到社道路硬化达100%。新发展家庭农场33家，突破“一百”大关；发展农业公司7家，合作社17个，培育新型职业农民30人。推广种养结合66.67公顷；新修建猕猴桃文化广场、观光大道1.6公里、观光台4个；发展农家乐3家。

【第三产业】 2016年，义和乡利用双凤水库独特的地形和地理位置以及周边丰富的森林资源，在做活“水”字、做足“绿”字上下功夫，协助各方实施耗资4.2亿元的“双凤湖国际生态旅游养老休闲度假城”，将游、吃、住、行、娱、购全部囊括，大大提升彭山在川西旅游界的品位和档次。

【民生工程】 2016年，义和乡发放退耕还林补助80万余元，新培育工业原料林66.67公顷，完成品种改良66.67公顷；指导悦园、活桥、喻沟3个村“一事一议”项目的争取、实施和验收；协调小型农田水利结余资金项目、退耕还林成果巩固提升项目、省级水稻制种提升等项目的顺利实施。全年共投入资金1109.2万余元，硬化和拓宽道路5.6公里，新建和整治沟渠10.3公里，整治山坪塘9口、石河堰1座，改造提灌站2座，新建蓄水池22口，新建垃圾箱20个、园区线路牌20个、业主信息牌50个、公厕2个，绿化猕猴桃文化阵地5000余平方米、谢义路2公里，发放化肥182.3吨。

【村镇规划建设管理】 2016年，义和乡严格遵照《中华人民共和国土地管理法》《村庄集镇建设管理条例》等国家有关法律、法规，全年审批农村居民建房45户，共占地5200平方米。其中，新建13户，新占地面积1170平方米；改建32户，占旧宅地4030平方米。坚持建房高峰期每周不少于一次的巡检制度，违章建房清理，确保农村建房质量和建筑安全。建房报建严格执行凭证上岗制度和建筑安全质量责任书制度，无一例建筑质量、安全事故发生。规范辖区内工匠在农房建设中的行为，积极推广新技术、新材料、新工艺、新设计等，全乡的农房建设水平、风格和质量有一定的提高。

【环境保护】 2016年，义和乡加强对全乡重点排污企业的排查与监控，全年做到“零排放”。积极落实宇涛泡菜厂、成乐食品厂、猪毛厂的专项整治工作，建成2个污水处理池，处理搬迁猪毛厂的污水。坚持“招商不招污”的原则，招商项目严格执行先建排污处理设施再建厂，且必须获得区环保局的环评合格及土地使用证审批。对全乡工业、畜禽污染源进行一次摸排调查工作，调查6家企业、78个规模养殖户。2016年，与各村签定秸秆禁烧责任书，环保所成立秸秆禁烧巡查小组和灭火队，悬挂横幅、标语50条，出动宣传车92次，推广秸秆综合利用做有机肥料，变废为宝，保护环境，减少污染。

【城乡环境整治】 2016年，义和乡加强对全乡城乡环境工作的宣传力度，加强对保洁员的管理和培训，对道路沿线的“牛皮癣”、小广告、建筑垃圾及时清理。对存在问题的责任人，要求对工作责任区加大清扫、清运，乡治理办加强巡查力度，限期整改。对全乡损坏的垃圾池进行评估、申报。

【民政工作】 2016年，义和乡新增农村低保 54 户，全乡现有享受最低生活保障人员427人，新增集中供养“五保”户3人，散居

“五保”户13人。新农保低保、“五保”入保率达100%。全年农村大病医疗救助56人，救助金额25.26万元。灾情统计上报做到“早、快、准”。积极做好慈善捐助、慈善助学工作，慈善助学5名，金额1.7万元。强化殡葬宣传，提高火化率，全年火化率达88%。在重阳节开展尊老敬老主题活动，到敬老院与“五保”老人座谈，对老人们的生活、娱乐、身体状况进行交流谈心，看望慰问两名百岁老人，建立老年人档案，摸清全乡60岁以上老年人的基本情况。按相关规定认真做好涉军稳控工作，全年发放各类优抚对象优待金15.6万元。

【安全维稳】 2016年，义和乡落实综治维稳工作措施，全年未发生群体性上访和治安刑事案件。加强重点领域、重点单位的安全监管和隐患排查整治，未出现一起安全责任事故，安全生产工作被评为全区先进。加大基层矛盾纠纷调解力度，全年调解矛盾纠纷案件成功率达到99%。

【党建工作】 2016年，义和乡始终坚持边学边征求，边征求边改，把整改问题和解决群众关心、关注的热点、难点问题作为活动的出发点和落脚点，贯穿始终。乡党委换届时，市委组织部带领由各区县组成的换届观摩团到义和乡，对换届程序全程观摩。

（刘雨丝）

保胜乡

【概况】 2016年，地区生产总值（GDP）达到1.78亿元，较2015年增长6.3%，农林牧渔增加值达到9050万元，较2015年增长5.8%，农民人均纯收入达到12400元，较2015年增长11%；固定资产投资实现1.1亿元；招商引资实际到位资金5000万元。土地流转登上央视，得到高度评价；脱贫攻坚首战告捷；畜禽治污工作取得阶段成效；血防工作代表四川接受八省联防联控检查，得到省、市、区领导高度认可；城乡环境综合治理连续六年被评为全市“十佳乡镇”；获得“眉山市血防工作先进集体”“彭山区农村工作先进集体”“彭山区脱贫攻坚工作先进集体”等市、区两级表彰14个。乡镇综合考核排名稳步上升。

【农村经济】 2016年，保胜乡紧紧围绕柑柚等特色主导产业，充分依托农民专业合作社、种植大户，形成“小区域、大规模”的种植模式，农业产业化经营格局基本实现。水产品产量1500吨。土地流转800公顷，规范流转253.33公顷，主要栽种晚熟柑柚和小水果。种植订单青菜213.33公顷、马铃薯166.67公顷、莲藕80公顷。农村信用社完成11户扶贫贷款39万元，8户两权抵押150万元，188户小额贷款655万元，39户其他农业贷款720万元，有力地支持200余户农民从事种养业和第三产业。整合高标准农田建设、小农水等项目资金，开展粮油高产创建，抓好农作物病虫害防治，水稻、玉米、油菜、马铃薯完成政策性入保，实施土地确权颁证。落实中央各项支农、惠农政策，打卡发放农业支持保护补贴236.88万元，退耕还林补助103万余元，政策性农业保险赔付11.97万余元，发放冬令春荒款1.5万元。出栏生态肉鸭152.953

万只、小家禽163.671万羽、山羊3244只、生猪8.07万头、肉兔29.72万只、肉牛258头，肉类产量9839吨。开展春秋两季重大动物疫病防控，无重大疫病发生。

【基础设施建设】 2016年，保胜乡各级共投入扶贫项目资金2000万余元，改善贫困村基础设施条件。高标准农田整理投入800万元；农电网改造投入600万余元；保马路、保龙路拓宽、改善工程投入520万余元；投入300万余元的粮食生产能力提升工程已完成规划。道路项目均衡实施。争取“一事一议”、小型农田水利、省级财政新村基础设施建设、高标准农田改造、退耕还林后续工程、土地整理、扶贫等项目。共投入1000万余元，硬化和拓宽道路30公里，新建道路90公里，基本实现道路通村通组，有效改善群众生产、生活条件。全面启动观保路、保永路及保胜场镇街道黑化亮化工程。完成西山旅游环线保胜段线型测绘工作，成雅高速龙安进出入口建设正抓紧筹备中。

【民生工程】 2016年，全乡累计查螺面积211.8万平方米，灭螺140.2万平方米。较好地完成血防阻断达标基础巩固工作，代表全省接受全国检查获好评，被市政府评为“血吸虫防治工作先进集体”；军事训练获全区第一名；连桥村顺利通过省级卫生村创建；新增就业46人，完成社保验证300余人；新增硬化道路6公里，完成观保路道路黑化工程；建成保胜场、龙安场2个集中供水站建设；在胜利、龙安、金岗实施“高标准农田建设项目”。

【社会事业】 2016年，保胜乡深入开展“六五”普法，深化“平安保胜”建设，全面推进依法治理。全年调处各类矛盾纠纷110件，处理信访15件（次），建成乡、村、组网格三级管理阵地，进一步提升社会服务管理精细化水平。强化社会治安综合治理，提升技防、人防水平，确保社会平安。强化监控，震慑违法犯罪。在节假日期间和敏感时段组织力量，加强巡逻查夜，保障人民群众生命财产安全。

【安全生产】 2016年，保胜乡认真贯彻新《中华人民共和国安全生产法》和新《中华人民共和国食品安全法》，全面落实安全生产“党政同责”“一岗双责”“失职追责”和“三必须”责任制，切实加强对重点领域和行业的安全监管，排查各类安全隐患50处，新增水利、交通、林业安全警示标牌120个。“交管办”查处、教育、纠正违反交通法规行为100余人（次），全乡安全生产形势良好。

【作风建设】 2016年，保胜乡深入开展党的群众路线教育实践活动、“三严三实”“两学一做”等系列活动。认真开展“四风”问题整治，查找问题13个，整治13个，严格遵守中央八项规定、“七项禁令”，开展“庸懒散浮拖”专项整治，作风建设得到进一步强化。主动接受人大主席团的监督，贯彻执行人代会的决议，认真办理人民代表的批评、建议、意见21件，并在规定时间答复代表。代表满意率100%。切实加强党风廉政建设，落实廉政责任制，牢固树立政府勤政务实清廉形象。

（黄　滢）

附 录

Appendix

2016 年度获市委、市政府以上表彰的先进集体名录

表 5

单位名称	荣誉名称	表彰机关	获奖文件字号
区司法局	2011—2015 年全国法治宣传教育先进集体	中央宣传部、司法部、全国普法办	川司法发〔2016〕43 号
观音镇司法所	全国模范司法所	司法部	川司法办发〔2016〕2 号 司法通〔2015〕106 号
黄丰镇黄丰社区	2016 年全国综合减灾示范社区	国家减灾委员会、民政部	民发〔2016〕219 号
区林业局	2013—2015 年度全国森林防火工作先进单位	国家森林防火指挥部国家林业局	国森防〔2015〕9 号
区农业局	2015 年全国互联网地标产品〔果品〕50 强	全国互联网＋现代果菜产业发展年会组委会	中国果菜〔2015〕函字 76 号
区农业局	彭山农村土地承包经营权确权登记项目获 2016 年中国地理信息产业优秀工程银奖	中国地理信息产业协会	证书
双丰果品协会	全国科普示范社区	中国科学技术协会	科协发普字〔2016〕62 号
青龙镇司法所	全国先进司法所	司法部	司法通〔2015〕106 号
区国土局	国家级国土资源节约集约模范县	国土资源部	奖状、奖牌
彭溪镇毛店村团支部	2015 年度全国“五四红旗团委〔团支部〕”	团中央	中青发〔2016〕7 号
四川大学锦江学院	第五届全国大中学生海洋文化创意设计大赛优秀组织单位奖	国家海洋局宣传教育中心、中国海洋大学、国家海洋局北海分局	奖状
四川大学锦江学院	全球互联网多语种域名技术应用示范单位	中国互联网信息中心	奖牌
四川大学锦江学院	创新创业教育师资队伍建设奖	中国民办教育协会高等教育专业委员会	奖牌
四川大学锦江学院	全国高校商业精英挑战赛总决赛最佳院校组织奖	教育部高等学校经济与贸易类专业教学指导委员会等	奖牌

续表 5

单位名称	荣誉名称	表彰机关	获奖文件字号
四川大学锦江学院	全国高校商业精英挑战赛“智欣联创杯”国际贸易竞赛一等奖	教育部高等学校经济与贸易类专业教学指导委员会等	奖牌
四川大学锦江学院	全国高校商业精英挑战赛“智欣联创杯”国际贸易竞赛二等奖	教育部高等学校经济与贸易类专业教学指导委员会等	奖牌
四川大学锦江学院	中国校友会网 2016 年“综合实力排行榜 100 强”第三位	中国校友会网	中国校友会网站公布
供电公司	国家电网公司 2016 年度先进集体	国网电网公司	奖牌
四川大学锦江学院	中国高校校报好新闻三等奖 3 项	中国高校校报协会	奖状
区工商质监局	全省优秀民营企业	省委、省政府	川委厅〔2016〕83 号
区工商质监局	促进民营经济发展工作先进单位	省委、省政府	川委厅〔2016〕84 号
彭山区	2016 年度全省“三农”工作先进区	省委	川委厅〔2017〕7 号
观音镇党委	全省先进基层党组织	省委	奖牌
凤鸣街道菱角村	省级“四好村”	省委	川委〔2017〕20 号
彭山区〔民政局〕	四川省第四轮敬老模范县〔市、区〕	省政府	川办函〔2016〕16 号
区农业局	四川盆地葡萄安全提质增效集成创新技术研究与应用二等奖	省政府	证书
区农业局	葡萄品种优化及栽培技术升级研究与示范三等奖	省政府	川府发〔2016〕21 号
区农业局	第三批四川省农产品质量安全监管示范县	省政府	川办函〔2016〕17 号
彭山区	四川省村民自治模范县〔市、区〕	省民政厅、省人社厅	川人社发〔2016〕24 号
区人大	2016 年宣传民主与法制建设工作特等奖	省人大常委会《民主与法制建设》杂志社	荣誉证书
区人大	2016 年宣传人民代表大会制度工作特等奖	省人大常委会《人民权力报》	荣誉证书
区政协	2016 年度全省政协新闻宣传工作先进单位	省政协办公厅	川政协厅〔2016〕71 号
区政协	四川省档案工作规范化管理二级标准	省档案局	川档规〔2016〕7 号
区委宣传部	四川省宣传系统先进集体	省委宣传部、省人社厅	川人社发〔2016〕5 号
区委群工部	创建“三无”先进集体和积案难案化解先进集体	省信联办	川信联办发〔2016〕4 号
区委群工部	全省信访系统“三查三促三争当”活动先进集体	省人社厅 、省信访局	奖牌
区委老干局	全省老干部学习活动阵地规范化建设示范单位	省委组织部、省委老干部局	川组办〔2016〕12 号
区财政局	2015 年度扩权试点县总决算工作先进单位	省财政厅	川财企〔2016〕81 号

续表 5

单位名称	荣誉名称	表彰机关	获奖文件字号
区财政局	2015 年度企业财务信息工作先进单位	省财政厅	川财企〔2016〕82 号
区人民检察院法警大队	绵阳片区建制队综合成绩第二名	省人民检察院	川检发警〔2016〕7 号
区人民检察院	2013—2015 年全省检察机关先进集体	省人民检察院	川检发政〔2016〕4 号
区人民检察院	2016 年度全国检察宣传先进单位	检察日报	检报发〔2016〕9 号
区民政局敬老院管理中心	四川省第二届“敬老文明号”	省老龄委	川老委发〔2016〕5 号
区工商质监局	2016 年度全省基层物品编码创新工作单位	中国物品编码中心四川分中心	川物编〔2016〕2 号
文广新局	2016 年度全省文化市场十大案件、重大案件公示清单〔彭山县蕊欣印刷厂超范围经营案〕	省文化厅	四川省文化厅网
青龙镇人民调解委员会	四川省五星级人民调解委员会	省司法厅	川司法办发〔2016〕50 号
区总工会	四川省农民工入会集中行动工作先进集体	省总工会	川工办发〔2016〕9 号
区疾控中心	2016 年全省典缺乏病实验室质控网络考核优秀	省疾病预防控制中心	川疾发〔2016〕123 号
区疾控中心	四川省卫计系统先进集体	省人社厅　省卫计委　省中管局	川人社发〔2016〕53 号
区疾控中心	四川省艾滋病检测实验室室间质量考评结果优秀	省卫计委	通报
卫计系统天使之爱志愿者协会	四川省青年优秀志愿者、青年优秀志愿者组织和青年优秀志愿者服务组织	共青团四川省委四川青年志愿者协会	川青联发〔2016〕39 号
区农业局	第八批农民合作社省级示范社	省农业厅	川农业〔2016〕66 号
区农业局	四川省第二批家庭农场省级示范场	省农业厅	川农业函〔2016〕266 号
区农业局	2016 年全省农业行政处罚优秀案卷	省农业厅	川农业函〔2016〕826 号
黄丰镇社区	四川省科普示范社区	省科学技术协会	川科协发〔2016〕74 号
彭溪街道	四川省安全社区	省安全生产委员会	川安委〔2016〕2 号
彭溪街道	2015 年四川省卫生乡镇	省爱国卫生运动委员会	川爱卫发〔2016〕3 号
区教体局	第三十一届四川省青少年科技创新大赛“基层优秀组织奖”	省科协、省教育厅、省科技厅、省环保厅、省体育局、团省委、省妇联、省知识产权局	荣誉证书
区教体局	四川省教育宣传先进单位	省教育厅、省教育报刊社	川教刊〔2016〕9 号
区教体局	四川省教育系统关心下一代工作先进集体	省教育厅关心下一代工作委员会	奖牌

续表 5

单位名称	荣誉名称	表彰机关	获奖文件字号
青龙镇莲池村	2016 年度“九无”平安铁路示范村（社区）	省综治委铁路护路联防工作领导小组	川铁护组〔2016〕6 号
青龙镇永远村	2016 年度“九无”平安铁路示范村（社区）	省综治委铁路护路联防工作领导小组	川铁护组〔2016〕6 号
青龙镇先锋村	2016 年度“九无”平安铁路示范村（社区）	省综治委铁路护路联防工作领导小组	川铁护组〔2016〕6 号
青龙镇商会	2013—2016 年度工商联工作先进商会	省工商联	川联发〔2016〕74 号
青龙镇狮子村	四川省卫生村	省爱国卫生运动委员会	奖牌
区工商联	2016 年度“五好”县级工商联	省工商联	川联发〔2016〕76 号
区水务局	2016 年度全省县级农田水利基本建设先进单位	省水利厅	川水函〔2016〕1451 号
区水务局	2016 年水土保持补偿费征收工作先进单位	省水保局	川水保函〔2016〕503 号
区水务局	2016 年水土保持监督检查工作先进单位	省水保局	川水保函〔2016〕505 号
区水务局	2016 年度用水管理先进集体	省东风渠	东处发〔2016〕236 号
区公安分局	2015 年四川省道路交通安全综合整治工作先进集体	省道路交通安全综合治理委员会、省人力资源和社会保障厅	奖牌
区公安分局	全省公安机关立案突出问题专项治理工作成绩突出集体	省公安厅	川公传发〔2016〕171 号
区就业局	园区企业用工监测工作成绩突出	省就业服务管理局	川就局办〔2016〕41 号
公义镇鹤林村	四川省卫生村	省爱卫会	川爱卫发〔2016〕3 号
区残联	量服示范单位	省残联	川残办〔2016〕50 号
武阳镇人民政府	档案工作规范化管理等级认定	省档案局	川档归〔2016〕001 号
区人民法院	2015 年度全省法院信息工作先进集体	省高级人民法院	川高法〔2016〕51 号
区人民法院	2016 年全省法院专项执行活动先进单位	省高级人民法院	川高法〔2016〕497 号
供电公司	国网四川省电力公司 2016 年度先进分工会	省电力公司	奖牌
供电公司	国网四川省电力公司 2016 年度先进集体	省电力公司	川电人资〔2017〕5 号
供电公司	国网四川省电力公司 2016 年度安全先进单位	省电力公司	川电安监〔2017〕2 号
团区委	2015 年度四川省五四红旗团委	团省委	川青发〔2016〕1 号
青龙镇龙都社区团支部	2015 年度四川省五四红旗团支部	团省委	川青发〔2016〕1 号
彭溪镇毛店社区团支部	2015 年度四川省五四红旗团支部	团省委	川青发〔2016〕1 号

续表 5

单位名称	荣誉名称	表彰机关	获奖文件字号
区关工委	四川省关心下一代工作先进集体	省关工委、省老干局、省文明办、团省委	川关委〔2016〕16 号
彭溪中心小学少先大队	四川省优秀少先队集体	省委宣传部、省人社厅、省文明办、省教育厅、团省委、省少工委	川人社发〔2016〕44 号
彭山三中少先大队	四川省优秀少先队集体	省委宣传部、省人社厅、省文明办、省教育厅、团省委、省少工委	川人社发〔2016〕44 号
区天使之爱医疗志愿者协会	四川省青年优秀志愿组织	团省委、省青年志愿者协会	川青联发〔2016〕39 号
谢家镇	全省“平安农机”示范乡〔镇〕	省农业厅、省安监局	奖牌
谢家镇汉安村	四川省卫生村	省爱卫会	川爱卫发〔2016〕3 号
谢家镇中心卫生院	四川省卫生单位、四川省无烟单位	省爱卫会	川爱卫发〔2016〕3 号
谢家镇谢家场社区联合工会	四川省示范社区工会	省总工会	奖牌
区电视台	制作的专题《搓出来的美味——冰粉》获 2016 年度“美丽四川——美食”影视作品创作推动活动评选提名奖	省新闻出版广电局、省商务厅	川新广涵〔2016〕259 号
区电视台	四川省新闻出版广电系统先进集体	省人社厅、省新闻出版广电局	川人社发〔2016〕6 号
区委群工部	2015 年度主动作为创一流先进集体	市委、市政府	眉委〔2016〕128 号
区司法局	眉山市关心下一代工作先进集体	市委、市政府	眉委〔2016〕113 号
区司法局	2011—2015 年全市法治宣传教育先进集体	市委、市政府	眉委〔2016〕378 号
彭溪街道	眉山市关心下一代工作先进集体	市委、市政府	眉委〔2016〕113 号
区人民法院	2015 年大调解工作先进集体	市委、市政府	眉委〔2016〕47 号
经开区	2016 年度工业发展先进集体	市委、市政府	眉委〔2017〕35 号
团区委	眉山市关心下一代工作先进集体	市委、市政府	眉委〔2016〕113 号
青龙镇	2016 年第二季度“十佳”乡镇	市委、市政府	眉山公众网
牧马镇	2016 年第三季度全市城乡环境治理“十佳”乡镇	市委、市政府	眉委办〔2016〕46 号
区　委	2015 年度“绿海明珠”大会战工作先进集体	市委	眉委〔2016〕47 号
区政府	2015 年度“绿海明珠”大会战工作先进集体	市委	眉委〔2016〕47 号
区委宣传部	先进基层党组织	市委	眉委〔2016〕112 号
区住建局	大调解工作先进集体	市委	眉委〔2016〕47 号

续表 5

单位名称	荣誉名称	表彰机关	获奖文件字号
区城市行政执法局	主动作为创一流先进集体	市委	眉委〔2016〕128 号
谢家镇邓庙村党支部	先进基层党组织	市委	眉委〔2016〕112 号
成眉石化园区	2015 年度工业发展先进集体	市委	眉委〔2016〕47 号
区委农工办	2015 年度都市近郊现代农业发展工作先进集体	市委	眉委〔2016〕47 号
区委农工办	2015 年度农业农村工作先进集体	市委	眉委〔2016〕25 号
区委农工办	2015 年度全市支持创业就业工作先进集体	市委	眉委〔2016〕6 号
彭山区	2015 年第三产业工作先进集体	市政府	眉府函〔2016〕27 号
彭山区	2015 年民营经济工作先进集体	市政府	眉府函〔2016〕27 号
区　委	第三届四川农业博览会投资促进工作先进集体	市政府	眉府办函〔2016〕29 号
区政府	2015 年旅游工作先进集体	市政府	眉府函〔2016〕27 号
区政府	2015 年民营经济工作先进集体	市政府	眉府函〔2016〕27 号
区政府	2015 年度安全生产工作先进集体	市政府	眉府函〔2016〕36 号
区政府	2015 年度依法行政工作先进集体和2014—2015年星级服务中心、服务窗口名单	市政府	眉府函〔2016〕37 号
区政府	第三届四川农业博览会投资促进工作先进集体	市政府	眉府办函〔2016〕29 号
区政府	2015 年食品安全工作先进集体	市政府	眉府函〔2016〕27 号
区政府	血吸虫病防治工作先进集体	市政府	眉府函〔2016〕169 号
区委农工办	第三届四川农业博览会参会工作先进集体	市政府	眉府办函〔2016〕29 号
区党务政务服务中心	“三星级”服务中心	市政府	眉府函〔2016〕37 号
区民政局	眉山慈善爱心组织	市政府	眉府办会〔2016〕16 号
区统计局	妇女儿童工作先进集体	市政府	眉府函〔2016〕101 号
区农业局	2016 年眉山市血吸虫病防治工作先进集体	市政府	眉府函〔2016〕169 号
彭溪街道	敬老模范镇	市政府	奖牌
彭溪街道	2015 年道路交通安全综合整治工作先进集体	市政府	眉府函〔2016〕47 号
彭山二小	眉山市 2015 年度教育工作先进区县	市政府	眉府函〔2016〕12 号
区水务局	市级依法行政示范创建合格单位	市政府	眉府法领〔2016〕1 号
区水务局	2012—2016 年防汛减灾工作先进集体	市政府	眉府函〔2016〕182 号

续表 5

单位名称	荣誉名称	表彰机关	获奖文件字号
牧马镇	2015 年度征兵工作先进单位	市政府	眉府函〔2016〕89 号
保胜乡	眉山市血吸虫防治工作先进集体	市政府	眉府函〔2016〕169 号
公义镇	2015 年度征兵工作先进单位	市政府	眉府函〔2016〕89 号
武阳镇	2015 年度全市森林防火工作先进集体	市政府	眉府办函〔2016〕21 号
武阳镇	2015 年度基层应急管理规范化建设成效突出单位	市政府	眉府办函〔2016〕39 号
江口镇	2012—2016 年防汛减灾工作先进集体	市政府	眉府函〔2016〕182 号
锦江乡	2015 年度全市森林防火工作先进集体	市政府	眉府办函〔2016〕21 号
谢家镇	森林防火工作先进集体	市政府	眉府办函〔2016〕21 号

2016 年区委重要文件目录

表 6

序号	文件标题	文件字号	发文时间
1	关于加强和改进党的群团工作的实施意见	眉彭委发〔2016〕1 号	2016-01-08
2	关于新形势下加强和改进人民政协工作的实施意见	眉彭委发〔2016〕2 号	2016-03-04
3	关于进一步加强人大工作和建设的意见	眉彭委发〔2016〕3 号	2016-03-17
4	关于 2016 年党风廉政建设和反腐败工作的意见	眉彭委发〔2016〕4 号	2016-07-18
5	关于进一步抓落实促改革的实施意见	眉彭委发〔2016〕5 号	2016-08-11
6	中共眉山市彭山区委关于印发《眉山市彭山区推进绿色发展建设生态宜居之城的实施意见》的通知	眉彭委发〔2016〕6 号	2016-11-27
7	印发《贯彻落实中共眉山市彭山区委关于加强和改进党的群团工作的实施意见责任分工方案》的通知	眉彭委办〔2016〕5 号	2016-01-12
8	关于印发《眉山市彭山区干部驻村帮扶工作考核办法》的通知	眉彭委办〔2016〕8 号	2016-01-13
9	关于印发《眉山市彭山区“抓乡促村”六条纪律》的通知	眉彭委办〔2016〕16 号	2016-01-25
10	关于统筹推进改革创新工作的通知	眉彭委办〔2016〕17 号	2016-01-25
11	关于加强眉山市彭山区涉企行政审批工作的实施意见	眉彭委办〔2016〕29 号	2016-02-29
12	关于印发《眉山市彭山区 2016 年新闻宣传总体策划方案》的通知	眉彭委办〔2016〕38 号	2016-03-28

续表 6

序号	文件标题	文件字号	发文时间
13	关于印发《谢家镇、黄丰镇“省级安全社区”建设实施方案》的通知	眉彭委办〔2016〕39 号	2016-03-28
14	关于开展“干部走基层脱贫攻坚周”活动的通知	眉彭委办〔2016〕41 号	2016-03-28
15	关于印发《眉山市彭山区 2016 年农作物秸秆禁烧和综合利用工作方案》的通知	眉彭委办〔2016〕49 号	2016-04-07
16	关于印发《派驻纪检组长、纪（工）委书记管理办法（试行）》的通知	眉彭委办〔2016〕51 号	2016-07-07
17	关于印发《眉山市彭山区 2016 年“绿海明珠”大会战实施方案》的通知．	眉彭委办〔2016〕54 号	2016-04-22
18	关于印发《眉山市彭山区 2016 年“花漾彭山”建设工作推进实施方案》的通知	眉彭委办〔2016〕55 号	2016-04-28
19	关于印发《眉山市彭山区农村承包土地的经营权和农民住房财产权抵押贷款试点工作实施方案》的通知	眉彭委办〔2016〕56 号	2016-05-03
20	关于印发《眉山市彭山区企业做大做强扶持政策》的通知	眉彭委办〔2016〕59 号	2016-05-10
21	关于印发《眉山市彭山区创建国家历史文化名城 2016 年实施方案》的通知	眉彭委办〔2016〕60 号	2016 05 10
22	关于印发《眉山市彭山区 2016 年“千湖之城”建设实施方案》的通知	眉彭委办〔2016〕61 号	2016-05-10
23	关于印发眉山市彭山区加快推进省级生态区创建和验收工作方案的通知	眉彭委办〔2016〕63 号	2016-05-19
24	关于印发《设立派驻国有企业纪检组的方案》的通知	眉彭委办〔2016〕65 号	2016-05-27
25	关于大力实施 2016 年十大民生工程及 20 件民生大事的通知	眉彭委办〔2016〕66 号	2016-05-27
26	关于印发《关于锐意改革，全面推进都市近郊型现代农业发展的实施意见》的通知	眉彭委办〔2016〕69 号	2016-06-20
27	关于促进乡村旅游项目投资规范化便利化的实施意见	眉彭委办〔2016〕70 号	2016-06-22
28	关于进一步加强领导干部定期接待群众来访工作的通知	眉彭委办〔2016〕75 号	2016-07-13
29	关于印发《眉山市彭山区党政主要领导干部和国有企业领导人员经济责任问责暂行办法的通知	眉彭委办〔2016〕76 号	2016-07-13
30	关于印发《眉山市彭山区政府投资项目审计结果运用办法的通知》	眉彭委办〔2016〕77 号	2016-07-17
31	关于印发《眉山市彭山区对领导干部进行定期约谈、提醒谈话、诫勉谈话的实施办法（试行）》的通知	眉彭委办〔2016〕79 号	2016-07-15
32	关于印发《眉山市彭山区提升镇村治理工作方案》的通知	眉彭委办〔2016〕80 号	2016-07-15
33	关于加快“一园两翼”农业特色产业发展的实施意见	眉彭委办〔2016〕81 号	2016-07-18
34	关于印发《彭山区激励干部“两养成一学会”奋力担当作为十六条举措》的通知	眉彭委办〔2016〕89 号	2016-07-28
35	关于印发《眉山市彭山区村（社区）党组织换届工作实施方案》的通知	眉彭委办〔2016〕90 号	2016-08-04

续表 6

序号	文件标题	文件字号	发文时间
36	关于印发《关于进一步推动党委（党组）落实党风廉政建设主体责任的意见》的通知	眉彭委办〔2016〕91 号	2016-08-09
37	关于印发《眉山市彭山区 2016 年脱贫攻坚蹲点调研督导工作方案》的通知	眉彭委办〔2016〕92 号	2016-08-10
38	关于印发 18 个扶贫专项 2016 年工作计划的通知	眉彭委办〔2016〕93 号	2016-08-26
39	关于在全区施行非警务报警与公共服务平台分流对接的通知	眉彭委办〔2016〕96 号	2016-08-16
40	关于进一步加强干部驻村帮扶管理工作的通知	眉彭委办〔2016〕97 号	2016-08-18
41	关于印发《眉山市彭山区区乡两级人民代表大会换届选举工作实施方案》的通知	眉彭委办〔2016〕101 号	2016-08-25
42	关于印发《眉山市彭山区公务用车制度改革实施方案》的通知	眉彭委办〔2016〕102 号	2016-08-25
43	关于印发《眉山市彭山区抽调干部攻坚破难推进重大工程重点项目实施办法》的通知	眉彭委办〔2016〕103 号	2016-08-29
44	关于印发《贯彻落实省委办公厅、省政府办公厅〈关于进一步加强和规范统计工作严肃统计工作纪律的通知〉工作任务分解表》的通知	眉彭委办〔2016〕104 号	2016-09-19
45	关于印发《在“两学一做”学习教育中统筹推进学习贯彻“一准则两条例”工作方案》的通知	眉彭委办〔2016〕105 号	2016-09-25
46	关于印发《脱贫攻坚评估检查方案》的通知	眉彭委办〔2016〕106 号	2016-09-26
47	关于印发《关于切实加强党风廉政建设进一步整治群众身边不正之风的意见》的通知	眉彭委办〔2016〕112 号	2016-10-21
48	关于印发《关于加强新形势下对乡镇监督的实施意见》的通知	眉彭委办〔2016〕113 号	2016-10-21
49	关于印发《“红色先锋引领绿色发展、共产党员带领脱贫奔康”活动方案》的通知	眉彭委办〔2016〕117 号	2016-11-07
50	关于印发小流域“河长制”四项制度的通知	眉彭委办〔2016〕119 号	2016-11-14
51	关于印发《眉山市彭山区建设省级社会主义核心价值观示范区的实施方案》的通知	眉彭委办〔2016〕125 号	2016-11-21
52	关于印发《眉山市彭山区贫困村贫困户退出实施方案》的通知	眉彭委办〔2016〕128 号	2016-11-28
56	关于印发眉山市彭山区江口沉银遗址发掘实施方案的通知	眉彭委办〔2016〕136 号	2016-12-02
57	关于印发《派驻纪检组第一组长、组长管理办法（试行）》的通知	眉彭委办〔2016〕151 号	2016-12-29
53	关于对脱贫攻坚和主要经济指标考核结果实行“一票否决”的通知	眉彭委办〔2016〕131 号	2016-11-29
54	关于印发《眉山市彭山区第十届村（居）民委员会换届选举工作实施方案》的通知	眉彭委办〔2016〕132 号	2016-12-01
55	关于印发《眉山市彭山区干部庸懒散浮拖三十种突出行为问责办法（试行）》的通知	眉彭委办〔2016〕133 号	2016-12-02

2016 年区政府重要文件目录

表 7

序号	文件标题	文件字号	发文时间
1	关于公布区本级非行政许可审批事项清理结果的决定	眉彭府发〔2016〕1 号	2016-02-14
2	关于做好第三次全国农业普查工作的通知	眉彭府发〔2016〕2 号	2016-02-22
3	关于 2016 年安全生产工作的意见	眉彭府发〔2016〕3 号	2016-02-29
4	关于印发彭山区政府和社会资本合作项目管理暂行办法的通知	眉彭府发〔2016〕4 号	2016-03-30
5	关于印发水污染防治行动计划眉山市彭山区工作方案的通知	眉彭府发〔2016〕5 号	2016-04-08
6	关于 2016 年环境保护工作的意见	眉彭府发〔2016〕6 号	2016-04-19
7	关于印发眉山市彭山区乡镇人民政府行政权力清单的通知	眉彭府发〔2016〕7 号	2016-04-21
8	关于进一步加强政府投资项目管理的实施意见	眉彭府发〔2016〕8 号	2016-04-25
9	眉山市彭山区贯彻落实粮食安全区长责任制的实施意见	眉彭府发〔2016〕9 号	2016-05-05
10	关于进一步加强新时期爱国卫生工作的实施意见	眉彭府发〔2016〕11 号	2016-08-04
11	关于授予谢长贵、谢宾“见义勇为公民”荣誉称号的决定	眉彭府发〔2016〕12 号	2016-08-09
12	关于开展水库水产养殖污染治理工作的通知	眉彭府发〔2016〕13 号	2016-08-11
13	关于贯彻落实省政府促进经济稳定增长和提质增效推进供给侧结构性改革政策措施的实施意见	眉彭府发〔2016〕14 号	2016-10-10
14	关于印发眉山市彭山区综合执法实施办法（试行）的通知	眉彭府发〔2016〕15 号	2016-10-31
15	关于印发《眉山市彭山区区级储备粮油管理办法》的通知	眉彭府发〔2016〕16 号	2016-12-26
16	关于落实“先照后证”改革决定加强事中事后监管工作的实施意见	眉彭府发〔2016〕17 号	2016-12-26
17	关于印发眉山市彭山区重大行政决策责任追究办法的通知	眉彭府发〔2016〕18 号	2016-12-30
18	关于印发调整后《眉山市彭山区行政许可项目目录》的通知	眉彭府发〔2016〕19 号	2016-12-30
19	关于印发眉山市彭山区人民政府工作规则的通知	眉彭府发〔2016〕20 号	2017-01-04
20	关于加快推进残疾人小康进程的实施意见	眉彭府发〔2016〕21 号	2017-01-04
21	关于印发眉山市彭山区全民健身实施计划（2016—2020 年）的通知	眉彭府发〔2016〕22 号	2017-01-12

服务指南

一、眉山市彭山区党务政务服务中心

地址：眉山市彭山区彭祖大道三段 248 号　　　联系电话（028 — 37634072）

表 8

窗口部门	联系电话	窗口部门	联系电话
地税局	37636091	环保局	37634061
房管局	37634064	城管办	37632234
卫生局	37635022	工商局	37634069
城建局	37634067	发改委	37634060
交通局	37634066	文体局	37635012
畜牧局	37635280	国　税	37631149
公安局	37636013	国盾公司	37636012
水务局	37632625	农机局	37635115
食药监局	37635606	林业局	37635010
司法局	37635287	群　团	37635287
纪　委	37638171	统　战	37638657

二、彭山区主要旅游景点

表 9

景点名称	地　址
彭祖山风景区	眉山市彭山区江口镇茶场村
江口古镇	眉山市彭山区江口镇
仙女湖	眉山市彭山区江口镇双江村
宋代石龙	眉山市彭山区江口镇石龙村
汉崖墓博物馆	眉山市彭山区江口镇双江村
李密故里	眉山市彭山区保胜乡龙安村
中国长寿城牌坊	眉山市彭山区彭溪镇龙门桥村 1 社省道 103 线
象耳寺	眉山市彭山区锦江乡象耳村象耳山
仙山香洞	眉山市彭山区保胜乡马河村油罐岭

三、彭山区部分酒店、宾馆

表 10

企业名称	地 址	联系电话
兴铁宾馆	眉山市彭山区古城北路 232 号	37612349
仙女湖会务休闲中心	眉山市彭山区江口镇双江村	37687018
恒大酒店	眉山市彭山区牧马镇莲花村	37599999
福一大酒店	眉山市彭山区彭祖大道南段 346 号	37617777
凯涞酒店	彭山区凤鸣中路 216 号	37669888
寿乡人	彭山区紫薇中路 47 号	37633777
醉不翁	彭山区彭祖大道北段圣寿路 45 号	37626588
半瓶酒	彭祖大道中段 200 号	37624858
桂家饭店	彭山区蔡山西路 50 号	37611369
眉山羊肉馆	彭山区彭祖广场望江下街 27 号	37624233
七星岗	彭山区彭祖大道 168 号	37627888

四、彭山区星级农家乐

表 11

企业名称	地 址	联系电话	备 注
新村生态园	眉山市彭山区彭溪镇	37632333	四星
彭祖酒庄	眉山市彭山区观音镇	15328763535	四星
土豆花	眉山市彭山区彭溪镇	37625588	三星
醉八仙	眉山市彭山区江口镇	37665333	三星
创一湖畔	眉山市彭山区凤鸣街道	37697559	三星
天香苑	眉山市彭山区凤鸣街道	37611998	三星
秦家园	眉山市彭山区江口镇	37680594	三星
田园丰情	眉山市彭山区谢家镇	13990315655	三星
向阳农场	眉山市彭山区牧马镇	13980633530	三星

五、彭山区旅行社分社（门市部、服务网点）

表 12

企业名称	地　址	联系电话
环球国旅彭山分公司	眉山市彭山区彭祖大道北段 344 号	37626395
全球通国际旅行社彭山分社	眉山市彭山区彭祖大道二段 258 号	37610528
春秋旅行社彭山门市部	眉山市彭山区长寿广场 H061 号	37603868
远大旅行社彭山门市部	眉山市彭山区凤鸣公园南路 30 号	37627969
假日旅行社彭山门市部	眉山市彭山区古城南路 255 号	18628993933
环球国旅彭山服务网点	眉山市彭山区彭祖大道北段 344 号	37626395
新东方国旅彭山服务网点	眉山市彭山区彭祖大道中段 95 号	13890300713
环球国旅小东街服务网点	眉山市彭山区小东街 66 号	18180100686
华夏旅行社彭山服务网点	眉山市彭山区彭祖大道二段 258 号	37610528
中国旅行社彭山服务网点	眉山市彭山区古城北路 109 号	37627223
全球通旅行社建设路服务网点	眉山市彭山区凤鸣镇建设路 9—11 号	15328740911
中国青年旅行社彭山服务网点	眉山市彭山区蔡山西路 232 号	13909036336
海外旅游公司彭山服务网点	眉山市彭山区彭祖大道二段 378 号	15082359104
中港国旅彭山服务网点	眉山市彭山区彭祖大道二段 465 号	13778807552
神州国旅彭山服务网点	眉山市彭山区青龙镇交通横街 151 号	13880167484

六、彭山区部分学校、医院

表 13

名　称	地　址	电　话
四川大学锦江学院	彭山区锦江大道 1 号	37600019
区第一中学	彭山区鹏利街 58 号	37623084
区第二中学	彭山区彭祖大道南段 162 号附近	37625366
区第三中学	彭山区新南街 14 号	37621726
区第一小学	彭山区凤鸣镇西街 168 号	37623535
区第二小学	彭山区南街 178 号附近	37611078
区鹏利小学	彭山区彭溪镇鹏利街 58 号	37621665
区人民医院	彭山区蔡山北路西二段 195 号	37623825

续表 13

名 称	地 址	电 话
区中医医院	彭山区凤鸣镇北街 66 号（门诊）	37623546
区疾病预防控制中心	彭山区凤鸣镇致民路 68 号	37621470
区妇幼保健院	彭山区东街 36 号	37628852
区血吸虫病防治站	彭山区凤鸣镇东街 33 号	37621447
区卫生执法监督大队	彭山区人民医院综合楼 5 楼	37612650
区精神卫生保健院	彭山区凤鸣镇金烛村 6 组	37627115
区第二人民医院	彭山区青龙镇莲池村 5 组（青同路旁）	37660235
区人口计生服务中心	彭山区凤鸣镇彭祖大道中段 160 号	37634799

七、彭山城区公交线路一览表

表 14

路 线	途经地	发车班次时间
1 路	城区—兴崇	10 分钟一班
2 路	中心站—城区—菱角	30 分钟一班
3 路	城区—大楠	10 分钟一班
4 路	客运中心站—眉彭交界处（省道 103 线）	10 分钟一班
5 路	城区—岷江一桥	10 分钟一班
6 路	凯蒂金府—翡翠龙湾	30 分钟一班
7 路	家天下—凤鸣街道江渔村	20 分钟一班
20 路	彭山客运中心站—眉山东站	10 分钟一班

八、彭山区汽车客运中心站里程、票价、班次时刻表

表 15

终点站	途经点	里程（公里）	发车时间
成 都	高速直达	69	06:30—18:40 每 25 分钟左右一班
乐 山	高速直达	85	08:30—17:50
雅 安	高速直达	118	08:40 10:40 13:00 15:20

续表 15

终点站	途经点	里程（公里）	发车时间
眉　山	公交线路	28	07:00—20:00 滚动发班
新　丰	将军湖　江口　友谊　白蜡　黄丰	30	07:30—17:20 滚动发班
夏家渡	将军湖　江口　半边街　净皇	27	07:30—17:20 滚动发班
金　华	十字路　牧马政府　金华	26	07:30—17:45 滚动发班
牧　马	将军湖　江口　江口职中　十字路 将军湖　江口　五一村　顺江　大塘	28	06:30—17:10 滚动发班
青　龙	彭溪路口　观音　高马路　李店 青龙火车站	23	07:10—17:50 滚动发班
保　胜	长寿牌坊　凤鸣路口　支马路 公义　九大队	30	07:00—17:30 滚动发班
谢家（老路）	菱角　余店　雷山	17	06:30—18:00 滚动发班
谢家（新路）	菱角　红石　电话亭　汉安	17	06:30—18:00 滚动发班
多　悦	谢家	21	06:30—17:30 滚动发班
芋　荷	流芳碑　永丰渡口　永丰　大碑寺	23	07:30—17:00 滚动发班
白　庙	彭溪路口　观音　白庙	16	07:00—17:00 滚动发班
中　和	长寿牌坊　流芳碑　仙女湖　管理处	26	07:30—17:00 滚动发班
公　义	彭溪路口　观音	16	07:00—17:30 滚动发班

索　引
Indexes

G

H

J

K

L

M

N

P

Q

R

S

T

W

X

Y

Z